Europa von A–Z

Taschenbuch der europäischen Integration

Europa von A–Z

Taschenbuch der europäischen Integration

Herausgegeben
von
Werner Weidenfeld
und
Wolfgang Wessels

Sonderauflage für die
Landeszentrale für politische Bildung
Rheinland-Pfalz

Sonderauflage für die
Landeszentrale für politische Bildung
Rheinland-Pfalz

Verlag: EUROPA UNION VERLAG GMBH, Bonn
Redaktion: Olaf Hillenbrand, Martin Schultz, Anita Wolf/Institut für Politikwissenschaft der Johannes Gutenberg-Universität Mainz
Gestaltung des Textes: PAPYRUS – Schreib- und Büroservice, Bonn
Druck: J. Ebner Graphische Betriebe GmbH & Co. KG, 7900 Ulm
ISBN 3–7713–0392–3

Inhaltsverzeichnis

Vorwort der Herausgeber

Europa befindet sich im Umbruch. Der historische Wandel hat viele Seiten: Vollendung des Binnenmarktes, Wirtschafts- und Währungsunion, Reform europäischer Entscheidungsstrukturen, Demokratisierung in Osteuropa, Ausbau der Konferenz für Sicherheit und Zusammenarbeit in Europa. Der alte Kontinent erhält ein neues Gesicht.

Europa prägt unsere neue Wirklichkeit. Damit wächst der Bedarf an Information. Denn wer seine europäischen Chancen nutzen will, braucht zuverlässige Daten. Kompakte und präzise Information wollen wir mit "Europa von A–Z" bieten: einen schnellen Zugriff auf Fakten, einen umfassenden Überblick über Ereignisse und Entwicklungen, einen differenzierten Einblick in Probleme und Perspektiven.

"Europa von A–Z. Taschenbuch der europäischen Integration" wendet sich an Leser, die schnelle, umfassende und präzise Informationen zu zentralen Begriffen und Sachverhalten der europäischen Einigung suchen. Mit dem "Taschenbuch der europäischen Integration" erscheint eine aktuelle Bestandsaufnahme des europäischen Integrationsprozesses, die die Merkmale eines Handbuchs und eines Lexikons miteinander verbindet.

Das Taschenbuch "Europa von A–Z" besteht aus mehreren Teilen, die sich ergänzen: *Europäische Einigung im historischen Überblick* bilanziert die Stationen der Integration Europas im Zusammenhang und bietet damit den unverzichtbaren zeitgeschichtlichen Hintergrund. Das Kernstück des Buches bilden über 50 Aufsätze, von Europa-Experten nach einer einheitlichen Systematik verfaßt: *Europa zum Nachschlagen*. Hier werden Organisationen und Institutionen, Gegenstände und Aufgaben der Europapolitik untersucht und erläutert: von der Europäischen Atomgemeinschaft bis zum Europarat, von der Agrarpolitik bis zur Wirtschafts- und Währungsunion. Beispielsweise wird der Leser, der einen umfassenden Einblick in den Ablauf der EG-Rechtsetzung sucht, im Artikel "Entscheidungsverfahren" die gewünschte Information finden. Wer dagegen nur ein Stichwort wie "qualifizierte Mehrheit" oder "Richtlinie" sucht: Das sich anschließende *Europa-ABC* enthält über 200 knappe Worterklärungen und ermöglicht so eine rasche Kurzinformation über die "Vokabeln" der europäischen Integration.

Je nach Wunsch kann sich also jeder Leser im Taschenbuch "Europa von A–Z" nur eine kurze Sachinformation oder aber einen breiteren

Überblick verschaffen. Wer zum Beispiel nur wissen will, was sich hinter dem Kürzel ERASMUS verbirgt, findet die Auflösung im *Abkürzungsverzeichnis*. Das *Europa-ABC* dagegen enthält eine Kurzbeschreibung dieses Hochschulaustauschprogramms der Europäischen Gemeinschaft. Und wer es genau wissen will: Im Aufsatz zur Bildungs- und Jugendpolitik ist zu erfahren, wieso die EG überhaupt ein solches Programm durchführt. Querverweise ermöglichen hier ein gezieltes Weiterlesen. Im *Personen- und Sachregister* kann überprüft werden, an welchen Stellen im Taschenbuch das gesuchte Stichwort darüber hinaus vorkommt. Die *Zeittafel* gibt Auskunft über die zentralen Daten und Fakten der europäischen Integration von 1946 bis Ende 1990.

Das "Taschenbuch der europäischen Integration" ist in Kooperation zwischen der Forschungsgruppe Europa des Instituts für Politikwissenschaft der Universität Mainz und dem Institut für Europäische Politik in Bonn entstanden. Die Herausgeber danken allen Autoren für die Mitarbeit. Olaf Hillenbrand, Martin Schultz und Anita Wolf, die als Redaktionsteam der Forschungsgruppe Europa in Mainz sämtliche Produktionsschritte des Bandes koordinierend geleitet und wichtige inhaltliche Beiträge geleistet haben, gilt ebenso unser Dank. Besondere Verdienste um das vorliegende Taschenbuch haben sich darüber hinaus Verleger Gerhard Eickhorn, sein Mitarbeiter Rainer Mertens vom Europa Union Verlag sowie Anja Dietzel vom Schreib- und Büroservice Papyrus erworben.

Prof. Dr. Werner Weidenfeld
Forschungsgruppe Europa
Universität Mainz

Dr. Wolfgang Wessels
Institut für Europäische
Politik, Bonn

Europäische Einigung im historischen Überblick

von Werner Weidenfeld

Europa bezeichnen

Die Grundbedingung europäischer Existenz hat sich durch die Jahrhunderte nicht verändert: Größtmögliche Vielfalt der Traditionen, der Temperamente und Intellektualitäten trifft hier in größtmöglicher räumlicher Dichte aufeinander. Die daraus resultierende dynamische Spannung hat zwei antagonistische Konsequenzen gehabt: schöpferische Vitalität und zerstörerischer Herrschaftswille. Diese beiden Seiten der europäischen Medaille so zu wenden, daß nur die konstruktive, die kreativ strahlende Seite wirksam wird, dies erfordert von den Europäern eine aktive politisch-kulturelle Leistung, die durch kein noch so wohlfeiles Modell und durch keine rückblickende Verklärung zu ersetzen ist.

Die Frage nach der politischen Kultur lenkt den Blick auf die entscheidende Dimension der Politik: auf die subjektive Befindlichkeit, die Werte, die Wünsche und Befürchtungen, die Hoffnungen und Ängste der Bürger in Europa. Tiefgreifender Wandel vollzieht sich in der Änderung der subjektiven Einstellungen. Das Bild von Europa in uns ist daher das entscheidende Kriterium.

Versucht man, die Wurzeln des Europa-Begriffs und der Europa-Bilder aufzuspüren, dann stößt man auf einige zentrale geistesgeschichtliche Probleme, die Europa von der ersten Stunde seiner Erwähnung im sechsten Jahrhundert vor Christus bis zum heutigen Tage begleiten. Europa ist in jeder Epoche zugleich eine geographische und eine normative Größe. Von den Griechen wird Europa zunächst als ihr Festland geographisch und normativ zugleich abgegrenzt vom Land der Barbaren draußen. Die Grenzen verschieben sich mit den Erkundungsfahrten und Eroberungen. Auch die geistigen Abgrenzungen wandern. Am Anfang steht die Befreiung aus der Befangenheit im magischen Denken. Der Drang nach neuer Erkenntnis gewinnt die Oberhand über den Mythos. Die Entzauberung der Welt ist angesagt. Am Anfang der europäischen Kultur stehen nicht die Imperien, am Anfang steht die Vielgestaltigkeit der Städte und Regionen: Athen und Korinth, Kreta und Rhodos, schließlich Rom. Die Römer übersetzen den rationalen Grundzug des europäischen Denkens ins Praktische: Institutionen und Ämter, Armee und Rechtsordnung, Steuersystem und Geldwirtschaft. Prägende Kraft entfaltet dann die römische Kirche. Das Lateinische wird im vierten Jahrhundert zur Liturgiesprache erhoben und Europa konstituiert sich als lateinische Christenheit. Offenbarung und Erlösung werden als ein geschichtliches Ereignis gesehen, das die Welt und jeden einzelnen verändert. Sinnorientiertes Handeln wird zum geistigen Signum Europas.

Zwangsläufig aber wird das Bild von Europa in alle großen Auseinandersetzungen der Geschichte einbezogen. Seit der Rezeption des Aristoteles in die Spannung zwischen griechischer und römischer Klassik, dann in die Spannung von Kirche und Staat; Herausforderungen von außen werden bedeutsam für das eigene Selbstbewußtsein: Die Distanz zwischen Rom und Byzanz, die Türkengefahr, der Einbruch des Islam. Europa wird dann elementar betroffen von der Spaltung der Christenheit in einen römisch-katholischen und einen protestantischen Teil. Dann der Prozeß der Säkularisierung; in Humanismus und Renaissance werden Bibel und kirchliche Tradition als alleinige geistige Autorität entthront. Kriege und Allianzen, Erwerb und Verlust von Territorien werden zu dominierenden Geschichtsdaten. Dynastien streben nach Hegemonie. Wer solche hegemonialen Pläne zu Fall bringt, gilt als der wahre, der große Europäer. In der Aufklärung gerät dann das Europabewußtsein in die unentschiedene Mittelposition zwischen national begrenztem Interesse und universalistisch orientierter Haltung. Diese Spannung zwischen nationaler Besonderheit, europäischer Gemeinsamkeit und weltweiter Orientierung bleibt dann bis zur Gegenwart. Die politische und ökonomische Modernisierung verändert das Gesicht Europas. Der territorial zersplitterte Kontinent erhält mit den Nationalstaaten neue, dominierende Organisationsformen. Das nationale Bewußtsein und nationalstaatliche Großorganisationen geben den Freiheitskräften in Europa zunächst ebenso Raum wie später den nationalistischen Perversionen. Die europäische Verquickung von nationaler Dynamik und nationalistischer Sprengwirkung zwingt den Europäern im 20. Jahrhundert drastische Verschiebungen ihres politischen Status auf: Zunächst ist Europa das Zentrum der politischen und wirtschaftlichen Welt. Bereits ein halbes Jahrhundert später ist Europa aus der Zentrallage an die weltpolitische Peripherie abgedrängt. Die neuen Weltmächte tragen auf dem von zwei Kriegen zerstörten Kontinent ihren Konflikt aus. Die Spaltung des Kontinents weist ein machtpolitisches Profil auf – aber mindestens ebenso ein politisch-kulturelles: Die Idee von der Personalität des Menschen und von der Volkssouveränität als Legitimationsgrund prägt nun Europa (West) – und diese Idee tritt in scharfen Konflikt mit der

Vorstellung vom Menschen als Gattungswesen und von der Volksdemokratie (Ost). Erst in unseren Tagen löst sich dieser Konflikt substantiell auf.

In diese schillernde Entwicklung des Grundrisses politisch-kultureller Ortsbestimmmung Europas ist alles verwoben, was Last und Leiden europäischer Geschichte, Glanz und Abgründe europäischer Politik ausmacht. Die europäischen Völker spüren, daß sie aufeinander angewiesen sind – und sie suchen dennoch in der Unterscheidung vom Nachbarn die eigene Identität. Man schwankt, ob man der kulturellen Sympathie füreinander oder der kulturellen Sorge voreinander Vorrang einräumen soll. Diese Dialektik von Zuneigung und Distanzierung, von Zuwendung und Absonderung ist das eigentliche Prägemal der Geschichte Europas.

In der dunkelsten Stunde Europas wird – noch über den Trümmerfeldern des Zweiten Weltkrieges – die kreativste Antwort auf diese Existenzfrage formuliert. Und die heißt: Integration. Das ist ein Wort, das sich vielfach übertragen läßt, zum Beispiel in Absage an Nationalismus, Absage an verirrte Sonderwege und an alle egozentrischen Selbstübersteigerungen. Die Gründungsväter haben dazu das Koordinatensystem europäischer Politik vollständig gewendet, indem sie für sich die historische Konkurrenz der Raumbilder und der Wertordnungen eindeutig entschieden: das 'Ja' zu Europa als ein 'Ja' zur internationalen Organisation der Freiheit, Europa als ein Kristallisationspunkt der politischen Kultur. Vieles davon wird anschließend verschüttet, als Krämer und Buchhalter, Statistiker und Lagerverwalter sich dieses Gedankens bemächtigen und die Idee zum bloßen Bezugspunkt materieller Begehrlichkeiten degeneriert. Und dennoch: Bei Europa handelt es sich um den hoffungsvollen Nachweis, daß Gegner von gestern zur Gemeinschaft von morgen werden können, daß trotz unterschiedlicher Mentalitäten, Traditionen und Interessen die Bildung einer Gemeinschaft gelingen kann, auch wenn sie geographisch und inhaltlich zunächst ein Torso ist. In den verschiedenen Formen der Integration und der Kooperation können die Europäer ihre Erfahrungen aus einer leidvollen Geschichte produktiv werden lassen.

Ausgangslage nach dem Zweiten Weltkrieg

Die Motive der europäischen Integration, die nach dem Kriegsende und dem Bedeutungsverlust der europäischen Mächte zugunsten der beiden Weltmächte wirksam wurden, sind auf fünf Punkte zu konzentrieren:

- Der Wunsch nach einem neuen Selbstverständnis: Nach den nationalistischen Verirrungen sollte Europa die Möglichkeit neuer Gemeinschaftserfahrung bieten. Europa als Alternative zur abgelehnten nationalistischen Herrschaft.

- Der Wunsch nach Sicherheit und Frieden: Die einzelnen Nationalstaaten hatten den Zweiten Weltkrieg nicht zu verhindern vermocht, und man hoffte, daß ein geeintes Europa hierbei erfolgreicher sein und zugleich Schutz vor der Gefahr einer kommunistischen Expansion gewähren werde. Europa sollte eine Friedensgemeinschaft sein.
- Der Wunsch nach Freiheit und Mobilität: Über etliche Jahre hinweg hatten die Menschen unter kriegsbedingten nationalen Beschränkungen des Personen-, Güter- und Kapitalverkehrs gelitten. Insofern war es nur allzu verständlich, daß man sich nun die ungehinderte, freie Bewegung von Personen, Meinungen, Informationen und Waren wünschte.
- Die Hoffnung auf wirtschaftlichen Wohlstand: Das vereinigte Europa sollte die Menschen in eine Ära großer wirtschaftlicher Stabilität und Prosperität führen. Ein gemeinsamer Markt sollte den Handel intensivieren und effizientes ökonomisches Verhalten möglich machen.
- Die Erwartung gemeinsamer Macht: Die europäischen Staaten, die vor 1914 lange Zeit eine international dominierende Rolle gespielt hatten, hatten sich in zwei Weltkriegen zerfleischt. Die neuen Weltmächte USA und UdSSR zeigten Maßstäbe für neue, international relevante Machtgrößen, die weit über die Einheiten der vergleichsweise kleinen europäischen Nationalstaaten hinausgewachsen waren. Die westeuropäischen Staaten hofften, durch die politische Einigung vieles von der Macht gemeinsam zurückerlangen zu können, die sie einzeln verloren hatten.

Bereits in Churchills Züricher Rede vom 19. September 1946 drückte sich kurz nach dem Krieg die entscheidende Orientierung an einer Vision der "Vereinigten Staaten von Europa" aus, deren erster Schritt die Bildung eines Europarates sein sollte. Churchill sprach von einer Union aller beitrittswilligen Staaten Europas unter der Führung Frankreichs und Deutschlands. Vor dem Hintergrund des sich verschärfenden Ost-West-Konflikts erhielt die sich 1948 organisierende Europäische Bewegung nachhaltigen Auftrieb. Die Gründung der Organisation für europäische wirtschaftliche Zusammenarbeit (OEEC) im Zusammenhang mit der Durchführung des Marshall-Plans zeigte zudem deutlich, daß die internationale Konstellation ein erhebliches Druckpotential enthielt, das den Prozeß der europäischen Einigung forcierte: das Gefühl der Bedrohung durch den Kommunismus mit zunehmender Etablierung des Ostblocks; die amerikanische Unterstützung des Projekts der europäischen Einigung in Erwartung weltpolitischer Entlastung und der Öffnung neuer, großer Märkte; der wechselseitige Wunsch der westeuropäischen Staaten, sich gegenseitig zu binden, um neue, gefährliche Alleingänge einzelner Nationalstaaten auszuschalten.

Diese gemeinsame Grundhaltung verhinderte jedoch nicht, daß sich nach der Gründung der Europarates am 5. Mai 1949 unterschiedliche Integrationsansätze herauskristallisierten, die zwei Organisationsprinzipien folgten: dem Staatenbund und dem Bundesstaat.

Der Gedanke der europäischen Einigung war also unmittelbar nach dem Zweiten Weltkrieg zu keinem Zeitpunkt mit nur einem politischen Konzept oder einem einzigen Integrationsmodell gekoppelt. Ohne eine starre Fixierung auf ein geschlossenes Europa-Modell konnte der Einigungsprozeß je nach gegebener Situation an völlig unterschiedlichen Materien der Politik ansetzen – von dort aus versuchte man neue Fortschritte zu erzielen. Das Ringen um die Einigung Europas ist insofern durch die Jahrzehnte hindurch gekennzeichnet von einem ausgeprägt pragmatischen Grundzug.

Der Europarat

Der Europa-Kongreß von Den Haag, der sogenannte Haager Kongreß, forderte im Mai 1948 die Etablierung des Europarates. Verschiedene nationale Europaverbände, übernationale Dachverbände und weitbekannte Politiker wie Robert Schuman, Alcide de Gasperi, Paul-Henri Spaak und Konrad Adenauer waren hier präsent. Es war die Geburtsstunde der Europäischen Bewegung. Sie war von der Kontroverse zwischen Föderalisten und Unionisten gekennzeichnet, deren zentraler Streitpunkt die Frage des Souveränitätsverzichts der nationalen zugunsten der europäischen Ebene war. In einer "Politischen Erklärung" wurde der politische und wirtschaftliche Zusammenschluß der europäischen Staaten unter begrenzter nationaler Souveränitätsbeschränkung gefordert. Dabei wurde jedoch weder das Ziel eines europäischen Bundesstaates noch das einer europäischen Verfassung erwähnt. Dennoch erlangten mehrere Punkte der Haager Resolution Bedeutung, die später im Rahmen des Europarates umgesetzt wurden. Dazu zählten die Europäische Konvention zum Schutze der Menschenrechte und Grundfreiheiten, der Europäische Gerichtshof für Menschenrechte und die Europäische Parlamentarische Versammlung des Europarates.

Der Europarat selbst besteht aus der erwähnten Parlamentarischen Versammlung, in deren Rahmen ein Ständiger Ausschuß die Arbeitskontinuität sichert, und aus 13 Fachausschüssen für eine Anzahl von Arbeitsgebieten. Das Ministerkomitee, Exekutiv- und Entscheidungsorgan, setzt sich aus den Außenministern der Mitgliedstaaten bzw. ihren Stellvertretern zusammen. Es wird ergänzt durch sogenannte Komitees von Regierungsexperten. Ein Generalsekretariat ohne selbständige Aufgaben erfüllt als einziges ständiges Organ Dienstleistungsfunktionen für Ministerkomitees und Parlamentarische Versammlung. Letztere wählt den Generalsekretär, der dem Ministerkomitee verantwortlich ist. Die an die Öffentlichkeit gerichteten Verlautbarungen des Europarates heißen Konventionen. Sie sind keine Rechtsakte. Außer den Mitgliedstaaten können ihnen auch Drittländer beitreten. Die Konventionen haben appellativen Charakter, d. h. sie fordern die Unterzeichnerstaaten auf, ihr nationales Recht den Konventionsinhalten anzupassen.

Die Europäische Gemeinschaft für Kohle und Stahl

Auf Initiative des französischen Außenministers Robert Schuman (Schuman-Plan vom 9. Mai 1950) kam es am 18. April 1951 zur Unterzeichnung des Vertrages über die Europäische Gemeinschaft für Kohle und Stahl (EGKS). Die Grundidee stammte vom französischen Planungskommissar Jean Monnet. Die EGKS sollte für Kohle und Stahl einen gemeinsamen Markt schaffen und damit eine gemeinsame Kontrolle, Planung und Verwertung dieser Grundstoffe und deren Produkte ermöglichen. Hauptmotive für diesen Vorschlag bildeten die Überlegungen zur Beseitigung der deutsch-französischen Erbfeindschaft und der Wunsch nach Schaffung eines Grundsteins für eine europäische Föderation. Die vermeintliche deutsche Bedrohung Frankreichs sollte auf diesem Wege ebenfalls ausgeschlossen werden und zusätzlich eine Mitverfügung Frankreichs über die deutschen Kohlereserven gesichert werden. Adenauer sprach sich für den Schuman-Plan aus. Zum einen diene er, nach dessen Ansicht, der deutsch-französischen Verständigung und zum anderen ermögliche er der noch nicht souveränen Bundesrepublik Deutschland, auf der internationalen Bühne Verhandlungen zu führen. Der Vertrag zur Gründung der EGKS (Montanunion) trat am 23. Juli 1952 in Kraft. Laut Vertrag sollte eine Hohe Behörde die Exekutivrechte wahrnehmen. Eine gemeinsame Versammlung besaß die Qualität eines Diskussionsgremiums mit eingeschränkten Kontrollrechten. Die politischen Richtlinien- und Legislativrechte lagen beim sogenannten besonderen Ministerrat. Ein elfköpfiger Gerichtshof wachte über die Vertragsauslegung, ein Beratender Ausschuß bestand aus Vertreten der beteiligten Interessengruppen.

Erstmals war damit die supranationale Organisation eines zentralen Politikbereichs in bislang nationalstaatlicher Kompetenz gelungen, an der sich Frankreich, Italien, die Bundesrepublik Deutschland und die Benelux-Staaten beteiligten und der 1973 auch Großbritannien, Irland und Dänemark beigetreten sind. Seit dem 1.1.1981 ist Griechenland Mitglied. Spanien und Portugal gehören seit dem 1.1.1986 dazu.

Man war nach dem funktionalistischen Integrationstyp vorgegangen. Der Funktionalismus geht davon aus, daß sich durch die Integration einzelner Sektoren ein gewisser sachlogischer Druck zur Übertragung immer weiterer Funktionen ergibt, bis sich schließlich eine umfassende Union erreichen läßt. Die umfassende ökonomische Integration des zentralen Wirtschaftssektors Kohle und Stahl sollte also eine spätere politische Einigung nach sich ziehen.

Europäische Verteidigungsgemeinschaft und Europäische Politische Gemeinschaft

Am 27. Mai 1952 unterzeichneten Vertreter der Mitgliedstaaten der EGKS den Vertrag zur Errichtung der Europäischen Verteidigungsgemeinschaft (EVG). Die Anregung zu diesem Vorhaben ging auf den damaligen französischen Premierminister René Pleven zurück, der eine gemeinsame europäische Armee unter einem europäischen Verteidigungsminister anstrebte. Dieser Ansatz berührte nationale Rechte sehr tiefgreifend, denn die Streitkräfte zählten zu den Bereichen originärer nationalstaatlicher Souveränität. Im Vertrag ist in dieser Frage ein Kompromiß zwischen den Strukturprinzipien der Supranationalität und der Konföderation festgehalten worden. Organisatorisch war die EVG damit der EGKS vergleichbar.

Als Antwort auf das Gelingen einer Teilintegration der EGKS und der angestrebten EVG erfolgte zugleich das Bemühen um eine allgemeine politische Ergänzung: das konstitutionelle Modell. Am 10. September 1952 beschlossen die sechs Außenminister bei ihrem ersten Treffen als Rat der EGKS, deren erweiterte Versammlung solle als Ad-hoc-Versammlung die Verfassung einer Europäischen Politischen Gemeinschaft (EPG) ausarbeiten. Diese neu zu schaffende Gemeinschaft sollte über Zuständigkeiten im Montanbereich und in Verteidigungsfragen verfügen, sowie "die Koordinierung der Außenpolitk der Mitgliedstaaten ... sichern". Die Entwicklung des gesamten Marktes in den Mitgliedstaaten, die Anhebung des Lebensstandards und die Steigerung der Beschäftigung sollten weitere Zielsetzungen der EPG sein. Binnen zwei Jahren sollten die bestehende EGKS und die vorgesehene EVG in die EPG integriert werden.

Der am 10. März 1953 dem Rat vorgelegte Verfassungsentwurf sah in seinen 117 Artikeln ein dichtes Geflecht institutioneller Regeln mit stark supranationalen Akzenten vor; neben einem Parlament mit zwei Kammern sollten ein Exekutivrat, ein Rat der nationalen Minister, ein Gerichtshof und ein Wirtschafts- und Sozialrat eingerichtet werden. Das EPG-Projekt sollte mit einem ausgeprägt konstitutionellen Fundament einerseits die EGKS und die EVG verknüpfen, andererseits auch in anderen Bereichen (Außen- und Wirtschaftspolitik) tätig werden. Die Analyse des Entwurfs des EPG-Vertragstextes zeigt, daß hier erneut Supranationalität und Konföderation als unterschiedliche Integrationsansätze eingeflossen sind. Exekutivrat und die unmittelbar zu wählende Völkerkammer als supranationale Elemente und der Rat nationaler Minister als konföderaler Baustein.

Der Entwurf des EPG-Vertrages wurde im März 1953 von der Versammlung der Montanunion einstimmig gebilligt. Die im gleichen Jahr geführten Verhandlungen der Außenminister kamen jedoch nicht zu einer Einigung über den Umfang des nationalen Souveränitätsverzichts. Als Frankreich im März 1954 eine Vertagung der Verhandlung verlangte, zeigten sich die anderen Regierungen mehrheitlich nicht mehr interessiert.

Im August 1954 scheiterte die EVG in der französischen Nationalversammlung. Für den europäischen Verfassungsentwurf entfiel damit die Grundlage und das Vorhaben der Europäischen Politischen Gemeinschaft wurde aufgegeben. Danach erfolgte der Rückgriff auf das in Ansätzen bewährte funktionalistische Modell, wenn auch mit stark föderalistischen Begleitüberlegungen. Die Einrichtung der Europäischen Wirtschaftsgemeinschaft (EWG) und der Europäischen Atomgemeinschaft (Euratom) setzte die Grundlinie sektoraler Integration fort.

Die Römischen Verträge

Auf der Konferenz der Außenminister der EGKS in Messina am 1./2. Juni 1955 wurde beschlossen, Verhandlungen über die Integration zweier weiterer Bereiche zu beginnen. Die konzeptionelle Grundlage hierzu enthielt der Spaak-Bericht, benannt nach dem belgischen Politiker Paul-Henri Spaak. Daraus entstanden dann die am 25. März 1957 unterzeichneten Römischen Verträge zur Gründung der EWG und der Euratom. Die sechs Gründerstaaten der EGKS strebten im Rahmen der EWG eine Zollunion an, die die Handelshemmnisse abbauen und einen gemeinsamen Außenzoll ermöglichen sollte. Zusätzlich wurde im EWG-Vertrag das Ziel festgeschrieben, einen Gemeinsamen Markt zu schaffen mit freiem Personen-, Dienstleistungs- und Kapitalverkehr sowie die dafür notwendige Koordinierung und Harmonisierung unterschiedlicher Politiken vorzunehmen. Organisatorisch orientierte sich die EWG an der Montanunion (EGKS). Die Kommission erhielt gewissermaßen die Exekutivgewalt, der Ministerrat fungierte als Legislative, das Europäische Parlament (EP) debattierte über die Berichte und sorgte für die Verbindungen zu den nationalen Parlamenten; der Gerichtshof kontrollierte die bestimmungsgemäße Anwendung des Vertrages.

Euratom diente dem Zweck, Aufbau und Entwicklung der Nuklearindustrie in den sechs Mitgliedstaaten zu fördern. Im Rahmen der Verpflichtung, die Atomspaltung ausschließlich zu friedlichen Zielen zu betreiben, sicherte Euratom auch die Belieferung mit den notwendigen Rohstoffen. Per Fusionsvertrag vom 8. April 1965, der am 1. Juli 1967 in Kraft trat, sind die Organe der EGKS, der EWG und der Euratom integriert worden.

Wie dicht die beiden Vorhaben Euratom und EWG zusammenhängen, belegt die enge Verknüpfung im Sinne der politischen Verhandlungsstrategie, "europäische Pakete" zu schnüren. Die Tagesordnungspunkte, die Interessen und Einzelkonflikte blieben nicht unverbunden nebeneinander stehen, sondern sie wurden in einen dichten politischen Zusammenhang gestellt: Euratom kommt nur zustande, wenn der Gemeinsame Markt realisiert wird; die militärischen Vorbehalte der Franzosen gegen eine Ausdehnung von Euratom werden nur akzeptiert, wenn die EWG angemessen ausgestattet wird. In der Verschnürung des Pakets werden selbst gegenläufige Interessen europapolitisch produktiv gemacht. Was als Einzelvorstoß geradezu aussichtslos erschien, konnte im Gesamttableau der Themen kompromißfähig werden.

Die Konstellationen, die sich in den Verhandlungen zu den Römischen Verträgen herauskristallisierten, haben historisch-prägenden Charakter. Hier prallten die divergierenden Interessen hart aufeinander: Frankreichs Interesse an einem Schutzzaun um die eigene Wirtschaft; sein Interesse an Kontrolle der Atompolitik, vor allem des östlichen Nachbarn bei gleichzeitiger Aussparung der militärischen Atomkomponenten aus der europäischen Gemeinschaftsbildung; das deutsche Interesse an ungehinderter Bewegung im großen Gemeinsamen Markt; das englische Interesse, lediglich eine Freihandelszone zu etablieren und möglichst wenig Supranationalität in Europa entstehen zu lassen; das sowjetische Interesse, die Aufmerksamkeit der europäischen Staaten ganz auf den Bau einer gesamteuropäischen Friedensordnung zu konzentrieren. All dies prägte in einer ungewöhnlichen dokumentarischen Dichte die Verhandlungen um die Römischen Verträge. Zwischen den sechs Verhandlungspartnern kam es zum Durchbruch, als sich Frankreich und Deutschland einigten.

Erste Erfolge der Europäischen Wirtschaftsgemeinschaft

Nach Inkrafttreten der Römischen Verträge konstituierten sich die vorgesehenen Organe. Zum Jahresbeginn 1958 trat innerhalb der EWG eine zehnprozentige Zollsenkung in Kraft. In mehreren Stufen wurden die innergemeinschaftlichen Zölle gesenkt und gleichzeitig andere Handelshemmnisse beseitigt. Der Zollabbau für Agrarprodukte wurde aufgrund nationaler Hindernisse langsamer vollzogen. Allmählich wurden die innerstaatlichen Agrarmarktordnungen von einer europäischen Marktordnung für landwirtschaftliche Erzeugnisse abgelöst. Grenzkontrollen mußten trotz gemeinsamer Binnenmarktzölle wegen der fehlenden Angleichung der Steuergesetzgebung zunächst noch beibehalten werden.

Im Zuge der Einführung der Agrarmarktordnungen wurde der Außenzoll gegen ein Abschöpfungssystem ersetzt, das durch niedrigere Weltmarktpreise bei Einfuhren die Preise anhebt bzw. 'abschöpft' und bei Ausfuhren herabsetzt. Die Industrieproduktion verzeichnete ebenso deutliche Wachstumssprünge wie der innergemeinschaftliche Handel und der Warenaustausch mit Drittländern. Mit der zunehmenden wirtschaftlichen Prosperität der EWG ging eine wachsende Anziehungskraft auf zahlreiche andere Staaten einher, was Beitrittsanträge, Assoziierungsinteressen und Präferenzwünsche nach sich zog.

Erste Krisen und Reformversuche

Nachdem die Römischen Verträge recht zügig umgesetzt zu werden versprachen, erfolgte der erneute Versuch, einen allgemeinen politischen Rahmen zu schaffen. Die Fouchet-Verhandlungen, benannt nach dem französischen Diplomaten Fouchet, aufgrund eines Beschlusses der Bonner Gipfelkonferenz vom 18. Juli 1961 aufgenommen, folgten nun allerdings nicht dem früheren supranationalen, konstitutionellen Konzept, sondern wandten sich einem wiederaufgelegten Modell zu, dem intergouvernementalen Konzept. Die Fouchet-Pläne sahen ein Verfahren der lockeren politischen Abstimmung der EWG-Mitgliedstaaten vor, das eher herkömmlichen internationalen Prozeduren entsprach. Als man sich 1962 nicht über eine solche Perspektive und ebenso auch nicht über den möglichen Beitritt Großbritanniens zur EWG einigen konnte, waren damit die Fouchet-Verhandlungen gescheitert. Der nächste Schritt, der deutsch-französische Freundschaftsvertrag des Jahres 1963, wurde von Adenauer und de Gaulle in der Absicht vollzogen, eine dichte politische Zusammenarbeit zu schaffen, der sich auf Dauer die übrigen EWG-Mitgliedstaaten nicht würden entziehen können. Die Vertragsväter hatten eine politische Verbindung angestrebt, die auch die sicherheitspolitische Komponente umfaßte. Die Verklammerung von Deutschland und Frankreich sollte – nach ihrem Willen – zum Motor der politischen Union Europas werden. Der Freundschaftsvertrag sollte also auch ein Umweg zur politischen Gemeinschaft Europas sein.

Die Schwierigkeiten bei der Realisierung der Römischen Verträge zeigten sich deutlich in den 60er Jahren. Weil in den Verträgen verschiedene Teile der Wirtschaftspolitik unberücksichtigt geblieben waren, kam es zu Forderungen nach einer Wirtschafts- und Währungsunion. Damit sollten weitere Krisen aufgrund national orientierter Politik vermieden werden. Am Beispiel Euratom läßt sich erkennen, daß die Koordinierung nationaler und gemeinschaftsorientierter Atompolitik schwierig und schließlich fast unmöglich wurde, denn divergierende nationalstaatliche Atomkonzepte gestalteten die Verabschiedung des Euratom-Haushalts zunehmend hindernisreicher.

Der Luxemburger Kompromiß

Ein anderer, zentraler Einbruch in der Erfolgsgeschichte der europäischen Integration erfolgte mit dem Luxemburger Kompromiß des Jahres 1966. In der vertraglich vorgesehenen Übergangszeit wären ab 1. Januar 1966 im Ministerrat Abstimmungen mit qualifizierter Mehrheit zu wichtigen Sachgebieten möglich geworden. Diesen Übergang suchte Frankreich mit seiner "Politik des leeren Stuhls" zu verhindern, indem es an den Sitzungen der EWG-Gremien seit dem 1. Juli 1965 nicht mehr teilnahm. Im Luxemburger Kompromiß wurde daraufhin am 27. Januar 1966 festgehalten, daß man in kontroversen Angelegenheiten den Konsens suchen solle. Falls es aber nicht gelinge, diesen Konsens herzustellen, ging Frankreich davon aus, daß das einzelne Mitglied eine Veto-Position besitze, falls vitale Interessen berührt seien. Die fünf restlichen EWG-Staaten dagegen wollten dann die vertraglich vorgesehenen Abstimmungsprozeduren verwirklichen. In der Interpretationsgeschichte des Luxemburger Kompromisses gelang es Frankreich, seine Sicht durchzusetzen, sodaß danach faktisch für jedes EWG-Mitglied die Möglichkeit des Vetos bestand. Im Ministerrat blieben daher viele Entwicklungsfäden einer dynamischen Integrationspolitik hängen.

Die Norderweiterung und neue integrationspolitische Impulse

Unter der Führung von General de Gaulle lehnte Paris zum einen die autonome Zuständigkeit der EWG in bestimmten Fragen, zum anderen den britischen Beitritt ab. Erst unter Georges Pompidou, Nachfolger de Gaulles im Präsidentenamt, zeigte sich die Regierung in Paris flexibler.

Die Haager Gipfelkonferenz vom 1./2. Dezember 1969 beschloß daraufhin die Norderweiterung der EG. Die Einführung der Wirtschafts- und Währungsunion (WWU) bis 1980, verschiedene institutionelle Änderungen und ein Beschluß zum Ausbau der Kompetenzen des Europäischen Parlaments und dessen direkter Wahl waren weitere zentrale Ergebnisse des Gipfeltreffens der Staats- und Regierungschefs.

Die seit dem 30. Juni 1970 mit Großbritannien, Dänemark, Norwegen und Irland geführten Beitrittsverhandlungen konnten am 22. Januar 1972 mit der Unterzeichnung der Beitrittsverträge abgeschlossen werden. Das britische Unterhaus hatte den EG-Beitritt schon am 20. Oktober 1971 mehrheitlich befürwortet. Volksabstimmungen in Irland und Dänemark ergaben ebenfalls Mehrheiten für einen Beitritt zur EG. Die norwegische Bevölkerung lehnte allerdings die EG-Mitgliedschaft ab.

Der Haager Gipfel hatte nicht nur in der Frage der Erweiterung einen Entwicklungsschub der EG angestrebt, seine Beschlüsse wiesen zusätzlich auf die Notwendigkeit einer Reform wichtiger Bereiche der EG und einer Intensivierung der Integration hin.

Reformberichte

Ab Anfang der 70er Jahre wurden zahlreiche Reformberichte in Auftrag gegeben. Sie dienten der Kanalisierung der europapolitischen Kommunikationsprozesse, einer Reduzierung des Problemdrucks und dem Krisenmanagement. Inhaltlich waren sie auf eine Steigerung von Effizienz und Transparenz des EG-Entscheidungsprozesses gerichtet.

Die Krisen und die Stagnation der EG in den 60er Jahren führten zu einem Rückgriff auf gewisse Vorstellungen eines intergouvernementalen Konzerts: Man schuf die sogenannte Europäische Politische Zusammenarbeit (EPZ). Die EPZ stellt das zentrale Instrument der Koordinierung der Außenpolitiken der Mitgliedstaaten der EG dar. Am 27. Oktober 1970 einigten sich die Außenminister auf die Grundsätze und Verfahrensweisen der engeren politischen Zusammenarbeit, wie sie im Davignon-Bericht von hohen Beamten der Außenministerien zuvor festgelegt worden waren.

Die Unsicherheiten in der Zielperspektive ließen die Europäische Gemeinschaft aber nicht nur neue institutionelle Akzente setzen, sondern mit der Vereinbarung, eine 'Europäische Union' anzustreben, formulierte man einen allgemeinen Rahmen. Seine inhaltliche Auffüllung sollte vom Tindemans-Bericht vorgenommen werden. Dieser Bericht vom 29. Dezember 1975, benannt nach dem damaligen belgischen Ministerpräsidenten Leo Tindemans, räumt dem Europäischen Rat, der aus der Konferenz der Staats- und Regierungschefs hervorgegangen war, die Rolle eines Entscheidungsgremiums ein. Der "Bericht über die Europäische Union" hob besonders die Notwendigkeit der europäischen Integration, wenn erforderlich, mit "zwei Geschwindigkeiten" hervor. Tindemans formulierte mit starker Betonung der inhaltlichen Fragen der europäischen Politik einen eigenen Zugang, den man in präziser Form mit dem Stichwort des pragmatischen Minimalismus kennzeichnet.

Nicht ohne Grund begann die intensivierte Reformdiskussion in der ersten Hälfte der 70er Jahre. Zu diesem Zeitpunkt waren die zentralen Aufträge der Römischen Verträge (Einrichtung gemeinsamer Institutionen, Vergemeinschaftung zentraler politischer Bereiche wie Landwirtschaft, friedliche Nutzung der Atomenergie, Gemeinsamer Markt, Freizügigkeit) erfüllt. Der Status quo der Integration verlangte am Anfang der 70er Jahre nach der Ergänzung durch weitere Maßnahmen:

- Die institutionelle Stagnation ließ nach der Reform einzelner Organe und nach der Einrichtung neuer Institutionen rufen.
- Der Gemeinsame Markt bedurfte der Ergänzung durch eine gemeinsame Wirtschafts- und Währungspolitik.
- Die ökonomischen Disparitäten innerhalb der EG zwangen zu einer gemeinsamen Regional- und Sozialpolitik.
- Die Umstellung der EG-Finanzierung auf Eigenmittel forderte die Kompetenzerweiterung des EP, speziell in der Haushaltspolitik.
- Der gemeinsame Außenhandel und das große ökonomische Gewicht der EG verlangten nach einer gemeinsamen Außenpolitik.

Die Entwicklung der EG-Institutionen

Die Entwicklung der Institutionen der EG war in den 70er Jahren von Stillstand charakterisiert. Die Kommission, als EG-Exekutivorgan, Keimzelle und Motor der Integration konzipiert, scheute zunehmend die Auseinandersetzung mit dem Ministerrat, in dem einzelstaatliche Interessen Vorrang hatten. Der französische Ministerpräsident Giscard d' Estaing kennzeichnete dann auch die Kommission als Verwaltungsstelle, das Parlament als Legislativorgan und den Europäischen Rat als "das Exekutivorgan" der Gemeinschaft. Der Europäische Rat entstand 1974 – außerhalb des Vertrags – durch den Beschluß der Staats- und Regierungschefs der EG, in Zukunft mindestens zweimal jährlich zu tagen. Er legt die Grundlinien der EG-Politik fest und beeinflußt wesentlich die Entwicklung des Integrationsprozesses. Zusätzlich trug die Intensivierung der EPZ zur Schwächung der Kommission bei, da außenpolitische Fragen in diesem neuen Gremium behandelt wurden.

Das EP verbesserte seine Stellung im Integrationsprozeß. Seine Mitwirkungsmöglichkeiten im Budgetbereich sind etwa durch das Ablehnungsrecht, die Mitentscheidung bei nicht-obligatorischen Ausgaben und die Errichtung eines Europäischen Rechnungshofes am 22. Juli 1975 erweitert worden. Die erste Direktwahl des EP vom 7.–10. Juni 1979 stärkte schließlich erneut dessen Stellung im Institutionengefüge. In kleinen Schritten konnte das EP im folgenden seine Befugnisse und Kompetenzen ausweiten – wenn es auch nach wie vor nicht gleichberechtigt zusammen mit dem Ministerrat an der Gesetzgebung der EG beteiligt ist.

Die Notwendigkeit einer gemeinsamen Strukturpolitik

Die regionalen Entwicklungsunterschiede widersprachen dem Ziel des EWG-Vertrages, "die Volkswirtschaften zu einigen und deren harmonische Entwicklung zu fördern", indem der Abstand zwischen den einzelnen Mitgliedstaaten und der Rückstand weniger begünstigter Gebiete verringert werden sollte. Der am 18. März 1975 eingerichtete Regionalfonds sollte den regionalen Ungleichgewichten entgegenwirken. Dazu sind die Investitionsfinanzierung in den Bereichen Industrie, Handwerk und die Infrastrukturinvestitionen im Zusammenhang dieser Bereiche sowie die Förderung bestimmter benachteiligter Landwirtschaftsgebiete vorgesehen. Die Mittel des Fonds werden nach Quoten auf die EG-Mitglieder verteilt.

Der im EWG-Vertrag vorgesehene Sozialfonds (Art. 123–127), der 1960 eingerichtet wurde, sollte die Realisierung der vertraglich festgelegten "harmonischen sozialen Entwicklung" in der Gemeinschaft über die Vergabe von Mitteln zur Strukturanpassung in der Wirtschaft erreichen. Seit seiner Erweiterung am 1. Mai 1972 wird er als arbeitsmarktpolitisches Instrument eingesetzt. In ähnlicher Richtung wirkte das sozialpolitische Aktionsprogramm, das der Europäische Rat am 21. Januar 1974 beschloß.

Erster Anlauf zur Wirtschafts- und Währungsunion

Die Ergänzung des Gemeinsamen Marktes durch eine gemeinsame Wirtschafts- und Währungspolitik wurde auf der Haager Gipfelkonferenz und in zwei Ratsentschließungen vom März 1971 und vom März 1972, mit dem Ziel der Realisierung einer Wirtschafts- und Währungsunion (WWU) bis 1980 versucht. Beabsichtigt war dabei die Verwirklichung der in den Römischen Verträgen verankerten Freizügigkeiten und eine feste Wechselkursstruktur mit uneingeschränkter Währungskonvertibilität. Zusätzlich sollten zentrale wirtschafts- und währungspolitische Zuständigkeiten der EG-Mitglieder auf Gemeinschaftsorgane übertragen werden. Die Umsetzung dieses Konzepts sollte in mehreren Stufen erfolgen. Im Werner-Plan vom Oktober 1970, benannt nach dem damaligen luxemburgischen Ministerpräsidenten und Finanzminister, wurden diese Schritte zu einer WWU präzisiert. Grundsätzlich unterschiedliche wirtschafts- und integrationspolitische Ansätze und die krisenhafte Entwicklung in den Mitgliedstaaten verhinderten jedoch die zur Koordinierung der Wirtschafts- und Währungspolitk und das angestrebte gemeinschaftliche Festkurssystem.

Die seit Mitte der 70er Jahre in den EG-Staaten durchgeführte Inflationsbekämpfung erwirkte später eine Angleichung der Wirtschafts- und Währungspolitiken. Dies kam einer deutsch-französischen Initiative von Helmut Schmidt und Giscard d'Estaing zugute, die auf die Gründung eines Europäischen Währungssystems (EWS) zielte. Kern war dabei das Konzept eines gemeinsamen Wechselkursmechanismus. Am 13. März 1979 trat das EWS rückwirkend zum 1. Januar 1979 in Kraft. Die Wechselkurse sollten zum Wohle der wirtschaftlichen Entwicklung in den EG-Staaten stabilisiert werden. Ebenso wurde eine Senkung der Inflationsraten angestrebt.

Reform der EG-Finanzierung und des Haushaltsverfahrens

Die 1970 beschlossene Einführung von Eigenmitteln für die EG-Finanzierung brachte in mehreren Stufen bis 1975 eigene Einnahmen für die EG. Folgende Quellen wurden dazu herangezogen:

1. Abschöpfungen, Prämien, Zusatz- und Ausgleichsbeträge aus der gemeinsamen Agrarpolitik,
2. Zölle des gemeinsamen Zolltarifs,
3. Abgaben, die an die EG zu zahlen waren,
4. ein Mehrwertsteueranteil aus den Mitgliedstaaten.

Die Kompetenzen in der Haushaltsführung liegen beim Rat (obligatorische Mittel, weitgehend Agrarmarktgelder) und beim EP (nicht-obligatorische Ausgaben). Beide Institutionen bilden zusammen die Haushaltsbehörde der EG. Seit 1975 wird der Haushalt nur mit der Unterschrift des EP-Präsidenten rechtsgültig, was eine Ablehnungsmöglichkeit bei entsprechenden Mehrheiten im EP einschließt.

Die Außenhandelspolitik der Gemeinschaft

Die EG besitzt seit 1969 die Kompetenz, eine gemeinschaftliche Außenhandelspolitik gegenüber Drittstaaten zu vertreten. Die Außenhandelspolitik regeln die Art. 111 und 113 des EWG-Vertrages. Bis 1979 wurden zwischen der EG und zahlreichen Ländern Assoziierungs-, Freihandels-, Präferenz- und andere Handelsverträge geschlossen. Die Art. 131–136 EWGV regeln die Assoziierung von Drittstaaten, die von einem der EG-

Mitgliedsländer politisch abhängig waren. Art. 238 gibt die Möglichkeit der Assoziierung weiterer Staaten, insbesondere deren, die sich auf eine EG-Mitgliedschaft vorbereiten. Die Anziehungskraft der EG zeigte sich beispielhaft in den Lomé-Abkommen mit den AKP-Staaten, die den beteiligten Ländern aus Afrika, dem karibischen und pazifischen Raum neue Möglichkeiten des Warenaustausches einräumten.

Im Rahmen der Ansätze zu einer Europäischen Union wurde darüber hinaus bis in die 70er Jahre die Notwendigkeit zu einer gemeinschaftlichen Außenpolitik unterstrichen. So insbesondere in der EPZ, die allerdings zunächst ein Konsultationsorgan außerhalb der EG-Strukturen war und rein intergouvernementalen Charakter hatte.

Die erste Direktwahl des Europäischen Parlaments

Vom 7. bis 10. Juni 1979 fand die erste Direktwahl zum EP in den damals 9 Mitgliedsländern statt. Diese Wahl europäischer Volksvertreter war ein tiefgreifender Schritt zur Demokratisierung der EG und verhalf dem Parlament selbst zur Vervollkommnung seiner Legitimation. Die Entwicklung des Gedankens der Direktwahl reicht bis in das Jahr 1951, als der Vertrag zur Gründung der EGKS eine gemeinsame Versammlung, die in allgemeiner, direkter Wahl zu bestimmen sei, vorsah. Zahlreiche Vorschläge, Argumente und Diskussionsbeiträge wurden in der fast dreißig Jahre währenden Debatte über das Für und Wider, die Verfahrensweise und die Gestaltung des Parlaments eingebracht. Der Rat der EG faßte dann am 25. Juli 1978 den Beschluß, die erste Wahl im Juni 1979 abzuhalten. Durch diese Wahl gewann des EP in der institutionellen Struktur der EG neues Gewicht und wurde zu einem zentralen Faktor im Integrationsprozeß.

Agrarpolitische Entwicklungen

Die vollständige Integration der nationalen Agrarsektoren in der EG stieß während der 70er Jahre an die Grenzen des finanziell Machbaren. Kritik entzündete sich an der Überschußproduktion, die durch subventionierte Billigverkäufe gemildert wurden, was zusätzliche Kosten verursachte. Die starken Kostensteigerungen, hervorgerufen durch die Ablösung des marktorientierten Wettbewerbs durch eine Subventionskonkurrenz, verbunden mit einer Überschußproduktion, ließen sich kaum in den Griff bekommen. Deshalb wurde gegen Ende der 70er Jahre der Ruf nach einer Reform der Agrarpolitik lauter. Im Grundsatz sollte dabei die Einkommenssicherung nicht mehr durch Produktsubventionen gewährleistet werden.

Die Probleme mit dem Agrarbereich verdeckten dessen Erfolge. Dazu zählten Marktstabilität, Rationalisierung, ein Warenangebot zu Verbraucherpreisen, die im Verhältnis zum Einkommen gesunken sind, und die Einbeziehung der Landwirte in die allgemeine Einkommensentwicklung.

Zwischenbilanz am Ende der 70er Jahre

Eine nüchterne Bestandsaufnahme des europäischen Integrationsprozesses am Ende der 70er Jahre hatte also Erfolge, Verdienste sowie Versäumnisse und Mängel festzuhalten:

- Zweifellos hatte die EG die in den Römischen Verträgen verankerten Grundfreiheiten weitgehend verwirklicht. Wesentliche Hindernisse für einen freien Warenverkehr waren beseitigt, ein gemeinsamer Zolltarif war eingeführt. Zum Gemeinsamen Markt gehörte auch die Rechtsangleichung zur Beseitigung von Handels- und Berufshindernissen. Trotz dieser positiven Entwicklung waren einige Zielsetzungen nicht oder unzureichend realisiert, z.B. noch vorhandene Zollformalitäten, die immer noch eingeschränkte Freizügigkeit und unterschiedliche indirekte Steuersätze. Diese Defizite machten die Weiterentwicklung des Gemeinsamen Marktes erforderlich.
- Bei aller Kritik der Einzelheiten war festzuhalten, daß die Vergemeinschaftung zentraler politischer Bereiche vollzogen war und nicht unerheblich zum wirtschaftlichen Wohlstand und zur demokratischen Stabilität Westeuropas beigetragen hatte.
- Die Ergänzung des Gemeinsamen Marktes durch eine gemeinschaftliche Außenhandelspolitik war ebenfalls gelungen.
- Das von der Gemeinschaft errichtete Netz von internationalen Präferenz- und Assoziierungsabkommen stärkte ihre internationale Stellung und ermöglichte eine aktivere Entwicklungspolitik.

Daneben war aber nicht zu übersehen, daß der Durchbruch zu einer WWU nicht erreicht wurde. In vielen weiteren Bereichen blieb die Gemeinschaft bei einer begrenzten Koordinierungsfunktion mit einigen ergänzenden Aktionen stehen. Die Energie- und Industriepolitik, die Regional- und Sozialpolitik sowie die Umweltschutz- und Bildungspolitik waren unzureichend ausgeprägt. Dabei handelte es sich um Materien, die in den Römischen Verträgen keine Regelung gefunden hatten.

Es zeigte sich allerdings, daß die Gemeinschaft gezielt über die vertraglich fixierten Politikbereiche hinausgriff, wenn es von der Aufgabenstellung her sinnvoll erschien. Dies traf insbesondere für die Etablierung neuer Instrumente zu, die zum Teil neben der EG, aber in enger politischer Zuordnung eingerichtet worden waren (z.B. die EPZ, der Europäische Rat und das EWS). Dies galt aber auch für die Umstellung der Gemeinschaftsfinanzierung, für die Kompetenzverlagerung in der Gemeinschaft durch Übertragung von Haushaltskompetenzen an das EP oder die Verabschiedung des Aktes zur Direktwahl des EP. Aus dem Überschreiten der Kernbereiche der Römischen Verträge ergaben sich jedoch neue Integrationsprobleme. Denn um Fragen von nicht originärer Zuständigkeit in EG-Verantwortlichkeiten einzubeziehen, war es notwendig, nationale Politiken zu koordinieren. Das Spektrum politischer Strategien wies also zwei konkurrierende Ansätze auf: Supranationale Entscheidungsfindung und internationale Koordination standen nebeneinander. Es entwickelte sich durchaus die Gefahr, daß die Strategie internationaler Koordination die supranationale Strategie unterlaufen konnte.

Der Problemkatalog zu Beginn der 80er Jahre

Die Dialektik von Krise und Reform sollte in den 80er Jahren für die Europäische Gemeinschaft prägend sein. Die Formel "Dialektik von Krise und Reform" verweist darauf, daß die Phänomene von "Krise" und "Reform" in der europäischen Einigung nur in ihrer untrennbaren Wechselwirkung zu verstehen sind. Versäumte Reformen haben wesentlich zu den Krisenerfahrungen beigetragen; verschärfte Krisen und ein komplexer Problemberg erhöhten den Reformdruck. Die Europapolitik der 80er Jahre bot eine Fülle von Beispielen, die deutlich machten, daß die politischen Szenarien von Gestern und Heute den politischen Aufgaben von Heute und Morgen nicht gewachsen waren – allerdings ohne daß schon das europäische Szenarium der Zukunft feste Umrisse zeigen würde.

Die Wirtschaftskrise

Die Wirtschaft aller EG-Mitgliedstaaten befand sich seit Mitte der 70er Jahre in einer Krise. Sinkende Wachstumsraten und rapide steigende Arbeitslosenzahlen bestimmten das wirtschaftspolitische Bild. Die Bekämpfung der Arbeitslosigkeit rückte in den Vordergrund. Die EG-Länder hatten sich nicht auf eine gemeinsame Strategie verständigen können, geschweige denn, daß sie die EG mit einem wirklich effizienten wirtschaftspolitischen Instrumentarium ausgestattet hätten. Aus dem Wirtschaftswachstum der vergangenen Jahre wurde erstmals 1975 real ein Schrumpfungsprozeß; das Handelsbilanzdefizit der EG und die Inflationsproblematik spitzten sich zu. Zusätzlich war die wirtschaftliche Entwicklung in den Regionen der EG weiter auseinandergedriftet. Diese wirtschaftlichen Divergenzen in der Gemeinschaft behinderten die wirtschafts- und finanzpolitische Handlungsfähigkeit, die für eine wirksame europäische Bekämpfung der Arbeitslosigkeit ebenso notwendig war wie für eine Stabilisierung des Binnenmarktes.

Die dramatische Verschlechterung der wirtschaftlichen Lage in der gesamten Gemeinschaft hatte integrationspolitisch bedenkliche Konsequenzen: Die Tendenz zu protektionistischen Maßnahmen nahm zu; die Neigung, den Gemeinsamen Markt durch nationalstaatliche Alleingänge zu unterlaufen, wuchs; die innergemeinschaftlichen Verteilungskämpfe gewannen an Schärfe.

Der Prozeß der Entsolidarisierung

Die Gefahr wuchs, daß erfindungsreicher nationaler Protektionismus den Binnenmarkt durchlöcherte und aushöhlte. Die ungünstige Entwicklung der weltwirtschaftlichen Rahmenbedingungen und die ökonomischen Probleme innerhalb der EG führten zu immer stärkeren Widersprüchen zwischen Gemeinschaftsinteressen und nationalstaatlichen Anliegen. Ein Prozeß der Entsolidarisierung war unübersehbar. Vertragsverletzungen nahmen zu, der Ausbau nichttarifärer Handelshemmnisse schritt voran. Mit dem Bekenntnis zum Freihandel kontrastierte die Praxis eines zunehmenden Protektionismus innerhalb und außerhalb der Gemeinschaft. Das Funktionieren des EG-Marktes sah sich immer größeren Belastungsproben ausgesetzt.

Der strukturelle Hintergrund dieser verschiedenen Erfahrungen ist relativ leicht auszuleuchten: Die inzwischen differenzierteren und labileren Muster der internationalen Umwelt und die härteren internen Verteilungskämpfe ließen die Verlockungen zu nationalen Alleingängen einzelner EG-Mitglieder wachsen. Die entscheidende integrationspolitische Entwicklungslinie lag in dem Versuch, Gemeinschaftsprobleme mehr und mehr zu nationalen Sonderfragen umzuinterpretieren und auch von der Gemeinschaft aus als nationales Sonderproblem zu behandeln sowie in dem damit verbundenen Verständnis von der EG als einer materiellen Verteilungsagentur, die ausschließlich oder vornehmlich unter dem Gesichtspunkt des Finanztransfers zu beurteilen ist.

Die institutionelle Krise

Probleme der institutionellen Struktur der EG schränkten ihre Handlungsfähigkeit ein. Ihre Institutionen wiesen Schwächen auf, die die interne Handlungsfähigkeit beeinträchtigten. Jede einzelne Institution der Gemeinschaft stand vor unübersehbaren Schwierigkeiten und Problemen:

Die Kommission hatte in den zurückliegenden Jahren einen erheblichen politischen Gewichtsverlust erlitten. Indem der Ministerrat das Einstimmigkeitsprinzip praktizierte, war dem Initiativrecht der Kommission der politische Sinn weitgehend genommen. Die Römischen Verträge hatten demgegenüber vorgesehen, die Kommission als Impulsgeber und Wahrer des Gemeinschaftsinteresses zu installieren. Ihr Monopol zur Initiative im Gesetzgebungsverfahren wurde dadurch besonders gewichtet, daß der Rat von diesem Vorschlag nur einstimmig abweichen kann. Wenn aber die Einstimmigkeit sowieso zum Regelfall wird, dann ist die Kommission relativ weitgehend aus der politischen Verantwortung verdrängt. Sie wird so in eine Nebenrolle verwiesen, wodurch das institutionelle Gefüge der Gemeinschaft entscheidend gestört ist.

Die Arbeit des Ministerrates, jenes zentralen Entscheidungsorgans der EG, wurde durch mangelhafte Effektivität gekennzeichnet. Das Handeln im Ministerrat folgte über weite Strecken der Logik des nationalen Schachers; es verschwamm im Halbdunkel des geheimen Beschlußverfahrens und zuhause in der kollektiven Regierungsverantwortlichkeit.

Die begrenzten Kompetenzen des EP besaßen ihre relevanteste Dimension im Haushaltsverfahren. Die parlamentarische Komponente blieb unterentwickelt. Vor diesem Hintergrund lag es nahe, daß sich das Parlament bei seiner Arbeit – mangels anderer Entscheidungskompetenz – sehr stark auf die Erstellung des Haushalts konzentrierte, jeden Millimeter an Handlungsspielraum ausnutzte und daß es ständig die engen Fesseln des Haushaltsverfahrens zu sprengen suchte.

Innerhalb der institutionellen Struktur der EG konnte der Bedarf an Koordinierung nur schwach ausreichend durch die erst in Ansätzen vorhandenen Konzertierungsverfahren zwischen Ministerrat, Kommission und EP gedeckt werden. Die Abstimmung zwischen der EPZ, dem intergouvernementalen Konsultationsverfahren für außenpolitische Themen und den EG-Organen war mangelhaft geblieben.

Der Bedarf an Führungs-, Entscheidungs- und Innovationskapazität wurde kaum befriedigt. Die Frage nach der Innovationskapazität erwies sich als ein gewichtiges Problem. Das institutionelle Gefüge war von den Gründungsvätern der Gemeinschaft sehr weitsichtig als ein höchst dynamisches, auf Fortentwicklung angelegtes Kraftfeld konzipiert worden; mit der Konsequenz, daß es seinen Spannungsbogen und seine Ausstrahlung verliert, sobald der Prozeß institutioneller Fortentwicklung stagniert.

Die Krise der Gemeinsamen Agrarpolitik

Die Reformbedürftigkeit des EG-Agrarmarktes stand außer Zweifel. Die Fehlentwicklungen der Überproduktion und der Ausgabenexplosion waren zu Beginn der 80er Jahre noch ungelöst. Die EG-Organe selbst brachten entsprechende Vorschläge in die Diskussion. Neben allgemeinen Einsparungen wurde die strukturelle Reform des Agrarmarktes gefordert. Die spezifischen Schwierigkeiten der EG-Agrarpolitik – Produktion von Überschüssen als Folge staatlich festgesetzter Mindestpreise und unbeschränkter Absatzgarantien bei Schlüsselprodukten, hohe Kosten der Interventionen und Subventionen, Protektionismus gegenüber Importen aus Drittländern – drohten zum finanziellen Kollaps der Gemeinschaft zu führen. Die Agrarmarktordnungen setzten eine Politik fort, die die Einzelstaaten schon vor 1958 praktizierten: Aufhebung des Marktes als Steuerungsmittel, staatliche Preisfestsetzung und Absatzgarantien, um die eigene Landwirtschaft zu erhalten. Diese Doppelfunktion des Preises als agrarpolitisches Lenkungsinstrument, d. h. die Absicht, über die Preisgestaltung den Landwirten ein Einkommen wie in der Industrie zu gewährleisten und gleichzeitig ein Gleichgewicht zwischen Angebot und Nachfrage herzustellen, ließ sich nicht erreichen.

Die Haushaltskrise

Der Haushalt der EG war seit vielen Jahren mit strukturellen Defekten belastet. Die Gemeinschaft hatte mittlerweile die Grenze ihrer Finanzierbarkeit erreicht; das verfügbare Finanzvolumen war im Blick auf die anstehenden Aufgaben zu knapp bemessen. Vor allem die Konzentration von ca. ⅔ aller Haushaltsausgaben auf den Agrarmarkt schränkte die Möglichkeiten zu einer aktiven Europapolitik in den anderen Bereichen drastisch ein. Die insbesondere von Frankreich geforderten neuen EG-Politiken setzten daher eine Finanzreform und Einnahmenerhöhungen der EG voraus, um finanzpolitischen Spielraum zu erlangen. Es bestand ein weitgehender Konsens darüber, daß eine Erhöhung der Eigeneinnahmen der EG vornehmlich über eine Erhöhung des Mehrwertsteueranteils – bis dahin bis zu 1% – zu erzielen sei.

Die Kompliziertheit des Haushaltsverfahrens machte allerdings eine rationale öffentliche Diskussion praktisch unmöglich. In einem Detail wurde jedoch 1982 ein Stück Klarheit geschaffen: EP, Rat und Kommission einigten sich mit einer gemeinsamen Erklärung am 30. Juni 1982 auf eine verbindliche Klassifizierung der obligatorischen und nicht-obligatorischen Teile des Haushalts. Der Haushalt für das Jahr 1983 konnte daraufhin ohne große Hindernisse verabschiedet werden.

Der Streit um den britischen Finanzbeitrag

Zum Programm der Finanzreform zählte auch das Problem gerechter Finanzierungsanteile am EG-Haushalt, insbesondere die schwierige Frage des englischen Finanzausgleichs. Seit 1979 schwelte der Budgetstreit. Von Anfang an war klar, daß ein erhebliches Ungleichgewicht in den Finanztransfers zwischen Großbritannien und der Gemeinschaft bestand. Ursache dieses Ungleichgewichts waren einerseits die hohen Importe Großbritanniens aus Drittstaaten und die damit verbundenen hohen Zollabgaben an die Gemeinschaftskasse, andererseits das relativ niedrige volkswirtschaftliche Gewicht der Landwirtschaft in Großbritannien, wodurch die Gemeinschaftsausgaben dort deutlich unter den Leistungen für die anderen Mitglieder lagen. Bei den Beitrittsverhandlungen war dieses Strukturproblem zurückgestellt worden mit der Zusicherung an Großbritannien, nach Ablauf der Übergangszeit von sieben Jahren Korrekturen vorzunehmen, falls eine nicht akzeptable Situation eintreten würde. Das finanzielle Ungleichgewicht veranlaßte die englische Regierung, von diesem Zeitpunkt an die Forderung nach einem Finanzausgleich mit kompromißloser Hartnäckigkeit zu erheben und zugleich auch zahlreiche andere Aktionsfelder der Europapolitik in Mitleidenschaft zu ziehen.

Das außenpolitische Defizit

Internationale Herausforderungen – die Krisen um Iran, Afghanistan, Polen, Falkland und den Nahen Osten – nährten insgesamt die Zweifel, ob die EG über ein ausreichendes außenpolitisches Krisenmanagement sowie ein mittel- und langfristiges Konzept zur internationalen Politik verfügte. Die europäische Antwort auf die genannten Herausforderungen zeigte kein eindeutiges Profil: Allzu eng lagen Erfolge und Mißerfolge nebeneinander.

Im Erwartungshorizont der internationalen Umwelt war die EG längst über die herkömmliche Wirtschaftsgemeinschaft hinausgewachsen und in weltpolitische Mitverantwortung einbezogen worden. Es zeichnete sich eine erhebliche Diskrepanz zwischen dem Anspruch der Umwelt und dem Selbstbewußtsein der Gemeinschaft ab. Neben den klassischen EG-Instrumenten, nämlich der Außenhandelspolitik (Art. 3 und Art. 110–116 EWGV) und der Assoziierungspolitik entwickelte sich die EPZ mehr und mehr zum entscheidenden Rahmen für die Formulierung der europäischen Außenpolitik. Die Koordinierung der außenpolitischen Positionen der EG-Mitglieder war durchaus lückenhaft geblieben. Das Instrument der EPZ führte offenkundig nur zu einer relativ labilen Konzertierung von Positionen mit dem Ziel einer gemeinsamen Deklaration.

Schwierige Verhandlungen um die Süderweiterung

Die EG hatte ein prinzipielles "Ja" zur Süderweiterung ausgesprochen. Die Beitrittsverhandlungen verzögerten sich jedoch angesichts wachsender Widerstände in einzelnen EG-Staaten, insbesondere in Frankreich. Im Laufe der achtjährigen, schwierigen Beitrittsverhandlungen waren Ernüchterungen nicht ausgeblieben. Natürlich blieb für die EG die Glaubwürdigkeit ihrer eigenen Zusage wichtig; natürlich lockte die Erweiterung des Gemeinsamen Marktes und die Stärkung der weltpolitischen Dimension. Demgegenüber standen handfeste Konsequenzen: Ausgabensteigerungen im Agrarmarkt, in den Strukturfonds, Korrekturen in der Fischereipolitik. Durch vielfältige Übergangsregelungen waren die Schwierigkeiten für einen knappen Zeitraum zu mildern und zu relativieren, aufzuheben waren sie dadurch aber nicht. Sorgen wuchsen auch bei den Beitrittskandidaten: Wie sollten sie die vielfältigen Auflagen der Gemeinschaft ohne soziale, ökonomische und innenpolitische Krisen erfüllen? Wie sollten sie dem neuen Wettbewerbsdruck der übermächtigen Industrien im Norden gewachsen sein? Wie sollte der Modernisierungsprozeß human umgesetzt werden? Für die Gemeinschaft selbst stellte sich abermals die Frage nach der Effizienz ihrer Entscheidungsprozeduren. Verfahren, für eine Gemeinschaft der Sechs konzipiert, nachträglich ausgehöhlt, dann auf eine Gemeinschaft der Neun und schließlich der Zehn übertragen, geprägt von Beschwerlichkeiten und Lähmungen aller Art – wie sollten solche Verfahren denn in einer nochmals expandierenden Gemeinschaft wenigstens sektorale Handlungsfähigkeit gewährleisten können? Zusätzlicher Reformdruck entstand.

Zusammenfassend lassen sich für die EG zu Beginn der 80er Jahre folgende Bereiche konzeptioneller Unsicherheit benennen:

1. Die EG mußte Wege finden, um ihre Identität zu stärken und damit auch gegenüber Einzelinteressen von einzelnen Mitgliedstaaten oder starken gesellschaftlichen Verbänden durchsetzungsfähiger zu werden.

2. Das institutionelle Gefüge der Gemeinschaft mußte den neuen Gegebenheiten angepaßt und damit erheblich weiterentwickelt werden.

3. Die Gemeinschaft konnte auf Dauer einer Lösung ihrer Haushaltprobleme nicht ausweichen. Dabei ging es sowohl um die überfällige Reform des Agrarmarktes als auch um die Weiterentwicklung der Eigeneinnahmen, den Ausbau der Haushaltskompetenzen des EP sowie um die Steigerung des Anteils der Regional- und Sozialpolitik am Gesamthaushalt der EG.

4. Die Gemeinschaft würde einen spürbaren und damit kostspieligeren Beitrag zum innergemeinschaftlichen Ressourcentransfer leisten müssen.

Die tiefgreifenden Entwicklungsunterschiede in der EG erwiesen sich zunehmend als schwerwiegendes Hindernis. Sie stand insofern vor der Aufgabe, für einen höchst unterschiedlich strukturierten Wirtschaftsraum eine gemeinsame Strukturpolitik entwerfen zu müssen.

5. Der Gemeinschaft stellte sich angesichts der internationalen Herausforderungen die Aufgabe, ihre außenpolitische Kooperation und Handlungsfähigkeit wesentlich zu steigern.

Die Reformdebatte – Ansätze und Initiativen

Der Beginn der 80er Jahre war von einer Reformdiskussion gekennzeichnet wie selten zuvor. Der Status quo der Integration verlangte geradezu übermächtig nach der Ergänzung durch weitere Maßnahmen: durch eine gemeinsame Wirtschafts- und Währungspolitik, durch eine gemeinsame Außenpolitik, durch eine gemeinsame Regional- und Sozialpolitik und durch neue Institutionen. Diese generellen Hintergründe der Reformdiskussion wurden seit 1981 durch verschiedene Faktoren aktualisiert: das geschärfte Bewußtsein von den interen Schwierigkeiten, das wachsende Gewicht der externen Herausforderungen (Ost-West-Beziehungen, Sicherheitspolitik, Energieversorgung), der interne Konstellationswandel (innenpolitische Veränderungen in Frankreich und Griechenland, wachsende innenpolitische Schwierigkeiten in allen Mitgliedstaaten), die Vorbereitung der zweiten Etappe der Süderweiterung (Beitrittsverhandlungen mit Spanien und Portugal) der Anspruch, zur zweiten Direktwahl zum EP 1984 eine akzeptable Bilanz vorzulegen. In diesem Zusammenhang kam es zu wichtigen Reforminitiativen.

Der Mandatsbericht der Kommission

Der Ministerrat beschloß am 30. Mai 1980 für das britische Haushaltsproblem eine auf 1980 und 1981 zeitlich begrenzte Übergangsregelung und beauftragte gleichzeitig die Kommission, einen Vorschlag zur Lösung der Haushaltsproblematik auszuarbeiten, allerdings "ohne die gemeinsame finanzielle Verantwortung für diese aus eigenen Mitteln der Gemeinschaft finanzierten Politiken oder die Grundprinzipien der gemeinsamen Agrarpolitik in Frage zu stellen". Die Kommission sollte das durch Großbritannien dramatisierte Haushaltsproblem lösen, ohne die politischen Rahmenbedingungen zu verändern. Sie löste sich allerdings nach intensiven internen Auseinandersetzungen von diesen eng gezogenen Markierungen des Mandats. Ihr Reformvorschlag beinhaltete vier Komponenten:

1. Den Vorschlag zur Ausdehnung der Gemeinschaftsmaterien auf eine gemeinsame Beschäftigungspolitik. Sie forderte eine Gesamtstrategie, die dauerhaftes Wachstum und Beschäftigung gewährleisten sollte.

2. Die Kommission regte eine vorsichtige Reform des Agrarmarktes an, mit dem Ziel, den Haushaltsanteil der Agrarpolitik deutlich zu senken, die Überschußproduktion abzubauen und die Preise den Marktrealitäten anzupassen.

3. Die Kommission forderte einen quantitativen Ausbau und eine qualitative Reform der Regional- und Sozialpolitik.

4. Das britische Finanzproblem wurde als ein Sonderproblem erkannt. Es hieß allerdings einschränkend: "Die dem Vereinigten Königreich bereitgestellten Mittel müßten für die Finanzierung von Maßnahmen verwendet werden, die im Einklang mit den gemeinschaftlichen Politiken stehen; diese Maßnahmen müssen die Konvergenz der Volkswirtschaften verstärken."

Das Echo auf den Mandatsbericht war verständlicherweise höchst unterschiedlich. Gerade in dieser kritischen Auseinandersetzung wurde das Dilemma des Mandats deutlich: Einerseits war der generalisierende Ansatz der Kommision, das britische Finanzproblem in eine materielle Grundlagenreform einzubetten, zweifellos richtig. Andererseits gerieten die damit verbundenen Vorschläge angesichts der politischen Rahmenbedingungen auf einen Abstraktionsgrad, dessen hohe Allgemeinheit und dessen fehlende Prioritätenskala kaum konkrete Handlungsweisen ablesen ließen.

Mehrheitsentscheidung im Ministerrat: ein erster Präzedenzfall

Die Landwirtschaftsminister waren 1982 nicht in der Lage, sich bis zum vorgesehenen Stichtag, dem 1. April, auf die Agrarpreise zu einigen. Tagungen des Agrarministerrates im April und Anfang Mai brachten zwar Annäherungen, aber keine abschließende Entscheidung. Noch in der Tagung des Ministerrates am 10. Mai 1982 erklärte die damalige französische Landwirtschaftsministerin Edith Cresson, wenn ein Mitglied die Preisbeschlüsse zu einem wichtigen nationalen Interesse erkläre, dann könne es keine Abstimmung geben. "Der Luxemburger Kompromiß wird nicht angerührt". Zunächst konnte man meinen, Zeuge des üblichen Pokerns um die Agrarpreise zu sein. Eine neue Dimension erhielt das Thema allerdings, als die Engländer eine Blockade der Agrarpreise zum Vehikel ihrer Haushaltsforderungen machten. Das Veto der Engländer sollte also als Hebel für Forderungen dienen, die gar nicht in einem direkten Zusammenhang mit der Entscheidungsmaterie stand. Beide Komponenten wurden dann noch verbunden mit dem strapazierten Solidaritätswillen der übrigen EG-Partner im Falkland-Konflikt. Am 16. Mai trafen sich daraufhin die zehn EG-Außenminister, um über die Verlängerung des Einfuhrstopps für argentinische Waren und den englischen Haushaltsbeitrag zu verhandeln; für den 18. Mai war der Agrarministerrat zur Festsetzung der Agrarpreise eingeladen. In solchen Zeiten dichter Entscheidungsfindung bot sich die Chance, Verhandlungspakete zu schnüren.

England war jedoch nicht zu einem Nachgeben in der Beitragsfrage bereit. In der Außenminister-Beratung am Abend des 17. Mai 1982 bewegte sich nichts. Es war deutlich zu spüren, daß eine spezifische Mischung aus Verärgerung, Befürchtung einer totalen Lähmung der EG und Besorgnis, selbst einmal Opfer einer Abkehr vom Einstimmigkeitsprinzip zu werden, entstanden war. Am 18. Mai 1982 entschied dann der Ministerrat mit der laut Vertrag erforderlichen qualifizierten Mehrheit. England, Dänemark und Griechenland nahmen an der Abstimmung nicht teil. Damit hatte eine subtile Verschiebung der politischen Akzente stattgefunden: Die Feststellung des Gemeinschaftswillens wurde erstens nicht schematisch unter das kompromißlose Diktat der Mehrheit, aber auch nicht mehr automatisch dem Veto der Minderheit unterworfen. Dieser außerordentliche Vorgang war nur vor dem Hintergrund nachzuvollziehen, der sich aus der zeitlichen und politisch-atmosphärischen Verquickung von drei gewichtigen Problemstellungen ergeben hatte: die gemeinschaftliche Haltung im Falkland-Konflikt, die Verhandlungen um den Beitragsausgleich für Großbritannien, die Festsetzung der Agrarpreise.

Nach der Ministerrats-Entscheidung über die Agrarpreise verständigte man sich am 25. Mai auch auf eine Rückzahlung an England für das Jahr 1982 in Höhe von 850 Mio. ECU. Die englische Regierung hatte offenbar nach der Mehrheitsentscheidung des Ministerrates in Sachen Agrarpreise gegen sie die Aussichtslosigkeit ihrer Maximalpositionen (5- bis 7-jährige Lösung, Rückerstattung nicht unter einer Mrd. ECU) eingesehen. Der Importstopp gegen Argentinien war am 24. Mai auf unbestimmte Zeit verlängert worden, bis er schließlich am 22. Juni nach Ende der Feindseligkeiten im Südatlantik aufgehoben wurde.

Wichtig und interessant ist vor allem die Interpretation, die Frankreich der Mehrheitsabstimmung im Ministerrat gab. Die französische Regierung ließ erklären, der 'Luxemburger Kompromiß' gebe jedem Mitglied die Sicherheit, daß ihm keine Entscheidung aufgezwungen werde, gegen die es ein vitales Interesse vorbringen könne. Es könne aber nicht Sinn dieses Vorbehalts sein, einem Mitglied die Möglichkeit zu geben, das normale Funktionieren der Gemeinschaftsprozeduren zu verhindern. Frankreich hatte damit seine Interpretation des 'Luxemburger Kompromisses' gemeinschaftsfreundlich akzentuiert.

Von der Genscher-Colombo-Initiative zur "Feierlichen Deklaration"

Ein ganzes Motivbündel – Notwendigkeit der EG-Reform, sinkende Popularität des Europa-Gedankens, Ablenkung von der finanzpolitischen Diskussion – mochte den deutschen Außenminister Genscher bewogen haben, am 6. Januar 1981 eine neue Europa-Initiative anzukündigen. Genscher nahm einen seit vielen Jahren benutzten, aber immer noch sehr unscharfen Zielbegriff der Europapolitik auf: Die Europäische Union. Er schlug vor, dieses Ziel durch einen Vertrag – eine "Europäische Akte" – inhaltlich zu fixieren. Die Grundgedanken dieser Akte waren:

- die stärkere Verbindung von EG und EPZ unter dem gemeinsamen Dach des Europäischen Rates;
- die Steigerung der Effizienz im Entscheidungsprozeß durch den Ausbau der Führungsposition des Europäischen Rates, durch Kompetenzerweiterungen des Europäischen Parlaments und durch die Abkehr vom Einstimmigkeitsprinzip des Ministerrates;
- die Einbeziehung der Sicherheitspolitik in die EPZ;
- die engere Zusammenarbeit im kulturellen und im rechtspolitischen Bereich.

Als konkrete Neuerungen wären mit der Verabschiedung der Europäischen Akte verbunden gewesen: die Schaffung zweier neuer Ministerräte (Justiz und Kultur), Konsultationen zwischen dem Ratsvorsitzenden und dem EP-Präsidium vor Ernennung des Kommissionspräsidenten, Erschwerung des Vetos im Ministerrat. Die italienische Regierung griff diese Überlegungen auf und ergänzte sie durch konzeptionelle Darlegungen zur wirtschaftlichen Integration. Am 4. November 1981 legten die deutsche und die italienische Regierung einen gemeinsamen Entwurf für eine Europäische Akte vor, der ausdrücklich auf konsensfähige Punkte konzentriert sein sollte. Mit dieser Initiative begann ein schwieriger Verhandlungsprozeß mit den übrigen Partnern, in dessen Verlauf sich sehr bald herausstellte, daß die konsensfähigen Bereiche doch enger abzustecken waren, als es die Autoren zunächst annahmen. Der Gedanke, einen Vertrag abzuschließen, wurde ganz frühzeitig aufgegeben. Offenbar scheute man das Mühsal, aber auch die Gefahr des Scheiterns im parlamentarischen Ratifikationsprozeß. Die politischen Rahmenbedingungen erschienen für Ergänzungen zu den Römischen Verträgen nicht günstig.

Die Kontroversen entzündeten sich während der Vertragsverhandlungen vor allem an drei Punkten an dem Vorschlag, im Ministerrat zu den vertraglich vorgesehenen Mehrheitsabstimmungen zu kommen; an dem Vorhaben, die Sicherheitspolitik in den EPZ-Rahmen einzubeziehen; an dem Bestreben, dem EP neue substantielle Kompetenzen einzuräumen. Hier mußten die Autoren der deutsch-italienischen Initiative im Laufe der Beratungen erhebliche Abstriche zulassen. Am 19. Juni wurde auf dem Stuttgarter Gipfel die "Feierliche Deklaration zur Europäischen Union" verabschiedet.

Drei Mängel dieses Entwurfs der Europäischen Akte fallen besonders ins Auge: Sie enthält keine Aussagen zu einer substantiellen Ausweitung der Kompetenzen des Europäischen Parlaments. Sie unternimmt nicht den Versuch, das EWS in das Konzert aus EG und EPZ einzubinden. Zu den neuralgischen Punkten der Europapolitik befinden sich in den Ausführungen der Europäischen Akte relativ unpräzise Formulierungen, die im Konfliktfall den Interpretationsstreit begünstigen.

Das wesentliche Ergebnis des Stuttgarter Gipfels lag jedoch im Schnüren des Reformpaketes aus den zentralen materiellen Strukturproblemen, die die Gemeinschaft belasteten. Es ging um die künftige Finanzierung mit Blick auf die Erhöhung der Einnahmen, die strengere Haushaltsdisziplin und den Zahlungsausgleich für England, die Reform des Agrarmarktes, die Erweiterung der EG durch den Beitritt von Spanien und Portugal sowie um die Entwicklung neuer Gemeinschaftspolitiken. Mit dem Stuttgarter Gipfel gelang es der Gemeinschaft, unterschiedliche Interessenkonflikte in einen Verhandlungszusammenhang zu bringen und damit kompromißfähig zu machen. Im Dezember 1983 scheiterte dann allerdings der Athener Gipfel. Selten hatte sich ein Jahreswechsel in der Europapolitik unter solch düsteren Vorzeichen vollzogen. Das Paket von Stuttgart lag auf dem Scherbenhaufen von Athen. Zur Entkrampfung der so entstandenen Situation griff man auf das klassische Instrument traditioneller Diplomatie zurück – die bilateralen Verhandlungen. Immerhin schaffte man es damit im Laufe des Jahres 1984, europapolitische Fortschritte zu unternehmen, die der EG zumindest eine Atempause verschafften.

Reforminitiativen des Europäischen Parlaments

Das EP beteiligte sich sehr intensiv an der Reformdiskussion. Dabei entwickelte es Überlegungen von sehr unterschiedlicher Reichweite. Bei allen Initiativen war das Parlament bemüht, seine politische Rolle zu stärken, die Effizienz seiner Verfahren zu verbessern und den Weg zu durchgreifenden Kompetenzerweiterungen zu ebnen. Drei verschiedene Reformstrategien des Parlaments waren zu beobachten:

Zum einen versuchte das Parlament weiterhin, durch Festsetzen politischer Fakten die Grundlage für weitere Ansprüche zu legen, ohne daß dazu bereits die Rechtsgrundlagen vorhanden wären. So führte das EP 1981 eine Investitur-Debatte zum Amtsantritt der neuen Kommission, ohne dazu eine rechtliche Kompetenz zu besitzen. Das EP hob darüber hinaus in verschiedenen Reformberichten auf kleine und mittlere Kompetenzerweiterungen und Positionsverbesserungen ab, die keine Änderung der Verträge voraussetzten.

Von weitreichendster Tragweite war zweifellos das Vorhaben, eine Europäische Verfassung auszuarbeiten.

Am 14. September faßte das Parlament eine entsprechende Entschließung, die die Prinzipien und Leitlinien für eine europäische Verfassung – das EP sprach von einem "Vertrag zur Gründung der Europäischen Union" – beinhaltete. Bei dieser Aktion dachte das EP wohl nicht zuletzt an sich selbst: an die Bilanz seiner Arbeit in der ersten Wahlperiode und an das Urteil des Wählers im Juni 1984 bei der zweiten Direktwahl. Die Verfassung als psychologisches Vehikel der Selbstvergewisserung des EP – so könnte man zugespitzt formulieren. Denn seine Arbeit in der ersten Wahlperiode wies eine ambivalente Bilanz auf: Sein Wirken blieb ohne begreifbares Profil, ohne Prioritäten. Das Verhältnis zur Öffentlichkeit war kümmerlich geblieben. Das Bedürfnis, ein stärkeres politisches Selbstbewußtsein zu demonstrieren, wurde jedoch sichtbar.

Kein Zweifel bestand daran, daß Europa eine Verfassung brauchte. Die Rechtsgrundlagen waren unüberschaubar geworden; die Reform Europas war überfällig; die elementare Übereinstimmung der Europäer verlangte nach einer Festlegung. Die Europäische Verfassung hätte zu einem wichtigen Orientierungselement werden können:

1. Ihre Verabschiedung hätte die Übersichtlichkeit des Einigungsprozesses wieder herstellen, das Wozu und Warum neu verdeutlichen können. Eine sinnvolle Zuordnung und Neuordung der vielfältigen institutionellen Ansätze und Entscheidungsabläufe erschien geboten.

2. Die Direktwahl zum EP bedeutete zweifellos einen tiefen Einschnitt in das institutionelle Gefüge der Gemeinschaft, auch wenn mit ihr nicht unmittelbare Kompetenzverlagerungen verbunden waren. Eine Verfassung hätte die Möglichkeit geboten, das institutionelle Gefüge den neuen politischen Gegebenheiten anzupassen.

3. Die Verfassung hätte zudem die Möglichkeit bieten können, die neuen politischen Problemschwerpunkte in die rechtlichen Grundlagen der Gemeinschaft einzufügen. Standen im Mittelpunkt der Römischen Verträge noch der Agrarmarkt, die Zollunion und die Freizügigkeit, so waren

inzwischen andere Aufgaben ergänzend in den Vordergrund gerückt, für die in den Römischen Verträgen keine eindeutigen Regelungen vorgesehen waren: Umweltschutz, Energiepolitik, Regionalpolitik, Außen- und Sicherheitspolitik.

Im Grundsatz folgte die Verfassungsinitiative des EP diesen Ansprüchen. Die Europäische Union sollte das Dach für die EG, das EWS und die EPZ bilden. Das EP sollte wesentlich erweiterte Kompetenzen erhalten und als eine zweite Kammer gleichberechtigt neben dem Ministerrat an allen Gesetzgebungsvorhaben mitwirken. Bei vielen Kompetenzverschiebungen sah der Vorschlag ein flexibles, schrittweises Vorgehen vor. Der Vertrag zur Gründung einer Europäischen Union wurde am 14. Februar 1984 im EP mit einer Mehrheit von 237 Stimmen bei 34 Gegenstimmen und 54 Enthaltungen angenommen.

Der Gipfel von Fontainebleau

Das Jahr 1984 brach mit der Spirale dramatischer Kostenexplosion auf dem Agrarsektor; es machte – wenn auch nur vorsichtig und sektoral begrenzt – ein Ende mit dem Gedanken der unbegrenzten Absatzgarantie. Nach Vorvereinbarungen der Agrarminister in bezug auf die Überproduktion bei Milch und Getreide sowie den Abbau der Währungsausgleichsbeträge fixierte der Gipfel von Fontainebleau (25./26. 6. 1984) unter Hinzufügung von Ausnahmeregelungen für Irland die Vereinbarungen und bestätigte damit vor allem eine Beschränkung der Garantiemengen für Milch, dem Problemsektor Nr. 1 des Agrarmarktes. Damit sollte die teure Überschußproduktion wenigstens gedrosselt werden. Der Beschluß zur Kontingentierung von Milch ist als ein Schritt in krisenhaft zugespitzter Lage, nicht als durchgreifende Strukturreform zu sehen. Schon auf den ersten Blick waren Schönheitsfehler nicht zu übersehen: Die festgelegte Quote lag über der 1981 erzeugten Milchmenge, bedeutete also nach wie vor eine Überproduktion. Zudem wurden die Einsparungen auf europäischer Ebene mit nationalen Ausgleichszahlungen an die Landwirte kompensiert. Dennoch verschaffte sich die Europäische Gemeinschaft eine Atempause auf dem Sektor der Agrarpolitik. Die dramatische Spirale explodierender Agrarkosten wurde zumindest deutlich verlangsamt.

Der Europäische Rat in Fontainebleau einigte sich außerdem auf eine vorläufige Lösung des seit fünf Jahren schwelenden Haushaltskonflikts. Bis dahin hatte man Jahr für Jahr eine Minderung der britischen Haushaltsbelastungen in Form von Ad-hoc-Regelungen vereinbart. Die jetzt gefundene Lösung hob demgegenüber auf eine längerfristige Regelung ab. England erhielt Rückzahlungen zugesprochen; die anderen teilten sich die

Lasten. Die Gemeinschaft erstattete Großbritannien künftig alljährlich 66% seiner sogenannten Rückflüsse, d.h. der Differenz zwischen seinem Mehrwertsteueranteil und den Beträgen, die dem Land durch die Gemeinschaftspolitiken zufließen. Die Bundesrepublik Deutschland sollte zu den Kosten des britischen Anteils nur zwei Drittel ihres normalen Anteils beitragen, während sich alle anderen Staaten mit ihrem vollen Anteil beteiligten. Dieses Ausgleichssystem kam erstmals 1985 zur Anwendung. Insgesamt war das Gipfeltreffen von Fontainebleau ein Erfolg – obwohl in der Agrarpolitik und im Finanzsystem nur Oberflächenkorrekturen vorgenommen wurden. Die Verbindung der Korrektur des Agrarmarktes, der Erhöhung der EG-Finanzen und der Süderweiterung vergrößerte den Bewegungsspielraum der Gemeinschaft in allen diesen Fragen etwas.

Zwei Ad-hoc-Ausschüsse zur Vorbereitung der Reform

Der Europäische Rat setzte in Fontainebleau außerdem zwei neue Reform-Kommissionen ein: für das "Europa der Bürger" und für institutionelle Fragen.

Zum Ausschuß für das Europa der Bürger: Die Kompliziertheit des europäischen Integrationsprozesses erschwert den Zugang zu Europa. Komplizierte Fachterminologien, vielfältig verästelte Institutionen, distanzierte Entscheidungsfindungen – dies alles sind Teilbegründungen für den großen Abstand zwischen dem Bürger und der EG. Komplizierte politische Systeme vermitteln Informationen, Absichten und Einsichten häufig mit Hilfe von Symbolen, nicht zuletzt auf dem Umweg der Personalisierung. Positiv aufgeladene Symbole fehlten der Gemeinschaft. Loyalitäts-, Identifikations- und Repräsentationsdefizite waren die Folge. Der Europäische Rat, der den elementaren Wert politischer Symbole für die Existenzfähigkeit moderner Gesellschaften erkannte, setzte in Fontainebleau einen Ad-hoc-Ausschuß ein, der Maßnahmen zur Förderung der europäischen Identität der Gemeinschaftsbürger vorbereiten und koordinieren sollte. Die Leitung lag bei dem Italiener Adonnino.

Zum Ausschuß für institutionelle Fragen: Nachdem die institutionelle Krise der Gemeinschaft über Jahre zum Dauerthema geworden war und mit der Feierlichen Deklaration zur Europäischen Union vom Juni 1983, dem Vertragsentwurf des EP zur Gründung der Europäischen Union vom Februar 1984 sowie einem französischen und einem englischem Memorandum zur Zukunft Europas etliche Reformanstöße zu Papier gebracht waren, sah der Europäische Rat in Fontainebleau offenbar den richtigen Zeitpunkt für gekommen, seinerseits präzisere Umrisse einer Europäischen Union zu fixieren. Er beauftragte dazu den Ad-hoc-Ausschuß für institutionelle Fragen, unter Leitung des Iren Dooge. Der Ausschuß sollte Vorschläge zum besseren Funktionieren der europäischen Zusammenarbeit im Gemeinschaftsbereich wie auch im Bereich der Politischen Zusammenarbeit und in anderen Bereichen unterbreiten. Er legte bereits zur Gipfelkonferenz in Dublin am 3./4. Dezember 1984 einen Zwischenbericht vor, mit folgenden Vorschlägen:

- Auf institutionellem Gebiet sollte dem EP im Gesetzgebungsverfahren ein echtes Mitentscheidungsrecht eingeräumt werden. Das Abstimmungsverfahren des Rates sollte dahingehend geändert werden, daß generell qualifizierte Mehrheitsabstimmungen vorgenommen werden. Nur bei neuen politischen Vorhaben und bei der Erweiterung der Gemeinschaft sollte noch Einstimmigkeit gelten. Als Gegengewicht zur generellen Mehrheitsabstimmung war für eine gewisse Übergangszeit vorgesehen, daß ein vitales, sorgfältig begründetes nationales Interesse berücksichtigt werden kann. Rat und Kommission sollten jeweils festlegen, ob ein solches vitales Interesse geltend zu machen war.
- Im Bereich der Außenpolitik wurde eine engere Verbindung zwischen den Außenbeziehungen der EG und der EPZ gefordert. Die EPZ sollte durch die Einrichtung eines Sekretariats gestärkt werden.
- Der Zwischenbericht forderte die Schaffung eines echten Binnenmarktes und den Ausbau des Europäischen Währungssystems.

Die Berichte beider Ad-hoc-Ausschüsse wurden ein Jahr später dem Mailänder Gipfel vorgelegt.

Die Süderweiterung

Der Gipfel in Fontainebleau stellte auch die letzten Weichen für die Süderweiterung. Auf beiden Seiten gab es gemischte Gefühle, als die letzten Steine zum Beitritt Spaniens und Portugals aus dem Wege geräumt wurden. Die naive Eindimensionalität, die den Beitrittsantrag beider Länder begleitet hatte, war zwischenzeitlich differenzierteren Gemütslagen gewichen. Ursprünglich waren die Schwierigkeiten und Probleme von Emotionen und vollmundigen Ankündigungen überdeckt: Die Europäische Gemeinschaft hatte gegenüber der spanischen und portugiesischen Diktatur immer wieder mit dem Hinweis gearbeitet, der EG-Beitritt sei möglich, sobald eine demokratische Ordnung etabliert sei. Dieses Wort galt es zu halten. Die beiden Länder der iberischen Halbinsel gaben ihrem Demokratisierungsprozeß explizit diese europäische Dimension.

Als die Verträge zum Beitritt Spaniens und Portugals am 29. März 1985 unterzeichnet und am 1. Januar 1986 vollzogen wurden, herrschte trotz Sorgen und Befürchtungen Feiertagsstimmung. Der Beitrittt wurde als selten gewordenes Erfolgserlebnis der Europapolitik verstanden. Die politische Architektur der EG wandelte sich durch die Erweiterung. Der gemeinsame, weitgehend vergleichbare Entwicklungstrend mit der Perspektive der politischen Einigung Europas war durch die Beitritte der 70er und Anfang der 80er Jahre einem stärker ökonomisch akzentuierten Ansatz gewichen. Das Profil des Integrationsprozesses verlagerte sich. Die Süderweiterung verschob das Schwergewicht zum Mittelmeer. Die Süderweiterung erzwang zudem höhere Ausgaben der Gemeinschaft. Parallel zur Vereinbarung der Erweiterung wurde daher eine Korrektur des EG-Haushaltsvertrages vorgenommen: Beschlossen wurde die Erhöhung der EG-Eigeneinnahmen bis zu 1,4% der Mehrwertsteuer-Bemessungsgrundlage ab 1986. Eine Erhöhung auf 1,6% wurde für 1988 in Aussicht gestellt. Bereits bei der Vorstellung des Arbeitsprogramms für 1986 vor dem EP forderte jedoch der Präsident der Kommission, Jacques Delors, die Bereitstellung weiterer Finanzmittel. Das Erfolgserlebnis der Einnahmenerhöhung wurde also sehr bald wieder überlagert von der grundsätzlichen Finanzmisere der Gemeinschaft.

Szenenwechsel in Europa

Die Gipfeldramaturgie von Fontainebleau bis Luxemburg sollte die Weichen für den Weg zur Einheitlichen Europäischen Akte (EEA) stellen. Dem Mailänder Gipfel (28./29.6.1985) lagen die Ausarbeitungen der beiden 1984 beim Gipfel von Fontainebleau eingesetzten Reformkomitees vor. Beide Dokumente spielten jedoch nur eine untergeordnete Rolle.

Die Dramaturgie des Mailänder Gipfels hätte kaum effektvoller sein können. In den Monaten seiner Vorbereitung erlebten die Europäer crncut ein Wechselbad von Hoffnung und Enttäuschung. Die Abfolge von Ankündigung, Krise und neuem Bekenntnis schien zum Pulsschlag der europäischen Einigung zu werden. Kohl und Mitterrand setzten sich selbst unter Erfolgsdruck. Dann verhakte sich die Gemeinschaft jedoch in den Details des europäischen Alltags: Schwierigkeiten beim Abgas-Katalysator, deutsches Agrar-Veto, Irritationen in Sachen Weltraum-Technologie. Der Erwartungshorizont im Blick auf Mailand sank gegen Null. Schließlich legten Kohl und Mitterrand ein weitreichendes Reform-Konzept in Mailand vor und bestimmten damit die Tagesordnung. Heftig ablehnende Reaktionen, emotionale Ausbrüche, beißende Kritik: Dies waren die Antworten der englischen Premierministerin und des griechischen Ministerpräsidenten. Schließlich vereinbarte der Europäische Rat, eine Regierungskonferenz einzuberufen, auf der die Reformvorschläge präzisiert und entscheidungsreif gemacht werden sollten. Dieser weitreichende Beschluß erfolgte gegen den Willen von drei Mitgliedsländern – auch ein Novum in der Geschichte der Europäischen Einigung. Oberflächlich betrachtet, war der Mailänder Gipfel dem herkömmmlichen Ritual der Europapolitik gefolgt. Er hatte die Entscheidungen vertagt; er hatte die Beratungen in ein neues Gremium verlagert; er hatte wichtige Schritte für später in Aussicht gestellt. Schon manch ein gutgemeinter Reformvorschlag war nach dieser Methode von der europapolitischen Bühne verschwunden. Was war in Mailand anders? Worin unterschieden sich die Mailänder Beschlüsse von der Vielzahl von Ankündigungen, die sich dann doch nur allzu schnell als verpaßte Chancen erwiesen? Drei Antworten sind darauf zu geben: Erstmals seit vielen Jahren war eine entschlossene Führung zur Fortentwicklung der EG praktiziert worden; es wurden scharf die denkbaren Alternativen und Handlungsmargen markiert; die anstehenden Entscheidungen zielten auf sensible Schnittpunkte unterschiedlicher Traditionslinien der Europapolitik.

Deutsch-französische Führung mit Hindernissen

Der Mailänder Gipfel bestätigte eine elementare europäische Erfahrung: Das politische Kalkül mußte sich an den wirklich vorhandenen Handlungsmöglichkeiten und Führungspotentialen orientieren. Als Träger einer Reform kamen daher nur jene Regierungen und Regierungschefs in Frage, die mit der europäischen Integration mehr verbinden als ökonomische Gesichtspunkte oder eine eher technische Einrichtung. Vor diesem Hintergrund legten die politischen Konstellationen ein vor allem zwischen Deutschen und Franzosen abgestimmtes Verfahren nahe. Kohl und Mitterrand vereinbarten dementsprechend schon vor dem Mailänder Gipfel, ein gemeinsames Konzept zur politischen Fortentwicklung vorzulegen. Beide machten öffentlich deutlich, daß sie den Weg zur politischen Union Europas auch dann zu gehen bereit seien, wenn nicht alle EG-Mitglieder folgten. Allein dieses Signal der Führungsbereitschaft löste beträchtliche diplomatische Aktivitäten aus. Großbritannien brachte seine Vorstellungen zu Papier, Italien ebenfalls, die Benelux-Staaten bekundeten ihre Ungeduld. Man begann, sich auf den gemeinsamen deutsch-französischen Motor für die Zukunft Europas einzustellen.

Dann wurde das internationale Pokerspiel eröffnet: Die Bundesregierung teilte ihre europapolitischen Perspektiven den Nachbarn mit. Sie wollte die Effektivität europäischer Entscheidungsprozeduren steigern. Mehrheitsabstimmungen im Ministerrat und Kompetenzerweiterungen des EP gehörten dazu, ebenso eine feste Vereinbarung über das Endstadium des europäischen Binnenmarktes und die Schaffung einer Technologiegemeinschaft. Zentraler Bestandteil des deutschen Vorschlags war außerdem die vertragliche Absicherung einer gemeinsamen Außen- und Sicherheitspolitik.

Diese Gesamtperspektive der Bundesregierung war den EG-Partnern seit Monaten bekannt. Auf bilateraler Ebene wurde die intensive Feinabstimmung betrieben: auf der Ebene der zuständigen Beamten allein fünf deutsch-französische Arbeitsrunden, bei denen mancher ambitionierter deutscher Vorschlag französischen Vorbehalten zum Opfer fiel; dann ebenso Detailberatungen mit der Ratspräsidentschaftsmacht Italien; drei Arbeitsrunden in trilateraler Form (Bundesrepublik Deutschland, Italien und Frankreich); England lehnte es ab, in diese Abstimmungsprozedur einbezogen zu werden; die britische Regierungschefin wurde jedoch unterrichtet und ihre Vorstellungen in die Ausarbeitungen einbezogen. Die allerletzte Fassung des deutsch-französischen Vorschlags ließ dann allerdings bis kurz vor Mailand auf sich warten, weil die französische Regierung ihre abschließende Position erst drei Tage vor dem Gipfel fixierte.

Über ambitionierte Pläne zur Einheitlichen Europäischen Akte

Die Bundesregierung wollte den von allen Mitgliedern geteilten Wunsch, den Binnenmarkt endlich zu realisieren, nicht als Absichtserklärung versanden lassen. Dazu waren Änderungen der Römischen Verträge notwendig. Der EWG-Vertrag legte in zentralen Feldern des Binnenmarktes Einstimmigkeit fest. Dies hatte alle Bemühungen, den für Europa lebenswichtigen Binnenmarkt voll zu etablieren, bisher entscheidend beeinträchtigt. Hier sollte die Einführung von Mehrheitsentscheidungen wirksam Abhilfe schaffen. In einem zweiten Bereich erschienen Korrekturen der Römischen Verträge notwendig: bei den Kompetenzen des EP. Den direkt gewählten Repräsentanten der europäischen Bürger war noch immer eine effektive Mitwirkung in weiten Bereichen verwehrt. Angesichts vielfältiger Widerstände bei den Partnern schlug die deutsche Seite vor, wenigstens in wichtigen, ausgewählten Bereichen (u.a. Erweiterung, Assoziierung) die Mitwirkung des EP zu verankern, um damit einen ersten Schritt auf dem Weg des Europäischen Parlaments zu einer echten Zweiten Kammer im Gesetzgebungsprozeß der EG zu vollziehen.

Daneben wurden die Bemühungen fortgesetzt, den politischen Rahmen des Integrationsprozesses zu festigen. Der dazu formulierte deutsch-französische Vertragsentwurf, der neben die Römischen Verträge gestellt werden sollte, versuchte, die bisherige relativ erfolgreiche Arbeit der EPZ in eine feste Form zu gießen und zu kodifizieren. Trotz seines eher bescheidenen Ansatzes machte der Vertragsentwurf Sinn, wenn man ihn als effektiven Einstieg in die Konstruktion der Politischen Union Europas betrachtete.

Der Mailänder Gipfel hatte also Weichen gestellt. Aber in welche Richtung und mit welcher Geschwindigkeit würde sich der europäische Zug nun in Bewegung setzen? Würde er einzelne Waggons abkoppeln, zumindest aber deren Bremsklötze entfernen? – Fragen, die in den Monaten zwischen Mailänder und Luxemburger Gipfel immer wieder aufgeworfen wurden. Die zwischen diesen beiden Gipfeln tagende Regierungskonferenz, an deren Vorbereitung und Durchführung alle zwölf Staaten mitwirkten, erarbeitete schließlich die Einheitliche Europäische Akte (EEA), die vom Luxemburger Gipfel (2./3. 12. 1985) verabschiedet wurde und deren Einzelformulierungen die dazu ermächtigten Vertreter der Mitglieder in den Wochen danach endgültig fixierten. Langfristige und strukturelle Bedeutung erhielten folgende Elemente der EEA:

- Der Binnenmarkt sollte bis 1992 vollendet sein. Diese Absicht wurde bereits im Weißbuch der Kommission zur Vollendung des Binnenmarktes vom Juni 1985 beschrieben. Im Weißbuch wurden sämtliche existierenden Hindernisse für einen wirklich freien Markt in der EG benannt und eine Gesamtstrategie zu dessen Verwirklichung vorgelegt.
- Die Regierungskonferenz und der Luxemburger Gipfel fixierten für den Bereich des Binnenmarktes ein neues Beschlußverfahren und korrigierten so die Römischen Verträge. Dieses neue Verfahren sah qualifizierte Mehrheitsentscheidungen im Ministerrat vor, stärkte die Stellung des Parlaments, formulierte jedoch zugleich eine Fülle von Ausnahmen, bei denen die Einstimmigkeitsregel bestehen bleiben sollte. Die Luxemburger Vereinbarung vom 27. Januar 1966 wurde nicht berührt.
- Die Regierungskonferenz und der Luxemburger Gipfel setzten nicht den Weg der Schaffung neuer Organisationsformen fort. Sie betrieben vielmehr den Versuch einer Bündelung der bestehenden Organisationsvielfalt unter einem rechtlichen Dach: Die EEA führte die EPZ mit der EG zusammen. So gab die EEA gab dem Verfahren der EPZ eine rechtliche Form.
- Die EEA legte weitere Kompetenzen der Gemeinschaft in Bereichen fest, die in den Römischen Verträgen nicht oder nur am Rande erwähnt worden waren, z. B. im Bereich der Umwelt-, Forschungs- und Technologie- sowie Sozialpolitik.

Im Februar 1986 wurde die EEA von nunmehr allen 12 Regierungen der Mitgliedstaaten unterzeichnet.

Der Brüsseler Sondergipfel – eine europäische Paketlösung

Die vordringliche Themenpalette nach diesem Integrationsschritt war klar:

– Die EG hatte die Grenze ihrer gegenwärtigen Finanzausstattung erreicht. Ein zukunftsfähiges Finanzkonzept war überfällig.
– Die Steigerung der Agrarmarktkosten war exorbitant. Eine vernünftige Finanzierungsregelung für den EG-Gesamthaushalt konnte nur gelingen, wenn gleichzeitig eine Reduzierung der Zuwachsrate im Bereich der agrarpolitischen Kosten vollzogen wurde.
– Das Entwicklungsgefälle zwischen den Regionen stellte die Handlungsfähigkeit und die künftige Effizienz der EG insgesamt in Frage. Es lag auf der Hand, daß zumindest die südlichen Mitgliedsländer nur unter der Voraussetzung eines Ausbaus der Strukturfonds sich konstruktiv an den übrigen Reformmaßnahmen beteiligen würden.

Am 15. Februar 1987 hatte die EG-Kommission bereits ihre Antwort auf diese Grundsatzfragen mit dem "Delors-Paket" formuliert: deutliche Erhöhung der EG-Eigenmittel durch Schaffung einer neuen Einnahmequelle; Verdoppelung der Strukturfonds; Reduzierung der Agrarmarktkosten durch weitere Preisabschläge bei Überproduktion. In diesem Kontext bewegte sich die Diskussion in den Mitgliedstaaten und zwischen den Mitgliedsregierungen. Je nach Interessenlage wurde die eine oder andere Komponente aus dem Paket besonders betont oder besonders dramatisiert.

Die europapolitische Diskussion, die sich zäh über das Jahr 1987 hinzog, spiegelte anschaulich den Dissens und die Heterogenität der Interessen wider. Hinzu kam, daß die einzelnen Mitgliedstaaten spürten, mit welcher innenpolitischen Sensibilität inzwischen die europäischen Themen zu behandeln waren. Die Europäische Gemeinschaft hatte eine Gouvernementalisierung und eine Bilateralisierung erfahren – die allerdings wirkungsvoll ergänzt wurden durch das gewachsene Führungspotential der Kommission.

Der Europäische Rat entwickelte unterdessen eine Routine des Scheiterns: Der Brüsseler Gipfel vom 29./30. Juni 1987 und der Kopenhagener Gipfel vom 4./5. Dezember 1987 waren gewissermaßen Symbole der europäischen Unbeweglichkeit.

Alle Erwartungen richteten sich auf den Brüsseler Sondergipfel vom Februar 1988, der endlich den gordischen Knoten europäischer Problemverwicklungen durchschlagen sollte – und dann tatsächlich den dringend notwendigen Durchbruch brachte:

– Die Finanzierung: Der Gesamtrahmen der Eigenmittel wurde auf 1,3% des Bruttosozialproduktes der Gemeinschaft festgelegt. Damit war die

Begrenzung des Ausgabenvolumens bis 1992 angegeben. Die schrittweise Zuwachsrate sollte jährlich festgelegt werden. Um neben dem effektiven Finanzbedarf auch den relativen Wohlstand der Mitgliedstaaten stärker zu berücksichtigen, wurde eine vierte Einnahmequelle eingeführt: ein Abführungssatz auf das Bruttosozialprodukt, der im Rahmen des Haushaltsverfahrens festzusetzen ist. Der Finanzausgleich für Großbritannien wurde fortgesetzt, allerdings unter Anrechnung des Vorteils, den Großbritannien durch die Einführung der vierten Einnahmequelle hat.

– Der Agrarmarkt: Es wurde festgelegt, daß die jährlichen Steigerungsraten des Agrarfonds nur 74% der Steigerungsrate des Bruttosozialproduktes der Gemeinschaft betragen darf. Zusätzlich wurden sogenannte "Agrarstabilisatoren" beschlossen. Dies bedeutet, daß die Preise für Agrarerzeugnisse gesenkt werden, wenn im Vorjahr bestimmte Mengenschwellen überschritten wurden. Außerdem wurde ein Flächenstillegungsprogramm beschlossen. Es ist so ausgestaltet, daß es obligatorisch für den Mitgliedstaat, jedoch fakultativ für die Erzeuger ist. Schließlich wurden eine fakultative Gemeinschaftsregelung für den Vorruhestand von Landwirten sowie Einkommensbeihilfen vorgesehen.
– Die Strukturfonds: Die Verpflichtungsermächtigungen für die Strukturfonds wurden bis 1993 gegenüber 1987 verdoppelt. Sie stiegen damit bis auf 13 Mrd. ECU im Jahre 1992. Fünf vorrangige Ziele für den Einsatz der Fonds wurden beschlossen:
  1. Förderung der Entwicklung und der strukturellen Anpasssung der Regionen mit Entwicklungsrückstand; damit sind solche Regionen gemeint, deren Bruttoinlandsprodukt pro Kopf unter 75% des EG-Durchschnitts liegt;
  2. Umstellung der vom industriellen Niedergang schwer betroffenen Regionen;
  3. Bekämpfung der Langzeitarbeitslosigkeit;
  4. Erleichterung der Eingliederung von Jugendlichen in das Erwerbsleben;
  5. Beschleunigung der Anpassung der Agrarstrukturen und Förderung der Entwicklung ländlicher Gebiete.

Insgesamt verbanden die Brüsseler Beschlüsse eine mittelfristige Finanzierungsregelung mit einer sozial verträglichen Reform des Agrarmarktes und einem Ausbau der Strukturfonds.

Der Durchbruch des Brüsseler Gipfels bestätigte elementare Erfahrungsgrundsätze der europäischen Integration erneut: Der Methode der Paketbildung kommt eine Schlüsselfunktion zu. Jede denkbare Entscheidung über die notwendigen Reformen – beim EG-Finanzsystem, bei den Struk-

turfonds, dem Agrarmarkt, bei der Effektivierung des Binnenmarktes – mußte Besitzstände angreifen. Es wäre wirklichkeitsfremd gewesen, eine solche Entscheidungsfähigkeit anders zu erwarten als auf der Grundlage sorgfältig geschnürter Pakete.

Mit dem Erfolg des Brüsseler Gipfels hatte sich ein europäischer Szenenwechsel vollzogen: Skepsis und Larmoyanz wurden von vorsichtig optimistischer Zukunftserwartung verdrängt. Zum Zeitpunkt des Inkrafttretens der EEA am 1. Juli 1987 bestanden zunächst Zweifel an der Realisierung des Binnenmarktes. Aber der Erfolg des Brüsseler Sondergipfels vom Februar 1988 ließ die Realisierungschancen der EEA in neuem Licht erscheinen. Standen jahrelang Fragen der institutionellen Fortentwicklung, der Finanzausstattung, der Reform des Agrarmarktes im Vordergrund, so wurden diese nun abgelöst von einem einzigen neuen Thema: der Vollendung des Binnenmarktes. Europa '92 hieß das Kürzel für diesen Schub an neuer Motivation und an neuer, sensibler Aufmerksamkeit. Die sozialpsychologische Kraft dieses Themenwechsels löste jedoch zugleich Besorgnisse aus – innerhalb der Europäischen Gemeinschaft wegen der Gefährdung sozialer Besitzstände, wegen der Ängste, ob man dem Tempo des Wandels und der Verschärfung des Wettbewerbs gewachsen sei, außerhalb der Gemeinschaft wegen der Befürchtung von Wettbewerbsnachteilen und von Abschottungen durch diesen dann kräftigsten Teil des Weltmarktes.

Die Vollendung des europäischen Binnenmarktes

Die EEA, die den EWG-Vertrag änderte und erweiterte, entsprach einer rechtlichen Verpflichtung aus den Gründungsverträgen: der Schaffung eines Gemeinsamen Binnenmarktes. Es gab gewichtige Gründe, dieses Ziel erneut festzuschreiben und mit einem festen Datum – dem 31. Dezember 1992 – zu verbinden:

- Die Position der EG auf dem Weltmarkt wurde spürbar schwächer. Die Zeiten, in denen sie die weltweit höchsten Wachstumsraten verzeichnen konnte, waren längst vorbei. Nunmehr aber wurde deutlich, daß Europa auf dem Feld der entscheidenden Zukunftsgüter abgehängt zu werden drohte.
- Ein ineffizienter Verschleiß von Ressourcen war im Bereich der Forschung und Anwendung von Forschungsergebnissen zu beobachten. Teure Parallelentwicklungen, die mehrfache gleichzeitige Erforschung des gleichen Sachverhaltes, erzeugten hohe Kosten.

– Ein Jahrzehnt hoher Arbeitslosenquoten mit zunächst steil ansteigenden Zuwachsraten zwang zum Nachdenken über die Effektivierung der europäischen Wirtschaft.
– Allmählich wuchsen auch die Kenntnisse über die immensen Unkosten, die allein die Aufrechterhaltung jener hinderlichen Marktsegmentierungen verursachten.

Diese Gründe haben das sozialpsychologische Unterfutter für die Kurskorrektur geliefert. Der Beschluß, einen Markt ohne Hindernisse zu schaffen, war die überfällige Antwort. Die Finalität des Binnenmarktes als eines Raumes ohne Binnengrenzen wurde verbindlich fixiert.

Aufbruch als Alltag

Das, was in der europäischen Festrede als Vision, als mitreißende Idee beschrieben werden mag, heißt im grauen Alltag der Europapolitik dann Verordnungen, Richtlinien, Entscheidungen – also detaillierte Rechtsakte aller Art und in vielen Bereichen. Knapp 300 rechtliche Schritten muß die EG bis Ende 1992 vollziehen, will sie den Binnenmarkt termingerecht vollenden. Das von der Kommission in ihrem Weißbuch zusammengestellte ambitionierte Programm konzentriert sich auf drei Schwerpunkte:
– Abschaffung der physischen Schranken;
– Abschaffung der technischen Schranken;
– Abschaffung der fiskalischen Schranken.

Das Ziel der Binnenmarkt-Vollendung wurde durch die Vertragsänderung im Rahmen der EEA in den EWG-Vertrag (Art. 8a) aufgnommen: "Die Gemeinschaft trifft die erforderlichen Maßnahmen, um bis zum 31. Dezember 1992 (...) den Binnenmarkt schrittweise zu verwirklichen. (...) Der Binnenmarkt umfaßt einen Raum ohne Binnengrenzen, in dem der freie Verkehr von Waren, Personen, Dienstleistungen und Kapital (...) gewährleistet ist."

Alle im Weißbuch von 1985 angekündigten Vorschläge hat die Kommission dem Ministerrat der EG und dem EP vorgelegt. Der Ministerrat hatte zur Jahresmitte 1991 bereits rund 200 Vorschläge akzeptiert.

Auswirkungen der Vollendung des Binnenmarktes

Der Cecchini-Bericht, eine Studie der EG-Kommission aus dem Jahr 1988, die die "Kosten des Nicht-Europa" den Vorteilen eines Abbaus der Binnengrenzen entgegenstellte, nennt folgende markante Daten: Der potentielle Gesamtnutzen aus der Vollendung des Binnenmarktes wird auf rund 200 Mrd. ECU geschätzt; ein zusätzliches Wachstum des BIP von 5%,

Preissenkungen von durchschnittlich 6% und zusätzliche Arbeitsplätze in einer Größenordnung von 1,8–5 Mio. werden angenommen.

Unabhängig von der Richtigkeit dieser Prognosen zeichnen sich folgende strukturelle Entwicklungstrends ab: Die Schaffung eines Gemeinsamen Marktes bedeutet langfristig ein umfassendes Programm der Modernisierung. Modernisierung läßt sich vielfach deklinieren, als wachsende Mobilität und Flexibilität, intensiverer Wettbewerb, Druck zur Rationalisierung, wachsendes Tempo der Innovation und damit steigende Anforderungen an Ausbildung und Weiterbildung, steigende Internationalisierung des gesellschaftlichen Lebens, wachsende Arbeitsteilung innerhalb des Marktes. Jeder Modernisierungsprozeß hat zwei Seiten: Was einerseits effektivere Produktion, rationalere Marktlage, Kosten- und Preissenkung, wirtschaftliches Wachstum heißt, kann andererseits bedeuten: Verlust des Arbeitsplatzes durch Rationalisierungsmaßnahmen, Stillegung von Betrieben, weil sie auf dem Markt nicht mehr bestehen können, regionaler Niedergang, weil Standortnachteile zu gravierend geworden sind, branchenspezifische Konkurse, weil anderswo günstiger produziert wird, Druck zur Reduzierung von Standards sozialer Sicherheit.

Viele offene Fragen stellen sich im Kontext des Binnenmarktes; zahlreiche Politikbereiche sind betroffen: Zu klären sind unter anderem sozialpolitische Konsequenzen, Fragen nach der Rolle eines Europäischen Währungssystems, umwelt- und verkehrspolitische Folgewirkungen, regionalpolitische Fragen; es stellen sich neue demographische Probleme ebenso wie Fragen der Organisation von Wissenschaft, Bildung und Fortbildung.

Die soziale Dimension des Binnenmarktes

Ein altes Problem der europäischen Einigung, die Frage nach der sozialen Dimension des Binnenmarktes, stellt sich im Kontext der Binnenmarkt-Vollendung in einer neuen und schärferen Form. Seit den 50er Jahren bildete die soziale Gestaltung des Gemeinsamen Marktes, in den Verhandlungen über die Errichtung der EGKS und über die Römischen Verträge zum Aufbau der EWG, ein Handlungsfeld der Integrationspolitik. Die Verträge begründeten flankierende soziale Kompetenzen und entsprechende Institutionen, beließen jedoch die grundlegende Zuständigkeit bewußt in den Händen der Mitgliedstaaten. Als Aufgabe der Gemeinschaft entwickelte die Europapolitik zunächst spezifische Maßnahmen zur Förderung des Strukturwandels im Montanbereich und zur sozialen Absicherung der Wanderarbeiter. Der EWG-Vertrag bestimmt in Art. 48–51 Maßnahmen zur Herstellung der Freizügigkeit, insbesondere zum Verbot nationalitätsbedingter Diskriminierung (Art. 48), trifft Vorkehrungen zur

Abstimmung der Sozialordnungen (Art. 117, 118), zur Verbesserung der Berufsausbildung (Art. 128) und zur Überwindung geschlechtsspezifischer Einkommensunterschiede (Art. 119). Der im EWG-Vertrag verankerte, 1960 eingerichtete Europäische Sozialfonds dient der Förderung der beruflichen und örtlichen Flexibilität. Der 1975 gegründete Regionalfonds soll den Ausgleich des sozialen Entwicklungsgefälles in den Regionen der Gemeinschaft steuern. Das Programm zur Vollendung des EG-Binnenmarktes zum 31. Dezember 1992 spitzt die zurückliegenden sozialpolitischen Debatten zu. Sowohl die Reichweite der zu treffenden Entscheidungen als auch die Dynamik des zeitlich begrenzten Prozesses konkretisieren den sozialpolitischen Handlungsbedarf.

Die sozialpolitischen Folgewirkungen spiegeln die 282 Einzelschritte zum Binnenmarkt im Weißbuch von 1985 kaum wider. Seit dem Brüsseler Sondergipfel im Febuar 1988, dessen Finanzbeschlüsse dem Programm die notwendige Glaubwürdigkeit verliehen, haben sich nicht nur in der Bundesrepublik Deutschland eine sensible Aufmerksamkeit für sozialpolitische Fragen und ein rapide wachsender Bedarf an Informationen und Analysen entwickelt, ausgelöst durch Befürchtungen und Ängste über die Folgen des Binnenmarktes und vertieft durch die fehlende Verankerung im Programm. Die europäische Politik wird mit einer Fülle von Nachfragen konfrontiert; die Vollendung des Binnenmarktes ist nicht mehr losgelöst von ihren sozialen Folgen zu betreiben.

Die zu erwartenden sozialen Nutzeffekte des Binnenmarktes wurden bislang eher näherungsweise bestimmt. Die Wachstumserwartungen des Cecchini-Berichts sind nicht unwidersprochen geblieben: Andere Modellrechnungen nehmen statt einer Zunahme der Arbeitsplätze um 1,8 Mio. (langfristig sogar 5 Mio.) lediglich 300.000 neue Arbeitsplätze an. Die Wirkungen struktureller Anpassungsprozesse oder regionaler Konjunkturausschläge sind ebensowenig zu beziffern wie das Maß sozialpolitisch verfügbarer Zugewinne durch den Binnenmarkt. Der Gemeinsame Markt im Europa der Zwölf kennt stark divergierende soziale Wohlstands- und Leistungsgefälle, von den Lohnnebenleistungen über die Arbeitsbedingungen bis hin zur Infrastrukturausstattung. Dieser Vielfalt entspricht die Unterschiedlichkeit der Mitgliedstaaten in ihrer sozio-kulturellen Entwicklung. Diese Ungleichzeitigkeit des sozialen Wandels wird sich umso markanter artikulieren, je höher das Tempo der Modernisierung ausfällt.

In der Einrichtung der Strukturfonds – eine Minimalantwort auf die sozialpolitischen Herausforderungen – operationalisierte die europäische Politik zunächst nur die Probleme des regionalen Gefälles, ohne die wirtschaftliche Entfaltung durch den Gemeinsamen Markt und die Annäherung der sozialen Bedingungen in seiner Folge einzubeziehen. Insofern liegt die vom Brüsseler Sondergipfel verabschiedete Verdopplung der Strukturfonds parallel zur Verwirklichung des Binnenmarktes im Rahmen des üblichen Musters. Ein näherer Blick weckt Zweifel, denn die Verdopplung der Mittel wird zur nachhaltigen Minderung des Entwicklungsgefälles der Gemeinschaft nicht ausreichen. Zahlreiche wichtige Fragen stellen sich nicht in diesem Rahmen, sondern entstehen neu aus den Maßnahmen zur Umsetzung des Binnenmarktprogramms. Diese neuen sozialpolitischen Probleme lassen sich auf acht Fragenkomplexe zuspitzen:

- Im Zuge der Binnenmarktvollendung wird es zu einem Strukturwandel der Wirtschaften in den Mitgliedstaaten kommen. Neue Verteilungskämpfe erscheinen unvermeidlich; lange verankerte Besitzstände geraten ins Wanken. Welche Folgen ergeben sich für die Arbeitsbeziehungen? Welche Zukunft haben die sozialen Tarifregeln, die ja vielfach anstelle von oder ergänzend zu Lohnzuwächsen getreten sind? Wie werden sich Beteiligungs- und Mitbestimmungsformen im Binnenmarkt behaupten oder entwickeln können?
- Der Binnenmarkt wird weitreichende Anpassungsleistungen auch in den Bereichen der öffentlichen Hand erfordern, die Funktionen in der Organisation, Kontrolle und Abwicklung des Handels ausüben (z.B. im Zoll- und Grenzdienst). Strukturen und Aufgaben einzelner Bereiche des öffentlichen Dienstes werden sich verändern. Bewerber aus anderen Mitgliedstaaten werden Zugang zum öffentlichen Dienst suchen. Wo liegen die sozialen Konsequenzen?
- Die Folgen des Binnenmarktes werden auch indirekte soziale Wirkungen entfalten. Durch die Erhöhung des Innovationstempos wird die Frage der Aus- und Weiterbildung von Arbeitnehmern an Bedeutung auch für Tarifabschlüsse gewinnen.
- Der Strukturwandel wird nicht einseitig die peripheren Regionen der EG, die günstigere Lohn- und Lohnnebenkosten aufweisen, begünstigen. Es ist vielmehr davon auszugehen, daß sich das Entwicklungsgefälle in der Bilanz weiter verschärfen könnte. Welche neuen sozialpolitischen Konsequenzen ergeben sich daraus – auch im Blick auf eine europäisch angelegte Fusionskontrolle oder die weitere Gestaltung der Mitbestimmung? Wie ist zu gewährleisten, daß der Binnenmarkt nicht zum Vorwand für den Ausstieg aus bestehenden Rechten wird?
- In einigen der schwächer entwickelten Regionen ist schon jetzt ein branchenspezifisches industrielles Wachstum zu verzeichnen. Wie sind die sozialpolitischen Folgefragen aus dieser Entwicklung zu regeln?

- Die Arbeitslosenquote in der EG lag im Oktober 1990 saisonbereinigt bei 8,4% (ca. 12,5 Mio. Menschen); die Jugendarbeitslosigkeit ist gemeinschaftsweit bedrückend. Sind die Wachstumsprognosen des Cecchini-Berichts realistisch, oder erfüllen sich die Voraussagen des Padoa-Schioppa-Berichts, der die wirtschaftspolitischen Entwicklungsperspektiven der Europäischen Gemeinschaft nach der Süderweiterung untersucht und dabei ein reales Wachstum von etwa 0,5% über mehrere Jahre annimmt? Setzt der Binnenmarkt genügend beschäftigungswirksame Impulse frei? Schafft seine Verwirklichung neue sozialpolitisch verfügbare Mittel?
- Der Binnenmarkt wird einen Wettbewerb der Regelungssyteme mit sich bringen. Zwar genießen die sicherheits- und gesundheitsrelevanten Bereiche in der EEA einen besonderen Schutz, doch geraten die nationalen Standards durch die Nicht-Diskriminierung unter Druck. Für die Praxis lassen sich vielfältige Möglichkeiten der direkten bzw. indirekten Aushebelung fortbestehender Schutzvorschriften – die ja zumeist auch Kostenfaktoren sind – denken. Was bedeutet dies für die Regeln im Bereich des Gesundheits- und Arbeitsschutzes?
- Eine Folge der Aufhebung produktions- und handelsbezogener Schranken wird in der Aufwertung anderer Kostenfaktoren liegen. Damit treten die unterschiedlich strukturierten Systeme der sozialen Sicherung im Marktgeschehen praktisch in Konkurrenz zueinander. Welche sozialen Fragen werden sich hier neu stellen? Wie ist größere Transparenz angesichts einer nur schwer überschaubaren Datenlage unterschiedlicher Sozialsysteme zu erreichen?

Die Aspekte dieser Problemskizze sind in den Debatten um die soziale Dimension seit 1988 vielfach aufgegriffen worden, ohne daß bis heute ein Konsens über die sozialen Risiken der Binnenmarktvollendung erzielt werden konnte. Die Institutionen der EG befinden sich in einem schwierigen Prozeß der Meinungsbildung. Unter den Regierungen der Mitgliedstaaten, deren Entscheidung die Weichen zur sozialen Ausgestaltung des Binnenmarktes stellen muß, sind die zu regelnden Bereiche, die Reichweite sozialer Regeln auf Gemeinschaftsebene und deren Verbindlichkeit umstritten. Die von den EG-Staats- und Regierungschefs – außer Margaret Thatcher – am 9. Dezember 1989 verabschiedete Sozialcharta hat nur appellativen Charakter.

Europa '92 – Festung oder Partner?

Das westeuropäische Modell der supranationalen Integration von Nationalstaaten erfreute sich schon lange weltweiter Aufmerksamkeit. Weltweit

Kein Protektionismus

war und ist Neugierde festzustellen, was denn da in Europa passiert, weltweit Sensibilität, nur ja nicht den Anschluß an die neue Marktdynamik zu verpassen, und weltweite Besorgnis vor einer "Festung Europa". In Asien, in der Sowjetunion, in den USA findet sich neben positiven Erwartungen die gleiche dramatische Vorstellung: Der weltgrößte Markt werde sich abschotten, werde eine Festung bilden zum Nachteil aller Drittländer. Auf diese Besorgnis ist eine klare Antwort zu geben: Erfahrungsgemäß wächst der Trend zum Protektionismus dort, wo sich ökonomische Schwäche beobachten läßt. Das wirtschaftlich starke Europa '92 wird protektionistische Maßnahmen weniger als angebracht erachten als das Europa des Jahres 1957 oder des Jahres 1989. Dessen ungeachtet sind aus den Branchen und Staaten, die in Schwierigkeiten durch den Markt geraten, Versuche zu erwarten, dieses Segment dann wenigstens vor dem Druck von außen zu schützen. Außerdem ist jedoch zu sehen, daß das Binnenmarktprogramm in erster Linie ein Programm der internen Deregulierung ist. Drittstaaten wird dadurch grundsätzlich der Marktzugang erleichtert, indem dieser Zugang nur einmal und nicht zwölfmal nach unterschiedlichen Vorschriften erfolgt.

Entscheidend ist jedoch eine ganz elementare Erkenntnis: Die europäische Gemeinschaft kann sich eine Abschottung nicht leisten, auch weil sie sensibler in die weltwirtschaftlichen Rahmenbedingungen eingeordnet ist als jede andere Wirtschaftsregion. Die EG ist weltweit der größte Handelspartner. Sie leistet zusammen mit ihren Mitgliedern den größten finanziellen Beitrag für Entwicklungshilfemaßnahmen. Aus diesen Gründen hat die Gemeinschaft ein enormes Anziehungspotential, was sich in den Beitrittswünschen, der Leitbildfunktion für andere regionale Zusammenschlüsse, den Erwartungen der Entwicklungsländer und den umfassenden politischen Außenbeziehungen der Europäischen Gemeinschaft ausdrückt. Die Abhängigkeiten der Europäischen Gemeinschaft sind jedoch ebenso vielschichtig: Offene Märkte, Rohstoff- und Energieimporte und sicherheitspolitische Rahmenbedingungen betten die EG global ein.

Bedarf an neuen Entscheidungsinstanzen

Festzuhalten bleibt: Der Binnenmarkt wird nicht nur mittelfristig einen Wachstumsschub auslösen, sondern er wird auch eine Fülle lang angestammter Besitzstände in Frage stellen. Konflikte eines neuen Ausmaßes sind in Europa zu erwarten. Die Auseinandersetzungen in der Stahlindustrie, bei den Werften, in der Landwirtschaft haben eine gewisse Vorahnung vermittelt. Für diese neue Qualität von Konflikten, die sehr tief verankerte Interessen angreifen, fehlen bisher adäquate Legitimationsprozeduren. Der Mangel an Transparenz und Effektivität europäischer Verfahren ist spätestens dann nicht mehr tragbar. Mit der Vollendung des Binnenmarktes wird eine dramatische Ausdehnung europäischer Entscheidungsmaterien stattfinden. Die Gewährleistung der politischen Rahmenbedingungen des Marktes, die bisher weitgehend noch von den Einzelstaaten vorgenommen wurde, wird auf das politische System der EG übergehen. 80% der marktrelevanten Gesetzgebung wird sich nach Schätzungen auf europäischer Ebene vollziehen. Für eine solche Explosion an politischem Entscheidungsbedarf sind die europäischen Führungs- und Entscheidungsinstanzen nicht ausgelegt. Die Frage nach der Handlungsfähigkeit – und damit die Frage nach dem adäquaten politischen Führungsinstrumentarium und der adäquaten politischen Führungsphilosophie – wird zum Schlüsselthema im Europa der 90er Jahre werden.

Abschied von der alten Ordnung

Europa vollzieht den Abschied von der alten Ordnung. Die Zäsur wird radikaler ausfallen als bisher angesprochen – machtpolitisch wie ökonomisch, kulturell wie sozialpsychologisch. Der Abschied von der alten Ordnung ist das Ende des totalitären Zugriffs der Einparteienherrschaft und der ruinösen Bevormundung durch planwirtschaftliche Apparate. Mit dem Abschied von der alten Ordnung ist auch das Ende souveräner Handlungskompetenzen des Nationalstaates angesagt. Internationalisierte Aufgaben entziehen sich dem nationalstaatlichen Zugriff – eine scheinbar paradoxe Logik im Angesicht revitalisierter nationaler Gefühle. Wenn die zentralen Herausforderungen über nationale Grenzen hinweg auswandern, dann bildet die permanente Überforderung einzelstaatlichen Handelns die logische Konsequenz. Kommt noch hinzu, daß der Rahmen, in dem sich dies alles vollzieht, labiler und diffuser wird – weil sich die Architektur der Weltpolitik zur gleichen Zeit wandelt.

Für Europa wird entscheidend sein, wie es ihm gelingt, diesen Konstellationswandel der Weltpolitik konstruktiv zu beantworten. Der weltpolitische Dualismus der Bipolarität hatte jahrzehntelang ziemlich einfache Großstrukturen der internationalen Politik geschaffen. Der Übergang zur Multipolarität hat die Zahl der weltpolitischen Akteure wesentlich erhöht und damit auch die Zahl der Kooperations- und Konfliktmuster. Der Übergang von der Bipolarität zur Multipolarität hat eine zentrale Konsequenz: die Relativierung früherer Machtstrukturen. Die Multipolarität übt Druck zu regionalen Zusammenschlüssen aus. Sie macht die internationalen Beziehungen flexibler, komplizierter, variantenreicher. Sie verlangt von allen Akteuren eine höhrere Kapazität der Informationsverarbeitung und einen höheren Grad rationalen Kalküls.

Auf einen Nenner gebracht: Alle Elemente unseres Orientierungswissens zur internationalen Politik verändern ihr Gewicht. Unsere politische Ratio hat außer der Vollendung des Binnenmarktes zeitgleich noch zwei weitere Umbrüche zu verarbeiten, von denen jeder einzelne für sich allein bereits eine ausreichende Herausforderung darstellen würde: den Umbruch im Osten und den deutschen Einigungsprozeß.

Der Umbruch im Osten

Die Länder des früheren Ostblocks vollziehen heute den Aufbruch in die Moderne Europas. Modernisierung läßt sich hier vielfach deklinieren: Pluralisierung der Lebenswelten, Notwendigkeit der Dezentralisierung, wachsendes Tempo der Innovation, Differenzierung der Lebensstile, größerer Technologiebedarf. Die Konsequenz: Die Ideologie verliert ihre sinnstiftende Funktion; sie verliert jede Plausibilität und Bindewirkung. Der entscheidende machtpolitische Schritt dazu – im Westen bestenfalls am Rande registriert – wurde von Gorbatschow vollzogen, als er 1986 begann, prinzipiell festzustellen, daß die kommunistische Partei nicht über das Monopol auf Besitz der Wahrheit verfüge. Damit war mehr geschehen, als irgend eine beliebige Kurskorrektur, die wir in der Politik immer wieder erleben. Es ging um eine spezifische Definition, deren Durchsetzung man bis dahin auch mit subtiler oder brutaler Gewalt sicherstellte. Gemeint ist die Vorstellung, der Mensch werde nur als Gattungswesen seine Sinnerfüllung finden und dieser Sinn sei erst dann realisiert, wenn sich individueller und kollektiver Pulsschlag in einem totalen Gleichklang befänden. Die Vollendung des Menschen sei dann erreicht, wenn das entfremdete Individuum ganz im Kollektiv aufgegangen sei.

Aus der Aufgabe des geistigen Monopolanspruchs folgt konsequenterweise das Ende des politischen Führungsmonopols der Partei. Aus der Modernisierung wächst der Druck zur Öffnung und schließlich der Druck zur Demokratisierung. Der ideologische Konflikt zwischen Ost und West ist beendet – und auch künftig nicht restaurierbar.

Der deutsche Einigungsprozeß

In den westeuropäischen wie den osteuropäischen Konstellationswandel verkantet und verfugt ist das deutsche Thema. Machtpolitisch wie ideengeschichtlich stellt die Organisation des Zusammenlebens der Deutschen den Schlüssel für die europäische Ordnungspolitik dar – im Positiven wie im Negativen, als Einigungsmotiv wie als Sprengsatz. Insofern ist immer dann politisches Spürgefühl angezeigt, wenn die Verbindung von deutscher und europäischer Perspektive problematisert wird.

Die direkteste Wechselwirkung beider Einigungsprozesse besteht in der Beschleunigung der westeuropäischen Integration. Da kommt zusammen, daß wir Deutschen keinen Zweifel an unserer Integrationsfreudigkeit aufkommen lassen können und daß die europäischen Nachbarn ein elementares Interesse daran haben, die deutsche Einheit durch Integration einzuhegen. Als Konsequenz wird konkret ablesbar: Die Geschwindigkeit des Integrationszuges wächst.

Am 9. Dezember 1989 bezog die Europäische Gemeinschaft erstmals substantiell zur deutschen Frage Stellung. In der Erklärung des Europäischen Rates heißt es: "Wir streben einen Zustand des Friedens in Europa an, in dem das deutsche Volk seine Einheit durch freie Selbstbestimmung wiedererlangt. Dieser Prozeß muß sich auf demokratische und friedliche Weise, unter Wahrung der Abkommen und Verträge, auf der Grundlage sämtlicher in der Schlußakte von Helsinki niedergelegten Grundsätze im Kontext des Dialogs und der Ost-West-Zusammenarbeit vollziehen. Er muß in die Perspektive der gemeinschaftlichen Integration eingebettet sein." Es wurde in der Folge spekuliert, wie ernst es die Europäer denn mit der Unterstützung der deutschen Einigung meinten. Das Ergebnis der ersten freien Wahlen in der DDR am 18. März 1990, das als ein markantes Votum für die Einheit verstanden wurde, brachte auch für die europäischen Akteure zusätzlichen Schub, den Zug zur Einheit konstruktiv zu begleiten. Der Sondergipfel von Dublin am 28. April 1990 schuf die notwendige Klarheit: Europa sagt 'Ja' zur deutschen Einheit.

Die Fortentwicklung der EG zur Politischen Union

So sehr Westeuropa durch die Öffnung des Ostens kulturell bereichert wird – politisch und ökonomisch reift die EG zum Kern des neuen Europa. Nach außen wirkt der Binnenmarkt wie ein Magnet, auf dessen Pol hin sich die Umwelt ordnet. Sein Gravitationsfeld reicht weit nach Osten. Seine weltpolitische Verantwortung wächst. Die innen- wie außenpolitischen Folgen des Binnenmarktes lassen den Entscheidungsbedarf sprunghaft ansteigen. Dem muß die inhaltliche Ausstattung der Gemeinschaft entsprechen: Währungsunion, Umweltkompetenz, Außenpolitik, innere und äußere Sicherheit. Dem muß auch die institutionelle Ausstattung der Gemeinschaft entsprechen: eine effiziente politische Führungsinstanz, ein transparenter, kontrollierender Parlamentarismus, ein machtteilender Föderalismus. Die Fortführung der Integration in dieser Form verhindert eine Konkurrenz um die Führerschaft in Europa und sie schützt vor den

Folgen nationaler Rivalitäten. Dem EP fehlt trotz erweiterter Kompetenz durch die EEA noch der Durchbruch zur umfasssenden gesetzgeberischen und kontrollierten Zuständigkeit in der Perspektive der parlamentarischen Tradition. Der eher lustlose Vollzug der Direktwahl 1989 zeigt, daß aus diesem Kontext bislang keine neuen Legitimationspotentiale erwachsen. Die Entscheidung, neben die Regierungskonferenz zur Währungsunion auch eine Regierungskonferenz zum institutionellen Ausbau zu stellen, weist in die richtige Richtung.

Ein entscheidender Schritt ist der Gemeinschaft zweifellos in der Fortentwicklung der Währungspolitik gelungen. Die Währungsunion und mit ihr die Europäische Zentralbank stehen wieder auf der europapolitischen Tagesordnung. Die letzten politischen Etappen auf dem Weg dahin waren: das "Memorandum für die Schaffung eines europäischen Währungsraumes und einer Europäischen Zentralbank" von Bundesaußenminister Hans-Dietrich Genscher (Februar 1988), die Entscheidung des Europäischen Rates in Hannover zur Einsetzung eines Ausschusses unter Vorsitz des Präsidenten der EG-Kommission Jacques Delors (Juni 1988), der Abschlußbericht des sogenannten Delors-Ausschusses, der Beitritt Spaniens zum EWS am 19. Juni 1989 und der Beschluß des Gipfels von Madrid (Juni 1989), in die erste Stufe des dreistufigen Delors-Konzeptes ab 1. Juli 1990 einzutreten und mit den Vorbereitungen für die notwendige Vertragsänderung zu beginnen.

Der am 17. April 1989 vorgelegte Bericht des Delors-Ausschusses bildet einen der Eckpfeiler in der europapolitischen Debatte über die Währungsunion. Kernstück des Delors-Konzeptes ist der Entwurf eines Dreistufenplans für die Verwirklichung der WWU, deren institutionelles Hauptmerkmal der Aufbau eines Europäischen Zentralbanksystems (EZBS) sein soll.

Die Hauptleistung der Delors-Kommission liegt darin, einen für alle Mitgliedstaaten zumindest grundsätzlich akzeptablen Konsens über die Währungsintegration, vor allem über den in der Vergangenheit heftig diskutierten Status sowie über die Aufgaben des EZBS formuliert zu haben. Der Bericht überwindet die Debatte um den richtigen Weg zu einer einheitlichen europäischen Währung, indem er als Leitprinzip deutlich die wechselseitige Bedingtheit, also die Parallelität zwischen wirtschaftlicher und währungspolitischer Integration herausstellt. Sinnvoll ist die den Bericht durchgängig kennzeichnende Auffassung, daß die wirklich wichtigen Entscheidungen, etwa der Übergang zwischen den jeweiligen Stufen, nicht von Experten vorgenommen werden können, sondern von politischen Gremien auf höchster Ebene getroffen werden müssen. Das gleiche gilt in bezug auf einen konkreten Zeitplan. Bei dem einen wie dem anderen würden genaue zeitliche Vorgaben fälschlicherweise suggerieren, die prozeßhafte Entwicklung einer WWU ließe sich in einen formalen Fahrplan zwängen.

Die Schaffung einer Atlantischen Gemeinschaft

Auch die deutsch-amerikanischen Beziehungen und die europäisch-amerikanische Partnerschaft geraten in den Sog der neuen Konstellationen. Erstmals wird sich die Ratio deutsch-amerikanischer Freundschaft ausschließlich aus sich selbst heraus und ausschließlich positiv definieren müssen. Der Umweg über die Abgrenzung vom potentiellen Gegner ist verstellt. Die Entlastung des Definitionsdrucks durch den Ost-West-Konflikt entfällt. Es bleiben für die deutsch-europäisch-amerikanischen Beziehungen gemeinsame normative Orientierungen. Es bleiben partiell gemeinsame Interessen. Es bleibt ein immenses wissenschaftliches und ökonomisches Potential, um gemeinsame zivilisatorische Probleme gemeinsam zu lösen und es bleibt die historische Erkenntnis, daß beide Kontinente die Bindung an den anderen zu ihrer eigenen kulturellen und politischen Balance brauchen.

Wie organisieren wir die positive Partnerschaft? Diese Frage bildet den Schlüssel für die Architektur des transatlantischen Hauses. Die Atlantische Gemeinschaft, die wir aufzubauen haben, wird über eine Sicherheitsdimension, eine ökonomische und eine politische Dimension verfügen. Sicherheitspolitisch wird der Beitrag der Europäer markanter und politisch profilierter als bisher ausfallen müssen und zugleich den dauerhaften militärischen Verbund mit den USA zu organisieren haben. Das ist der Platz einer politisch weiterentwickelten NATO. Ökonomisch werden die Europäer wie Amerikaner kreativer und kooperationsfähiger sein müssen, als es bisher im eher minimalistischen Krisenmanagement zwischen der EG und den USA zum Tragen kam. Für die notwendigen politischen und institutionellen Vorkehrungen dieser Atlantischen Gemeinschaft kann eine europäische Erfahrung nutzbar gemacht werden: Die EG hat Anfang der 70er Jahre eine ähnliche internationale Drucksituation mit der Schaffung der EPZ beantwortet. In einem außerordentlich dichten Netzwerk von geregelten Kontakten werden nach dem Konsensprinzip gemeinsame Nenner für praktisch alle Fragen der internationalen Politik gesucht. Die Atlantische Gemeinschaft der 90er Jahre wird ein vergleichbares Kommunikationssystem etablieren müssen.

Die Schaffung einer Gesamteuropäischen Gemeinschaft

Mit dem Ende eines ideologischen Ost-West-Konflikts steht Europa an der Schwelle zur Einheit. Unser Denken und Diskutieren darüber bleibt bisher auf halbem Wege stehen, rückt pragmatische Übergangsstationen in den Vordergrund: Beitritt der Osteuropäer zum Europarat, zur Technologiegemeinschaft EUREKA, Schaffung der Europäischen Entwicklungsbank, Assoziierung zur EG.

Die Beitrittsüberlegungen einzelner EFTA-Länder und der osteuropäischen Staaten zur EG zeigen, daß wir sehr rasch zu neuen Ansätzen supranationaler Art für ganz Europa kommen müssen. Der bisher auf Westeuropa begrenzte Torso einer europäischen Einigung stellt in seinem Kern ja von Anfang an eine Vision für ein künftiges Gesamteuropa dar: als ein Europa der Freizügigkeit, als ein Europa ohne trennende Grenzen, als ein Europa des freien Austausches von Meinungen, Kapital und Dienstleistungen und als ein Europa, in dem Konflikte friedlich geregelt und nicht mit Gewalt ausgetragen werden.

Die Antwort auf die Frage nach der neuen Ordnung Europas ist auf einen knappen Nenner zu bringen: Drei zeitgleiche Umbrüche sind mit drei Formen von Gemeinschaftsbildung produktiv umzusetzen. Entscheidungskapazität heißt dazu das zentrale europäische Zukunftsgut. Ob es uns gelingt, die heute vorliegende Herausforderung von einer exemplarischen Kompliziertheit in dieser modernen wie zukunftsträchtigen Form anzunehmen – dies ist eine Frage unserer politischen Vernunft und unserer politischen Kultur.

Europa zum Nachschlagen

Agrarpolitik

Vertragsgrundlagen: Art. 38 bis 47 EWGV.
Ziele: Erhöhung der Produktivität der Landwirtschaft und dadurch Gewährleistung einer angemessenen Lebenshaltung für die in der Landwirtschaft tätigen Personen, Vermeidung von Preisschwankungen, Sicherung der Versorgung und Belieferung der Verbraucher zu angemessenen Preisen.
Instrumente: Gemeinsame Marktordnungen mit starker Absicherung der Preise durch Eingriffe auf dem Binnenmarkt, Belastung der Einfuhren und (bei Milch und Zucker) Begrenzung der Produktionsmenge, Verbesserung der Produktionsgrundlagen durch Förderung landwirtschaftlicher Betriebe und überbetrieblicher Maßnahmen, Verbesserung der Vermarktungsstruktur, Beihilfen zum Ausgleich naturbedingter Nachteile, Sonderprogramme für benachteiligte Gebiete und Mittelmeerregionen.
Haushalt: Auf den Agrarbereich (einschließlich Fischerei) entfielen 1990 30,5 Mrd. ECU (65% des Gesamthaushaltes der EG). Die Wertminderung der Lagerbestände ist darin enthalten.
Literatur: Ortwin Gottsmann: Der gemeinsame Agrarmarkt, Fortsetzungswerk in Loseblattform, Baden-Baden; Hermann Priebe/Wilhelm Scheper/Winfried v. Urff: Agrarpolitik in der EG – Probleme und Perspektiven, Baden-Baden 1984.

Laut Art. 38 EWGV umfaßt der Gemeinsame Markt auch die Landwirtschaft und den Handel mit landwirtschaftlichen Erzeugnissen. Art. 39 präzisiert die Ziele der gemeinsamen Agrarpolitik, Art. 40 schreibt die schrittweise Entwicklung einer gemeinsamen Agrarpolitik vor und nennt für die Organisation der Agrarmärkte mehrere Optionen, von denen sich wegen der Komplexität der bestehenden einzelstaatlichen Marktordnungen nur die Einführung gemeinsamer Marktordnungen als praktikabel erwies.

Dadurch nehmen in der EG die Agrarpolitik und der Agrarmarkt eine Sonderstellung ein. Infolge der hohen Regelungsdichte dieses Bereiches betrifft in der gemeinschaftlichen Rechtsetzung die Mehrzahl der Vorschriften den Agrarmarkt – weit mehr als die Hälfte des EG-Agrarhaushaltes entfallen auf die Ausgaben im Rahmen der gemeinsamen Agrarpolitik. Die hohen Kosten und unterschiedliche nationale Interessen haben die gemeinsame Agrarpolitik zu einem ernsthaften Krisenherd der EG werden lassen. Der Versuch, die Gewährleistung einer angemessenen Lebenshaltung der Landwirte primär durch eine Stützung der innergemeinschaftlichen Preise oberhalb der Weltmarktpreise zu erreichen, brachte der Gemeinschaft außenpolitisch den Vorwurf des Protektionismus ein und führte zu zunehmenden Überschüssen. Begriffe wie "Butterberg" oder "Weinsee" wurden bei den Bürgern zu einem Negativsymbol der Europäischen Einigung. Trotz steigender öffentlicher Ausgaben wurde das Ziel der Einkommenssicherung für die Landwirte verfehlt.

Die Ausgestaltung der Agrarpolitik war geprägt von Differenzen und unterschiedlichen Interessen der Mitgliedstaaten. So war die Konzeption und Umsetzung des EWGV maßgeblich beeinflußt durch einen Interessengegensatz zwischen Frankreich und der Bundesrepublik Deutschland. Frankreich, das über günstige landwirtschaftliche Produktionsbedingungen verfügte und in dessen Wirtschaft der Agrarsektor noch eine wesentlich größere Rolle spielte, war vor allem an der Verwirklichung eines Gemeinsamen Agrarmarktes interessiert, während die stärker industrialisierte Bundesrepublik Deutschland dem Abbau von Handelsschranken im Industriesektor höchste Priorität beimaß. Die Einbeziehung der Landwirtschaft in den Gemeinsamen Markt führte zu einem tragfähigem Kompromiß.

Eine Konferenz der Mitgliedstaaten, die vom 3.–11. Juli 1958 in Stresa stattfand, erarbeitete die Grundlagen der gemeinsamen Agrarpolitik. Am 24. Januar 1962 einigte sich der → Ministerrat auf erste gemeinsame Marktordnungen für Getreide, Schweinefleisch, Eier und Geflügelfleisch sowie auf die Grundzüge einer Finanzierungsverordnung. Für die restlichen Produkte folgten entsprechende Marktordnungen bis 1968. Mit den Marktordnungen wurde das Instrumentarium festgelegt, mit dessen Hilfe zunächst noch national unterschiedliche Preise durchgesetzt wurden. Eine Einigung auf ein gemeinsames Preisniveau kam erst am 15. Dezember 1964 aufgrund eines französischen Ultimatums zustande. Gemeinsame Preise wurden ab 1. Juli 1967 angewandt, jedoch kam es ab Oktober 1969 aufgrund divergierender Währungsentwicklungen wieder zu einem Abweichen von diesem Prinzip.

Vorher mußte 1965 eine Anschlußregelung für die auslaufende Finanzierungsverordnung gefunden werden. Der Vorschlag der → Kommission, die Gemeinschaft in stärkerem Maße mit eigenen Mitteln auszustatten, scheiterte am Widerstand Frankreichs. In der anschließenden "Politik des leeren Stuhls" entzog sich Frankreich Grundsatzentscheidungen der Gemeinschaft und kehrte erst wieder zurück, nachdem durch den Luxemburger Kompromiß vom Januar 1966 die Formel gefunden war, daß kein Land in einer wichtigen Angelegenheit überstimmt werden dürfe.

Daß sich die gemeinsame Agrarpolitik auch auf die Verbesserung der Agrarstruktur erstrecken sollte, war bereits in Stresa festgelegt worden. Ein Konzept für eine gemeinsame Agrarstukturpolitik wurde im Dezember 1968 als "Memorandum zur Reform der Landwirtschaft in der Europäischen Gemeinschaft", dem "Mansholt-Plan", vorgelegt. Es lief darauf hinaus, die Zahl der in der Landwirtschaft Beschäftigten durch die Förderung außerlandwirtschaftlicher Arbeitsplätze, Umschulungsbeihilfen sowie Gewährung einer Prämie bei vorzeitigem Eintritt in den Ruhestand in einem 10-Jahreszeitraum etwa auf die Hälfte zu vermindern und die landwirtschaftlich genutzte Fläche (damals 70 Mio. ha) um 5 Mio ha zu reduzieren. Innerhalb der Landwirtschaft sollte die investive Förderung auf entwicklungsfähige Formen, d.h. Produktionseinheiten (PE) bestimmter Größenordnung oder moderne landwirtschaftliche Unternehmen (MLU) beschränkt werden.

Markt- und Preispolitik

Im Mittelpunkt der Markt- und Preispolitik stehen die seit 1962 eingeführten Agrarmarktordnungen. Sie bewirken die Abgrenzung des innergemeinschaftlichen Marktes gegenüber dem Weltmarkt und eine Stabilisierung der Preise. Erstere erfolgt nur in geringerem Maße durch Zölle, häufiger durch Abschöpfung, d.h. bei der Einfuhr zu entrichtende Abgaben, die der Differenz zwischen dem in der Regel niedrigeren Weltmarktpreis und einem Schwellenpreis entsprechen, der so festgesetzt wird, daß importierte Ware nicht unter dem für das Innere der Gemeinschaft festgesetzten Richt- oder Orientierungspreis angeboten werden kann. Beim Export werden Erstattungen gewährt, die in analoger Weise berechnet werden. Alle innerhalb der gemeinsamen Agrarpolitik anzuwendenden Preise werden jährlich vom Ministerrat festgelegt. Die mit dieser Preisstützung verbundenen Kosten werden aus dem Europäischen Ausrichtungs- und Garantiefonds für die Landwirtschaft (EAGFL) – Abteilung Garantie – getragen.

Grundsätzlich lassen sich die insgesamt 21 Marktordnungen nach drei Organisationsprinzipien unterteilen:

1. Marktordnungen mit Preisstützung. Für etwa 70% der landwirtschaftlichen Produkte wird in den Marktordnungen eine Absatz- und Preisgarantie gewährt. Darunter fallen die wichtigsten Getreidearten, Zucker, Milcherzeugnisse, Fleisch, bestimmte Obst- und Gemüsearten sowie Tafelwein. Diese Marktordnungen zeichnen sich dadurch aus, daß sie neben

dem Außenschutz der Preisstützung auf dem Binnenmarkt eine Intervention vorsehen. Kann ein Teil der Ware zu einem bestimmten Preis, dem Interventionspreis, nicht abgesetzt werden, so wird sie zu diesem Preis durch staatliche Interventionsstellen aufgekauft und eingelagert. Die intervenierte Ware wird entweder wieder in den Binnenmarkt zurückgegeben, wenn die Marktlage dies gestattet, oder exportiert. Die Intervention stellte ursprünglich für die Erzeuger eine Art unbeschränkter Preisgarantie dar, jedoch ist der Interventionsmechanismus inzwischen in vielen Marktordnungen geändert und dadurch flexibler gestaltet worden, daß nur dann interveniert wird, wenn der Marktpreis bestimmte, deutlich unter dem Interventionspreis liegende Auslösungsschwellen unterschreitet, und bei der Intervention auch nicht mehr der volle Interventionspreis gezahlt wird. Die Marktordnungen für Milch und für Zucker enthalten außerdem noch Quotenregelungen, d.h. die Preisstützung wird nur für eine auf betrieblicher Ebene festgelegte Produktionsmenge gewährt. Für darüber hinausgehende Mengen sind Abgaben zu entrichten, die bewirken, daß dafür bei Zucker nur noch ein verminderter, bei Milch überhaupt kein Erlös mehr erzielt wird.

2. Marktordnungen mit gemeinsamem Außenschutz. Etwa ein Viertel der Agrarprodukte werden nur durch Abschöpfungen und Zölle vor der Konkurrenz aus Drittländern geschützt, ohne daß für den Binnenmarkt eine Preisgarantie gewährt wird. Darunter fallen Eier, Geflügel, einige Obst- und Gemüsearten (soweit sie nicht in der Gruppe 1 enthalten sind), Zierpflanzen und andere Weinarten als Tafelwein. In der Regel erfolgt der Außenschutz durch Zölle, die bei Obst und Gemüse entsprechend dem Ernteanfall jahreszeitlich gestaffelt sind. Unterschreiten die Angebotspreise bestimmte Schwellen (Referenzpreise bei Obst und Gemüse, Einschleusungspreise, d.h. auf der Basis des Weltmarktpreises für Futtergetreide errechnete Gestehungskosten bei Geflügelfleisch und Eiern), dann wird zusätzlich zu den Zöllen eine Abschöpfung erhoben, die der Differenz zwischen dem Angebotspreis und der jeweiligen Preisschwelle entspricht.

3. Marktordnungen mit direkten Beihilfen. Für einige Agrarprodukte werden Ergänzungs- oder Pauschalbeihilfen gewährt. Ergänzungsbeihilfen dienen zur Sicherung eines adäquaten Einkommens für die Erzeuger, ohne daß die Verbraucherpreise erhöht werden müssen. Sie werden vor allem bei Ölsaaten und Hülsenfrüchten angewandt, deren Einfuhr zollfrei erfolgt, was zur Folge hat, daß der Erzeuger ohne sie nur einen Preis erhalten könnte, der dem Weltmarktpreis entspricht. Dadurch, daß den Verarbeitern Beihilfen für die aus der Binnenproduktion gekaufte Ware

gezahlt wird, können sie den Erzeugern Preise zahlen, die den wesentlich höheren Preiszielen entsprechen. Bei Oliven, Tabak und Hartweizen erhalten die Erzeuger eine Beihilfe zusätzlich zu den durch den Außenschutz und Interventionsmaßnahmen gestützten Marktpreisen. Pauschalbeihilfen werden für Erzeugnisse gewährt, die in der Gemeinschaft nur in geringer Menge hergestellt werden. Hierzu gehören Flachs und Hanf, Baumwolle, Seidenraupen, Hopfen, Saatgut und Trockenfutter. Die Berechnung der Beihilfen erfolgt entweder nach der Produktionsmenge oder nach der Anbaufläche.

Ein grundsätzliches Problem der Markt- und Preispolitik ergibt sich aus einer unterschiedlichen Entwicklung der Währungen. Da die Marktordnungspreise in Europäischen Währungseinheiten (ECU) festgelegt werden, müßten sie in der Inlandswährung bei einer Aufwertung gesenkt, bei einer Abwertung erhöht werden. Um die Nachteile solcher sprunghaften Änderungen zu vermeiden, wurde die Möglichkeit geschaffen, innerhalb der Agrarmarktordnungen von den Leitkursen abweichende Umrechnungskurse (Grüne Paritäten) zu verwenden. In Aufwertungsländern liegen sie über den Leitkursen, d.h. bei der Einfuhr müssen Abgaben erhoben und bei der Ausfuhr Erstattungen gewährt werden (positiver Währungsausgleich), in Abwertungsländern liegen sie darunter, was Abgaben bei der Ausfuhr und Erstattungen bei der Einfuhr zur Folge hat (negativer Währungsausgleich). Nach einem Beschluß des Ministerrates von 1984 wurde der positive Währungsausgleich (Bundesrepublik Deutschland, Niederlande) bis Mitte 1988 völlig abgebaut und das System durch Bindung des Preisniveaus an die stärkste Währung so geändert, daß sowohl bei Auf- als auch bei Abwertungen nur noch ein negativer Währungsausgleich entsteht, der nach einem verbindlich beschlossenen System innerhalb von höchstens drei Jahren abzubauen ist.

Agrarstrukturpolitik

Von einer gemeinsamen Agrarstrukturpolitik im eigentlichen Sinne kann man erst seit der Verabschiedung der Strukturrichtlinien von 1972 sprechen. Aus dem Mansholt-Plan wurde der Gedanke aufgegriffen, die investive Förderung auf entwicklungsfähige landwirtschaftliche Betriebe zu beschränken. Später wurden Obergrenzen für die Tierhaltung, vor allem bei Milchkühen und Schweinen, sowie eine Prosperitätsklausel eingeführt. Einer Beschleunigung des Strukturwandels diente 1972 auch die Richtlinie über die Förderung der Einstellung der landwirtschaftlichen Erwerbstätigkeit und die Verwendung landwirtschaftlich genutzter Flächen für Zwecke der Strukturverbesserung und die Richtlinie über die sozioökonomische Information und berufliche Qualifikation der in der Landwirtschaft tätigen Personen.

Eine andere Zielsetzung verfolgte die im April 1975 verabschiedete Richtlinie über die Landwirtschaft in Berggebieten und bestimmten benachteiligten Gebieten. Mit ihr wird die Absicht verfolgt, die Landbewirtschaftung auch unter ungünstigen Standortbedingungen aufrechtzuerhalten und damit auch einer Abwanderung der Bevölkerung sowie einer Verschlechterung der Wirtschaftskraft ländlicher Räume entgegenzuwirken. Wichtigstes Instrument dazu ist eine Ausgleichszulage, die je Hektar bzw. je Großvieheinheit gewährt wird.

Die Agrarstrukturpolitik wurde im März 1985 durch die Verordnung zur Verbesserung der Effizienz der Agrarstruktur (Effizienz-Verordnung) neu geregelt. Dabei wurde die Beschränkung der Investitionsförderung auf entwicklungsfähige Betriebe gelockert und eine spezielle Förderung für Junglandwirte eingeführt. Die Fördergrenzen für die tierische Produktion wurden verschärft. Die Mitgliedstaaten wurden ermächtigt, Beihilfen an Landwirte zu zahlen, die sich verpflichten, eine Bewirtschaftung durchzuführen, durch die die Umwelt erhalten oder verbessert wird. Diese Möglichkeit wurde 1987 an die Voraussetzung gebunden, daß es sich um Gebiete handeln muß, in denen der Erhaltung der Umwelt eine besondere Bedeutung zukommt und daß die umweltschonenden Wirtschaftsweisen an Hand nachprüfbarer Kriterien im einzelnen festgelegt werden. An den Maßnahmen der Agrarstrukturpolitik beteiligt sich die Gemeinschaft mit unterschiedlichen Sätzen, die in den einkommensschwächeren Ländern höher sind als in den einkommensstarken. Die Finanzierung erfolgt aus der Abteilung Ausrichtung des EAGFL.

Reform der gemeinsamen Agrarpolitik

Im Rahmen der Markt- und Preispolitik erfolgte die Preisfestsetzung lange Zeit weitgehend im Interesse der Erzeuger. Dies sowie das Zusammenwirken von technischem Fortschritt und praktisch unbegrenzter Absatzgarantie hatte wachsende Überschüsse zur Folge. Diese wiederum führten zu einer Explosion der Marktordnungsausgaben, die in dem Zeitraum 1974 bis 1984 im Durchschnitt um jährlich 16,6% zunahmen.

Die EG-Agrarausgaben für Preisstützung, Lagerung und Absatz der Überschüsse stiegen stärker als die Eigeneinnahmen der EG. Großbritannien weigerte sich als Industrieland, das nur geringe Vorteile aus dem Förderungssystem hatte, seinen Anteil an der Finanzierung zu tragen. Über Jahre blockierte die durch die Agrarpolitik verursachte Finanzkrise wichtige Entscheidungen auf anderen Politikfeldern.

Da eine Fortsetzung der bisherigen Politik an finanzielle Grenzen stieß, sah sich der Ministerrat zu einer Kursänderung gezwungen. Als erster Schritt erfolgte in diesem Zusammenhang 1984 die Einführung der Milchgarantiemengenregelung. Für die übrigen Erzeugnisse wurden die Marktordnungspreise entweder nicht mehr oder nur noch geringfügig erhöht, für Getreide und Ölsaaten deutlich gesenkt. Unterstützt wurde diese Entwicklung durch eine Lockerung des Interventionssystems insbesondere bei Milcherzeugnissen und Rindfleisch. Bei Getreide wurde ein ähnlicher Effekt dadurch erreicht, daß die Qualitätsnormen für die Intervention heraufgesetzt und bei Nichterreichen Abschläge eingeführt wurden, sowie durch eine stärkere zeitliche Begrenzung der Intervention, der Zahl der monatlichen Reports und eine Kürzung in deren Höhe. Die Intervention sollte statt des risikolosen Parallelmarktes, zu dem sie geworden war, wieder auf ihre ursprüngliche Funktion eines Schutzes bei außergewöhnlichen Marktsituationen zurückgeführt werden. Das von der Kommission 1985 vorgelegte Grünbuch über die "Perspektiven für die Gemeinsame Agrarpolitik" verlangte u. a. ein Umdenken und eine Rückkehr zu marktwirtschaftlichen Prinzipien. Die eingeleiteten Reformmaßnahmen erhielten einen starken Impuls durch Beschlüsse des Europäischen Rates auf dem Brüsseler Sondergipfel vom 11.–13. Februar 1988. Einer der wichtigsten Beschlüsse war die Einführung von Stabilisatoren für Getreide, Ölsaaten und Eiweißpflanzen. Dabei wurde jeweils eine Garantiemenge festgelegt, deren Überschreitung eine Senkung des Interventionspreises auslöst.

Am 25. April 1988 verabschiedete der Ministerrat auf der Grundlage der Beschlüsse des Brüsseler Sondergipfels die Verordnung über die Stillegung von Ackerflächen, die Intensivierung und Umstellung der Erzeugung sowie zur endgültigen Aufgabe von Rebflächen gegen Einkommensausgleich. Danach muß in allen Mitgliedstaaten ein Flächenstillegungsprogramm angeboten werden. Die Teilnahme der Landwirte ist freiwillig. Die Teilnehmer müssen sich verpflichten, mindestens 20% der Ackerfläche für fünf Jahre stillzulegen, aufzuforsten oder in extensives Grünland umzuwandeln. Bei Stillegung wird eine Prämie zwischen 100 und 600 ECU/ha gewährt, an der sich die Gemeinschaft bis zu 300 ECU/ha mit 60% und darüber hinaus mit 25% beteiligt. Ende 1990 erreichte die stillgelegte Fläche 795.000 ha (2,2% der Getreidefläche), wovon 224.000 ha auf die Bundesrepublik, 356.000 ha auf Italien und 102.000 ha auf Großbritannien entfielen.

Die Mitgliedstaaten waren darüber hinaus ab 1989 verpflichtet, Extensivierungsprämien anzubieten, konnten sie aber im ersten Jahr auf Rindfleisch und Wein beschränken. Als Extensivierung gilt die Verringerung der Produktion des betreffenden Erzeugnisses um mindestens 20% während mindestens fünf Jahren ohne Erhöhung der Kapazitäten für andere Überschußprodukte. Die Mitgliedstaaten können wählen zwischen der quantitativen Methode, bei der die Produktionsverminderung im einzelnen nachgewiesen werden muß, und der produktionstechnischen Methode, bei der der Nachweis der Umstellung auf ein extensives Produktionsverfahren genügt. Die Akzeptanz dieses Programmes hält sich bislang in engen Grenzen.

Eine Vorruhestandsregelung war von der Kommission bereits 1985 vorgeschlagen worden. Ihre Einführung erfolgte jedoch erst im Anschluß an einen entsprechenden Grundsatzbeschluß des Brüsseler Sondergipfels. Das Programm ist bisher nur in wenigen Mitgliedstaaten, darunter der Bundesrepublik, angelaufen und bei den Landwirten auf geringe Resonanz gestoßen.

Um ein erneutes Ausufern der Agrarausgaben zu verhindern, wurde 1988 eine Obergrenze für die Entwicklung der Ausgaben der Abteilung Garantie des EAGFL eingeführt. Nach dieser "Agrarleitlinie" soll, ausgehend von 27,5 Mrd. ECU für 1988, die Obergrenze für die obligatorischen Ausgaben der Agrarpolitik mit 74% der Steigerungsrate des Bruttosozialproduktes der Gemeinschaft fortgeschrieben werden. Auf mittlere Sicht soll der Anteil der Agrarpolitik am Haushalt auf die Hälfte der Gesamtausgaben zurückgeführt werden.

Bilanz und Ausblick

Die seit 1984 eingeleiteten Reformen haben ein unterschiedliches Echo gefunden. Befürworter sehen darin Schritte in die richtige Richtung, Kritiker den Versuch, ein System funktionsfähig zu erhalten, das durch ein grundsätzlich anderes, liberaleres System ersetzt werden sollte. Bei den Verhandlungen zur Uruguay-Runde des allgemeinen Zoll- und Handelsabkommens (GATT) steht die Gemeinschaft unter starkem Druck, ihr Protektionsniveau für die Landwirtschaft zu vermindern. Vor allem die Vereinigten Staaten drängen darauf, das Prinzip der gemeinsamen Agrarmarktordnungen aufzugeben und statt dessen nur noch Zölle als Maßnahme an der Außengrenze zuzulassen, die einem schrittweisen Abbau zu unterwerfen wären. Die EG lehnt dies grundsätzlich ab, hat aber zu erkennen gegeben, daß sie zu einem weiteren Abbau der Protektion bereit ist, wenn sie die Mittel, durch die dies geschieht, selbst bestimmen kann.

Der Übergang zum gemeinsamen → Binnenmarkt wird für die Landwirtschaft keine tiefgreifenden Änderungen bringen, da es bereits eine weitgehend integrierte gemeinsame Agrarpolitik gibt. Durch Urteile des → Gerichtshofes der EG ist sichergestellt, daß Nahrungsmittel, die in einem Land nach den dortigen Rechtsvorschriften und unter Wahrung gemeinschaftlicher Mindeststandards hergestellt wurden, überall zum Verkehr zugelassen werden müssen, sofern eine ausreichende Kennzeichnung erfolgt. Damit wird sich das Warenangebot erweitern. Einer Lösung bedarf noch die Entscheidung über das Niveau gemeinsamer Mindeststandards im Interesse des Gesundheitsschutzes und des Umweltschutzes sowie die Verlagerung von Kontrollen, die nicht mehr beim Grenzübertritt erfolgen können, in den Produktionsbereich. Ein weiteres ungelöstes Problem ist die Steuerharmonisierung insbesondere der Mehrwertsteuersätze für Nahrungsmittel, die z. Zt. zwischen 0% (Großbritannien und Irland) und 22% (Dänemark) schwanken. Grundsätzlich wird der Binnenmarkt zu einer stärkeren Ausrichtung der Produktion an den jeweiligen Standortbedingungen führen.

Winfried von Urff

Assoziierungspolitik

Vertragsgrundlage: Art. 238 EWGV.
Ziele: Schaffung einer großen Freihandelszone in Europa; Vorbereitung einzelner Länder auf eine spätere EG-Vollmitgliedschaft; entwicklungspolitisches Präferenzsystem für die nicht-europäischen Länder des Mittelmeerraums und die AKP-Staaten.
Instrumente: Abschluß von Assoziierungsabkommen.
Literatur: Klaus Eiselstein: Die Europäische Gemeinschaft in der Weltwirtschaftsordnung, Berlin 1987; Jacqueline D. Matthews: Association System of the European Community, New York 1977.

Im Völkerrecht fehlt eine scharfumrissene Definition des Assoziierungsbegriffs. Generell wird unter Assoziierung eine größtmögliche Anbindung an eine Vertragsgemeinschaft verstanden, die jedoch vor einer vollen Beteiligung haltmacht und ein Stimmrecht ausschließt. Assoziierungsabkommen der EG stellen in der Regel privilegierte Beziehungen mit einem Drittstaat her. Sie schaffen ein System gegenseitiger Rechte und Pflichten, wobei diese nicht gleichgewichtig sein müssen. Sie werden meist auf unbeschränkte Dauer geschlossen oder regelmäßig erneuert und sehen zudem gemeinsame bilateral und paritätisch besetzte Vertragsorgane vor, die nach dem Einstimmigkeitsprinzip vorgehen. Bei Uneinigkeit können die Vertragsparteien ein Ad-hoc-Gericht anrufen. Eine Assoziierung begründet keinen Anspruch auf eine EG-Vollmitgliedschaft.

Akteure

Zusammen mit der → Handelspolitik fällt der Abschluß von Assoziierungsabkommen (Art. 238 EWGV) in die ausdrückliche und exklusive Kompetenz der EG im Außenwirtschaftsbereich. In den beiden sich überlagernden Bereichen handelt die Gemeinschaft als eigenständiges Völkerrechtssubjekt. Assoziierungsabkommen fallen wie Handelsabkommen in die Kompetenz des → Ministerrates. In beiden Fällen erhält die → Kommission ein Mandat für die Aushandlung des Abkommens; den Vertragsentwurf legt sie dem Rat vor, der einstimmig beschließen muß. Seit Inkrafttreten der → Einheitlichen Europäischen Akte (EEA) 1987 bedürfen Assoziierungsabkommen der Zustimmung des → Europäischen Parlaments.

Die Grenze zwischen Assoziierungs- und Handelsabkommen ist inhaltlich oft fließend. Die formaljuristische Unterscheidung – je nachdem, ob Art. 238 oder Art. 113 Vertragsgrundlage etwa eines Kooperationsabkommen ist – hat seit der EEA erhebliche Bedeutung: Handelsabkommen auf Grundlage des Art. 113 werden weiterhin im Ministerrat mit qualifizierter Mehrheit und nach bloßer Anhörung des Europäischen Parlaments verabschiedet. Zudem werden in vielen Abkommen einzelstaatliche und EG-Kompetenzen vermengt.

Assoziierte Länder

Eine eigentliche EG-Assoziierungs"politik" war im Spaak-Bericht, der 1957 als Grundlage für die Römischen Verträge diente, nicht vorgesehen. Als sich abzeichnete, daß andere europäische OEEC-Staaten unter der Führung Großbritanniens eine eigene Freihandelszone – die spätere → EFTA (1960) – gründen würden, wurde Art. 238 eingeführt. Allerdings bestand Frankreich bereits bei den Vorverhandlungen zum EWG-Vertrag darauf, daß Algerien und die französischen Übersee-Départements vertragsrechtlich dem Mutterland weitgehend gleichgestellt würden (Art. 227). Diese "konstitutionelle Assoziation" wurde dann auf die meisten überseeische Gebiete und Territorien der EG-Mitgliedsländer ausgedehnt (Art. 131). Nachdem der Großteil dieser Kolonialgebiete Anfang der 60er Jahre die Unabhängigkeit erlangte, entstand daraus mit den Abkommen zunächst von Jaunde I und II (1964 bzw. 1971) und dann von Lomé (ab 1976) ein besonderes, assoziationsartiges Vertragsverhältnis.

Die vielfältigen Ursprünge der Assoziierungspolitik der EG spiegeln sich in ihrer regionalen Differenzierung wider:

- die typischen, d.h. reinen Assoziierungsabkommen mit Griechenland (1961, seit 1981 EG-Mitglied), Türkei (1963), Malta (1970) und Zypern (1972): "Beitrittsassoziierung" bzw. "Freihandelsassoziierung";
- die Jaunde-Nachfolgeabkommen von Lomé I, II, III und IV (1975, 1980, 1985 bzw. 1990) mit anfangs 46, zuletzt 69 Staaten Afrikas, der Karibik und des Pazifiks (AKP-Staaten), sowie die Abkommen mit den Maghreb- und den Maschrik-Staaten (1976 bzw. 1977): sogenannte "Entwicklungsassoziierung" (→ Entwicklungspolitik); der eine mögliche Abhängigkeit implizierende Begriff "Assoziierung" wird in diesen Kooperationsabkommen bewußt vermieden. In den Lomé-Abkommen bestehen die Vertragsorgane aus Ministerrat, Botschafterausschuß und paritätischer Versammlung;
- die abzuschließenden Assoziierungsabkommen mit Polen, der Tschechoslowakei und Ungarn; sowie die bilateralen Freihandelsabkommen (1972) mit den EFTA-Ländern, auf Grundlage des Art. 113 geschlossen, doch mit Assoziierungspotential ("Entwicklungsklausel").

GATT und Lomé

Laut dem Welthandelsabkommen (GATT) von 1947 verstoßen nicht "verallgemeinerte" Handelspräferenzen – die also nicht sämtlichen GATT-Partnern gewährt werden – gegen die Meistbegünstigungsklausel, Grundpfeiler des GATT-Systems. Art. 24 Abs. 5 des GATT sieht jedoch eine Ausnahme für Freihandelszonen oder Zollunionen vor, da sie dem erklärten Ziel des Abkommens, der vollständigen Liberalisierung des Welthandels, dienen. Die "Ermächtigungsklausel" der Tokio-Runde des GATT von 1979 erkennt nun auch die einseitige Privilegierung der Lomé-Staaten gegenüber den Industriestaaten an. Problematisch bleibt jedoch die präferenzielle Behandlung der Lomé-Staaten gegenüber anderen Entwicklungsländern. Allerdings ist mit der Schaffung des GATT-konformen Allgemeinen Präferenzsystems (APS) der EG eine weitgehende Gleichstellung der anderen Entwicklungsländer erfolgt. Zudem steht es jedem Entwicklungsland offen, dem Lomé-Abkommen beizutreten.

Bilanz

Die Assoziierung dient, neben den eingangs genannten Zielvorstellungen, vor allem dem handelspolitischen Ziel der Liberalisierung des Welthandels, wobei sich wirtschaftliche und politische Zwecke oft vermischen. Hervorzuheben ist jedoch, daß sensible EG-Einzelbereiche – wie Freizügigkeit oder freier Zugang von Agrarprodukten und bestimmten (Halb-) Fertigwaren – häufig ausgenommen oder zumindest eingeschränkt sind.

Die bisherige Assoziierungs"politik" der EG befindet sich in einer Sackgasse, da sie sich wachsendem Druck auf EG-Mitgliedschaft ausgesetzt sieht. Opfer ihres eigenen Erfolges, steht die Gemeinschaft in der Assoziierungsfrage vor einer Grundsatzentscheidung. Im Streit um Vertiefung oder Erweiterung sowie um die regionale Priorität bei einer Erweiterung steht auch das "Modell der vier konzentrischen Kreise" (Kern-EG, EFTA-Länder, assoziierte Länder einschließlich Osteuropa, "Resteuropa") zur Debatte (→ Leitbilder der europäischen Integration).

Wolf-Heinrich von Leipzig

Außenbeziehungen

Vertragsgrundlagen: Insbesondere Art. 3b, k; 110–116; 131–136; 228–230; 237; 238 EWGV sowie verschiedene EG-Politikbereiche mit Außenwirkungen.
Ziele: Errichtung eines Gemeinsamen Zolltarifs und einer gemeinsamen Handelspolitik gegenüber Nicht-EG-Ländern, Wahrung gemeinsamer außenwirtschaftlicher Interessen gegenüber Dritten, Abbau von Entwicklungsrückständen der Dritten Welt durch Handel und Kooperation.
Literatur: Bengt Beutler u. a.: Die Europäische Gemeinschaft. Rechtsordnung und Politik, 3. Auflage, Baden-Baden 1987; Außenbeziehungen, in: Werner Weidenfeld/Wolfgang Wessels (Hrsg.): Jahrbuch der Europäischen Integration, Bonn 1981 ff.

Die Außenbeziehungen der EG bezeichnen die Gesamtheit des Tätigwerdens von → Kommission, → Ministerrat und → Europäischem Parlament auf internationaler Ebene. Sie bilden zusammen mit der → Europäischen Politischen Zusammenarbeit die beiden Säulen einer europäischen Außenpolitik. Sie basieren auf einem Regelsystem unterschiedlicher EG-Vertragsbestimmungen und davon abgeleiteten gemeinschaftsinternen Verfahrensvorschriften, Vereinbarungen mit Drittstaaten bzw. Staatengruppen, internationalen Organisationen und sonstigen Akteuren nicht-staatlichen Charakters.

Ursache für die Formenvielfalt der EG-Außenbeziehungen ist der Verzicht der EG-Gründerväter auf einen umfassenden Kompetenztransfer von der nationalen zur europäischen Ebene in der Außenpolitik. Diese sollte nach dem Willen der Mitgliedstaaten als klassischer Ausdruck ihrer Souveränität unangetastet bleiben. Wünschenswert und möglich schien zunächst allenfalls eine EG-Zuständigkeit in Teilbereichen. Sie ergab sich insbesondere aus der Zielsetzung, einen Gemeinsamen Markt mit einem Gemeinsamen Zolltarif und einer gemeinsamen Handelspolitik gegenüber Nicht-EG-Ländern zu schaffen (Art. 3b EWGV), sowie aus dem Wunsch, die wirtschaftliche und soziale Entwicklung der überseeischen Länder und Hoheitsgebiete zu fördern (Art. 3k EWGV). Integrationsfortschritte im Innern, der Bedarf an nach außen gerichteter Politik einer auf das engste mit der Weltwirtschaft verflochtenen und infolgedessen von dieser abhängigen Gemeinschaft machten jedoch ein umfassendes außenwirtschaftspolitisches Handeln zur Wahrung der EG-Ziele zunehmend unerläßlich.

Hinzu kam eine wachsende Anerkennung der EG als attraktiver Dialog- und Kooperationspartner durch die Außenwelt, die eine weitere Verdichtung und Ausdehnung der EG-Außenbeziehungen erzeugt hat.

Wichtigste Elemente der EG-Außenbeziehungen sind:

- die gemeinsame → Handelspolitik (Art. 110–116), die ein umfassendes Tätigwerden der EG in Form von autonomen Gemeinschaftsrechtsakten wie im Rahmen internationaler Abkommen (z. B. GATT) ermöglicht. Hierzu gehören u. a. die Festlegung des Gemeinsamen Zolltarifs, mengenmäßiger Einfuhrbeschränkungen, die Einräumung von Zollpräferenzen, z. B. das gegenüber den Entwicklungsländern gewährte Allgemeine Präferenzsystem (APS) oder die Schaffung von Freihandelszonen beispielsweise mit den Staaten der → EFTA;
- die → Assoziierungspolitik (Art. 131–136, 238). Sie stellt eine besonders privilegierte Form der Beziehungen der EG zu Drittstaaten dar und fand z. B. Anwendung gegenüber den ehemaligen Kolonialgebieten der EG-Länder (Abkommen von Lomé) und den Ländern des Mittelmeerbeckens. Assoziierungsverhältnisse können wie im Falle des Vertrages mit der Türkei auch als Vorstufe für einen späteren Beitritt zur EG dienen;
- die Frage der Neuaufnahme weiterer Mitglieder (Art. 237);
- das mittlerweile weit gespannte Netz der EG-Kooperationspolitik unter Nutzung von Art. 235 mit anderen regionalen Staatengruppen (z. B. ASEAN, Andenpakt, zentralamerikanische Staaten, Rio-Gruppe, Golf-Kooperationsrat);
- weitere Instrumente der → Entwicklungspolitik mit außenwirtschaftlichem Charakter wie Nahrungsmittelhilfe, finanzielle und technische Hilfe der nicht-assoziierten Entwicklungsländer;
- alle nach außen wirksamen Sektorpolitiken, u. a. → Agrar- und → Fischereipolitik, → Umweltpolitik, → Forschungs- und Technologiepolitik, → Verkehrspolitik, allgemeine Fragen der → Wirtschaftspolitik.

Die Verträge der → Europäischen Gemeinschaft für Kohle und Stahl sowie der → Europäischen Atomgemeinschaft enthalten demgegenüber eine vergleichsweise eng abgesteckte außenwirtschaftspolitische Dimension.

Streitfragen über die Reichweite der Gemeinschaftszuständigkeit im Falle der Außenbeziehungen gegenüber jener der Mitgliedstaaten wurden vom → Gerichtshof der Europäischen Gemeinschaft insbesondere im AETR-Urteil (Rechtsstreit zwischen Rat und Kommission über die Verhandlungen der Kommission bezüglich des Neuabschlusses eines Europäischen Übereinkommens über die Arbeit der im internationalen Straßenverkehr beschäftigten Fahrzeugbesatzungen) bisher zugunsten einer weiten, auf eine dynamische Verwirklichung der EG-Ziele ausgerichteten EG-Kompetenz entschieden. Häufig werden mögliche Konfliktfälle jedoch nicht gerichtlich ausgetragen, sondern mit Rücksicht auf den Ertrag eines wie auch immer gearteten europäischen Vorgehens durch besondere Verfahren entschärft. Ein solches Zusammenwirken gemeinschaftlicher und nationaler Akteure hat sich auch in all jenen Fällen entwickelt, wo – wie etwa im Falle der Assoziierungspolitik – ein umfassendes Vorgehen erwünscht ist, EG-Kompetenzen jedoch neben Zuständigkeiten der Mitgliedstaaten – z. B. hinsichtlich finanzieller Leistungen – weiter bestehen. Typisch hierfür ist eine vertragliche Regelung in Form von "Gemischten Abkommen" mit Dritten, z. B. im Falle von Lomé. Sie werden von der EG und ihren Mitgliedstaaten gemeinsam abgeschlossen. Ihre Aushandlung kann auf europäischer Seite auf unterschiedliche Weise erfolgen: mit einer aus Vertretern der Kommission und den Mitgliedstaaten bestehenden gemeinsamen Delegation, einer "doppelköpfigen" Vertretung der EG-Kommission einerseits, des Ratsvorsitzes andererseits, oder getrennten Delegationen von EG-Kommission und Mitgliedstaaten.

Im Rahmen der eindeutigen EG-Kompetenzen gliedert sich das Vertragsschlußverfahren in zwei Abschnitte: die Aushandlung des Vertrages durch die EG-Kommission auf der Basis einer Ermächtigung des Rates, der Vertragsabschluß durch den Rat (Art. 228), wobei je nach Regelungsbereich Einstimmigkeit oder qualifizierte Mehrheit erforderlich sein können (→ Entscheidungsverfahren).

Das Europäische Parlament verfügt im Bereich der EG-Außenbeziehungen über Beteiligungsmöglichkeiten unterschiedlicher rechtlicher Natur und Intensität. Sie enthalten eine Zustimmungspflicht bei der Assoziierungspolitik und bei EG-Beitritten (→ Erweiterung), eine vertraglich verankerte Anhörungspflicht (Art. 228) und in der Feierlichen Deklaration zur Europäischen Union von 1983 politisch verbindlich festgeschriebene Konsultationspflichten des Rates gegenüber dem EP-Plenum bei allen "bedeutenden" internationalen Abkommen. Daneben besitzt das EP, repräsentiert durch die in der Sache zuständigen Ausschüsse, die Möglichkeit, inoffiziell und vertraulich durch Rat und Kommission über Vertragsverhandlungen mit Dritten unterrichtet zu werden. Dieses nach den Ratspräsidenten benannte Luns-Westerterp-Verfahren wurde mit der Feierlichen Deklaration von 1983 über den Bereich der Assoziierungs- und Handelsabkommen auf alle von der EG abzuschließenden Abkommen "von Bedeutung" ausgedehnt.

Im Rahmen ihrer Außenbeziehungen ist die EG umfassend in die internationalen Beziehungen integriert. Sie ist durch Delegationen der Kommission, deren Errichtung der Zustimmung des Rates bedarf, in Drittstaaten (z.B. Lomé-Staaten) und bei internationalen Organisationen (z.B. UN) fast weltweit diplomatisch präsent (aktives Legationsrecht). Umgekehrt hat fast die gesamte Staatenwelt eigene diplomatische Vertretungen bei der EG in Brüssel errichtet (passives Legationsrecht).

Neben der Präsenz von Kommissionsvertretern in den Fällen "reiner" Gemeinschaftszuständigkeit wird die EG durch die jeweilige Ratspräsidentschaft vertreten – mit oder ohne Zusammenwirken der EG-Kommission (z.B. die Anwesenheit von Kommissions- und Ratspräsident bei dem westlichen Weltwirtschaftsgipfel).

Bilanz

Der bemerkenswerte Wachstumstrend der EG-Außenbeziehungen in den 70er und insbesondere 80er Jahren sowie die gleichzeitige Verdichtung der Europäischen Politischen Zusammenarbeit erzeugen ein zunehmend verwirrendes Bild von der internationalen Rolle der EG und ihrer Mitgliedstaaten. Die Komplexität der internationalen Beziehungen erfordert dagegen ein umfassendes gemeinsames europäisches Vorgehen, das nicht durch Kompetenzüberlappungen von nationaler, europäisch koordinierter und gemeinschaftlicher Ebene, durch Akteursvielfalt und ineffiziente Entscheidungsstrukturen gehemmt werden sollte. Die im Dezember 1990 eingesetzte Regierungskonferenz zur Politischen Union (→ Europäische Union) hat die Chance, die Weichen für eine gemeinsame europäische Außen- und Sicherheitspolitik neu zu stellen.

Elfriede Regelsberger

Bildungs- und Jugendpolitik

Vertragsgrundlagen: EG: Art. 128 EWGV. Einzelaktionen nach Art. 235 EWGV. Europarat: Präambel und Art. 1 der Satzung – "gemeinschaftliches Vorgehen" u.a. auf kulturellem und wissenschaftlichem Gebiet; Kulturabkommen von 1954; Konventionen und Übereinkommen, insbesondere zur Einrichtung des Europäischen Jugendwerks und des Europäischen Jugendzentrums 1972.
Ziele: EG: Verbesserung der Qualifikationen für das berufliche und soziale Leben; Sicherung der Freizügigkeit in der Gemeinschaft; Herbeiführung einheitlicher Lebensbedingungen; Kooperation im Bildungswesen; Verbesserung von Bildungsangeboten in den Mitgliedstaaten; europäische Bewußtseinsbildung; Verbesserung der Situation insbesondere sozial benachteiligter Jugendlicher. Europarat: Verbesserung der Bildungssysteme und Bildungsangebote; Kooperation im Bildungswesen; wechselseitige Durchlässigkeit der Bildungssysteme; Verbesserung der Jugendarbeit, der Qualifikation der Jugendbetreuer, der Strukturen der Jugendorganisationen und deren europäischer Aktivitäten, Förderung von Jugendprojekten.
Instrumente/Einzelprogramme: EG: Richtlinien (berufliche Bildung) und Entschließungen; diverse Aktionsprogramme; Aktionen im Rahmen der Strukturfonds; (befristete) Aktionen und Projekte. Europarat: Konventionen, Resolutionen; mehrjährige, themenorientierte "Projekte im Bildungswesen". Spezielle Einrichtungen: Europäisches Jugendwerk und Europäisches Jugendzentrum, Straßburg.
Haushalt: EG: 1990: 151 Mio. ECU. Europarat: Bildungspolitik: im Rahmen des "Kulturfonds" 1989 ca. 13,1 Mio. FF (ca. 4 Mio. DM), davon ca. 8,5 Mio. FF (2,6 Mio. DM) = 64,9% für Bildung. Jugendpolitik: 28 Mio. FF (ca. 8,6 Mio. DM) = 6,2% des gesamten Haushalts des Europarats.
Literatur: Ulrich Schäfer: Die Europäische Gemeinschaft und das Bildungswesen, eine Bibliographie, Frankfurt/M. 1991; Bildungs- und Jugendpolitik, in: Werner Weidenfeld/Wolfgang Wessels (Hrsg.): Jahrbuch der Europäischen Integration, Bonn 1981ff.

Die beiden wichtigsten Regierungsorganisationen, die sich in Europa mit Bildung und Jugend befassen, sind der Europarat und die Europäische Gemeinschaft. In der Rechtsverbindlichkeit der Beschlüsse bestehen Unterschiede: Die EG kann eigenes Recht an die Stelle von nationalem

Recht setzen. Beim Europarat handelt es sich um zwischenstaatliche Zusammenarbeit von Regierungen nach diplomatischen Regeln ohne Möglichkeit, nationales Recht durch eigene Entscheidungen zu ersetzen.

Bildungs- und Jugendpolitik der EG

Zum Bereich Bildung und Jugend tragen alle Organe und Gremien der EG bei: Der → Europäische Rat, der sich aus den Staats- und Regierungschefs der Mitgliedstaaten zusammensetzt und die Leitlinien der Gemeinschaftspolitik bestimmt, setzte auch die entscheidenden Impulse für die Entwicklungen im Bildungs- und Kulturbereich, insbesondere mit der Feierlichen Deklaration von Stuttgart 1983 (→ Kulturpolitik). Der Rat (→ Ministerrat) ist das oberste beschlußfassende Organ der EG. Der Rat der Minister für Arbeits- und Sozialfragen ist zuständig, wenn Aspekte der beruflichen Bildung und soziale Aspekte behandelt werden, z.B. Jugendarbeitslosigkeit oder Berufsbildung. Seine Arbeit wird begleitet durch den → Wirtschafts- und Sozialausschuß. Der Rat und die im Rat vereinigten Minister für das Bildungswesen behandeln Fragen der allgemeinen, aber auch der beruflichen Bildung. In dieser Doppelformel drückt sich der Vorbehalt der Mitgliedstaaten gegenüber der Behandlung von Themen im Gemeinschaftsrahmen aus, die nicht in den Verträgen ausdrücklich genannt sind. Da aber eine trennscharfe Unterscheidung zwischen z.B. beruflicher (im Vertrag) und allgemeiner Bildung (nicht im Vertrag) oder auch Jugendbildungs-, Jugendsozial- und allgemeiner Jugendarbeit von der Sache her unmöglich ist, erfand man die Mischformel, um sich nicht selbst durch Zuordnungsdiskussionen zu lähmen. Gleichzeitig signalisiert die Formel die Souveränität der nationalen Regierungen in der Bildungspolitik, die ja besonders von der Bundesrepublik Deutschland – aber nicht nur von ihr – in Anbetracht der "Kulturhoheit der Länder" immer wieder betont wird. Meist beschränkt sich der Rat auf die Verabschiedung von Entschließungen und Schlußfolgerungen, die die Mitgliedsländer nicht gesetzlich, sondern "politisch" (selbst)verpflichten. Sie geben aber der Kommission wichtige Instrumente an die Hand, auf deren Grundlage Aktionen und Programme entwickelt und durchgeführt werden.

Die Ministertagungen werden von dem beim Rat angesiedelten Ausschuß für Bildungsfragen aus Beamten der nationalen Bildungsministerien vorbereitet; sie werden von der → Kommission und vom Ausschuß der Ständigen Vertreter (COREPER – Comité des Représentants Permanents) unterstützt, der sich aus Beamten der Mitgliedstaaten im Botschafterrang zusammensetzt. Die Kommission ist für die Vorbereitung und Ausführung von Beschlüssen des Ministerrats verantwortlich. Bildung und

Jugend fallen heute in die Zuständigkeit der "Task Force Humanressourcen, allgemeine und berufliche Bildung und Jugend", die direkt dem zuständigen Mitglied der Kommission – Vasso Papandreou – unterstellt ist. Das → Europäische Parlament hat durch seine Haushaltskompetenzen Einfluß auf die finanzielle Ausstattung der Bereiche Bildungs- und Jugendpolitik. Es leistet wichtige Beiträge zur inhaltlichen Diskussion bildungs- und jugendpolitischer Fragen, indem es neue Themenbereiche aufgreift, Initiativanträge an Kommission und Ministerrat weiterleitet und die Arbeiten der anderen Organe durch detaillierte Berichterstattung begleitet. Federführender Ausschuß im EP ist der Ausschuß für Jugend, Kultur, Bildung, Information und Sport und für Fragen der Berufsbildung der Sozialausschuß des EP.

Speziell mit Fragen der Berufsbildung befaßt sich das Europäische Zentrum für die Förderung der Berufsbildung (CEDEFOP) in Berlin, das als eigenständige Institution 1975 vom Rat der EG auf Vorschlag der Kommission gegründet wurde. Seine Aufgabe ist es, die Kommission bei der Festlegung ihrer Politik zu beraten und die Umsetzung der EG-Maßnahmen im Bereich der beruflichen Bildung zu begleiten. Es unterstützt die Kommission und die anderen Gremien in Fragen der beruflichen Aus- und Weiterbildung durch Forschungen, Fachtagungen, Informationssammlung und -verbreitung und die Durchführung von Modellvorhaben. Dem Informationsaustausch im Bildungswesen dient das Informationsnetz EURYDICE.

Inhalte und Programme

Aktuelle Themenschwerpunkte der EG-Bildungsaktivitäten sind u.a.: schulische Betreuung der Kinder von Wanderarbeitnehmern, Kampf gegen das Schulversagen, Entwicklung der neuen Technologien in der Schule, Chancengleichheit für Jungen und Mädchen, Eingliederung von Behinderten, Anerkennung der Diplome und Ausbildungszeiten und außerhalb der Zuständigkeit der "Task Force Humanressourcen, allgemeine und berufliche Bildung und Jugend" auch Verbrauchererziehung und Umwelterziehung. Im Rahmen der bildungspolitischen Aktivitäten der EG geht es im Bereich der beruflichen Bildung um Umschulung und Weiterbildung, es geht um die Verbesserung von Beschäftigungschancen insbesondere für regional und sozial benachteiligte Gruppen und um die Verbesserung der Mobilität im gemeinschaftlichen "Arbeitsmarkt Europa".

Aktivitäten im Bereich der allgemeinen Bildung zielen auf die Ergänzung der beruflichen Bildung, auf allgemeine Ziele, wie sie auch im Rahmen der nationalen Bildungssysteme verfolgt werden und auf die Unterstützung der europäischen Integration durch Information und Unterricht über die EG (→ Europa der Bürger). Die Aktivitäten der EG im Bereich Bildungspolitik decken sich in ihrer Thematik häufig mit der Arbeit des Europarats, unterscheiden sich aber in der Methode vor allem durch die Förderung und Koordination der Praxis. Eine besondere Rolle spielen die sog. Aktionsprogramme, die mehrjährig zum Teil beachtliche finanzielle Mittel verfügbar machen. Einige davon sind: PETRA (Partnership in Education and Training) – Aktionsprogramm zur Berufsausbildung Jugendlicher und ihrer Vorbereitung auf das Berufsleben; COMETT (Community programme in education and training for technology) – Aktionsprogramm zur Aus- und Weiterbildung in den neuen Technologien; ERASMUS (European Action Scheme for the Mobility of University Students) – Programm zur Förderung der Mobilität der Studenten und der Hochschulzusammenarbeit; EUROTECNET – Aktionsprogramm im Bereich der beruflichen Bildung und der neuen Informationstechnologien; LINGUA – Aktionsprogramm zur Förderung des Fremdsprachenunterrichts und -erwerbs vor allem in der Wirtschaft; ARION – Programm für Studienaufenthalte von Bildungsfachleuten; Austauschprogramm für junge Arbeitnehmer.

Im Rahmen der jüngsten Zusammenarbeit der EG bzw. der "Gruppe der 24" mit den mittel- und osteuropäischen Ländern ist auch der bildungs- und jugendpolitische Bereich einbezogen, insbesondere durch das Aktionsprogramm TEMPUS (Trans-European Mobility Scheme for University Studies) = Europaweites Mobilitätsprogramm für den Hochschulbereich und durch die Einrichtung einer "Europäischen Stiftung für die Berufsausbildung".

Jugendpolitische Aktivitäten der EG sollen die Einbindung der Jugendlichen in den Integrationsprozeß fördern – wie durch den beratenden Status des Europäischen Jugendforums, eines Zusammenschlusses nationaler Jugendorganisationen auf Gemeinschaftsebene –, die Eigeninitiative und Selbstorganisation der Jugendlichen unterstützen und insbesondere benachteiligten Jugendlicher "europäische" Erfahrungen vermitteln, dies vor allem durch das bisher einzige Aktionsprogramm im nicht berufsorientierten Bereich, das Jugendaustauschprogramm "Jugend für Europa".

Eine allgemeine Jugendpolitik entwickelt sich erst. Im Herbst 1990 legte die EG-Kommission ein Memorandum zu einer umfassenderen Jugendpolitik vor, allerdings noch ohne spezifische (vertrags-)rechtliche Folgerungen als reines Diskussionspapier. Gegen die Vereinnahmung der Jugendpolitik – wie auch der allgemeinen Bildung – in die Gemeinschaftspolitik stehen die zum Teil verfassungsrechtlich, zum Teil politisch begründeten

Vorbehalte in einzelnen Mitgliedstaaten, die sich mit "Wahrung der Länderkompetenz" umschreiben lassen. Dem gegenüber stehen die Interessen der Mitgliedstaaten, die weniger entwickelte Strukturen in Bildung und Jugendarbeit haben, und die sich von der Behandlung auf Gemeinschaftsebene Vorteile für die heimischen Entwicklungen versprechen.

Bildungs- und Jugendpolitik des Europarates

Im Europarat sind folgende Organe, Gremien und Einrichtungen an den Entscheidungsprozessen und Aktivitäten beteiligt: Das Ministerkomitee als oberstes Gremium des Europarates: Es entscheidet über Budgetfragen und Programme. Nur das Ministerkomitee kann namens des Europarates handeln. Seine Beschlüsse sind jedoch für die Mitgliedstaaten nicht bindend. Außerdem kann das Ministerkomitee Ausschüsse technischen oder beratenden Charakters einsetzen, so für den Bereich Bildung und Kultur das Comité Directeur de la Coopération Culturelle (CDCC)/Rat für kulturelle Zusammenarbeit: Das CDCC setzt sich aus Beamten der Außen- und Kulturministerien der Signatarstaaten der Kulturkonvention zusammen. Es legt Haushalt und Arbeitsprogramm im Rahmen der Vorgaben des Ministerkomitees fest, nimmt Arbeitsergebnisse zur Kenntnis und leitet Empfehlungen an das Ministerkomitee weiter. Nach einer Strukturreform Anfang 1990 arbeiten im Rahmen des CDCC ein Kulturausschuß und ein Bildungsausschuß – einschließlich der Ständigen Konferenz für Hochschulfragen und der Ständigen Konferenz der Europäischen Erziehungsminister. Begleitet wird die Arbeit im Rahmen des Europarates von der beratenden Parlamentarischen Versammlung von Parlamentariern der Mitgliedstaaten. Bildungspolitik wird in den Fachausschüssen für Bildung und Kultur und für Wissenschaft und Technik behandelt.

Themen im Bereich Bildung werden beim Europarat bevorzugt in der Form mehrjähriger Projekte mit internationalen Experten und in entsprechenden Fachkonferenzen bearbeitet, die dann in der Regel in Resolutionen und Empfehlungen münden und das Material für die Konferenz der Erziehungsminister liefern. Einige der Projekte der letzten Jahre behandelten: Vorschulerziehung, Innovation der Grundschulerziehung, Vorbereitung auf das Leben (Übergang von der Schule in das Berufsleben), Bildung und Ausbildung für 16- bis 19jährige, Hochschulzusammenarbeit, Äquivalenz der Diplome und Mobilität, Reform der Erwachsenenbildung, Multikulturelle Erziehung, Lehrerausbildung, Neue Technologien. Aktuell ist zur Zeit das Projekt zur europäischen Dimension im Unterricht der Sekundarstufe, gleichzeitig das Thema der nächsten Erziehungsministerkonferenz im Herbst 1991. Hinzu kommen als Instrumente im Bildungsbereich Stipendien für den Lehreraustausch und die Förderung des Europäischen Wettbewerbs für Schüler und Jugendliche (European Schools' Day Competition), der seit 38 Jahren in heute 20 Signatarstaaten der Kulturkonvention zu europäischen Themen durchgeführt wird und jährlich zwischen 600.000 und 800.000 Teilnehmer hat. Der Wettbewerb ist eine der wenigen kontinuierlichen Kooperationsunternehmungen zwischen Europarat und EG.

Jugendarbeit und Jugendpolitik im Rahmen des Europarates sind konzentriert im Europäischen Jugendzentrum. Diese internationale Jugendbildungs- und -begegnungsstätte in Straßburg bietet Leitern, Funktionären und Mitgliedern europäischer Jugendverbände Weiterbildungsseminare an, in denen Fragen und Methoden der Jugendarbeit diskutiert, Formen der internationalen Zusammenarbeit entwickelt und erprobt sowie Meinungen und Informationen ausgetauscht werden. Im Durchschnitt beherbergt das Zentrum rund 1.400 Jugendliche pro Jahr, die hauptsächlich aus den Ländern des Europarates, aber auch aus anderen europäischen und außereuropäischen Ländern kommen. Gleichzeitig hat das Jugendzentrum die Funktion einer "Abteilung für Jugendfragen" des Sekretariats des Europarates. Ergänzt wird diese Arbeit durch das Europäische Jugendwerk. Dessen Ziel ist die Förderung der Arbeit von Jugendverbänden durch Zuschüsse zu Projekten mit so gut wie allen denkbaren Themen. Jährlich werden so Programme für insgesamt etwa 5.000 Jugendliche gefördert.

Bernd Janssen

Binnenmarkt

Vertragsgrundlagen: Vor allem Art. 2 EWGV (Schaffung eines Gemeinsamen Marktes); Art. 3a EWGV (Abschaffung von Zöllen, mengenmäßigen Beschränkungen und Maßnahmen gleicher Wirkung im Warenverkehr); Art. 3c EWGV (Beseitigung der Hindernisse für den freien Personen-, Dienstleistungs- und Kapitalverkehr sowie die durch die Einheitliche Europäische Akte neu eingeführten Art. 8a-c EWGV (Verwirklichung des Binnenmarktes bis 1992, Verfahren und Ausnahmeregelungen).

Ziele: Schaffung eines Raumes ohne Binnengrenzen bis zum 31.12.1992, in dem der freie Verkehr von Waren, Personen, Dienstleistungen und Kapital gewährleistet ist (Art. 8a EWGV).

Instrumente: Rechtsangleichung/Harmonisierung nach Art. 100 bzw. 100a EWGV wird auf ein unabdingbares Mindestmaß reduziert; größtmöglicher Rückgriff auf das Prinzip der "gegenseitigen Anerkennung".

Literatur: Paolo Cecchini: Der Vorteil des Binnenmarktes, Baden-Baden 1988; Otto Mayer/Hans-Eckart Scharrer/Hans-Jürgen Schmahl (Hrsg.): Der Europäische Binnenmarkt – Perspektiven und Probleme, Hamburg 1989.

Bei der Schaffung des EG-Binnenmarktes handelt es sich – trotz des magischen Datums "1992" – prinzipiell um ein über dreißig Jahre altes Ziel, das 1985 lediglich mit neuen Akzenten und einem präziseren Auftrag wieder aufgegriffen wurde. Nach Gründung der EWG konnten zunächst auf dem Gebiet der "negativen Integration", d.h. der Abschaffung von Zöllen und mengenmäßigen Beschränkungen, erhebliche Erfolge erzielt werden, so daß die angestrebte Zollunion bereits 1968 errichtet wurde. Die Realisierung des freien Güter- und Faktorverkehrs im Rahmen eines "Gemeinsamen Marktes" und die Verwirklichung der sog. "vier Freiheiten" – dem grenzüberschreitenden Verkehr von Waren, Personen, Dienstleistungen und Kapital – machten jedoch nur schleppende Fortschritte: So behinderten nationale Regelungen auf dem Gebiet des Verbraucher-, Gesundheits- und Umweltschutzes, die nur zu einem sehr geringen Teil durch das ursprünglich noch Einstimmigkeit verlangende Instrument der Rechtsangleichung (Art. 100) harmonisiert werden konnten, häufig den freien Warenverkehr. Unterschiedliche Berufsbefähigungsnachweise schränkten noch immer die Freiheit des Personenverkehrs ein, abweichende Aufsichts- und sonstige Regelungen behinderten das grenzüberschreitende Erbringen von Dienstleistungen, Kapitalverkehrsbeschränkungen verzerrten Investitions- und Anlageentscheidungen; selbst im EWG-Vertrag verankerte Verpflichtungen, wie die Schaffung einer gemeinsamen → Verkehrspolitik, wurden nicht eingehalten.

Weißbuch der EG-Kommission

Vor dem Eindruck eines relativen Stillstands der Integrationsbestrebungen und als Reaktion auf offensichtliche oder befürchtete Wettbewerbsnachteile gegenüber Japan und den USA legte die EG-Kommission im Juni 1985 ihr "Weißbuch zur Vollendung des Binnenmarktes" vor. Hierbei handelt es sich um einen detaillierten, präzisen, mit genauen Zeitvorstellungen versehenen "Gesetzesfahrplan" für inzwischen 282 Rechtsakte, deren Verabschiedung für die Verwirklichung des Binnenmarktes als essentiell angesehen wird. Das Weißbuch ist nach drei Hauptkapiteln geordnet: Abbau der materiellen, der technischen und der (indirekten) steuerlichen Schranken, wobei das Gros der erforderlichen Maßnahmen auf die technischen Schranken entfällt. Keine Vorschläge enthält es jedoch zu mit dem Binnenmarktvorhaben eng verknüpften Themen wie "Sozialraum Europa" (→ Sozialpolitik), Konvergenz der → Wirtschafts- und Währungspolitik (→ Wirtschafts- und Währungsunion) sowie zur Harmonisierung der direkten Steuern.

Mehrheitsentscheidungen

Für die konkrete Verwirklichung des Binnenmarktes war eine Beschleunigung des EG-Rechtssetzungsverfahrens von zentraler Bedeutung. Der durch die → Einheitliche Europäische Akte (EEA) 1987 neu eingeführte Art. 100a sieht entsprechend vor, daß die Mehrzahl der binnenmarktbezogenen Rechtsakte im → Ministerrat mit qualifizierter Mehrheit verabschiedet werden kann. Dadurch hat sich das Entscheidungsverfahren erheblich beschleunigt; häufig reicht bereits das bloße Risiko, überstimmt zu werden, aus, um die Kompromißbereitschaft bei einzelnen Mitgliedstaaten zu erhöhen. Einige auch für die Verwirklichung des Binnenmarktes zentrale Bereiche, nämlich Steuern, Freizügigkeit, Rechte und Interessen von Arbeitnehmern sind jedoch explizit ausgeklammert worden und erfordern weiterhin Einstimmigkeit.

Durch das neu eingeführte "Verfahren der Zusammenarbeit" wurden auch die Mitwirkungsrechte des → Europäischen Parlaments am EG-Gesetzgebungsverfahren gestärkt: Das EP kann nun in seiner zweiten Lesung einen vom Ministerrat mit qualifizierter Mehrheit verabschiedeten Gemeinsamen Standpunkt ablehnen; in diesem Fall kann sich der Rat nur einstimmig über die Ablehnung des Parlaments hinwegsetzen (→ Entscheidungsverfahren).

Kosten und Nutzen

Der gesamtwirtschaftliche Nutzen des Binnenmarktprogramms gilt spätestens seit dem "Cecchini-Bericht" als beträchtlich. Der umfangreiche Bericht einer von der → Kommission unter Vorsitz von Paolo Cecchini eingesetzten internationalen Arbeitsgruppe beruht auf der Befragung von 11.000 Unternehmen sowie auf Modellrechnungen. Die erreichbare Wohlfahrtssteigerung für die EG wird mit rund 430 Mrd. DM jährlich beziffert. Aufgrund des Abbaus der Grenzschranken, des Aufbrechens der öffentlichen Beschaffungsmärkte, der Liberalisierung der Finanzdienstleistungen und des allgemeinen positiven "Angebotsschocks" rechnet der Bericht – ohne die Berücksichtigung wirtschaftlicher Begleitmaßnahmen – insgesamt für einen 1993 beginnenden Sechsjahreszeitraum mit einem zusätzlichen Wachstum des EG-Bruttosozialprodukts von rund 4,5%, der Schaffung von 1,8 Mio. neuen Arbeitsplätzen, der Senkung der Verbraucherpreise um 6,1% sowie der Verbesserung der außenwirtschaftlichen Position um etwa 1% des Bruttosozialprodukts. Die erwarteten Wirkungsketten sind vielschichtig: Der Wegfall der Grenzkontrollen und -formalitäten führt zu unmittelbaren Kosteneinsparungen für die Unternehmen. Der große Binnenmarkt erlaubt die Nutzung von Größenvorteilen; der stärkere Wettbewerb zwischen Unternehmen in der EG führt zu Rationalisierung sowie zu einer weiter differenzierten Arbeitsteilung, wodurch auch eine Zunahme der Wettbewerbsfähigkeit der EG gegenüber Drittländern zu erwarten ist.

Obwohl diese Wirkungszusammenhänge allgemeinen Grundsätzen der Volkswirtschaftslehre entsprechen, ist der Cecchini-Bericht häufig als Schönfärberei kritisiert worden. Zwar konnten Einwände, die sich gegen die als zu optimistisch eingeschätzten quantitativen Auswirkungen richteten, durch den bereits aufgrund des Binnenmarktvorhabens ausgelösten Wachstums- und Beschäftigungsschub, der die im Cecchini-Bericht geäußerten Erwartungen sogar übertroffen hat, weitgehend entkräftet werden. So konnten in der EG 1988 und 1989 insgesamt 5,5 Mio. neue Arbeitsplätze geschaffen werden; das Wachstum der EG-Wirtschaft lag 1989 mit 3,4% erstmalig wieder über der US-Wachstumsrate (3,0%). Bestehen bleiben jedoch jene Vorbehalte, die sich gegen die Tatsache wenden, daß der Bericht lediglich die globalen Folgen des Binnenmarktprogramms aufzeigt und keinerlei Berechnungen über regionale Verteilungseffekte sowie über ökologische Folgekosten und soziale Auswirkungen vorlegt.

Besonders in einer ersten Übergangszeit wird es nicht nur "Gewinner", sondern auch "Verlierer" geben. Deshalb spielen flankierende Politiken, vor allem im Regional-, Sozial- und Umweltbereich, beim Auffangen oder zumindest Abfedern der negativen Folgen des Binnenmarktes eine entscheidende Rolle. Schließlich hatte erst die auf dem Brüsseler Sondergipfel des → Europäischen Rates im Februar 1988 gefundene Lösung des Haushaltskonfliktes, durch die insbesondere die Verdoppelung der Mittel für die Strukturfonds bis 1992 beschlossen wurde, den Weg für die Verwirklichung des Binnenmarktprogramms frei gemacht. Bei der Stärkung des "Wirtschaftlichen und sozialen Zusammenhalts" im Binnenmarkt, auf die der durch die EEA eingeführte Art. 8c ausdrücklich hinweist, sind allerdings nicht nur Finanztransfers, sondern auch das abgestufte Inkrafttreten von Richtlinien sowie die Einführung von Ausnahmeregelungen für schwächere Volkswirtschaften von Bedeutung.

Neue Strategie

Das Programm '92 setzt zur Verwirklichung des großen Binnenmarktes auf zwei komplementäre Strategien, die das Weißbuch der EG-Kommission wie einen roten Faden durchziehen: Zum einen die Abkehr von der "institutionellen" Harmonisierung durch die Beschränkung der EG-Rechtsangleichung auf ein Mindestmaß von grundlegenden Sicherheitsanforderungen zum Schutz der Gesundheit, der Umwelt und des Verbrauchers – die Bereiche, die bislang noch häufig unter die Regelungsbefugnis der Mitgliedstaaten fielen. Zum anderen die Hinwendung zur "funktionalen" Harmonisierung durch den Rückgriff auf das vom → Gerichtshof der EG mehrfach bestätigte Prinzip der "gegenseitigen Anerkennung".

Art. 30 und 36

Seit Ende der Übergangszeit 1968 besteht im nicht gemeinschaftlich geregelten Bereich ein Spannungsverhältnis zwischen den verbleibenden Regelungsbefugnissen der Mitgliedstaaten und den Erfordernissen des freien Warenverkehrs. Zwar verbietet seit jeher Art. 30 EWGV "jede Handelsregelung der Mitgliedstaaten, die geeignet ist, den innergemeinschaftlichen Handel mittelbar oder unmittelbar, tatsächlich oder potentiell zu behindern" (Dassonville-Urteil des EuGH v. 1974). Eine solche Maßnahme kann jedoch u. a. aus Gründen des Gesundheits- und Verbraucherschutzes, der öffentlichen Sittlichkeit, Ordnung und Sicherheit, der Lauterkeit des Handels oder des Umweltschutzes zulässig sein. Dieser Rückgriff auf Art. 36 EWGV, also die Beibehaltung einer nationalen Vorschrift, die den Handel möglicherweise beeinträchtigt, ist allerdings nur möglich, wenn diese Maßnahme nicht diskriminierend angewandt wird, notwendig und verhältnismäßig ist und das am wenigsten einschneidende Mittel darstellt.

Gegenseitige Anerkennung

Oft behinderten allerdings als Schutzvorschriften getarnte Hindernisse den Warenaustausch zwischen den EG-Staaten. Im Streit um die Einfuhr von Cassis de Dijon-Likör aus Frankreich in die Bundesrepublik Deutschland sah z.B. der Gerichtshof das Einfuhrverbot als übertriebene Maßnahme zur Erreichung des erwünschten Ziels (Verbraucherschutz) an und bezeichnete deutliche Angaben auf dem Etikett der Flaschen – hier über den Alkoholgehalt – als ausreichend. Diese Rechtsprechung führt das für die Verwirklichung des Binnenmarktes nicht nur im Warenbereich wegweisende Prinzip der gegenseitigen Anerkennung ein. Dies gilt auch für Waren aus Drittländern, sofern sie sich in einem Mitgliedsland im freien Verkehr befinden. In der Folgerechtsprechung hat der EuGH das Cassis-Urteil häufig bestätigt, z.B. bei Bier (Reinheitsgebot), Milchprodukten, Wurst und Teigwaren (italienische Hartweizennudeln). Er hat jedoch durchaus nicht immer dem freien Warenverkehr, sondern in einigen Fällen auch den "zwingenden Erfordernissen" den Vorrang eingeräumt. In diesem Zusammenhang ist das "Pfandflaschenurteil" von 1989 erwähnenswert, in dem Dänemarks Umweltschutzanliegen anerkannt wurde, selbst wenn die Pfandflaschenregelung den freien Warenverkehr einschränkt und den Marktzugang für ausländische Anbieter erschwert (→ Umweltpolitik). Eine Inländerdiskriminierung bleibt bei dieser Anwendung des Ursprungslandprinzips grundsätzlich möglich, z.B. für deutsche Bierbrauer, für die das "Reinheitsgebot" nach wie vor gilt, gegenüber ausländischen Bierbrauern.

"Neuer Ansatz"

Dort, wo nicht auf das Prinzip der gegenseitigen Anerkennung zurückgegriffen werden kann oder soll, spielt der sog. Neue Ansatz zur Technischen Harmonisierung und Normung, den die Kommission fast zeitgleich mit dem Weißbuch vorstellte, eine entscheidende Rolle. Danach legt der Ministerrat in Richtlinien nur noch grundlegende, relativ allgemein formulierte Sicherheitsanforderungen zum Schutz der Gesundheit, der Umwelt und des Verbrauchers fest, während die technischen Einzelheiten durch Europäische Normen (ENs) geregelt werden. Damit wandte sich die Kommission von der aufwendigen, produktspezifischen, mit technischen Details überfrachteten Harmonisierung ab und führte eine neue, dem Prinzip der Subsidiarität entsprechende Arbeitsteilung zwischen Ministerrat und europäischen Normungsorganisationen ein. "Neue Ansatz"-Richtlinien gibt es unter anderem für die Bereiche Maschinen, einfache Druckbehälter, Bauprodukte, persönliche Schutzausrüstungen und Spielzeug.

Europäische Normung

Die beiden europäischen Normungsorganisationen – CEN für die allgemeine und Cenelec für die elektronische Normung –, die sich aus den nationalen Normungsinstituten zusammensetzen, beschließen wie der Ministerrat mit qualifizierter Mehrheit und verpflichten sich wie die Mitgliedstaaten im EG-Gesetzgebungsverfahren, nationale Normen, die nicht mit den Europäischen Normen übereinstimmen, zurückzuziehen. Der Neue Ansatz geht davon aus, daß ein nach Europäischer Norm hergestelltes Produkt den in der Richtlinie verbindlich festgelegten, grundlegenden Sicherheitsanforderungen entspricht. Jedem Hersteller steht es zwar frei, nicht nach der EN zu produzieren. Dann kehrt sich jedoch die Beweislast um, und er muß den Nachweis erbringen, daß sein Produkt sicher ist. Die von CEN und Cenelec erarbeiteten Europäischen Normen haben also – ebenso wie nationale Normen – einen freiwilligen, nicht rechtsverbindlichen Charakter. Ihr Vorhandensein bei Inkrafttreten der Richtlinien, so der Grundsatz, erspart jedoch ein kompliziertes Verfahren der gegenseitigen Anerkennung von nationalen Normen. Insgesamt existieren bereits etwa 1000 Europäische Normen; allein 1989 konnten 305 verabschiedet werden. Es wird jedoch beispielsweise geschätzt, daß nur zur "Ausfüllung" der im Juni 1989 innerhalb einer Rekordfrist von zwölf Monaten verabschiedeten Maschinenrichtlinie bis Ende 1992 200 bis 300 ENs benötigt werden, von denen bisher erst wenige vorliegen.

Um das Entstehen neuer Handelshemmnisse zu verhindern und das Prinzip der gegenseitigen Anerkennung zu fördern, haben sich die Mitgliedstaaten durch die "Informationsrichtlinie" 83/189 aus dem Jahre 1983 verpflichtet, der Kommission sämtliche Entwürfe technischer Vorschriften und Normen vorab mitzuteilen. Dieses Informationsverfahren, durch das in einem Viertel der Fälle das Entstehen neuer Handelshemmnisse vermieden werden konnte, findet seit Juli 1990 auch auf die → EFTA-Länder Anwendung, die in CEN und Cenelec bereits aktiv mitarbeiten.

Stand der Verwirklichung

Beim "Abarbeiten" der im Weißbuch der EG-Kommission vorgesehenen Gesetzesmaßnahmen konnten die EG-Organe bisher erhebliche Erfolge aufweisen. Aufgrund des durch die EEA eingeführten Art. 8b EWGV ist die EG-Kommission verpflichtet, den Rat regelmäßig über den Stand der Verwirklichung des Binnenmarktes zu informieren. Während sie ihrer

Vorschlagspflicht bis Anfang 1991 fast vollständig nachgekommen ist, konnte der Rat bis zur Vorlage des fünften "Fortschrittsberichts" im März 1990 158 der insgesamt 282 Weißbuchrechtsakte verabschieden; bis April 1991 erhöhte sich die Zahl der gefaßten Beschlüsse auf 197, darunter 4 Gemeinsame Standpunkte. Während beim Abbau der technischen Schranken bereits beachtliche Fortschritte erzielt werden konnten, steht der eigentliche Durchbruch bei den materiellen und den steuerlichen Schranken noch aus.

Technische Schranken: Erfolge

Zur Erfolgsbilanz in Kernbereichen des Binnenmarktprogramms zählen neben den bereits erwähnten wegweisenden Richtlinien des "Neuen Ansatzes" die Liberalisierung des Kapitalverkehrs, das Aufbrechen der öffentlichen Beschaffungsmärkte bei der Vergabe von Bau- und Lieferaufträgen sowie die Ausdehnung der EG-Regelungen auf die bis dato "ausgeschlossenen Sektoren" Energie, Trinkwasser, Verkehr und Telekommunikation, die Liberalisierung der Finanz- (Banken und Versicherungen) und Verkehrsdienstleistungen, die gegenseitige Anerkennung der Hochschuldiplome sowie die Einigung bei einem in Teilen seit 1969 anhängigen Maßnahmenpaket zur steuerlichen Erleichterung von Unternehmenszusammenschlüssen und zur Verhinderung der Doppelbesteuerung (sog. Konzern- und Fusionsrichtlinie).

Die Errichtung des "Bankenbinnenmarktes" stellt ein Paradebeispiel für den kombinierten "Weißbuch-Ansatz" der EG-Kommission dar: Harmonisierung essentieller technischer Erfordernisse gekoppelt mit dem auf dem Ursprungslandprinzip bzw. der Heimatlandkontrolle fußenden Grundsatz der gegenseitigen Anerkennung der aufsichtsrechtlichen Vorschriften durch die Schaffung einer einmaligen Bankenzulassung im Herkunftsland, die für die gesamte Gemeinschaft gilt.

Materielle Schranken: Ungelöste Probleme

Durch die Abschaffung des Grenzübergangsscheins im innergemeinschaftlichen Güterversand und die Verlagerung der Veterinär- und Güterkraftverkehrskontrollen in die Produktionsstätten bzw. ins Inland sind zwar bereits erste Schritte auf dem Weg zum Abbau der materiellen Schranken erfolgt. Die für die Abschaffung der Binnengrenzen essentiellen, hochpolitischen Fragen der Bekämpfung von Terrorismus, Drogenhandel und anderer Kriminalität (→ Sicherheit, innere) sowie der Einwanderungspolitik sind jedoch größtenteils noch ungelöst, auch wenn ein erstes Übereinkommen zur Asylpolitik vom Juni 1990 und das zwischen den Beneluxländern, Frankreich und der Bundesrepublik am 19. Juni 1990 geschlossene Zusatzabkommen zum Schengener Vertrag bereits die Richtung weisen. Die Einführung des allgemeinen, von der Erwerbstätigkeit unabhängigen Aufenthaltsrechts für Studenten, Rentner und "sonstige" ist hingegen vor allem für das → "Europa der Bürger" von erheblicher Bedeutung.

Der Ansatz des Weißbuchs zum Abbau der Steuergrenzen im Binnenmarkt – Übergang vom Bestimmungsland- zum Ursprungslandprinzip mit grenzüberschreitendem Vorsteuerabzug bei den Verbrauchsteuern, Vorgabe von Bandbreiten für die nationalen Steuersätze, Beibehaltung der Steueraufkommensverteilung nach dem Bestimmungslandprinzip durch ein "Clearing-Verfahren" – hat sich als politisch vorerst nicht durchsetzbar erwiesen. Um dennoch die fristgerechte Abschaffung der Grenzkontrollen zu ermöglichen, wurde für die Zeit von 1992 bis 1996 eine Übergangsregelung getroffen, nach der das Ursprungslandprinzip lediglich auf grenzüberschreitende Privateinkäufe Anwendung findet, Kraftfahrzeuge ausgeschlossen, während grenzüberschreitende Transaktionen von Unternehmen nun anhand von Lieferaufzeichnungen weiterhin nach dem Bestimmungslandprinzip versteuert werden.

Umsetzung der Binnenmarktbeschlüsse durch die Mitgliedstaaten (Stand: 1.3.1991[1])

	B	DK	D	GR	E	F	IRL	I	L	NL	P	UK
Angewandt[2]	80	96	84	66	76	80	71	45	63	82	83	88
Nicht angewandt[3]	37	20	32	44	38	38	43	73	46	35	31	28
Ausnahme		1	1	8	6	0	2				6	1
Entfällt	5	5	5	4	2	4	6	4	7	5	2	5

1) 122 Richtlinien sind bis zum 1.3.1991 in Kraft getreten.

2) Angewandte EG-Entscheidungen wurden bereits in die Gesetzgebung des betreffenden Landes integriert, und die EG-Kommission erhielt darüber eine offizielle Bestätigung.

3) Bei den nicht angewandten Maßnahmen steht entweder die Umsetzung in nationales Recht oder die formelle Unterrichtung der Kommission aus.

Quelle: Kommission der EG.

Problembereich Umsetzung

Mit der Annäherung an das Zieldatum 1992 rücken die – trotz der Schwierigkeiten beim Abbau der materiellen und der steuerlichen Schranken – beachtlichen Erfolge bei der Verabschiedung der Binnenmarktrechtsakte zunehmend in den Hintergrund; das Augenmerk richtet sich vielmehr auf die Umsetzungsproblematik: Die zumeist in Form von Richtlinien verabschiedeten Maßnahmen müssen fristgerecht in das nationale

Recht der Mitgliedstaaten umgesetzt werden. Im Durchschnitt wird ihnen dafür eine Frist von 18 Monaten eingeräumt. Bisher haben sie sich jedoch wenig umsetzungsfreudig gezeigt: Bis zum März 1991 waren lediglich 25 von 122 bereits in Kraft getretenen Richtlinien in allen Mitgliedstaaten in nationales Recht umgesetzt worden. Die Wirksamkeit einer Rechtsmaßnahme der EG hängt nach ihrer Umsetzung in nationales Recht zudem von ihrer Durchführung und Anwendung vor Ort ab.

Folgewirkungen

Wesentliche regionale, soziale und ökologische Folgeprobleme des Binnenmarktes werden bisher nur begrenzt aufgefangen. Dafür erfolgte durch die Verabschiedung der – weitgehend an wettbewerbs- und nicht wie zunächst befürchtet an industriepolitischen Kriterien ausgerichteten – Fusionskontrollverordnung (→ Wettbewerbspolitik) eine entscheidende ordnungspolitische Weichenstellung. Auch konnte die zu Beginn des Binnenmarktprogramms von Drittländern häufig beschworene Gefahr eines handelspolitisch abgeschotteten Europas – einer "Festung Europa" – weitgehend entschärft werden. Die Verwirklichung des Binnenmarktes muß auch die Füllung der noch existierenden Lücken in der gemeinsamen Handelspolitik zur Folge haben, da die Mitgliedstaaten nach Wegfall der Grenzkontrollen nicht mehr in der Lage sein werden, sich auf die Schutzklausel des Art. 115 EWGV zu berufen. Eine EG-weite Abschottung im Zuge der Binnenmarktverwirklichung wäre jedoch ordnungspolitisch bedenklich.

Nach erfolgter Liberalisierung des Kapitalverkehrs – vorerst nur zwischen acht EG-Staaten – stellt sich nun, nicht zuletzt im Hinblick auf die Regierungskonferenzen vom Dezember 1990, die Frage, ob und wie eng die Schaffung des Binnenmarktes mit der Errichtung der → Wirtschafts- und Währungsunion verknüpft ist.

Kristin Schreiber

Deutsche Einigung und europäische Integration

Literatur: Werner Weidenfeld u. a.: Die doppelte Integration: Europa und das größere Deutschland, Gütersloh 1991; Werner Weidenfeld: Die Frage nach der Einheit der deutschen Nation, München 1981; Kommission der Europäischen Gemeinschaften (Hrsg.): Die Europäische Gemeinschaft und die deutsche Vereinigung, Luxemburg 1990; Jens Hacker/Siegfried Mampel (Hrsg.): Europäische Integration und deutsche Frage – Jahrbuch 1988, Berlin 1989 (Schriftenreihe der Gesellschaft für Deutschlandforschung, 26); Claus-Dieter Ehlermann/Siegfried Kupper u. a.: Handelspartner DDR – Innerdeutsche Wirtschaftsbeziehungen, Baden-Baden 1975; Hartmut Schramm: Die Einbeziehung Berlins in die Europäischen Gemeinschaften, Frankfurt/M. 1986.

Der 3. Oktober 1990 setzte einen Schlußpunkt unter die alte Debatte über die Vereinbarkeit und Wechselwirkungen zwischen deutscher Einheit und europäischer Einigung, die seit Bestehen der Bundesrepublik Deutschland immer wieder neu entfacht wurde. Mit der Einheit Deutschlands auf der Grundlage von Art. 23 des Grundgesetzes (GG) vollzog sich zugleich die Integration der ehemaligen DDR in die EG, ohne daß eine Änderung der Verträge erfolgte. Dieser in der Geschichte der europäischen Integration beispiellose Vorgang hat das Spannungsverhältnis zwischen deutscher und europäischer Einigung konstruktiv gelöst.

Rechtslage

Im GG der Bundesrepublik Deutschland sind beide Zielsetzungen – deutsche Einigung und europäische Integration – verankert. Die Präambel formuliert als Verfassungsauftrag, "die nationale und staatliche Einheit zu wahren und als gleichberechtigtes Glied in einem vereinten Europa dem Frieden der Welt zu dienen". Während Art. 23 und Art. 146 GG verfassungskonforme Optionen der Wiedervereinigung regeln, ermöglicht Art. 24 GG die Übertragung von Hoheitsrechten auf zwischenstaatliche Einrichtungen, durch die u. a. "eine friedliche und dauerhafte Ordnung in Europa" herbeigeführt wird. Die Verknüpfung beider Zielsetzungen ist auch in allen relevanten völkerrechtlichen Verträgen der Bundesrepublik Deutschland enthalten. Im Deutschlandvertrag vom 26. Mai 1952 verpflichten sich die westlichen Siegermächte u. a. auf das gemeinsame Ziel, sich mit "friedlichen Mitteln" für ein wiedervereinigtes Deutschland einzusetzen, das "freiheitlich-demokratisch" verfaßt und in die "europäische Gemeinschaft" integriert ist. Auch die Römischen Verträge (EWG-Vertrag, Euratom) reflektieren die durch die deutsche Teilung bedingten Besonderheiten. Bei den Verhandlungen des EWG-Vertrages gab die deutsche Delegationsleitung die Erklärung zu Protokoll, daß die Bundesregierung im Falle der Wiedervereinigung von der Möglichkeit einer Überprüfung der Verträge ausgeht. Direkten Eingang in die Vertragswerke fanden die Erklärung zu Berlin und zur deutschen Staatsangehörigkeit, das Protokoll zum innerdeutschen Handel und die Beihilfebestimmungen der Zonenrandförderung. Neben der Absicht, die wirtschaftlichen Teilungsfolgen zu mindern, war Ziel dieser Regelungen, den Wiedervereinigungsanspruch rechtlich und politisch offenzuhalten.

Politische Grundsatzdebatte

Die politische Diskussion über das Verhältnis beider Ziele deutscher Politik ließ über die Jahre hinweg ein Grundmuster erkennen. In ein Spannungsverhältnis gerieten beide Zielsetzungen in der innenpolitischen Diskussion immer dann, wenn Fortschritten bei der Vertiefung der europäischen Integration keine entsprechenden Fortschritte in der Deutschlandpolitik gegenüberstanden. In der Aufbauphase der Bundesrepublik Deutschland spiegelte sich dieser Konflikt in der Auseinandersetzung über Westintegration und Wiedervereinigungspolitik wider. Im Zuge der fortschreitenden Integration im Rahmen der Europäischen Gemeinschaft trat die innenpolitische Bedeutung dieses Themas zunehmend in den Hintergrund. Die Ergebnisse der Meinungsforschung belegen einen konstant hohen Grad an Zustimmung zur europäischen Einigung in der westdeutschen Bevölkerung und sind Indikatoren für die weitgehende Akzeptanz der Westintegration. Die Ostpolitik der Regierung Brandt löste zwar erneut eine Debatte über das Wiedervereinigungsgebot des Grundgesetzes aus, die europäische Einigung als fester Bezugsrahmen deutscher Politik wurde in diesem Zusammenhang jedoch nicht problematisiert. Der Grundlagenvertrag von 1972 zwischen der Bundesrepublik Deutschland und der DDR brachte die Beziehungen zwischen beiden Staaten in ein geregeltes Verhältnis. Für die Rechtsauffassung der Bundesregierung war dabei das Verfassungsgerichtsurteil zum Grundvertrag vom 31. Juli 1973 maßgeblich. Es stellte die Vereinbarkeit des Grundvertrages mit dem Grundgesetz unter der Maßgabe fest, daß dieser Vertrag keine völkerrechtliche Anerkennung der DDR beinhalte und keine Rechtstitel begründe, die der Bundesrepublik Deutschland bei ihrem Streben nach Einheit rechtlich oder faktisch entgegengehalten werden können.

Bis Ende der 80er Jahre war die politische Debatte über das Verhältnis von europäischer Einigung und deutscher Frage praktisch zum Erliegen gekommen. Eine erneute Diskussion setzte Mitte 1988 ein, wiederum ausgelöst durch einen starken Integrationsimpuls im Rahmen der Europäischen Gemeinschaft. Die Ankündigung, den europäischen → Binnenmarkt bis Ende 1992 zu vollenden, setzte eine Integrationsdynamik in Gang, die über wirtschaftliche Aspekte hinaus auch die politische Integration wieder stärker ins Blickfeld rückte. Diese Dynamik der europäischen Entwicklung stand in scharfem Kontrast zur deutschlandpolitischen Lage. Der mangelnde Reformwille der damaligen DDR-Regierung wirkte sich zunehmend bremsend auf den Ausbau der wirtschaftlichen Beziehungen zwischen beiden deutschen Staaten aus. Vor diesem Hintergrund wurde erneut eine Kollision zwischen deutschen und europäischen Zielsetzungen zu Lasten der Einheitsoption befürchtet.

Die Politik der Bundesrepublik Deutschland war von der Maxime geleitet, der deutschlandpolitischen Verantwortung auch im Rahmen der Europäischen Gemeinschaft Rechnung zu tragen. Dies geschah in erster Linie durch die Wahrung und die Offenhaltung der besonderen deutschen Rechtspositionen im Blick auf das Wiedervereinigungsziel und dessen angemessene Berücksichtigung in den europäischen Vertragswerken. Eine Reihe von Sonderbestimmungen v. a. des EWG-Vertrages reflektieren die besondere deutsche Rechtslage.

Berlin-Status

Die rechtliche Einbeziehung West-Berlins in den Geltungsbereich der Europäischen Gemeinschaft ergab sich nicht unmittelbar aus einzelnen Vertragsartikeln der Römischen Verträge. Die "Berlin-Erklärung" der Bundesregierung bei Hinterlegung der Ratifikationsurkunden für die Römischen Verträge und die "Gemeinsame Berlin-Erklärung" der Vertragsparteien bei der Unterzeichung der Römischen Verträge dehnten die Vertragsgrenzen jedoch auf Berlin (West) aus.

Aufgrund des besonderen Berlin-Status wirkte das Gemeinschaftsrecht in Berlin (West) durch den Filter der Alliierten Vorbehaltsrechte und bedurfte der Genehmigung der Alliierten Kommandatur. Erhob die Alliierte Kommandatur innerhalb einer Frist von drei Wochen keine Einwände gegen die vorgelegten Rechtsakte, konnten diese durch Veröffentlichung im Berliner Gesetz- und Verordnungsblatt in Kraft treten. Zwar hatten sich die westlichen Alliierten in einer Erklärung vom 5. Mai 1955 weitgehende Vorbehaltsrechte gesichert, in der Praxis machten sie jedoch von diesen Einspruchsrechten zurückhaltend Gebrauch.

Die Einbeziehung West-Berlins in die EG provozierte immer wieder Meinungsverschiedenheiten zwischen den westlichen Alliierten und der UdSSR. Gemäß der sowjetischen Rechtsauffassung war Berlin (West) nicht Teil der Bundesrepublik Deutschland und somit auch nicht Teil der EG. Der Abschluß des Viermächte-Abkommens über Berlin vom 3. September 1971 wurde aus westlicher Sicht als Anerkennung der de facto-Einbeziehung von Berlin (West) seitens der Sowjetunion interpretiert. Die Interventionen der Sowjetunion während der 70er Jahre belegten jedoch, daß die sowjetische Seite diese Rechtsauffassung nicht teilte. Die Einrichtung des Zentrums für berufliche Bildung (CEDEFOP) (→ Bildungs- und Jugendpolitik) in Berlin und die Einführung der Direktwahl für das → Europäische Parlament mit vollem Stimmrecht auch der Berliner Abgeordneten waren jeweils von massiven sowjetischen Protesten begleitet. Als Problem erwies sich die Einbeziehung West-Berlins in EG-Handelsabkommen mit osteuropäischen Ländern. So drohten die Mitte der 80er Jahre einsetzenden Verhandlungen über die Aufnahme offizieller Beziehungen zwischen der EG und dem Rat für Gegenseitige Wirtschaftshilfe (RGW) zuletzt an der Berlin-Frage zu scheitern. Erst nach zähen Verhandlungen wurde die "Territorialklausel" als Kompromißlösung akzeptiert. Demnach erstreckt sich die Gültigkeit der Gemeinsamen Erklärung auf jene Gebiete, in denen der EWG-Vertrag Anwendung findet, bezieht also West-Berlin ohne namentliche Nennung ein.

Zonenrandförderung

Der EWG-Vertrag gestattet einzelstaatliche Beihilfen, die aus sozial- und regionalpolitischen Gründen Ausnahmen von den Wettbewerbsvorschriften ermöglichen. Unter diese Ausnahmeregelungen fallen gemäß Art. 92 II EWGV ausdrücklich Beihilfen, die zum Ausgleich der durch die Teilung verursachten Nachteile erforderlich sind. Diese Bestimmungen stellen die gemeinschaftsrechtliche Absicherung der Zonenrand- und Berlinförderung dar. Die Einzelmaßnahmen im Rahmen der bundesdeutschen Zonenrandförderung wie Investitionszuschüsse und -zulagen, steuerliche Vergünstigungen, Frachthilfen oder Bevorzugung bei der Vergabe öffentlicher Aufträge wurden unter Wettbewerbsgesichtspunkten von der EG-Kommission jedoch zunehmend kritischer beurteilt. Einzelne Förderungsinstrumente konnten als Verstöße gegen das Verbot mengenmäßiger Beschränkungen oder Maßnahmen gleicher Wirkung (Art. 30 EWGV) sowie gegen den Abbau von Beschränkungen des freien Dienstleistungsverkehrs (Art. 59 EWGV) interpretiert werden. Die Zonenrandförderung und die finanzielle Zuwendung an West-Berlin beliefen sich 1989 auf insgesamt rund

9,5 Mrd. DM. Nach dem Vollzug der deutschen Einheit entfällt die Grundlage für die weitere Förderung des ehemaligen Zonenrandgebiets und West-Berlins. Es ist nur noch für eine Übergangszeit mit einer weiteren Förderung zu rechnen.

Innerdeutscher Handel

Der innerdeutsche Handel stellte aus Sicht der Bundesrepublik Deutschland die wichtigste wirtschaftliche Klammer zwischen beiden Teilen Deutschlands dar. Während er für die Bundesrepublik nur von begrenzter wirtschaftlicher Bedeutung war – 2% des westdeutschen Außenhandelsumsatzes entfielen auf den innerdeutschen Handel – hatte er für die DDR erhebliches ökonomisches Gewicht: Der innerdeutsche Handel machte rund 75% des gesamten Westhandels der DDR aus.

Die Abwicklung des innerdeutschen Handels war durch eine Reihe von Besonderheiten gekennzeichnet. Rechtsgrundlage dieses Handels war das Berliner Abkommen in der Fassung vom 16. August 1960, das auf alliierter Gesetzgebung (Militärregierungsgesetz Nr. 53 bzw. gleichlautende Verordnung 500 für Berlin (West)) basierte. Der gesamte Warenaustausch war genehmigungspflichtig. Der restriktive Charakter des innerdeutschen Handels wurde im Verlauf der 60er Jahre schrittweise gelockert, dennoch blieb er stark kontrolliert. Der Warenverkehr war meldepflichtig, jährliche Mengen- und Wertkontingente sowie Genehmigungsverfahren für ausgewählte Handelswaren (CoCom-Liste) sorgten für ein engmaschiges Überwachungsnetz. Der innerdeutsche Handel beruhte auf strikter Bilateralität, der Zahlungsverkehr erfolgte nicht in Devisen, sondern in Verrechnungseinheiten und wurde über entsprechende Konten bei den jeweiligen Notenbanken abgewickelt.

Die Bundesrepublik Deutschland hatte im EWG-Vertrag durch das "Protokoll über den innerdeutschen Handel und die damit zusammenhängenden Fragen" die Abwicklung des innerdeutschen Handels gemeinschaftsrechtlich abgesichert. Die aus deutschlandpolitischer Sicht wichtigste Bestimmung dieses Protokolls bestand darin, daß die Bundesrepublik den innerdeutschen Handel auf der Grundlage des Berliner Abkommens autonom gestalten konnte und das Gemeinschaftsrecht keine Anwendung fand. In der Praxis bedeutete dies, daß der deutsch-deutsche Warenaustausch Binnenhandelsstatus hatte und zoll- und abschöpfungsfrei war.

Dieser besondere Status des innerdeutschen Handels ist auf EG-Ebene in der Vergangenheit immer wieder problematisiert worden. Mißtrauen erregte die komplizierte und für Nichtexperten schwer zu durchschauende Abwicklung dieses Handels, obwohl das Kontrollsystem zugleich die beste

Garantie gegen Mißbrauch bot. Ein zentrales Problem lag darin, daß die DDR seit ihrer völkerrechtlichen Anerkennung gegenüber der Gemeinschaft zwar den Status eines Drittlandes hatte, im Rahmen des innerdeutschen Handels jedoch zugleich eine Sonderstellung einnahm. Für den Handel zwischen einzelnen EG-Ländern und der DDR wurden, wie im gemeinschaftlichen Drittlandshandel üblich, Zölle und Abschöpfungen fällig. Für den innerdeutschen Handel galt dies nicht. Dadurch ergab sich für westdeutsche Bezieher von Waren aus dem innerdeutschen Handel ein Wettbewerbsvorteil, der sich dadurch noch verstärkte, daß die Zoll- und Abschöpfungspflicht auch dann nicht galt, wenn diese Waren aus der Bundesrepublik in die übrigen EG-Länder exportiert wurden. Diese von der Bundesrepublik vertretene Rechtsauffassung wurde von einigen Mitgliedstaaten nicht geteilt. Frankreich und die Benelux-Staaten einigten sich Mitte der 70er Jahre auf eine Verordnung, die die Ausfuhr von Waren aus dem innerdeutschen Handel in die anderen EG-Staaten fast vollständig unterband. Mit der geplanten Abschaffung der Grenzkontrollen im Zuge der Binnenmarktvollendung gewann dieser Aspekt zusätzlich an politischer Brisanz. Die Basis für die Anwendung autonomer Abwehrmaßnahmen, wie sie das Protokoll gestattet, wäre mit der Aufhebung der zwischenstaatlichen Grenzkontrollen entfallen. Allerdings ist die wirtschaftliche Größenordnung dieser Reexporte ebenso wie die ökonomische Bedeutung des innerdeutschen Handels überschätzt worden. Der Anteil der Reexporte aus dem innerdeutschen Handel am gesamten Außenhandel der Bundesrepublik in die EG belief sich auf nur 0,02%.

EG-DDR-Beziehungen

Das Verhältnis zwischen der Europäischen Gemeinschaft und den Ländern des → Rates für Gegenseitige Wirtschaftshilfe (RGW) war über Jahrzehnte vom Ost-West-Konflikt geprägt. Offizielle Beziehungen wurden erst mit der Unterzeichnung der Gemeinsamen Erklärung zwischen der EG und dem (RGW) im Juni 1988 aufgenommen. Durch diese Vereinbarung wurde der Weg frei für Abkommen zwischen der EG und einzelnen europäischen RGW-Ländern, die in eine Kette von Handels- und Kooperationsverträgen mündete. Die DDR und die EG nahmen im August 1988 diplomatische Beziehungen auf. Zeitgleich setzten explorative Gespräche über den Abschluß eines Handelsabkommens ein, die im Juli 1989 abgeschlossen wurden. Ein sensibler Verhandlungspunkt während dieser Vorbereitungsgespräche war der Status des innerdeutschen Handels im Rahmen des geplanten EG-DDR-Handelsabkommens. Durch die "Unberührtheitsklausel" konnte sichergestellt werden, daß der innerdeutsche Handel durch das geplante Handelsabkommen nicht betroffen würde, da dieses Abkommen materiell nur für die übrigen elf Mitgliedstaaten, nicht aber für die Bundesrepublik gelten sollte. Die Ergebnisse dieser Vorbereitungsgespräche waren insgesamt bescheiden. Geplant war ein reines Handelsabkommen ohne Kooperationselemente. Die Verhandlungsaufnahme verzögerte sich aufgrund der politischen Entwicklungen in der DDR im Sommer 1989 weiter. Erneute Gespräche zwischen EG und DDR setzten nach der Vorlage des DDR-Memorandums am 18. November 1989 der Regierung Modrow ein. So konnte das ursprünglich nur handelspolitische Instrumente umfassende Abkommen um Kooperationsvereinbarungen erweitert werden. Das EG-DDR-Abkommen wurde am 13. März 1990 paraphiert, trat jedoch nicht mehr in Kraft.

EG und deutsche Einheit

Mit der Öffnung der DDR-Grenzen am 9. November 1989 rückte das deutsche Thema ins Zentrum des Gemeinschaftsinteresses. In wachsendem Maße beschäftigten sich die Organe der Gemeinschaft mit der Frage, wie der deutsche Einheitsprozeß in die Perspektive der Gemeinschaft eingebunden werden konnte.

Auf der Tagung des → Europäischen Rates am 8. und 9. Dezember 1989 in Straßburg verständigten sich die Staats- und Regierungschefs der Gemeinschaft im Rahmen der EPZ-Erklärung zu Ost- und Mitteleuropa auf eine gemeinsame Haltung zur deutschen Einheit. Darin unterstützten sie das Streben der Deutschen, die Einheit in freier Selbstbestimmung – unter Achtung der völkerrechtlichen Verträge und Abkommen – zu erlangen. Zusätzlich erklärten sie, daß dieser Prozeß in die Perspektive der europäischen Integration eingebettet sein muß. Die → Kommission der EG hatte bereits im November 1989 Modellüberlegungen zur Einbeziehung der DDR in die Gemeinschaft entwickelt. Diese Überlegungen gingen von drei Möglichkeiten aus: Annäherung der DDR an die EG durch ein Handelsabkommen, Anbindung der DDR durch Assoziierung und als dritte Option den Beitritt als eigenständiges Vollmitglied oder als Teil des wiedervereinigten Deutschland. Das Ergebnis der DDR-Wahlen vom 18. März 1990 mit dem klaren Votum zum raschen Vollzug der Einheit gab schließlich den Ausschlag für die letzte Option. Der Dubliner Sondergipfel am 28. April 1990 legte die Integrationsstrategie der Gemeinschaft fest und betonte ausdrücklich, daß die DDR als Teil der Bundesrepublik Deutschland zum EG-Vertragsgebiet gehört. Die Eingliederung der DDR in das Rechts- und Wirtschaftssystem der EG war demzufolge in drei Phasen vorgesehen:

In der ersten sogenannten Interimsphase sollte, beginnend mit der Einführung der deutsch-deutschen Währungsunion am 1. Juli 1990, schrittweise die Übernahme von EG-Rechtsvorschriften eingeleitet werden. Dann war eine Übergangsphase geplant, die zeitgleich mit der formalen Vereinigung beider deutscher Staaten zu einer automatischen Anwendung des Gemeinschaftsrechts auf dem Gebiet der ehemaligen DDR führen sollte. In einer letzten Phase schließlich sollte das gesamte Sekundärrecht der Gemeinschaft auf dem Gebiet der ehemaligen DDR gelten.

Der auf den 3. Oktober vorgezogene Einheitstermin hat dieses Verfahren zwar zeitlich gestrafft, im Grundsatz jedoch beibehalten. Ein rund 200 Rechtsakte umfassendes Maßnahmenpaket legte die gesetzlichen Regelungen zur Gestaltung der Übergangszeit fest. Zur Umsetzung dieser Maßnahmen haben sich die Organe der Gemeinschaft auf ein beschleunigtes Rechtsverfahren verständigt. Dadurch sollte vermieden werden, daß in der Zeit bis zum 1. Januar 1991 eine rechtlich unklare Situation entstehen könnte. Im wesentlichen finden seither folgende Grundsätze Anwendung:

Mit der Herstellung der deutschen Einheit gilt das Gemeinschaftsrecht automatisch im Gebiet der ehemaligen DDR. Befristete Übergangvorschriften sind jedoch im Bereich des abgeleiteten Gemeinschaftsrechts vorgesehen, insbesondere bei Sicherheits- und Qualitätsnormen, im Umweltschutz (teilweise bis 1995), in der Landwirtschaft, im Handelsbereich und in der Strukturpolitik. Grundsätzlich sollen so wenig befristete Ausnahmeregelungen wie möglich erlassen werden und diese nicht über den 31. Dezember 1992 hinausgehen. Die Anpassungsfristen sollen sich strikt am objektiven Bedarf und am Grundsatz der zeitlichen Befristung orientieren, da ein wesentliches Ziel dieses Verfahrens die zügige Integration der ehemaligen DDR in das Gemeinschaftsrecht ist.

Weiterreichende politische Fragen sind bei diesem Einbeziehungsverfahren vorerst ausgeklammert worden. Auf eine Anpassung der personellen Vertretung und der Stimmgewichte der um rund 16 Millionen vergrößerten Bundesrepublik Deutschland in den Institutionen der Gemeinschaft wurde zunächst verzichtet. Die institutionelle und mehr noch die politische Balance wäre dadurch in Gefahr geraten. Lediglich im Europäischen Parlament wurde die vorläufige Vereinbarung getroffen, 18 Abgeordneten aus den neuen Bundesländern im Europäischen Parlament einen Beobachterstatus einzuräumen.

Bilanz und Perspektiven

Mit der deutschen Einheit vergrößert sich das wirtschaftliche Gewicht der Bundesrepublik Deutschland in der Europäischen Gemeinschaft. Der

Anteil der deutschen Bevölkerung an der Gesamtbevölkerung der EG steigt von 19% auf 23%. Gleichzeitig wächst der deutsche Anteil am EG-Bruttosozialprodukt von bisher rund einem Viertel auf knapp ein Drittel. Die Veränderung der demographischen und wirtschaftlichen Grunddaten Deutschlands werden in der Europäischen Gemeinschaft mit gemischten Gefühlen aufgenommen. Optimistischen Erwartungen positiver Integrationsimpulse für die Gemeinschaft stehen Befürchtungen einer wachsenden deutschen Vorherrschaft gegenüber. Vereinzelt wird auch der Sorge Ausdruck verliehen, daß die finanziellen Belastungen der Einheit eine Binnenwendung der Deutschen zur Folge haben könnten. Bisher hat sich der deutsche Einheitsprozeß auf Gemeinschaftsebene jedoch zu einem Katalysator für weitere Integrationsfortschritte entwickelt. Durch die rasche Einbeziehung der ehemaligen DDR in die Gemeinschaft erhöhte sich in zweifacher Hinsicht der Druck, die notwendige Perspektivendiskussion über die zukünftige politische Gestalt der Europäischen Gemeinschaft zu führen: Nach innen, um das deutsche Potential institutionell fest zu verankern und nach außen, um den beitrittswilligen europäischen Staaten eine Integrationsperspektive zu bieten. Erste konkrete Ansätze zur Stärkung der demokratischen Legitimation und der institutionellen Effizienz der Gemeinschaft sind die Regierungskonferenzen zur → Wirtschafts- und Währungsunion und zur Politischen Union (→ Europäische Union).

Christine Holeschovsky

EFTA

Gründungsdatum: 20.11.1959 in Stockholm, in Kraft getreten am 3.5.1960; Sitz in Genf.
Mitglieder: Finnland, Island, Liechtenstein, Norwegen, Österreich, Schweden, Schweiz.
Vertragsgrundlage: EFTA-Konvention (Konvention von Stockholm).
Ziele: U.a. Ausweitung der Wirtschaftstätigkeit, Vollbeschäftigung u. wachsende Produktivität in den Mitgliedsländern, Gewährleistung eines fairen Wettbewerbs zwischen den Mitgliedern, Abbau von Disparitäten in der Versorgung von Rohmaterialien, harmonische Entwicklung und Ausweitung des Welthandels (Art. 2).
Organe: EFTA-Rat, tagt auf der Ebene der Ständigen Delegierten alle zwei Wochen, auf Ministerebene zweimal jährlich; in unregelmäßigen Abständen Gipfeltreffen. EFTA-Sekretariat mit sieben Hauptabteilungen; zehn ständige Komitees, u.a. ein Konsultativ-Komitee und ein Parlamentarier-Komitee.
Literatur: EFTA-Sekretariat (Hrsg.): Die Europäische Freihandelszone, Genf 1987; Helen Wallace (Hrsg.): The Wider Western Europe: Reshaping the EC-EFTA Relationship, London 1991.

Die Geschichte der EFTA (European Free Trade Association) ist aus ihrer Beziehung zur EG zu verstehen. Nachdem Anfang der 50er Jahre der → Europarat als Motor der europäischen Integration durch die Sechsergemeinschaft abgelöst wurde und 1958 die Verhandlungen zur Schaffung eines Freihandelsabkommens zwischen den 17 europäischen Ländern der Organisation für Europäische Wirtschaftliche Zusammenarbeit (OEEC) scheiterten, entstand die EFTA unter der Führung des Vereinigten Königreiches aus Sorge vor einer wirtschaftlichen Diskriminierung seitens der neu gebildeten Europäischen Wirtschaftsgemeinschaft (EWG). Eine Freihandelszone wurde als sinnvolles Instrument verstanden, um die Wirtschaftsintegration voranzutreiben und um eine engere wirtschaftliche Zusammenarbeit mit den EWG-Staaten vorzubereiten. So wie die EWG in den 60er Jahren mit dem Aufbau der Zollunion außerordentlich erfolgreich war, so hat auch die EFTA in dieser Zeit bereits drei Jahre vor dem ursprünglich vorgesehenen Zeitpunkt zwischen ihren Mitgliedern alle Zölle im Handel mit Industrieerzeugnissen abgebaut. Nach dem Beitritt Großbritanniens, Dänemarks und Irlands zur EG wurden mit dem Abschluß von Freihandelsabkommen zwischen den EFTA-Ländern und der

EG in den Jahren 1972 und 1973 die Grundlagen für eine engere Zusammenarbeit gelegt. Mit Portugal trat 1986 ein weiteres EFTA-Mitglied der EG bei (→ Erweiterung).

Die wesentlichen Herausforderungen der EFTA bestehen seit Mitte der 80er Jahre darin, mit der EG über Natur und Gehalt des "homogenen und dynamischen europäischen Wirtschaftsraumes", der die EFTA- und die EG-Staaten umschließen soll, zu verhandeln. Die seit der gemeinsamen Tagung auf Ministerebene in Luxemburg (1984), bei der eine Erklärung hinsichtlich der Schaffung eines gemeinsamen Wirtschaftsraumes angenommen wurde, in den Verhandlungen aufgekommenen Schwierigkeiten zeigen, daß eine weitere Annäherung an die EG an institutionelle und rechtliche Grenzen stößt. Der bereits vorliegende Antrag Österreichs auf Mitgliedschaft in der EG und der Schwedens vom 1. Juli 1991 dokumentieren, daß die EFTA vielleicht nur als ein "Warteraum" für die Mitgliedschaft in der EG angesehen wird.

Struktur und Arbeitsweise

Der EFTA-Rat ist das leitende Organ der Assoziation. Er setzt sich aus je einem Vertreter pro Mitgliedstaat zusammen, der jeweils über eine Stimme verfügt. Er kann seine Befugnisse sowohl auf Minister- als auch auf Beamtenebene ausüben. Der Rat tagt üblicherweise zweimal pro Monat auf Beamtenebene sowie zweimal jährlich auf Ministerebene. Der Vorsitz im EFTA-Rat wechselt alle sechs Monate. Der Rat verfügt in allen mit der Konvention zusammenhängenden politischen Fragen über die volle Entscheidungsvollmacht und kann die Konvention aufgrund von zwei verschiedenen Verfahren ändern. Beschlüsse müssen einstimmig erfolgen – außer in Fällen, in denen die Konvention für das Zustandekommen eines Beschlusses die Stimmenmehrheit vorsieht.

Der Rat ist auch laut Art. 31 der Konvention für die Beilegung von Streitfragen zwischen den Mitgliedstaaten zuständig; d. h. eine unabhängige richterliche Instanz wie der → Gerichtshof der EG ist nicht vorgesehen. Für die Durchführung der Konvention und die Verwaltung der Freihandelszone hat der Rat eine Anzahl Ständiger Komitees eingesetzt, die ihn bei seiner Arbeit unterstützen. Diese Gremien sind nicht berechtigt, rechtlich bindende Beschlüsse zu fassen. Neben Beamtengremien – so dem Komitee der Handelsexperten, dem Komitee für technische Handelshemmnisse, dem Komitee der Ursprungs- und Zollexperten, dem Wirtschaftskomitee und dem Budget-Komitee – gibt es ein Konsultativ-Komitee, dessen Mitglieder aus Industrie, Handel, Gewerkschaften und anderen

Kreisen der Wirtschaft entsandt werden, und ein Parlamentarier-Komitee, das einmal jährlich tagt.

 789 490

Das EFTA-Sekretariat wird von einem Generalsekretär geleitet und setzt sich aus den sechs Abteilungen sowie dem Büro des Generalsekretärs zusammen. Es hatte Ende der 80er Jahre nicht mehr als 70 Mitarbeiter. Arbeitssprache ist Englisch.

Hauptarbeitsgebiete der EFTA

Entsprechend dem Begriff der Freihandelszone in Art. 24 des Allgemeinen Zoll- und Handelsabkommens (GATT) bilden die auf der Grundlage der Stockholmer Konvention und der zwischen den EFTA-Ländern und der Europäischen Gemeinschaft abgeschlossenen Freihandelsabkommen den Kernpunkt der EFTA-Arbeit. Entsprechend hat die EFTA die Zölle und zollähnliche Abgaben weitgehend beseitigt. Wichtige Problembereiche waren die Ursprungsregelung – d.h., welches Land als Ursprungsland eines in mehreren Ländern produzierten Produkts anzusehen ist – und ihre Anwendung in der EFTA, um Zollumgehungen zu vermeiden. Um "zu gewährleisten, daß der Handel zwischen den Mitgliedstaaten unter gerechten Wettbewerbsbedingungen erfolgt", enthält die Stockholmer

Konvention auch mehrere den Wettbewerb betreffende Artikel. Seit 1970 wurde auch am Abbau der technischen Handelshemmnisse gearbeitet, der durch gegenseitige Anerkennung von Prüfungen und Inspektionen und durch enge Zusammenarbeit im Rahmen von CEN (Europäisches Komitee für Normung), Cenelec (Europäisches Komitee für elektronische Normung) und CEPT (Europäische Konferenz der Post- und Fernmeldeverwaltungen) zur Anerkennung von Normen führte. Der Handel mit Agrar- und Fischereiprodukten ist im Vergleich mit dem Handel mit Industrieprodukten sehr gering, aber die einschlägigen Bestimmungen der Konvention bieten auch hier die Möglichkeit, gegenseitige Vorteile zu erzielen.

Ein wesentlicher Schwerpunkt der EFTA-Arbeit – Experten sprechen von 90% der EFTA-internen Aktivitäten – betreffen die Beziehungen zur EG. Nach einer Phase der Distanz in den 60er Jahren ist ab Anfang der 70er Jahre ein pragmatischer Bilateralismus weiterentwickelt worden, bei dem jeder EFTA-Staat mit der EG insgesamt ein zweiseitiges Freihandelsabkommen abschloß, das freilich für alle EFTA-Staaten weitgehend gleiche Grundelemente aufweist. Seit der Luxemburger Erklärung von 1984 ist eine Phase des kombinierten Bi- und Multilateralismus zu verzeichnen. Es werden weiterhin zwischen einzelnen EFTA-Staaten und der EG Abkommen geschlossen, während gleichzeitig multilateral zwischen der Gruppe der EFTA-Staaten und der EG verhandelt wird.

Die Freihandelsabkommen zwischen EG und EFTA umfassen alle Ursprungserzeugnisse gewerblicher und industrieller Art. Nicht erfaßt sind grundsätzlich die Agrarprodukte und Produkte, für die Ausnahmebestimmungen gelten. Für die Nahrungsmittelindustrie und die Landwirtschaft wurden spezielle Regelungen vorgesehen, wobei vor allem die gegenseitige Autonomie in der Agrarpolitik bestätigt wurde. Die Freihandelsabkommen sehen auch Schutzmaßnahmen für den Fall vor, daß die vertraglich festgelegten Wettbewerbsregeln nicht eingehalten werden. Mit der Durchführung der jeweiligen Abkommen ist ein Gemischter Ausschuß betraut, der in der Regel auf Beamtenebene mindestens einmal jährlich tagt. In den 80er Jahren sind schätzungsweise zwischen 200 und 300 bilaterale Vereinbarungen zwischen EWG, → Europäischer Gemeinschaft für Kohle und Stahl, → Europäischer Atomgemeinschaft und den einzelnen EFTA-Staaten getroffen worden. Von besonderem Interesse ist in diesem Zusammenhang die wissenschaftliche und technische Zusammenarbeit. Die EFTA-Staaten können sich an einzelnen EG-Programmen beteiligen – so an ESPRIT und RACE (→ Forschungs- und Technologiepolitik). Als multilateraler Vertrag ist die Vereinheitlichung der Warendokumentation zu erwähnen. Ein Einheitsdokument ersetzt nun rund 60 verschiedene nationale Import- und Exportdeklarationen.

Ausblick

Die multilateralen Verhandlungen zum Aufbau eines Europäischen Wirtschaftsraumes, der die EG und alle EFTA-Staaten umfassen soll, werden durch eine Vermischung mehrerer Interessenlagen geprägt. Zum einen versuchen die EFTA-Staaten, nicht zuletzt im Interesse der bei ihnen produzierenden Industrien, keine Grenze zum → Binnenmarkt 1992 entstehen zu lassen. Für die EG ist die EFTA-Region ein interessanter Exportmarkt. Außerdem wird die Herstellung eines Wirtschaftsraumes auch angestrebt, um eine EG-Mitgliedschaft dieser Staaten überflüssig zu machen durch eine "strukturierte Partnerschaft", wie EG-Kommissionspräsident Jacques Delors im Januar 1989 sagte. In der Sache geht es beim Europäischen Wirtschaftsraum um die Übernahme des Binnenmarkt-Rechts durch die EFTA-Staaten, um Vereinbarungen über die Zusammenarbeit u.a. in der Forschungs-, → Umwelt- und → Sozialpolitik. In den Verhandlungen erwies sich jedoch bis Ende 1990, daß die Europäische Gemeinschaft auf der Autonomie ihrer Entscheidungsprozesse beharrt und damit die EFTA-Staaten zu einer Übernahme aller durch EG-Organe getroffenen Rechtsakte verpflichten will. Die EFTA-Staaten ihrerseits versuchen, sich durch eine Reihe von Ausnahmeregelungen einigen Verpflichtungen zu entziehen und durch gewisse Rechte bei den Entscheidungsverfahren der Gemeinschaft eine Art Halbmitgliedschaft anzustreben, die aus EG-Sicht nicht akzeptabel ist.

Gerade die Verhandlungen über den Europäischen Wirtschaftsraum machen deutlich, daß die eindeutigste Option für die Mitgliedstaaten der EFTA ein Beitritt zur Gemeinschaft ist. Nach innenpolitischen Debatten in den meisten EFTA-Staaten ist zu erwarten, daß die EFTA ihre abschließende Aufgabe darin finden wird, Verhandlungen für die Mitgliedschaft der einzelnen EFTA-Staaten in der Gemeinschaft zu begleiten und zu unterstützen. Die historische Rolle der EFTA würde dann tatsächlich als Wartezimmer für die EG zu charakterisieren sein.

Wolfgang Wessels

Einheitliche Europäische Akte

Bedeutung: Bisher wichtigste und umfassendste Änderung und Ergänzung der bestehenden Gemeinschaftsverfassung seit Abschluß der Römischen Verträge (1957). Hauptziel ist die Vollendung des Binnenmarktes bis Ende 1992. Dazu nimmt die EEA eine Straffung des Entscheidungsverfahrens im Ministerrat vor und verbessert die Mitwirkung des EP bei der Rechtsetzung der Gemeinschaft.
Literatur: Claus-Dieter Ehlermann: Die institutionelle Entwicklung der EG unter der Einheitlichen Europäischen Akte, in: Aussenpolitik 1990, S. 136–146; Rudolf Hrbek/Thomas Läufer: Die Einheitliche Europäische Akte. Das Luxemburger Reformpaket: eine neue Etappe im Integrationsprozeß, in: Europa-Archiv 1986, S. 173–184.

Am 29. Juni 1985 setzte der → Europäische Rat in Mailand eine Regierungskonferenz ein, die den Auftrag erhielt, "konkrete Fortschritte auf dem Weg zur Europäischen Union herbeizuführen". Die Arbeiten der Regierungskonferenz stützten sich auf Vorarbeiten eines 1984 eingesetzten Ad hoc-Ausschusses für Institutionelle Fragen (nach seinem Vorsitzenden auch "Dooge-Komitee" genannt), aber auch auf frühere Vorschläge der Regierungen (u.a. Feierliche Deklaration zur → Europäischen Union 1983) sowie auf die Reformvorstellungen des → Europäischen Parlaments (EP) von 1984 (Entwurf eines Vertrages zur Gründung der Europäischen Union, sog. "Spinelli-Entwurf").

Die Akte wurde am 17. Februar 1986 in Luxemburg von neun Mitgliedstaaten unterzeichnet. Dänemark, das die Zustimmung zur EEA vom positiven Ausgang einer Volksabstimmung abhängig gemacht hatte, Griechenland und Italien holten die Unterzeichnung am 28. Februar 1986 in Den Haag nach. Nach Abschluß des Ratifizierungsverfahrens ist die Akte am 1. Juli 1987 in Kraft getreten.

Die EEA setzt eine längere Reihe politischer und institutioneller Reformvorschläge durch konkrete Maßnahmen fort. Am Ursprung dieses Prozesses, der bis zu den beiden jüngsten Regierungskonferenzen über die → Wirtschafts- und Währungsunion (WWU) sowie über die Politische Union (Dezember 1990) führt, stehen die Beschlüsse der Staats- und Regierungschefs vom Oktober 1972 und vom Dezember 1974 in Paris, die EG zur Europäischen Union zu vollenden und den Integrationsprozeß auf dieses Ziel auszurichten. Nach mehreren Reformanläufen innerhalb der Gemeinschaft (u.a. Werner-Plan 1970, Tindemans-Bericht 1975, Feierliche

Deklaration zur Europäischen Union 1983, Vertragsentwurf des EP 1984) faßt die EEA 1986 ein Bündel konkreter Maßnahmen zusammen, um die Gemeinschaft auf die wichtige Etappe eines gemeinsamen europäischen → Binnenmarktes auszurichten und gleichzeitig auch die politische Rolle der EG als Akteur nach außen zu stärken.

Inhalt

Die EEA ist ein Vertrag zwischen den zwölf Mitgliedstaaten zur Änderung und Ergänzung der drei Gründungsverträge der EWG (1957), der EAG (1957) und der EGKS (1951). In erster Linie erstreckt sich die Akte indessen auf den EWG-Vertrag und fällt dort unter das in Art. 236 geregelte Verfahren zur förmlichen Vertragsänderung.

Die EEA gliedert sich in vier Teile (Titel I-IV). Hauptteil ist Titel II, der die einzelnen Bestimmungen zur Änderung und Ergänzung vor allem des EWG-Vertrages enthält. Außerdem nimmt die Akte in ihrem Art. 2 den → Europäischen Rat ausdrücklich in die Reihe der EG-Institutionen auf, freilich ohne seinen Aufgabenkreis näher zu bestimmen. Titel III schafft erstmals eine vertragliche Grundlage und damit eine rechtlich verbindliche Basis für die → Europäische Politische Zusammenarbeit und stellt einen eigenständigen völkerrechtlichen Vertrag der Zwölf über die EPZ dar. Die beiden Titel II und III werden verklammert durch eine Präambel und durch Titel I der EEA (Gemeinsame Bestimmungen), in denen EG und EPZ zueinander in Beziehung gesetzt und auf das gemeinsame Ziel einer Europäischen Union ausgerichtet werden. Aus dieser Klammer- und Mantelfunktion von Titel I erklärt sich auch der Begriff "Einheitliche Europäische Akte". Titel IV der EEA schließlich enthält Schlußbestimmungen, u.a. zum Ratifizierungsverfahren. Ferner ist der EEA eine Schlußakte mit Erklärungen der Regierungskonferenz, einzelner Delegationen und der EG-Kommission angefügt, u.a. zur Verwirklichung des Binnenmarktes, zur EPZ etc. Die Schlußakte ist kein Vertragsbestandteil der EEA, hat jedoch politische Bedeutung bei der Auslegung ihrer Regelungen.

Zieldatum 1992

Im Zentrum der EEA steht die fristgerechte Vollendung des Binnenmarktes bis Ende 1992. Laut Erklärung zu Art. 8a EWGV in der Schlußakte zur EEA ist der 31. Dezember 1992 allerdings kein rechtlich bindendes Datum, sondern ein politisches Ziel. Für die meisten Bereiche der EG-Rechtsetzung zum Binnenmarkt wird das → Entscheidungsverfahren im → Ministerrat durch qualifizierte Mehrheitsentscheidung (Art. 100a

EWGV) gestrafft. Besonders bei der Rechtsangleichung zwischen den Mitgliedstaaten sind allerdings noch wichtige Ausnahmen – wie z. B. bei der Steuerharmonisierung (Art. 99 EWGV) – beibehalten worden.

Die Schaffung des Binnenmarktes soll sich in Zusammenarbeit mit dem EP vollziehen. Deshalb führt die EEA vor allem für diesen Bereich ein geändertes Rechtsetzungsverfahren – das "Verfahren der Zusammenarbeit" nach Art. 149 – ein, das dem EP im Wege einer "zweiten Lesung" mehr Einwirkungsmöglichkeiten auf die Beschlüsse des Rates gibt, der allerdings dabei das "letzte Wort" behält. Ein echtes Mitentscheidungsrecht hat das EP nur beim Beitritt neuer Mitglieder zur EG und beim Abschluß künftiger Assoziierungsverträge der Gemeinschaft mit Drittstaaten oder anderen Organisationen erhalten. Im Lichte der bei der Verwirklichung des Binnenmarktes gemachten Erfahrungen mit dem Verfahren der Zusammenarbeit zwischen Rat und EP muß es im Zuge der Weiterentwicklung der EG zu einer echten und vollen Mitentscheidung des EP bei der Rechtsetzung der Gemeinschaft ausgebaut werden. Diese Frage steht mit auf der Tagesordnung der z. Zt. laufenden Regierungskonferenz der Zwölf über die Politische Union.

Die fristgerechte Umsetzung der in der EEA festgelegten Ziele bis Ende 1992 ist erste Priorität des jährlichen Arbeitsprogramms der → Kommission der EG. Die Kommission folgt hierbei den Leitlinien, die sie in ihrer Mitteilung an den Rat vom 15. Februar 1987 vorgezeichnet hat. Dazu gehören seit 1988 auch neue Grundlagen für die → Haushaltspolitik, für die Eigenfinanzierung und die Finanzplanung der EG sowie eine Reform der → Agrarpolitik und der bestehenden Strukturfonds der Gemeinschaft (EFRE, ESF, EAGFL Abt. Ausrichtung).

Neue Aufgaben

Weitere Felder, in denen die EEA Aufgaben und Befugnisse auf die EG übertragen hat, betreffen Bereiche, die vorher nur durch Art. 235 EWGV geregelt werden konnten: die Förderung des wirtschaftlichen und sozialen Zusammenhalts in der Gemeinschaft (Art. 130 a-e); die Ergänzung der Sozialvorschriften innerhalb der EG (Art. 118 a); den Rahmen für Forschung und technologische Entwicklung (Art. 130 f-g); die Grundlagen für eine künftige gemeinschaftliche Umweltpolitik (Art. 130 r-t); die Einführung eines neuen Kapitels im EWG-Vertrag über die Zusammenarbeit in der Wirtschafts- und Währungspolitik (Art. 102 a). Außerdem enthält die EEA neue Vertragsbestimmungen über die Zusammenarbeit in der Außenpolitik; sie haben die schon seit 1970 bestehende EPZ auf eine völkerrechtlich verbindliche Grundlage gestellt.

Beteiligung der Bundesländer

Innerhalb der Bundesrepublik Deutschland hat die Ratifizierung der EEA auch Auswirkungen auf die Beteiligung der Länder an EG-Vorhaben und an der Weiterentwicklung der Gemeinschaft gehabt. Wegen der Besonderheiten bei der Rechtsetzung im Ministerrat der EG, die unmittelbar in allen Mitgliedstaaten geltendes Recht erzeugt, kann die Eigenständigkeit der Länder besonders dann beeinträchtigt werden, wenn die Regierungsvertreter des Bundes im Ministerrat rechtlichen Beschlüssen zustimmen, die sich auf die Gesetzgebung der Länder auswirken. Deshalb sind Ende 1986 bei der Ratifizierung der EEA die Informations- und Beteiligungsrechte der Bundesländer gesetzlich im "Zustimmungsgesetz" vom 14. Dezember 1986 geregelt worden. Zur schnellen oder vertraulichen Behandlung von EG-Vorlagen wurde 1988 im Bundesrat eine spezielle "EG-Kammer" geschaffen, die in Eilfällen schneller als das Plenum der Länderkammer zu EG-Vorhaben Stellung nehmen kann. Die Länder fordern außerdem, daß künftige Übertragungen von Hoheitsrechten auf die EG nur mit Zustimmung des Bundesrates möglich sein sollen.

Bilanz

Mit der EEA haben sich die zwölf Mitgliedstaaten der EG vorerst dafür entschieden, von einer neuen Verfassungsgebung für die Gemeinschaft, wie sie das EP in seinem Vertragsentwurf von 1984 vorgeschlagen hat, Abstand zu nehmen. Statt dessen sind sie den traditionellen Weg der Vertragsergänzung über Art. 236 EWGV gegangen, weil eine systematisch angelegte Neuordnung des EG-Systems 1985/86 nicht im Kreis aller Mitgliedstaaten realisierbar war. Die EEA kann zwar nicht als "qualitativer Sprung" bei der Vertiefung der europäischen Integration gewertet werden, doch hat sie wegen ihres nüchternen Augenmaßes und wegen des Interessenausgleichs zwischen allen Mitgliedstaaten nicht nur eine Zwischenetappe des Einigungsprozesses geschaffen, sondern darüber hinaus auch den Boden für weiterführende Integrationsschritte zur WWU sowie zur Politischen Union bereitet.

Thomas Läufer

Energiepolitik

Vertragsgrundlagen: Spezifische Bestimmungen für Kohle im EGKSV; spezifische Bestimmungen für Kernenergie im EAGV; allgemeine Bestimmungen des EWGV über den Abbau von Handelshemmnissen (Art. 12–37) und über Wettbewerbsregeln (Art. 85–94).
Ziele: Gewährleistung einer sicheren, preisgünstigen, gesundheits- und umweltverträglichen Energieversorgung; Erschließung neuer Energiesysteme; Vollendung eines EG-Binnenmarktes für Energie.
Instrumente/Einzelprogramme: Interventionsinstrumente besonders im Kohle- und Kernenergiesektor; Förderprogramme für Kerntechnik und Fusionsforschung; Förderprogramme "Energiedemonstration" und "Kohlenwasserstofftechnologie" bis 1989, "Thermie" für energietechnologische Demonstrationsvorhaben seit 1990.
Haushalt: 1988 Beihilfen in Höhe von 989 Mio. ECU (= 2,3% des EG-Gesamthaushalts); Darlehen in Höhe von 1.809 Mio. ECU, vorwiegend durch die Europäische Investitionsbank.
Literatur: Kommission der Europäischen Gemeinschaften, Generaldirektion Energie (Hrsg.): Energie in Europa, Luxemburg 1985 ff. (3x jährlich); Wolfgang Harms (Hrsg.): Konturen eines EG-Energiemarkts, Köln u.a. 1989.

Energie ist eine unverzichtbare Überlebensbedingung menschlicher Gesellschaften. Moderne Volkswirtschaften weisen in Industrie, Verkehr und Haushalten einen sehr hohen und differenzierten Energiebedarf auf. Die zwölf Länder der EG verbrauchen derzeit jährlich etwa 4.800 Kilogramm Steinkohleeinheiten pro Kopf der Bevölkerung. Ihr Energieverbrauch hat sich seit 1960 mehr als verdoppelt; er betrug 1990 mehr als 1,5 Mrd. Tonnen Steinkohleeinheiten – rund 15% der Weltenergieproduktion. Ein zentraler Faktor der Energiewirtschaft ist die ungleiche Verteilung von Rohstoffen in der Welt. Auch in der Europäischen Gemeinschaft sind die natürlichen Energievorkommen sehr ungleich verteilt. Lediglich Großbritannien (Kohle, Erdöl), die Bundesrepublik Deutschland (Kohle) und die Niederlande (Erdgas) haben bedeutende energetische Naturschätze. Die anderen Länder sind seit langem auf Energieimporte angewiesen. Diese konnten noch in den 50er Jahren weitgehend aus europäischen Nachbarländern bezogen werden. Mit steigendem Energieverbrauch mußten indessen alle europäischen Länder sich zur Deckung ihres Bedarfs vorwiegend auf außereuropäische Energiequellen verlassen. Die Importabhängigkeit der EG-Länder insgesamt stieg in den 60er Jahren rapide an und erreichte 1973 ihren Höhepunkt mit 64% des Energieverbrauchs. In den 80er Jahren war sie dank effizienter Energieverwendung, stagnierender Konjunkturentwicklung und der Erschließung neuer Ölfelder in der Nordsee vorübergehend rückläufig, ist aber inzwischen wieder auf 50% angestiegen (vgl. Tab. 1).

Tabelle 1: Energie-Importabhängigkeit der EG, 1960–1990, in Prozent

	1960	1970	1980	1990
Belgien	35	83	86	77
Dänemark	95	100	98	49
BR Deutschland	11	49	59	53
Frankreich	46	75	80	56
Griechenland	–	–	85	64
Großbritannien	26	47	6	–
Irland	82	84	80	71
Italien	70	86	86	85
Luxemburg	100	100	99	99
Niederlande	56	52	7	23
Portugal	–	–	99	96
Spanien	–	–	76	65
EG-9	33	62	54	47
EG-12	–	–	57	50

Anmerkung: Importabhängigkeit = $\frac{\text{Nettoeinfuhr}}{\text{Bruttoinlandsverbrauch + Bunker}}$;

Prozentzahlen gerundet.

Quelle: EUROSTAT.

Mineralöl ist seit Mitte der 60er Jahre der wichtigste Energieträger für die europäischen Volkswirtschaften. Im Jahr 1973 erreichte die Ölabhängigkeit der EG-Länder ihren Höhepunkt mit 67% des gesamten Energieverbrauchs; sie hat sich am Ende der 80er Jahre bei 45% stabilisiert. Gerade beim Öl ist die Importabhängigkeit allerdings besonders hoch. Mehr als vier Fünftel des in der EG verbrauchten Mineralöls müssen aus Drittländern importiert werden; nach Erschöpfung der Nordseevorräte wird sich dieser Anteil in naher Zukunft weiter erhöhen. Zwei Drittel des importierten Öls kamen 1990 aus OPEC-Ländern, vor allem aus der Region um den Persischen Golf. Beim Erdgas, wo die Importabhängigkeit bei 38% liegt, stand 1990 die Sowjetunion als Lieferant an erster Stelle. Selbstversorger ist die EG nur bei der aus Kernenergie und Wasserkraft erzeugten Elektrizität, die 1990 mit 16% zum Energieverbrauch der Gemeinschaft beitrug (vgl. Tab. 2).

Tabelle 2: Energiebilanz der EG, 1960–1990

	1960	1970	1980	1990
Primärenergieproduktion in MtSKE:	512,1	491,7	654,1	806,9
hiervon in %:				
Kohle	92	71	39	27
Erdöl	4	4	20	20
Erdgas	2	21	28	23
Kernenergie	–	1	9	27
Wasserkraft u. a.	2	3	4	3
Primärenergieverbrauch in MtSKE:	714,3	1.138,9	1.348,5	1.571,6
hiervon in %:				
Kohle	69	35	24	21
Erdöl	27	54	52	45
Erdgas	2	9	18	19
Kernenergie	–	–	4	14
Wasserkraft u. a.	2	2	2	1

Anmerkung: MtSKE = Millionen Tonnen Steinkohleeinheiten; EG = EG-9 bis 1980, danach EG-12; Prozentzahlen gerundet; Werte für 1990 vorläufig.

Quelle: EUROSTAT.

Das Hauptproblem der Energiepolitik ist, wie unter diesen Umständen eine ausreichende, zuverlässige und preisgünstige Energieversorgung gewährleistet werden kann. Insbesondere die Abhängigkeit vom Ölimport aus der weltpolitischen Krisenzone der Golfregion konfrontiert das europäische Energiesystem mit einem hohen Sicherheitsrisiko. Seit der "Ölkrise" von 1973 weiß man, daß weder die gewünschte Menge noch der erschwingliche Preis noch gar die Verläßlichkeit der Lieferbedingungen als gesichert gelten können. Eine vordringliche Aufgabe der Energiepolitik besteht deshalb darin, dieses Versorgungsrisiko zu mindern und alternative Optionen der Energieversorgung zu erschließen.

Neben die traditionellen versorgungspolitischen Probleme sind in den letzten Jahren Bedürfnisse getreten, die mit zunehmender Dringlichkeit neue Prioritätensetzungen bei der Energieverwendung verlangen. Hierzu zählen einmal die speziellen Probleme der Kernenergie (Störfallrisiko, soziale Akzeptanz, Entsorgung), zum anderen die vielfältigen Umweltbelastungen, die mit dem Verbrauch fossiler Brennstoffe (Kohle, Öl, Gas) zusammenhängen und mit der Gefahr von Klimaschäden durch atmosphärische Kohlendioxydanreicherung (Treibhauseffekt) eine bedrohliche Dimension angenommen haben. Kennzeichnend für diese neuen Probleme ist der Zusammenhang mit komplexen Strukturfragen moderner Industriegesellschaften, der eine konsequente Neubewertung und verantwortliche politische Steuerung des gesamten Energiesystems erfordert. Da diese Probleme allen europäischen Ländern gemeinsam sind und nicht mehr im nationalen Alleingang gelöst werden können, rückt die EG als angemessene Ebene der Problembearbeitung immer mehr in den Vordergrund.

Entwicklung der europäischen Energiepolitik

Eine gemeinsame Energiepolitik war bei der Gründung der Europäischen Gemeinschaften nicht vorgesehen. Dennoch haben energiepolitische Ziele im Prozeß der europäischen Integration von Anfang an eine besondere Rolle gespielt. Zwei der drei Gründungsverträge beziehen sich direkt auf einen Energieträger: Beim EGKS-Vertrag von 1951 ist es die Kohle, beim EAG-Vertrag von 1957 die Kernenergie. Der EWG-Vertrag von 1957 geht nicht ausdrücklich auf Energiefragen ein, doch hat gerade er für die Entwicklung des europäischen Energiesystems in den vergangenen Jahrzehnten eine erhebliche Bedeutung gewonnen.

Für diesen scheinbar paradoxen Sachverhalt sind einerseits integrationspolitische, andererseits energiewirtschaftliche Faktoren verantwortlich, die seit den 50er Jahren eine unvorhergesehene Eigendynamik entwickelt haben. Mit der → Europäischen Gemeinschaft für Kohle und Stahl (Montanunion) sollte der damals wichtigste Energieträger, die Steinkohle, die 1950 noch 90% des europäischen Energiebedarfs deckte, als Grundstein der supranationalen Integration genutzt werden. In ähnlicher Weise verband sich mit der Gründung der → Europäischen Atomgemeinschaft (Euratom) die Hoffnung, daß die vermeintlich wichtigste Energiequelle der Zukunft, die Kernenergie, als Kristallisationskern politischer Gemeinschaftsbildung wirksam werden könnte. Beide Gemeinschaften basierten auf einem stark reglementierten Wirtschaftskonzept und haben daher einen hohen Abstimmungs-, Konsens- und Entscheidungsbedarf. Doch wurden die in sie gesetzten Erwartungen bereits nach wenigen Jahren enttäuscht. Wie in der Energiewirtschaft das Erdöl gegenüber Kohle und Kernenergie die Oberhand gewann, so behauptete sich in der politischen Willensbildung das Eigengewicht der Mitgliedstaaten gegenüber dem europäischen Gemeinschaftsanspruch. Gleichzeitig erwies sich die → Europäische Wirtschaftsgemeinschaft (EWG) als energiewirtschaftlich und integrationspolitisch erfolgreich. Sie überließ den autonomen Kräften des Weltmarktes die dominierende Rolle und begünstigte damit den Siegeszug des Erdöls (und später des Erdgases) in Europa.

Billige und reichliche Importenergie aus außereuropäischen Quellen leistete in den 60er Jahren einen wesentlichen Beitrag zum europäischen Wirtschaftswachstum. Unter diesen Umständen erschien eine Energiepolitik, die den einzelnen Energieträgern und Energiesektoren ihren Stellenwert zuweisen sollte, auf nationaler und internationaler Ebene gleichermaßen unnötig und unrealistisch. Ein Versuch der → Kommission in den frühen 60er Jahren, eine kohärente Energiestrategie für die Gemeinschaft zu formulieren, scheiterte schon im Ansatz. Erst die Ölkrise von 1973 führte zu einer Neubesinnung. Der explosionsartige Anstieg des Rohölpreises um das Vierfache erzeugte einen Inflationsstoß und zugleich einen Konjunktureinbruch in den industriellen Verbraucherländern. Die Drohung der petroleumexportierenden Staaten des Mittleren Ostens, im Gefolge des Yom-Kippur-Krieges die Rohölzufuhr zu sperren, führte den Europäern die riskante Abhängigkeit von ausländischen Energielieferungen vor Augen. Die gemeinsame Bedrohung weckte in den europäischen Ländern erstmals die Bereitschaft, das Energieproblem als Ganzes zu sehen und gemeinsame Lösungen zu suchen.

Aber der EG kam der neue energiepolitische Aktionismus noch kaum zugute. Ihre Mitgliedstaaten strebten nach 1973 zunächst danach, entweder mit nationalen Energieprogrammen sich aus der Ölabhängigkeit zu lösen, am entschiedensten Frankreich mit dem massiven Ausbau der Kernenergie, oder im Verbund mit anderen Industriestaaten eine strategische Gegenposition zum Ölkartell der OPEC aufzubauen. Die 1974 im Rahmen der → OECD gegründete Internationale Energie-Agentur (IEA), der sich alle EG-Staaten außer Frankreich anschlossen, vereinbarte eine gemeinsame Vorratshaltung für den Fall einer Unterbrechung der Rohölzufuhr, vermochte sich aber darüber hinaus nicht über den Status eines intergouvernementalen Hilfsorgans zu erheben. Auch der seit 1975 jährlich tagende "Weltwirtschaftsgipfel" der sieben wichtigsten westlichen Industriestaaten, an dem als Beobachter auch die Kommission der EG teilnimmt, nahm sich vornehmlich der Koordination nationaler Energieprogramme an. Für die EG blieb dabei nur eine energiepolitische Nebenrolle übrig. Die Kommission verabschiedete seit 1974 mehrere Energieprogramme, in denen gemeinsame Aufgaben und Zielprojektionen für die Mitgliedsländer definiert wurden, u. a. Verbesserung der Energieeffizienz, Verringerung der Öl- und Importabhängigkeit, verstärkte Nutzung einheimischer Energieressourcen, Entwicklung und Förderung neuer Energietechnologien.

Doch handelte es sich vorwiegend um unverbindliche Richtwerte und Rahmenempfehlungen, die von den Mitgliedstaaten teils ignoriert, teils auch aus eigenem Antrieb realisiert wurden.

Im November 1983 gestand der Rat der Energieminister (→ Ministerrat) erstmals der Gemeinschaft die Kompetenz für eine eigenständige Energiepolitik zu. Aber erst das "Projekt 1992" zur Vollendung des Binnenmarktes löste konkrete Initiativen aus. Die EG-Kommission hat im Mai 1988 mit ihrem Bericht "Der Binnenmarkt für Energie" eine Reihe von z.T. schon älteren Vorhaben programmatisch zusammengefaßt. Sie will mit einer weitgehenden Liberalisierung des europäischen Energiemarktes, v.a. im Kohle- und Elektrizitätssektor, konjunkturelle Wachstumsimpulse auslösen, die Flexibilität des europäischen Energiesystems erhöhen und nationale Integrationshindernisse abbauen. Zugleich soll unter Ausschöpfung der in der → Einheitlichen Europäischen Akte 1986 neu geschaffenen Kompetenzen die Komponente des Umweltschutzes in der Energiepolitik stärker zur Geltung gebracht werden.

Instrumente, Entscheidungsverfahren, Einzelprogramme

Die EG verfügt nach Maßgabe der Gründungsverträge über eine Fülle von Instrumenten, um im Energiebereich der Mitgliedstaaten zu intervenieren. Wettbewerbsregeln und Handelsnormen, Preis- und Mengenkontingente, technische Standards und Grenzwertbestimmungen, Kontrollbefugnisse und Informationssysteme, finanzielle Beihilfen und Investitionskredite zählen zu den wichtigsten Maßnahmen. Die direkten Eingriffsmöglichkeiten sind im Kohle- und Kernenergiesektor besonders ausgeprägt. Außerdem besitzt die EG auf dem Gebiet der Kernenergie eine beachtliche eigene Forschungskapazität (Gemeinsame Forschungsstelle, GFS, → Forschungs- und Energiepolitik). Freilich wird die Autonomie der Gemeinschaft in allen diesen Bereichen durch die Mitwirkung der Mitgliedstaaten an der Entscheidungsbildung relativiert.

Die → Entscheidungsverfahren der EG in der Energiepolitik sind so uneinheitlich wie der Energiebereich selbst. Bestrebungen, die Energiepolitik im Rahmen der Einheitlichen Europäischen Akte einer umfassenden institutionellen Neuregelung zuzuführen, konnten sich nicht durchsetzen. Generell besitzt die EG-Kommission in Bereichen, die durch den EGKS- und den EAG-Vertrag geregelt sind (Kohle, Kernenergie), eine starke Stellung, hier kann sie als supranationale Aufsichtsbehörde bzw. als völkerrechtliche Vertretung der Gemeinschaft gegenüber Drittländern autonom und unmittelbar tätig werden. In den Bereichen, die nur vom EWG-Vertrag berührt werden (Öl, Gas, Elektrizität), ist die Kommission auf die

Wahrnehmung regulativer Rahmenbefugnisse in Abstimmung mit dem Ministerrat begrenzt. Der Ministerrat seinerseits konstituiert sich von Fall zu Fall als Rat der Energieminister oder der entsprechenden nationalen Fachressorts. Ungeachtet der formalen Kompetenzen gilt jedoch, daß die intensive Politisierung vieler Energiefragen oftmals eine langwierige Interessenbestimmung im gesamten Institutionensystem der EG erfordert. Der → Europäische Rat hat seit den frühen 70er Jahren häufig zu Problemen der Energiepolitik Stellung genommen. Und auch das → Europäische Parlament hat in den 80er Jahren zunehmendes Interesse an energiepolitischen Fragen gezeigt, namentlich im Zusammenhang mit dem Umwelt- und Verbraucherschutz. So bildet sich die Energiepolitik der Gemeinschaft vorwiegend im Kräfteparallelogramm der nationalen energiepolitischen Interessen.

Das Schwergewicht des Engagements der EG zur Förderung neuer Energiequellen liegt traditionell im Bereich der Kernenergie. Bemühungen um die Entwicklung einer eigenen Reaktorlinie für die Kernspaltung mußten schon in den frühen 60er Jahren aufgegeben werden. Seitdem beschränkt sich die Förderung weitgehend auf die begleitende Unterstützung nationaler Kernenergieprojekte. Hingegen hat die Gemeinschaft in der Erforschung der Kernfusion, einer potentiell unerschöpflichen Energiequelle, mit ihrem integrierten Entwicklungsprogramm (Joint European Torus, JET) eine weltweit führende Position errungen. Im Rahmen der energiepolitischen Ziele der Gemeinschaft, die zuletzt 1986 für die Zehnjahresspanne bis 1995 formuliert wurden, kommt der Förderung sonstiger energietechnischer Innovationen eine wachsende Bedeutung zu. Die Förderprogramme "Energiedemonstration" (seit 1978) und "Kohlenwasserstofftechnologie" (seit 1974), durch die mehr als 2.300 Projekte mit insgesamt 1.350 Mio. ECU unterstützt wurden, liefen 1989 aus. Sie wurden ersetzt durch das Programm "Thermie", das im Jahrfünft 1990–1994 mit ca. 600 Mio. ECU dotiert sein soll, um vor allem die Entwicklung rationeller und umweltfreundlicher Energietechnologien und die Erschließung erneuerbarer Energiequellen zu fördern.

Die Vielfalt der Maßnahmen, Programme und Instrumente kann nicht darüber hinwegtäuschen, daß die Energie im Gesamthaushalt der EG ebenso eine marginale Rolle spielt wie die Energiepolitik der EG im Verhältnis zur Energiepolitik der Mitgliedstaaten. Im Jahr 1988, für das zuletzt eine umfassende Analyse vorliegt, beliefen sich die direkten Aufwendungen und Beihilfen der Gemeinschaft für Energieprojekte auf 989 Mio. ECU (davon 374 Mio. für Kernenergie und Fusionsforschung); das entspricht 2,3% des EG-Gesamthaushalts. Außerdem wurden 1.809 Mio.

ECU als Darlehen für energiewirtschaftliche Investitionen in den Mitgliedstaaten zur Verfügung gestellt (davon 1.772 Mio. durch die Europäische Investitionsbank). Im Durchschnitt der 80er Jahre entsprachen die Aufwendungen der Gemeinschaft für Forschung, Entwicklung und Demonstration auf dem Energiesektor etwa einem Zehntel der gesamten öffentlichen Hilfe für die Energieforschung in Europa.

Perspektiven

Die Wiederbelebung der Integrationsdynamik seit der Mitte der 80er Jahre ist auch im Energiesektor unverkennbar. Indessen wird mit der Vollendung des → Binnenmarktes eine Klärung bisher offener Grundsatzfragen der Energiepolitik einhergehen müssen. Hierzu zählen allgemeine Fragen der wirtschaftlichen Ordnungspolitik und Zielbestimmung, die gerade im Energiebereich innerhalb der Mitgliedstaaten und zwischen ihnen umstritten sind. Kontroverse Positionen der Energiepolitik müssen neu bestimmt und begründet werden; das gilt vor allem für die Rolle der Kernenergie und die Prioritäten des Umweltschutzes. Die neue Öffnung der Gemeinschaft nach Osteuropa, die langfristige Sicherung der Ölversorgung aus dem Mittleren Osten, die Interessenabstimmung mit konkurrierenden Industrieländern und Entwicklungsländern im Energiebereich verweisen auf künftige Herausforderungen und Konfliktpotentiale, die über den gewohnten Horizont der europäischen Energiepolitik hinausführen. Zur Bewältigung dieser Aufgaben wird eine institutionelle Handlungsfähigkeit erforderlich sein, für die die Europäische Gemeinschaft bisher nicht gerüstet ist.

Erwin Häckel

Entscheidungsverfahren

Vertragsgrundlagen: Art. 137, 141 u. 142 (EP); Art. 145 u. 148, 149–152 (Rat); Art. 155 (Kommission); Art. 189–91 EWGV; ergänzend Art. 10–18 des Fusionsvertrages (FusV) von 1965. Speziell zum Entscheidungsverfahren der EPZ vgl. Art. 30 Abs. 1–5 EEA.
Beteiligte Organe: Kommission, Europäisches Parlament (EP) und Rat der EG. Die Organe handeln nach Maßgabe der ihnen im EWGV zugewiesenen Befugnisse (Art. 4 Abs. 1). Rat und Kommission werden im Rahmen des Entscheidungsverfahrens vom WSA beratend unterstützt (Art. 4 Abs. 2).
Beschlüsse: Rechtsakte der EG nach Art. 189 EWGV. Die Beschlüsse im Haushaltsverfahren und im Rahmen der EPZ stellen eine Sonderform dar.
Literatur: Bengt Beutler u. a.: Die Europäische Gemeinschaft – Rechtsordnung und Politik, 3. Auflage, Baden-Baden 1987, S. 191–212; Emile Noël: Die Organe der Europäischen Gemeinschaft, Luxemburg 1988.

Im Mittelpunkt des Entscheidungsverfahrens steht die Rechtsetzung der EG. Sie erfolgt grundsätzlich in einem dreistufigen Ablauf, der sich in die Abschnitte Initiative, Beratung und Entscheidung einteilen läßt. Bei der allgemeinen Rechtsetzung wirken → Kommission, → Europäisches Parlament und → Ministerrat eng zusammen. Bei der Kommission liegen die Vorbereitungsarbeiten mit dem Initiativrecht (Vorschlagsmonopol), das EP führt die öffentliche Beratung über den Vorschlag durch, bringt dabei die Positionen der dort vertretenen Parteien ein und erarbeitet Stellungnahmen. Der Ministerrat beschließt endgültig ("Gesetzgeber der EG").

Besonders bei der Rechtsetzung befinden sich die EG-Organe in einem festen und zwingenden System von Handlungsbefugnissen. Dieses System beruht auf dem Prinzip der "begrenzten Einzelermächtigung", d. h. ob die Organe überhaupt handeln können, welche Maßnahmen sie hierbei ergreifen dürfen, in welche Rechtsform diese Maßnahmen zu kleiden sind und welche Verfahrensvorschriften dabei beachtet werden müssen, ergibt sich ausschließlich aus den konkreten Bestimmungen der Gemeinschaftsverträge, vor allem des EWGV. Ergänzend dazu haben die EG-Organe eine Reihe von Verfahrensabsprachen getroffen, die sich auf ihre Zusammenarbeit bei der Rechtsetzung beziehen. Diese Absprachen haben überwiegend vermittelnden und streitschlichtenden Charakter und sollen zur zügigen Verabschiedung der Rechtsakte beitragen.

Rechtsetzung der EG

Die Rechtsetzung der Gemeinschaft ist insofern auch politische Gestaltung, als sie im wesentlichen den EWG-Vertrag als sog. Rahmenvertrag durch konkrete Beschlüsse ausfüllen und dadurch die Vertragsziele in tatsächliches Handeln umsetzen muß. Die im EWGV vorgenommene Kompetenzverteilung zwischen den drei handelnden Organen sieht vor, daß alle grundlegenden Rechtsnormen im Ergebnis vom Rat zu beschließen sind, weil der Rat aufgrund seiner Zusammensetzung zugleich die politische Verbindungsebene zu den Mitgliedstaaten (Regierungen) darstellt, auf deren Zustimmung der Ausbau und die Entwicklung der Gemeinschaft seit ihrer Gründung angewiesen sind.

Gegenstand der Rechtsetzung sind vor allem Verordnungen und Richtlinien ("sekundäres Gemeinschaftsrecht"). Die Verordnung hat allgemeine Geltung; sie ist in allen ihren Teilen verbindlich und gilt unmittelbar in jedem Mitgliedstaat. Demgegenüber verpflichtet die Richtlinie diejenigen Mitgliedstaaten, an die sie sich richtet, nur hinsichtlich des zu erreichenden Ziels, überläßt den Mitgliedstaaten jedoch innerhalb einer festgesetzten Frist die Art und Weise der Umsetzung in nationales Recht. Die Rechtsakte der EG treten nach Art. 191 EWGV erst in Kraft, nachdem sie im Amtsblatt der EG veröffentlicht (Verordnungen) bzw. den Betroffenen selbst bekanntgegeben sind (Richtlinien). Üblicherweise werden aber auch die Richtlinien regelmäßig im Amtsblatt publiziert.

Während Rat und Kommission als unmittelbar handelnde Organe der EG bei der Ausführung und Anwendung des EWG-Vertrages in ihren Handlungsbefugnissen eng miteinander verflochten sind, erfüllte das EP lange Zeit nur beratende Funktion und beschränkte Kontrollaufgaben. Sie bezogen sich vor allem auf die Rechtsetzung durch den Rat und auf die ausführende Tätigkeit der Kommission. Durch Vertragsänderung (→ Einheitliche Europäische Akte) sind dem EP mit Wirkung vom 1. Juli 1987 in Teilbereichen der Rechtsetzung stärkere Mitwirkungsrechte zugewachsen, die allerdings die Schwelle einer echten Mitentscheidung nicht erreichen. Lediglich bei künftigen Beitritts- und Assoziierungsabkommen der Gemeinschaft mit Drittstaaten (→ Assoziierungspolitik, → Außenbeziehungen der EG) kann das EP gleichberechtigt mit dem Rat mitentscheiden. Bei der jährlichen Feststellung des EG-Haushalts bildet das EP zusammen mit dem Rat schon seit 1975 die Haushaltsbehörde der EG und verfügt auf diesem Sektor auch über selbständige Entscheidungsrechte (→ Haushaltspolitik).

Allgemeines Rechtsetzungsverfahren

In der Regel arbeitet die Kommission kraft ihres alleinigen Initiativrechts bei der Rechtsetzung Vorschläge für Rechtsakte aus (Art. 155 u. 190 EWGV), zu denen das Parlament vom Rat angehört wird (Art. 137 u. 190), bevor dieser endgültig beschließt (Art. 145). Nach Art. 152 kann der Rat die Kommission auch zur Vorlage bestimmter Vorschläge auffordern. Bei der Anhörung des EP wird zwischen der vertraglich zwingend vorgeschriebenen "obligatorischen Konsultation" und der freiwilligen Befassung des Parlaments ("fakultative Konsultation") unterschieden. In der Praxis ist diese Unterscheidung durch eine seit 1973 zunehmend freizügigere Anhörung des Parlaments durch Kommission und Rat zu faktisch allen Rechtsakten immer unschärfer geworden. Wichtig ist die Unterscheidung zwischen "obligatorischer" und "fakultativer" Konsultation des Parlaments jedoch auch weiterhin wegen der Rechtsfolgen einer vom Rat unterlassenen oder nicht vertragsgemäß durchgeführten Anhörung des EP. Die ordnungsgemäße Anhörung des Parlaments in den vom Vertrag vorgesehenen, zwingenden Fällen stellt eine Formvorschrift dar, die "für das vom EWG-Vertrag gewollte institutionelle Gleichgewicht wesentlich" ist und deren Mißachtung durch den Rat nach einem 1980 vom → Gerichtshof der EG (EuGH) erlassenen Urteil "die Nichtigkeit der betroffenen Handlung des Rates zur Folge hat".

Regelmäßig legt die Kommission inzwischen alle Vorschläge für Rechtsakte dem Rat und dem Parlament gleichzeitig vor, damit dem EP genügend Zeit – in der Regel drei Monate – für die Erarbeitung seiner Stellungnahmen verbleibt. Dabei hat sich folgender Ablauf entwickelt: Der Vorschlag der Kommission wird dem EP vom Rat förmlich zur Stellungnahme zugeleitet; der Präsident des EP weist den Vorschlag dem federführenden Ausschuß und ggf. den mitberatenden Ausschüssen zur Beratung zu; das Ergebnis dieser Ausschußberatungen wird dem Plenum als Bericht vorgelegt, von ihm entweder unverändert übernommen oder durch Abänderungsanträge modifiziert; die Stellungnahme des EP wird dem Rat sowie der Kommission übermittelt, damit letztere ihren ursprünglichen Vorschlag eventuell im Sinne des EP überarbeiten kann; Kommission und Rat prüfen die Änderungsvorschläge des EP und nehmen dazu meist informell Stellung. Sie unterrichten das EP darüber, ob sie dessen Abänderungsanträge annehmen oder ablehnen; der Rat erläßt schließlich mit der im Vertrag vorgesehenen Mehrheit und Stimmengewichtung (Art. 148 Abs. 2 EWGV) den Rechtsakt und beendet damit das Verfahren.

Allgemeines Gesetzgebungsverfahren (schematisiert)

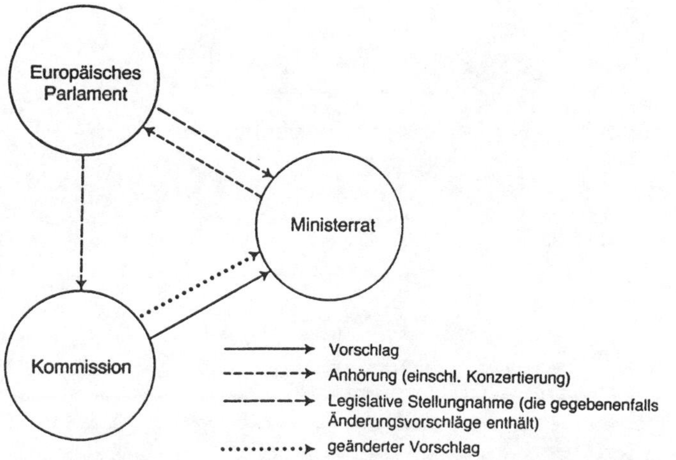

Verfahren der Zusammenarbeit Rat – EP

Der zuvor skizzierte Ablauf stellte bis 1987 das regelmäßig praktizierte Rechtsetzungsverfahren der Gemeinschaft dar. Für spezielle Bereiche, nämlich für Rechtsakte, die vor allem die Verwirklichung und das Funktionieren des Binnenmarktes zum Gegenstand haben (vgl. Art. 100 a EWGV), wurde mit Wirkung vom 1. Juli 1987 ein besonderes "Verfahren der Zusammenarbeit" zwischen Rat und EP unter Beteiligung der Kommission geschaffen, das sowohl die künftige Beschlußfassung des Rates mit qualifizierter Mehrheit (Art. 148 Abs. 2) als auch eine stärkere Mitwirkung des EP an solchen Beschlüssen sicherstellen soll. Das neue Verfahren machte eine umfangreiche Änderung des Art. 149 EWGV erforderlich. Die Neufassung (Abs. 2) sieht folgende Verfahrensschritte bei den Beschlüssen zum Binnenmarkt vor, die seit 1987 nunmehr zwei Lesungen im EP und beim Rat verlangen: die Kommission macht wie bisher einen Vorschlag, und das EP nimmt zu diesem Vorschlag Stellung; der Rat prüft den Vorschlag in erster Lesung und erarbeitet einen "gemeinsamen Stand-

Verfahren der Zusammenarbeit

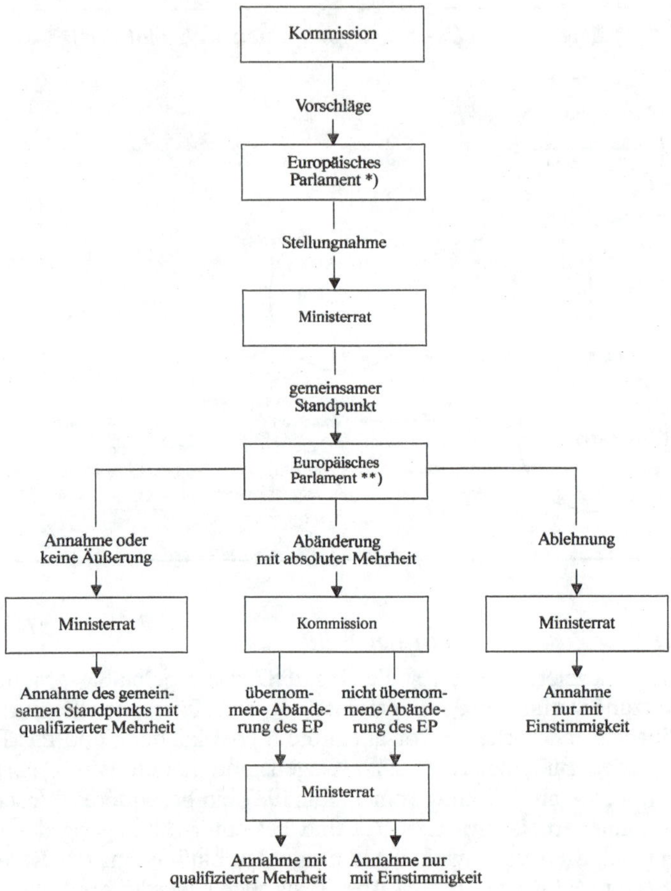

* Erste Lesung im Europäischen Parlament
** Zweite Lesung im Europäischen Parlament

punkt", der dem EP zusammen mit einer Begründung vorgelegt wird; das EP billigt den Ratsentwurf innerhalb von drei Monaten, lehnt ihn ab oder schlägt Änderungen vor, wobei es für die beiden letzteren Beschlüsse die absolute Mehrheit seiner Mitglieder benötigt; der Kommission fällt bei Abänderungsvorschlägen des EP die Aufgabe zu, das Verfahren weiterzutreiben (Frist: ein Monat). Hierbei ergeben sich zwei Alternativen: 1. übernimmt sie die Abänderungen des EP, so braucht der Rat in zweiter Lesung lediglich eine qualifizierte Mehrheit (Art. 148 Abs. 2) aufzubringen, um den vom EP geänderten Entwurf endgültig zu verabschieden. Will der Rat indessen von dem geänderten Vorschlag abweichen, braucht er Einstimmigkeit, um ihn zu ändern. Kommt die Einstimmigkeit nicht zustande, so muß der Rat auf die Vorstellungen des EP eingehen, wenn er sich nicht dem Vorwurf der Untätigkeit aussetzen will (Entscheidungsfrist: drei Monate); 2. übernimmt die Kommission die Abänderungen des EP nicht, so bleibt es bei der auch außerhalb dieses Verfahrens geltenden Regelung: der Rat kann den Vorschlag der Kommission mit qualifizierter Mehrheit annehmen und nur einstimmig davon abweichen; von der Kommission nicht übernommene Vorschläge des EP kann der Rat ebenfalls nur einstimmig annehmen; einen vom EP abgelehnten Vorschlag kann der Rat nur einstimmig beschließen.

Innerhalb des Verfahrens der Zusammenarbeit hängt die Mitwirkung des EP bei der Rechtsetzung davon ab, daß der Rat – wie vorgesehen – tatsächlich Mehrheitsbeschlüsse faßt. Dazu gehört besonders der Verzicht auf den sog. "Luxemburger Kompromiß" vom 29. Januar 1966, der es faktisch ermöglicht hat, daß Mitgliedstaaten unter Berufung auf "sehr wichtige Interessen" Mehrheitsentscheidungen im Ministerrat durch ein "Veto" verhindern konnten, was dann im Ergebnis auf Einstimmigkeit hinauslief.

Die mit dem Verfahren der Zusammenarbeit seit 1987 gemachten Erfahrungen zeigen indessen, daß es speziell bei den Beschlüssen im Rahmen des Binnenmarktprogramms Mehrheitsabstimmungen mit "qualifizierter Mehrheit" im Rat erleichtert und auch insgesamt für mehr Entscheidungsdynamik gesorgt hat. Eine gewisse Erleichterung zugunsten der Mehrheitsabstimmung wurde außerdem durch eine entsprechende Änderung der Geschäftsordnung des Rates vom 20. Juli 1987 geschaffen. Sie sieht die Möglichkeit vor, daß der Ratsvorsitz, jeder Mitgliedstaat und die Kommission eine Abstimmung im Rat beantragen können. Viele Gesetzesbeschlüsse der EG kommen dadurch jetzt schneller zustande. Und durch die relativ knapp gehaltenen Fristen des neuen Verfahrens entsteht erheblicher Druck auf Kommission und EP, beizeiten kompromißfähige Vorlagen bzw. Stellungnahmen abzugeben.

Was heißt "qualifizierte Mehrheit"?

Die zwölf Regierungen der EG-Mitgliedstaaten verfügen im Rat über insgesamt 76 Stimmen, die je nach Größe des jeweiligen Landes unterschiedlich verteilt sind. Für qualifizierte Mehrheit sind mindestens 54 der 76 Stimmen erforderlich (Art. 148 EWGV), soweit der EWG-Vertrag für die Beschlußfassung im einzelnen "qualifizierte Mehrheit" vorschreibt. Genügt für einen Beschluß des Rates dagegen einfache Mehrheit, müssen wenigstens sieben von zwölf Mitgliedern zustimmen. Für eine "Sperrminorität" reichen bereits 23 der 76 Stimmen.

Die Gewichtung der Stimmen:

Belgien	5	Irland	3
Dänemark	3	Italien	10
Deutschland	10	Luxemburg	2
Frankreich	10	Niederlande	5
Griechenland	5	Portugal	5
Großbritannien	10	Spanien	8

Interorganverfahren und spezielle Verfahren

Das Rechtsetzungsverfahren wird durch mehrere Absprachen und Vereinbarungen zwischen den EG-Organen ausgestaltet, die sich im wesentlichen auf die Beteiligung des EP beziehen. Wichtigster Fall in diesem Bereich ist die Gemeinsame Erklärung vom 4. März 1975 über das Konzertierungsverfahren bei der Rechtsetzung. Die Konzertierung findet Anwendung auf "Rechtsakte von allgemeiner Tragweite mit ins Gewicht fallenden finanziellen Auswirkungen" und kann vom EP oder vom Rat eingeleitet werden, wenn der Rat beabsichtigt, von einer Stellungnahme des Parlaments im allgemeinen Rechtsetzungsverfahren erheblich abzuweichen. In einem Konzertierungsausschuß, der aus Vertretern von Parlament, Rat und Kommission gebildet wird, soll innerhalb von höchstens drei Monaten einvernehmlich eine Annäherung der Standpunkte erreicht werden. Nachdem das Parlament eine neue Stellungnahme abgegeben hat, beschließt der Rat endgültig. Innerhalb des Verfahrens der Zusammenarbeit zwischen Rat und EP wird die Konzertierung nicht angewendet, weil dieses Verfahren anders aufgebaut ist als das allgemeine Rechtsetzungsverfahren und in sich auch andere Vermittlungselemente enthält.

Das 1975 eingerichtete Konzertierungsverfahren weist sowohl eine enge Verbindung zur Beteiligung des EP am Rechtsetzungsverfahren der Gemeinschaft als auch zu den Haushaltsbefugnissen des Parlaments auf, zwischen denen ein Mißverhältnis besteht. Denn noch immer fallen innerhalb der EG Rechtsetzungsbefugnis und Haushaltsrechte auseinander und folgen unterschiedlichen verfahrensmäßigen Ausgestaltungen.

Neben der allgemeinen Rechtsetzung und neben dem Verfahren der Zusammenarbeit für Beschlüsse zum → Binnenmarkt regelt der EWG-Vertrag noch besondere Verfahren der Rechtsetzung. Außer der Aufstellung des Haushaltsplans handelt es sich dabei im wesentlichen um den Abschluß internationaler Abkommen der EG (Art. 113 u. 114; Art. 228, 237 u. 238 EWGV), um den Beschluß über die Direktwahl des EP (Art. 138 Abs. 3), um die Finanzvorschriften über die Eigeneinnahmen der EG (Art. 201) und um das Verfahren der Vertragsänderung (Art. 236). Besondere Rechtsakte sind auch die Geschäftsordnungen der EG-Organe, die von ihnen kraft ihres Selbstorganisationsrechts erlassen werden. Die Beschlüsse der → Europäischen Politischen Zusammenarbeit sind keine Rechtsetzung, sondern haben politische Bindungskraft.

Reformen

Bei den Reformüberlegungen der EG hat das Entscheidungsverfahren stets im Zentrum gestanden. Einerseits ist es zu schwerfällig, zum anderen wird der zu geringe Einfluß des EP auf die EG-Gesetzgebung und damit die unzureichende Legitimität der Rechtsakte des Rates beanstandet. Das durch die EEA von 1986 geschaffene "Verfahren der Zusammenarbeit" hat zwar für einen begrenzten Bereich (Beschlüsse zum Binnenmarkt) eine stärkere Beteiligung des EP ermöglicht, das demokratische Defizit, das in der absoluten Letztentscheidung des Rates liegt, indessen nicht beseitigen können. Die meisten → Reformberichte der EG stellen deshalb die Parlamentarisierung und Demokratisierung der Rechtsetzung der Gemeinschaft in den Vordergrund.

Nach dem Zwischenschritt der EEA (1986) befaßt sich seit Dezember 1990 eine Regierungskonferenz mit dem Ausbau der EG zur Politischen Union. Entsprechend den Beschlüssen des Europäischen Rates vom 25./26. Juni 1990 in Dublin gehören zu den dringendsten Problemen auch die Verbesserung des Entscheidungsverfahrens und die Stärkung seiner demokratischen Legitimität und Kontrolle. Diese Ziele lassen sich nur erreichen, indem das Europäische Parlament in vollem Umfang zum Mitgesetzgeber der Union gemacht wird.

Thomas Läufer

Entwicklungspolitik

Vertragsgrundlage: Art. 131–136 EWGV (Assoziierung der überseeischen Länder und Hoheitsgebiete), Art. 238 EWGV (Lomé-Verträge), Art. 113 EWGV (Handelspolitik), Art. 43 EWGV (Nahrungsmittelhilfe) sowie verschiedene Beschlüsse des Rates nach Art. 235 EWGV (Finanzhilfe, Nahrungsmittel- und Katastrophenhilfe, Koordinierung der nationalen Entwicklungspolitiken).
Instrumente: Unterscheidung in regionale (Assoziierungsverträge mit Staatengruppen sowie Handels- und Kooperationsverträge) und weltweite Instrumente (Allgemeines Präferenzsystem, Finanzhilfe, Nahrungsmittel- und Katastrophenhilfe, Koordinierung und Harmonisierung der nationalen Entwicklungspolitiken).
Haushalt: Die entwicklungspolitischen Ausgaben der EG beliefen sich 1990 auf 1,664 Mrd. ECU, dies entspricht etwa 3,6% des EG-Haushaltes. Dazu kommen weiterhin etwa 2 Mrd. ECU pro Jahr für die Lomé-Zusammenarbeit, die über die national finanzierten Europäischen Entwicklungsfonds abgewickelt werden.
Literatur: Carol Cosgrove/Joseph Jamar (Hrsg.): The European Community's Development Policy: The Strategies Ahead, Brügge 1986; Otto Schmuck: Vermittler zwischen Nord und Süd – Das Europäische Parlament und die Entwicklungspolitik, Bonn 1988; Commission of the EC (Hrsg.): The Courier, Brüssel (seit 1975 fortl.).

Die Entwicklungspolitik gehört nicht zu den vorrangigen Vertragszielen der Gemeinschaft. Doch machten 1956/57 die damaligen Kolonialländer unter den Gründungsstaaten – vor allem Frankreich, aber auch Belgien, Italien und die Niederlande – die Einbeziehung ihrer damaligen abhängigen Gebiete in die neu zu gründende Europäische Wirtschaftsgemeinschaft zu einer Vorbedingung für ihre Mitgliedschaft. Diesem Anliegen tragen Art. 131 bis 136 EWGV Rechnung; sie begründen ein Tätigwerden der Gemeinschaft hinsichtlich der "Assoziierung der überseeischen Länder und Hoheitsgebiete", womit die Kolonien der Gründungsstaaten der EWG gemeint waren (→ Assoziierungspolitik). Aus dieser einseitigen Entwicklungsassoziation der EWG mit verschiedenen Kolonien ihrer Mitgliedstaaten entwickelte sich – nach der Unabhängigkeit der meisten früheren Kolonien Anfang der 60er Jahre – eine gleichberechtigte Zusammenarbeit der Gemeinschaft mit heute 69 Staaten der Dritten Welt im Rahmen der Jaunde-, seit 1975 der Lomé-Verträge.

Obwohl die EG bis zu Beginn der 90er Jahre nicht über eigene entwicklungspolitische Kompetenzen verfügt, entfaltet sie vielfältige Aktivitäten auf dem Gebiet der Nord-Süd-Zusammenarbeit: Primär aus agrarpolitischen Gründen beteiligt sie sich seit 1969 an internationalen Nahrungsmittelübereinkünften: seit 1971 räumt sie Entwicklungsländern im Rahmen ihres Allgemeinen Präferenzsystems einseitige Handelsvorteile ein. Auf der Grundlage verschiedener Ratsbeschlüsse nach Art. 235 EWGV (allgemeine Handlungsermächtigung zur Verwirklichung der Vertragsziele) leistet die EG zudem seit Mitte der 70er Jahre Finanzhilfe sowie Katastrophenhilfe. Dabei arbeitet sie z.T. sehr intensiv mit den (privaten) internationalen Hilfsorganisationen (non-governmental organizations) zusammen.

Die vielfältigen von der Kommission durchgeführten entwicklungspolitischen Aktivitäten stützen sich zum Teil auf EG-Zuständigkeiten, vor allem im Handelsbereich und in der Agrarpolitik, zum Teil aber auch auf nationale Kompetenzen. Im Rahmen der im Dezember 1990 begonnenen Regierungskonferenz zur Reform der Gemeinschaft wird auch darüber nachgedacht, der EG weiterreichende entwicklungspolitische Zuständigkeiten zu geben.

Seit der Unterzeichnung des EWG-Vertrages 1957 wurden die Zielvorstellungen der EG-Entwicklungspolitik mehrfach neu festgelegt: In der Anlaufphase (1958–1972) stand die Assoziierung der allmählich unabhängig werdenden Kolonien Frankreichs, Belgiens, Italiens und der Niederlande vorwiegend in (West-)Afrika einseitig im Vordergrund. Diese Assoziierung sah zum einen den freien Handel zwischen den beteiligten Staaten vor. Daneben sollten zum anderen Entwicklungsvorhaben durch den hierzu eingerichteten und auch bei den nachfolgenden Abkommen immer wieder neu aufgefüllten Europäischen Entwicklungsfonds (EEF) finanziert werden. Der EEF wird von der EG-Kommission verwaltet und dient der Finanzierung von entwicklungspolitischen Vorhaben in den begünstigten Staaten. Eine Neuorientierung der EG-Entwicklungspolitik erfolgte mit dem EG-Beitritt Großbritanniens 1973. Dieser führte zu einer Öffnung der zunächst auf Westafrika beschränkten Assoziierungspolitik auch für Staaten aus Ostafrika sowie aus der Karibik und dem Pazifik (sog. "AKP-Gruppe") und er hatte die Konzeption neuer weltweiter Entwicklungsinstrumente zur Folge.

Ziele und Instrumente

Eine weitere Neuorientierung der EG-Entwicklungspolitik erfolgte zu Beginn der 80er Jahre. Dabei wurden die Zielvorstellungen auf Drängen des 1979 erstmals direktgewählten → Europäischen Parlaments von der

→ Kommission im "Pisani-Memorandum" vom Oktober 1982 neu festgelegt und seither mehrfach überarbeitet. Demnach stehen neben übergreifenden Erwägungen – vor allem der weltweiten Friedenssicherung – sechs konkrete Ziele im Vordergrund: Unterstützung der Eigenanstrengungen der Entwicklungsländer; Förderung der Ernährungsautonomie mit Vorrang der ländlichen Entwicklung; Entwicklung der menschlichen Ressourcen und Berücksichtigung der kulturellen Dimension; Entwicklung autonomer Kapazitäten in der wissenschaftlichen und angewandten Forschung; systematische Nutzung aller vorhandenen natürlichen Ressourcen; Wiederherstellung und Erhaltung des ökologischen Gleichgewichts. Diese Prioritätensetzung hat seither auch zunehmend Eingang in die Praxis der Mittelvergabe gefunden.

Die Instrumente der EG-Entwicklungspolitik umfassen Handels-, Assoziierungs- und Kooperationsabkommen mit ausgewählten Staatengruppen und Einzelstaaten (→ Assoziierungspolitik) sowie eine Vielzahl von weltweit ausgerichteten Entwicklungsinstrumenten. Das bedeutsamste Abkommen ist der im Dezember 1989 unterzeichnete vierte Lomé-Vertrag mit inzwischen 69 "AKP-Staaten" in Afrika, in der Karibik und im Pazifik. Verträge von unterschiedlicher Reichweite existieren u.a. seit 1976 mit den Maghreb- und Maschrik-Staaten im nördlichen Afrika, seit Mai 1980 mit den ASEAN-Staaten, mit dem Andenpakt (1983 unterzeichnet/seit 1987 in Kraft) sowie mit den mittelamerikanischen Staaten (seit 1985). Zu den weltweit ausgerichteten Instrumenten gehören das Allgemeine Präferenz-System, daß den begünstigten Staaten einen erleichterten Zugang zum EG-Markt gewährt, die Nahrungsmittelhilfe, die Katastrophenhilfe und die Finanzhilfe für Asien und Lateinamerika.

Lomé-Verträge

Kernstück der EG-Entwicklungspolitik ist die Lomé-Zusammenarbeit. Der erste Lomé-Vertrag wurde 1975 von damals 9 EG- und 46 AKP-Staaten geschlossen. Vorläufer war das Jaunde-Abkommen. Im Dezember 1989 unterzeichneten die Vertreter von inzwischen 12 europäischen Staaten und von 68 Entwicklungsländern den vierten Vertrag (Namibia folgte 1990). Lomé IV hat eine Laufzeit von zehn Jahren (März 1990 bis Februar 2000), wobei jedoch nach fünf Jahren erneut über die Finanzhilfe verhandelt werden soll. Materiell wurde im handelspolitischen Kapitel der zollfreie Zugang von 99% aller AKP-Produkte auf den EG-Markt vereinbart. Sensible Produkte, die der EG-Agrarmarktordnung unterliegen, sind jedoch vom freien Zugang zum EG-Markt nach wie vor weitgehend ausgeschlossen. Umgekehrt dürfen AKP-Staaten Zölle auf EG-Importe erheben, die jedoch nicht diskriminierend gegenüber anderen Industriestaaten sein dürfen.

Eines der bedeutsamsten Instrumente der EG-AKP-Abkommen ist das im Rahmen der Lomé-Zusammenarbeit entwickelte System zur Stabilisierung der Exporterlöse (Stabex). Dieses wird inzwischen weltweit als ein in seiner Reichweite zwar begrenztes, in der Praxis jedoch bewährtes Modell eingestuft. Das Stabex-System gilt für mehr als 40 agrarische Rohstoffe und garantiert bei einem Rückgang der Verkaufserlöse – im Rahmen von festgelegten Höchstsätzen und bei Vorliegen entsprechender Voraussetzungen – eine Kompensation aus Brüsseler Kassen. Verringert sich der Ausfuhrerlös durch ein Absinken der Rohstoffpreise oder durch einen Rückgang der Produktion im Vergleich zu den vier vorausgegangenen Jahren, so gleicht die EG den Verlust aus dem hierzu eingerichteten "Stabex-Fonds" aus. Da der Anteil der landwirtschaftlichen Produkte an den Gesamtexporten bei den meisten Entwicklungsländern sehr hoch ist, bedeutet eine Stabilisierung der Erlöse in diesem Bereich ein deutlich höheres Maß an Sicherheit bei den zu erwartenden Einkommen. Allerdings ist darauf hinzuweisen, daß in mehreren Anwendungsjahren die vereinbarten Mittel wegen des rapiden Absinkens der Rohstoffpreise in den 80er Jahren zur Finanzierung aller berechtigten Anträge nicht ausreichten. Seit 1987 steht ein vergleichbares System auch für die ärmsten Staaten Asiens und in Lateinamerika zur Verfügung.

Weitere Kapitel des vierten Lomé-Abkommens befassen sich mit der Verschuldungsfrage, dem Umweltschutz sowie mit den Menschenrechten (→ Menschenrechtspolitik). Die Finanzmittel wurden für den Zeitraum von 1990 bis 1995 im Vergleich zu Lomé III von 17,5 Mrd. auf 24,6 Mrd. DM aufgestockt. Das entspricht bei einer Gesamtbevölkerung aller AKP-Staaten von über 400 Millionen Einwohnern einem Betrag von etwa 12 DM pro Kopf und Jahr.

Die Resultate der drei bisherigen Abkommen sind keineswegs zufriedenstellend: Der AKP-Anteil am EG-Handel ist seit Jahren rückläufig. Hatte er vor 1975 noch mehr als 7% betragen, so beläuft er sich zu Beginn der 90er Jahre nur noch auf vier bis fünf Prozentpunkte. Die Ernährungslage, vor allem in einer Reihe von afrikanischen Ländern südlich der Sahara, ist nach wie vor besorgniserregend. Die AKP-Staaten sind in erster Linie Rohstoffproduzenten, und die Preise für die von ihnen gelieferten Produkte tendieren seit Jahren nach unten. Dies ist auch eine der wesentlichen Ursachen dafür, daß die Verschuldung nahezu aller AKP-Staaten während der Laufzeit der drei bisherigen Lomé-Abkommen erheblich zugenommen hat. Dennoch sind die AKP-Staaten – auch mangels einer realistischen Alternative – an einer Fortführung der Lomé-Zusammenarbeit weiterhin sehr interessiert.

Der Nord-Süd-Dialog

Eine besondere Rolle spielt die EG auch im Nord-Süd-Dialog. Dieser globale Lösungsversuch war nach ergebnislosen Verhandlungen um eine "Neue Wirtschaftsordnung" Mitte der 70er Jahre ins Stocken geraten. Bei den gegenwärtigen Nord-Süd-Beratungen im Rahmen der Vereinten Nationen und des GATT (Internationales Zoll- und Handelsabkommen) stehen die Verschuldungsprobleme vieler Entwicklungsländer, die besondere Situation Afrikas südlich der Sahara und die Weiterentwicklung des Welthandelssystems, vor allem bei der Liberalisierung bei Agrarprodukten und Dienstleistungen im Vordergrund. Besonders engagiert ist die EG dabei wegen ihrer Zuständigkeit für Zoll- und Handelsfragen in der "Uruguay-Runde" des GATT. Sie ist dabei jedoch kaum bereit, den Forderungen der Entwicklungsländer nach einer weitgehenden Öffnung des EG-Marktes für deren Agrarprodukte zu entsprechen. Auch hinsichtlich der Verschuldungsfrage trägt die EG kaum zur Lösung der Probleme bei, da sie sich für diese Frage als nicht zuständig erklärt hat.

Bilanz

Das spezifische entwicklungspolitische Profil der EG ist zu Beginn der 90er Jahre durch die folgenden Merkmale gekennzeichnet: Zum einen unterstützt die Gemeinschaft als länderübergreifender Zusammenschluß bevorzugt Vorhaben zur regionalen Integration, z. B. grenzüberschreitende Infrastrukturprojekte. Zum anderen fördert sie seit Anfang der 80er Jahre vorrangig Vorhaben im ländlichen Raum, die dem Ziel der Selbstversorgung mit Lebensmitteln dienen.

Besondere Bedeutung kommt in der praktischen Ausgestaltung der EG-Entwicklungspolitik nach wie vor den regional begrenzten Assoziierungsverträgen zu, von denen das Lomé-Abkommen – neben den Mittelmeer-Abkommen – das bedeutsamste ist. Diese Verträge sind durch völkerrechtliche Verbindlichkeit auf der Grundlage einer formalen Gleichberechtigung der Beteiligten, einem institutionellen Rahmen sowie vergleichsweise langen Laufzeiten und einer Vielfalt von Entwicklungsinstrumenten gekennzeichnet. Seit Mitte der 70er Jahre hat sich jedoch daneben eine zunehmend bedeutsamer werdende weltweite Dimension der EG-Entwicklungspolitik mit einer Vielzahl von Instrumenten herausgebildet. Besonderes politisches Interesse gilt dabei der Zusammenarbeit mit Mittelamerika und den Staaten der Golf-Region. Die EG engagiert sich auch in den weltweiten Nord-Süd-Verhandlungen im Rahmen der Vereinten Nationen und im GATT.

Im Rahmen einer Bilanz der EG-Entwicklungspolitik ist auch auf die vorhandenen Zielkonflikte zur Agrar- und → Handelspolitik der Gemeinschaft hinzuweisen. Kritik wegen der negativen Auswirkungen der EG-Agrarpolitik für die Dritte Welt wurden z.B. in den GATT-Verhandlungen im Rahmen der Uruguay-Runde immer wieder vorgetragen. Zu Beginn der 90er Jahre sieht sich die EG überdies mit der Befürchtung der Entwicklungsländer konfrontiert, sie könne sich im Zusammenhang mit der für Ende 1992 angestrebten Vollendung des → Binnenmarktes zu einer "Festung Europa" entwickeln. Derartige Vorwürfe wurden von den Vertretern der EG regelmäßig zurückgewiesen.

Gegenwärtig läßt sich noch nicht absehen, ob der Gemeinschaft in Zukunft in der Nord-Süd-Zusammenarbeit eine größere Bedeutung zukommen wird. Im Rahmen der im Dezember 1990 begonnenen Regierungskonferenz zur Reform der EG-Verträge wird jedoch u.a. auch darüber beraten, ihr umfassende Zuständigkeiten in der Entwicklungspolitik zuzuerkennen. Dies war bereits im Tindemans-Bericht vom Dezember 1975 und im Vertragsentwurf des Europäischen Parlaments zur Gründung der → Europäischen Union vom Februar 1984 gefordert worden (→ Reformberichte).

Otto Schmuck

Erweiterung

Literatur: Beate Kohler: EG-Erweiterung, in: Wichard Woyke (Hrsg.): Pipers Wörterbuch zur Politik, Band 3: Europäische Gemeinschaft, München und Zürich 1984, S. 35–42; Eberhard Grabitz: Kommentar zum EWG-Vertrag, München 1987; Helen Wallace (Hrsg.): The Wider Western Europe: Reshaping the EC-EFTA relationship, London 1991.

Bei jeder Debatte zur europäischen Integration wurde und wird die Frage nach der geeigneten Größe und damit dem Charakter der Europäischen Gemeinschaft gestellt. Die Anzahl der Mitgliedstaaten und die geographische Ausrichtung der EG gelten als ein zentrales Gestaltungsproblem europäischer Einigungspolitik.

In den Vorstellungen der Widerstandsbewegungen während des Zweiten Weltkriegs umfaßte das zu einigende Europa alle demokratischen europäischen Staaten. Aus dem Kalten Krieg ergab sich eine erste Einschränkung. Die Einigungsbemühungen wurden auf die westeuropäischen Staaten begrenzt, die sich insbesondere in der OEEC (Organization for European Economic Cooperation) – als Vorläufer der → OECD – und im → Europarat formierten. Jedoch trat auch bei den westeuropäischen Staaten Ende der 40er Jahre eine Spaltung zwischen denjenigen Staaten zutage, die die Zusammenarbeit auf eine weitgehend unverbindliche zwischenstaatliche Institution stützen wollten, so insbesondere Großbritannien und die skandinavischen Staaten, und anderen, so insbesondere Frankreich, Italien, die Beneluxstaaten sowie die entstehende Bundesrepublik Deutschland, die eine weitergehende Vertiefung ihrer Beziehungen anstrebten. Sie waren bereit, gemeinsamen Institutionen begrenzte, aber wirksame Rechte zu geben. Mit der Gründung der → Europäischen Gemeinschaft für Kohle und Stahl (EGKS) wurde 1951 ein Kerneuropa gebildet, das sich entgegen den Erwartungen der zurückhaltenden Staaten als der dynamische Motor weiterer Integrationen erwies. Je erfolgreicher diese Europäische Gemeinschaft wurde, insbesondere nach der Gründung der Europäischen Wirtschaftsgemeinschaft 1957, um so stärker wurden andere Staaten mit der Frage konfrontiert, ob und unter welchen Bedingungen sie dieser Gemeinschaft beitreten wollten. Für die Mitglieder der EG und die EG-Organe andererseits stellt sich regelmäßig die Frage, ob sie eher einer Vertiefung, d.h. einem institutionellen Ausbau, oder einer Erweiterung um weitere westeuropäische Staaten den Vorrang geben sollen. Allgemein akzeptierte Grundlage für die Gemeinschaft war jedoch in allen Integrationsfällen, daß beitretende Staaten den von der Gemeinschaft bereits verabschiedeten und auch rechtlich verbindlich geregelten Besitzstand voll zu übernehmen hatten. Zu verhandeln waren jeweils nur die Übergangsfristen für die Übernahme dieses "acquis communautaire". Daraus ergibt sich mit jedem internen Ausbau der Gemeinschaft eine höhere Beitrittsschwelle.

Von Sechs zu Zwölf

Bisher hat sich die EG in drei Beitrittsrunden von sechs auf zwölf Mitgliedstaaten erweitert. Mit der Norderweiterung 1973 traten das Vereinigte Königreich, Dänemark und Irland der Europäischen Gemeinschaft bei. Norwegen, das bereits den Beitrittsvertrag unterschrieben hatte, mußte sich nach einem negativ verlaufenen Referendum aus dem Kreis der Mitglieder wieder zurückziehen. Dieser Erweiterung war eine heftige Debatte vorausgegangen, bei der sich in den 60er Jahren der damalige französische Staatspräsident De Gaulle mehrfach ultimativ gegen einen Beitritt Großbritanniens und damit verknüpft der anderen drei Staaten aussprach, da er eine Verwässerung der Gemeinschaft insbesondere durch einen stärker atlantisch orientierten Partner befürchtete. Mit der Den Haager Gipfelkonferenz der sechs Staats- und Regierungschefs von 1969, in der sowohl die Erweiterung als auch Schritte zur Vertiefung der EG beschlossen wurden, konnte nach dem Rücktritt De Gaulles eine grundsätzliche Übereinstimmung zum Beitritt Großbritanniens erfolgen.

Die zweite Erweiterung, diesmal nach Süden, begann 1981 mit der Aufnahme Griechenlands in die Gemeinschaft. Dieser Beitritt wurde – wie auch der Spaniens und Portugals 1986 – als eine wesentlich politische Hilfestellung Westeuropas zugunsten der jungen Demokratien in diesen Ländern verstanden. Auch dieser zweistufigen Süderweiterung waren intensive Diskussionen vorangegangen, in denen insbesondere die relative wirtschaftliche Unterentwicklung dieser Staaten im Vergleich zum Durchschnitt der bestehenden Gemeinschaft erörtert wurde. Die Erweiterung von Zehn zu Zwölf erfolgte eng verknüpft mit wesentlichen Beschlüssen zur Vertiefung der EG, wie sie insbesondere in die → Einheitliche Europäische Akte (EEA; 1986) Eingang gefunden haben.

Rechtsgrundlage, Prinzipien und Verfahren

Präambel und Art. 237 EWGV kennzeichnen die EG als ein offenes System: Sie steht jedem europäischen Staat offen, der bereit ist, die Vertragsziele mitzutragen und den bisherigen gemeinschaftlichen Besitzstand, falls erforderlich, durch zeitlich befristete Übergangsregelungen, zu übernehmen. Wenngleich nicht ausdrücklich in den Bestimmungen der EG-Verträge verankert, muß es sich dabei um einen nach westlichem Verständnis demokratisch verfaßten Staat handeln, dessen Staatsgebiet zumindest zu einem Teil in Europa liegt. Der → Europäische Rat hat insbesondere in seiner Erklärung zur Demokratie vom 8. April 1978 ebenso wie das → Europäische Parlament in verschiedenen Entschließungen das Bestehen dieser Voraussetzungen bekräftigt. Eine andere vertraglich ebenfalls nicht festgeschriebene Beitrittsvoraussetzung wirtschaftlicher Natur ist das Vorhandensein einer an marktwirtschaftlichen Kriterien ausgerichteten Wirtschaftsordnung und eine im Vergleich zu den Altmitgliedern der EG nicht zu geringe Wirtschaftskraft. Im übrigen verfügen die Mitgliedstaaten über Art. 236 EWGV über eine ihnen uneingeschränkt zustehende Befugnis zur Vertragsänderung, die sich auch auf die Beitrittsvoraussetzungen erstrecken könnte.

Das Aufnahmeverfahren für neue Mitglieder ist in der EG-Praxis weitaus vielschichtiger als in Art. 237 angedeutet. Man kann eine Einleitungs-, Verhandlungs- und Abschlußphase unterscheiden. Der erste Abschnitt beginnt mit einer Antragstellung des beitrittswilligen Staates an den Rat (→ Ministerrat). Die → Kommission verfaßt daraufhin eine vorläufige Stellungnahme für den Rat, in der sie Möglichkeiten und Probleme des beantragten Beitritts erörtert. Der Rat beschließt daraufhin mit einfacher Mehrheit über die Aufnahme von Beitrittsverhandlungen.

In der zweiten, d.h. in der Verhandlungsphase tritt der Rat erneut als Entscheidungsinstanz auf. Er legt, unterstützt durch Vorschläge der Kommission, die gemeinsame Haltung der EG zu allen Fragen des Beitritts fest und tritt durch die Ratspräsidentschaft als Verhandlungspartner mit dem Beitrittskandidaten in Verbindung. Auf Ermächtigung des Rates kann die Kommission auch als Verhandlungsführerin der EG auftreten.

In der dritten, also in der Abschlußphase findet das in Art. 237 bezeichnete Verfahren Anwendung. Wenngleich der Rat verpflichtet ist, die endgültige Stellungnahme der Kommission einzuholen, so bindet das Ergebnis dieser Anhörung seine Entscheidung nicht. Eine echte Mitentscheidungsbefugnis hat demgegenüber seit der EEA von 1986 das Europäische Parlament. Es wird bereits während der Verhandlungsphase über den Gang der Gespräche informiert und muß mit der absoluten Mehrheit seiner Mitglieder der Neuaufnahme von Staaten zustimmen. Der Rat entscheidet danach einstimmig über den Beitrittsantrag. Aufnahmebedingungen und Anpassungen der bestehenden Verträge werden in einem Abkommen zwischen den EG-Mitgliedstaaten und dem Beitrittskandidaten geregelt. Dieses bedarf der Ratifizierung durch die nationalen Parlamente der gegenwärtig 12 Mitgliedstaaten.

Erweiterung und Vertiefung in den 90er Jahren

Die Bilanz der bisherigen Erweiterungsrunden ist nicht eindeutig. Viele Integrationsanhänger argumentieren weiterhin, daß Großbritannien immer noch nicht zu einem echten Gemeinschaftsgefühl gefunden habe. Sie können dazu auf viele Schwierigkeiten, insbesondere in der ersten Hälfte der 80er Jahre, verweisen. Die südeuropäischen Staaten, vielleicht mit Ausnahme von Spanien, werden als wirtschaftliche Schwachpunkte empfunden, die – so zumindest im Falle von Griechenland – nicht selten auch zu lästigen Nein-Sagern bei zentralen EG-Entwicklungen wurden. Andererseits haben diese Erweiterungen sowohl zu einer Ausdehnung des Gemeinsamen Marktes als auch Verstärkung der außenpolitischen Rolle der EG geführt. Die Beteiligung von Großbritannien und Spanien in den → Außenbeziehungen der Gemeinschaft und in der → Europäischen Politischen Zusammenarbeit haben die internationale Position Westeuropas wesentlich gefestigt. Auch in bezug auf andere Aspekte des EG-Geschehens verhalten sich einige dieser Staaten gemeinschaftskonform. Dänemark und Großbritannien verstoßen seit Jahren durchgängig am wenigsten gegen die Gemeinschaftsregeln, während das als besonders proeuropäisch eingestufte Land Italien auf der Sünderkartei weit oben steht.

Die durch die Einheitliche Europäische Akte und das Binnenmarktvorhaben geförderte weitere Vertiefung der Gemeinschaft haben in einer wachsenden Zahl von Nicht-EG-Ländern ein gesteigertes Interesse ausgelöst, an dieser zunehmend auch politisch bedeutsamen Gemeinschaft mitzuwirken. Der Beitrittsantrag der Türkei von 1987 wurde 1989/90 von Kommission und Ministerrat vorläufig negativ beschieden. Eindeutig und umgehend wies man demgegenüber den Beitrittswunsch Marokkos vom Juli 1987 unter Hinweis auf die mangelnde Zugehörigkeit zu Europa zurück. Der Aufnahmeantrag Österreichs vom Juli 1989 wird noch von der EG-Kommission vorläufig geprüft. Zypern und Malta haben 1990 ebenfalls einen Antrag gestellt, Schweden folgte am 1. Juli 1991. Je nach Entwicklung der Verhandlungen zwischen der EG und der → EFTA sind aus deren Reihen weitere Beitrittsanträge zu erwarten, so insbesondere von Norwegen, möglicherweise sogar von Finnland und der Schweiz. Deutliche Absichtserklärungen für die EG-Mitgliedschaft haben ferner bereits einige der zentraleuropäischen Staaten, so insbesondere Ungarn, abgegeben.

Schematisiert man die daraus folgenden möglichen Erweiterungen, so kann man zunächst vier Gruppen und einen besonderen Fall unterscheiden: die Mittelmeeranrainer, zu denen die Türkei, Zypern und Malta zählen würden, die EFTA-Staaten, zu denen Island, Norwegen, Schweden, Finnland, Österreich und die Schweiz zählen, die osteuropäischen Staaten, zu denen Ungarn, Polen und die ČSFR gehören, sowie eine Balkangruppe, in die bisher Jugoslawien und – in der Beitrittsfrage weniger eindeutig – Bulgarien und Rumänien fallen würden. Spekulativ ist die Beitrittsfrage bei einigen europäischen Teilen der heutigen Sowjetunion, so etwa den baltischen Republiken oder sogar Rußland.

Bezüglich dieser neuen – die Gemeinschaft vor große Herausforderungen stellenden – Beitrittswünsche gibt es seit der EEA einen eindeutigen Konsens der EG-Organe, zunächst die Vertiefung der Gemeinschaft durch die Vollendung des → Binnenmarktes, die Schaffung einer → Wirtschafts- und Währungsunion und einer Politischen Union (→ Europäische Union) weitgehend abzuschließen. Erst mit Erreichen einer starken Gemeinschaft besteht nach diesem Verständnis die Möglichkeit, weitere Beitritte angemessen verkraften zu können. Ein Blick auf einige institutionelle Konsequenzen verdeutlicht die Probleme weiterer EG-Erweiterungen. Alle Organe der Gemeinschaft wären erheblich davon betroffen, mehr noch: Das wirtschaftliche Gefälle und auch die politischen Unterschiede in einer größeren Gemeinschaft bedürften erheblich stärkerer Organe als dies in einer Zwölfergemeinschaft notwendig erscheint.

Wenn die Gemeinschaft die Entscheidung einer möglichen Erweiterung auch bis 1993 zurückstuft, so wird sie doch zunehmend mit dieser Frage konfrontiert. Insbesondere wenn sich die demokratische und wirtschaftliche Entwicklung in den osteuropäischen Staaten krisenhaft zuspitzt, könnte der Ruf nach Aufnahme dieser Staaten in die Gemeinschaft als Beitrag zu deren Stabilisierung zunehmend lauter werden. Erweiterung und Vertiefung und ihre Wechselbeziehungen werden so weiterhin wesentlicher Bestandteil des europäischen Integrationsprozesses bleiben.

Elfriede Regelsberger/Wolfgang Wessels

Europa der Bürger

Vertragsgrundlagen: Keine eigene vertragliche Grundlage, da Sammelbegriff für Maßnahmen in verschiedenen Politiken mit unmittelbarer Wirkung auf den einzelnen Bürger.
Ziele: Abbau negativer Wirkungen, Aufbau eines positiven Images, Identifikation mit der Gemeinschaft.
Instrumente: Inhaltlich die Instrumente der jeweiligen Politikbereiche, aktionsbezogene Öffentlichkeitsarbeit.
Haushalt: Kein eigener Haushalt.
Literatur: Kommission der Europäischen Gemeinschaften, Generaldirektion Information, Kommunikation, Kultur: Europa der Bürger. Basisinformation, Brüssel 1987; Siegfried Magiera (Hrsg.): Das Europa der Bürger in einer Gemeinschaft ohne Binnengrenzen, Baden-Baden 1990.

Das Europa der Bürger ist zunächst einmal ein Schlagwort, dann ein Konzept, das bezogen auf die Europäische Gemeinschaft in erster Linie ein bestimmtes Europabild in die Öffentlichkeit transportieren und damit auch als Entscheidungsmaßstab für Europapolitiker dienen soll. Es steht im Gegensatz zum Bild eines Europas der Krämer, der Bürokraten, der Technokraten, der Kapitalisten, der Multis.

Zum ersten Mal wurde der Begriff in die europapolitische Diskussion der EG-Gremien 1975 durch den Bericht von Leo Tindemans an den Europäischen Rat eingebracht: "Die Öffentlichkeit in unseren Ländern wünscht kein technokratisches Europa. Die Europäische Union muß im täglichen Leben fühlbar werden und bürgernah sein. Die Notwendigkeit, die Vorteile und die schrittweise Verwirklichung eines solchen Vorhabens (des Aufbaus Europas) müssen von allen erkannt und empfunden werden, damit die Anstrengungen und die notwendigen Opfer auf freiwilliger Basis erfolgen. Europa muß bürgernah sein" (Tindemans-Bericht).

Kapitel IV des Tindemans-Berichtes ist dem "Europa der Bürger" gewidmet. Es fordert den verstärkten Schutz der Rechte der Europäer und die Konkretisierung der europäischen Solidarität durch äußere Symbole, die Verflechtung der Bildungssysteme und eine verstärkte Zusammenarbeit im Kulturbereich (→ Kulturpolitik). Hinzu kommt der Vorschlag, eine Europäische Stiftung zu errichten, der vor allem die Aufgabe der europäischen (politischen Bewußtseins-) Bildung zugedacht war.

Erst 1984 wurde dieses Konzept durch den → Europäischen Rat von Fontainebleau wieder aufgegriffen, der einen ad-hoc-Ausschuß "Das Europa der Bürger" unter dem Vorsitz des Italieners Adonnino einsetzte. In den "Schlußfolgerungen des Vorsitzes des Europäischen Rates" von Fontainebleau erhält die Arbeit des Adonnino-Ausschusses die Zielsetzung: "Der Europäische Rat hält es für unerläßlich, daß die Gemeinschaft die Erwartungen der Völker Europas erfüllt, indem sie Maßnahmen trifft, durch die ihre Identität gegenüber den europäischen Bürgern und der Welt gestärkt und gefördert wird, und durch die sie an Prestige gewinnt." Die Berichte dieses Ausschusses bildeten dann 1985 die Grundlage für die Konkretisierung des Konzeptes vom Europa der Bürger.

Im ersten Ausschußbericht ist als Ziel ausgewiesen, Maßnahmen von unmittelbarer Bedeutung und mit greifbaren Vorteilen für den Bürger der Gemeinschaft im Alltagsleben vorzuschlagen und auf eine Erleichterung der Regeln und Verfahren, die den Gemeinschaftsbürger stören, hinzuwirken.

Der Adonnino-Ausschuß faßte Aktionsfelder zusammen, die der Europäische Rat 1985 annahm und der → Kommission sowie den nationalen Regierungen zur Ausführung empfahl. Dazu gehören im Bericht I:

- Freizügigkeit für die Bürger der Gemeinschaft mit der Vereinfachung der Personenkontrollen z.B. durch das "Grüne E" im Auto, durch Zusammenlegung der Kontrollstellen, durch die Einrichtung besonderer Kontrollzonen für Gemeinschaftsbürger in See- und Lufthäfen und durch einen einheitlichen europäischen Paß, dazu auf längere Sicht bis 1992 die Schaffung eines "Europa ohne Grenzen" mit der Lösung der Probleme bei der Verbrechensbekämpfung, dem Ausländerrecht etc.
- Freier Warenverkehr einschließlich der Beförderungsdienste mit der Erhöhung der persönlichen Freigrenzen beim Grenzübergang wie bei Postsendungen, mit der Vereinfachung der Besteuerung bei Busreisen und von Treibstoff in Bussen und Lkw, mit der Vermeidung von Doppelbesteuerungen von Gütern und mit der Vereinfachung von Devisenkontrollen.
- Abbau der Verwaltungsformalitäten für den Verkehr in Grenzgebieten mit Vermehrung der Grenzübergänge, Verlängerung der Öffnungszeiten und Regelungen für Nothilfe.
- Ausweitung der Arbeits- und Aufenthaltsmöglichkeiten mit der Freizügigkeit im Arbeitsleben durch die Verbesserung der steuerlichen Behandlung von Grenzgängern, mit dem Niederlassungsrecht durch Verbesserung der Anerkennung von Diplomen und Nachweisen der Berufsbefähigung und mit dem Aufenthaltsrecht durch die Ausweitung des

Niederlassungsrechts auf alle Personen auch über die Berufstätigen hinaus.

Im Bericht II werden die besonderen Bürgerrechte zusammengefaßt: Die Beteiligung des Bürgers an der Willensbildung in der Gemeinschaft durch ein einheitliches Wahlsystem für das → Europäische Parlament ohne geographische Einschränkungen und durch größere Transparenz der Verwaltung innerhalb der Gemeinschaft; die Beteiligung des Bürgers an der Willensbildung in den Mitgliedstaaten durch das aktive und passive Wahl- sowie ein Anhörungsrecht für alle Gemeinschaftsbürger; ein Anhörungsrecht über die Grenzen hinweg; die bessere Verständlichkeit und die Vereinfachung von Rechtsakten; der einheitliche Führerschein und schließlich die konsularische Hilfe durch jede der Vertretungen eines Mitgliedstaates.

Auf dem Gebiet der Kultur und Kommunikation umfaßt der Bericht geförderte Fernsehkoproduktionen, den Zugang zu möglichst vielen Programmen, einen europäischen Kanal und mehrsprachige Sendungen (→ Medienpolitik); eine Akademie der Wissenschaften, der Technologie und der Künste; ein "Eurolotto" zur Finanzierung kultureller Aktivitäten und die Einräumung von Jugendermäßigungen bei kulturellen Veranstaltungen für Jugendliche aus allen Gemeinschaftsländern.

Vorgeschlagen wird außerdem die Verbesserung des Fremdsprachenunterrichts und des Schüleraustausches; die Einrichtung von freiwilligen Jugend-"Work Camps" für soziale und kulturelle Dienste; die Verbesserung des Bildes Europas im Unterricht, die Zusammenarbeit zwischen Universitäten und der Berufsausbildung sowie die Unterstützung des Austausches von Jugendlichen und Berufstätigen und die Einrichtung eines "Europäischen Austauschwerkes" mit europäischer Thematik; außerdem die Einrichtung von EG-Sportwettkämpfen, von Sportaustausch sowie Initiativen gegen Gewalt in den Stadien.

Ein weiteres Thema des Berichts ist der freiwillige Entwicklungsdienst in der dritten Welt. Auf dem Gebiet der Gesundheit, sozialen Sicherheit und Drogen sieht der zweite Bericht vor: die gemeinsame Forschung vor allem über Krebs; einen einheitlichen Notfall-Gesundheitspaß; den vereinfachten Zugang zur medizinischen Versorgung innerhalb der Gemeinschaft und die Forschung, Behandlung und Vorbeugung der Drogensucht einschließlich der Zusammenarbeit der entsprechenden Polizei- und Justizbehörden.

Ein weiteres Gebiet ist die Verstärkung und Förderung von Städtepartnerschaften. Daneben soll eine Stärkung des Bildes und der Identität der Gemeinschaft mit Flagge, Emblem und Hymne, mit gemeinsamen Briefmarkenmotiven und Standardporto, mit einheitlichen Europaschildern an den Binnen- und Außengrenzen der Gemeinschaft erreicht werden.

Bilanz

Die Bewertung eines solchen Katalogs von Einzelpunkten, die eigentlich nur gemeinsam haben, daß sie die Bürger unmittelbar betreffen, erfordert eine sorgfältige Auflistung dessen, was in den verschiedensten Politikbereichen der EG getan und unterlassen wird. Eine eigene Task Force "Europa der Bürger" in der Generaldirektion "Information, Kommunikation und Kultur" der EG-Kommission ist für diese Aufgabe eingesetzt worden. Ihre Arbeit fand weder bei den Europapolitikern noch in der Öffentlichkeit jemals besondere Aufmerksamkeit. Diese wurde noch geringer, als die "großen" Konzepte der Vollendung des Binnenmarktes bis 1992 und die Regierungskonferenzen zu → Wirtschafts- und Währungsunion sowie zur Politischen Union und vor allem die Entwicklungen im gemeinsamen europäischen Haus von Ost-, Mittel- und Westeuropa und in der Weltpolitik alle Blicke auf sich zogen. Zieht man eine Bilanz des Europas der Bürger nach fünf Jahren, kann man feststellen, daß einiges in Vergessenheit geraten ist, weil es einfach nicht paßte – wie die EG-Sportwettkämpfe und -mannschaften – oder von der Entwicklung überholt wurde. Anderes, vor allem bei Jugend, Bildung (→ Bildungs- und Jugendpolitik) und vielem von dem, was unmittelbar mit der Vollendung des → Binnenmarktes 1992 zu tun hat, ist weit fortgeschritten und wird weiter fortschreiten. Hierzu gehören besonders mit der Freizügigkeit verbundene Regelungen bis hin zu vorbereitender Kooperation im Bereich innnerer Sicherheit und Verbrechensbekämpfung. Die Vertragsrevisionen werden weitere Fortschritte bringen. Ob "der Bürger" dies aber als sein Europa begreifen wird und die im Konzept vom "Europa der Bürger" angestrebte Identifikation mit der Gemeinschaft vollzieht, hängt nicht so sehr von der Qualität der Text, sondern von der Qualität der Praxis ab.

Bernd Janssen

Europäische Atomgemeinschaft

Gründungsdatum und Sitz: 1.1.1958, Brüssel/Luxemburg/Straßburg.
Mitglieder: Alle Mitgliedstaaten der Europäischen Gemeinschaften.
Vertragsgrundlage: EAG-Vertrag vom 25.3.1957.
Ziele: Entwicklung und Erforschung der Kernenergie; Schaffung eines Gemeinsamen Marktes für Kernbrennstoffe; Kontrolle der Kernindustrie zwecks Mißbrauchsverhütung und Gesundheitsschutz.
Organe: Kommission, Ministerrat, Europäisches Parlament, Gerichtshof (gemeinsam mit der Europäischen Wirtschaftsgemeinschaft und der Europäischen Gemeinschaft für Kohle und Stahl); Wirtschafts- und Sozialausschuß (gemeinsam mit EWG); Ausschuß für Wissenschaft und Technik.
Literatur: Peter Weilemann: Die Anfänge der Europäischen Atomgemeinschaft, Baden-Baden 1983.

Die Europäische Atomgemeinschaft (auch EAG oder Euratom) ist eine der drei Europäischen Gemeinschaften. Sie ist ein Instrument zur Kontrolle und Koordinierung im Bereich der zivilen Nuklearwirtschaft. Euratom wurde zusammen mit der EWG 1957 gegründet – ebenso wie die Internationale Atomenergie-Organisation (IAEO). Beide Organisationen fördern die Kernforschung und -technik. Mit der Fusion der Europäischen Gemeinschaften am 1. Juli 1967 sind die Euratom-Organe in denen der Gemeinschaft aufgegangen.

Ziel der EAG ist, "durch die Schaffung der für die schnelle Bildung und Entwicklung von Kernindustrien erforderlichen Voraussetzungen zur Hebung der Lebenshaltung in den Mitgliedstaaten und zur Entwicklung der Beziehungen mit anderen Ländern beizutragen" (Art. 1 EAGV). Daraus ergibt sich die Aufgabe, Forschung und Ausbreitung technischer Kenntnisse und Investitionen zu fördern, für den Gesundheitsschutz zu sorgen, die Versorgung mit Erzen und Kernbrennstoffen sicherzustellen und einen gemeinsamen Markt für die auf dem Kerngebiet verwendeten Stoffe und Ausrüstungen sowie für Investitionen und Fachkräfte zu errichten. Der Euratom-Vertrag sieht ein regionales Rechtssystem für den Umgang mit Spaltstoffen sowie eine Sicherheits- und Kontrollinstitution vor, um die internationale Versorgung der Mitgliedstaaten mit Spaltstoffen und Atomtechnik zu regeln. Euratom kontrolliert die Benutzer von Kernbrennstoffen direkt. Durch ihre Zustimmungspflicht beim Handel zivil genutzter Spaltstoffe kontrolliert die EAG die umlaufenden Nuklearmaterialien und deren Handelskonditionen. Mit den größten Uran- und Anreicherungslieferanten hat sie Generalverträge geschlossen, in denen sie sich gegenüber den Lieferländern zur Einhaltung von Mißbrauchsverhütungsgarantien und anderer Bedingungen verpflichtet und durch die sie außerdem für sämtliche Atomkunden der Gemeinschaft gleiche Kauf- und Verwendungsbedingungen gewährleistet. Obwohl der Euratom-Vertrag die militärische Anwendung nicht ausdrücklich ausschließt, beschränkt sich die EAG auf die friedliche Nutzung der Kernenergie. Ein wesentlicher Schwerpunkt ist die Forschung: Euratom betreibt zur Koordinierung von Forschungsanstrengungen die Gemeinsame Forschungsstelle für Kernforschung (GFS). Sie arbeitet in vier Forschungszentren in Ispra (Italien), Geel (Belgien), Petten (Holland) und Karlsruhe. Mehrere Forschungsprogramme beschäftigen sich u. a. mit Kernenergie, Strahlenschutz und Reaktorsicherheit. Das finanziell aufwendigste gemeinsame Unternehmen ist das Forschungs- und Ausbildungsprogramm auf dem Gebiet der kontrollierten Kernfusion, dem in seiner dritten Phase 735 Mio. ECU (1988–1992) zur Verfügung stehen. Seit 1983 wird die Großversuchsanlage für thermonukleare Fusion, JET (Joint European Torus), in Culham (England) betrieben. Im Rahmen der Euratom laufen die Vorarbeiten für die Forschung und technologische Entwicklung des sogenannten "Next Step" der Kernfusion: Dieser betrifft die Vorbereitung der Versuchsanlage NET (Next European Torus) und die Beteiligung an der Planung eines internationalen thermonuklearen Versuchsreaktors (ITER), gemeinsam mit Japan, den USA und der Sowjetunion.

Bilanz

Der EAG gelang es nicht, den Gemeinsamen Markt für Atomindustrie zu etablieren: Atomkraftwerke und Zubehör werden in den EG-Staaten soweit wie möglich unter Ausschaltung des Wettbewerbs von nationalen Herstellern – vertragswidrig – bezogen. Eine europäische Atomindustrie, in der industrielle Interessen aller EAG-Mitgliedstaaten ausgedrückt werden, konnte ebenfalls nicht geschaffen werden. Erfolgreicher ist die Bilanz im Bereich der gemeinsamen Forschung: Die Anfänge europäischer → Forschungs- und Technologiepolitik gehen im wesentlichen auf den Euratom-Vertrag zurück. Im Bereich der Sicherung der Gesundheit erließ die EAG Grundnormen zum Strahlenschutz, deren Einhaltung die → Kommission kontrolliert.

Olaf Hillenbrand

Europäische Bewegung

Gründungsdatum: 7.–10.5.1948 auf dem Europa-Kongreß in Den Haag.
Mitglieder: 1. Nationale Räte (nationale Sektionen) in 15 europäischen Ländern; 2. Internationale Organisationen (14); 3. Nationalkomitees (assoziierte Mitglieder); 4. Assoziierte internationale Organisationen.
Rechtliche Grundlage: Satzung der Europäischen Bewegung vom März 1990.
Organe: Bundesrat (Conseil Fédéral), Exekutivkomitee (Comité Exécutif), Präsident, Generalsekretär, Schatzmeister, Generalversammlung (Conférence Générale).
Literatur: Horst Brauner/Johannes H.C. Molenaar: Die Europäische Bewegung, in: Werner Weidenfeld/Wolfgang Wessels (Hrsg.): Jahrbuch der Europäischen Integration 1988/89, Bonn 1989. Karl-Heinz Koppe: Das grüne E setzt sich durch, Köln 1967.

Die Europäische Bewegung ist ein privater und überparteilicher Zusammenschluß von Organisationen, die sich für die Einigung Europas einsetzen. Sie ist eine nichtgouvernementale internationale Organisation belgischen Rechts und versteht sich als "europäisches Gewissen" der Verantwortlichen und als Lobby für die europäische Einigungspolitik.

Der Europa-Kongreß, der vom 7. bis 10. Mai 1948 auf Initiative von Duncan Sandys und unter Vorsitz des Briten Winston Churchill in Den Haag tagte, gilt als die Geburtsstunde der Europäischen Bewegung als übernationalem Verband. Zu den ersten Erfolgen der Europäischen Bewegung zählen die Gründung des → Europarates sowie die damit verbundene Schaffung der Europäischen Konvention zum Schutz der Menschenrechte und Grundfreiheiten (→ Menschenrechtspolitik), des Europäischen Kulturzentrums in Genf und des Europa-Kollegs in Brügge (→ Bildungs- und Jugendpolitik), das in mittlerweile vier Jahrzehnten etwa 3.000 Hochschulabsolventen durchlaufen haben.

Die mittel- und langfristigen Ziele der Europäischen Bewegung lassen sich folgendermaßen skizzieren: Schaffung einer mit den erforderlichen Kompetenzen ausgestatteten → Europäischen Union, die über eine vom → Europäischen Parlament kontrollierte Regierung verfügt; Weiterentwicklung der europäischen politischen "Infrastruktur" durch verstärkte trans- und supranationale Kooperation und Integration von politischen Parteien, Verbänden und anderen nicht-staatlichen Zusammenschlüssen;

Förderung des europäischen Bewußtseins als Grundlage des weiteren europäischen Integrationsprozesses.

Zur Verwirklichung dieser Ziele hat sich die Europäische Bewegung ein umfangreiches Instrumentarium geschaffen, das in der Bundesrepublik Deutschland am vielfältigsten ist: So sind im Deutschen Rat (deutsche Sektion) der Europäischen Bewegung nicht nur eine besonders große Zahl von Mitgliedsorganisationen und -einrichtungen (130) vertreten, sondern er verfügt auch über besonders spezialisierte Instrumente zur Durchsetzung seiner Ziele. Zu nennen sind das Institut für Europäische Politik, das wissenschaftliche Grundlagen erarbeitet und Lösungen für politische Probleme erforscht; das Zentrum für Europäische Bildung, es vermittelt u. a. die europäische Dimension im Schulunterricht; der Europa Union Verlag, der die Erkenntnisse publizistisch umsetzt; die Europa-Union Deutschland, ein überparteilicher Interessenverband für die Vereinigten Staaten von Europa, und die Gesellschaft für übernationale Zusammenarbeit (Europäische Akademien und Europa-Häuser, Europa und Jugend e.V.).

Die Europäische Bewegung hat im Verlauf ihrer Geschichte immer wieder Anstöße zur Weiterentwicklung und Beschleunigung des europäischen Einigungsprozesses gegeben und ihren Beitrag dazu geleistet, die öffentliche Meinung für die Einigung Europas zu gewinnen. In den 60er und 70er Jahren jedoch erlebte sie eine Krise, die erst mit der Durchsetzung der ersten Direktwahl zum Europäischen Parlament überwunden werden konnte. Seit Mitte der 80er Jahre befindet sich die Europäische Bewegung wieder im Aufschwung. Ursache hierfür ist, daß es der Europäischen Bewegung gelang, von der durch die Verabschiedung der → Einheitlichen Europäischen Akte ausgelösten neuen Dynamik des europäischen Einigungsprozesses zu profitieren. Seitdem richtet sich das Hauptaugenmerk der Europäischen Bewegung auf die Vollendung des → Binnenmarktes 1992 und auf den erfolgreichen Abschluß der beiden Regierungskonferenzen zur → Wirtschafts- und Währungsunion sowie zur Politischen Union. Ihr Ziel bleibt jedoch die Schaffung einer Europäischen Union.

Horst Brauner

Europäische Gemeinschaft für Kohle und Stahl

Gründungsdatum und Sitz: 18.4.1951; Brüssel/Luxemburg/Straßburg.
Mitglieder: Alle Mitgliedstaaten der Europäischen Gemeinschaften.
Vertragsgrundlagen: EGKS-Vertrag v. 18.4.1951.
Ziele: U.a. Schaffung eines gemeinsamen Marktes für Kohle, Stahl, Eisenerz und Schrott, Ausweitung der Wirtschaft, Steigerung der Beschäftigung, rationelle Erzeugung und Verteilung.
Organe: Hohe Behörde (ab 1967 Kommission der EG), Besonderer Ministerrat (ab 1967 Ministerrat der EG), Europäisches Parlament, Gerichtshof, Beratender Ausschuß.
Literatur: Klaus Schwabe (Hrsg.): Die Anfänge des Schuman-Plans, Baden-Baden u.a. 1988.

Die Europäische Gemeinschaft für Kohle und Stahl (EGKS), auch Montanunion genannt, ist in der Geschichte der europäischen Integration die erste "supranationale" Organisation. Am 23. Juli 1952 trat der Vertrag zur Gründung der EGKS, nach seinem Schöpfer Schuman-Plan benannt, in Kraft. Vorgesehen war die Schaffung eines Gemeinsamen Marktes für Kohle und Stahl zwischen der Bundesrepublik Deutschland und Frankreich, dem sich vier weitere westeuropäische Staaten anschlossen. Großbritannien, die skandinavischen und die neutralen Staaten traten wegen des angestrebten Souveränitätsverzichts nicht bei. Durch die enge Verflechtung in zunächst einem zentralen Bereich nationaler Kompetenzen sollte die europäische Integration gefördert und der kurze Zeit vorher gewonnene Frieden in Europa gesichert werden. Die Zusammenführung der Kohle- und Stahlsektoren sollte Kriege ausschließen, die junge Bundesrepublik zu einem gleichberechtigten Partner im Westen machen, zum Wirtschaftsaufbau und Wohlstand sowie zur politischen Einigung Europas beitragen.

Die EGKS hat folgende Aufgaben: die Förderung des wirtschaftlichen Wohlergehens im "Einklang mit der Gesamtwirtschaft der Mitgliedstaaten und auf der Grundlage eines gemeinsamen Marktes", die die Hebung des Lebensstandards und die effektive Produktion und Verteilung ermöglichen soll (Art. 2). Zu den Aufgaben der Organe der EGKS zählen die Sicherstellung einer geordneten Versorgung, die Eröffnung von gleichen Zugangschancen zum gemeinsamen Markt, die Kontrolle der Preisgestaltung, die Schaffung von Rahmenbedingungen, die den Produktionsausbau unter Vermeidung von Raubbau fördern, die Verbesserung der Lebens- und

Arbeitsbedingungen der Arbeiter, die Entwicklung des zwischenstaatlichen Austausches und die Steigerung der Produktion unter Ausschluß von Schutzmaßnahmen gegen Konkurrenzindustrien (Art. 3). Dabei gilt das sogenannte Diskriminierungsverbot (Art. 4): Damit werden Zölle, Abgaben und mengenmäßige Beschränkungen im Warenverkehr und die Diskriminierung von Erzeugern, Käufern und Verbrauchern untersagt. Weiterhin werden wettbewerbsverzerrende Praktiken abgelehnt (→ Industriepolitik, → Wettbewerbspolitik). Zur Finanzierung der EGKS-Tätigkeit kann die Hohe Behörde Umlagen auf die in der Gemeinschaft erfaßten Erzeugnisse erheben (Art. 49).

Der EGKSV, auch Pariser Vertrag genannt, legt die einzelnen Organe der EGKS fest (Art. 7). Mit der am 1. Juli 1967 in Kraft getretenen Fusion der Organe von EGKS, Europäischer Wirtschaftsgemeinschaft und → Europäischer Atomgemeinschaft (→ Europäische Gemeinschaft) wurden ein gemeinsamer → Ministerrat und eine gemeinsame → Kommission aller drei Gemeinschaften etabliert. Bereits nach dem Inkrafttreten des EWGV 1958 wurden die Parlamentarische Versammlung (→ Europäisches Parlament) und der → Gerichtshof als gemeinsame Organe aller drei Gemeinschaften eingerichtet. Die Verträge von EGKS, EWG und EAG werden weiterhin getrennt angewandt.

Mit der Montanunion wurde eine erfolgreiche Teilintegration vollzogen, die unter Souveränitätsverzicht ihrer Mitglieder auf den Gebieten Kohle und Stahl zunächst Zölle und mengenmäßige Beschränkungen für Kohle, Stahl, Eisenerz und Schrott beseitigte sowie den Wettbewerb im gemeinsamen Markt sicherte.

Die Bedeutung der EGKS relativierte sich mit der Zeit, denn die ursprünglich wirtschaftlich wichtigen Montangüter verloren durch die Einführung anderer Energieträger an Bedeutung und die Stahlkrise der 70er und 80er Jahre verkomplizierte die Rolle der Montanunion. Die Veränderungen in der Energieträgerstruktur und das Krisenmanagement im Stahlbereich beschäftigten zunächst die Hohe Behörde der EGKS und seit den 70er Jahren die Kommission der EG.

Der nach Art. 97 auf 50 Jahre abgeschlossene EGKSV endet am 23. Juli 2002. Er ist damit der einzige befristete Vertrag im Rahmen der europäischen Integration. In der Kommission werden Überlegungen angestellt, den Vertrag danach in geänderter Form in den Rahmen des EWGV einzufügen.

Martin Schultz

Europäische Gemeinschaften

Gründungsdatum: Europäische Gemeinschaft für Kohle und Stahl 18.4.1951 (Paris), in Kraft getreten 23.7.1952; Europäische Wirtschaftsgemeinschaft und Europäische Atomgemeinschaft 25.3.1957 (Rom), in Kraft getreten 1.1.1958.
Mitglieder: Belgien, Dänemark, Deutschland, Frankreich, Griechenland, Großbritannien, Irland, Italien, Luxemburg, Niederlande, Portugal, Spanien.
Vertragsgrundlagen: EGKS-Vertrag; EWG-Vertrag; Euratom-Vertrag; Änderung aller drei Verträge 1986 durch die Einheitliche Europäische Akte, in Kraft getreten 1.7.1987.
Ziele und Organe: Siehe die Beiträge zur EGKS, Euratom und EWG.
Literatur: Bengt Beutler u.a.: Die Europäische Gemeinschaft. Rechtsordnung und Politik, 3. Auflage, Baden-Baden 1987.

Der heute geläufige Begriff "Europäische Gemeinschaft" ist ein Sammelbegriff für die drei Gemeinschaften: → Europäische Wirtschaftsgemeinschaft (EWG), → Europäische Gemeinschaft für Kohle und Stahl (EGKS), → Europäische Atomgemeinschaft (EAG/Euratom). Gründungsmitglieder aller drei Gemeinschaften sind Belgien, die Bundesrepublik Deutschland, Frankreich, Italien, Luxemburg und die Niederlande. 1973 traten Großbritannien, Irland und Dänemark bei, 1981 Griechenland, 1986 Spanien und Portugal (→ Erweiterung). 1990 wurde durch die deutsche Einigung das Gebiet der ehemaligen DDR in die Europäischen Gemeinschaften integriert (→ Deutsche Einigung und europäische Integration). In den meisten europäischen Ländern, die noch nicht EG-Mitglied sind, wird heute der Beitritt erwogen. Bei Gründung der EWG und der Euratom wurden das → Europäische Parlament und der → Gerichtshof mit den entsprechenden, bereits bestehenden EGKS-Organen vereinigt. Der Fusionsvertrag vom 8. April 1965 verfügte mit Wirkung vom 1. Juli 1967 die Zusammenlegung auch der Ministerräte der drei Gemeinschaften und der Kommissionen von EWG und Euratom sowie der Hohen Behörde der EGKS (→ Ministerrat, → Kommission). Mit der Perspektive des → Binnenmarktes, weiteren Schritten zur → Wirtschafts- und Währungsunion sowie zur Politischen Union (→ Europäische Union) steht die Europäische Gemeinschaft in den 90er Jahren vor einem qualitativen Integrationssprung.

Anita Wolf

Europäische Interessenverbände

Gründungsdatum: Die ersten Verbände sind bei Arbeitsbeginn der EG, insbesondere der EWG (1958) gegründet worden.
Mitglieder: Die Mitgliedschaft besteht jeweils aus nationalen Verbänden der EG-Länder, häufig auch der EFTA-Staaten.
Organe: Die typische Struktur eines europäischen Verbandes setzt sich zusammen aus einem kleinen, in Brüssel angesiedelten Sekretariat sowie aus Arbeitsgruppen und Lenkungsgremien, in denen führende Vertreter der nationalen Mitglieder zusammenwirken.
Literatur: Emil J. Kirchner: Die europäischen Interessenverbände, in: Werner Weidenfeld/Wolfgang Wessels, (Hrsg.): Jahrbuch der Europäischen Integration, Bonn 1981 ff.; Kommission der EG: Verzeichnis der europäischen Verbände in der EG, Brüssel 1990.

Vergleichbar den auf nationaler Ebene tätigen Verbänden, haben die europäischen Zusammenschlüsse eine doppelte Zielsetzung:
- Vertretung der Mitgliederinteressen gegenüber den EG-Institutionen, über die Erarbeitung gemeinsamer Positionen;
- Gewährleistung des Informationsflusses zwischen den EG-Institutionen und den Mitgliedern, d.h. Information der Mitglieder über Vorhaben der EG sowie Unterrichtung der EG über Anliegen der Mitglieder.

Je nach der Leistungsfähigkeit des Verbandes, der Integrierbarkeit der Positionen seiner Mitglieder, sowie entsprechend den aktuellen Themen auf der Tagesordnung der EG kann die eine oder die andere Aufgabenstellung in den Vordergrund rücken.

Geschichte

Gleich zu Beginn der Tätigkeit der EG sind erste wichtige Verbände auf europäischer Ebene gebildet worden, vornehmlich in verschiedenen Sektoren der Wirtschaft. Hierzu zählen UNICE (Union der Industrie- und Arbeitgeberverbände Europas) und COPA (Ausschuß der Berufsständigen Landwirtschaftlichen Organisationen der EWG). Erst später zogen die Gewerkschaften nach, insbesondere mit der Gründung des Europäischen Gewerkschaftsbundes (EGB) im Jahre 1973. Die Zahl der europäischen Verbände hat sich seit Gründung der EWG stark erhöht. Diese Entwicklung reflektiert vor allem die gewachsene Aktivität der EG auf einer steigenden Zahl von Politikfeldern, so daß entsprechend immer mehr sozio-ökonomische Gruppen von ihr berührt werden. Zuletzt hat das

Programm zur Vollendung des → Binnenmarktes die Attraktivität der EG für die unterschiedlichsten Interessengruppen weiter erhöht.

Typologie

Das aktuelle Verzeichnis der Kommission führt über 500 Interessenverbände aus einer Vielzahl von Sektoren auf, darunter
- Industrie;
- Handwerk;
- Klein- und Mittelbetriebe;
- Handel;
- Verkehr;
- Freie Berufe und Dienstleistungen (z.B. Banken);
- Gewerkschaften;
- Verbraucherorganisationen.

In der Öffentlichkeit sind nur einige wenige bekannt, darunter UNICE und COPA. Die Zahl der sehr aktiven und handlungsfähigen Verbände geht jedoch über den kleinen Zirkel der bekannten und in Veröffentlichungen behandelten Gruppierungen hinaus.

Bei der Vermehrung der europäischen Verbände sind unterschiedliche Organisationsformen entstanden. Das klassische Muster – ein europäischer Verband nationaler Verbände – wurde durch andere Strukturen ergänzt, etwa durch Verbände mit unmittelbarer Mitgliedschaft von Unternehmen, die selbst meist in mehreren europäischen Ländern verankert sind. Hinzu treten im Bereich der Wirtschaft eigene Vertretungen von nationalen Spitzen- und Branchenverbänden und von einzelnen Unternehmen. Insgesamt ist damit ein organisatorisches Geflecht entstanden, das den handelnden Akteuren häufig mehrere Alternativen für die Kommunikation mit EG-Institutionen zur Verfügung stellt.

Interessenverbände im EG-Gefüge

Die Beziehung europäischer Verbände zur EG ist durch ein Netz von formellen und informellen Kanälen bestimmt. Formell sind Verbände in einer Reihe von (meist beratenden) Ausschüssen bei der EG-Kommission vertreten (z.B. Ausschuß für Kfz-Emissionen). Zudem veranstaltet die → Kommission in jüngerer Zeit vermehrt Anhörungen zu bestimmten Themen, zu denen betroffene Verbände eingeladen werden. Auch das → Europäische Parlament bedient sich gelegentlich dieses Instrumentes. Im übrigen besteht in Gestalt des → Wirtschafts- und Sozialausschusses eine institutionalisierte Interessenvertretung, die sich auf eine vertragliche

Rechtsgrundlage stützt (Art. 193 EWG), dessen Mitglieder allerdings auf der Ebene der Mitgliedstaaten ernannt werden.

Informelle Kontakte zu EG-Institutionen werden von Verbänden häufig als noch wichtiger angesehen. Entsprechend der Zielsetzung der Verbände, möglichst frühzeitig über Vorhaben der EG Informationen zu erhalten, um gegebenenfalls eine Position dazu zu entwickeln, richtet sich ihr Hauptaugenmerk auf die EG-Kommission. Diese ist im Regelfall auf allen Ebenen, von den Abteilungen bis zu den Kommissaren, den Kontaktwünschen der Verbände gegenüber aufgeschlossen. Umgekehrt wendet sich die Kommission an europäische Verbände, um detaillierte Auskünfte über spezifische Sachfragen oder Positionen zu erhalten.

Bilanz

Die Vielfalt der europäischen Verbände belegt, daß nahezu alle sozioökonomischen Gruppen Interesse an einer Präsenz im Umfeld der EG haben. Die geringe personelle und finanzielle Kapazität der weitaus meisten dieser Verbände beschränkt sie derzeit aber noch auf die Funktion einer "Antenne" bei der EG mit nur begrenzten Möglichkeiten zur eigenen Initiative. Ausnahmen von dieser Regel sind vor allem UNICE und einige der größeren Industriebranchen, wie die Chemie- und die Automobilindustrie. Im Gesamturteil liegt das Schwergewicht in der Initiativ- und Handlungsfähigkeit bislang weiterhin bei den nationalen Mitgliedern. Die Perspektiven des Binnenmarktes, der Wirtschafts- und Währungsunion und der engeren Assoziierung des übrigen Europas an die EG zeichnen aber deutlich vor, daß mittelfristig eine Verschiebung zugunsten der europäischen Verbandsebene erfolgen wird.

Christian Siebert

Der Artikel gibt die persönliche Ansicht des Verfassers wider.

Europäische Investitionsbank

Gründungsdatum und Sitz: 1.1.1958; Luxemburg.
Mitglieder: Die Mitgliedstaaten der EG.
Vertragsgrundlagen: Art. 129, 130 EWGV.
Organe: Gouverneursrat der zwölf Finanzminister (erläßt allgemeine Richtlinien der Kreditpolitik), Verwaltungsrat (gewährleistet Einhaltung der Grundsätze des Vertrags von Rom, entscheidet über die Vergabe von Darlehen und Bürgschaften), Direktorium (führt die laufenden Geschäfte).
Literatur: Europäische Investitionsbank (Hrsg.): Jahresbericht 1990, Luxemburg 1991; Pierre Languetin/François Rumpf: La Banque Européenne d'Investissement – l'ECU – Une Banque Centrale Européenne, Lausanne 1988.

Die Europäische Investitionsbank (EIB) ist Bank und eigenständige Institution der Gemeinschaft zugleich. Sie gewährt Darlehen und Bürgschaften für die Finanzierung von Investitionsvorhaben, die zu einer ausgewogenen Entwicklung der Gemeinschaft beitragen. Als Bank beachtet sie die banküblichen wirtschaftlichen Grundsätze der Kreditvergabe und arbeitet eng mit anderen Finanzinstitutionen zusammen. Dabei verfolgt sie keinen Erwerbszweck. Als Gemeinschaftsinstitution regelt Art. 130 EWGV die von der EIB verfolgten Ziele. Sie hat die Aufgabe, durch Darlehen und Bürgschaften Projekte zu finanzieren (i.d.R. bis zu 50% der Projektkosten), die mit den wirtschaftspolitischen Zielen der Gemeinschaft in Einklang stehen. Ihre Projektauswahl betreibt die Bank selektiv mit dem Ziel, daß die finanzierten Investitionen zu einer tragfähigen und dauerhaften Entwicklung beitragen. Darlehen können an öffentliche und private Kreditnehmer für Investitionen in den Bereichen Infrastruktur, Energie, Industrie, Dienstleistungen und Landwirtschaft gewährt werden. Zur Ermöglichung dieser Finanztätigkeiten nimmt die EIB größtenteils Anleihen auf den Kapitalmärkten der Gemeinschaft und auf dem Weltmarkt auf. Das gezeichnete Kapital der EIB wird von den Mitgliedstaaten gestellt. Am 1. Januar 1991 wurde es auf 57,6 Mrd. ECU verdoppelt.

Die EIB ist der international bedeutendste institutionelle Anleihe-Emittent: 1990 hat sie Darlehen von insgesamt 13,4 Mrd. ECU gewährt. Davon gingen 12,7 Mrd. ECU in die Investitionsfinanzierung der Gemeinschaft. Entsprechend der wichtigsten Aufgabe der EIB – der Entwicklung wirtschaftsschwacher Regionen – wurde für diesen Zweck 1990 mit rund 61% der Löwenanteil dieser Summe bereitgestellt.

Neben regionalen Infrastrukturmaßnahmen umfaßt der Finanzierungskatalog der EIB den Ausbau der Verkehrs- und Fernmeldeinfrastruktur, den Schutz der Umwelt und des Lebensrahmens, Strukturverbesserungsmaßnahmen städtischer Gebiete, Verwirklichung der Energie-Versorgungssicherheit der Gemeinschaft sowie die Stärkung der internationalen Wettbewerbsfähigkeit der Industrie und ihrer Integration auf europäischer Ebene, besonders die Förderung von KMU.

Die Aktivitäten der EIB außerhalb der EG hatten 1990 ein Volumen von 713 Mio. ECU und lassen sich in die Kategorien Umweltschutz und Entwicklungshilfe unterteilen. Sie ist ein wichtiges Instrument der europäischen → Entwicklungspolitik. Mit 12 Mittelmeerstaaten wurden bisher Finanzprotokolle abgeschlossen. Mit der Weltbank und anderen Institutionen wurde ein Umweltprogramm für das Mittelmeer ausgearbeitet und unterstützt. 1990 wurde die EIB vom Rat der Gouverneure ermächtigt, in Polen und Ungarn bis zu 1 Mrd. ECU für die Projektfinanzierung in vorrangigen Bereichen der Wirtschaftsentwicklung zu vergeben.

Bilanz

Die Bedeutung der EIB hat kontinuierlich zugenommen. Sie ist ein wichtiges Instrument im Hinblick auf eine konsequente Wirtschaftsentwicklung der EG. Durch ihre Tätigkeit wird das wirtschaftliche Auseinanderdriften der EG-Länder abgemildert. In den letzten Jahren haben sich die Darlehen rasant erhöht. Nach der Wirtschafts- und Währungsunion mit der Bundesrepublik Deutschland am 1. Juli 1990 wurde die Vergabe von Darlehen auf das Gebiet der ehemaligen DDR ausgedehnt. Im Hinblick auf die Entwicklung in Ost- und Mitteleuropa ist eine weitere Ausweitung der Aktivitäten und damit eine Zunahme der Bedeutung der EIB zu erwarten. So hat die → Kommission 1990 vorgeschlagen, weitere Länder Osteuropas in das EIB-Programm einzubeziehen und dafür die Mittel zu erhöhen. Außerdem beteiligt sich die Europäische Investitionsbank mit 3% des gezeichneten Kapitals an der Europäischen Bank für Wiederaufbau und Entwicklung, einem Pendant der EIB für Osteuropa.

Olaf Hillenbrand

Europäische Parteienzusammenschlüsse

Gründungsdatum: Bund der Sozialdemokratischen und Sozialistischen Parteien 1974; Europäische Volkspartei (Christdemokraten) 1976; Europäische Liberale, Demokraten und Reformer 1976.
Ziele: Formulierung gemeinsamer Programme; Durchführung gemeinsamer Wahlkämpfe bei Wahlen zum Europäischen Parlament; Bildung von Fraktionen im Europäischen Parlament.
Entscheidungsstrukturen: Jeweils Generalsekretariat, Präsidium, verschiedene Kommissionen; programmatische Grundsatzbeschlüsse bei Kongressen; Konsultationen der nationalen Parteivorsitzenden.
Literatur: Rudolf Hrbek: Die europäischen Parteienzusammenschlüsse, in: Werner Weidenfeld/Wolfgang Wessels (Hrsg.): Jahrbuch der Europäischen Integration, Bonn 1981 ff.; Oskar Niedermayer: Europäische Parteien? Zur grenzüberschreitenden Interaktion politischer Parteien im Rahmen der Europäischen Gemeinschaft, Frankfurt u. a. 1983.

Im Vorfeld der ersten Direktwahlen zum Europäischen Parlament gründeten sich Mitte der 70er Jahre Zusammenschlüsse der drei europäischen Parteienfamilien der Sozialisten/Sozialdemokraten, der Europäischen Volkspartei/Christdemokraten sowie der Liberalen und Demokraten. Andere Parteien und Gruppierungen, wie die Kommunisten und die Grün/Alternativen verschiedener EG-Staaten, arbeiten zwar ebenfalls zum Teil intensiv im europäischen Rahmen zusammen, doch entwickelten sie keine vergleichbaren dauerhaften Strukturen. Die europäischen Zusammenschlüsse sind in engem Zusammenhang zu sehen mit den entsprechenden Fraktionen im → Europäischen Parlament, mit denen sie intensive Verflechtungen aufweisen. Neben den drei mit den genannten Parteienfamilien korrespondierenden politischen Gruppierungen "Sozialisten/Sozialdemokraten", "EVP/Christdemokraten" und "Liberale, Demokraten und Reformer" sind im dritten Europäischen Parlament noch die folgenden sieben Fraktionen vertreten: Europäische Demokraten (Konservative), Grüne, Vereinigte europäische Linke ("Eurokommunisten"), Sammlungsbewegung der europäischen Demokraten (u. a. franz. Gaullisten), Technische Fraktion der Europäischen Rechten, Koalition der Linken und die Regenbogenfraktion, in der verschiedene regionalistische und ökologische Gruppierungen vertreten sind.

Das wichtigste Ziel der europäischen Parteienzusammenschlüsse besteht in der Formulierung gemeinsamer Programme oder zumindest Wahlplattformen für Europawahlen. Daneben wollen sie für die entsprechenden Fraktionen im Europäischen Parlament eine Funktion als Bindeglied und Ansprechpartner zu den nationalen Parteien wahrnehmen. Schließlich werden sie als ein wesentliches Element bei der Herausbildung einer EG-weiten politischen "Infrastruktur" gesehen, die letztlich der Gemeinschaft zu einer eigenständigen Legitimität verhelfen würde: Die Europäischen Parteienbünde tragen dazu bei, eine öffentliche Diskussion über die Politik der EG in Gang zu bringen und somit die Bürger der EG in die Entscheidungsfindung der Gemeinschaft einzubeziehen.

Strukturen

Die drei Parteienzusammenschlüsse verfügen über ähnliche Strukturen: Ein Vorsitzender oder Präsident steht an der Spitze; er koordiniert die Arbeit nach innen und repräsentiert den Zusammenschluß nach außen. Im Präsidium (oder Büro) sind möglichst alle wichtigen Mitgliedsparteien nach geographischen und politischen Gesichtspunkten vertreten. Das Präsidium sowie verschiedene Kommissionen bereiten die Arbeit vor. Im Abstand von zwei Jahren werden bei Kongressen Grundsatzbeschlüsse gefaßt und Wahlen vorgenommen. Die Treffen dieser Gremien werden von der breiten Öffentlichkeit kaum zur Kenntnis genommen. Dies liegt unter anderem daran, daß die führenden Vertreter der nationalen Mitgliedsparteien bei den Kongressen der Parteienzusammenschlüsse häufig nicht vertreten sind. Als wichtigste politische Gremien haben sich in der Praxis die Treffen der Partei- und Regierungschefs der jeweiligen Parteienfamilie herausgestellt, die sich – vor allem im Vorfeld wichtiger EG-Entscheidungen – um gemeinsame Positionen bemühen.

Sozialdemokraten/Sozialisten

Der Bund der Sozialdemokratischen und Sozialistischen Parteien der EG wurde im April 1974 nach intensiven Vorarbeiten und programmatischen Diskussionen gegründet. Bereits lange zuvor hatten mit der 1948 gegründeten "Sozialistischen Bewegung für die Vereinten Staaten Europas" und dem im Januar 1957 vereinbarten "Verbindungsbüro der sozialistischen/sozialdemokratischen Parteien der Europäischen Gemeinschaft" Vorläufer für den Bund existiert. Gründungsmitglieder des Bundes waren zehn Parteien aus den damals neun Mitgliedstaaten der EG. Erster Vorsitzender wurde Wilhelm Dröscher; nach dessen Tod nahm Robert Pontillon diese Position ein. Seit Februar 1989 ist der Belgier Guy Spitaels Präsident des Bundes; Generalsekretär ist der Deutsche Axel Hanisch. Anfang 1991 gehörten dem Bund 16 Vollmitglieder an. Zuletzt wurde – obwohl die

Mitgliedschaft grundsätzlich nur Parteien aus EG-Staaten offensteht – der Sozialistischen Partei Österreichs im Februar 1990 der Mitgliedstatus eingeräumt. Die Satzung läßt hinsichtlich von Parteien aus Ländern, die einen Beitrittsantrag zur EG gestellt haben, eine Ausnahme zu. Daneben gehören dem Bund fünf Parteien des demokratischen Sozialismus aus den EFTA-Staaten Norwegen, Schweden, Finnland, Island und der Schweiz als assoziierte Mitglieder und weitere vier Parteien aus Israel, Malta, Zypern und der Türkei als Beobachter an.

Die inhaltliche Geschlossenheit des Bundes wies vor allem in den 70er und frühen 80er Jahren Mängel auf. Seit Mitte der 80er Jahre haben sich die europapolitischen Positionen innerhalb des Bundes jedoch wegen der allmählichen Veränderung der britischen und dänischen Haltung gegenüber der EG-Integration insgesamt etwas angenähert. Im Vorfeld der dritten Europawahl einigten sich die Vertreter der Mitgliedsparteien im Februar 1989 in Brüssel auf ein Wahlmanifest mit dem Titel "Für ein geeintes, wirtschaftlich starkes, solidarisches Europa". Darin stehen soziale und umweltpolitische Fragen im Vordergrund. Die Stärkung des Europäischen Parlaments wird ausdrücklich befürwortet. Beim Kongreß des Bundes im Februar 1990 in Berlin wurde auf dieser gefestigten inhaltlichen Grundlage auch eine organisatorische Stärkung des Bundes beschlossen. Dies erschien insofern notwendig, als vom Bund bisher nur wenige programmatische Impulse für die europapolitische Arbeit der Sozialistischen Fraktion des Europäischen Parlaments ausgegangen sind.

Christdemokraten

In der Europäischen Volkspartei (EVP) haben sich die Parteien des christdemokratischen Spektrums in Europa zusammengeschlossen. Die EVP wurde im Juli 1976 in Luxemburg konstituiert. Dabei wurde auf den Vorarbeiten des 1947 in Belgien gegründeten "Nouvelles Equipes Internationales" sowie auf der seit 1959 existierenden "Konferenz der Präsidenten und Generalsekretäre der christlich-demokratischen Parteien der Europäischen Gemeinschaften" aufgebaut. Die Namensgebung signalisiert, daß die EVP auch Kräften offensteht, die das christlich-demokratische Element in ihrer Programmatik nicht in den Vordergrund stellen. Einem 1989 gestellten Antrag der britischen konservativen Abgeordneten zum Beitritt zur EVP-Fraktion im Europäischen Parlament wurde jedoch wegen inhaltlicher Differenzen zur Politik der im November 1990 zurückgetretenen britischen Premierministerin – zumindest vorläufig – eine Absage erteilt.

Erster Präsident der EVP wurde der belgische Premierminister Leo Tindemans. Im Mai 1990 wurde der Belgier Wilfried Martens zum neuen Präsidenten gewählt. Generalsekretär ist der Deutsche Thomas Jansen. Mitglieder in der EVP können ausschließlich Parteien aus den EG-Staaten werden. Den Kontakt zu den Schwesterparteien aus anderen europäischen Ländern sichert die Europäische Union Christlicher Demokraten (EUCD), mit der enge inhaltliche und personelle Verflechtungen zur EVP bestehen.

In den Programmen der EVP zu Europawahlen wird regelmäßig die Unterstützung für den Aufbau einer demokratischen und handlungsfähigen → Europäischen Union unterstrichen, die auch über eine sicherheitspolitische Dimension verfügen müsse. Die Verwirklichung des → Binnenmarktes wird unterstützt, doch müsse sie unter Berücksichtigung von sozialen und ökologischen Anliegen vonstatten gehen. Besonders bedeutsam für die Festlegung der inhaltlichen Positionen sind die Treffen der christlich-demokratischen Partei- und Regierungschefs.

Liberale

Auch die liberalen Kräfte in Westeuropa suchten in der Gründungsphase der EG eine engere Zusammenarbeit: 1952 gründete sich das "Mouvement Libéral pour l'Europe Unie"; eine Stärkung der Strukturen scheiterte in den 60er Jahren zunächst aufgrund der heterogenen ideologisch-politischen Konzeptionen auf europäischer Ebene. Jedoch gelang es den Europäischen Liberalen und Demokraten im März 1976, unter dem Namen "Föderation liberaler und demokratischer Parteien der Europäischen Gemeinschaft" einen Zusammenschluß zu gründen, bei dem das Ziel der weiteren Einigung Europas einen hohen Stellenwert besaß und besitzt. Art. 1 der Satzung nennt als Aufgabe der Föderation, "die liberalen Parteien der Länder der Gemeinschaft zusammenzuführen, die auf der Grundlage der liberalen Ideale zur Schaffung einer Europäischen Union beitragen wollen". Erster Präsident wurde der Luxemburger Gaston Thorn. Mit der 1986 erfolgten Aufnahme der portugiesischen Partido Social-Democrata und der spanischen Partido Reformista Democrático als Vollmitglieder ergänzte die liberale Föderation ihren Namen um die Bezeichnung "reformerisch/reformistisch" (ELDR).

Der Kongreß der ELDR wählte im Dezember 1988 die Luxemburgerin Colette Flesch zur Vorsitzenden; die Deutsche Mechthild von Alemann wurde in ihrem Amt als Generalsekretärin für zwei Jahre bestätigt. Die ELDR, deren Mitglieder in der Regel kleine Parteien sind, haben wegen des vergleichsweise schwachen administrativen Apparates erkennbare Schwierigkeiten, ihre europäische Arbeit effektiv zu gestalten. Um dennoch die Kontinuität der Diskussion und einen ausreichenden Informationsfluß zwischen den Mitgliedern sicherzustellen, wurde 1988 beschlossen, daß sich die Generalsekretäre der Mitgliedsparteien zweimal jährlich treffen sollen. Auch bei der ELDR kommt den unregelmäßigen Zusammenkünften der Parteiführer große Bedeutung zu. In der Programmarbeit setzt die ELDR einen Schwerpunkt bei der Weiterentwicklung der EG zur Europäischen Union, wobei die als notwendig erachteten institutionellen Reformen und die Verwirklichung der → Wirtschafts- und Währungsunion im Vordergrund stehen. Soziale Belange sind ebenfalls vertreten, doch wird ein zu starkes Eingreifen des Staates abgelehnt.

Bilanz

Die Ziele der Europäischen Parteienbünde konnten bis zum Beginn der 90er Jahre nur in Ansätzen erreicht werden: Zwar gelang es ihnen zumeist, bei Europawahlen gemeinsame Programme oder zumindest Wahlplattformen vorzulegen, doch standen vor Ort in der Regel nationale Wahlkampfthemen im Vordergrund. Wegen der geringen politischen Bedeutung der Zusammenschlüsse blieb auch die angestrebte Rolle als Ansprechpartner für die Parlamentsfraktionen des Europäischen Parlaments begrenzt. Trotz vereinzelter Versuche einer Neugestaltung der parteipolitischen Landschaft in der EG (Antrag der britischen Konservativen 1989 auf Mitgliedschaft in der EVP; Überlegungen von Giscard d'Estaing hinsichtlich eines Überwechselns von der ELDR zur EVP) hat sich die Struktur und die politische Ausrichtung der Europäischen Parteienzusammenschlüsse als überraschend stabil erwiesen. Doch sind diese gegenwärtig noch weit davon entfernt, bedeutende Akteure der europäischen Integration zu sein. Anzeichen dafür, daß wirkliche europäische Parteien entstehen könnten, sind kaum zu erkennen.

Otto Schmuck

Europäische Politische Zusammenarbeit

Mitglieder: Alle Mitgliedstaaten der EG.
Vertragsgrundlage: Titel I + III, Art. 30 EEA v. 28.2.1986.
Ziele: Ausarbeitung/Umsetzung einer europäischen Außenpolitik.
Instrumente: Stellungnahmen, gemeinsame Stimmabgabe, Entwürfe bei internationalen Organisationen und Konferenzen, Demarchen, Erkundungsmissionen, Kopplung der diplomatischen EPZ-Instrumente mit EG-Instrumenten.
Literatur: Alfred Pijpers/Elfriede Regelsberger/Wolfgang Wessels (Hrsg.): Die Europäische Politische Zusammenarbeit in den 80er Jahren. Eine gemeinsame Außenpolitik für Westeuropa? Bonn 1989; Die Europäische Politische Zusammenarbeit, in: Werner Weidenfeld/ Wolfgang Wessels (Hrsg.): Jahrbuch der Europäischen Integration, Bonn 1980 ff.

Die Europäische Politische Zusammenarbeit (EPZ) bezeichnet ein weltweit einzigartiges System der Zusammenarbeit der EG-Mitgliedstaaten in Fragen der internationalen Politik. Titel III, Art. 30 EEA enthält in allgemeiner Form Zielvorgabe, Strukturen und Verfahrensgrundsätze dieser besonderen Form der Koordinierung der nationalen Außenpolitiken der EG-Länder. Die EPZ ist neben der EG als zweite Säule des europäischen Einigungsprozesses einzustufen und Wegbereiter einer gemeinsamen Außenpolitik der künftigen → Europäischen Union. Sie gilt gleichzeitig bei den beteiligten Regierungen als zentrales Instrument nationaler Interessenwahrnehmung im Zeitalter globaler wechselseitiger Abhängigkeit. Ziel der EPZ ist die gemeinsame Ausarbeitung und Verwirklichung einer "europäischen Außenpolitik" der Vertragsparteien (Art. 30, 1 EEA), die nur Mitglieder der Europäischen Gemeinschaft sein können, als solche jedoch zu einer Teilnahme an der EPZ verpflichtet sind. Als wichtigste Zielvorgaben sind zu unterscheiden: der praktisch permanente, EPZ-interne Austausch von Informationen und Meinungen über Fragen der internationalen Politik; die Angleichung nationaler Standpunkte einschließlich einer Herausbildung gemeinsamer Grundauffassungen; die Umsetzung gemeinsamer Grundpositionen in (diplomatische) Aktionen.

Zur Geschichte und Entwicklung der EPZ

Die Anfänge der EPZ gehen zurück auf die Gipfelkonferenz der Staats- und Regierungschefs der EG-Länder in Den Haag vom 2. Dezember 1969.

Die damals Sechs versprachen sich von einem abgestimmten außenpolitischen Vorgehen eine zweifache Wirkung:
– EG-intern einen neuen Integrationsschub;
– gegenüber einer nicht notwendigerweise friedlich gesonnenen Außenwelt die Errichtung eines "Schutzschildes", aber auch ein sich allmählich artikulierender Gestaltungswille und ein europäisches Verantwortungsbewußtsein, Beiträge zur Beilegung internationaler Konflikte, zur Sicherung des Weltfriedens und zum Schutz der Menschenrechte zu leisten.

Der Auftakt der EPZ war vor dem Hintergrund früherer Versuche (Europäische Verteidigungsgemeinschaft, Fouchet-Pläne; → Sicherheitspolitik, äußere) bewußt bescheiden gehalten. Er war aber auch wegen seines Gegenstandsbereichs einer allzu präzisen Festlegung oder gar rechtlichen Verbindlichkeit entzogen. Die außenpolitische Zusammenarbeit der damals Sechs bzw. Neun in den Jahren 1969/70 bis 1973/74 basierte lediglich auf politischen Absichtserklärungen der beteiligten Regierungen, die in Form von Berichten der Außenminister formuliert wurden. Fundament der EPZ in dieser ersten Phase bildete der Luxemburger Bericht vom 27. Oktober 1970, der mit dem Kopenhagener Bericht vom 23. Juli 1973 fortgeschrieben und entsprechend den EPZ-Erfahrungen der ersten Jahre präzisiert wurde. Was die Substanz der Konsultation anbelangte, so war ohne weitere Präzisierung von "allen wichtigen Fragen der Außenpolitik" die Rede.

In der EPZ-Praxis bildeten sich zwei Themenschwerpunkte heraus: die Ost-West-Beziehungen im Zeichen des beginnenden Entspannungsprozesses der beiden Supermächte und dabei insbesondere die Ingangsetzung der → KSZE; der arabisch-israelische Konflikt, der durch den Einsatz der Ölwaffe ab 1973 größte Betroffenheit bei den Europäern erzeugte. Während die EPZ im Rahmen der KSZE als Erfolgsgeschichte einzuordnen ist, bedurfte es erheblicher und nicht immer erfolgreicher Anstrengungen, zu den verschiedenen Facetten des Nahost-Konflikts ein europäisches Profil zu entwickeln. Das erwachende und von französischer Seite bewußt als Abgrenzung von den Vereinigten Staaten verstandene Selbstbewußtsein der Europäer hatte notwendigerweise Folgen für die transatlantische Partnerschaft. Um Streitpunkte im europäisch-amerikanischen Verhältnis jener Zeit nicht weiter ausufern zu lassen, erklärten sich die Europäer unter deutscher Vorreiterrolle bereit, Washington zumindest frühzeitig über ihre außenpolitischen Aktivitäten zu informieren.

Die zweite Entwicklungsstufe der EPZ in der zweiten Hälfte der 70er Jahre war dadurch gekennzeichnet, daß der Bestand an gemeinsamen Auffassungen und Aktionen in Teilbereichen weiter reifte, allmählich jedoch ein "Plateau" erreichte, dessen Entwicklungspotential begrenzt erschien. Die aktiv gestaltende Rolle der Neun im KSZE-Prozeß kam insbesondere in der Unterzeichnung der KSZE-Schlußakte von 1975 durch den italienischen Ratspräsidenten zum Ausdruck. Sie artikulierte sich auch im Rahmen der Vereinten Nationen. In gut 60% der Abstimmungen in der UN-Generalversammlung war ein gemeinsames Stimmverhalten der EG-Länder zu verzeichnen. Das wachsende Interesse der Weltöffentlichkeit an der "europäischen Stimme" sowie daraus resultierender Druck auf die Neun veranlaßte sie, vermehrt zu Krisenregionen außerhalb ihrer unmittelbaren Nachbarschaft Stellung zu beziehen. Der vergleichsweise einfachen Suche nach Beiträgen zur Lösung der Kambodscha-Frage etwa durch humanitäre Hilfe für die Bootsflüchtlinge und ein Kooperationsangebot für den Verband der südostasiatischen Staaten (ASEAN) standen harte Kontroversen gegenüber, die sich an den unterschiedlichen Positionen der EPZ-Teilnehmer zur Lage in Afrika entzündeten. Besonders heftig umstritten war die EPZ-Politik im südlichen Afrika und insbesondere gegenüber dem Apartheidregime.

Der grundlegende Wandel des internationalen Umfelds gegen Ende der 70er Jahre (sowjetische Invasion in Afghanistan, Polenkrise, Ende der Détente) läutete die dritte Phase der EPZ ein, die ungeachtet einiger Rückschläge eine neue Qualitätsstufe markierte. Nach anfänglichen Zweifeln insbesondere bei dem damaligen "Neuling" Griechenland und zu Beginn der Amtsperiode Mitterrands erkannten alle zehn Regierungen den Wert des gemeinsamen Handelns, gerade in Spannungszeiten. Gleichzeitig verfestigte sich der gemeinsame Wunsch, auf die Weltpolitik Einfluß zu nehmen. Um diesem Ziel näherzukommen, mußte das diplomatische Instrumentarium der EPZ verfeinert und mit anderen Mitteln, insbesondere jenen der Gemeinschaftspolitik, gekoppelt werden. In Krisenfällen bemühte sich die EPZ durch verschiedene Maßnahmenbündel von politischer Erklärung und EG-Sanktionen um internationales Profil. Dabei konnte es sich um sehr weitreichende Entscheidungen handeln, die aus wirtschaftlichen, innenpolitischen oder anderen Erwägungen allerdings nur für eine begrenzte Zeit aufrechterhalten werden konnten. Solche Zerfallserscheinungen gingen notwendigerweise zu Lasten der Glaubwürdigkeit der europäischen Außenpolitik, die in der ersten Hälfte der 80er Jahre auch dadurch beeinträchtigt wurde, daß die EG in jener Zeit lange unfähig war, ihren internen Problemhaushalt zu lösen. Thematisch setzte sich in dieser dritten Phase der EPZ-Entwicklung eine weitere Ausdifferenzierung fort. Frühere Tabuzonen einiger Mitgliedstaaten wurden zumindest für den internen Informations- und Meinungsaustausch der EPZ-Tagesordnung geöffnet. Demgegenüber entwickelten sich scharfe Kontroversen über die Einbeziehung der Sicherheits- und Verteidigungspolitik. Dieser Sektor war seit Anbeginn in der EPZ stillschweigend ausgenommen worden, um die Zuständigkeiten der NATO nicht anzutasten und das transatlantische Verhältnis nicht übermäßig zu belasten. Die Nachrüstungsdebatte zu Beginn der 80er Jahre, die sowjetisch-amerikanischen Abrüstungsgespräche u.a. veranlaßten einige EPZ-Teilnehmer zu der Forderung, auch hierzu europäische Positionsbestimmungen zumindest zu den "politischen und wirtschaftlichen" Aspekten vorzunehmen. Die künstliche Trennung zu den "militärischen" Aspekten der Sicherheit machte sich nachteilig auf das Profil der Zehn im KSZE-Bereich, insbesondere bei der Konferenz für Abrüstung und Vertrauensbildende Maßnahmen in Europa 1984 bemerkbar und veranlaßte die Verfechter eines umfassenden Ansatzes, diesen mit einer Wiederbelebung der Westeuropäischen Union zu verwirklichen.

Ausgelöst durch internationale Krisen wie die US-Geiselnahme im Iran 1979 oder die sowjetische Invasion Afghanistans 1979 gelang es den Zehn, ihr Handlungsinstrumentarium weiter auszubauen. Die wesentlichen Neuerungen bzw. Verfeinerungen enthielt der von den Außenministern am 13. Oktober 1981 in London verabschiedete Bericht.

Die vierte Phase der EPZ-Entwicklung ab 1985 unterscheidet sich von den vorhergehenden dadurch, daß die EPZ seit der → Einheitlichen Europäischen Akte über eine rechtliche Grundlage verfügt und unter diesem "Dach" auf das engste mit der EG verknüpft ist. Art. 30, 1 EEA nennt als anspruchsvolle Zielvorgabe die Entwicklung einer "europäischen Außenpolitik", die mit den auswärtigen Politiken der EG "kohärent" sein muß. Sie ist Ausdruck des Wunsches der EG-Regierungen nach einem dauerhaft verankerten und mit einem verbindlichen Regelwerk ausgestatteten Handlungsrahmen, der untrennbar mit dem EG-Bereich verknüpft ist und wesentlich zum Erreichen der Europäischen Union beiträgt.

Trotz ihrer Nähe zur Gemeinschaft fußt die EPZ weiterhin auf den Prinzipien der 15 Jahre früher vereinbarten intergouvernementalen Zusammenarbeit. Ihre Attraktivität gründet sich weiterhin auf das Konsensprinzip. In der EPZ-Praxis deutet sich im Verhalten der Regierungen seit Mitte der 80er Jahre allerdings allgemein ein Verhalten an, das dadurch gekennzeichnet ist, daß den langfristigen Kostenvorteilen im EPZ-Verbund Vorrang gegenüber einem kurzfristigen Nutzenkalkül in einem Einzelfall eingeräumt wird. Dennoch gibt es weiterhin Situationen, in denen eine EPZ-Minderheit, manchmal auch nur ein Staat, eine gemeinsame Interessenwahrnehmung gänzlich blockiert oder zumindest ein langes Tauziehen erfordern, bis konsensfähige Entscheidungen getroffen werden können. Auffällig schwer taten sich die Zwölf längere Zeit, eine Antwort auf die neue Politik Gorbatschows zu finden. Der rasante deutsch-deutsche Einigungsprozeß (→ Deutsche Einigung und europäische Integration) stellte die Wirksamkeit des Konzertierungsreflexes, d.h. die Meinung der Partner einzuholen bzw. zu berücksichtigen, bevor einzelstaatliche Entscheidungen getroffen werden, vorübergehend ebenfalls auf die Probe. Andererseits ist es den Zwölf gelungen, ihren gemeinsamen Besitzstand zu einer Reihe von wichtigen Fragen der internationalen Politik, wie etwa dem Nahost-Konflikt, weiterzuentwickeln und nach außen darzustellen.

In akuten Krisensituationen gelang unter Zuhilfenahme des EG-Instrumentariums ein rasches Handeln der Zwölf. Zu nennen ist etwa das aus diplomatischen, wirtschaftlichen und militärischen Maßnahmen geschnürte Paket europäischer Politik im Falle der irakischen Invasion in Kuwait. Die Golfkrise des Jahres 1990/91 offenbarte allerdings auch erneut die Schwächen der EPZ. Europäische Solidarität drohte nach einer gewissen Zeit und bei Vorliegen massiven innenpolitischen Drucks zu zerfallen. Es überrascht nicht, daß diese jüngsten Erfahrungen den Ruf nach einer grundlegenden EPZ-Reform verstärkt haben.

Die Struktur der EPZ

Die EPZ ist institutionell in vier Hierarchiestufen aufgebaut. An deren Spitze steht der → Europäische Rat, über dessen Funktionen sich der EPZ-Vertrag ebenso wie Titel I EEA zwar ausschweigt; faktisch wird er jedoch fallweise als oberste Entscheidungsinstanz eingesetzt (z.B. Südafrikapolitik) und entwickelt Vorgaben zur Weiterentwicklung der EPZ, wie etwa 1990 in Vorbereitung der Regierungskonferenz zur Politischen Union. Seine über weite Strecken in der EPZ-Geschichte wichtigste Funktion besteht darin, Positionen der Zwölf durch die Bekanntgabe gemeinsamer Deklarationen feierlich nach außen zum Ausdruck zu bringen.

Die zweite und bislang maßgebliche Entscheidungsebene sind die Außenminister. Sie treffen sich im Gegensatz zu den in Art. 30, 3a als Mindestanzahl genannten vier Zusammenkünften pro Jahr wenigstens dreimal so häufig. Neben eigens im Land der Präsidentschaft abgehaltenen Sitzungen finden regelmäßig Konsultationen aus Anlaß der Tagungen des Allgemeinen Rates der EG statt (→ Ministerrat). In Krisenfällen auf Antrag von mindestens drei Mitgliedstaaten können weitere Sitzungen binnen 48 Stunden einberufen werden. Diese Vorsorge im Krisenfall gilt ebenfalls für das Politische Komitee, ein aus den Leitern der politischen

Abteilungen in den Außenministerien der Mitgliedstaaten zusammengesetztes Gremium, dem Herzstück der EPZ und Scharnier zwischen politischer und administrativer Ebene. Das Politische Komitee bereitet die Sitzungen der politischen Spitze vor und gibt deren Beschlüsse, versehen mit weiteren Handlungsanweisungen, an die unteren Handlungseinheiten weiter. Es wird in seiner Arbeit, die auch in wenigstens monatlichen Sitzungen, üblicherweise im Präsidentschaftsland, zum Ausdruck kommt, von mehr als 20 Arbeitsgruppen unterstüzt. Eine Sonderstellung nimmt die europäische Korrespondentengruppe ein, die Fragen der allgemeinen Organisation der EPZ prüft und überwacht. Ihren Mitgliedern kommt insbesondere auf nationaler Ebene eine wichtige Koordinierungsfunktion zwischen den Mitgliedern der verschiedenen Arbeitsgruppen und der Zuarbeit für den Politischen Direktor zu. Wichtiger Bestandteil dieser vierten Hierarchiestufe sind ferner die regelmäßigen, überwiegend bereits monatlichen Zusammenkünfte der Botschafter der EG-Mitgliedstaaten in Nicht-EG-Ländern und bei internationalen Organisationen und Konferenzen.

Stärker als im Gemeinschaftsbereich obliegen EPZ-internes Management wie Außenvertretung in der EPZ der Präsidentschaft alleine. Sie wird ebenso wie in der EG alle sechs Monate rotierend von je einem EG-Mitgliedsland entsprechend der alphabetischen Reihenfolge der Ländernamen wahrgenommen. Das mit der EEA eingeführte EPZ-Sekretariat mit Sitz in Brüssel hat durch seine Assistenzfunktion gegenüber der Präsidentschaft deren Aufgabenwahrnehmung erleichtert.

Die institutionelle Verbindung von EPZ und EG kommt neben den bereits erwähnten Verbindungen – z.B. Europäischer Rat – in einer mittlerweile umfassenden Beteiligung der → Kommission und verschiedenen Mitwirkungsmöglichkeiten des → Europäischen Parlaments zum Ausdruck. Nach anfänglichen, vor allem von der französischen Regierung bewußt forcierten Abschottungstendenzen der EPZ vom Gemeinschaftsgefüge kann spätestens seit Beginn der 80er Jahre von einer Beteiligung der Kommission an der EPZ "in vollem Umfang" (Art. 30, 3b EEA) gesprochen werden. Sie nimmt über ihre Vertreter auf allen EPZ-Stufen (das EPZ-Sekretariat ausgenommen) an den Beratungen teil, indem sie gemeinschaftsrelevante Aspekte in die Diskussion einbringt, bis hin zu entsprechenden Formulierungsvorschlägen von EPZ-Texten. Seit 1983 sind Kommissionsvertreter ferner bei allen Außenkontakten der Präsidentschaft, die nach der Troika-Formel stattfinden, vertreten. Ferner sind Vertreter der EG-Kommission in die EPZ-Konsultationen der Botschaften der EG-Länder eingebunden.

Das Europäische Parlament soll nach den Wünschen der Zwölf "eng" an der EPZ beteiligt werden (Art. 30, 4 EEA). Hierbei handelt es sich allerdings überwiegend um eine nachträgliche Information der Präsidentschaft über die Ergebnisse. Zu Beginn und am Ende eines jeden EPZ-Vorsitzes sowie nach den Sitzungen des Europäischen Rates und fallweise aus besonderem Anlaß finden zudem Aussprachen des EPZ-Vorsitzes mit den Abgeordneten statt. Diese verfügen ferner über ein EPZ-bezogenes Fragerecht. Immer häufiger fordern sie die Zwölf auch dazu auf, zu wichtigen EP-Äußerungen Stellung zu beziehen.

Ausblick

Zwei Jahre früher als im EPZ-Vertrag vorgesehen, hat 1990 die Debatte über einen Revisionsbedarf der EPZ begonnen. Sie ist Teil der weitreichenden Überlegungen zur Europäischen Union, die sich aus der Dynamik des → Binnenmarktziels, der erfolgreichen Umsetzung der EEA sowie veränderten internationalen Rahmenbedingungen speisen. Zielvorgabe des Europäischen Rates von Dublin vom Juni 1990 ist eine "gemeinsame" Außen- und Sicherheitspolitik, die ein einheitliches und kohärentes internationales Vorgehen der künftigen Politischen Union ermöglicht. Für die Mehrzahl der EPZ-Partner verbindet sich damit eine Struktur, die qualitativ über das gegenwärtig existierende System von EPZ und → Außenbeziehungen der EG hinausgehen soll. Die 1990 diskutierten Vorschläge enthalten eine beachtliche Bandbreite, wie die EPZ-Struktur an die neuen Herausforderungen angepaßt werden kann. Sie lassen sich auf zwei Grundoptionen zurückführen: erstens die der Fortexistenz des dualen Systems von gemeinschaftsbezogenen Außenaktivitäten und außenpolitischer Kooperation der EG-Regierungen bei einem weiteren Ausbau der intergouvernementalen Komponenten der EPZ; zweitens die der Überführung der EPZ-Strukturen und Verfahren in das Gemeinschaftsgefüge. Noch sind die Konturen des Wegs, den die Regierungskonferenz beschreiten wird, verschwommen. Seine Richtung wird maßgeblich als Teil eines Gesamtpaketes von Politischer, → Wirtschafts- und Währungsunion und somit auch von EPZ-unabhängigen Entscheidungen mitbeeinflußt werden.

Elfriede Regelsberger

Europäische Union

Literatur: Hans von der Groeben/Hans Möller (Hrsg.): Die Europäische Union als Prozeß, Baden-Baden 1980; Werner Weidenfeld/Wolfgang Wessels (Hrsg.): Wege zur Europäischen Union. Vom Vertrag zur Verfassung?, Bonn 1986; Heinrich Schneider: Rückblick für die Zukunft. Konzeptionelle Weichenstellungen für die Europäische Einigung, Bonn 1986.

Politische → Leitbilder haben in der nationalen wie in der europäischen Diskussion einen zwiespältigen Charakter. Sie sollen einerseits gewisse gemeinsame Orientierungen geben, andererseits dürfen sie nicht zu präzise angelegt sein, weil sie ansonsten historisch schnell überholt werden können und politisch nicht tragfähig bleiben. Der Begriff "Europäische Union" ist ein typischer Fall für die Mehrdeutigkeit, die den Integrationsprozeß Westeuropas seit Beginn begleitet und charakterisiert. Die Konzepte zur europäischen Einigung waren immer von einer Vielfalt unterschiedlicher Leitbilder zu Ziel und Formen europäischer Einigung geprägt.

Der Begriff "Europäische Union" wurde von den Staats- und Regierungschefs auf der Pariser Gipfelkonferenz von 1972 als Zielvorgabe formuliert. Sie setzten "als vornehmstes Ziel ..., in absoluter Einhaltung der bereits geschlossenen Verträge die Gesamtheit der Beziehung der Mitgliedstaaten in eine Europäische Union umzuwandeln". Diese Definition wurde in der Präambel der Einheitlichen Europäischen Akte 1987 wiederholt. Die Versuche von politischer wie von wissenschaftlicher Seite, diesen Begriff näher zu bestimmen, führten nur begrenzt weiter. Wissenschaftliche Versuche, über den Begriff "Union" oder von den Aufgaben und Zielvorstellungen der Gemeinschaft her zu weitergehenden Präzisierungen zu gelangen, trugen nicht zu einer politisch tragfähigen Übereinstimmung bei.

Ein 1974 von den Staats- und Regierungschefs selbst in Auftrag gegebener Bericht des damaligen belgischen Premierministers Tindemans (→ Reformberichte) zur näheren Bestimmung der Europäischen Union wurde von den Regierungschefs nicht weiter aufgegriffen. In der Feierlichen Erklärung von Stuttgart 1983 wurden dann ebenso wie in der Präambel der → Einheitlichen Europäischen Akte 1987 allgemeine Ziele für eine derartige Europäische Union aufgeführt, so etwa die Grundsätze der Demokratie und die Wahrung des Rechts und der Menschenrechte. Präziser formulierten beide Texte die Entwicklung zur Europäischen

Union in einer Doppelstrategie: "Die Europäische Union ist auf der Grundlage der nach ihren eigenen Regeln funktionierenden Gemeinschaften einerseits und der europäischen Zusammenarbeit zwischen den Unterzeichnerstaaten andererseits zu verwirklichen und diese Union ist mit den erforderlichen Aktionsmitteln auszustatten". In diesen Formulierungen kommt ein Verständnis der Europäischen Union zum Tragen, das – im Unterschied zur ursprünglichen Vorgabe der Regierungschefs – von den konkreten Entwicklungen des EG-Systems ausgeht und die bestehenden Formen von Integration und Zusammenarbeit als wesentliche Elemente der Europäischen Union definiert. Andere politische Konzepte zur Europäischen Union gehen von Zielvorstellungen aus, die von föderalen Überlegungen geprägt sind. In seinem Vertragsentwurf zur Gründung einer Europäischen Union von 1984 formulierte das → Europäische Parlament die Grundsätze, Ziele und institutionellen Bestimmungen einer Europäischen Union. Dieser konkrete Vorschlag wurde jedoch bisher nicht zu einem verbindlichen Leitbild.

Neben der Definition des Endzustandes einer Europäischen Union wird regelmäßig über die einzuschlagende Strategie diskutiert. Gewöhnlich wird unterschieden zwischen dem Vorgehen des "großen Sprungs" (saut qualitatif) und einer schrittweisen Strategie. Beim "großen Sprung" wird in der Regel eine neue föderale Verfassung als Ziel vorgegeben. Bei dem Ansatz der pragmatischen Fortschritte liegt die Betonung auf einem Prozeß, der von der heutigen EG hin zu einer neuen Qualität der europäischen Integration führt. Beide Strategien können als zeitlich gestaffelte Vorgehensweise verstanden werden.

Die Diskussionen um eine Europäische Union sind 1990 in eine neue Phase eingetreten. Auf Initiative des französischen Präsidenten Mitterrand und von Bundeskanzler Kohl hat der → Europäische Rat am 24./25. Juni 1990 in Dublin die Einberufung einer Regierungskonferenz zur Errichtung einer Politischen Union beschlossen. Danach muß "die Politische Union die Handlungsfähigkeit der Gemeinschaft und ihrer Mitgliedstaaten in Bereichen, in denen sie gemeinsame Interessen haben, auf umfassende und ausgewogene Weise stärken. Die Einheit und Kohärenz ihrer Strategien und Maßnahmen muß durch starke und demokratische Institutionen gewährleistet werden." Gefordert wird die "Umwandlung der Gemeinschaft von einer hauptsächlich auf der wirtschaftlichen Integration und der politischen Zusammenarbeit beruhenden Einrichtung in eine Union mit politischem Charakter, die auch eine gemeinsame Außen- und Sicherheitspolitik umfaßt." Zwar wird damit der grundlegende politische Charakter des Integrationsprozesses betont – aber ohne ausreichende Präzisierung.

Auf seiner Tagung am 14./15. Dezember 1990 hat der Europäische Rat auf der Grundlage vorbereitender Arbeiten hoher Beamter der Konferenz folgende Aufgaben übertragen:

1. die Verbesserung der demokratischen Legitimität, insbesondere durch die Stärkung der Rolle des Europäischen Parlaments;

2. die Schaffung einer gemeinsamen Außen- und → Sicherheitspolitik, die u.a. den Frieden und die internationale Stabilität gewährleisten soll. Dazu ist als institutioneller Rahmen ein einziges Entscheidungszentrum vorgesehen (→ Außenbeziehungen);

3. die Verankerung von Rechten für eine Europabürgerschaft (→ Europa der Bürger);

4. Ausweitung der Zuständigkeiten der Gemeinschaft, u.a. im Umweltbereich (→ Umweltpolitik) im Gesundheitswesen sowie bei der Förderung des kulturellen Austausches und der Bildung (→ Bildungs- und Jugendpolitik, → Kulturpolitik);

5. Verbesserung der Effizienz der Union u.a. durch eine verstärkte Anwendung der Abstimmung mit qualifizierter Mehrheit im Rat (→ Ministerrat) und die Erweiterung der Durchführungsbefugnisse der → Kommission (→ Entscheidungsverfahren).

Das Europäische Parlament hat mehrere Stellungnahmen verabschiedet, in denen die Abgeordneten ihre Forderungen zur Politischen Union vorlegen. Der "Martin-Bericht" vom 31. Oktober 1990 gilt als das wichtigste Dokument des EP.

Im Jahre 1991 soll die Regierungskonferenz einen Text verabschieden, der dann von den nationalen Parlamenten ratifiziert werden muß.

"Europäische Union" oder "Politische Union" – die häufige Nutzung beider Begriffe verdeutlicht, daß weder die Staats- und Regierungschefs noch das Europäische Parlament mit dem jetzigen Zustand der Gemeinschaft zufrieden sind, sondern einen weiteren Ausbau anstreben. Wesentliche Fragen der Ausgestaltung bleiben aber offen. Die Debatte um eine Europäische oder eine Politische Union wird damit auch nach Beendigung der Regierungskonferenz nicht abgeschlossen sein. Zu erwarten ist nur eine weitere Zwischenphase beim Aus- und Aufbau der Gemeinschaft. Diese Schritte zur Vertiefung der Gemeinschaft werden zunehmend ergänzt, überlagert und gegebenenfalls geschwächt durch den möglichen Beitritt weiterer europäischer Staaten aus der → EFTA, Osteuropa und der Mittelmeerregion. Die Debatte um Vertiefung und/oder → Erweiterung wird die Diskussion um die Europäische bzw. Politische Union weiterhin wesentlich prägen.

Wolfgang Wessels

Europäische Wirtschaftsgemeinschaft

Gründungsdatum und Sitz: 1. 1. 1958 (Rom); Brüssel/Luxemburg/Straßburg.
Mitglieder: Alle Mitgliedstaaten der Europäischen Gemeinschaften.
Vertragsgrundlagen: EWG-Vertrag vom 25. 3. 1957.
Ziele: Errichtung eines Gemeinsamen Marktes; Förderung eines immer engeren Zusammenschlusses der Mitgliedstaaten; stetige Verbesserung der Lebensbedingungen; gemeinsame Gestaltung der Beziehungen zu anderen Ländern.
Organe: Kommission, Ministerrat, Europäisches Parlament, Gerichtshof (gemeinsam mit der Europäischen Atomgemeinschaft und der Europäischen Gemeinschaft für Kohle und Stahl). Wirtschafts- und Sozialausschuß (gemeinsam mit der EAG). Außerdem: Europäischer Rechnungshof. Außerhalb der Verträge entstand die Praxis regelmäßiger Treffen der Staats- und Regierungschefs (Europäischer Rat).
Literatur: Bengt Beutler u. a.: Die Europäische Gemeinschaft. Rechtsordnung und Politik, 3. Auflage, Baden-Baden 1987; Werner Weidenfeld/Wolfgang Wessels (Hrsg.): Jahrbuch der Europäischen Integration 1980 ff., Bonn 1981 ff.

Die Europäische Wirtschaftsgemeinschaft (EWG) ist die wichtigste der drei → Europäischen Gemeinschaften. Sie hat die größte Dynamik entfaltet: Zu ihren ursprünglichen Zielen – Errichtung eines Gemeinsamen Marktes, gemeinsame → Agrar-, → Verkehrs-, → Wettbewerbs-, → Wirtschaftspolitik – kamen neue Aufgaben hinzu, etwa in der → Umwelt-, → Regional-, → Forschungs- und Technologiepolitik; außerhalb des vertraglichen Rahmens entwickelten sich zudem die → Europäische Politische Zusammenarbeit, das → Europäische Währungssystem sowie die Institution des → Europäischen Rates. Diese inhaltlichen und institutionellen Neuerungen erhielten durch die Vertragsänderung von 1986, die → Einheitliche Europäische Akte, rechtliche Grundlagen. Die EWG, die durch Assoziierungs-, Handels- und Kooperationsverträge mit zahlreichen Drittstaaten und Staatengruppen verbunden ist (→ Assoziierungspolitik, → Handelspolitik), entwickelte sich zu einem zentralen internationalen Akteur.

Anita Wolf

Europäischer Rat

Gründungsdatum: 10.12.1974.
Kompetenzen: Keine laut EWGV, allerdings politische Führungs- und Koordinierungsaufgaben.
Vertragsgrundlage: Art. 2 Einheitliche Europäische Akte.
Tagungshäufigkeit: Mindestens zweimal, in der Regel jedoch dreimal pro Jahr.
Zusammensetzung: Die Staats- und Regierungschefs der Mitgliedstaaten sowie der Präsident der Kommission der Europäischen Gemeinschaften, begleitet von den Ministern für Auswärtige Angelegenheiten und einem Mitglied der EG-Kommission.
Abstimmungsmodalitäten: Konsens; in einem Ausnahmefall fand auch eine Abstimmung statt.
Literatur: Wolfgang Wessels: Der Europäische Rat – Stabilisierung statt Integration? Geschichte, Entwicklung und Zukunft der EG-Gipfelkonferenzen, Bonn 1980; Marcel von Donat: Das ist der Gipfel. Die EG-Regierungschefs unter sich, Baden-Baden 1987.

Wer die Geschichte der Europäischen Gemeinschaft und Westeuropas einschließlich der Rolle der führenden Politiker in den 70er und 80er Jahren verfolgen will, der sollte die Aktivitäten sowie die Erfolge und Mißerfolge des Europäischen Rates als Ausgangspunkt seiner Untersuchung wählen.

Das regelmäßige Treffen der Staats- und Regierungschefs der EG-Mitgliedstaaten ist zwar im rechtlichen Sinne kein Organ der EG: Gestützt auf eine Regierungsvereinbarung der Gipfelkonferenz von Paris 1974 ist der Europäische Rat erst in Art. 2 der → Einheitlichen Europäischen Akte (EEA) von 1987 – aber weiterhin außerhalb des EWG-Vertrags – in einem rechtlich verbindlichen Text festgelegt worden. Keine andere "Institution" hat jedoch die Entwicklung der Gemeinschaft in den 70er und 80er Jahren insgesamt so geprägt wie der Europäische Rat. Seit seiner Gründung 1974 haben sich die Staats- und Regierungschefs bei ihren Treffen mit allen vitalen Problemen Westeuropas beschäftigt: Sie erörterten die wesentlichen wirtschaftlichen Entwicklungen; sie trafen wichtige Entscheidungen zum institutionellen Aufbau der EG; sie schufen das → Europäische Währungssystem und entschieden über wesentliche Fragen des EG-Haushalts (→ Haushaltspolitik) und der Reform der → Agrarpolitik; sie ergriffen Initiativen für neue Gemeinschaftspolitiken und verabschiedeten wichtige Erklärungen zu internationalen Krisengebieten, insbesondere zum Nahen Osten, zu Zentralamerika, Südafrika und Osteuropa (→ Europäische Politische Zusammenarbeit).

Aufgabenkatalog

Als Gremium außerhalb des EWG-Vertrags ist die Aufgabenstellung des Europäischen Rates nicht eindeutig festgelegt. In Art. 2 der EEA wird keine Funktionsbestimmung vorgenommen. Den ausführlichsten Aufgabenkatalog verabschiedeten die Regierungschefs selbst bei der Feierlichen Erklärung in Stuttgart 1983: "Der Europäische Rat:
- gibt dem europäischen Aufbauwerk einen allgemeinen politischen Impuls;
- legt die Ansatzpunkte für die Förderung des europäischen Aufbauwerks fest und erläßt allgemeine politische Leitlinien für die Europäischen Gemeinschaften und die politische Zusammenarbeit;
- berät über Fragen der Europäischen Union unter ihren verschiedenen Aspekten und trägt dabei zu deren Übereinstimmung Sorge;
- eröffnet neue Tätigkeitsbereiche für die Zusammenarbeit;
- bringt die gemeinsame Position in Fragen der Außenbeziehungen feierlich zum Ausdruck."

In dieser Liste fehlt eine Funktion, die zumindest bis 1987 wesentlich die Aktivitäten des Europäischen Rates bestimmte, nämlich, "Fragen zu regeln, die bei Beratung auf niedriger Ebene offen geblieben sind" – so die Erklärung der Staats- und Regierungschefs 1977 in London.

Aufgabenwahrnehmung

Eine wesentliche Funktion des Europäischen Rates besteht in dem informellen und vertraulichen Gedankenaustausch zwischen den Regierungschefs. Dieser findet am "Kaminfeuer" ohne Außenminister und Beamte statt. Das Themenfeld wird in der Regel nicht vorgegeben und umfaßt insbesondere alle wesentlichen Fragen internationaler Politik. Die Staats- und Regierungschefs haben – zweite Funktion – den Bereich der gemeinsamen Aktivitäten wesentlich ausgeweitet. Von der Gipfelkonferenz 1969 in Den Haag, die zur Gründung der Europäischen Politischen Zusammenarbeit führte, bis hin zur Verabschiedung der wesentlichen Elemente der Einheitlichen Europäischen Akte, die neue Politikbereiche explizit in die Gemeinschaftsverträge integrierte, haben die Staats- und Regierungschefs immer wieder Probleme Westeuropas als gemeinsame Aufgaben für die EG und für andere Formen der Zusammenarbeit definiert. Für die Organe der EG und die Mitgliedstaaten – dritte Funktion – verabschiedet der

Europäische Rat allgemeine Leitlinien besonders in wirtschaftlichen und sozialpolitischen Fragen. Viele dieser wenig spezifischen Stellungnahmen führten jedoch nicht zu einer konkreten Umsetzung.

Eine weitere wesentliche Funktion lag in der Verabschiedung von außenpolitisch als besonders wichtig erachteten Erklärungen. Diese Aufgabe hat in den letzten Jahren zugenommen. Zu allen Krisengebieten der 70er und 80er Jahre wird man Aussagen des Europäischen Rates finden.

Die häufig dem Europäischen Rat zugesprochene Funktion, dem europäischen Aufbauwerk einen "allgemeinen politischen Impuls" zu geben und über die Fragen der → Europäischen Union zu beraten, wurde in den 70er Jahren nur sehr zurückhaltend und mit wenig Erfolg wahrgenommen. Der von den Staats- und Regierungschefs selbst in Auftrag gegebene Tindemans-Bericht zur Europäischen Union (→ Reformberichte) wurde von dem Europäischen Rat mit allgemeinen Floskeln begraben. Erst seit 1985 hat der Europäische Rat mehrfach tragende Initiativen verabschiedet, so die Einberufung der Regierungskonferenz, die zur EEA führte, sowie die Einberufung der Regierungskonferenzen zur → Wirtschafts- und Währungsunion (Straßburg 1989) und zur Politischen Union (Dublin 1990).

Von zentraler Bedeutung für die Entwicklung der EG war aber die Funktion, die in Selbstdarstellungen als nachgeordnet behandelt wird, nämlich de facto Entscheidungen für die Europäische Gemeinschaft zu treffen. Der Europäische Rat ist in der Realität das wesentliche Entscheidungsgremium der Gemeinschaft geworden, auch wenn er in keinem Fall rechtsverbindliche Beschlüsse für die EG verabschiedet hat.

Entsprechend der Ausübung seiner Funktionen kann man die Geschichte des Europäischen Rates nach Schwerpunkten vorläufig in folgende Perioden einteilen:

- von 1975–1979 wurden neue Tätigkeitsfelder für die Gemeinschaft und für die zwischenstaatliche Zusammenarbeit eröffnet – mit der Gründung des Europäischen Währungssystems als besonderem Ereignis; traditionelle Bereiche der EG-Politik, so die Agrarpolitik oder der Gemeinsame Markt, wurden nur am Rande behandelt;
- in der Periode von 1979–1984 standen die Reformen der Agrarpolitik und des Haushalts der Gemeinschaft sowie die Süderweiterung im Mittelpunkt der Entscheidungsfindung;
- von 1985–1990 beschäftigten sich die Staats- und Regierungschefs im wesentlichen mit dem konstitutionellen Ausbau der Gemeinschaft und mit den neuen internationalen und europäischen Herausforderungen, einschließlich der deutschen Einigung, wenn auch in diese Periode mit

der Verabschiedung des Delors-Pakets (1988) erneut eine wesentliche Weichenstellung zur Reform der Agrarpolitik und des EG-Finanzierungssystems fiel.

Entscheidungsmodalitäten

Die Entscheidungsprozesse des Europäischen Rates sind von zwei zunächst recht unterschiedlichen Charakteristika geprägt. Zum einen mußten sich die Regierungschefs bei allen wesentlichen Entscheidungen – entgegen ihrem Selbstverständnis – intensiv mit konkreten Budgetzahlen oder präzisen Formulierungen auseinandersetzen. Die Versuche der Staats- und Regierungschefs, nur allgemeine politische Leitlinien zu verabschieden, erwiesen sich als nicht tragfähig. Erst im "technischen" Detail kommt die politische Kontroverse voll zum Tragen und erst dabei werden dann die "harten" Entscheidungen getroffen. Ein zweites wesentliches Element der Entscheidungsfindung ist das "Schnüren von Verhandlungspaketen". Nur die Staats- und Regierungschefs können die Forderungen der Mitgliedstaaten aus mehreren Politikbereichen gegenseitig "verrechnen". So wie in der Einheitlichen Europäischen Akte die Interessen einiger Mitgliedstaaten an der Herstellung des → Binnenmarktes mit den Forderungen nach Verbesserung des "wirtschaftlichen und sozialen Zusammenhalts" verknüpft wurden, ist es dem Europäischen Rat in der EG-Geschichte mehrmals gelungen, die Gemeinschaft mit einem derartigen "Kuhhandel" zwischen den Mitgliedstaaten fortzuentwickeln; die Regierungschefs brauchen jeweils erhebliche Zeit und Mühen, aber die Fortschritte der Gemeinschaft hängen wesentlich von dieser Art der Gipfelverhandlungen ab.

Stärker als im → Ministerrat werden die Debatten im Europäischen Rat von den Regierungschefs der größeren Staaten geführt. Je nach Thema spielen aber auch der Präsident der → Kommission oder einzelne Staats- und Regierungschefs kleinerer Staaten eine erhebliche Rolle. Wie im Ministerrat übernimmt der jeweilige Präsident des Europäischen Rates sowohl bei der Vorbereitung als auch bei der Entscheidungsfindung wesentliche Aufgaben.

Bei Gründung des Europäischen Rates bestand die Sorge, daß dieses Gremium das institutionelle Gleichgewicht der Gemeinschaft nachhaltig verändern würde. Vielfach erwartet wurde, daß die Regierungschefs das Initiativmonopol der Kommission untergraben, den Ministerrat zu einer untergeordneten Kammer "degradieren" und die wenigen Rechte des → Europäischen Parlaments noch weiter reduzieren würden. Die Entwicklung des Europäischen Rates zeigt im Hinblick auf ihre Auswirkung auf das institutionelle Gleichgewicht eine gemischte Bilanz. In den EG-Bereichen, mit denen sich die Staats- und Regierungschefs selbst beschäftigen, haben sie nach Vorbereitung durch Kommission und Ministerrat de facto Entscheidungen getroffen und so die vertraglich vorgesehenen Regeln zu formalen Ratifizierungsverfahren herabgestuft. In vielen anderen Bereichen hat der Europäische Rat das normale institutionelle Gleichgewicht nicht oder nur selten berührt. Die Kommission selbst hat wohl insgesamt an Bedeutung gewonnen, da sie in diesem Spitzengremium vertreten ist und den Europäischen Rat für viele ihrer Aktivitäten nutzen kann.

Bilanz

Der Europäische Rat hat eine nachhaltige integrationspolitische Wirkung gezeigt. Mit ihrer direkten Beteiligung tragen die Staats- und Regierungschefs nun unmittelbar Verantwortung auch für die Stabilität und Leistungsfähigkeit des EG-Systems. Der Europäische Rat ist ein Ausdruck für die hohe Bedeutung, die die politische Führung der Mitgliedstaaten der Gemeinschaft gibt. Dieses Gremium ist so nicht ein zufälliges Resultat einer politischen Laune, sondern Zeichen einer grundlegenden Entwicklung Westeuropas. In diesem Gremium haben sich die Mitgliedstaaten – bei allen Kontroversen – über die wesentlichen Schritte des Ausbaus, der Reform und der Erweiterung der Gemeinschaft verständigt.

Bei den erheblichen Krisen in den 70er Jahren und in der ersten Hälfte der 80er Jahre hat der Europäische Rat einen wesentlichen Beitrag zur Stabilisierung der Europäischen Gemeinschaft und Westeuropas insgesamt geleistet. Mit seinen Entscheidungen seit Mitte der 80er Jahre hat er gleichzeitig die weitere Entwicklung der Gemeinschaft hin zu einer Politischen Union geprägt.

Wolfgang Wessels

Europäischer Rechnungshof

Aufgaben: Prüfung der Rechtmäßigkeit und Ordnungsmäßigkeit aller Einnahmen und Ausgaben der Gemeinschaft und ihrer Organe; Prüfung der Wirtschaftlichkeit der Haushaltsführung der EG. Nach Abschluß eines jeden Haushaltsjahres erstattet er einen Jahresbericht, den das EP prüft, bevor es der Kommission Entlastung zur Ausführung des Haushaltsplans erteilt.
Vertragsgrundlagen: Art. 4 Abs. 3, Art. 206, 206a, 206b EWGV.
Zusammensetzung: 12 Mitglieder, entsprechend der Zahl der EG-Mitgliedstaaten. Die Mitglieder werden vom Ministerrat nach Anhörung des EP einstimmig auf sechs Jahre ernannt und müssen für dieses Amt besonders geeignet sein sowie die Gewähr für Unabhängigkeit bieten. Der Präsident wird für drei Jahre gewählt.
Abstimmungsmodalitäten: Der EuRH ist ein Kollegialorgan und beschließt in der Regel mit der Mehrheit seiner Mitglieder.
Literatur: Claus-Dieter Ehlermann: Der Europäische Rechnungshof. Haushaltskontrolle in der Gemeinschaft, Baden-Baden 1976; Thomas Läufer: Der Rechnungshof, in: Werner Weidenfeld/Wolfgang Wessels (Hrsg.): Jahrbuch der Europäischen Integration 1987/88, Bonn 1988, S. 98–105.

Der Europäische Rechnungshof (EuRH) wurde durch den Vertrag zwischen den Regierungen der Mitgliedstaaten zur Änderung bestimmter Finanzvorschriften vom 22. Juli 1975 eingesetzt, der am 1. Juni 1977 in Kraft trat. Parallel zur Stärkung der Finanzverfassung der Gemeinschaft und zur Übertragung eigener Einnahmen auf die EG, die inzwischen mit den Beschlüssen des Europäischen Rates vom Februar 1988 ein noch weitergehendes Stadium erreicht hat (→ Haushaltspolitik), sollte auch die Kontrolle über den EG-Haushalt entsprechend weiter ausgestaltet und verbessert werden. Die Einsetzung des Rechnungshofes ging Hand in Hand mit der Neuverteilung der Haushaltsbefugnisse und der Neuregelung des Haushaltsverfahrens ab 1975, die vor allem dem → Europäischen Parlament stärkere Rechte bei der Aufstellung und Feststellung des EG-Haushalts brachte. Durch den Vertrag vom 22. Juli 1975 erhielt das EP u. a. auch die alleinige Befugnis, der → Kommission, die den Haushalt in eigener Verantwortung ausführt, die Entlastung zu erteilen. Hierbei muß das EP mit dem EuRH zusammenwirken, der zu diesem Zweck nach Abschluß jedes Haushaltsjahres einen Jahresbericht vorlegt.

Der Rechnungshof prüft alle Einnahmen und Ausgaben der Gemeinschaft ohne Rücksicht darauf, ob sie im Haushaltsplan ausdrücklich ausgewiesen sind oder nicht. Somit obliegt dem EuRH die Kontrolle des gesamten Haushaltsgebarens der EG schlechthin – eine Funktion, die sich vor allem bei der Prüfung der Haushalte 1984–86 entfaltet und dort eine Reihe von Beanstandungen zur Folge gehabt hat. Die Prüfungszuständigkeit des EuRH erstreckt sich im Prinzip auch auf die von den Organen geschaffenen nachgeordneten Einrichtungen, wie z. B. das Statistische Amt der EG, die Kernforschungseinrichtungen der EAG und die Euratom-Versorgungsagentur. Wichtigste Funktion des EuRH ist die Vorlage der Jahresberichte über die Haushaltsrechnung der EG, über die Finanztätigkeit der EGKS und – von Fall zu Fall – einzelner nachgeordneter Institutionen der Gemeinschaft. Sie erlauben dem EuRH grundsätzlich nur eine nachträgliche Kontrolle der Haushaltsführung. Zu den einzelnen Prüfungsbemerkungen können die Organe Stellungnahmen abgeben, die mit dem Jahresbericht im Amtsblatt der EG veröffentlicht werden.

Dem Gebot der Öffentlichkeit und Transparenz des Haushalts dient auch die noch weitergehende Regelung, nach der der EuRH jederzeit zu speziellen Fragen Stellung nehmen und im Wege einer begleitenden Kontrolle noch nicht abgeschlossene Rechnungsvorgänge einer Prüfung durch Sonderberichte unterziehen kann. Der Gegenstand der Sonderberichte ist vertraglich nicht näher umschrieben. Die Initiative dazu kann entweder vom EuRH selbst oder von den EG-Organen ausgehen.

Seit 1977 hat sich der Rechnungshof zur autonomen Prüfungs- und Kontrollinstanz entwickelt, deren hohe sachliche Autorität außer Zweifel steht. Dennoch befindet sich der EuRH in einer institutionell schwierigen Lage. Denn zwischen seinem Kontrollpartner, dem EP als Haushaltsorgan, dem er überwiegend zuarbeitet, und der Kommission, deren Haushaltsführung vom EP auf der Grundlage der Jahresberichte des EuRH Entlastung erteilt wird, besteht in diesem Bereich zwangsläufig ein natürliches Spannungsverhältnis. Besonders ausführlich hat sich der Rechnungshof mit der → Agrarpolitik der EG auseinandergesetzt, der er u. a. mangelndes Marktgleichgewicht und das Fehlen wirksamer Regeln für die Buchführung und Bewertung der Lagerbestände an Überschußproduktion vorwarf. Insgesamt gesehen hat sich der EuRH über seine ursprüngliche Hilfsfunktion als Kontrollpartner des EP hinaus emanzipiert und ist zu einer unabhängigen und vielseitigen Prüfungsinstanz der Gemeinschaft geworden, was die finanziellen Auswirkungen und die Wirtschaftlichkeit ihres Handelns angeht.

Thomas Läufer

Europäisches Parlament

Kompetenzen: Beratungs- und Kontrollbefugnisse (Art. 137 EWGV). Mißtrauensvotum gegenüber der Kommission nach Art. 144 EWGV. Zusätzlich durch Vertragsänderungen u. Übereinkünfte: Entscheidungsrechte (hinsichtlich der nichtobligatorischen Ausgaben des EG-Haushalts nach Art. 203 EWGV, Beitritts- und Assoziierungsabkommen Art. 237, 238 EWGV). Mitwirkungsrechte (Anhörung in der Gesetzgebung, u.a. Art. 43, 100, 130s EWGV, Verfahren der Zusammenarbeit nach Art. 149 EWGV, Fragerechte gegenüber der Kommission nach Art. 140 EWGV). Außervertragliche Beteiligungsformen (vertrauliche Information über die Aushandlung von Handels- und Assoziierungsverträgen, Fragerecht gegenüber EPZ-Präsidentschaft, förmliche Konzertierung in der Rechtssetzung).
Vertragsgrundlagen: Art. 137–144 EWGV.
Zusammensetzung: 518 Abgeordnete aus den 12 EG-Staaten. Politisch bedeutsamer ist die Zusammensetzung nach Fraktionen.
Abstimmungsmodalitäten: I.d.R. einfache Mehrheit; bei wichtigen Entscheidungen (z.B. Mißtrauensantrag gegen die Kommission, Haushaltsentscheidungen) nach im EWGV festgelegten Bestimmungen.
Literatur: Eberhard Grabitz u.a.: Direktwahl und Demokratisierung – Eine Funktionenbilanz des Europäischen Parlaments nach der ersten Wahlperiode, Bonn 1988; Otto Schmuck/Wolfgang Wessels: Das Europäische Parlament im dynamischen Integrationsprozeß: Auf der Suche nach einem zeitgemäßen Leitbild, Bonn 1989.

Das Europäische Parlament (EP) ist das parlamentarische Organ der EG; seit 1979 wird es direkt gewählt. Sein Vorläufer war die Gemeinsame Versammlung der → Europäischen Gemeinschaft für Kohle und Stahl.

Nach Art. 138 EWG-Vertrag ist die Zahl der Abgeordneten für die Zwölfer-Gemeinschaft auf 518 festgelegt. Die Zahl der Mitglieder spiegelt die Einwohnerzahlen der Mitgliedstaaten nur unvollkommen wider; nach der Einigung Deutschlands vertritt ein deutscher Abgeordneter etwa 926.000, während es bei seinem Luxemburger Kollegen nur etwa 60.000 Bürgerinnen und Bürger sind.

Politisch bedeutsamer als die Aufschlüsselung nach Nationen ist die Zusammensetzung des EP nach Fraktionen. Diese sind im Zusammenhang zu sehen mit den → europäischen Parteienzusammenschlüssen. Hier ergibt sich nach der dritten Europawahl vom Juni 1989 folgendes Bild:

Zusammensetzung des EP nach Nationen:

Belgien	24	Irland	15
Dänemark	16	Italien	81
Bundesrepublik Deutschland	81	Luxemburg	6
Frankreich	81	Niederlande	25
Griechenland	24	Portugal	24
Großbritannien	81	Spanien	60

Zusammensetzung des EP nach Fraktionen:

Sozialisten	180
EVP-Christdemokraten	121
Liberale und Demokraten	49
Europäische Demokraten	34
Grüne im Europäischen Parlament	30
Vereinigte Europäische Linke	28
Sammlungsbewegung der Europäischen Demokraten	20
Technische Fraktion der Europäischen Rechten	17
Koalition der Linken	14
Regenbogenfraktion	13
Fraktionslose	12
GESAMT	518

Nach Art. 140 EWGV wählt das Parlament aus seiner Mitte den Präsidenten und sein Präsidium. Der Präsident vertritt das Europäische Parlament im internationalen Bereich und gegenüber anderen EG-Organen; er kann diese Befugnis übertragen. Die Geschäftsordnung bestimmt, daß dem Präsidium der Präsident, 14 Vizepräsidenten sowie mit beratender Stimme 5 Quästoren, die mit internen Verwaltungs- und Finanzaufgaben betraut sind, angehören. Entscheidungen des Parlaments werden in den Plenarsitzungen getroffen, die Arbeit wird in 18 Ausschüssen vorbereitet: Politischer Ausschuß; Landwirtschaftsausschuß; Haushaltsausschuß; Ausschuß für Wirtschaft, Währung und Industriepolitik; Ausschuß für Energie, Forschung und Technologie; Ausschuß für Außenwirtschaftsbeziehungen; Ausschuß für Recht und Bürgerrechte; Ausschuß für soziale Angelegenheiten und Beschäftigung; Ausschuß für Regionalpolitik und Raumordnung; Ausschuß für Verkehr und Tourismus; Ausschuß für Umweltfragen, Volksgesundheit und Verbraucherschutz; Ausschuß für Jugend, Kultur,

Bildung, Medien und Sport; Ausschuß für Entwicklung und Zusammenarbeit; Ausschuß für Haushaltskontrolle; Institutioneller Ausschuß; Ausschuß für Geschäftsordnung, Wahlprüfung und Immunität; Ausschuß für die Rechte der Frau; Petitionsausschuß.

Das Europäische Parlament stimmt grundsätzlich mit der einfachen Mehrheit der abgegebenen Stimmen ab; bei wichtigen Entscheidungen gibt es nach den Bestimmungen des EWG-Vertrages jedoch festgelegte Quoren: Ein Mißtrauensantrag gegenüber der Kommission benötigt, um erfolgreich zu sein, zwei Drittel der abgegebenen Stimmen und zugleich die Mehrheit der Mitglieder (Art. 144); Abänderungen oder Ablehnung des Gemeinsamen Ratsstandpunktes beim Verfahren der Zusammenarbeit: absolute Mehrheit der Mitglieder (Art. 149); Abänderungen des Haushalts: Mehrheit der Mitglieder; Abänderung bei obligatorischen Ausgaben in der ersten Lesung: absolute Mehrheit der abgegebenen Stimmen, in der zweiten Lesung innerhalb festgelegter Höchstsätze: Mehrheit der Stimmen und zugleich drei Fünftel der abgegebenen Stimmen; Ablehnung des Haushalts: Mehrheit der Mitglieder und zwei Drittel der abgegebenen Stimmen (Art. 203).

Funktionen

Die Funktionen des Europäischen Parlaments sind mit denen nationaler Volksvertretungen in den Mitgliedstaaten kaum vergleichbar, da es in der EG keine europäische Regierung gibt, die das Parlament einsetzen und kontrollieren könnte, außerdem verfügt es über keine eigenen Entscheidungsrechte bei der Rechtssetzung der Gemeinschaft. Die folgenden drei Aufgabenbereiche können als die Funktionen des EP definiert werden:

- Die Politikgestaltungsfunktion umfaßt all diejenigen Aktivitäten des EP, die auf eine Beeinflussung der vorhandenen EG-Politiken abzielen. Politikgestaltung umfaßt die drei Bereiche Initiative, Mitwirkung an der Rechtsetzung und Kontrolle.
- Die Systemgestaltungsfunktion bezieht sich auf die Weiterentwicklung des EG-Systems. Dies betrifft sowohl die Veränderung der → Entscheidungsverfahren als auch die Neuordnung der Zuständigkeitsverteilung zwischen der EG und den Mitgliedstaaten.
- Die Interaktionsfunktion bezieht sich auf die Beziehung zwischen Abgeordneten und Wählern. Dabei geht es um die Artikulation von Wählerinteressen, die Aggregation unterschiedlicher Positionen und um die Mobilisierung der Bürger für wichtige Anliegen.

Das Europäische Parlament konnte seit der ersten Direktwahl 1979 seine Politikgestaltungsfunktion – vor allem bei der Initiative und Kontrolle –

sowie seine Systemgestaltungsfunktion in hohem Maße wahrnehmen. Defizite ergaben sich vor allem hinsichtlich seiner Durchsetzungsfähigkeit bei der Politikgestaltungsfunktion und bei der Interaktionsfunktion. Beides steht in engem Zusammenhang, da die Medien vor allem über wichtige Entscheidungen berichten, und diese fallen im EG-System vor allem im → Ministerrat und bei der → Kommission.

Politikgestaltung

Nach der ersten Direktwahl 1979 entwickelte das EP vielfältige neue Aktivitäten. Zahlreiche Initiativentschließungen befaßten sich mit Menschenrechtsverletzungen in aller Welt, Fragen der Dritten Welt und aktuellen Ereignissen in der EG. Aufgrund der schwachen Befugnisse war seine Fähigkeit zur Beeinflussung von wichtigen EG-Entscheidungen in den traditionellen Zuständigkeitsgebieten der EG (→ Agrarpolitik, → Handelspolitik) wenig zufriedenstellend. Die Abgeordneten suchten vor allem im Haushaltsbereich und bei der Anhörung im Gesetzgebungsverfahren die Kraftprobe mit dem Rat und scheuten auch vor der Befassung des → Gerichtshofes der EG mit derartigen Streitfragen nicht zurück. 1980 und 1985 wurde der EG-Haushalt abgelehnt, mit der Konsequenz, daß bis zur Ausarbeitung einer neuen Vorlage mit einem System der "vorläufigen Zwölftel" gearbeitet werden mußte: Pro Monat stand ein Zwölftel des Vorjahreshaushalts als Etat zur Verfügung. Seit 1979 baute das Parlament seine Fähigkeit zur parlamentarischen Kontrolle durch eine intensive Nutzung seines Fragerechtes, durch die verstärkte politische Überwachung der EG-Ausgaben durch den Haushaltskontrollausschuß sowie durch die Einsetzung von Untersuchungsausschüssen aus.

Die Vielfalt der zum Teil wenig koordinierten Aktivitäten führte zu dem Vorwurf, das Parlament konzentrierte seine Arbeit nicht genug auf wesentliche EG-Angelegenheiten. Diese Situation hat sich seit dem Inkrafttreten der → Einheitlichen Europäischen Akte (EEA) im Juli 1987 insofern geändert, als nunmehr die Mitwirkung am Zustandekommen von Binnenmarkt-Rechtsakten in der Parlamentsarbeit einen zunehmend breiteren Raum einnimmt. Das hierzu eingeführte neue Verfahren der Zusammenarbeit nach Art. 149 EWGV hat sich in der Praxis weitgehend bewährt, wenn es auch weiterreichende Entscheidungsrechte in der Gesetzgebung nicht ersetzen kann. Nach Angaben der Kommission wurden zwischen Inkrafttreten der EEA und Ende 1989 112 Vorschläge nach diesem Kooperationsverfahren, das durch zwei Lesungen im Parlament gekennzeichnet ist, angenommen. Von der Gesamtzahl der in erster Lesung vom Parlament eingebrachten Änderungsanträge wurden mehr als

66% von der Kommission und etwa 48% vom Rat angenommen. In zweiter Lesung wurden vom Parlament 44 gemeinsame Standpunkte des Rates gebilligt, zu 68 wurden Abänderungen vorgeschlagen. In diesem Entscheidungsstadium ist die Erfolgsquote des Parlaments deutlich geringer: Von der Kommission wurden noch 49%, vom Rat ganze 14% übernommen. Die bisherigen Erfahrungen mit der Anwendung der neuen Verfahren zeigen, daß Kommission und Rat erkennbar die Wünsche und Forderungen der Abgeordneten stärker als früher in ihre Überlegungen einbeziehen. Großen Wert legte das Europäische Parlament auf die Berücksichtigung der sozialen und ökologischen Dimension bei der Verwirklichung des → Binnenmarktes.

Systemgestaltung

Das Europäische Parlament nimmt bei Überlegungen zur Reform der EG in zweierlei Hinsicht eine wichtige Rolle ein: Zum einen kommt ihm in einem demokratischen Modell der Gemeinschaft als dem gewählten Vertretungsorgan der Bürger eine zentrale Entscheidungsrolle zu, zum zweiten wirkt es auch als wesentlicher Motor für Veränderungen. Dies wurde bereits vor den ersten Direktwahlen 1979 deutlich, als das EP immer wieder Pläne für eine demokratischere und handlungsfähigere Gemeinschaft vorlegte, u. a. den Vertragsentwurf der Ad-hoc-Versammlung der EGKS 1953; den Pleven-Bericht über den "Entwurf eines Vertrages zur Gründung einer Union der Europäischen Völker" 1961 sowie den Bertrand-Bericht über die → Europäische Union 1975.

Nach der ersten Europawahl im Juni 1979 nahmen die Aktivitäten zur Systemgestaltung deutlich zu und fanden ihren ersten Höhepunkt am 14. 2. 1984 mit der Verabschiedung des "Vertragsentwurfs zur Gründung der Europäischen Union" (→ Reformberichte). Dieser Vertragsentwurf stellt das Grundgerüst einer europäischen Verfassung dar. Parlament und Rat sollen gleichberechtigt am Zustandekommen von Rechtsakten der Europäischen Union beteiligt werden. Zwischen den Mitgliedstaaten und der Union wird eine klare Aufteilung der Kompetenzen vorgenommen, wobei dem Prinzip der Subsidiarität eine tragende Bedeutung zukommt. Der Vertragsentwurf konnte nach 1984 nicht realisiert werden, doch gab er einen wesentlichen Anstoß für die Ausarbeitung der EEA.

Im Hinblick auf die Verwirklichung des Binnenmarktes zeichnete sich 1989/90 eine neue Reformdebatte in der EG ab, in deren Mittelpunkt nach den Vorstellungen des Europäischen Rates die Schaffung der Europäischen → Wirtschafts- und Währungsunion (WWU) stehen sollte. Das EP setzte sich letzlich erfolgreich für eine Ausweitung des Mandats der für Dezember 1990 einberufenen Regierungskonferenz zur Schaffung der WWU auch auf institutionelle Fragen ein: Eine zweite Regierungskonferenz zur Politischen Union widmet sich der institutionellen Reform. Gleichzeitig strebte das EP weiterhin eine Realisierung seines zu überarbeitenden Vertragsentwurfs zur Gründung der Europäischen Union an. Doch sind die Realisierungschancen eines derartig umfassenden Vorhabens begrenzt.

Das EP ist auch für weniger weitreichende Reformschritte offen. Es hat seine Ziele bezüglich seiner eigenen Rolle in einer Entschließung vom 14. März 1990 (Bericht Martin) umfassend aufgelistet. Demnach verlangt es:

– ein Mitentscheidungs- sowie ein Initiativrecht bei der Gesetzgebung;
– ein Wahlrecht für den Kommissionspräsidenten und ein Zustimmungsrecht zur Ernennung der Kommission, des Gerichtshofes sowie des → Europäischen Rechnungshofs;
– ein umfassendes Untersuchungsrecht;
– ein Ratifizierungsrecht im Hinblick auf jene wesentlichen konstitutionellen Rechtsakte, die von den EG-Staaten ratifiziert werden müssen;
– ein Mitentscheidungsrecht bei allen wesentlichen außenpolitischen Verträgen, einschließlich der Handelsabkommen.

Zwar gibt es bei einigen der Mitgliedsregierungen eine erkennbare Unterstützung für derartige Ziele, die Erfahrungen der Vergangenheit und die nach Art. 238 EWGV erforderliche Zustimmung aller Mitgliedstaaten zu Vertragsänderungen lassen weitreichende Reformen jedoch zumindest als schwierig erscheinen.

Interaktion mit den Wählern und politische Rolle/Leitbild

Trotz vielfältiger Anstrengungen hat das EP nach wie vor deutliche Probleme, seine Funktionen und Leistungen den EG-Bürgern zu vermitteln. Nach einer repräsentativen Umfrage im Auftrag der EG-Kommission hatten im Frühjahr 1990 nur 52% der EG-Bürger in letzter Zeit etwas vom EP gehört oder gelesen. 54% derjenigen, die etwas vom Parlament gehört oder gelesen hatten, bekundeten eher einen guten, 14% einen eher schlechten Eindruck von der Arbeit der Abgeordneten. Nach wie vor wünscht etwa die Hälfte der EG-Bürger (52%) eine institutionelle Stärkung dieses Organs. Um das EP stärker im Bewußtsein der Wähler zu verankern, kommt es neben der nach wie vor notwendigen institutionellen Aufwertung auch darauf an, daß die Medien verstärkt über das Parlament berichten und daß es den Vermittlungsinstanzen gelingt, seine politische Rolle im EG-System angemessen zu verdeutlichen.

Die Rolle des EP in der EG und sein Bild in der Öffentlichkeit ist im wesentlichen von zwei Faktoren abhängig: von den Besonderheiten des EG-Systems und der institutionellen Stellung des Parlaments darin und von der Funktionenwahrnehmung und der Prioritätensetzung des Parlaments in seiner Arbeit. Bei der Suche nach einem realistischen Leitbild für das Europäische Parlament bieten sich vier Modelle an:

1. Unter einer möglichen "Forumsrolle" des EP wird ein Ort der Diskussion verstanden, in dem Interessen artikuliert und Initiativen entwickelt werden. Die Sorgen und Nöte der Bürger werden dort diskutiert und nach Lösungsvorschlägen gesucht, die von den anderen Entscheidungsträgern umzusetzen sind. Die parlamentarischen Rechte sind in diesem Konzept von zweitrangiger Bedeutung. Die Durchführung von Europawahlen garantiert, daß die Mitglieder des "Forums" die verschiedenen politischen und regionalen Strömungen in der Gemeinschaft repräsentativ widerspiegeln. Ein Modell für ein solches Forum ist die Parlamentarische Versammlung des Europarates.

2. Beim Konzept "Legislative" wird die Bedeutung des Parlaments beim Zustandekommen von Gesetzen herausgehoben. Es herrscht eine deutliche Gewaltenteilung zwischen der Legislative (Parlament) und der Exekutive (Regierung). Wahlen bedeuten hier die Alternative zwischen verschiedenen Programmen. In diesem Modell ist die gesetzgeberische Kompetenz des Parlaments von entscheidender Bedeutung. Der US-amerikanische Kongreß kann als solch eine "Legislative" charakterisiert werden.

3. Beim Konzept der "Mitregierung" (Gubernative) wählt das Parlament die Regierung. Die Parlamentsmehrheit, die Regierung und die Verwaltung bilden eine Handlungseinheit zur Verfolgung gemeinsamer Ziele. Das Parlament agiert nicht als ein homogenes Organ, es ist vielmehr der verfassungsmäßige Ort, an dem die Regierung gewählt wird. In allgemeinen Wahlen konkurrieren Personen und Parteien miteinander. In diesem Modell dominiert das Recht des Parlaments zur Wahl der Regierung alle anderen Befugnisse, und dies führt normalerweise (aber nicht immer) zu einer Beherrschung des Parlaments durch die Exekutive. Als Beispiel für das Konzept "Gubernative" kann der Deutsche Bundestag gelten.

4. Beim Konzept "Mitgestalter" ist das Parlament in unterschiedlichen Formen an der Entscheidung beteiligt. Ohne daß es in jedem Fall die Verfahren bestimmten könnte, verfügt es insgesamt über so viele Machtmittel und Befugnisse, daß die anderen am Entscheidungsprozeß Beteiligten auf seine Ziele und Anliegen Rücksicht nehmen müssen, selbst wenn dem Parlament im Einzelfall Entscheidungsrechte fehlen.

Das Konzept "Mitgestalter" beschreibt die institutionelle Rolle des EP im EG-System gegenwärtig am treffendsten. Doch entspricht ein derartiges Leitbild kaum den Erfahrungen, die Wähler und Europa-Abgeordnete mit ihren nationalen Parlamenten gemacht haben. Das EP ist bisher nicht zum europäischen Gesetzgebungsorgan geworden; dennoch entspricht seine Stellung dem klassischen Gewaltenteilungsschema in höherem Maße als manches nationales Parlament, da es in seiner Gesamtheit die Exekutive kontrolliert – nicht nur über eine stets in der Minderheit befindliche Opposition.

Bilanz

In der Mitte der dritten Wahlperiode kann festgestellt werden, daß sich das EP im institutionellen Gefüge der Gemeinschaft eine Stellung erkämpft hat, die weit über eine Rollenbeschreibung als "Forum" hinausgeht: Heute wirkt es mit erkennbaren Folgen an der Gesetzgebung zum Binnenmarkt mit, es kann über seine Haushaltsrechte Einfluß auf wesentliche Aktivitäten der Gemeinschaft nehmen und es hat die Möglichkeit, durch parlamentarische Anfragen, Untersuchungs- und Ad-hoc-Ausschüsse sowie Dringlichkeitsdebatten die Verfahren der Gemeinschaft transparenter und damit für den Bürger nachvollziehbarer zu machen. Darüber hinaus beeinflußt es auch in vielfältiger Weise die außenpolitische Willensbildung der Gemeinschaft und ihrer zwölf Mitgliedstaaten.

Dies alles kann jedoch über den weiterhin vorhandenen Reformbedarf nicht hinwegtäuschen: Noch immer stehen dem EP wesentliche Entscheidungsrechte nicht zur Verfügung; noch immer bleibt das Interesse der Medien an seiner Arbeit begrenzt und noch immer ist sein Bekanntheitsgrad nicht allzu hoch. Fortschritte könnte in dieser Situation vor allem eine institutionelle Stärkung des Europäischen Parlaments bringen. Die im Dezember 1990 begonnene Regierungskonferenz könnte hierfür die Weichen stellen.

Otto Schmuck

Europäisches Währungssystem

Gründungsdatum: 13.3.1979, rückwirk. zum 1.1.1979.
Mitglieder: Zur Bildung der Europäischen Währungseinheit (ECU) alle EG-Länder; beim Wechselkursmechanismus gelten für Spanien und Großbritannien Sonderregelungen; Griechenland und Portugal sind keine Teilnehmer.
Vertragsgrundlagen: VO des Rates "zur Änderung des Wertes der vom Europäischen Fonds für währungspolitische Zusammenarbeit (EFWZ) verwendeten Rechnungseinheit" und über das "Europäische Währungssystem" (18.12.1978); Entscheidung des Rates über den mittelfristigen finanziellen Beistand (21.12.1978); Abkommen der nationalen Zentralbanken der EG "über die Funktionsweise des EWS" (13.3.1979); Akte der nationalen Zentralbanken der EG "über den kurzfristigen Währungsbeistand" (13.3.1979); Beschluß des Verwaltungsrates des EFWZ (13.3.1979).
Organe: Rat der Finanzminister; Beratender Währungsausschuß (zwei Vertreter je EG-Land und Kommission); EFWZ (Präsidenten der Zentralbanken der EG-Länder, Kommission nur Beobachterstatus).
Literatur: Rolf Picker: Europäisches Währungssystem/ECU. Recht-Wirtschaft-Politik-Zeitgeschichte, Hildesheim, Zürich, New York 1987; Rolf H. Hasse: Die Europäische Zentralbank: Perspektiven für eine Weiterentwicklung des Europäischen Währungssystems, Gütersloh 1989.

Das 1979 errichtete Europäische Währungssystem (EWS) zählt zu den wichtigsten Integrationsleistungen seit Gründung der Gemeinschaft. Es gilt als bewährter Ordnungsrahmen für Fragen währungspolitischer Zusammenarbeit. Seine politischen Architekten waren der französische Staatspräsident Giscard d'Estaing und Bundeskanzler Helmut Schmidt.

Vorgeschichte und Interessen

In den Gründungsverträgen spielte die Integration des Währungssektors zunächst eine untergeordnete Rolle. Die "Währungspolitik der Mitgliedstaaten" (Art. 105), insbesondere die Regelung der Wechselkurse sollte lediglich "als eine Angelegenheit von gemeinsamem Interesse" (Art. 107) betrachtet werden. Die EG beschränkte sich auf wenige allgemein gehaltene Regeln zur Währungskooperation sowie die Gründung des Währungs- und, 1964, des Gouverneursausschusses als institutionelle Grundlagen.

Ende der 60er Jahre kam es zu dem ersten Versuch, diesen Bereich umfassend in die Gemeinschaftpolitik zu führen. Dafür gab es zwei Gründe: Erstens suchte die EG nach Vollendung der Zollunion 1969 neue, den Integrationsprozeß tragende und vertiefende Perspektiven. Den zusammenwachsenden Märkten standen nach wie vor eine jeweils eigene Wirtschafts- und Währungspolitik der Mitgliedstaaten gegenüber. So bot sich das Ziel einer gemeinsamen Währung als Zugpferd künftiger Integration an. Zweitens verschlechterten sich in den Folgejahren die ökonomischen Rahmenbedingungen derart (Zusammenbruch des Festkurssystems von Bretton Woods, Ölkrisen, Rezession), daß es sinnvoll schien, ihnen in Europa gemeinsam zu begegnen.

Vor diesem Hintergrund entwickelte die EG auf Initiative der → Kommission sowie auf der Grundlage der Erklärung der Staats- und Regierungschefs zur → Wirtschafts- und Währungsunion (Den Haag 1969) den sogenannten Werner-Plan. Er wurde am 8. Oktober 1970 vorgelegt und sah eine stufenweise, in zehn Jahren zu schaffende Wirtschafts- und Währungsunion vor. Der Plan scheiterte. Zwar trugen dazu auch die Währungskrisen 1971/73 und die Ölkrise 1973/74 bei. Vor allem aber wurde hier ein grundsätzlicher konzeptioneller Gegensatz zwischen französischen und deutschen Interessen erkennbar, der bis heute auf die Politik beider Länder einwirkt:

- Die Bundesrepublik, unterstützt vor allem von den Niederlanden, verfolgte eine "ökonomische" Position: Danach sollten zunächst die Ursachen von Währungsschwankungen und Wechselkursänderungen behoben, also die Wirtschaftspolitik im wesentlichen nach gleichen Grundsätzen ausgerichtet werden (Konvergenz). Erst dann, im äußersten Falle zeitgleich, sollte es zu währungspolitischen Kompetenzübertragungen auf EG-Ebene kommen ("Krönungstheorie"). Ziel war eine unbedingte Stabilitätsgemeinschaft in der Währungspolitik sowie eine vorrangig stabilitätsorientierte → Wirtschaftspolitik. Eine europäische Zentralbank sollte wie die Deutsche Bundesbank von politischen Weisungen der Regierung unabhängig sein.
- Frankreich sowie die EG-Kommission und Belgien ("Monetaristen") wollten dagegen als erstes die Wechselkurse festschreiben. Sie versprachen sich davon Anpassungsdruck auf den Wirtschaftssektor ("Lokomotivtheorie"). Zur Stabilisierung der Wechselkurse sahen sie verschiedene Instrumente zur gemeinsamen Finanzierung von Ungleichgewichten in der Zahlungsbilanz und dazu die Zusammenlegung der Devisenreserven vor. Dies bedeutete die Inkaufnahme eines Exports von inflationistischen Tendenzen auch in währungsstabile Länder. Im übrigen hat die

Pariser Regierung bis heute großen Einfluß auf die Geldpolitik ihrer Nationalbank und deshalb große Vorbehalte gegenüber einem unabhängigen europäischen Zentralbanksystem (EZBS), obwohl sie eigentlich einer solchen Lösung im Grundsatz zugestimmt hat.

Der Werner-Plan scheiterte an der Unvereinbarkeit dieser Konzepte. Auch der 1972 zwischen den Zentralbanken vereinbarte europäische Währungsverbund ("Währungsschlange") führte letztlich aufgrund dieses Interessenkonflikts nicht zu einer integrationsfördernden Zusammenarbeit. Die Schwachwährungsländer verließen die Schlange immer dann, wenn sie ihre Wirtschafts- und Währungspolitik unter dem Druck der verhältnismäßig stabilen D-Mark hätten anpassen müssen. Für Frankreich war es im übrigen eine Prestigefrage, sich der DM-Dominanz nicht unterzuordnen.

Die Errichtung des EWS

Dennoch kam es 1979, auf deutsch-französische Initiative, zur Errichtung des EWS. Begünstigend wirkte zunächst, daß Frankreich unter Giscard d'Estaing eine stärker stabilitätsorientierte Wirtschafts- und Währungspolitik einschlug und die Bundesrepublik dem westlichen Nachbarn mit dem EWS-Projekt die gesichtswahrende Rückkehr in einen Währungsverbund ermöglichte. Der unmittelbare Anstoß zur Schaffung des Systems ging jedoch auf externe Faktoren zurück: Der wachsende Dollarverfall erhöhte die Bereitschaft der Mitgliedstaaten, selbst mehr zur internationalen Währungs- und Wechselkursstabilität zu leisten. Für die Deutschen, als Exportland vor allem in Europa engagiert, ging es um außenwirtschaftliche Absicherung. Es war der Versuch, den Aufwertungsdruck auf die D-Mark, der auf den Dollarverfall folgte durch das EWS abzuschirmen. Frankreichs Interesse war einerseits der Import von Stabilität durch Anbindung an die stabile D-Mark und andererseits der Versuch der Einflußnahme auf deutsche Geldpolitik durch "symmetrische" Ausgestaltung des EWS. Damit war das System nicht primär ein Werk integrationspolitischer Vision – Schmidt stand den EG-Institutionen eher skeptisch gegenüber. Vielmehr schuf man mit dem EWS einen pragmatisch orientierten Handlungsrahmen, der den Interessen der beteiligten Länder – u.a. dem Wunsch nach innergemeinschaftlicher Währungsstabilität und größerer Währungsstabilität nach außen – entsprach und ihre nationale Währungshoheit im Grundsatz nicht berührte. Bezüglich einer gemeinschaftlichen Entwicklungsperspektive blieb der EWS-Text sehr schwach. Die ursprüngliche Absicht, das EWS nach zwei Jahren in ein endgültiges EG-System zu überführen, konnte nicht umgesetzt wurde. Das EWS fügte sich nicht nahtlos in das Gemeinschaftswerk ein, sondern fand seine Rechtsgrundlagen sowohl auf gemeinschaftlicher, als auch einzelstaatlicher Ebene. Erst mit der → Einheitlichen Europäischen Akte (1987) ging das EWS insofern in den Gemeinschaftsvertrag ein, als es in Art. 102 EWGV zumindest erwähnt wird.

Struktur und Funktionsweise

Das EWS besteht aus drei Elementen: der ECU (European Currency Unit/Europäische Währungseinheit), einem Wechselkurs- und Interventionssystem sowie verschiedenen Kreditmechanismen.

a) Die ECU (Nachfolgerin der bis dahin gültigen Europäischen Rechnungseinheit ERE) ist eine künstlich geschaffene Bezugsgröße zwischen den EG-Währungen – eine künstliche Währung. Sie errechnet sich aus dem je nach Wirtschaftskraft der Mitgliedstaaten gewogenen Durchschnittswert aller am EWS beteiligten Währungen. Mit 30,4% hat die D-Mark den mit Abstand größten Anteil am Währungskorb der 12 (Franz. Francs: 19,3%, Pfund Sterling: 12,6%). Primär hat die ECU die Funktion einer Bezugs- und Rechengröße im Wechselkurs- und Interventionssystem sowie zur Abwicklung der Kreditmechanismen. Sie ist ferner ein begrenztes Reserveinstrument. Gegen Hinterlegung von 20% ihrer Goldbestände und 20% ihrer Dollarreserven beim Europäischen Fonds für währungspolitische Zusammenarbeit (EFWZ) erhalten die nationalen Zentralbanken ECU, um damit ihren internen Zahlungsverkehr (Ausgleich von Interventionssalden) abzuwickeln ("offizielle ECU"). Die ECU kann ferner als "private ECU" zu internationalen Transaktionen sowie als Emissions- und Anlagewährung an internationalen Kapitalmärkten genutzt werden (in Deutschland sind ECU-Konten erst seit Juni 1987 zugelassen).

b) Der Wechselkurs- und Interventionsmechanismus – der wichtigste Teil des Systems – funktioniert mit Hilfe eines "Paritätengitters": Für jede EWS-Währung wird ein in ECU ausgedrückter Leitkurs festgelegt (1 ECU = rd. 2 DM). Die am Interventionssystem teilnehmenden Währungen setzt man in Bezug zueinander. So entsteht ein Netz aus bilateralen Leitkursen. Griechenland und Portugal nehmen am Interventionsmechanismus nicht teil, Großbritannien erst seit dem 8. Oktober 1990. Diese Kurse dürfen um 2,25% nach oben/unten schwanken (Ausnahmen: Spanien und Großbritannien, Bandbreite bei 6%). Erreichen die Kurse diese Ober-/Untergrenzen, so müssen die betroffenen Zentralbanken die Währungsschwankungen durch An- oder Verkäufe am Devisenmarkt begrenzen (Interventionen). Seit der Übereinkunft von Basel/Nyborg im September 1987 ("kleine EWS-Reform") können die Zentralbanken im EWS-Rahmen früher in die Kursentwicklung eingreifen ("intramarginale Intervention") und das EWS so feinsteuern. Leitkursänderungen ("Realignments") werden vom EG-Währungsausschuß vorbereitet und von den Finanzministern einstimmig beschlossen. Nach zunächst schnell aufeinanderfolgenden Realignments vor allem zwischen 1981 und 1983 erfolgte die letzte Leitkursänderung Anfang 1987.

c) Die drei Kreditmechanismen des EWS wurden bereits zwischen 1970 und 1972 geschaffen und 1979 ausgebaut. Sie ermöglichen Kredite zu unterschiedlichen Bedingungen. Wenn zum Beispiel eine Zentralbank intervenieren muß, aber nicht über die notwendigen Fremdwährungs-Bestände verfügt, kann sie über den EFWZ eine "sehr kurzfristige Finanzierung" abwickeln. Ferner gibt es den "kurzfristigen Währungsbeistand" zwischen den Zentralbanken sowie einen "mittelfristigen Bestand", den sich die EG-Länder gewähren können. Die Kredite unterscheiden sich je nach Laufzeit, Schuldner- und Gläubigerquote.

Entwicklung und Bewertung

Das EWS wird heute wesentlich positiver bewertet als in seiner Gründungsphase. Das betrifft weniger die Rolle der ECU, die sich auch im privaten Bereich nur mäßig etabliert hat, als vielmehr die Kooperation im Wechselkursmechanismus. Selbst die einst sehr skeptische Deutsche Bundesbank erkennt seine stabilisierende Wirkung an. Zwei Faktoren sind im wesentlichen für den Erfolg des EWS anzuführen:

– Die Dominanz der D-Mark auf den Finanzmärkten machte sie zum bestimmenden Faktor im EWS-Raum. Sie entwickelte sich zu einem Stabilitätsanker, der potentielle Schwachwährungsländer im Wechselkurssystem unter Druck setzte, ebenfalls einer auf Geldwertstabilität gerichteten Geldpolitik zu folgen, um Abwertungen zu verhindern. Für Länder wie Frankreich ist diese deutsche Führungsrolle allerdings aus psychologischen Gründen nicht unproblematisch. Paris kritisiert die "Asymmetrie" im EWS und forderte beispielsweise Ende 1987 eine engere Koordination, mit dem Ziel, den Einfluß auf die deutsche Geldpolitik zu erhöhen.
– In der ersten Hälfte der 80er Jahre setzte sich in einigen wichtigen Schwachwährungsländern (vor allem Frankreich) eine stabilitätsorientiertere Wirtschaftspolitik stärker durch. Dazu trugen zum einen die negativen Erfahrungen mit der expansiven, nachfrageorientierten Wirtschaftspolitik der 70er Jahre bei. Zum anderen diente die EWS-Mitgliedschaft stabilitätsorientierten Kräften, eine entsprechende politische Umorientierung im eigenen Land durchzuführen. Die Folge war, daß die Leitkurse immer seltener angepaßt werden mußten – der sichtbarste Erfolg des EWS. Allerdings darf in diesem Zusammenhang nicht über-

sehen werden, daß dazu auch die nachlassende Bereitschaft von Ländern mit überdurchschnittlich hohen Inflationsraten – wie z.B. Italien und Spanien – beiträgt, durch Realignments den inneren Wert ihrer Währung anzupassen. Dies verursacht ein zunehmendes Zinsgefälle und Ungleichgewichte in der Handels- und Dienstleistungsbilanz der EG-Mitgliedstaaten.

In den 80er Jahren gab es mehrfach Initiativen etwa des → Europäischen Parlaments, Frankreichs oder auch Großbritanniens, über das EWS hinaus kurzfristig eine europäische Währung zu entwickeln. So zielten einige Vorschläge auf Einführung einer Parallelwährung ECU, die die nationalen Währungen schrittweise verdrängen sollte. Andere Pläne wollten zuerst eine EG-Zentralbank errichten, bevor die Konvergenz der verschiedenen Wirtschaftspolitiken erzielt war. Erneut bildeten sich hier die alten Fronten. Aus deutscher Sicht sollte die Zusammenarbeit im EWS fortgesetzt werden, bis die wirtschaftliche Konvergenz faktisch einen stabilen, einheitlichen Währungsraum entstehen ließ. Mit dem "Delors-Bericht" zur Schaffung einer → Wirtschafts- und Währungsunion (1989) hat die EG nun eine konstitutive Neuschöpfung ins Auge gefaßt: das Europäische Zentralbanksystem (EZBS). Allerdings wird mit seiner endgültigen Errichtung nicht vor der Jahrtausendwende gerechnet und über die Ausgestaltung dieser Institution gibt es nach wie vor grundsätzlich unterschiedliche Auffassungen, die u.a. Gegenstand der seit Dezember 1990 laufenden Regierungskonferenz zur Schaffung der Wirtschafts- und Währungsunion sind.

Eckart Gaddum

Europarat

Gründungsdatum und Sitz: 5.5.1949, Straßburg.
Mitglieder: Alle 12 EG-Staaten, alle EFTA-Staaten, ČSFR, Malta, San Marino, Türkei, Ungarn, Zypern.
Vertragsgrundlagen: Satzung des Europarates 5.5.1949.
Organe: Ministerkomitee: Zwischenstaatliches Exekutiv-Organ auf Regierungsebene, gebildet von den Außenministern der Mitgliedstaaten oder in deren Vertretung und mit gleicher Entscheidungsbefugnis von den Ständigen Vertretern der Mitgliedsländer (Botschafter) beim Europarat; Parlamentarische Versammlung (bis 1974: Beratende Versammlung): Beratendes Organ ohne Gesetzgebungsbefugnisse, gebildet von Parlamentarier-Delegationen der Mitgliedstaaten (2–18 Abgeordnete). Beiden Organen steht das Generalsekretariat zur Seite.
Arbeitsgebiete: Menschenrechte, Soziales, Bildung, Kultur, Sport, Jugend, Gesundheit, Umwelt, Denkmalschutz, Kommunales, Regionales, Rechtsfragen, Massenmedien.
Besondere Einrichtungen: Europäische Kommission für Menschenrechte, Europäischer Gerichtshof für Menschenrechte; Europäisches Jugendzentrum und Europäischer Jugendfonds; Ständige Konferenz der Gemeinden und Regionen Europas; Sozialer Entwicklungsfonds.
Literatur: Otto Schmuck (Hrsg.): 40 Jahre Europarat. Renaissance in gesamteuropäischer Perspektive? Bonn 1990.

Der Europarat ist die erste politische Organisation nach dem Zweiten Weltkrieg mit dem Ziel, Einheit und Zusammenarbeit in Europa zu fördern. Ausgangspunkt seiner Gründung waren Initiativen verschiedener Gruppen, die aus den Kriegserfahrungen heraus für eine umfassende Verständigung zwischen den europäischen Völkern eintraten. Auf dem 1. Haager Kongreß 1948 forderten über 700 Teilnehmer aus 16 Ländern u.a. die Übertragung von souveränen Rechten auf eine Union, die Einberufung einer Europäischen Versammlung und die Anerkennung einer Charta der Menschenrechte, deren Einhaltung von europäischen Gerichtshöfen überprüft werden sollte. Die Vorschläge des Haagers Kongresses – in der Folgezeit vor allem artikuliert von der im Anschluß daran gegründeten → Europäischen Bewegung – stießen bei den westeuropäischen Regierungen auf ein geteiltes Echo. Vor allem Briten und Skandinavier hielten es für ausreichend, wenn sich die Regierungen zu einer engeren Zusammenarbeit verpflichteten – unter Wahrung der Souveränität. Selbst die angestrebte europäische Versammlung sollte durch die Regierungen einberufen werden.

Organe

Aus diesen unterschiedlichen Zielsetzungen erklärt sich die doppelte Struktur des Europarates.

Zum einen das Ministerkomitee: Die Außenminister der Mitgliedstaaten kommen jährlich zu zwei Sitzungen zusammen, ansonsten treffen sich – abgesehen von der Sommerpause – im monatlichen Rhythmus und mit gleicher Entscheidungsbefugnis die Ständigen Vertreter der Mitgliedsländer (Botschafter) beim Europarat. Beschlüsse können nur einstimmig gefaßt werden. Von Sonderfällen abgesehen – wie Aufnahme oder Ausschluß von Mitgliedern und Verfahrensentscheidungen bei Menschenrechtsbeschwerden – sind diese aber nur Empfehlungen an die Mitgliedstaaten.

Zum anderen die Parlamentarische Versammlung: Die von den nationalen Parlamenten entsandten Abgeordneten kommen dreimal im Jahr zu einer je einwöchigen Sitzungswoche nach Straßburg. Mußten sie sich anfangs noch ihre Tagesordnung vom Ministerkomitee genehmigen lassen, beraten die Parlamentarier jetzt im Plenum und den etwa 50 Ausschüssen und Unterausschüssen einen selbstausgewählten, breiten Themenkatalog. Bis heute können jedoch nur Entschließungen und Empfehlungen an das Ministerkomitee gerichtet werden, das – außer bei Aufnahme oder Ausschluß neuer Mitglieder – nicht verpflichtet ist, diese zu berücksichtigen. Von der Versammlung gewählt wird der Generalsekretär, der dem Ministerkomitee verantwortlich ist.

Zur Koordinierung der Arbeit zwischen beiden Organen wurde der gemeinsame Ausschuß geschaffen, dem unter Vorsitz des Präsidenten der Parlamentarischen Versammlung die Außenminister der Mitgliedstaaten bzw. deren Ministerbeauftragte und Parlamentarier angehören.

Arbeiten

Nach Art. 1 seiner Satzung soll der Europarat eine "engere Verbindung zwischen seinen Mitgliedern zum Schutz und zur Förderung der Ideale und Grundsätze, die ihr gemeinsames Erbe bilden", herstellen sowie den wirtschaftlichen und sozialen Fortschritt unterstützen. Wenn der Europarat dadurch auch – abgesehen von Fragen der nationalen Verteidigung, die ausdrücklich im Statut ausgeklammert werden – sämtliche europäische Themen behandeln könnte, so hat er sich doch mit der Zeit vor allem auf drei vorrangige Bereiche konzentriert: Schutz der Menschenrechte und Demokratie, Kultur und Gesellschaftsprobleme.

Da die Organe des Europarates von den Mitgliedstaaten keine Kompetenzen übertragen bekommen haben und somit auch keine unmittelbar bindenden Rechtsnormen erlassen können, hat er zum Instrument der Konventionen und Teilabkommen gegriffen. Sie treten nach ihrer Ratifizierung durch die Mitgliedstaaten quasi als gemeinsames Gesetz in Kraft. Mittlerweile ist die Zahl der Konventionen auf 139 angewachsen. Zwei Drittel können auch von Nichtmitgliedstaaten ratifiziert werden.

Die wichtigste Konvention ist die 1950 unterzeichnete Europäische Konvention zum Schutz der Menschenrechte und Grundfreiheiten, der nur Mitgliedstaaten beitreten können. Sie stellt die Freiheits- und Bürgerrechte unter den Schutz des Kontrollsystems von Europäischer Menschenrechtskommission und Europäischem Gerichtshof für Menschenrechte in Straßburg. Neben Staaten (Staatenbeschwerde) können vor allem einzelne Personen (Individualbeschwerde) Klage führen, wenn sie sich in ihren Rechten verletzt sehen und der Rechtsweg im eigenen Land erschöpft ist. Die Konventionsorgane fällen dann für die Mitgliedstaaten verbindliche Entscheidungen (→ Menschenrechtspolitik).

Mindestnormen für wirtschaftliche und soziale Rechte sind in der Europäischen Sozialcharta festgelegt, allerdings lediglich als Zielverpflichtungen.

Die kulturelle Arbeit des Europarates wird vom Rat für kulturelle Zusammenarbeit (CCC) auf der Grundlage der von 28 europäischen Staaten ratifizierten Kulturkonvention durchgeführt. Aufgabe des Rates ist es, die Zusammenarbeit im kulturellen Bereich und im Erziehungswesen zu intensivieren und das gemeinsame europäische Erbe bewußt zu machen (→ Kulturpolitik).

Das Europäische Jugendzentrum des Europarates ist Begegnungsstätte für Jugendliche aus allen europäischen Staaten und bietet bei gleichberechtigter Mitwirkung der Jugendorganisationen Studienkurse zu europäischen und gesellschaftlichen Fragen an. Der Europäische Jugendfonds unterstützt die internationalen Aktivitäten von Jugendorganisationen (→ Bildungs- und Jugendpolitik).

Die Ständige Konferenz der Gemeinden und Regionen Europas mit jährlich zusammenkommenden Abgeordneten, die örtlich gewählt und von den Regierungen ernannt werden, dient dem Meinungsaustausch der Kommunal- und Regionalpolitiker und beteiligt die Gebietskörperschaften am Prozeß der europäischen Einigung.

Der Sozialentwicklungsfonds unterstützt Projekte im Gesundheitswesen sowie für Flüchtlinge, die Wiedereingliederung von Arbeitslosen und den Bau von Sozialwohnungen. 1990 standen Darlehen in Höhe von 1,6 Mrd. DM zur Verfügung. Die Initiative für diese und andere Aktivitäten geht in vielen Fällen von der Parlamentarischen Versammlung aus. Eine überaus wichtige Rolle spielen aber auch die Fachkonferenzen der Sozial-, Sport-, Kultur- oder Justizminister, bei denen europäische Lösungen diskutiert werden. Darüber hinaus ist der Europarat bestrebt, mit öffentlichen Kampagnen und Konferenzen seine Empfehlungen in Taten umzusetzen und seine Arbeit verstärkt in die Öffentlichkeit zu tragen. So veranstaltete er 1988 zusammen mit der EG die "Europäische Öffentlichkeitskampagne über Nord-Süd-Interdependenz und -Solidarität", um auf die tiefgreifenden Ungleichgewichte zwischen Europa und der Dritten Welt aufmerksam zu machen. Eine weitere zentrale Kampagne war 1988 dem ländlichen Raum gewidmet.

Ein völlig neues Arbeitsfeld ist für den Europarat der Kontakt zu den osteuropäischen Staaten. Galt die Straßburger Organisation lange Zeit als Institution des Kalten Krieges, ist sie inzwischen zu einem wichtigen Forum für die veränderten Ost-West-Beziehungen avanciert. Die Sowjetunion, Polen, Rumänien, Jugoslawien und Bulgarien haben den Gaststatus der Parlamentarischen Versammlung. Als erstes osteuropäisches Land wurde Ungarn 1990 in den Europarat aufgenommen. Im Februar 1991 folgte die ČSFR, im Herbst 1991 wird mit der Aufnahme von Polen gerechnet. Neben Polen haben auch Jugoslawien und Bulgarien den Beitritt beantragt. Nach dem Beitritt zu mehreren Konventionen haben Ungarn, Polen, die ČSFR und Jugoslawien den Antrag auf Vollmitgliedschaft gestellt. Als erstes von ihnen wurde Ungarn 1990 als 24. Mitgliedstaat in den Europarat aufgenommen.

Bilanz

Der Europarat hat mit seinen Kampagnen, Konferenzen, Komitees und vor allem Konventionen einen wichtigen Beitrag zur europäischen Integration geleistet. Gab er bisher – so die Generalsekretärin Lalumière – den Rahmen ab für nützliche, aber nicht besonders spektakuläre Kooperation auf speziellen Teilgebieten, so rückt der bisherige "Westeuroparat" mehr und mehr zum Forum für den Ost-West-Dialog auf. Das verstärkte politische Gewicht des Europarates findet seinen Ausdruck auch in den im Jahr des vierzigjährigen Gründungsjubiläums eingerichteten Viererkonferenzen zwischen dem Generalsekretär und dem Vorsitzenden des Ministerkomitees des Europarates und dem Kommissionspräsidenten und dem Ratsvorsitzenden der Europäischen Gemeinschaft, um sich gegenseitig zweimal jährlich auf höchster Ebene über die jeweiligen Programme, Interessen und Aktivitäten zu informieren. Auf der ersten Konferenz wurde dem Europarat dabei eine "spezifische Rolle" für die Verbindungen zu Osteuropa und die Federführung ("leadership") für die kulturellen Beziehungen zu Ungarn und Polen übertragen – ein Achtungserfolg angesichts der sehr unterschiedlichen Ausstattung mit Personal (EG: ca. 18.000 Beamte – Europarat: ca. 900 Beamte), Finanzen (Budget 1989 EG: rund 100 Mrd. DM – Europarat: rund 130 Mio. DM) und Kompetenzen. Besonders unterstützen will der Europarat die mittel- und osteuropäischen Länder bei verfassungsrechtlichen, gesetzgeberischen und administrativen Reformen.

Neue Betätigungsfelder will sich der Europarat im Rahmen des KSZE-Prozesses erschließen. In der Pariser KSZE-Charta für ein neues Europa wird der "bedeutende Beitrag des Europarates zur Förderung der Menschenrechte und der Rechtstaatlichkeit" gewürdigt. Geprüft wird die Frage, inwieweit die in Korb III der KSZE-Schlußakte von Helsinki festgelegten Menschenrechtsprinzipien der anerkannten Kontrolle der Europäischen Menschenrechtskonvention unterworfen werden können. Gescheitert sind dagegen die Bemühungen des Europarates, parlamentarischer Unterbau der KSZE zu werden: Die USA und Kanada bestanden auf einer eigenständigen Versammlung. Der Europarat will aber seine KSZE-Debatten fortführen und hofft, der neuzubildenden und voraussichtlich nur einmal jährlich zusammenkommenden Versammlung den Rang ablaufen zu können.

Schon heute stellt die Parlamentarische Versammlung das parlamentarische Organ der → OECD dar. An der Aussprache zum Kommissionsbericht der Parlamentarischen Versammlung zum Tätigkeitsbericht der OECD beteiligen sich auch Parlamentarier aus Australien, Japan, Kanada, Neuseeland und den USA. Der Europarat trägt damit auf seine Weise zu dem bei, was sich die Delegierten des historischen Haager Kongresses der Europäischen Bewegung 1948 erhofften: die Einigung des lang gespaltenen Europas.

Georg Link

Fischereipolitik

Vertragsgrundlagen: Art. 38 EWGV.
Ziele: Gewährleistung einer angemessenen Lebenshaltung für die in der Fischerei Beschäftigten, Vermeidung von Preisschwankungen, Sicherung der Versorgung und Belieferung der Verbraucher zu angemessenen Preisen, Erhaltung und Schutz der Fischbestände.
Instrumente: Erlaß einer Marktordnung und Unterstützung von Erzeugerorganisationen zu ihrer Durchführung, Festlegung der Gesamtfangmenge in den Hoheitsgewässern der EG und deren Aufteilung auf die Mitgliedstaaten, Erlaß von Vorschriften über Fanggerät und Mindestgrößen, Überwachung der Einhaltung der Vorschriften, Abschluß von Fischereiabkommen mit Drittländern, Verbesserung der Fischereistruktur.
Haushalt: 1989: 32 Mio. ECU.
Literatur: Ortwin Gottsmann: Der gemeinsame Agrarmarkt, Fortsetzungswerk in Loseblattform, Baden-Baden.

Das "blaue Europa", wie die europäische Fischereipolitik auch genannt wird, ist im juristischen Sinne ein junger Politikbereich im Rahmen der europäischen Integration. Er fällt in den Kompetenzbereich der gemeinsamen → Agrarpolitik. Seit 1970 ist in zwei EG-Verordnungen der freie und gleiche Zugang zu den Fischgründen der Gemeinschaft für alle Fischer der EG geregelt. Bestimmte Ausnahmen waren zugunsten vom Fischfang besonders abhängiger Küstengebiete vorgesehen.

Die Norderweiterung der EG (→ Erweiterung) vergrößerte die Fischfanggebiete beträchtlich, womit die Fischereiproblematik Verhandlungsgegenstand wurde. Großbritannien, Irland und Dänemark erreichten für ihre Küstenfischer einzelne Zugeständnisse – Sechs- bzw. Zwölf-Meilen-Zonen – die bis 1. 1. 1983 Geltung hatten. Die Problematik der Aufteilung der Fangrechte wurde seit Mitte der 70er Jahre außer in der EG auch im internationalen Rahmen behandelt. Auf der Dritten Seerechtskonferenz der Vereinten Nationen kam es jedoch zu keiner Einigung über die Fischereirechte: So beanspruchten mehrere Staaten eine 200 Seemeilen-Zone und die EG folgte mit dem gleichen Schritt zum Jahresanfang 1977.

Die Größe der freien internationalen Fanggebiete ging dadurch weiter zurück. Deshalb waren Länder, deren Fanggebiete benachbart sind, genötigt, sich gegenseitig Fangquoten in Verhandlungen einzuräumen. Im Zuge dessen schloß die EG mit zahlreichen Drittländern Fischereiabkommen, die in unterschiedlicher Weise die Fangrechte regeln. Die Bestandserhaltung erfolgt durch die jährliche Festlegung der zulässigen Gesamt-Fangmengen und nach der Höhe der jeweiligen Quoten. Die Mitgliedstaaten kontrollieren die Einhaltung unter Aufsicht der Kommission.

Durch die Süderweiterung der EG dehnten sich 1986 die EG-Fischgewässer zwar erneut aus, aber die Zahl der Fischer verdoppelte sich. Portugal und Spanien werden bis 1996 gültige Übergangsfristen gewährt, die den wechselseitigen Zugang regeln und Beschränkungen der Fangrechte enthalten.

Marktordnung

Nach Art. 38 des EWGV gelten die Vorschriften für die Landwirtschaft und den Handel mit landwirtschaftlichen Produkten sinngemäß auch für die Fischerei. Im Zuge des Ausbaus der landwirtschaftlichen Marktordnungen erließ der Ministerrat 1970 eine Verordnung über die gemeinsame Marktorganisation für Fischereierzeugnisse, die 1976 und 1981 geändert worden ist. Sie orientiert sich weitgehend an der für nicht-interventionsfähige Produkte charakteristischen gemeinsamen Marktordnung für Obst und Gemüse.

Zunächst werden gemeinsame Vermarktungsformen festgelegt, die sich auf die Einteilung nach Qualitäts-, Größen- und Gewichtsklassen sowie die Verpackung, Aufmachung und Kennzeichnung der Erzeugnisse beziehen. Damit soll die Markttransparenz sichergestellt und minderwertige Ware ferngehalten werden. Die Durchführung der Vermarktung obliegt Erzeugerorganisationen. Sie sollen die rationelle Ausübung der Fischerei und die Verbesserung der Verkaufsbedingungen gewährleisten. Für die einzelnen Fischarten werden jährlich Orientierungspreise festgesetzt. Die Erzeugerorganisationen können Rücknahmepreise festlegen, unter denen sie die von ihren Mitgliedern angelieferten Erzeugnisse nicht verkaufen, diesen dafür aber einen finanziellen Ausgleich gewähren, der anteilig aus dem Ausrichtungs- und Garantiefonds für die Landwirtschaft finanziert wird. Auch Nicht-Mitglieder können zur Einhaltung der Rücknahmepreise verpflichtet werden (Allgemeinverbindlichkeitserklärung). Für die wichtigsten Fischarten belaufen sich die Rücknahmepreise zwischen 70 und 90% des Orientierungspreises. Im Interesse einer möglichst hohen Verwertung der Fischereierzeugnisse für den menschlichen Verbrauch wird eine Verarbeitungs- und Lagerprämie gewährt. Bei der Fischeinfuhr in die EG werden Zölle erhoben. Außerdem werden für die einzelnen Fischarten und die daraus hergestellten Verarbeitungsprodukte auf der Grundlage der Erzeugerpreise während der letzten drei Jahre Referenzpreise festgelegt. Die Einfuhr kann davon abhängig gemacht werden, daß sie nicht unter dem Referenzpreis erfolgt. Bei bestimmten Produkten kann in Höhe des Unterschiedes zwischen dem Referenzpreis und dem über dem Zollsatz erhöhten Frei-Grenze-Preis eine Ausgleichsabgabe erhoben werden. Bei der Ausfuhr können Erstattungen gewährt werden, die der Differenz zwischen dem innergemeinschaftlichen Preisniveau und dem Preis auf bestimmten Ausfuhrmärkten entsprechen.

Strukturpolitik

Zusammen mit der Erstfassung der gemeinsamen Marktorganisation wurde am 20. 10. 1970 eine Verordnung über die Einführung einer gemeinsamen Strukturpolitik für die Fischereiwirtschaft erlassen. Ihr Ziel ist die Förderung einer ausgewogenen, harmonischen Entwicklung der Fischwirtschaft und eine rationelle Ausnutzung der biologischen Schätze des Meeres und der Binnengewässer. Zur Koordinierung der Strukturpolitik verpflichteten sich die Mitgliedstaaten, die → Kommission jährlich über die strukturelle Lage der Fischwirtschaft sowie Art und Umfang der geplanten Maßnahmen und Programme zu unterrichten. Die Kommission wurde verpflichtet, dem → Europäischen Parlament und dem → Ministerrat jährlich einen Bericht über die Struktur der Fischwirtschaft, die Koordinierung der Strukturpolitik auf Gemeinschaftsebene und die zu diesem Zweck getroffenen Maßnahmen sowie die Gemeinschaftsfinanzierung vorzulegen. Hatte die Koordinierung der Strukturpolitik zunächst im Mittelpunkt gestanden, so ging die Gemeinschaft im Laufe der Zeit dazu über, gemeinsame Strukturprogramme durchzuführen. Beispielhaft wurde hierbei ein Programm, das im Dezember 1986 beschlossen wurde. Für die Erneuerung der Fischereiflotte, ihre Kapazitätsanpassung und weitere Maßnahmen zur Entwicklung der Fischwirtschaft wurden für einen Zeitraum von zehn Jahren 80 Mio. ECU zur Verfügung gestellt.

Erhaltung und gemeinschaftliche Nutzung der Fischbestände

Das Konzept eines einheitlichen Wirtschaftsraumes (→ Binnenmarkt) umfaßt die Nutzung der dazugehörigen Fischgewässer ohne nationale Diskriminierung. Diese Grundidee ließ sich zunächst nicht verwirklichen, da die Leistungsfähigkeit der Fischereisektoren der EG-Mitgliedstaaten unterschiedlich war und die Küstenfischerei gegenüber leistungsfähigeren Fischwirtschaften geschützt werden mußte. Deshalb wurde zunächst für die Zeit von fünf Jahren eine Vorbehaltszone von drei Seemeilen eingeführt. Die zum 1. 1. 1970 wirksam gewordene Ausdehnung der Fischereizonen von zwölf auf 200 Seemeilen in der EG war eine Reaktion auf den

"Kabeljau-Krieg", in dem zunächst Island seine Küstenzone einseitig von zwölf auf 200 Seemeilen erweiterte. Deshalb mußte die Gemeinschaft zu einer Lösung kommen, die eine geordnete gemeinschaftliche Nutzung und Erhaltung der Fischbestände erlaubte. Zwischen den beteiligten EG-Staaten mußten die Fangquoten gegenseitig ausgehandelt werden. Durch Sonderregelungen, die bei der Norderweiterung der EG Großbritannien, Irland und Dänemark zugestanden worden waren, und ähnliche Erfordernisse im Rahmen der Süderweiterung verkomplizierte sich die Lage des "blauen Europa". Die Zahl der Fischer wuchs und nationale Eigeninteressen traten zunehmend in den Vordergrund.

Die Festsetzung der zulässigen Gesamtfangmenge, ihre Aufteilung auf die Mitgliedstaaten und die Regelung des Zugangs zu Küstengewässern erforderte zwischen 1976 und 1982 erhebliche Anstrengungen des Ministerrates. Auch die Außenminister sowie die Staats- und Regierungschefs der EG tagten zu den Problemen. Sie lagen hauptsächlich in der britischen Forderung nach einer exklusiven Küstenzone, der Zuteilung der Fangmengen, den historischen Fischereirechten in der Zwölf-Meilen-Zone und der Überwachung der Fangquoten sowie den Netzgrößen und den zeitweiligen Fangverboten zur Bestandserhaltung. Am 25. 1. 1983 konnte der Konflikt im Ministerrat beigelegt werden. Den Mitgliedstaaten wurde für 20 Jahre die Errichtung nationaler Vorbehaltszonen bis zu zwölf Seemeilen unter der Voraussetzung weitestgehender Fortführung traditioneller Fischereiaktivitäten anderer Mitgliedstaaten zugestanden. Für die wichtigsten Fischarten wurden die Fanganteile auf die nächsten 20 Jahre übertragen. In der Verordnung zur Einführung gemeinschaftlicher Regeln für die Erhaltung und Bewirtschaftung der Fischgründe vom 25. 1. 1983 werden technische Erhaltungsmaßnahmen festgeschrieben. Nach der Grundsatzentscheidung des Ministerrates gelang es in den folgenden Jahren, rechtzeitig vor dem Jahreswechsel einen Ratsbeschluß über die Gesamtfangmenge und die nationalen Fangquoten zu erzielen.

Winfried von Urff

Forschungs- und Technologiepolitik

Vertragsgrundlagen: Art. 55 EGKSV, Art. 2a u. 4–11 EAGV, Art. 41a EWGV, Ratsbeschluß v. 14.1.1974 zur Durchführung einer gemeinsamen Forschungs- und Technologiepolitik; Art. 130f-q EEA.
Ziele: Koordinierung der Forschungspolitik der EG-Staaten, Definition von Forschungsprogrammen und Aktionen von gemeinsamem Interesse. Vordringliche Bereiche sind die langfristige Sicherung der industriell-technologischen Wettbewerbsfähigkeit; die Förderung einer harmonischen Wirtschaftsentwicklung der EG; Verbesserung der sozialen Lebens- und Arbeitsbedingungen; Schutz von Umwelt und Natur.
Instrumente: Gründung der Gemeinsamen Forschungsstelle; Koordinierungsmaßnahmen; EG-Forschungsprogramme; Europäische Forschungsprogramme.
Haushalt: 1990 betrug der Anteil von Forschungs-, Technologie- und Energiepolitik 3,8% des Haushalts der EG.
Literatur: Bernhard Sälzer: Europas Mehrwert. Chance für die Zukunft: Gemeinsame Technologiepolitik, Bonn 1989; Klaus Grewlich: Europa im globalen Technologiewettlauf. Der Weltmarkt wird zum Binnenmarkt, Gütersloh 1991.

Der technologische Selbstbehauptungswille ist eine der Kraftlinien des europäischen Einigungsprozesses. Europa muß aus zwei Gründen seine wirtschaftlich-technologische Wettbewerbsfähigkeit sichern und ausbauen: Einerseits, um Wohlstand, soziale Stabilität und Frieden in seiner Region zu sichern; andererseits, um partnerschaftlich an der Ausgestaltung der Rahmenbedingungen für den kooperativen Übergang in eine technologiegestützte Welt teilzunehmen, d.h. frei zu sein für die Übernahme weltwirtschaftlicher und weltpolitischer Verantwortung, insbesondere auch gegenüber den Staaten Mittel- und Osteuropas sowie der Dritten Welt.

Gleichzeitig mit der Gründung der Europäischen Wirtschaftsgemeinschaft (EWG) 1957 wurde die → Europäische Atomgemeinschaft (EAG) ins Leben gerufen. Über gemeinschaftliche Forschung und gemeinschaftliche Steuerung der Versorgung mit dem Rohstoff Uran sollten leistungsfähige Reaktortypen entwickelt und eine international wettbewerbsfähige und autonome Kernenergieindustrie aufgebaut werden; dazu wurden die vier Forschungsanstalten der "Gemeinsamen Forschungsstelle" (GFS) und die "Euratom-Versorgungsagentur" eingerichtet.

Der Sorge eines möglichen Niedergangs technologisch abhängiger europäischer Industrien versuchte die Luxemburger Ratstagung (Ministerrat) 1967 Rechnung zu tragen: Forschung und technologische Entwicklung wurden zu einer Angelegenheit von gemeinschaftlichem Interesse erhoben. Auf dem Haager Gipfel 1969 wurden die Weichen für eine Ausweitung der Gemeinschaftskompetenzen im Bereich Forschung und Technologie über den bisherigen Rahmen des EGKS- (→ Europäische Gemeinschaft für Kohle und Stahl) und des Euratomvertrags hinaus gestellt.

Entwicklung

1974 wurden auf Grundlage von Art. 235 EWGV die ersten Forschungsprogramme auf Kostenteilungsbasis zwischen den beteiligten Unternehmen und den Forschungsträgern in den Bereichen Energie, Werk- und Rohstoffe, Informationstechnologien und Medizin aufgelegt. Sie wurden ergänzt durch strukturpolitische Aktionen in Krisenbereichen wie Kohle, Stahl und Textil. Dann aber überrollte die weltwirtschaftliche Entwicklung die Gemeinschaft. Erst mit der wirtschaftlichen Wiederbelebung nach dem ersten Ölschock erhielt die gemeinsame Forschungs- und Technologiepolitik eine neue Dynamik: Die EG-Kommission erarbeitete 1977 ein Dokument, das eine gemeinsame Politik im Bereich Wissenschaft und Technologie empfahl. Ende 1982 legte sie einen "Vorschlag für eine europäische Strategie auf dem Gebiet der Wissenschaft und Technik" vor, der in das erste Rahmenprogramm 1984 bis 1987 mündete.

Ein qualitativer Sprung bei der Umsetzung von Absichtserklärungen in praktische, die westeuropäische Region mobilisierende Technologiepolitik war die Verabschiedung des Programms ESPRIT Anfang 1984 (European Strategic Programme for Research and Information Technologies). ESPRIT wurde in Abstimmung mit den führenden Elektronik-Konzernen Europas entworfen und mit Hilfe des Drucks der Unternehmer und beteiligten Forscher – zum Teil gegen den Widerstand einzelner nationaler Regierungen – im → Ministerrat durchgesetzt. Es konzentriert sich auf die vorwettbewerbliche Forschung im Bereich der Mikroelektronik und ihrer Anwendungen.

Vor dem Hintergrund der politisch wirksam werdenden Absichtserklärungen für den Weg vom → Binnenmarkt hin zu einer Politischen Union (→ Europäische Union) wurde der Gedanke einer "europäischen Technologiegemeinschaft" zunehmend mit Leben erfüllt. Dabei gab es einen offenen Dissens: während die EG-Kommission unter "Europäischer Technologiegemeinschaft" eine umfassende Koordination technologischer Anstrengungen in Westeuropa verstand, gingen die westeuropäische

Länder davon aus, daß es darum gehe, EG-Forschungs- und Technologieanstrengungen mit anderen Formen der Zusammenarbeit zu kombinieren, z.B. in der Luft- und Raumfahrt, aber auch in anderen schlüssel-technologischen Bereichen. So kam es zu einem Nebeneinander von Gemeinschaftspolitik und Anstrengungen im EUREKA-Rahmen, einem unter französischer und deutscher Führung 1985 begonnenen industrieinduzierten Forschungsansatz. Der anfängliche Gegensatz zwischen Gemeinschaftspolitik und EUREKA ist mittlerweile aufgehoben.

Mit der Ergänzung des EWGV durch die → Einheitliche Europäische Akte wurde die Technologiepolitik auch zu einem juristischen Bestandteil des europäischen Einigungswerkes: In den neu eingefügten Art. 130f-q sind die Ziele wie auch die möglichen Vorgehensweisen europäischer Forschungs- und Technologiepolitik ausformuliert. Das im Herbst 1987 verabschiedete zweite EG-Rahmenprogramm für Forschung und Entwicklung von 1987 bis 1991 hat verbindlichen Charakter; das gilt nicht nur für die Aktionslinien, sondern auch für die entsprechenden Finanzmittel. Der Forschungsministerrat hat am 23. April 1990 das dritte Rahmenprogramm für 1990 bis 1994 verabschiedet, obwohl das zweite Rahmenprogramm weiterhin in Kraft bleibt. Mit der Überlappung wird flexibles Reagieren auf neue Herausforderungen bei größerer Planungssicherheit angestrebt.

Die "direkten Aktionen" in der Forschungs- und Technologiepolitik basieren noch auf dem Euratom-Vertrag. Die vier Forschungszentren Ispra, Geel, Karlsruhe und Petten arbeiteten ursprünglich an der Entwicklung europäischer Kernreaktoren und der Aufbereitung des Brennmaterials; mittlerweile ist ihr Aufgabenfeld weit diversifiziert; 30% der Forschungsleistungen werden nicht über den EG-Haushalt finanziert. "Indirekte Aktionen" werden im Rahmenprogramm festgeschrieben und in den einzelnen Programmen spezifiziert. Die Auswahl der Projekte erfolgt nach ihrer Bedeutung für das jeweilige Zielgebiet. Kriterien sind dabei Qualität, strategische Bedeutung für die Wettbewerbsfähigkeit Europas sowie die Einschätzung des "europäischen Mehrwerts" als Folge gemeinsamer Forschung. Im Rahmen solcher Programme genehmigte Projekte werden in der Regel mit 50% von der EG gefördert. Zu den "indirekten Aktionen" gehören die großen Forschungs- und Entwicklungsprogramme wie ESPRIT oder das Telekommunikationsprogramm RACE (Research and Development in Advanced Communications Technologies for Europe).

Zu den "konzertierten Aktionen" gehört der sogenannte COST-Bereich (Coopération Européenne dans le Domaine de la Recherche Scientifique et Technique). Hierbei handelt es sich um ein Kooperationsforum, bei dem von Vertretern der westeuropäischen Region und der EG-Kommission eine Liste wichtiger Themen erarbeitet und Kooperationskontakte geknüpft werden. Bei diesen "konzertierten Aktionen" leistet die Gemeinschaft keinen eigenen Beitrag zur Finanzierung der Projekte, sondern organisiert die Zusammenarbeit in der wissenschaftlichen und technischen Forschung über die nationalstaatlichen Grenzen hinweg. Kooperationspartner sind in der Regel öffentliche Forschungseinrichtungen; die Verträge werden auf Regierungsebene geschlossen. COST umfaßt auch die EFTA. Ein weiteres Gebiet der "konzertierten Aktion" ist die Abstimmung nationaler und gemeinschaftlicher Technologiepolitiken. Dazu kommt die Kontrolle nationaler technologiepolitischer Aktivitäten.

Schließlich sollen die "horizontalen Aktionen" die Kooperations- und Förderangebote der Gemeinschaft abrunden. Hierzu gehören etwa die Förderung von Austausch und Kooperation in Ausbildung und Forschung durch Programme wie SCIENCE (Plan zur Stimulierung der internationalen Zusammenarbeit und des für die europäischen Forscher notwendigen wissenschaftlichen Austauschs), ERASMUS (Gemeinschaftliches Aktionsprogramm zur Förderung der Mobilität von Hochschulstudenten), COMETT (Programm zur Zusammenarbeit von Hochschule und Unternehmen hinsichtlich der Ausbildung auf dem Gebiet der Technologie) und die Prognose zukünftiger forschungs- und technologiepolitischer Schwerpunkte (MONITOR) sowie der Versuch einer Auswertung der Ergebnisse der Gemeinschaftsprojekte mit dem Schwerpunkt der Verbreitung dieser Ergebnisse (VALUE; spezifisches Programm zur Verbreitung und Nutzung der Ergebnisse der wissenschaftlichen und technischen Forschung). Ein besonders zukunftsträchtiger Bereich der "horizontalen Aktion" ist die Beschleunigung des Technologietransfers in Europa (Programm SPRINT; Strategisches Programm für Innovation und Technologietransfer) sowie der Versuch, die Informationsdefizite der Klein- und Mittelunternehmen bei der Partnersuche, der Beschaffung neuer Technologien sowie der Analyse von Absatzmärkten zu beheben.

Schwerpunkte

Das dritte Rahmenprogramm von 1990 bis 1994 stellt einen Kompromiß sowohl hinsichtlich der finanziellen Ausstattung als auch der Schwerpunkte dar. Im Vorfeld der Entscheidung über dieses Programm war es zu Meinungsverschiedenheiten zwischen → Europäischem Parlament und Mitgliedstaaten gekommen: die Wünsche von Parlament und Kommission nach höheren Mittelansätzen – rund 8 Mrd. ECU – wurden vom Rat abschlägig beschieden. Das Programm wird nun mit 5,7 Mrd. ECU ausgestattet.

Der Schwerpunkt des neuen Rahmenprogramms liegt auf den Informations- und Kommunikationstechnologien (2,2 Mrd. ECU). Es folgen industrielle und Werkstofftechnologien mit 88 Mio. ECU und Energie mit 840 Mio. ECU. 741 Mio. ECU sollen der Forschung im Bereich der Lebenswissenschaften (Biotechnologie, Biomedizin, Gesundheit, Agrarforschung) zufließen, jeweils 518 Mio. ECU der Umweltforschung sowie dem Aufgabenbereich "Nutzung der geistigen Ressourcen". Mit dem Rahmenprogramm verabschiedeten die EG-Forschungsminister auch das Programm zur Entsorgung radioaktiver Abfälle mit 79,6 Mio. ECU. Die Minister verständigten sich ferner auf einen gemeinsamen Standpunkt für das Einzelprogramm der Analyse des menschlichen Genoms.

Die ganz wesentlich auf privatwirtschaflicher Initiative beruhende EUREKA-Zusammenarbeit umfaßt mittlerweile mehr als 300 Projekte mit einem Finanzvolumen von mehr als 6,5 Mrd. ECU. Rund 1600 Industrieunternehmen und Forschungsinstitute aus den 19 EUREKA-Mitgliedstaaten sind beteiligt. Eines der bedeutendsten EUREKA-Programme ist JESSI (Joint European Submicron Silicon): Für JESSI werden über eine Laufzeit von weniger als 10 Jahren Investitionen im Wert von 3,8 Mrd. ECU notwendig. Dieser enorme Betrag wird rund 60% der Finanzmittel für alle anderen vorgestellten EUREKA-Projekte betragen. Ein anderes wichtiges EUREKA-Projekt hat das "Hochauflösende Fernsehen" zum Gegenstand (→ Medienpolitik).

Wie bei EUREKA ist auch bei den EG-Forschungsprogrammen die Schlüsseltechnologie der Informations- und Kommunikationstechnik als zukunftsentscheidender, wachstumsstärkster Sektor der Schwerpunkt. Das Flaggschiff ist ESPRIT II mit 1,6 Mrd. ECU, dessen Spektrum von der Grundlagenforschung in der Mikroelektronik bis zur Entwicklung für Peripheriegeräte und Informationsverarbeitungssysteme reicht. Die Telekommunikation ist ein weiteres zentrales Gebiet: Hier sollen die Netzbetreiber mit der Industrie gemeinsam einen wettbewerbsfähigen Markt für Telekommunikationseinrichtungen und -dienste auf der Basis eines integrierten Breitbandkommunikationsnetzes errichten. Dazu sind Anstrengungen bei der Schaffung neuer – wenn möglich weltweit durchsetzbarer – Normen und Standards notwendig.

Bilanz

Daß die westeuropäische Region ihre technologische Wettbewerbsfähigkeit sichern muß, steht aus wirtschaftlichen, politischen und kulturellen Gründen außer Frage. Ob andererseits die EG-Forschungs- und Technologiepolitik in ihrer jetzigen Ausgestaltung der richtige Weg zur Sicherung dieses Zieles ist, ist keineswegs abschließend geklärt. Ordnungspolitische Kritiker machen geltend, daß Technologiepolitik nicht erforderlich wäre, wenn sich alle Staaten an die marktwirtschaftlichen Spielregeln hielten. Dabei sind solche Aktionen gemeint, die gezielt nationale Industrien in den Bereichen fördern, wo sich die "industrielle Zukunft" entscheiden könnte. Hier drohe eine Beschleunigung von → Industriepolitiken und Subventionsvorgängen, die letztlich zu einem "ruinösen Wettbewerb" auf Kosten des Steuerzahlers führe.

Ein weiteres Problem ist die "Technologiekluft" in Europa. Das Gefälle in der Gemeinschaft, gerade im Bereich der Forschung und Entwicklung, erreicht eine Größenordnung von 12 zu 1. Drei Länder – die Bundesrepublik Deutschland, Großbritannien und Frankreich – machen zusammen über ¾ der gesamten öffentlichen und privaten Forschungsausgaben der Gemeinschaft aus. Dabei verfügt die Bundesrepublik Deutschland bei weitem über die höchste Forschungsintensität. Dies macht deutlich, wie weit Europa trotz aller geschilderten Fortschritte noch von einer wirklichen "Technologiegemeinschaft" entfernt ist.

Zu befürchten ist, daß Europa technologisch nicht vorankommen wird, wenn es sich in falsch verstandener Gemeinschaftstreue nach außen abkapselt bzw. im Inneren nur solche Fortschritte zuläßt, die von allen Mitgliedstaaten mitgetragen werden. Die Raumfahrt, die kontrollierte Kernfusion, aber auch die Standardisierungsbemühungen im Bereich der Informations- und Kommunikationstechnik und mittlerweile auch das hochauflösende Fernsehen zeigen, daß Europa, wenn es seine Kräfte bündelt, ein begehrter Partner für andere technologische Führungsmächte ist.

Klaus W. Grewlich

Gerichtshof der EG

Kompetenzen: Der Gerichtshof der EG (EuGH) sichert die Wahrung des Rechts bei der Auslegung und Anwendung des EWGV.
Vertragsgrundlagen: Art. 164–188 EWGV; Verfahrensordnung (VerfO) des EuGH v. 4. 12. 1974 (i. d. F. v. 7. 6. 1989); Protokoll über die Satzung des Gerichtshofes der EWG v. 17. 4. 1957 (i. d. F. v. 24. 10. 1988).
Zusammensetzung: 13 Richter und sechs Generalanwälte (Art. 165 u. 166 EWGV), die von den Regierungen der Mitgliedstaaten im gegenseitigen Einvernehmen auf jeweils sechs Jahre ernannt werden. Die Richter wählen aus ihrer Mitte den Präsidenten des Gerichtshofes für die Dauer von drei Jahren. Alle drei Jahre findet auch eine teilweise Neubesetzung der Richterstellen und der Stellen der Generalanwälte statt (Art. 167).
Abstimmungsmodalitäten: Bei Klagen von Mitgliedstaaten oder von EG-Organen entscheidet der EuGH in Vollsitzung, ansonsten bildet er Kammern mit je drei oder fünf Richtern (Art. 9 VerfO). Die Beratungen sind nicht öffentlich. Ausschlaggebend für die Entscheidungen ist die Mehrheitsmeinung der Richter. Verfahrenssprachen sind die Amtssprachen der EG. Arbeitssprache ist Französisch.
Literatur: Der Gerichtshof, in: Werner Weidenfeld/Wolfgang Wessels (Hrsg.): Jahrbuch der Europäischen Integration 1980, Bonn 1981 ff.; Ulrich Klinke: Der Gerichtshof der Europäischen Gemeinschaften – Aufbau und Arbeitsweise, Baden-Baden 1989.

Der EuGH ist eines der vier Hauptorgane der Gemeinschaft (Art. 4 Abs. 1 EWGV). Er wurde durch das Abkommen über gemeinsame Organe für die Europäischen Gemeinschaften vom 25. März 1957 als einheitlicher Gerichtshof der EG gebildet und hat seinen Sitz in Luxemburg. Die Generalanwälte bereiten parallel zu den Berichterstattern (Richtern) die beim EuGH anhängigen Streitsachen auf, geben in der mündlichen Verhandlung eine unabhängige Stellungnahme dazu ab und stellen vor allem dort auch die Schlußanträge in Form von Rechtsgutachten mit konkretem Entscheidungsvorschlag. Die Generalanwälte sind Mitglieder des Gerichts als Institution, nehmen aber nicht an den Urteilsberatungen und Abstimmungen teil. Die herausragende Stellung des EuGH im Gemeinschaftssystem und seine Autorität bei der Auslegung und Anwendung des Gemeinschaftsrechts beruhen vor allem darauf, daß der Gerichtshof nach dem Mehrheitsprinzip entscheidet und dabei allein seinem eigenen Verständnis von Recht und Gerechtigkeit folgt. Er handelt also als echtes überstaatliches Organ, frei von den Interessen der Mitgliedstaaten.

Aufgaben und Zuständigkeiten

Als einzigem rechtlichen Kontrollorgan der EG sind dem EuGH eine Reihe von Aufgaben übertragen worden, die über die richterliche Streitentscheidung hinausgehen. Der Sache nach wird der Gerichtshof tätig als

- Verfassungsgericht: Klärung der Rechte und Pflichten der EG-Organe untereinander sowie des Rechtsverhältnisses zwischen den Mitgliedstaaten und der Gemeinschaft; Normenkontrolle: Prüfung der Vereinbarkeit des Sekundärrechts (Rechtsakte des Ministerrates und der Kommission) mit dem Vertragsrecht und den allgemeinen Rechtsgrundsätzen;
- Verwaltungsgericht: Klagen natürlicher und juristischer Personen gegen die sie betreffenden Maßnahmen der EG sowie Klagen der EG-Bediensteten aus dem Dienstverhältnis;
- Zivilgericht: Feststellung außervertraglicher Haftung und Prüfung von Ansprüchen auf Schadenersatz, insbesondere Amtshaftung;
- Schiedsgericht: kraft Parteivereinbarung (Schiedsklausel oder Schiedsvertrag) kann der EuGH im Einzelfall speziell als Schiedsinstanz zuständig gemacht werden.

Ferner können sowohl → Ministerrat oder → Kommission als auch ein Mitgliedstaat beim Gerichtshof ein Gutachten über die vertragliche Vereinbarkeit (EWGV) eines beabsichtigten Abkommens der EWG mit dritten Staaten oder internationalen Organisationen beantragen (Art. 228 Abs. 1 EWGV). Hier hat der EuGH zumindest teilweise auch völkerrechtliche Prüfungsaufgaben.

Klage- und Verfahrensarten

Im einzelnen bestehen folgende Verfahrenswege zum EuGH:

- Nichtigkeitsklagen von Organen und Einrichtungen der EG, ihren Mitgliedstaaten und – in bestimmten Fällen – auch von Einzelpersonen (Art. 173 EWGV) gegen verbindliche Rechtsakte von Organen der Gemeinschaft (Richtlinien, Verordnungen, Einzelfall-Entscheidungen nach Art. 189 EWGV);
- Vertragsverletzungsverfahren der Kommission oder eines Mitgliedstaates gegen einen anderen Mitgliedstaat wegen Verletzung von Pflichten, die sich aus den Römischen Verträgen und den sekundären, von den EG-Organen gesetzten Rechtsakten des Gemeinschaftsrechts (Art. 169 u. 170 EWGV) oder aus den von der EG geschlossenen Verträgen (z.B. Art. 228 EWGV) ergeben;

– Untätigkeitsklagen von EG-Organen und Mitgliedstaaten gegen Rat oder Kommission, wenn diese es unterlassen, Beschlüsse zu fassen, die vom EWG-Vertrag geboten sind (Art. 175). Neben seinen Urteilen zum Vertragsrecht und zur Geltung der einzelnen Rechtsakte der Gemeinschaft trifft der Gerichtshof immer häufiger Vorabentscheidungen (Art. 177 EWGV), d.h. er entscheidet auf Vorlage der nationalen Gerichte über die Auslegung und Wirksamkeit des Gemeinschaftsrechts in einem Verfahren, das in einem der Mitgliedstaaten anhängig ist. Die Entscheidung des EuGH bindet dabei das nationale Gericht. Gerade das Instrument der Vorabentscheidung ist ein wichtiges Bindeglied zwischen dem EuGH und den Gerichten der Mitgliedstaaten. Es ermöglicht die einheitliche Anwendung des EG-Rechts überall in der Gemeinschaft und sichert auch eine einheitliche europäische Rechtsprechung.
– Dienstrechtsklagen, Streitsachen zwischen der EG und ihren Bediensteten (Art. 179 EWGV).

Durch Beschluß des Rates vom 24. Oktober 1988 ist dem EuGH ein "Gericht erster Instanz der EG" (Instanzgericht) beigeordnet worden, das in bestimmten Rechtssachen als Tatsacheninstanz tätig wird und der Revisionskontrolle durch den EuGH unterliegt. Die Grundlage für die Errichtung des Instanzgerichts hat die → Einheitliche Europäische Akte geschaffen (Ergänzung des EWGV durch Art. 168a). Das neue Gericht hat zwölf Mitglieder, die sowohl richterliche Tätigkeit ausüben als auch die Funktion eines Generalanwalts übernehmen können; ihre Amtszeit beträgt ebenfalls grundsätzlich sechs Jahre. Das Instanzgericht hat seine Arbeit am 31. Oktober 1989 aufgenommen und dient der Entlastung des EuGH. Vor allem soll es ihn künftig neben der Bearbeitung der Dienstrechtsklagen der EG-Bediensteten auch von der Aufklärung vielfältiger Sachverhalte entlasten, die besonders im Rahmen von Anti-Dumping-Verfahren und anderer Wettbewerbssachen der EG anfallen. Auch im Kohle- und Stahlbereich hat das neue Gericht Zuständigkeiten erhalten (Art. 33 Abs. 2., Art. 35 EGKSV).

Rechtsfortbildung

Der EuGH spielte von Anfang an eine zentrale Rolle beim Ausbau der EG zu einer Rechtsgemeinschaft. Von ihm gehen wichtige Impulse für die Weiterentwicklung des Gemeinschaftsrechts und damit für die Vertiefung der europäischen Integration aus. Besonders deutlich wird diese Funktion bei der laufenden Überprüfung von Rechtsakten des Ministerrates (Art. 189 EWGV) und bei der Auslegung des Gemeinschaftsrechts, die zugleich Rechtsfortbildung ist und damit auch die politische Rolle des Gerichtshofes prägt. Durch seine Rechtsprechung hat der EuGH ständig Lücken im Gemeinschaftsrecht geschlossen ("Richterrecht"). Er hat dabei das EG-Recht immer als eigenständige, von den Mitgliedstaaten unabhängige Rechtsordnung verstanden und sie im Zweifel zugunsten der Gemeinschaft, ihrer Integrationsziele und ihrer Bürger ausgelegt.

Besonders intensiv hat sich der EuGH der Aufgabe angenommen, die Grund- und Menschenrechte der Gemeinschaftsbürger gegenüber der Hoheitsgewalt der EG zu schützen. 1977 verabschiedeten das → Europäische Parlament, der Rat und die Kommission eine Gemeinsame Erklärung, in der sie sich zur Wahrung der Menschenrechte in der Gemeinschaft bekannten. (→ Menschenrechtspolitik). Doch schon vorher hatte der EuGH mehrfach in Fragen des Grundrechtsschutzes entschieden. Die meisten Urteile betreffen im übrigen das Wirtschaftsrecht, insbesondere das Wettbewerbsrecht, und die Durchführung der gemeinsamen Politiken der EG. Hierbei geht es vor allem um Vertragsverletzungsverfahren nach Art. 169 u. 170 EWGV. Leider haben diese Verfahren in den letzten Jahren wieder beträchtlich zugenommen. 1989 leitete die Kommission 664 Verfahren ein, in 96 Fällen kam es zu einer entsprechenden Klage vor dem EuGH, insgesamt ergingen 26 Urteile.

Wirkung der Urteile

Die Urteile des EuGH binden zunächst die Verfahrensbeteiligten. Sie werden in der amtlichen Sammlung veröffentlicht; der Tenor wird außerdem im Amtsblatt der EG abgedruckt. Sofern einzelne Rechtsakte der EG durch den Gerichtshof für nichtig oder ungültig erklärt werden, wirkt diese Entscheidung für und gegen jedermann. Vollstreckungsfähig sind indessen nur Urteile, die Zahlungsverpflichtungen auferlegen und soweit sie seitens der Mitgliedstaaten vollstreckt werden können. Im übrigen hat die Gemeinschaft keine eigenen Mittel, um die Beachtung der Urteile zu erzwingen. Die Macht des Gerichtshofes endet bei der Bereitschaft der EG-Mitglieder, sich seinen Urteilen freiwillig zu unterwerfen. Davon hat es bisher nur wenige Ausnahmen gegeben.

Thomas Läufer

Handelspolitik

Vertragsgrundlagen: Art. 36, 9, 18–29, 110–116 EWGV.
Ziele: Harmonische Entwicklung des Weltmarktes, schrittweise Beseitigung der Beschränkungen im internationalen Handelsverkehr, Abbau der Zollschranken.
Instrumente: Erlaß von Handelsregelungen, Gemeinsamer Zolltarif, Handelsabkommen. Gemeinsames Vorgehen in internationalen Organisationen.
Literatur: R.C. Hine: The Political Economy of European Trade: An Introduction to the Trade Policies of the EEC, Brighton 1985; Meinhard Hilf/Ernst-Ulrich Petersmann (Hrsg.): GATT und EG, Baden-Baden 1986.

Die EG-Handelspolitik ist neben der → Assoziierungspolitik einer der beiden tragenden Pfeiler der Außenwirtschaftskompetenz der Europäischen Gemeinschaft. Dies bedeutet, daß die EG seit Ablauf der Übergangszeit (1970) über eine ausschließliche handelspolitische Kompetenz verfügt, und daß die Mitgliedstaaten in diesem Bereich nur noch dann tätig werden dürfen, wenn sie hierzu von der Gemeinschaft ausdrücklich ermächtigt worden sind. Die EG-Handelspolitik gehört somit neben der → Agrarpolitik und der → Verkehrspolitik zu den am stärksten integrierten Politikbereichen der Gemeinschaft.

Die EG-Handelspolitik regelt die Beziehungen der Gemeinschaft mit Drittstaaten (d.h. Nicht-EG-Staaten), wobei die EG nicht nur für das Aufstellen handelspolitischer Grundsätze, sondern auch für die Regelung von Detailfragen zuständig ist. Eine genaue Definition des Begriffs 'Handelspolitik' läßt sich aus dem EWG-Vertrag nicht herleiten. Was jedoch den Umfang des Regelungsbereiches der gemeinsamen Handelspolitik anbelangt, so umfaßt diese sowohl den Handel mit Waren als auch mit Dienstleistungen, einschließlich des sich hieraus ergebenden Zahlungsverkehrs. Nicht erfaßt von den Bestimmungen der Art. 113–116 EWGV werden dagegen die Gebiete der Freizügigkeit, der Niederlassung, des Kapitalverkehrs sowie des Verkehrs. Der Handel mit Waren aus dem Montan- und Agrarsektor wird von spezifischen Vorschriften geregelt. Was die Frage anbelangt, welche Arten von Maßnahmen auf Art. 113 EWGV gestützt werden können, so dienen sowohl Gegenstand als auch Zielsetzung der betreffenden Regelung als Beurteilungskriterien. Klassische Felder der EG-Handelspolitik sind z.B. Zollsatzänderungen, Zoll-

und Handelsabkommen, handelspolitische Schutzmaßnahmen, Ausfuhrpolitik. Aber auch Handelsembargos, so z.B. gegen die UdSSR und Argentinien, die eher eine außen- als eine handelspolitische Zielsetzung verfolgen, sind in der Vergangenheit auf Art. 113 EWGV gestützt worden.

Grundsätzlich sind in bezug auf die Ausführung der EG-Handelspolitik zwei verschiedene Verfahrensvarianten zu unterscheiden, die in Art. 113 EWGV festgelegt sind: die autonome und die vertragliche Handelspolitik.

Autonome Handelspolitik

Im Rahmen der autonomen Handelspolitik kann der → Ministerrat einseitige Regelungen erlassen, d.h. in der Regel Verordnungen (→ Entscheidungsverfahren). Das hierbei anzuwendende Verfahren richtet sich nach den Regeln des allgemeinen Rechtsetzungsverfahrens in der Gemeinschaft (Art. 148, 149, 189 EWGV). Die → Kommission übermittelt dem Rat Vorschläge und dieser kann dann mit qualifizierter Mehrheit einen Beschluß handelspolitischer Natur fassen; will der Rat jedoch vom Vorschlag der Kommission abweichen, so ist für die Verabschiedung der betreffenden Maßnahme Einstimmigkeit erforderlich. Gestützt auf diese autonome Handelspolitik hat der Ministerrat eine Vielzahl von Verordnungen erlassen, die z.B. gemeinsame Ausfuhr- und Einfuhrregelungen, mengenmäßige Kontingente, Dumping- oder subventionierte Importe, unerlaubte Handelspraktiken und ähnliches betreffen. Wichtiger Teilaspekt der autonomen Handelspolitik der EG ist der Gemeinsame Zolltarif (GZT), der in Art. 9, 18ff. und 28 EWGV geregelt ist. Die Europäische Gemeinschaft ist im Gegensatz zu anderen internationalen Organisationen wirtschaftlichen Charakters (z.B. → OECD, → EFTA) dadurch gekennzeichnet, daß ihre Mitgliedstaaten nicht nur eine Freihandelszone, sondern eine Zollunion bilden. Letztere unterscheidet sich von der ersten dadurch, daß nicht nur die Zollschranken zwischen den Mitgliedstaaten aufgehoben werden, sondern daß darüberhinaus ein gemeinsamer Zollaußentarif (GZT) gegenüber Waren aus Drittländern errichtet wird; dieser GZT soll eine handelsschaffende Wirkung nach innen und einen handelsumlenkenden Effekt nach außen entfalten.

Der Gemeinsame Zolltarif gegenüber Waren und Drittländern wird vom Ministerrat gemäß Art. 28 und 113 EWGV jedes Jahr mit qualifizierter Mehrheit neu festgesetzt und umfaßt annähernd 3.000 Tarifpositionen. Seine ursprüngliche Höhe errechnete sich auf der Grundlage des arithmetischen Mittels der Zollsätze der Gründerstaaten (Benelux, Bundesrepublik Deutschland, Frankreich, Italien) und liegt z.Zt. bei durchschnittlich 4,7%. Im Außenhandel mit den Entwicklungsländern gewährt die EG momentan 128 Ländern sowie 22 abhängigen Gebieten Zollpräferenzen im Rahmen des Allgemeinen Präferenzsystems (APS), die sich ebenfalls auf Art. 113 EWGV stützen (→ Entwicklungspolitik). Einen handelspolitischen Sonderfall bildete bis vor kurzem auch der innerdeutsche Handel. Auf der Grundlage des Protokolls über den innerdeutschen Handel, das zusammen mit den Römischen Verträgen 1957 abgeschlossen wurde, wurde der deutsch-deutsche Handel als Binnenhandel betrachtet; für die übrigen Staaten der Gemeinschaft war das ehemalige DDR-Gebiet jedoch normales Drittland mit allen hieran anknüpfenden handelspolitischen Konsequenzen (→ Deutsche Einigung und europäische Integration). Ein wichtiges Tätigkeitsfeld des Ministerrates im Rahmen der autonomen Handelspolitik sind weiterhin Ein- und Ausfuhrregelungen, die von Handelsbeschränkungen und Überwachungsmaßnahmen zwecks Erkennung von unerlaubten Handelspraktiken bis hin zu Ein- und Ausfuhrverboten gehen können.

Vertragliche Handelspolitik

Die vertragliche Handelspolitik der EG ist ebenfalls in Art. 113–114 EWGV geregelt. Das Vertragsabschlußverfahren ist in zwei Abschnitte unterteilt. Die Vertragsverhandlungen bis zur Paraphierung werden von der Kommission geführt; den eigentlichen Vertragsabschluß tätigt der Ministerrat. Während der Verhandlungsphase ist die Kommission jedoch an die Richtlinien gebunden, die der Ministerrat ihr zusammen mit der Ermächtigung zur Verhandlung erteilt hat (Art. 113 Abs. 3). Darüber hinaus kontrolliert der Rat die Verhandlungsführung der Kommission mittels eines eigens zu diesem Zweck bestellten Ausschusses, den sogenannten "113er-Ausschuß", der bei den Vertragsverhandlungen anwesend ist. Im Gegensatz zu den Assoziierungsabkommen verfügt das → Europäische Parlament im Bereich der Handelsabkommen über kein Zustimmungsrecht oder sonstige vertragliche Mitwirkungsmöglichkeiten. Seit 1973 wird das Parlament jedoch auf der Grundlage des 'Luns-Westerterp-Verfahrens', welches auf eine Vereinbarung zwischen den beteiligten Organen zurückgeht, fakultativ am Verfahren beteiligt. Die von der Kommission ausgehandelten und paraphierten Verträge werden vom Ministerrat geschlossen und somit "ratifiziert": Sie sind fortan Bestandteil der Rechtsordnung der Gemeinschaft.

Im Rahmen der vertraglichen Handelspolitik hat die EG in den letzten drei Jahrzehnten eine Vielzahl von Verträgen abgeschlossen. Aber auch die Assoziierungsabkommen, die die Gemeinschaft z. B. mit den Entwicklungs- und den Mittelmeerländern abgeschlossen hat, beinhalten zum Teil starke handelspolitische Komponenten; diese Verträge wurden aber wegen des zu begründenden weiterreichenden Assoziierungsverhältnisses auf Art. 238 EWGV gestützt. Zu den klassischen Handelsabkommen der Gemeinschaft zählen dagegen die Freihandelsabkommen mit den EFTA-Staaten. Auf der Grundlage der Abkommen von 1972/73, die von der Luxemburger Erklärung von 1984 ergänzt und vertieft wurden, bilden die EG und die EFTA die größte Freihandelszone der Welt für industrielle Erzeugnisse.

Eine wichtige Rolle hat die EG auch in den Verhandlungen des Allgemeinen Zoll- und Handelsabkommens übernommen, obwohl die Gemeinschaft formell keine Vertragspartei des GATT ist. Die EG ist jedoch an die Regeln des GATT gebunden und diese stellen nach ständiger Rechtsprechung des → Gerichtshofes der EG auch einen integrierten Bestandteil des Gemeinschaftsrechts dar. In der seit 1986 laufenden Uruguay-Runde sind es vor allem die Forderungen nach einem Abbau der Agrarsubventionen seitens der Amerikaner sowie der Cairns Gruppe (14 Agrarexportstaaten), mit der sich die EG konfrontiert sieht und die die Gemeinschaft zu dem Vorschlag einer 30%igen Kürzung der Agrarsubventionen bis 1996, vom Referenzjahr 1986 ausgehend, im Rahmen der aktuellen GATT-Verhandlungen in Genf veranlaßt hat (Stand: Dezember 1990). Ferner hat die Europäische Gemeinschaft eine Reihe von Nebenabkommen des GATT, wie z.B. den Antidumping- als auch den Antisubventionskodex mittels Verordnungen in Gemeinschaftsrecht transformiert und ist, anstelle der Gemeinschaftsstaaten, Mitglied des Multifaserabkommens (MFA) des GATT von 1973. Vertragliche Handelsabkommen der Gemeinschaft bestehen neben den bereits erwähnten Freihandelsabkommen mit den EFTA-Staaten, ferner u.a. mit China, Kanada und Brasilien.

Keine handelspolitischen Globalabkommen existieren dagegen zur Zeit mit zwei der wichtigsten Handelspartner der Gemeinschaft: den USA und Japan. Die Außenwirtschaftsbeziehungen der EG werden ab 1991 vermutlich durch eine Reihe von Abkommen mit handelspolitischem Teil mit den neuen Demokratien Osteuropas geprägt sein.

Christian Welz

Haushaltspolitik

Vertragsgrundlagen: Art. 199–209 EWGV sowie Beschluß des Rates vom 24.6.1988 über das System der Eigenmittel der Gemeinschaften.
Ziele: Finanzierung der Ausgaben und Tätigkeiten der EG und ihrer Politiken; Bestimmung der finanziellen Schwerpunkte beim politischen Handeln der Gemeinschaft.
Literatur: Dieter Biehl/Gero Pfennig (Hrsg.): Zur Reform der EG-Finanzverfassung. Beiträge zur wissenschaftlichen und politischen Debatte, Bonn 1990; Kommission der EG (Hrsg.): Die öffentlichen Finanzen der Gemeinschaft. Der Gemeinschaftshaushalt nach der Reform von 1988, Luxemburg 1990.

Die gemeinsame Haushaltspolitik der EG findet ihren Niederschlag in der jährlichen Aufstellung sowie in der abschließenden Feststellung des Gesamthaushaltsplans (GHP). Im Rahmen des Haushaltsverfahrens werden die Haushaltsstruktur und die Sach- und Verwaltungsausgaben der Gemeinschaft festgelegt ("Mittelverwendung"). Das Haushaltsverfahren ist eingebettet in die Finanzverfassung der EG. Diese regelt vor allem die Einnahmen, die der Gemeinschaft zufließen ("Mittelaufbringung"), trifft darüber hinaus aber auch Aussagen zu den Haushaltsprinzipien, zur Zusammenarbeit der EG-Organe beim Haushaltsverfahren, zur Ausführung des Haushalts sowie zur Rechnungslegung und Rechnungskontrolle. Im Zuge der Weiterentwicklung der Gemeinschaft zur → Europäischen Union stehen Haushalt und Finanzen vor weiteren Reformen.

Finanzverfassung der EG

Die Finanzverfassung der EG hat seit der Gründung der → Europäischen Gemeinschaft für Kohle und Stahl (EGKS; 1951) der EWG und der → Europäischen Atomgemeinschaft (EAG; 1957) und seit der Verschmelzung (Fusion) der Organe der drei Gemeinschaften (1967) mehrere Entwicklungsstufen durchlaufen. Während die EGKS mit dem Gründungsvertrag im Ansatz bereits Finanzautonomie, d.h. die Finanzierung ihrer Verwaltungsausgaben mittels einer Umlage auf die Kohle- und Stahlproduktion in den Mitgliedstaaten, erhielt, griffen die Römischen Verträge zur Gründung von EWG und EAG ursprünglich auf das für die herkömmlichen internationalen Organisationen typische System der Finanzierung ihrer Verwaltungshaushalte durch nationale Beiträge zurück, die sich nach dem Bruttoinlandsprodukt (BIP) und damit der Wirtschaftskraft ihrer

Mitglieder richten. Das Finanzierungssystem der EGKS hat sich wegen des beschränkten Aufgabenkreises dieser Gemeinschaft bis heute erhalten. Demgegenüber wurde die Finanzierung der EWG und der EAG schrittweise auf die Erhebung sog. Eigenmittel umgestellt. Die Umstellung war bereits in den Vertragstexten angelegt (Art. 201 EWGV, Art. 173 EAGV). Nach mehreren Vorschlägen der Kommission faßte der Rat 1970 einen "Beschluß über die Ersetzung der Finanzbeiträge der Mitgliedstaaten durch eigene Mittel der Gemeinschaften", der nach der Ratifizierung durch alle Mitgliedstaaten am 7. Januar 1971 in Kraft trat. Nach dem Beschluß von 1970 sollten die früheren Beiträge zum Haushalt bis zum 1. Januar 1975 in mehreren Schritten durch ein System abgelöst werden, das den Haushalt der EG "vollständig aus eigenen Mitteln der Gemeinschaften finanziert". Dieser Zeitplan verlängerte sich jedoch in der Praxis um weitere fünf Jahre, so daß die Eigenfinanzierung des EG-Haushalts im vorgesehenen Umfang tatsächlich erst seit dem 1. Januar 1980 erfolgen konnte. Maßgebliche Gründe für die Verzögerung waren die → Erweiterung der Gemeinschaft von sechs auf neun Mitglieder (1971–1973) sowie Schwierigkeiten bei der Umsetzung des Beschlusses in innerstaatliches Recht. In der Zwischenzeit (1975–1980) wurde eine Übergangsregelung angewandt.

Eigeneinnahmen

Der Begriff der "eigenen Mittel" wird in Art. 201 EWGV, der zentralen Rechtsgrundlage für den Ratsbeschluß von 1970, nicht näher erläutert. Innerhalb dieses weiten Rahmens wurden 1970 zunächst drei Haupteinnahmequellen festgelegt:

- Agrarabschöpfungen (Abschöpfungen, Prämien, Zusatz- oder Ausgleichsbeträge, die im Agrarhandel mit Drittstaaten erhoben werden, und Abgaben, die im Rahmen der gemeinsamen Marktorganisation für Zucker vorgesehen sind),
- Zölle, die aufgrund des Gemeinsamen Zolltarifs (GZT) der EWG im Handel mit Drittstaaten erhoben werden, sowie sonstige Zölle,
- Einnahmen aus der in den Mitgliedstaaten erhobenen Mehrwertsteuer (MwSt.), anfangs bis zu einem Anteil von 1% einer einheitlichen und zwischen den Mitgliedstaaten harmonisierten, steuerpflichtigen Bemessungsgrundlage.

Weit überwiegend wird das Finanzaufkommen der Gemeinschaft aus ihrem Anteil am MwSt.-Aufkommen der Mitgliedstaaten bestritten. Dieser Anteil ist im Zusammenhang mit der Erweiterung der Gemeinschaft auf zwölf Mitglieder ab 1. Januar 1986 von 1% auf 1,4% erhöht worden.

Durch diese Anhebung des MwSt.-Plafonds vergrößerte sich der MwSt.-Anteil am Eigenmittelaufkommen der EG auf 66%. Tatsächlich stellt der MwSt.-Anteil bis auf weiteres die einzige erweiterungsfähige Finanzierungsquelle der Gemeinschaft dar, weil das Aufkommen aus den übrigen Quellen aus handelspolitischen Gründen begrenzt bleibt und zum Teil sogar rückläufig ist.

Finanzreform

Nach der EG-Reform durch die → Einheitliche Europäische Akte (1986) wurde die Eigenfinanzierung der Gemeinschaft 1988 auf eine neue, mittelfristig bis 1992 geltende und mit der Vollendung des → Binnenmarktes verbundene Grundlage gestellt ("Haushaltssicherheit" bis 1992). Am 12. Februar 1988 einigte sich der → Europäische Rat in Brüssel auf das sog. "Delors-Paket", ein Bündel aufeinander abgestimmter Maßnahmen im Haushaltsbereich, bei der → Agrarpolitik und der Strukturpolitik der EG (→ Regionalpolitik). Kernelemente des neuen Eigenmittelsystems, das rückwirkend zum 1. Januar 1988 in Kraft gesetzt wurde, sind folgende Maßnahmen:

- die Gesamtobergrenze der Eigenmittel wird auf 1,2% des gesamten jährlichen Bruttosozialprodukts (BSP) der Mitgliedstaaten zu Marktpreisen festgelegt und umfaßt alle Eigenmittelarten;
- durch die zwingende Festlegung von jährlichen Zwischenplafonds in den Jahren 1988 bis 1992 soll verhindert werden, daß die Gesamtobergrenze der Eigenmittel vorzeitig ausgeschöpft wird;
- zusätzlich zu den drei bisherigen Finanzierungsquellen der EG wird eine vierte Finanzierungsquelle erschlossen, die sich aufgrund einer einheitlichen Bemessungsgrundlage aus der Summe des Bruttosozialprodukts (BSP) aller Mitgliedstaaten zu Marktpreisen ergibt;
- die vierte Einnahmequelle wird nur ergänzend herangezogen, soweit der Finanzbedarf der EG nicht durch die anderen drei Einnahmequellen gedeckt werden kann. Wie bisher (seit 1986) beträgt der Abführungssatz der Gemeinschaft auf die MwSt.-Bemessungsgrundlage zwar maximal 1,4% des MwSt.-Aufkommens der Mitgliedstaaten, doch ist auch hier insofern eine wichtige Änderung eingetreten, als die MwSt.-Bemessungsgrundlage eines Mitglieds nur bis zu höchstens 55% seines BSP zur Finanzierung beitragen darf (sog. "Kappung"). Diese Regelung soll auch einer besseren Lastenverteilung zwischen den zwölf Mitgliedstaaten dienen.

Weitere Bestandteile der Neuregelung von 1988 sind spezielle Beschlüsse und Vereinbarungen der Haushaltsorgane (→ Europäisches Parlament,

→ Ministerrat und → Kommission) zur Haushaltsplanung, zur Haushaltsdisziplin und zur Verbesserung des Haushaltsverfahrens. Grundlage dieser Maßnahmen sind ebenfalls die Beschlüsse des Europäischen Rates vom 12. Februar 1988.

Weitere Einnahmen

Die der EG zustehenden Eigenmittel werden von den Mitgliedstaaten erhoben und der Kommission, die den Haushalt ausführt, zur Verfügung gestellt. Der Kommission stehen dabei bestimmte Kontroll- und Prüfungsrechte zu. Weitere, aber wegen ihres relativ geringen Aufkommens nicht sonderlich zu Buche schlagende Einnahmequellen sind die Steuer auf die Gehälter der EG-Beamten, der Anteil der EGKS-Umlage und Einnahmen aus verschiedenen Leistungen der EG. Sie werden von der Gemeinschaft unmittelbar erhoben.

Zu den Eigeneinnahmen treten zunehmend Anleihen der Gemeinschaft, die zur Finanzierung ihrer Investitionen im Kohle- und Stahlbereich (EGKS-Anleihen) und bei der Kernenergie (Euratom-Anleihen) dienen, die aber auch im Wirtschaftsbereich der EWG Fördermaßnahmen und Investitionen auf den Sektoren Industrie, Forschung und Technologie, Energie und Infrastruktur ermöglichen sollen (EWG-Anleihen), wie z.B. das 1979 geschaffene "Neue Gemeinschaftsinstrument" (NGI) zur Förderung von Investitionsvorhaben in den Mitgliedstaaten und zum Abbau des Regionalgefälles in der Gemeinschaft. Die für diesen Zweck aufgenommenen Anleihen und vergebenen Darlehen werden bisher nicht in den Haushaltsplan eingestellt ("budgetisiert"), sondern lediglich in einer besonderen Anlage zum EG-Haushalt jährlich zusammenfassend dargestellt.

Haushaltsstruktur

Bei der Verschmelzung der Organe der drei Europäischen Gemeinschaften (1967) durch den sog. "Fusionsvertrag" wurden mit Wirkung vom 1. Juli 1967 auch die Haushaltspläne der drei Gemeinschaften durch einen einzigen Gesamthaushaltsplan (GHP) der EG ersetzt. In den GHP werden alle Einnahmen und Ausgaben der EG eingesetzt; er wird jährlich aufgestellt, hat vollständig zu sein und ist in Einnahmen und Ausgaben auszugleichen. Hauptteil des GHP ist der Einzelplan III (Operationeller Haushalt der Kommission) mit den einzelnen Sachausgaben der Gemeinschaft. Das Haushaltsjahr der EG beginnt am 1. Januar und endet am 31. Dezember. Das Nähere regelt die Haushaltsordnung (HO) der EG von 1977, deren Neufassung z.Zt. ansteht.

Auf der Aufgabenseite umfaßt der GHP neben den Verwaltungsausgaben der EG-Institutionen auch die operationellen Ausgaben der EWG (insbesondere im Rahmen des Agrarfonds, Regionalfonds, Sozialfonds) und der EAG (Forschungs- und Investitionshaushalt). Gesondert ausgewiesen werden hauptsächlich die operationellen Ausgaben der EGKS sowie – neben den Anleihen und Darlehen der EG – die Ausgaben des Europäischen Entwicklungsfonds (EEF) für die AKP-Staaten, die mit der EWG durch das Lomé-Abkommen verbunden sind (→ Entwicklungspolitik) und die von Finanzbeiträgen der Mitgliedstaaten bestritten werden. Bei den Ausgaben der EG wird zwischen Verpflichtungsermächtigungen (VE) und Zahlungsermächtigungen (ZE) unterschieden. Die VE stecken den finanziellen Rahmen ab, in dem während eines Haushaltsjahres Verpflichtungen für mehrjährige Programme eingegangen werden dürfen. Die ZE decken dagegen die tatsächlichen Ausgaben ab, die bei der Erfüllung der Verbindlichkeiten des laufenden Haushaltsjahres bzw. bei der Erfüllung von Verpflichtungen, die aus früheren Haushaltsjahren fortbestehen, entstehen. Im Gegensatz zu den VE sind die ZE also unmittelbar "kassenwirksam".

Seit dem Übergang zur Eigenfinanzierung (1975–1980) ist die Finanzwirtschaft der Gemeinschaft durch einen stetigen Anstieg ihres Haushaltsvolumens gekennzeichnet. Zwischen 1973 (Beitritt Großbritanniens, Irlands und Dänemarks) und 1981 (Beitritt Griechenlands) betrug die durchschnittliche jährliche Wachstumsrate der EG-Ausgaben rund 23%. Dieser Trend setzte sich in den folgenden Jahren gleichmäßig fort. Für den EG-Haushalt 1986, das erste Budget der um Spanien und Portugal erweiterten Zwölfergemeinschaft, ergab sich erstmals eine geringere Steigerungsrate von rund 18%. Vorausschätzungen gehen von einem effektiven Wachstum des EG-Haushalts zwischen 1988 bis 1992 von durchschnittlich 4,8% aus. Obwohl der EG-Haushalt von seiner Struktur her mittlerweile Zielsetzungen aufweist, die teilweise den Aufgaben der nationalen Haushalte entsprechen und auch investive Ausgaben von beträchtlicher Höhe verlangen (z.B. Regionalpolitik, Forschungsförderung im Technologiebereich), ist seine jährlich zwar wachsende, aber dennoch weiterhin relativ bescheidene Finanzmasse (Ausgabenvolumen 1990: 46,7 Mrd. ECU ZE) kaum mit dem Volumen nationaler Budgets vergleichbar, die umfassende Aufgaben und Gestaltungsziele moderner Industrie- und Sozialstaaten abdecken sollen. Noch immer werden das Hauptgewicht und die Entwicklung der Ausgaben in erster Linie von den Kosten der → Agrarpolitik und des Agrarmarktes bestimmt. Der Agraranteil bewegte sich in den Jahren 1968–1975 zwischen 72 und 93% der Haushaltsmasse.

Haushalt der EG			
Anteile der verschiedenen Einnahmen am Gesamthaushalt der EG 1990	in %	Anteile der verschiedenen Ausgaben am Gesamthaushalt der EG 1990	in %
MwSt.-Eigenmittel	60,2	Agrarpolitik[2] (Tit. 1, 2, 3, 4 + Kap. 81)	65,3
BSP-Eigenmittel[1]	4,2	Verwaltung (alle Organe)	5,0
Verschiedene Einnahmen	0,7	Regionalpolitik (Tit. 5)	11,1
Saldo des Vorjahres – Überschuß	5,6	Erstattungen und Reserven (Tit. 8 [ohne Kap. 81] + Kap. 102)	4,0
Zölle	24,4	Sozialpolitik (Tit. 6)	7,8
Agrarabschöpfungen	2,2	Zusammenarbeit u. Entwicklung (Tit. 9)	3,1
Zucker- u. Isoglukoseabgaben	2,7	Forschung/Energie/Industrie (Tit. 7)	3,7
	100,0		100,0

1) Einschließlich der Finanzierung der Währungsreserve in Höhe von 1.000 Mio. ECU.

2) Einschließlich Erstattung von Wertverlusten für Absatzmaßnahmen von Agrarerzeugnissen i. H. v. 1.470 Mio. ECU (Kap. 81).

Quelle: Amtsblatt der Europäischen Gemeinschaften, Nr. L 24 v. 29. Januar 1990.

Der Haushalt der EG für das Haushaltsjahr 1990 hat ein Volumen von rund 47 Mrd. ECU bzw. rund 97,5 Mrd. DM (1 ECU entspricht z. Zt. rund 2,08 DM/Haushaltskurs). Davon sind über 90% für wirtschaftliche, soziale, regionale und sonstige Maßnahmen in den EG-Mitgliedstaaten, aber auch in den Ländern der Dritten Welt vorgesehen. Allein auf den Bereich Landwirtschaft und Fischerei entfallen noch immer rund 65% der Gesamtausgaben (netto 1990: 56% Agraranteil); im Jahre 1973 lagen die Agrarkosten aber noch bei 80,6%. Die Verwaltungskosten der EG machen 1990 mit ca. 4,93 Mrd. DM nur rund 5% der Gesamtkosten aus. Hierbei muß auch berücksichtigt werden, daß die Arbeit in vielen Sprachen erhebliche Mehrarbeit verursacht.

Das Gesamtvolumen des EG-Budgets, das außerdem die Einzelhaushalte aller Gemeinschaftsorgane umfaßt, entspricht z. Zt. etwa dem Haushalt des Landes Nordrhein-Westfalen. Mit rund 28% trägt die Bundesrepublik Deutschland ganz maßgeblich zur Eigenfinanzierung des EG-Haushalts bei. Der eigene Staatshaushalt der Bundesrepublik ist 1990 mehr als dreimal so hoch wie der Haushalt der EG.

Seit 1976 stellte er sich zwischen 60 und 75% ein und konnte im GHP 1990 auf rund 56% abgesenkt werden. Im GHP 1991 ist der Agraranteil noch weiter heruntergegangen (54,7%).

Außer der Agrarpolitik, die noch immer fast zwei Drittel des Haushaltsvolumens beansprucht, und neben den Verwaltungsausgaben der EG (jährlich etwa 5%) werden nur noch vier größere Sachbereiche, in denen die Gemeinschaft politisch gestaltend tätig wird, aus dem GHP finanziert. Im einzelnen handelt es sich um folgende Politiken: Strukturpolitik (EFRE: Europäischer Fonds für Regionalentwicklung, ESF: Europäischer Sozialfonds, Agrarstruktur), Entwicklungszusammenarbeit, → Forschung und Technologie (FuE) sowie sonstige Politiken (→ Energie, → Industrie, → Verkehr und → Umwelt). Neben der Agrarpolitik verbleiben inzwischen etwa 36% der EG-Ausgaben für andere Materien, namentlich für gestaltendes und in die Zukunft gerichtetes Handeln der Gemeinschaft. Dieser Anteil ist noch immer zu gering, obwohl er gerade seit 1988 wesentlich gesteigert werden konnte.

Bis 1992 wird die Haushaltsstruktur der Gemeinschaft von folgenden Elementen geprägt: Begrenzung des Anstiegs der Agrarausgaben auf 74% der jährlichen Wachstumsrate des BSP der Gemeinschaft, Verdoppelung der Mittel für die Strukturfonds der EG bis 1993 (gegenüber 1987), Verstärkung der Mittelaustattung für Maßnahmen mit mehrjähriger Laufzeit (Forschungspolitik und andere Bereiche), Begrenzung der Gesamtausgaben nach einem Stufenplan durch jährliche Zwischenplafonds. Aufgrund des neuen, 1988 geschaffenen Instrumentariums für die Haushaltsplanung bis 1992 ("finanzielle Vorausschau") kann die Gemeinschaft ihre Entscheidungskraft jetzt auf die Kernbereiche konzentrieren, in denen sie in den nächsten Jahren unbedingt vorankommen muß: Binnenmarkt, → Wirtschafts- und Währungsunion, Sozialunion, Politische Union.

Haushaltsverfahren

Der Gesamthaushaltsplan (GHP) wird in einem mehrstufigen Verfahren aufgestellt, an dem sowohl die Kommission als auch das Parlament und der Rat beteiligt sind. Die einzelnen Phasen des Haushaltsverfahrens sind durch Art. 203 EWGV vorgegeben. In der gleichen Art und Weise werden die Nachtrags- und Berichtigungshaushalte aufgestellt, die zur Anpassung an unvermeidliche oder unvorhersehbare Ausgabenentwicklungen erforderlich sind. Mit der Umstellung der Finanzverfassung der EG auf eigene Einnahmen wurde auch das Haushaltsverfahren durch die beiden Reformverträge von 1970 und 1975 in zwei Etappen umgestaltet. Seit 1975 sind Rat und EP als "gemeinsame Haushaltsbehörde" der EG mit einander ergänzenden Entscheidungsbefugnissen ausgestattet. Das Haushaltsverfahren läuft in folgenden Schritten ab: Die Kommission unterbreitet Rat und EP den Vorentwurf des GHP, der die individuell erstellten Voranschläge von EP, Rat, Kommission, Gerichtshof und Rechnungshof enthält. Der Rat stellt auf dieser Grundlage den Haushaltsentwurf auf und legt ihn dem Parlament vor. Dem Parlament stehen nun im weiteren Verlauf des Verfahrens folgende Befugnisse zu:

1. Hinsichtlich der sog. "obligatorischen" Ausgaben kann es Änderungsvorschläge an den Rat richten, der in diesem Bereich das letzte Wort behält. Als "obligatorisch" werden grundsätzlich die Ausgaben definiert, die sich dem Grunde wie auch ihrer Höhe nach rechtlich zwingend aus den Gemeinschaftsverträgen, dem abgeleiteten Recht (sog. "Sekundärrecht") oder aus völkerrechtlichen ebenso wie privatrechtlichen Verpflichtungen der EG ergeben (Hauptbeispiel sind die Agrarausgaben);

2. Bei der Festsetzung der sog. "nichtobligatorischen" Ausgaben (Strukturfonds der EG und weitere gestaltende Politiken, z.B. Forschung und Technologie) verfügt das EP über die Möglichkeit, innerhalb einer von der Kommission jährlich berechneten Marge an den Ausgabensätzen des Rates Abänderungen vorzunehmen und diese mit qualifizierter Mehrheit auch gegen den Rat durchzusetzen. Da die Unterscheidung zwischen obligatorischen und nichtobligatorischen Ausgaben darüber bestimmt, ob Rat oder EP jeweils das "letzte Wort" bei der Festsetzung der Ausgaben haben, ist diese Klassifizierung vor allem eine Kompetenzfrage und damit auch ein Machtproblem zwischen den beiden Organen.

– Der Rat erstellt unter Berücksichtigung der Abänderungen und der Änderungsvorschläge des EP einen geänderten Entwurf;
– im Rahmen der sog. "Haushaltskonzertierung", d.h. spezieller Abstimmungsverfahren, bemühen sich Rat und Parlament fortlaufend um eine Annäherung ihrer Positionen;
– das Parlament prüft den Haushaltsentwurf in zweiter Lesung und stellt den Haushalt (GHP) endgültig in seiner Gesamtheit fest; hierbei handelt es sich um einen Rechtsakt spezieller Art seines Präsidenten. Anschließend wird der Haushalt im Amtsblatt der EG veröffentlicht;
– das Parlament kann den Haushalt aber auch aus "wichtigen Gründen" insgesamt ablehnen (Globalablehnung) und vom Rat die Vorlage eines neuen Entwurfs verlangen.

Ist zu Beginn des Haushaltsjahres der Haushaltsplan noch nicht verabschiedet, so trifft der EWGV (Art. 204) Übergangsregelungen, die sich an dem zuvor abgelaufenen GHP orientieren (Nothaushalt nach dem System der sog. "provisorischen Zwölftel").

Zum Haushaltsverfahren und zur Abstimmung über die Haushaltspolitik gehören auch die verschiedenen Formen des sog. "interinstitutionellen Dialogs" zwischen den EG-Organen. Sie haben sich schrittweise mit dem

Übergang zur Finanzautonomie der EG seit 1970 entwickelt. Darunter fallen die Konzertierung bei finanzwirksamen Rechtsakten (Gemeinsame Erklärung von 1975), der Haushaltstrialog (Gemeinsame Erklärung von 1982) und die neueren Maßnahmen zur Haushaltsdisziplin (Vereinbarungen und Beschlüsse von 1988), die auch Elemente einer mittelfristigen Finanzplanung enthalten. Der Haushaltsdialog und die interinstitutionelle Abstimmung sollen vor allem Konflikte zwischen den EG-Organen bei der Aufstellung des Haushalts verhindern bzw. abschwächen und zu einem möglichst zügigen Ablauf des Haushaltsverfahrens beitragen. Hintergrund und Entstehungsursache für die Haushaltskonzertierung und den Haushaltsdialog ist die vertragliche Neuordnung der Finanzverfassung und des Haushaltsverfahrens von 1970/75, die zu erheblichen Veränderungen im "institutionellen Gleichgewicht" zwischen Rat und Parlament führte. Sie schuf ein zusätzliches Konfliktfeld zwischen den beiden Organen, da nun Haushaltsbefugnisse und Rechtsetzungskompetenzen innerhalb der Gemeinschaft offen auseinanderfielen.

Ausführung des Haushalts

Nach der Feststellung des GHP führt die Kommission den Haushalt in eigener Verantwortung aus (Art. 205 EWGV). Dies gilt besonders für den Einzelplan III, der alle wichtigen Sachausgaben der Gemeinschaft enthält. Die Einzelpläne der übrigen Organe werden von diesen selbst ausgeführt. Innerhalb jedes Organs überwacht ein Finanzkontrolleur alle Zahlungen sowie die Einnahmen. Darüber hinaus unterliegen der gesamte Haushaltsvollzug sowie die Wirtschaftlichkeit der Haushaltsführung der Kontrolle eines unabhängigen → Europäischen Rechnungshofes (EuRH). Die Kommission hat dem Rat und dem EP jährlich Rechnung über das abgelaufene Haushaltsjahr zu legen. Auf Empfehlung des Rates erteilt das Parlament der Kommission Entlastung zur Ausführung des Haushaltsplans. Grundlage für die Entlastung ist – neben der Jahresrechnung der Kommission – der Jahresbericht des EuRH mitsamt den Stellungnahmen der Organe.

Bilanz und Ausblick

Die Finanzverfassung ist nicht nur Teil der Gemeinschaftsverfassung, sondern auch Meßlatte für den Integrationsstand der EG. Deshalb bleibt sie eng mit der politischen und institutionellen Weiterentwicklung der Gemeinschaft verbunden.

Die gegenwärtige Ausgabenstruktur und -gewichtung des EG-Haushalts macht offenkundig, daß auf der Grundlage des bestehenden Eigenmittelsystems und Budgetvolumens kaum weitere Entwicklungsstufen der Gemeinschaft, insbesondere in Richtung auf eine Wirtschafts- und Währungsunion und eine → Europäische Union finanzierbar sein werden. Deshalb müssen zusammen mit den Strukturen der Gemeinschaftsverfassung auch die Konturen ihrer Finanzverfassung verändert und an die steigenden Anforderungen der EG angepaßt werden. Einerseits geht es dabei um die Einnahmenseite des Haushalts: Spätestens ab Mitte der 90er Jahre wird eine umfassende Stärkung der Finanzgrundlagen der Gemeinschaft unausweichlich sein. Die Vertiefung der Integration verlangt auch nach einer größeren Finanzautonomie, d. h. nach neuen Eigenmitteln der EG, die ihr unmittelbar zufließen müssen (z. B. Steuerkompetenzen). Zum anderen geht es um die eindeutige Umstrukturierung des EG-Haushalts. Sie muß sich klar von der bisherigen Dominanz der Agrarpolitik ablösen und gestaltenden Politiken auch hinsichtlich der Ausgabenverteilung Raum schaffen. Insoweit ist das 1988 ausgehandelte Brüsseler Paket nur ein Schritt mittlerer Reichweite gewesen, dem bald weitere und noch größere Schritte folgen müssen.

Thomas Läufer

Industriepolitik

Vertragsgrundlagen: EGKSV: Art. 2, 3g, 4c, 46, 58, 61, 66, 95; EAGV: Art. 2a, b, d u. g, 4–11, 12–29, 40, 45–51, 203; EWGV: Präambel, Art. 2, 3j, 85, 92, 100, 100a, b, 130b, c, 130f–130q, 235.
Ziele: Herstellung einer international wettbewerbsfähigen Industriestruktur unter Einschluß der unternehmensnahen Dienste.
Instrumente: Aktionsprogramme, Analysen und Prognosen, Forschungsförderung, Förderung von Unternehmenskooperation.
Haushalt: Aus verschiedenen Bereichen und Titeln werden industriepolitische Aktivitäten finanziert: 1990 insgesamt ca. 1,7 Mrd. ECU Zahlungen und 5,5 Mrd. ECU Darlehen.
Literatur: Hans-Armin Geister: Wettbewerbs- und Industriepolitik der Europäischen Gemeinschaft. Volkswirtschaftliche Schriften, Heft 315, Berlin 1981; Wettbewerbs- und Industriepolitik, in: Werner Weidenfeld/Wolfgang Wessels (Hrsg.): Jahrbuch der Europäischen Integration, Bonn 1981 ff.

Im Gegensatz zur Wettbewerbspolitik, die für alle Unternehmen gleiche Rahmenbedingungen der Teilnahme am Marktgeschehen schaffen will, will Industriepolitik durch Eingriffe in den Markt den unternehmerischen Mitteleinsatz gezielt beeinflussen, sei es durch steuerliche Maßnahmen, Finanzhilfen oder Staatsaufträge. Industriepolitik setzt also auf die Weisheit von Strategen, um das Marktgeschehen zu organisieren. Industriepolitische Maßnahmen verfolgen strukturerhaltende oder strukturerneuernde Wirkung.

Vertragsgrundlagen

Die Verträge von Paris und Rom sehen eine gemeinsame Industriepolitik unter diesem Terminus nicht vor. Der EGKSV (→ Europäische Gemeinschaft für Kohle und Stahl) regelt aber in weiten Teilen die Industriepolitik für den europäischen Bergbau sowie die meisten Produktionszweige der Eisen- und Stahlindustrie. Die Maßnahmen sollen u. a. die "rationellste Verteilung der Erzeugung auf dem höchsten Leistungsstand" sicherstellen (Art. 2). Sie dienen der "geordneten Ausweitung und Modernisierung der Erzeugung" und sind dazu gedacht, die "Verbesserung der Qualität in einer Weise zu fördern, die jede Schutzmaßnahme gegen Konkurrenzindustrien ausschließt" (Art. 3 Buchst. g).

Auch der Euratom-Vertrag (EAGV) bezieht sich auf einen speziellen Sektor, die Kernindustrie (→ Europäische Atomgemeinschaft). Er soll dort u. a. dazu beitragen, die "Forschung zu entwickeln und die Verbreitung der technischen Kenntnisse sicherzustellen" (Art. 2 Buchst. a), die "Investitionen zu erleichern" (Art. 2 Buchst. b), die "regelmäßige und gerechte Versorgung aller Benutzer der Gemeinschaft mit Erzen und Kernbrennstoffen" herbeizuführen (Art. 2 Buchst. d) sowie "ausgedehnte Absatzmärkte und den Zugang zu den besten technischen Mitteln sicherzustellen" (Art. 2 Buchst. g).

Unbestimmter sind die industriepolitischen Grundlagen des EWG-Vertrages. Ein Tätigwerden der Gemeinschaft muß hier aus den allgemeinen Vertragszielen abgeleitet werden (u. a. "wirtschaftlicher Fortschritt", "stetige Besserung der Lebens- und Beschäftigungsbedingungen", "beständige Wirtschaftsausweitung"). Im Falle aller drei Verträge sind die speziellen Vorschriften um bestimmte Vertragspostulate zu ergänzen, die primär andere Politikbereiche betreffen. Dazu zählen vor allem die Liberalisierungs- und Wettbewerbsvorschriften (→ Wettbewerbspolitik, → Binnenmarkt). Zwar gewähren alle drei Verträge der Gemeinschaftsebene die Möglichkeit, auch auf Gebieten tätig zu werden, für die keine ausdrücklichen Befugnisse vorgesehen sind. Bei der Industriepolitik nach dem EWG-Vertrag wird aber – dessen Charakter als "Rahmenvertrag" entsprechend – in viel stärkerem Maße auf diese "Kompetenz-Kompetenz" (Art. 235) zurückgegriffen als bei EGKSV und EAGV.

Viele spezifische Ziele von Industriepolitik haben sich erst im Laufe der Jahre herausgebildet. Zum Teil entsprangen sie gemeinsamen Herausforderungen aus Drittländern (z. B. Technologielücke gegenüber USA und Japan) oder den Vorstellungen der → Kommission (Aktionsprogramm von 1962; industriepolitisches Memorandum von 1970; erstes industrie- und technologiepolitisches Aktionsprogramm von 1973; diverse "mittelfristige Programme"). Oberziel ist die Herstellung einer international hochwettbewerbsfähigen Industriestruktur unter Einschluß der unternehmensnahen Dienste. Diesem Oberziel dienen u. a.:

- Kommissionsinterne oder -externe Analysen und Prognosen der Marktlage und der europäischen Wettbewerbsposition;
- Forschungsförderung im vorwettbewerblichen Produktionsstadium und Sicherstellung des Technologietransfers;
- Förderung der Unternehmenskooperation;
- Soziale Abfederung von Produktionsrückgängen und Kapazitätsstillegungen in nicht mehr wettbewerbsfähigen Bereichen.

Umsetzung der Ziele

Ihr modernstes industriepolitisches Instrument, Forschung und Entwicklung (→ Forschungs- u. Technologiepolitik), setzt die EG zum Teil in eigenen Einrichtungen ein. Zum Teil vergibt sie Aufträge an Dritte. Wichtig sind heute aber auch "Programme" im Kontext der mehrjährigen Rahmenplanung für Forschung und Technologie. Unternehmen oder Forschungseinrichtungen können auf der Grundlage der vorgegebenen Ziele Angebote und Kostenpläne unterbreiten, an denen sich die Kommission ggf. beteiligt. Dabei werden auch Unternehmen aus verschiedenen Mitgliedstaaten zusammengeführt.

Unternehmenskooperation fördert die EG auch durch die Entwicklung eines einheitlichen Rechts der Rechnungslegung sowie der gesellschaftsrechtlichen Form der "Europäischen Aktiengesellschaft". Ein spezielles Regel- oder Maßnahmenbündel zielt auf kleine und mittlere Unternehmen (KMU): Ausnahmen vom Kartellverbot, "Heiratsbüro", Netz von Beratungsstellen, Bereitstellung von Startkapital, Vorabprüfung aller Gesetzesakten auf ihre KMU-Auswirkungen, Rechtsform der "Europäischen wirtschaftlichen Interessenvereinigung". Der Konzentrationsprozeß wird seit September 1990 durch vorbeugende Fusionskontrolle überwacht.

Der sozialen Abfederung von Kapazitätsabbau schließlich dienen vor allem gemeinschaftliche Subventionen ("Beihilfen"). Damit diese den Strukturwandel nicht verhindern, unterliegen sie entscheidenden Einschränkungen. Sie sind mit Umstrukturierungs- und Anpassungsauflagen verbunden, zeitlich und der Höhe nach begrenzt, degressiv ausgestaltet, d. h. die jährlichen Beträge nehmen über die gewährte Frist ab, und außerdem an Investitionen gekoppelt.

Zudem sind die Gemeinschaftssubventionen an Eigenleistungen gebunden. Die Kommission prüft die Anträge auf Vertragsvereinbarkeit, Wettbewerbsneutralität und Zieladäquatheit. Das gleiche gilt für alle ausschließlich in nationaler Regie geleisteten Subventionen. Dies setzt Transparenz voraus, die die Gemeinschaft in ihrer "Transparenzlinie" eingefordert hat. Durchzusetzen ist dies freilich nur schwer, da Subventionen in den vielfältigsten Formen geleistet werden. Dabei wurde Fairneß etwa im Bereich Stahl durch einen "Subventionskodex" angestrebt. Um ein Raster für eine regelmäßige und vergleichbare Berichterstattung zu entwickeln, erarbeitet die Kommission seit kurzem "Subventionsberichte".

Neben den Subventionen gewährt die Gemeinschaft Darlehen zur Umstrukturierung. Das gilt einmal für die Aktivitäten der → Europäischen Investitionsbank. Ihr obliegt auch die Verwaltung des "Neuen Gemeinschaftsinstruments" (NGI), also der zu diesem Zwecke aufgenommenen

Gemeinschaftsanleihen. Anleihen kann die Gemeinschaft auch nach dem EGKSV und dem EAGV aufnehmen. Die Darlehen aus den Gemeinschaftsanleihen können durch einen Zinszuschuß aus dem EG-Haushalt verbilligt werden.

Sektorspezifische Maßnahmen

Vor allem in der zweiten Hälfte der 70er und zu Beginn der 80er Jahre hat die Gemeinschaft für Krisensektoren Strukturprogramme entwickelt. Dazu zählen die Eisen- und Stahlindustrie, die Textilindustrie, der Schiffbau und die Schuhindustrie. In der Eisen- und Stahlindustrie kam ab 1976 das ganze Kriseninstrumentarium zur Anwendung: Berichtszwang für Unternehmen, Außenhandelsüberwachung, Mindestpreise, Erzeugerquoten, konditionierte Beihilfenbewilligung, Selbstbeschränkungsabkommen für Stahlexporte in die USA. Im Verlauf der späten 80er Jahre wurden die meisten Maßnahmen aufgehoben. Die Krise wurde nur unter erheblichen Spannungen bewältigt. Dabei ging es vor allem um die gerechte Verteilung der Anpassungslast (Kapazitätsabbau, Produktionsquoten) und das Unterlaufen von Preisvorschriften.

Für die übrigen Krisenbereiche stehen der Gemeinschaft weniger scharfe Durchgriffsmöglichkeiten zur Verfügung. Die Krise der Textilindustrie kam schon früher als in der Stahlindustrie zum Ausbruch. Einige Länder wie die Bundesrepublik waren ihr schon in den 60er Jahren durch Anpassung aus eigener Kraft begegnet. In anderen Ländern wie Belgien, Frankreich, Großbritannien und Italien war dies versäumt worden. Wie in der Stahlindustrie führte dies zu Spannungen, z.B. als Belgien mit dem "Claes-Plan" der eigenen Textilindustrie massive Hilfe zuteil werden ließ. Der Claes-Plan wurde schließlich suspendiert. Die Kommission begann bereits 1971 mit einem Umstrukturierungskonzept. Es basierte auf nationalen Umstrukturierungsplänen, die durch Finanzhilfen und starken Außenhandelsschutz ("Welttextilabkommen" oder "Multifaserabkommen" seit 1974), aber auch durch Forschung umgesetzt werden sollten. Bei den Finanzhilfen wurden schon früh die Aktivitäten der Strukturfonds miteinander verzahnt. Besondere Maßnahmen wurden für die Chemiefaserindustrie getroffen. Der Versuch dieses Sektors, analog zum Stahlbereich ein "Krisenkartell" von der Gemeinschaft absegnen zu lassen, scheiterte mangels Vertragsgrundlage. Auch in der Textilindustrie hat sich gegen Ende der 80er Jahre die Lage entspannt (→ Handelspolitik).

Vor allem auf der Einfuhrüberwachung basierte auch die Gemeinschaftshilfe für die Schuhindustrie. Im Unterschied dazu werden dem Schiffbau primär Stillegungs- und Investitionsbeihilfen zuteil. Für andere, mehr potentiell gefährdete Bereiche und solche mit hoher Forschungsintensität wie den Flugzeugbau oder die Keramikindustrie leistete die Gemeinschaft Hilfe bei der Forschung und Entwicklung bzw. bei der Zusammenführung von Unternehmen. Beides zählt heute zu den wichtigsten industriepolitischen Instrumenten der Gemeinschaft. Die Anstrengungen konzentrieren sich auf Produkte der Hochtechnologie: Mikroelektronik und Datenverabeitung, Telekommunikation, Biotechnologie, Luft- und Raumfahrt sowie Neue Werkstoffe. Hier wird auch versucht, den Prozeß der Normung, Typisierung und Standardisierung von vornherein in europäische Kanäle zu lenken.

Bilanz

Industriepolitik war in der Gemeinschaft von Anfang an umstritten. Gegensätze bestanden vor allem zwischen Frankreich und der EG-Kommission einerseits, der Bundesrepublik Deutschland andererseits. Die in der ordoliberalen Tradition verwurzelte deutsche Nationalökonomie und Wirtschaftspolitik sahen die industriepolitischen Memoranden und Aktionsprogramme der Kommission als vom französischen Geist der "planification" inspiriert an. Die Gegenseite verwies darauf, daß angesichts der technologischen Lücke, der nationalen Segmentierung des EG-Marktes und der strukturellen Probleme der Anpassungs-, Modernisierungs- und notwendige Konzentrationsprozeß nicht allein den – unvollkommenen – Marktkräften überlassen werden könne.

Mit der zunehmenden Verwirklichung des Binnenmarktes, dem Abklingen der Probleme in den Hauptkrisenbereichen, dem Abrücken Frankreichs von seiner strikten Sektorplanung sowie Frankreichs, Großbritanniens und Italiens von der Politik staatseigener Großkonzerne, auch mit der zunehmenden Akzeptanz der "Strukturberichterstattung", der Expansion staatlicher Subventionen und der Verbreitung industriepolitischer Aktivitäten der Länder-Regierungen in der Bundesrepublik Deutschland haben sich die Gegensätze abgeschliffen. In allen Ländern werden heute die Initiativen zur Unternehmenskooperation und Forschungsförderung als wichtig angesehen. Andererseits hat sich die Kommission in einem Positions- und Strategiepapier vom November 1990 (KOM (90) 556 endg.) klar zum Vorrang der Wettbewerbspolitik gegenüber der Industriepolitik bekannt. Rudimente des Gegensatzes wirken jedoch nach. So in der Frage, ob die künftige gemeinschaftliche Kontrolle von Unternehmenszusammenschlüssen in erster Runde strikt nach wettbewerblichen Kriterien erfolgt, oder ob auch – wie es nach dem von Frankreich und der Kommission durchgesetzten Wortlaut der Fusionsverordnung möglich ist und von

Deutschland befürchtet wird – von vornherein industriepolitische Erwägungen zum Tragen kommen. In Deutschland gelten auch die neuen Publizitätsvorschriften für Unternehmen als mittelstandsfeindlich.

Unabhängig von den wirtschaftspolitischen Gegensätzen hat Industriepolitik ihre theoretischen Schwächen: Die Unterstellung, daß Großkonzerne innovativer sind und kostengünstiger produzieren, wird in der Praxis oft widerlegt. Die Begünstigung bestimmter Forschungen und deren Bündelung diskriminiert andere Verwendungen und erweist sich bei Mißerfolg (etwa wegen der Mitentscheidung durch "Bürokraten") als Vergeudung öffentlicher Mittel. Subventionen schließlich haben sich allzu oft als dauerhaft erwiesen und den Strukturwandel behindert, statt ihn sozialverträglich zu fördern. Zudem provozieren sie häufig Gegenmaßnahmen anderer Länder. Zweifellos gibt es jedoch je nach Branche eine optimale Unternehmensgrößenstruktur, in deren Rahmen ein Maximum an "Skalenerträgen" (Kostendegression), "Synergieeffekten" (Erträge aus der Bündelung von Ressourcen), Zugang zu den günstigsten Finanzierungsbedingungen und Überwindung von Marktzutrittsbarrieren (Kapitaldecke, Basisinvestition, Beschaffungs- und Vermarktungsstruktur) erzielt werden kann. Durch Liberalisierung und Rechtsharmonisierung, Wettbewerbskontrolle und Unterstützung von Unternehmensinitiativen im Rahmen der politischen Vorgaben (Umwelt-, Verbraucher-, Gesundheitsschutz) kann die Gemeinschaft zur Herausbildung solcher Struktur beitragen.

Fritz Franzmeyer

Kommission der EG

Kompetenzen: Initiativrecht, Kontrolle über die Anwendung des Gemeinschaftsrechts, Durchführungskompetenzen, Beteiligung an der Rechtsetzung.
Vertragsgrundlagen: Art. 155–163 EWGV.
Zusammensetzung: 17 von den Mitgliedstaaten der EG im gegenseitigen Einvernehmen ernannte unabhängige Kommissare.
Abstimmungsmodalität: Beschlußfassung mit absoluter Mehrheit.
Literatur: Helmut Schmitt von Sydow: Organe der erweiterten Europäischen Gemeinschaften – Die Kommission, Baden-Baden 1980; Richard Hay: Die EG-Kommission und die Verwaltung der Gemeinschaft, Luxemburg 1989 (Europäische Dokumentation Nr. 3/1989).

Die Kommission der Europäischen Gemeinschaft ist in der ursprünglichen Konzeption eine Art "Planungsstab", dem die Aufgabe übertragen wurde, auf Grundlage der Verträge Vorschläge zur Erfüllung der Vertragsziele zu erarbeiten. Die Kommission ist in dieser Konzeption nur dem Gemeinschaftswohl verpflichtet und stellt das Organ der EG dar, das die gemeinsamen Interessen vertritt – im Gegensatz zum → Ministerrat, der die Interessen der Mitgliedsländer vertritt. Im Laufe der Zeit, mit der Ausdehnung der Gemeinschaftsaktivitäten, ist die Kommission zu einem hochdifferenzierten Verwaltungsapparat geworden, dessen Schwerfälligkeit ihr häufig Kritik eingebracht hat (→ Reformberichte). Sie muß deswegen heute dem doppelten Anspruch Genüge tun, weiterhin innovative Ideen und Vorschläge zu entwickeln und andererseits die Politiken der EG auf der Grundlage des Bestehenden effizient zu verwalten. Die Schwierigkeit, beide Anprüche miteinander zu vereinbaren, treten meist dann zum Vorschein, wenn einerseits alte "Besitzstände" nicht angetastet und zum anderen neue Orientierungen durchgesetzt werden sollen, wie Ende 1990 bei den heftigen Auseinandersetzungen um die Reduzierung der EG-Agrarsubventionen im Rahmen der GATT-Verhandlungen (→ Handelspolitik).

Die Geschichte der Kommission und ihre Stellung innerhalb des institutionellen Systems der Europäischen Gemeinschaft sind insbesondere geprägt von der Persönlichkeit und der Durchsetzungsfähigkeit des jeweiligen Präsidenten der Kommission: Walter Hallstein für die EWG-Kommission (1958–1967) und nach der Fusion der Organe im Jahr 1967 Jean Rey (1967–1970), Franco Maria Malfatti (1970–1972), Sicco Mansholt (1972),

Xavier Ortoli (1973–1976), Roy Jenkins (1977–1980), Gaston Thorn (1981–1984) und Jacques Delors (seit 1985) jeweils für die gemeinsame Kommission der drei Gemeinschaften. Andererseits hing die Stellung der Kommission im EG-System auch von den Entwicklungen in den anderen EG-Organen und vor allem im Ministerrat ab. So führte nach dem "Luxemburger Kompromiß" (1966) die Durchsetzung des Prinzips der Einstimmigkeit im Ministerrat dazu, daß die formalen Kompetenzen der Kommission an Bedeutung verloren, da der Ministerrat die Vorschläge der Kommission oft nur als unverbindliche Diskussionspapiere, nicht aber als einen Gesetzesentwurf behandelte. Unter der resoluten Führung des Kommissionspräsidenten seit 1985, Jacques Delors, sowie nach der Vorlage des Weißbuchs zur Vollendung des → Binnenmarktes im Juni 1985 und der Verabschiedung der → Einheitlichen Europäischen Akte (Februar 1986) wird von vielen EG-Beobachtern seit etwa Mitte der 80er Jahre ein erheblicher Bedeutungszuwachs der Kommission festgestellt. Dieser Bedeutungszuwachs fand einen sichtbaren Ausdruck, als der Kommission vom Weltwirtschaftsgipfel in Paris im Juli 1989 die wichtige Aufgabe der Koordinierung der westlichen Wirtschaftshilfe zunächst für Polen und Ungarn übertragen wurde. Die Kommission der EG ist inzwischen zu einem auch international angesehenen und einflußreichen Akteur geworden.

Schaltzentrale der EG

Alle Informationen und alle Aktivitäten der EG laufen bei der Kommission zusammen, und die meisten gehen von ihr aus. Die Unabhängigkeit und Überparteilichkeit der Kommission bei der Erfüllung ihrer Aufgaben wird dadurch garantiert, daß sie weder vom Ministerrat noch von den Mitgliedstaaten der EG abgesetzt werden kann. Lediglich ein Mißtrauensvotum des → Europäischen Parlaments kann sie zum Rücktritt zwingen – dies ist bisher noch nie geschehen.

Den größten Teil ihrer "Machtressourcen" zieht die Kommission aus ihrem vertraglich garantierten Vorschlagsmonopol: Nur die Kommission hat das Recht, dem Ministerrat Gesetzesinitiativen zur Verabschiedung vorzulegen. Sie ist also zugleich "Motor der Integration" und "Herrin des Verfahrens", da die Wahl des Zeitpunkts, der Form, der Rechtsgrundlage und des Inhalts eines Vorschlags alleine der Kommission obliegen. Im Verlaufe der → Entscheidungsverfahren ist die Kommission zudem ständig in der Lage, ihren Vorschlag zu ändern und nimmt an den Beratungen der anderen Institutionen teil. Sie fungiert während der Entscheidungsverfahren als Schnittstelle zwischen dem Europäischen Parlament und dem

Ministerrat, da von der Kommission übernommene Änderungsvorschläge des Parlaments zur Entscheidungsgrundlage werden und vom Ministerrat mit qualifizierter Mehrheit verabschiedet werden können. Innerhalb des Ministerrates nimmt die Kommission die Stellung eines "Maklers" zwischen den Mitgliedstaaten ein – da der Rat nur einstimmig vom Text der Kommission abweichen darf, finden in den Ratssitzungen Verhandlungen zwischen den Mitgliedstaaten und der Kommission statt. Die Kommission wacht dabei über das "Gemeinschaftsinteresse" und die Anliegen derjenigen Mitgliedstaaten, die sich in einer Minderheitsposition befinden, wenn sie sich bereit erklärt, ihren Vorschlag zu ändern. Weil sie sowohl das Vorschlagsmonopol besitzt als auch an der Entscheidungsfindung in den übrigen Institutionen beteiligt ist, ist es die Ausnahme, daß ein EG-Rechtsakt gegen den ausdrücklichen Willen der Kommission verabschiedet wird.

Hüterin der Verträge

In ihrer Funktion als "Hüterin der Verträge" ist die Kommission für die Kontrolle der Anwendung des primären und sekundären Gemeinschaftsrechts durch die Mitgliedstaaten, die EG-Institutionen und die Unternehmen zuständig. In Ausübung dieser Funktion hat sie sowohl über die Einhaltung der Vertragsbestimmungen (Nichtdiskriminierung, freier Warenverkehr etc.) als auch über die korrekte und vollständige Umsetzung von EG-Richtlinien in nationales Recht und die Anwendung des Gemeinschaftsrechts bei der Durchführung zu wachen. Verstöße gegen das EG-Recht können von der Kommission vor den → Gerichtshof der EG (EuGH) gebracht werden, wobei vor allem das Vertragsverletzungsverfahren (Art. 169–171 EWGV) wichtig ist. Von erheblicher Bedeutung im Rahmen der Kontrolle der Vertragsbestimmungen sind ebenfalls die Kompetenzen, die der Kommission in der → Wettbewerbspolitik zukommen. Bei Nichteinhaltung des Wettbewerbsrechtes kann die Kommission selbständig Sanktionen gegen Unternehmen aussprechen, gegen die diese dann vor dem EuGH klagen können. Auch als "Hüterin der Verträge" hat die Kommission daher das "Gemeinschaftsinteresse" gegen Partikularinteressen einzelner Mitgliedstaaten oder Unternehmen zu schützen.

Arbeitsweise

Als Vorform einer EG-Exekutive ist die Kommission auf die Zuarbeit eines großen Verwaltungsapparates angewiesen. Die Kommission selber verfügt über rund 16.000 Beamte (Stand: 1989) in 23 mit nationalen Ministerien vergleichbaren sogenannten Generaldirektionen sowie in einigen anderen Diensten wie dem Juristischen Dienst, dem Generalsekretariat, dem Amt für Veröffentlichungen der EG und dem Übersetzungsdienst. Die Ausdifferenzierung der Kommissionsdienste im Laufe der Jahre kann als Hinweis auf eine Ausdehnung der Tätigkeit der EG insgesamt gewertet werden. Zur Erfüllung ihrer Aufgaben ist die Kommission auf eine intensive Zusammenarbeit mit den Ministerialverwaltungen der EG-Mitgliedstaaten angewiesen: Sowohl bei der Erarbeitung ihrer an den Ministerrat gerichteten Vorschläge als auch bei der Kontrolle über die Anwendung des Gemeinschaftsrechts ist die Konsultation mit nationalen Beamten und mit Interessengruppen von erheblicher Bedeutung. Dies hat dazu geführt, daß die Unabhängigkeit der Kommission in Frage gestellt worden ist. Die Absprache mit nationalen Beamten während der Phase der Erarbeitung der Vorschläge an den Ministerrat wirft die Frage auf, in welchem Ausmaß nationale Gesichtspunkte das Gemeinschaftsinteresse schon hier überlagern und sich die Kommission einer "Selbstzensur" unterwirft. Ebenso wie die Kommission aber auf das Fachwissen und Informationen aus nationalen Verwaltungen angewiesen ist, muß sie sich den Anliegen der auf der europäischen Ebene organisierten Interessen öffnen. Rund um die EG sind im Laufe der Zeit eine Vielzahl von → europäischen Interessenverbänden entstanden, die ebenfalls die Kommission mit dringend erforderlichen Informationen versorgen.

Neben informellen Kontakten stellt vor allem eine kaum zu überblickende Anzahl von Ausschüssen den wichtigsten Ort der Begegnung zwischen EG-Beamten der Kommission und Beamten der Mitgliedstaaten sowie Interessenvertretern und wissenschaftlichen Experten dar. Es überwiegen dabei solche Ausschüsse, in denen nur Beamte vertreten sind. Diese Expertengruppen werden in der Regel von der Kommission konsultiert, bevor sie offiziell dem Ministerrat einen Vorschlag unterbreitet. Einige Ausschüsse fallen unter das interne Organisationsrecht der Kommission und müssen nicht zwingend angehört werden, andere werden aber durch Beschluß des Ministerrates eingesetzt und besitzen ein festgeschriebenes Anhörungsrecht. Während die rechtliche Stellung und vor allem die Zusammensetzung dieser Ausschüsse verschieden ist, gilt für alle, daß ihr Votum formal gesehen in keiner Weise das Entscheidungsrecht der Kommission beeinträchtigt. Ohne genau vorliegende Zahlenangaben kann die Anzahl dieser Vorbereitungsausschüsse auf mehrere Hundert geschätzt werden. Die enge Verzahnung zwischen der EG-Bürokratie und den nationalen Verwaltungen wird daraus ersichtlich, daß der Kontakt nicht nur in den Vorbereitungsausschüssen hergestellt wird, sondern parallel dazu auch in den ebenso zahlreichen Arbeitsgruppen des Ministerrates

Zuständigkeitsbereiche der Mitglieder der Kommission der Europäischen Gemeinschaften

Jacques DELORS (Frankreich): Präsident, Generalsekretariat und Juristischer Dienst, Währungsangelegenheiten, Dienst des Sprechers, Gruppe für prospektive Analysen, Gemeinsamer Dolmetscher-Konferenzdienst, Sicherheitsbüro.

Frans ANDRIESSEN (Niederlande): Vizepräsident, Auswärtige Beziehungen und Handelspolitik, Zusammenarbeit mit den übrigen europäischen Ländern.

Henning CHRISTOPHERSEN (Dänemark): Vizepräsident, Wirtschaft und Finanzen, Koordinierung der Strukturfonds, Statistisches Amt.

Manuel MARIN (Spanien): Vizepräsident, Zusammenarbeit und Entwicklung, Fischereipolitik.

Filippo Maria PANDOLFI (Italien): Vizepräsident, Wissenschaft, Forschung und Entwicklung, Telekommunikation, Informationsindustrie und Innovation, Gemeinsame Forschungsstelle.

Martin BANGEMANN (Bundesrepublik Deutschland): Vizepräsident, Binnenmarkt und gewerbliche Wirtschaft, Beziehungen zum europäischen Parlament.

Sir Leon BRITTAN (Vereinigtes Königreich): Vizepräsident, Wettbewerbspolitik, Finanzinstitutionen.

Carlo RIPA DI MEANA (Italien): Umwelt, Nukleare Sicherheit, Zivilschutz.

António CARDOSO E CUNHA (Portugal): Personal, Verwaltung und Übersetzung, Energie und Euratom-Versorgungsagentur, KMU, Handwerk, Handel, Tourismus, Gemeinwirtschaft (Genossenschaftswesen).

Abel MATUTES (Spanien): Mittelmeerpolitik, Beziehungen zu Lateinamerika, Nord-Süd-Beziehungen.

Peter SCHMIDHUBER (Bundesrepublik Deutschland): Haushalt, Finanzkontrolle.

Christiane SCRIVENER (Frankreich): Steuern und Zollunion, Fragen im Zusammenhang mit den obligatorischen Abgaben (Steuer- und Sozialabgaben).

Bruce MILLAN (Vereinigtes Königreich): Regionalpolitik.

Jean DONDELINGER (Luxemburg): Audiovisuelle und kulturelle Angelegenheiten, Information und Kommunikation, Europa der Bürger, Amt für Veröffentlichungen.

Ray MAC SHARRY (Irland): Landwirtschaft, Ländliche Entwicklung.

Karel VAN MIERT (Belgien): Verkehr, Kredit und Investitionen, Verbraucherschutz und Vertretung der Verbraucherinteressen.

Vasso PAPANDREOU (Griechenland): Beschäftigung, Arbeitsbeziehungen und soziale Angelegenheiten, Humanressourcen, allgemeine und berufliche Bildung.

und den ebenfalls bei der Kommission angesiedelten "Durchführungsausschüssen".

Komitologie

Die "Komitologie" ist die in der EG gängige Bezeichnung für den Erlaß von Durchführungsbestimmungen durch die Kommission in Zusammenarbeit mit verschiedenartigen Ausschüssen (frz.: comités), in denen nationale Beamte die Kommission sowohl unterstützen als auch überwachen. Wenn der Ministerrat von der Möglichkeit Gebrauch macht, die EG-Kommission mit dem Erlaß von Durchführungsbestimmungen zu bereits verabschiedeten Rechtsakten zu betrauen, um sich selbst zu entlasten, macht er die Ausübung dieser auf die Kommission übertragenen Befugnisse von der Konsultation eines "Durchführungsausschusses" abhängig. Heute bestehen nahezu 300 solcher Ausschüsse. Ihr Aufgabenbereich ist sehr unterschiedlich und reicht von der Auswahl konkreter Projekte im Rahmen der gemeinsamen → Forschungs- und Technologiepolitik oder der → Regionalpolitik bis zum Erlaß von Rechtsverordnungen im Bereich des Binnenmarktes.

Seit der Gründung der ersten Durchführungsausschüsse im Jahr 1962/1963 im Bereich der → Agrarpolitik verfolgte der Ministerrat die Praxis, der Kommission in wachsendem Maße Verwaltungsbefugnisse im Bereich der Durchführung seiner Rechtsakte zu übertragen. Parallel dazu stieg die Anzahl der Ausschüsse und der Ausschußverfahren. Anstatt sich auf einen Ausschußtyp zu beschränken, entwickelte der Ministerrat ohne größere Systematik verschiedene Verfahrensweisen, die dem jeweiligen Ausschuß einen mehr oder weniger großen Einfluß auf die Entscheidungsfindung einräumten. Neben solchen Ausschüssen (Verfahren des "Beratenden Ausschusses"), die von der Kommission nur konsultiert werden müssen, traten dabei auch andere (Verfahren des "Verwaltungsausschusses"), die eine von der Kommission vorgesehene Maßnahme ablehnen können und die Kommission in diesem Fall dazu zwingen, den Ministerrat mit der Angelegenheit zu befassen. Ein Ausschußverfahren ("Regelungsausschuß") läßt es selbst zu, daß der Ministerrat auch dann befaßt werden muß, wenn der Ausschuß keine Stellungnahme abgibt. In den Verwaltungs- und Regelungsausschüssen gilt der Abstimmungsmodus der qualifizierten Mehrheit gemäß Art. 148 EWGV. Während im allgemeinen die von der Kommission vorgesehene Maßnahme in Kraft tritt, wenn der in Folge einer negativen Ausschußstellungnahme befaßte Ministerrat nach einer bestimmten Frist keinen anderen Beschluß gefaßt hat, kann der Ministerrat bei einer Variante des Regelungsausschusses ("Sicherheitsnetzverfahren") mit einfacher Mehrheit beschließen, daß gar keine Maßnahme erlassen werden soll. Insbesondere diese Variante des Regelungsausschusses dient dem Zweck, den nationalen Verwaltungen und dem Ministerrat ein Einspruchsrecht gegen Durchführungsmaßnahmen der Kommission zu garantieren.

Gegen Ende der 70er Jahre kam auch die "Komitologie" unter Kritik. Dem Ministerrat wurde vorgeworfen, insbesondere durch die mit Entscheidungsrechten ausgestatteten Ausschußtypen die Exekutivbefugnisse der Kommission zu untergraben und die Effizienz der Entscheidungsfindung insgesamt zu behindern. Kritik fand auch der Umstand, daß sich der Ministerrat in einigen Politikbereichen die Durchführungsbefugnisse durchweg selber vorbehielt. Nach Verabschiedung der Einheitlichen Europäischen Akte konnte mit einer "Generalüberholung" des Ausschußsystems gerechnet werden, die aber schließlich unterblieb. Der neugefaßte Art. 145 EWGV (Pflichten und Rechte des Ministerrates) zwingt den Ministerrat zwar dazu, grundsätzlich die Durchführungsbefugnisse auf die Kommission zu übertragen, die ebenfalls geforderte Neufassung der Ausschußtypen fiel jedoch enttäuschend aus. In seiner Entscheidung 87/373/EWG vom 13.7.1987 wurden vom Rat erstmals in allgemeiner Form die verschiedenen Ausschußvarianten festgelegt, ohne vom Typ des "Regelungsausschusses" Abstand zu nehmen, wie dies sowohl die Kommission als auch das Europäische Parlament vorher gefordert hatten. Die Erfahrung hat indes gezeigt, daß die "Komitologie" in der Regel gut funktioniert und daß nur in seltenen Ausnahmefällen eine Befassung des Ministerrates nötig wird. Wie in der Ausarbeitung ihrer Vorschläge ist es der Kommission auch beim Erlassen von Durchführungsbestimmungen nicht möglich, auf das Fachwissen nationaler Verwaltungen zu verzichten. Eine Abschaffung des Verfahrens des Regelungsausschusses ist als Reform denkbar, die "Komitologie" an sich erfüllt aber einen wichtigen und notwendigen Zweck.

Auf dem Weg zu einer europäischen Regierung?

Die Kommission nimmt eine herausragende Stellung "im Herzen" des institutionellen Gefüges der Europäischen Gemeinschaft ein. Auch wenn der Ministerrat das wesentliche Beschlußfassungsorgan der EG ist, kann ohne und gegen die EG-Kommission keine Politik gemacht werden. Obwohl die Funktionen der Kommission im wesentlichen im Exekutivbereich angesiedelt sind, stellt sie heute keine Gemeinschaftsexekutive dar. Nur in einigen Bereichen sind der Kommission eigene Exekutivbefugnisse zugewiesen worden, so das Recht, den Haushalt in eigener Verantwortung auszuführen, während der größere Teil ihrer Durchführungsbefugnisse originär dem Rat zustehen, der sie auf die Kommission übertragen hat. Bei der Ausübung ihrer Kompetenzen handelt die Kommission fast immer nach Konsultation mit Beamten der Mitgliedstaaten. Obwohl sie sich dadurch eines Teiles ihrer vertraglich verbrieften Unabhängigkeit begibt, kann sie nur auf diese Weise sinnvoll ihre Funktionen wahrnehmen. Dies ist der Kommission meist dann gelungen, wenn sie einen klaren Handlungsauftrag hat und ein Ziel verfolgt, über das zwischen den Mitgliedstaaten Konsens besteht: Der Erfolg des Programms zur Vollendung des Binnenmarktes ist hierfür das beste Beispiel. Die Entwicklung der EG hat aus der ursprünglich als eine Art Planungsstab konzipierten Kommission eine hochentwickelte und leistungsstarke Verwaltung gemacht, deren relative Größe aber angesichts der Aufgabenvielfalt eher bescheiden anmutet. Die ursprüngliche Aufgabenverteilung, die den Mitgliedstaaten und ihren nachgeordneten Gebietskörperschaften die Verwaltung der EG-Politiken zuweist, ist bis heute nicht geändert worden.

Für die Kommission steht deshalb für die Zukunft zu erwarten, daß sie sich nur begrenzt in Richtung auf eine "EG-Regierung" weiterentwickeln wird. Bedeutende Etappen auf diesem Weg sind neben einer weiteren Stärkung der Exekutivbefugnisse auch die Teilung des Initiativrechtes mit dem Europäischen Parlament und gegebenenfalls mit dem Ministerrat und vor allem eine Beteiligung des Europäischen Parlaments bei ihrer Ernennung. Während der Regierungskonferenz über die Politische Union (→ Europäische Union), die im Dezember 1990 einberufen wurde, können jene Schritte vielleicht schon vereinbart werden, da sie seit längerem auf der politischen Tagesordnung der EG stehen. In einer langfristigen Perspektive kann daran gedacht werden, den Präsidenten der Kommission direkt von der Bevölkerung wählen zu lassen oder die Kommission zu einer "europäischen Regierung" umzuwandeln, die aus den Reihen des Europäischen Parlaments gewählt wird. Es ist aber kaum zu erwarten, daß sie die Funktionen einer "klassischen" Exekutive übernehmen wird.

Christian Engel

Konferenz für Sicherheit und Zusammenarbeit in Europa

Gründungsdatum: 30.7.–1.8.1975 Schlußphase der ersten KSZE-Konferenz mit Unterzeichnung der Schlußakte von Helsinki.
Unterzeichnerstaaten: Alle Staaten Europas (Albanien seit 19.6.1991); USA; Kanada.
Vertragsgrundlagen: "Schlußakte von Helsinki", 1.8.1975; Schlußkommuniqué der KSZE-Nachfolgekonferenz von Belgrad, 8.3.1978; Abschließendes Dokument des Madrider KSZE-Folgetreffens, 6.9.1983; Dokument der Stockholmer Konferenz über Vertrauens- und Sicherheitsbildende Maßnahmen und Abrüstung in Europa (KVAE), 19.9.1986; Abschließendes Dokument des Wiener KSZE-Folgetreffens, 15.1.1989; Charta von Paris für ein neues Europa, 24.11.1990.
Organe: Nicht-institutionalisierter Verhandlungsprozeß von 35 souveränen Staaten.
Literatur: Hans-Adolf Jacobsen/Wolfgang Mallmann/Christian Meier (Hrsg.): Sicherheit und Zusammenarbeit in Europa (KSZE). Analyse und Dokumentation 1973–1978, 2 Bände, Köln 1973, 1978; Hans-Heinrich Wrede: KSZE in Wien. Kursbestimmung für Europas Zukunft, Köln 1990.

In Form von allgemeinen Prinzipien, Richtlinien und Empfehlungen trifft die Konferenz für Sicherheit und Zusammenarbeit in Europa (KSZE) Vereinbarungen, die den zwischengesellschaftlichen Verkehr unter bzw. auch in den Signatarstaaten betreffen. Den KSZE-Prozeß bestimmte bis zum Ende der 80er Jahre das Spannungsverhältnis von Kooperation und Abgrenzung im Zeichen des Ost-West-Konflikts. Die seit der Helsinki-Schlußakte von 1975 unterzeichneten KSZE-Dokumente sind keine völkerrechtlich wirksamen Verträge. Vielmehr tragen sie den Charakter eines schrittweise fortgeschriebenen Wertekanons, der von einem Prozeß zunehmender politischer Verbindlichkeit im Sinne der freiwilligen Einhaltung seiner Bestimmungen begleitet wird. Ausgangspunkt war der territorialpolitische Status quo in Europa. Deshalb wurde die KSZE häufig als eine Quasi-Friedenskonferenz bezeichnet. Durch geeignete Maßnahmen der Vertrauensbildung, der Ausweitung von wirtschaftlicher, kommerzieller und kultureller Kooperation und der generellen Förderung von Kontakt und Kommunikation zwischen den Staaten und ihren Bürgern sollte ein Beitrag zur Entspannung zwischen Ost und West geleistet werden. Das

Schwinden des Ost-West-Konflikts und die Auflösung der Warschauer Vertragsorganisation (WVO) als politische Gemeinschaft (1. April 1991) veränderte die Rahmenbedingungen für Sicherheit und Zusammenarbeit in Europa in den 90er Jahren grundsätzlich.

Initiativen und Interessenlagen

Die Einberufung der KSZE war das Ergebnis und teilweise auch das Instrument eines komplizierten Abstimmungs- und Kompromißprozesses zwischen sehr gegensätzlichen Ausgangsinteressen und Motiven. Seit den 50er Jahren datieren die zumeist propagandistischen Vorschläge der UdSSR, eine Konferenz europäischer Staaten zur Schaffung eines "kollektiven Sicherheitssystems" abzuhalten. An die Stelle der zunächst vorherrschenden Anti-NATO-Stoßrichtung trat zunehmend das Interesse von Staaten der WVO an einer positiven Sanktionierung des europäischen Status quo und der Intensivierung der wirtschaftlichen und wissenschaftlich-technischen Zusammenarbeit mit den westlichen Industriestaaten. Dem stand auf westlicher und insbesondere amerikanischer Seite das Interesse an Abrüstung (sog. "Signal von Reykjavik", 25. Juni 1968, Ausgangspunkt für MBFR – Gespräche über beidseitige und ausgewogene Truppenreduzierungen) und kooperativer Rüstungssteuerung durch eine dichte Vertragspolitik (SALT/START außerhalb der KSZE) gegenüber. Aus westlicher Sicht kam der "humanitären Dimension" außerordentliche Bedeutung zu, da sie auf die Einhaltung der Menschenrechte sowie eines umfassenden Freizügigkeitsgebots zielte. Die eurasische UdSSR mußte eine gleichberechtigte Beteiligung der beiden nordamerikanischen Staaten zugestehen. Dies war aus westlicher Sicht eine unabdingbare Voraussetzung zur Aufnahme der KSZE. Die UdSSR interpretierte die KSZE auch als Anerkennung ihrer politisch-militärischen Ebenbürtigkeit mit der Großmacht USA. Diese asymmetrischen Motiv- und Interessenlagen wurden durch eine sehr weitgefaßte Tagesordnung der Konferenzen und eine teilweise bewußt in Kauf genommene Unbestimmtheit und Mehrdeutigkeit der KSZE-Bestimmungen miteinander verknüpft und durch Formelkompromisse auszugleichen versucht.

Materien

Gegenstand der KSZE sind die in drei "Körben" aufgeführten Themenkomplexe: Fragen der Sicherheit in Europa (Korb 1); Zusammenarbeit in den Bereichen der Wirtschaft, Wissenschaft und Technik sowie der Umwelt (Korb 2); Zusammenarbeit in humanitären und anderen Bereichen (Korb 3).

Korb 1 umfaßt (A) einen Katalog von zehn gleichrangig gültigen Prinzipien. Entsprechend dem auch hier notwendigen Kompromißcharakter formulieren sie den kleinsten gemeinsamen Nenner zur Begründung von Stabilität und Sicherheit in Europa. Von seiten der WVO-Staaten wurden allerdings in erster Linie die Prinzipien III (Unverletzlichkeit von Grenzen) im Sinne der positiven Sanktionierung des Status quo und VI (Nichteinmischung in die inneren Angelegenheiten) hervorgehoben. Dagegen betonte der Westen die Prinzipien VII (Achtung der Menschenrechte und Grundfreiheiten) sowie VIII (Gleichberechtigung und Selbstbestimmungsrecht der Völker). Teil (B) umfaßt ein Dokument über vertrauensbildende Maßnahmen und bestimmte Aspekte der Sicherheit und Abrüstung. Das Ziel ist eine größere Transparenz militärischer Aktionen. Mit der auf eine französische Initiative zurückgehende KVAE-Konferenzfolge in Stockholm (1984/86) und den Wiener Verhandlungen VSBM (Konferenz über vertrauens- und sicherheitsbildende Maßnahmen) und VKSE (Konferenz über konventionelle Streitkräfte in Europa) (1989/90) entwickelte sich dieser Bereich zu einem Hauptstrang des KSZE-Prozesses mit einer gewissen Tendenz zur Verselbständigung. Die VKSE-Vereinbarungen sind "international verbindlich" (→ Sicherheitspolitik, äußere).

Die Bestimmungen von Korb 2 sprechen Empfehlungen aus für die Zusammenarbeit in den Bereichen Handel, industrielle Kooperation, Projekte gemeinsamen Interesses, Wissenschaft und Technologie, Umwelt u. a. m. Fragen der Wirtschaftskooperation nahmen bis zur Bonner Konferenz im April 1990 einen geringen Stellenwert ein, zumal große Überschneidungen mit dem Tätigkeitsbereich der etablierten UN-Wirtschaftskommission für Europa (ECE) festzustellen sind. Hinzu kommen in Korb 2 Fragen der Zusammenarbeit im Mittelmeerraum.

Korb 3 führt ausführlich Absichtserklärungen und konkrete Empfehlungen bezüglich der Ausweitung und Intensivierung menschlicher Kontakte, der Zusammenarbeit und des Austauschs im Bereich von Kultur, Information und Bildung an. Die "menschliche Dimension", in deren Zentrum die Forderung nach der Gewährleistung der individuellen Menschenrechte und nach der Freizügigkeit für Menschen, Informationen und Ideen steht, barg zumindest bis zur Kopenhagener Konferenz 1990 das größte Konfliktpotential zwischen den westlichen und östlichen Verhandlungsdelegationen (→ Menschenrechtspolitik).

Verfahren und Etappen

Entscheidungen im KSZE-Rahmen beruhen ausschließlich auf dem Konsensprinzip. Bereits in der Vorbereitungsphase der KSZE (1973/75) zeichneten sich drei Verhandlungsgruppen, "Caucusses" genannt, ab: NATO/EPZ-Staaten, WVO-Staaten sowie Neutrale und Nicht-Paktgebundene. Anfang der 90er wurden im WVO-Caucus nur noch Positionen zu militärischen Fragen abgestimmt. Auch der relative Bedeutungswandel von Neutralität und Blockfreiheit trägt zum Entstehen neuer KSZE-Verhandlungsmuster bei.

Auf den Haupt- bzw. Folgekonferenzen stehen sämtliche in den drei Körben angeführten Themen auf der Tagungsordnung. Zu Beginn wird die Umsetzung und Einhaltung der bereits getroffenen Vereinbarungen ausführlich diskutiert. Auf die Implementationsdebatte folgen Verhandlungen zur Weiterentwicklung bzw. Vertiefung der Zusammenarbeit. Die Ergebnisse werden in einem Schlußdokument festgeschrieben. Ähnlich wird auf den unterschiedlich qualifizierten Sondertreffen verfahren.

Nach dem ersten, mit Unterzeichnung der Helsinki-Schlußakte besiegelten Höhepunkt durchlief die KSZE zunächst eine durch teilweise heftige Kontroversen über ihre Durchführung geprägte Phase. Von Anbeginn unterlag der KSZE-Prozeß in hohem Maß dem Einfluß von externen politischen Entwicklungen und Ereignissen. Zu nennen ist u.a. der Zypern-Konflikt (1974), die sowjetische Invasion Afghanistans (1979) und die Ausrufung des Kriegsrechts in Polen (1981). Trotz der krisenhaften Zuspitzung während der Madrider Folgekonferenz (1980/83) einigten sich die Teilnehmerstaaten nach einer achtmonatigen Vertagung auf ein Schlußdokument, das u.a. die Abhaltung von 7 Sondertreffen, darunter die KVAE vorsah. Dabei spielten die N+N-Staaten eine wichtige Vermittlerrolle.

Auch wenn in Ottawa 1985, Budapest 1985 und Bern 1986, wo Materien aus Korb 3 zur Debatte anstanden, keine Einigung über ein gemeinsames Dokument erreicht werden konnte, lag der Gewinn der Treffen in öffentlich ausgetragenen Grundsatzkonflikten über die Normen des Zusammenlebens und die Gestaltung der gesellschaftlichen und staatlichen Ordnungen. Erst die Wiener Verhandlungen (1986/89), die bereits von der neuen Qualität des Ost-West-Dialogs (Wiederbelebung der amerikanisch-sowjetischen Gespräche und Verhandlungen, "Neues Denken in der sowjetischen Außenpolitik") profitierten, konnten ausgewogene und substantielle Fortschritte in allen drei Körben erzielen. Die Reformprozesse in Osteuropa und die Überwindung der Teilung Deutschlands strahlten auf die Sondertreffen 1990 in Bonn und Kopenhagen aus.

Beziehungen zur EG

Die EG ist nicht Mitglied der KSZE. In seiner Eigenschaft als Ratspräsident der EG unterzeichnete der italienische Ministerpräsident Aldo Moro die Helsinki-Schlußakte. Damit signalisierte die Gemeinschaft, daß sie die Ziele des KSZE-Prozesses unterstützen und an ihrer Verwirklichung mitwirken will. Im Rahmen der → Europäischen Politischen Zusammenarbeit stimmen die EG-Staaten ihre gemeinsame KSZE-Haltung ab. Sie nutzen die KSZE als Bühne, um mit einer Stimme zu sprechen. Bedeutsam wurde sie auch, um den im Entstehen begriffenen intergouvernementalen Mechanismus der EPZ selbst weiterzuentwickeln. Die EPZ-Außenminister und der → Europäische Rat haben regelmäßig zum KSZE-Prozeß Stellung genommen. Die Charta von Paris ist erstmals auch von dem Präsidenten der → Kommission der EG unterzeichnet worden.

Bilanz und Perspektiven

Angesichts der asymmetrischen Interessenlagen und Zieldefinitionen zu Beginn der KSZE ließen sich die 35 Teilnehmerstaaten auf einen Verhandlungsprozeß mit ungewissem Ausgang ein. Seit der zweiten Hälfte der 70er Jahre übten insbesondere die in Ländern der WVO entstehenden Menschenrechtsgruppen unter Berufung auf die in allen Signatarstaaten veröffentlichte Schlußakte von Helsinki Druck auf die nationalen Regierungen bzw. Parteien aus, um eine KSZE-konforme Ausgestaltung ihrer Politik zu erwirken. Die regierenden Parteien in den WVO-Staaten bekämpften diese Forderungen als "Einmischung in die inneren Angelegenheiten". In Einzelfällen gelang es, die KSZE als Forum zu nutzen, das die (Welt-) Öffentlichkeit auf Menschen- und Grundrechtsverletzungen in Signatarstaaten hinwies. Zu den Teilerfolgen des KSZE-Prozesses zählen die Vereinbarungen im Bereich der Rüstungsreduzierungen bzw. -begrenzungen sowie der sicherheits- und vertrauensbildenden Maßnahmen, für die zum Teil Kontrollmechanismen etabliert wurden. Mit Blick auf die Einhaltung von Menschenrechten wurde im Wiener Abschlußdokument erstmals ein dreistufiger Konsultations- und Überprüfungsmechanimus eingerichtet, der nach dem Durchbruch der Kopenhagener Konferenz von 1990 (Anerkennung der Prinzipien Rechtsstaatlichkeit, pluralistische Demokratie, Recht auf freie Wahlen, Gewährleistung der Menschenrechte und Grundfreiheiten) und im Zusammenhang mit den Demokratisierungsprozessen in WVO-Staaten eine neue Qualität entwickeln mag. Bezüglich der wirtschaftlichen Kooperation brachte das Bonner Abschlußdokument von 1990 erstmals einen Konsens hinsichtlich der Grundprinzipien von

Marktwirtschaft und einem pluralistischen, rechtsstaatlichen und demokratischen Aufbau von Staat und Gesellschaft.

Gegenwärtig zeichnet sich eine Überführung des KSZE-Prozesses in ein (teil) institutionalisiertes System zur gesamteuropäischen Kooperation ab, wie es vom Pariser KSZE-Sondergipfel im November 1990 beschlossen wurde: vorgesehen sind regelmäßige Treffen der 35 Staats- und Regierungschefs, der Außenminister sowie evtl. weiterer Fachminister. 1991 wurde mit der Eröffnung von KSZE-Einrichtungen begonnen. Vorgesehen ist ein KSZE-Sekretariat mit Sitz in Prag, ein Konfliktverhütungszentrum mit Sitz in Wien und ein Büro für freie Wahlen mit Sitz in Warschau. In Paris wurden außerdem die Ergebnisse der 2+4-Konferenzen über die äußeren Aspekte der deutschen Einheit (→ Deutsche Einheit und europäische Integration) vorgelegt und der in Wien ausgehandelte Vertrag über umfassende konventionelle Abrüstung (VKSE) von den 22 NATO- und WVO-Staaten unterzeichnet. In der Folge dieser Neuerungen könnten zumindest partiell völkerrechtlich verbindliche Übereinkünfte erzielt, effektive Überprüfungsmechanismen in weiteren Bereichen eingebaut und möglicherweise auch Sanktionsinstrumente eingeführt werden. Die Funktions- und Handlungsfähigkeit der KSZE bleibt aber weiterhin an das Konsensprinzip gebunden. Der Pariser Sondergipfel hat die Weichen für die Transformation des KSZE-Prozesses gestellt.

Barbara Lippert

Kulturpolitik

Vertragsgrundlagen: EG: keine ausdrückliche vertragliche Grundlage. Im Bildungsbereich Art. 128 EWGV. Europarat: Präambel und Art. 1 der Europaratssatzung; Kulturabkommen von 1954.
Ziele: EG: Verbesserung der Situation der Kulturschaffenden; Entwicklung der europäischen Kulturindustrie; Stärkung des europäischen Zusammengehörigkeitsgefühls. Europarat: kultureller Austausch; multikultureller und demokratischer Lernprozeß.
Instrumente: EG: im Zusammenhang mit beruflicher Bildung, Beschäftigungs- und Sozialpolitik Gemeinschaftsaktionen zugunsten von Künstlern und Kulturschaffenden; kulturpolitische Aktionen. Europarat: Konventionen, gemeinsame Absprachen und Aktionen.
Haushalt: EG: 1989 für "Aktionen im Bereich Kultur" 6,3 Mio. ECU (knapp 13 Mio. DM), ca. 0,014% des gesamten EG-Haushalts. Europarat: 1989 ca. 1,2 Mio. DM, ca. 0,85% des Etats.
Literatur: Werner Weidenfeld u. a.: Europäische Kultur: Das Zukunftsgut des Kontinents, Gütersloh 1990; Kulturpolitik, in: Werner Weidenfeld/Wolfgang Wessels: Jahrbuch der Europäischen Integration 1989/90, Bonn 1990, S. 213–218.

Die beiden wichtigsten Regierungsorganisationen, die sich in Europa mit Kultur und Kulturpolitik befassen, sind der → Europarat und die Europäische Gemeinschaft. Unterhalb dieser Ebene gibt es eine Vielzahl von bilateralen Kulturabkommen und -programmen. Auf gesamteuropäischer Ebene wurde im Rahmen der → Konferenz für Sicherheit und Zusammenarbeit in Europa (KSZE) seit der Schlußakte von Helsinki Zusammenarbeit und Austausch im Kulturbereich unterstützt. In der Rechtsverbindlichkeit der Beschlüsse zwischen EG und Europarat gibt es erhebliche Unterschiede: Während der Europarat zwischenstaatliche Zusammenarbeit von Regierungen betreibt, ohne die Möglichkeit, nationales Recht durch eigene Entscheidungen zu ersetzen, kann die EG in den Bereichen, die durch den EWG-Vertrag oder durch Gemeinschaftsbeschluß gedeckt sind, eigenes Recht an die Stelle von nationalem Recht setzen.

Kulturpolitik der EG

Für Kultur und Kulturpolitik im Rahmen der EG gibt es keine ausdrückliche vertragliche Grundlage. Gegen die "Vereinnahmung" der allgemeinen Kulturpolitik in die Gemeinschaftspolitik – z.B. über Art. 235 EWGV –

stehen die zum Teil verfassungsrechtlich, zum Teil politisch begründeten Vorbehalte einzelner Mitgliedstaaten, die sich mit dem Ausdruck "Kulturhoheit" der Länder umschreiben lassen. Kulturpolitische Aktionen der EG beruhen daher auf Einzelentscheidungen des Rates und der im Rat vereinigten für Kulturfragen zuständigen Minister der EG-Länder (→ Ministerrat), wobei "Rat der EG" für die Gemeinschaftspolitik steht und "im Rat vereinigte Minister" für die zwischenstaatliche Zusammenarbeit unter dem Vorbehalt nationaler Souveränität. Durch die zusammenfassende Formel erübrigt sich eine scharfe Trennung im Einzelfall.

In der EG tragen alle Organe und Gremien zum Bereich Kultur und Kulturpolitik bei: Der → Europäische Rat, der sich aus den Staats- und Regierungschefs der Mitgliedstaaten zusammensetzt und die Leitlinien der Gemeinschaftspolitik bestimmt, setzte auch die entscheidenden Impulse für die Entwicklungen im Kulturbereich. Der Rat und die im Rat vereinigten, für Kulturfragen zuständigen Minister behandeln Fragen der allgemeinen Kultur und Kulturpolitik. Die → Kommisssion ist für die Vorbereitung und Ausführung von Beschlüssen des Ministerrates verantwortlich. Das → Europäische Parlament (EP) hat durch seine Haushaltskompetenzen Einfluß auf die finanzielle Ausstattung der Aktionen im Kulturbereich.

Der EG stehen grundsätzlich auch für den Kulturbereich die üblichen rechtlichen Instrumente für die Gemeinschaftspolitik zur Verfügung – zumindest im Rahmen der als vertragskonform anerkannten Bereiche (→ Entscheidungsverfahren). Meist beschränkt sich der Rat auf die Verabschiedung von Entschließungen und Schlußfolgerungen, die die Mitgliedsländer nicht gesetzlich, sondern "politisch" (selbst-)verpflichten. Sie geben aber der Kommission wichtige Instrumente an die Hand, auf deren Grundlage Aktivitäten durchgeführt werden können.

Im Rahmen der kulturpolitischen Aktivitäten der EG geht es unter den Aspekten der Wirtschafts- und Sozialpolitik um die Verbesserung der wirtschaftlichen und sozialen Situation der Kulturschaffenden sowie um die Entwicklung der europäischen "Kulturindustrie" auch mit Blick auf die Vollendung des → Binnenmarktes; hier geht es vor allem um Fragen der nationalen Subventionierung und der Besteuerung von Kulturproduktionen und -gütern, um Urheberrechte, Leistungsschutz und die soziale Sicherung der Kulturschaffenden. Im Rahmen einer allgemeinen Kulturpolitik ist es das Anliegen der EG-Kommission, "das Bewußtsein eines gemeinsamen kulturellen Erbes als Teil der europäischen Identität zu festigen" (→ Europa der Bürger), also eine Kulturgemeinschaft zu schaffen. Thematische Schwerpunkte gemeinschaftlicher Kulturpolitik sind darüber hinaus die Förderung der audiovisuellen Industrie (→ Medienpolitik), Aus- und Weiterbildung im kulturellen Bereich und der kulturelle Dialog mit der übrigen Welt, so z. B. auch mit den AKP-Staaten im Rahmen des jüngsten Lomé-Abkommens (→ Entwicklungspolitik).

Die Aktivitäten der EG im Bereich Kultur und Kulturpolitik decken sich in ihrer Thematik häufig mit der Arbeit des Europarates, unterscheiden sich aber in der Methode vor allem durch die Förderung und Finanzierung praktischer Aktivitäten. Beispiele für solche Projekte sind u. a. die Konzerte der "europäischen" Orchester (Jugend, Barock, Jazz); die berufliche Fortbildung junger Kulturschaffender; die Erhaltung des kulturellen Erbes – u. a. an der Akropolis und auf dem Berg Athos; die Entwicklung von und Ausbildung in Konservierungstechniken – u. a. in einem Handwerkszentrum in Venedig; die Beteiligung an den Aktionen der "Europäischen Kultur(haupt)stadt", in deren Rahmen beispielsweise der Europäische Preis für die beste literarische Übersetzung und der Europäische Filmpreis vergeben wird.

Regelmäßig wird darauf hingewiesen, daß die EG "angesichts der Mitgliedschaft ihrer Staaten im Europarat dessen kulturelle Tätigkeit auch künftig entschlossen unterstützen und an ihr teilnehmen wird". Diese Klausel wurde aufgenommen, nachdem der Europarat bei den Mitgliedstaaten interveniert hatte, um eine Überschneidung der kulturellen Aktivitäten der Gemeinschaft mit seiner Arbeit zu verhindern.

Kulturpolitik des Europarates

Kultur und Kulturpolitik beim Europarat stützen sich allgemein auf die Präambel und Art. 1 der Satzung, in denen "gemeinschaftliches Vorgehen" u. a. auf kulturellem und wirtschaftlichem Gebiet vereinbart wird, speziell auf das Kulturabkommen von 1954. Dies wird ergänzt durch weitere Konventionen und Übereinkommen zu kulturpolitischen Themen. Im Rahmen der kulturpolitischen Aktivitäten des Europarates geht es vor allem darum, eine engere Verbindung und ein gegenseitiges Verständnis unter den europäischen Völkern aufzubauen, die europäische Kultur zu entwickeln und zu bewahren und um eine "Demokratisierung der Kultur" oder auch eine "kulturelle Demokratie". Die Tätigkeit des Europarates im Kulturbereich ist weit gefächert. Die Themen werden häufig in der Form mehrjähriger Projekte mit internationalen Experten und entsprechenden Fachkonferenzen bearbeitet, die dann in der Regel in Resolutionen und Empfehlungen münden und das Material für die Konferenz der Kultusminister liefern. Einige Themenbereiche sind: lokale Radio- und Fernsehstationen in Europa, grenzüberschreitendes Fernsehen, kulturelles Leben und Situation Jugendlicher in den Städten, Dezentralisierung von Kulturpolitik, Regional- und Minderheitensprachen in Europa; kulturelle Entwicklung in Städten und Regionen, Kulturindustrien.

Neben den Regierungsorganisationen ist eine Fülle von privat organisierten Vereinigungen und Verbänden europäisch aktiv: angefangen vom Europäischen Verband der Schausteller bis hin zu den "öffentlich-rechtlichen" wie die Europäische Rundfunkunion; nicht zu vergessen die zahlreichen Netze von Städtepartnerschaften. Hier findet sich die Masse der europäischen kulturellen Aktivitäten – oft unbeachtet von den Regierungen, aber außerordentlich wirksam für die europäische Bewußtseinsbildung. Zwischen den privaten Organisationen und der Regierungsebene stehen Organisationen wie die Europäische Kulturstiftung.

Bilanz

Abgesehen von unmittelbar wirtschaftlich relevanten Bereichen, in denen "harte Politik" vor allem in der EG gemacht wird, sind die kulturpolitischen Aktivitäten eher auf die Förderung möglichst vielfältiger Initiativen "privater Kulturträger" etwa nach dem Motto: "Laßt tausend bunte Blumen blühen" gerichtet. Die Zusammenarbeit zwischen Europarat und EG – stets beschworen – wird eher formal als faktisch vollzogen. Die Kulturpolitik beim Europarat hat in den letzten Jahren des Wandels in Mittel- und Osteuropa eine neue allgemeine europapolitische Qualität gewonnen: Sie ist der Einstieg für die "Reformländer" in die europäische Integration. In der EG selbst harrt die Kulturpolitik der endgültigen vertraglichen Regelung durch die Regierungskonferenz zur Politischen Union – bei strikter Beachtung der Subsidiarität schon auf Druck der Mitgliedstaaten. Die Fülle der Aktivitäten europäischer Kultur wird so weiter auf privater Initiative beraten und ihre Wirkung entfalten.

Bernd Janssen

Leitbilder der europäischen Integration

Literatur: Roland Bieber u. a.: Integrationskonzepte auf dem Prüfstand, Baden-Baden 1983; Norbert Kohlhase: Einheit in der Vielfalt – Essays zur Europäischen Geschichte, Kultur und Gesellschaft, Baden-Baden 1988; Walter Lipgens (Hrsg.): 45 Jahre Ringen um die Europäische Verfassung. Dokumente 1939–1984, Bonn 1986; Heinrich Schneider: Leitbilder der Europapolitik 1. Der Weg zur Integration, Bonn 1977; Heinrich Schneider: Rückblick für die Zukunft. Konzeptionelle Weichenstellungen für die Europäische Einigung, Bonn 1986; Werner Weidenfeld (Hrsg.): Die Identität Europas, München 1985.

Als Leitbilder der europäischen Integration können im engeren Sinne diejenigen Zielaussagen gelten, welche die "Finalität", d. h. die Vollendung des Integrationsvorgangs beschreiben. In einem weiteren Verständnis sind den Leitbildern auch "leitende" Motivlagen der europapolitischen Akteure zuzurechnen. Als eine dritte Kategorie sollte schließlich auch die Einordnung der Europapolitik als Prozeß berücksichtigt werden, insbesondere dann, wenn dieser Sicht eine orientierende Bedeutung im politischen Entscheidungsprozeß zuerkannt wird.

In diesen Europabildern bündeln sich Urteile über die Eigenart, die historische Entwicklung und die Rolle des Kontinents.

Die Bedeutung von Leitbildern beruht angesichts des von den Gründervätern der Integration bewußt offen gehaltenen Zielpunkt des Einigungsprozesses auf vier Faktoren: Leitbilder fassen die Erwartungen der Akteure an die Entwicklung der Einigung in einer offenen, an neue Bedingungen anpaßbaren Form zusammen; Leitbilder begründen die Rolle der Gemeinschaftsinstitutionen im Prozeß der Gemeinschaftsbildung (dies gilt insbesondere für das Europäische Parlament); Leitbilder wirken auf die europäische Öffentlichkeit, indem sie die Identifikation mit den politischen Werten und Erwartungen der Bürger anbieten. Leitbilder drücken schließlich die politische Anerkennung des Werts der Einigung aus – dadurch, daß sie der Europapolitik Bedeutung zuweisen, wirken sie stabilisierend in den umstrittenen Stationen europäischer Entscheidungen.

Bundesstaat und Staatenbund

"Europäischer Bundesstaat" bzw. "Europäischer Staatenbund" bilden das grundlegende Begriffspaar zur Beschreibung der vollendeten Integration seit den Anfängen der Widerstandsbewegung im Zweiten Weltkrieg. Das

Ziel der Organisation supranationaler Entscheidung – für deren unterschiedliche Gestaltungsformen das Bild des Bundesstaates steht, wurde vor allem in der Europapolitik Italiens, der Bundesrepublik Deutschland sowie von den Benelux-Staaten vertreten. Ihm gegenüber stand die von de Gaulle geprägte französische Auffassung vom "Europa der Vaterländer", in dem die intergouvernementale Zusammenarbeit souveräner Staaten den Kern des Integrationsprozesses ausmachen sollte.

Die Entwicklung der Europäischen Gemeinschaft ist über eine strikte Trennung beider Zielmodelle hinweggegangen – ihre Struktur weist Merkmale beider Leitbilder auf. Zwar knüpfte die britische Europapolitik Ende der 80er Jahre bewußt an die Rhetorik de Gaulles an, um die Ablehnung der Währungsunion oder einer gemeinschaftlichen Sozialpolitik zu begründen, doch ging es Margaret Thatcher eher um die Beschränkung des Wachstums supranationaler Elemente als um deren Zurückdrängung. Die aktuelle Debatte um den Endzustand der Gemeinschaftsbildung stellt daher stärker auf die Frage nach der Staatsqualität ab.

Die bundesstaatliche Tendenz des Integrationsprozesses, die schon in den Römischen Verträgen angelegt ist, findet Ausdruck in einer Reihe von präzisierenden Bezeichnungen: Immer wieder wird das Bild der "Vereinigten Staaten von Europa" gezeichnet. Das Leitbild des Bundesstaates und seine Präzisierungen schließen implizit die Anwendung westlich-demokratischer Verfassungsnormen auf den Prozeß der Integration ein. Die Gedanken des Föderalismus und damit der Aufgabenteilung zwischen Bund und Gliedstaaten, der demokratischen Qualität von Entscheidungen und der Sicherung der Bürger- und Freiheitsrechte sind eng mit dem Bild des Bundesstaates verbunden.

In der Sprache der Kommuniqués und Beschlüsse auf europäischer Ebene findet sich zur Umschreibung dieser Leitbilder seit den 70er Jahren der Begriff der → "Europäischen Union". Verschiedene Versuche, ihn inhaltlich zu füllen (u.a. der Tindemans-Bericht und der Verfassungsentwurf des Europäischen Parlaments von 1984), sind gescheitert. Die Europapolitik hat es vermieden, ihr Fortschreiten zu eng an einen Begriff zu knüpfen. So ist es zwar gelungen, das Zielbild "Europäische Union" über die Krisen der EG-Politik zu heben, eine orientierende Wirkung hat der vage Unionsbegriff aus dem gleichen Grunde jedoch nicht entfalten können. Bezeichnend ist, daß die konkreten Vorschläge im Blick auf die Gründung einer Union präzisere Benennungen vorziehen: Wirtschafts- und Währungsunion, Sozialunion und – 1990 – Politische Union.

Motivlagen

Die Motive der Regierungen, die zur Begründung und Weiterentwicklung der europäischen Integration geführt haben, finden sich in den Zielbestimmungen der Verträge, aber auch in den politischen Beschreibungen der Aufgabe europäischer Politik.

Zu den deklarierten Zielen der Gemeinschaftsbildung gehören seit den 50er Jahren vier Bereiche, welche von den Vertragspartnern in den Präambeln immer wieder variiert werden: Sicherheit, Frieden, Freiheit und Wohlstand. Hinzu treten der Begriff des wirtschaftlichen Wachstums, der Wunsch nach einer ausgewogenen Annäherung des wirtschaftlichen und sozialen Niveaus sowie (im EGKS-Vertrag) der Wille, mit der Integration einen Beitrag des organisierten Europa zur Zivilisation zu erbringen. In der Konsequenz der Süderweiterungen ergänzten die Regierungen in den 80er Jahren die Begriffe "Demokratie" und "politische Stabilität".

Diese Zielbestimmung der Verträge, die Kernbereiche traditioneller staatlicher Leistungen benennt, verweist auf ein Grundmotiv der Integration. Die Bewahrung der Fähigkeit zum Handeln erscheint als das zentrale Leitbild der Regierungen der Mitgliedstaaten. Es ist der Versuch, international verflochtenen Problemen auf einer neuen Stufe der Handlungsfähigkeit zu begegnen, angesichts des Machtverfalls und des Gestaltungsverlustes europäischer Politik nach den Weltkriegen. Die Facetten dieser Motivlage sind in der Publizistik mit dem Willen zur "Selbstbehauptung" oder zur "Europäisierung Europas" gekennzeichnet worden. Zur Orientierung werden Begriffe wie "Dritte Kraft" zwischen den Supermächten oder auch das Bild von der "Zivilmacht Europa" angeboten.

Dem entspricht der Wunsch nach einer "Identität Europas", die aus den Gemeinschaftsleistungen und ihren Institutionen resultieren soll. Andere Erklärungsansätze stellen die Einheit Europas als die Antwort auf die Zerrissenheit und die Konflikte der Nationalstaaten heraus.

Einigung als Prozeß

Neben den Zielaussagen und den Motivlagen besitzen auch diejenigen Prozeßbegriffe Leitbildfunktion, die eine Handlungsorientierung über die augenblickliche Lage hinaus formulieren. An einigen der nachfolgend genannten Strategien läßt sich zeigen, daß der Weg selbst zum Ziel des Einigungszustands wird.

Dies gilt zunächst und am deutlichsten für den Begriff der Integration selbst. In den Selbstzeugnissen der Europäischen Bewegungen trifft man häufig auf ein normativ aufgeladenes Verständnis von Integration als der einzigen zeitgemäßen Antwort auf die Zerstörungskraft eines übersteigerten Nationalismus. Eine Variante davon ist die Theorie des Funktionalismus, der Integration als spezifische Reaktion auf eine vielschichtige internationale Struktur ansieht. Die orientierende Bedeutung des Konzepts funktionaler Integration liegt jedoch in der europäischen Prognose ihrer Verfechter: in der Erwartung, die Ergebnisse und Erfahrungen aus sektoraler Verflechtung würden zu einer politischen Gemeinschaft führen (spill-over). Andere Prozeßbegriffe besitzen eher unterstützende Funktion. Sie lassen die Zielaussagen einleuchtender erscheinen: ihre Attraktivität nimmt also immer dann zu, wenn der aktuelle Integrationsprozeß stagniert. Von Bedeutung sind hier vor allem zwei Prozeßstrategien, die für sich auch konzeptionellen Rang beanspruchen.

Der pragmatisch-experimentelle Ansatz, weniger ein akademisches als ein politisch-administrativ geprägtes Kalkül, plädiert für ein flexibles Vorgehen der Integrationspolitik auch außerhalb der vertraglich gesetzten Rahmen, um Entscheidungsblockaden zu überwinden. Die → Europäische Politische Zusammenarbeit und das → Europäische Währungssystem gelten als die Erfolgsbeispiele pragmatisch-experimentellen Vorgehens, zunächst außerhalb der Verträge etabliert, dann schrittweise gefestigt und an die Gemeinschaft herangeführt.

Auch begrifflich variantenreicher erscheint die zweite Richtung, die eine Ausrichtung des Integrationsprozesses in Stufen oder für Teile der Gemeinschaft favorisiert, um Stagnation zu überwinden. Die "abgestufte Integration" will bewußt eine Relativierung der Gemeinschaft durch außergemeinschaftliche Konstruktionen vermeiden, gleichzeitig jedoch eine Vertiefung der Integration durch zeitliches Vorangehen eines Teils der Mitgliedstaaten ermöglichen. In diesen Zusammenhang ist auch der Gedanke an ein "Kerneuropa" anzusiedeln, der – ausgehend von den sechs Gründungsmitgliedern der Gemeinschaft – um ein stärker integriertes Zentrum einen Ring von geringerer Integrationstiefe vorsieht. Angesichts des Umbruchs in Osteuropa ist diese Vorstellung, modernisiert und erweitert durch zusätzliche Ringe mit jeweils stufenweise geringerer Verflechtung, als Konzept der "konzentrischen Kreise" wiederaufgelegt worden.

Josef Janning

Medienpolitik

Vertragsgrundlagen: EG-Richtlinie "Fernsehen ohne Grenzen", vom 3.10.1989, die aus Art. 59 u. 60 EWGV abgeleitet wird; Art. 103 f-q EWGV (Forschungs- und Technologiepolitik).
Ziele: Schaffung eines europäischen Medienmarktes mit gemeinsamen Standards, Förderung und Aufbau einer konkurrenzfähigen europäischen Programmindustrie, Einführung einer europäischen Fernsehnorm für hochauflösendes Fernsehen (HDTV) und Etablierung dieser Norm als Weltstandard.
Einzelprogramme: MEDIA zur Förderung und Entwicklung der audiovisuellen Industrie, EUREKA 95 zur Schaffung der HDTV-Norm, Eureka-Audiovisuell zur Förderung der audiovisuellen Infrastruktur.
Literatur: Matteo Maggiore: Herstellung und Verbreitung audiovisueller Informationen im Gemeinsamen Markt, Luxemburg 1991; Dieter Weirich (Hrsg.): Europas Medienmarkt von morgen, Berlin 1989.

Während bei den Printmedien das Prinzip des freien Informationsflusses in westlichen Staaten selbstverständlich ist, bestimmten bei den audiovisuellen Medien nationale Vorschriften und Frequenzknappheit ursprünglich die Situation. Dies änderte sich durch die Entwicklung neuer Kommunikationstechniken, insbesondere der Satelliten. Dadurch wurde die Zahl der empfangbaren Programme erheblich gesteigert. Auf einen größeren Ausstrahlungsraum konzipierte, teils mehrsprachige Programme konkurrierten seither mit den nationalen Programmen, unterliefen dabei aber nationale Vorschriften.

Auf der Anbieterseite wuchs die ökonomische Notwendigkeit, steigende Produktionskosten durch Vergrößerung des Verbreitungsgebiets aufzufangen. Europäische Film- und Fernsehproduktionen sind in Europa wegen der geringen Kapazität der segmentierten Märkte nur begrenzt rentabel – 90% von ihnen verlassen gegenwärtig nicht ihr Herstellungsland. Besonders Frankreich drängte mehrfach auf eine Quotierung europäischer Produktionen, um die eigene Filmindustrie zu fördern und eine eigenständige europäische Kultur zu bewahren.

Europäischer Medienmarkt

Seit Anfang der 80er Jahre beschäftigt sich die EG mit der Schaffung eines einheitlichen Medienmarktes. Die Grundidee bestand darin, durch Harmonisierung der Vorschriften auf der Anbieterseite sicherzustellen, daß kein Gemeinschaftsland die Ausstrahlung von audiovisuellen Produktionen aus EG-Ländern verhindern kann. Nach zähem Ringen wurde am 3. Oktober 1989 mit qualifizierter Mehrheit gegen die Stimmen Dänemarks und Belgiens die EG-Richtlinie "Fernsehen ohne Grenzen" vom → Ministerrat verabschiedet. Damit können audiovisuelle Programme unter Einhaltung gemeinsamer Mindestregeln und unter Berücksichtigung kulturpolitischer Ziele frei in der Gemeinschaft verbreitet werden. Die Regeln beziehen sich einerseits auf Beschränkungen der Werbung, Jugendschutz, das Gegendarstellungsrecht, andererseits auf die Förderung, Verbreitung und Herstellung europäischer Fernsehprogramme: Demnach sollen mehr als 50% der Sendezeit europäischen Produktionen vorbehalten sein. Mindestens 10% der Sendezeit bzw. der Haushaltsmittel für Programme sollen zudem Werken von Herstellern vorbehalten sein, die unabhängig von den Fernsehanstalten sind. Diese Quotenregelungen gelten allerdings "nur im Rahmen des praktisch Durchführbaren", sind also nicht einklagbare, politische Willenserklärungen. Als europäische Produktionen sind dabei diejenigen aller europäischen Länder zu verstehen, mit denen eine entsprechende Vereinbarung beschlossen wird. Zusatzprotokolle zur Richtlinie gewähren darüber hinaus Mitgliedstaaten das Recht, innerhalb ihres Sendegebietes für inländische Fernsehanstalten strengere Maßstäbe zu setzen. Um den von der Richtlinie erlassenen Rahmen auszufüllen, bemüht sich die → Kommission u. a. um eine Harmonisierung des Urheberrechts und um Maßnahmen zur Sicherung der Meinungsvielfalt. Die Bestimmungen der Richtlinie können einem sich weiterentwickelnden Markt angepaßt werden.

Kritik an der Fernseh-Richtlinie entzündete sich an zwei Punkten: Neben der Ablehnung jeglicher Quotierungen wurde vor allem die kultur- und medienpolitische Kompetenz der EG bestritten, die aus der Sichtweise von Fernsehen als Dienstleistung begründet wird. Daher will Dänemark die Richtlinie nicht in nationales Recht umsetzen und so die Klärung der Zuständigkeit vor dem → Gerichtshof der EG veranlassen. Obwohl die Bundesrepublik Deutschland nach einer Reihe von Kompromissen letztendlich zustimmte, gibt es erhebliche Widerstände der Bundesländer gegen die Richtlinie: Die Länder, die nach einer Klage Bayerns vor dem Bundesverfassungsgericht die Beschneidung ihrer Zuständigkeiten überprüfen lassen, befürworten die der EG-Richtlinie ähnelnde Europarats-Konvention vom 6. Mai 1989, nach der sie ihre Gesetzgebung ausrichten wollen. Deren Regelungen entsprechen zum Großteil denen der EG-Richtlinie – im langandauernden medienpolitischen Konflikt waren beide Entwürfe immer mehr angenähert worden. Drei Unterschiede sind bedeutsam: Erstens die geringere juristische Verbindlichkeit und Einklagbarkeit – die Konvention läßt für nationale Regelungen mehr Raum als die Richtlinie. Zweitens die größere Reichweite des → Europarates, die der Medienrealität Europas eher entspricht als eine Regelung der EG. Und drittens der andere Zugang: Während für die EG die ökonomische Dimension Vorrang hat, stehen für den Europarat kulturelle und publizistische Aspekte im Vordergrund (→ Kulturpolitik).

Förderung der audiovisuellen Infrastruktur

Der audiovisuellen Film- und Produktionsindustrie rechnet die EG-Kommission eine bedeutende sozio-kulturelle Dimension zu: Sie ist Ausdruck des Reichtums der europäischen Kulturen und leistet einen erheblichen Beitrag zur Meinungsbildung. Das seit 1987 laufende, von der Kommission initiierte Pilotprojekt MEDIA (Maßnahmen zur Förderung der audiovisuellen Produktionsindustrie) trägt zur Steigerung der Wettbewerbsfähigkeit bei, indem es gemeinschaftliche Kooperationsstrukturen der Produktionsindustrie fördert. Für Verbesserungen in den Bereichen Filmverleih, Produktion und Finanzierung von Filmen stellt MEDIA rückzahlbare Startfinanzierungen zur Verfügung, ohne dabei selbst in den Produktionsprozeß einzugreifen. MEDIA wird auf breiterer europäischer Ebene durch die Initiative des französischen Präsidenten Mitterrand für ein "audiovisuelles Eureka" ergänzt. Angestrebt wird ein europäischer Markt auf dem Gebiet der audiovisuellen Medien. Nach Vorbild des EUREKA-Programms (→ Forschungs- und Technologiepolitik) sollen Infrastrukturen geschaffen werden, die vor allem im Bereich der Produktion Konkurrenzfähigkeit sicherstellen. Auf der Pariser Medienkonferenz im Herbst 1989 gaben Vertreter von 26 west- und osteuropäischen Staaten und der EG einstimmig den offiziellen Startschuß zu diesem Projekt.

Vereinheitlichung technischer Normen

Das dritte Terrain europäischer Medienpolitik ist die Vereinheitlichung technischer Standards. Zu den Sprachbarrieren kommt in Europa das Problem unterschiedlicher Fernsehsysteme. In den 90er Jahren steht die Einführung des Hochauflösenden Fernsehens (HDTV) auf der Tagesordnung, welches großformatiges Fernsehen in Kino- und CD-Qualität ermöglicht. Die Europäer haben sich verständigt, diese Chance zur Vereinheitlichung technischer Normen zu nutzen. Außerdem unternehmen sie große Anstrengungen, bei der Umstellung auf HDTV eine europäische Norm weltweit durchzusetzen. Da eine Normenniederlage für die europäische Industrie enorme wirtschaftliche Folgewirkungen hätte, entwickelten die Europäer im Rahmen des "EUREKA 95"-Projekts mit ca. 200 Mio. DM Staatszuschüssen ihr eigenes HDTV-System. Sie konkurrieren mit einem japanischen System. Unabhängig von der Entscheidung der Amerikaner für einen der beiden Standards wird die Einführung des eigenen HDTV-Standards in Europa ab 1992 nicht mehr angezweifelt. Sein Vorteil liegt u.a. in der Fähigkeit zur gleichzeitigen Übertragung von sieben verschiedenen Sprachen.

Bilanz

Die Richtlinie "Fernsehen ohne Grenzen" ist umstritten, da die Herabwürdigung von Fernsehen zu einer Dienstleistung kommerzielle Anbieter begünstigt. Andererseits hat die Medienpolitik damit der vorauseilenden technischen Entwicklung Rechnung getragen und die Weichen für einen audiovisuellen Markt gestellt, der – solange an der kulturellen Vielfalt und nationalen Verschiedenheit der Systeme nicht gerüttelt wird – dem zusammenwachsenden Europa angemessen ist. Das Instrumentarium ist damit aber noch nicht komplett: Es stehen Leitlinien zur Anwendung der EG-Wettbewerbsregeln auf audiovisuelle Unternehmen ebenso aus wie eine Regulierung der stark zunehmenden internationalen Verflechtung und Konzentration auf dem Medienmarkt, die sich negativ auf die Meinungsvielfalt auswirken kann. Eine entsprechende Richtlinie soll dazu 1991 vorgelegt werden – auch eine Europarats-Konvention ist dazu angekündigt. In der seit Dezember 1990 laufenden Regierungskonferenz zur Politischen Union soll Kultur im EWGV ihren Platz erhalten.

Nur, wenn alle Komponenten der europäischen Medienpolitik gleichermaßen verwirklicht werden können, ist die Ausweitung der audiovisuellen Kapazität Europas und die wachsende Konkurrenzfähigkeit der europäischen Medienwirtschaft zu erwarten.

Olaf Hillenbrand

Menschenrechtspolitik

Rechtliche Grundlagen: Vereinte Nationen: Allgemeine Erklärung der Menschenrechte (10.12.1948); Europarat: Europäische Konvention zum Schutz der Menschenrechte und Grundfreiheiten (4.11.1950; in Kraft seit 3.9.1953); Europäische Sozialcharta (in Kraft 1965). EG/EPZ: Gemeinsame Erklärung über die Einhaltung von Menschenrechten und Grundfreiheiten (1977). Gemeinsame Erklärung gegen Rassismus und Fremdenfeindlichkeit (1986). Gemeinsame Erklärung der Außenminister der Zwölf zu den Menschenrechten (1986). Erklärung der Grundrechte und Grundfreiheiten des EP (1989).
Ziele: Definition, Durchsetzung und Kontrolle menschlicher Grundrechte.
Instrumente: Überstaatliche Zusammenarbeit auf mehreren Ebenen; Erlaß von Konventionen.
Organe: U.a. Europäische Menschenrechtskommission (ab 18.5.1954), Straßburg; Europäischer Gerichtshof für Menschenrechte, Straßburg (ab 21.1.1959).
Literatur: Karl-Peter Sommermann: Der Schutz der Menschenrechte im Rahmen des Europarates, Speyerer Forschungsberichte Nr. 86, Speyer 1990; Auswärtiges Amt (Hrsg.): Menschenrechte in der Welt. Konventionen, Erklärungen, Perspektiven, 7. überarb. Auflage, Bonn 1988.

Menschenrechte sind Individualrechte, die als vorstaatliche und unveräußerliche Rechte oder Normen in innerstaatliche Verfassungen und völkerrechtliche Vereinbarungen Eingang gefunden haben. Sie umfassen persönliche und politische Freiheitsrechte sowie soziale und wirtschaftliche Grundrechte. Nach dem Zweiten Weltkrieg sind Systeme zum Schutz von Menschenrechten entwickelt worden, die von unterschiedlichem Verbindlichkeitsgrad sind. Insbesondere aus der europäisch-atlantischen Verfassungstradition heraus zählt eine aktive Menschenrechtspolitik zu den zentralen Aufgaben des Staates. Die in den Vereinten Nationen (UN) zusammengeschlossenen Staaten proklamierten 1945 das Ziel, "die Achtung der Menschenrechte und die Grundfreiheiten für alle ohne Unterschied der Rasse, des Geschlechts, der Sprache oder der Religion zu fördern und zu festigen" (UN-Charta, Art. 1 (3)). Die 1948 verabschiedete Allgemeine Erklärung der Menschenrechte und die 1976 in Kraft getretenen Internationalen Pakte über wirtschaftliche, soziale und kulturelle

Rechte sowie über bürgerliche und politische Rechte bilden die Grundlage für die Arbeit der UN-Menschenrechtskommission (1946).

Im Rahmen des → Europarates entwickelten die Staaten Westeuropas auf der Grundlage der Europäischen Konvention zum Schutz der Menschenrechte und Grundfreiheiten (EMRK) ein qualifizierteres Menschenrechtsschutzsystem. Im Gegensatz zu den kodifizierten Rechten aus der EMRK sind die 1965 in der Sozialcharta des Europarates niedergelegten Rechte nicht einklagbar. Sämtliche Organe des Europarates sind mit Fragen der Menschenrechte befaßt. Die ersten 18 Artikel der EMRK garantieren die wichtigsten Menschenrechte und Grundfreiheiten, so z. B. das Recht auf Leben (Art. 2), das Verbot der Folter und unmenschlicher Behandlung (Art. 3), die Sicherung der Rechtsstaatlichkeit (Art. 6, 7). In Zusatzprotokollen werden die Artikel ausgeweitet und konkretisiert. Die EMRK sieht als Mittel zum Schutz und zur Kontrolle der garantierten Rechtstitel vor: (a) Individualbeschwerde zur Prüfung von Verletzungen eines Vertragsstaates; (b) Staatenbeschwerde; (c) die Aufforderung des Generalsekretärs des Europarates an die Vertragsstaaten der EMRK, Erklärungen darüber abzugeben, in welcher Weise ihr internes Recht die wirksame Anwendung der Bestimmungen der EMRK gewährleistet. Die Beschwerden werden an die Europäische Kommission für Menschenrechte gerichtet, die aus je einem persönlich gewählten Mitglied aus dem Vertragsstaat besteht. Sie erstellt einen Bericht, der dem Ministerkomitee zur endgültigen Entscheidung weitergeleitet oder dem Europäischen Gerichtshof für Menschenrechte in Straßburg überstellt wird, sofern sich der Staat, gegen den die Beschwerde geführt wird, der Rechtsprechung des Gerichtshofes unterworfen hat. Sein öffentlich verkündetes Urteil ist verbindlich für diejenigen Staaten, die das Zusatzprotokoll über die Anerkennung von Ministerrats- bzw. Gerichtshofurteilen unterzeichnet haben. Individuelle Beschwerdeführer können sich auf der Grundlage des 9. Zusatzprotokolls seit 1990 direkt an den Gerichtshof wenden.

Sämtliche Mitglieder der EG sind Unterzeichner der EMRK und somit an ihre Bestimmungen gebunden. Außerdem sind sie individuell internationalen Konventionen, z. B. der UN, beigetreten. In den Verträgen der EG sind Menschenrechte nicht explizit erwähnt. In den Debatten über das → Europa der Bürger und eine EG-Verfassung (→ Europäische Union) wird regelmäßig die Aufnahme eines Grundrechtskatalogs einschließlich sozialer Grundrechte (→ Sozialpolitik) diskutiert, und auch der Beitritt der EG zur EMRK wurde erwogen. Als Grundlage der EG-Menschenrechtspolitik dienen v. a. die Gemeinsame Erklärung des Europäischen Parlaments, des Rates und der Kommission über die Einhaltung der Menschenrechte und Grundfreiheiten sowie die Gemeinsame Erklärung gegen Rassismus und Fremdenfeindlichkeit (1986). Der → Gerichtshof der EG (EuGH) präzisiert in seinen Entscheidungen Maßstäbe, nach denen er den Grundrechtsschutz auf EG-Ebene zu gewährleisten gedenkt. Zu nennen sind: das Eigentumsrecht, das allgemeine Persönlichkeitsrecht, Freizügigkeitsrechte u.a.

Rolle der EG-Organe und der EPZ

In der Praxis verfolgen die Organe der EG eine nach innen, auf das Gebiet des EWG-Vertrags bezogene, und eine nach außen gerichtete Menschenrechtspolitik gegenüber Drittstaaten. Ziel ist es, eine Gemeinschaftsposition zu entwickeln und gemeinsam zu vertreten.

Dem → Europäischen Parlament stehen Beratungs- und Kontrollbefugnisse zu. Es nimmt Petitionen von EG-Bürgern entgegen, verabschiedet Berichte, Resolutionen und Entschließungen zur Menschenrechtsproblematik und macht regen Gebrauch von schriftlichen und mündlichen Anfragen an Vertreter der Kommission und Präsidentschaft des → Ministerrates und der → Europäischen Politischen Zusammenarbeit (EPZ). Menschenrechtsfragen sind ein Arbeitsschwerpunkt des EP. Seit 1983 werden Jahresberichte zu den Menschenrechten in der Welt vorgelegt. Auch die EPZ-Präsidentschaft berichtet dem EP seit 1986 jährlich über ihre Aktivitäten auf diesem Gebiet. Seit 1989 verleiht das EP jährlich den Sacharow-Preis an Persönlichkeiten, die sich für die Achtung der Menschen- und Bürgerrechte in hervorragender Weise engagiert haben. Am 12. April 1989 verabschiedete das EP eine Entschließung zur Erklärung der Grundrechte und Grundfreiheiten, in der die Abgeordneten ihre Entschlossenheit bekräftigten, ein Gemeinschaftsinstrument mit verbindlichem Rechtscharakter zu schaffen, das die Achtung der Menschenrechte garantieren soll.

Der → Ministerrat nimmt Stellung zu Menschenrechtsfragen und begründet vor allem Sanktionsmaßnahmen (→ Handelspolitik) der EG und ihrer Mitgliedstaaten mit dem Verweis auf nicht-menschenrechtskonforme Handlungen von Drittstaaten, z.B. im Falle von Südafrika. Im Rahmen von Abkommen mit Dritten, darunter auch Staatenverbindungen, nimmt die Gemeinschaft Bezug auf Menschenrechtsprinzipien, z.B. in der Präambel des Lomé III-Abkommens (→ Entwicklungspolitik). Als Sprecherin der Zwölf kommt der Präsidentschaft u.a. die Aufgabe zu, Grundsatzpositionen der Gemeinschaft zu Menschenrechtsfragen auf internationalen Foren und in internationalen Organisationen zu formulieren.

Die → Kommission ist als Hüterin der Verträge nur in einem allgemeinen Sinne an der Ausübung der Menschenrechtspolitik beteiligt. Sie ist in der Person des Kommissionspräsidenten über die EPZ eingebunden in die externe Dimension der Menschenrechtspolitik. Eckstein der durch die EPZ verfolgte Menschenrechtspolitik gegenüber Nicht-EG-Staaten ist die am 21. Juli 1986 verabschiedete gemeinsame Erklärung der Außenminister der Zwölf zu den Menschenrechten. Gemeinsame Demarchen in diesem Bereich verlaufen meist unter Ausschluß der Öffentlichkeit zum Schutz der betroffenen Personen, teilweise auch aus politischer Rücksichtnahme, entweder durch den Botschafter des Präsidentschaftslandes in dem betroffenen Drittstaat oder der Troika der Missionschefs oder durch die Zwölf kollektiv, während Erklärungen der Zwölf bzw. der Gemeinschaft und ihrer Mitgliedstaaten auf die öffentliche Solidaritätsbekundung mit den Opfern von Menschenrechtsverletzungen zielen und den Druck der internationalen öffentlichen Meinung erhöhen wollen.

Bilanz

Die parallel verlaufende Gründungsgeschichte von EG und Europarat hat zu einer komplementären Arbeitsteilung geführt, so daß die EG kein selbständiges Regime zum Menschenrechtsschutz aufgebaut hat. Die EG betreibt nur gegenüber Drittstaaten eine gemeinschaftliche Menschenrechtspolitik. Das weltweite Engagement für die Achtung der Menschenrechte gehört zu ihrer politischen Identität. Im September 1989 nahm der EuGH erstmals Bezug auf die Rechtsprechung des Straßburger Gerichtshofes (Unverletzlichkeit der Wohnung). Die normative Kraft der EMRK strahlte auch auf die Formulierung anderer regionaler Menschenrechtsschutzsysteme aus, z. B. der Amerikanischen Menschenrechtskonvention von 1969/81 und der Afrikanischen Charta der Rechte der Menschen und Völker von 1986. Die Arbeitsbelastung des Straßburger Gerichtshofes hat den Anstoß zu einer Reformdebatte gegeben, die z. B. eine Fusion von Menschenrechtskommission und Gerichtshof diskutiert. Nach der Aufnahme Ungarns und der ČSFR als 24. und 25. Mitglied des Europarates und als Unterzeichner der EMRK sowie den zu erwartenden Beitritten weiterer ost- und mitteleuropäischer Staaten zu Europarat und EMRK steigen die Aussichten auf einen gemeinsamen europäischen Rechtsraum, zu dem elementar auch die Menschenrechte zählen.

Barbara Lippert

Ministerrat der EG

Vertragsgrundlagen: Art. 145 bis 154 EWGV.
Kompetenzen: Entscheidungsbefugnis, Kompetenz zur Koordinierung nationaler Politiken, Exekutivbefugnisse.
Zusammensetzung: Je Mitgliedstaat ein Mitglied der Regierung.
Abstimmungsmodalitäten: Beschlußfassung mit einfacher oder qualifizierter Mehrheit bzw. mit Einstimmigkeit.
Literatur: Axel Vornbäumen: Dynamik in der Zwangsjacke. Die Präsidentschaft im Ministerrat der Europäischen Gemeinschaft als Führungsinstrument, Bonn 1985; Christoph Sasse: Regierungen – Parlamente – Ministerrat. Entscheidungsprozesse in der Europäischen Gemeinschaft, Bonn 1975.

Wie in einem klassischen föderalistischen System ist der offiziell nur als "Rat" bezeichnete Ministerrat das Organ der die höhere Ebene konstituierenden Einheiten, der Mitgliedstaaten, nimmt allerdings die Funktionen einer Legislative wahr und verfügt ebenfalls über Exekutivbefugnisse. Zur Erfüllung seiner Aufgaben war er als eine Institution ohne eigenen Unterbau konzipiert. Eine rapide Zunahme der Aktivitäten der Europäischen Gemeinschaft in quantitativer und qualitativer Hinsicht führte zu einer arbeitsmäßigen Überlastung des Ministerrates sowie zu einer Vermehrung seiner sektoriellen Zusammensetzungen; heute tagt er in über 20 verschiedenen Zusammensetzungen. Bereits 1958 nahm der "Ausschuß der Ständigen Vertreter" (Coreper) seine Tätigkeit zur Unterstützung des Rates auf. Unterhalb des Coreper wurden Arbeitsgruppen nationaler Beamter eingerichtet, deren Anzahl sich heute auf bis zu 200 beläuft. Gemeinsam mit dem Generalsekretariat des Rates stellen der Ausschuß der Ständigen Vertreter sowie die Arbeitsgruppen den stark anwachsenen Unterbau des Ministerrates dar.

Die Geschichte des Ministerrates von 1970 bis 1985 war stark von mangelnder Entscheidungsfähigkeit geprägt. Die Nichtanwendung der im EWG-Vertrag gebotenen Möglichkeit zur Abstimmung mit qualifizierter Mehrheit in vielen Bereichen, die → Erweiterung der EG im Jahr 1973 und auch die Unfähigkeit der Mitgliedstaaten, sich nach der Verwirklichung der Ziele des Gemeinsamen Marktes (→ Binnenmarkt) auf weitergehende gemeinsame Zielsetzungen zu einigen, führten den Rat in eine "Entscheidungsfalle". Die Einrichtung des → Europäischen Rates der Staats- und Regierungschefs (1974) als einer Institutionalisierung der zuvor ohne Regelmäßigkeit stattfindenden Gipfeltreffen stellte unter anderem den Versuch dar, eine politische Autorität auf der EG-Ebene zu schaffen, die mit klaren Prioritätensetzungen und Richtungsangaben die Arbeit des Ministerrates und auch der anderen Gemeinschaftsinstitutionen erleichtern sollte. In der Realität verlor der Rat nach Gründung des Europäischen Rates noch weiter an Entscheidungsfähigkeit und -autorität, da es zur Praxis geriet, wichtige Beschlüsse den Staats- und Regierungschefs zu überlassen. Diese "Intergouvernementalisierung" der → Entscheidungsverfahren der EG wurde auch in den → Reformberichten der 70er Jahre stark kritisiert, ohne daß diese einen realistischen Weg aus der Sackgasse hätten aufzeigen können.

Eine Dynamisierung der Entscheidungsfindung innerhalb des Ministerrates brachten dann die → Einheitliche Europäische Akte (EEA) von 1987 und vor allem das von allen Mitgliedstaaten mitgetragene Ziel der Vollendung des Binnenmarktes mit sich. Anstatt das Problem der Weigerung der Mitgliedstaaten, das Prinzip der Mehrheitsabstimmung anzuwenden, grundsätzlich anzugehen, wurde in der EEA eine geschickte Verbindung zwischen dem Mehrheitsprinzip und den zur Vollendung des Binnenmarktes relevanten Entscheidungen hergestellt. In der Praxis hat sich seit etwa 1986 gezeigt, daß sich im Ministerrat die Entscheidungsfindung beschleunigt hat und Mehrheitsentscheidungen Teil der Normalität geworden sind. Seit 1988 kann außerdem festgestellt werden, daß sich der Europäische Rat aus der konkreten Entscheidungsfindung zurückgezogen und der Ministerrat weitgehend zu seiner Funktion als oberstem Entscheidungsorgan der EG zurückgefunden hat.

Funktionen und institutionelle Stellung

Die Hauptfunktion des Ministerrates besteht in der Vertretung der Interessen der Mitgliedstaaten auf der EG-Ebene. Die Tatsache, daß der Ministerrat gleichzeitig über eine allgemeine Entscheidungskompetenz verfügt, zeugt davon, daß die Interessen der Mitgliedstaaten im wesentlichen die Politik der EG bestimmen und über das Gemeinschaftsinteresse, verkörpert vor allem durch die → Kommission und das → Europäische Parlament, dominieren. Der Rat ist auch für die Koordinierung der Politiken der Mitgliedstaaten in bestimmten Bereichen, die gemäß EWGV zwar von den Mitgliedstaaten wahrgenommen werden, aber von gemeinsamen Interesse sind, zuständig – so für die allgemeine Wirtschaftspolitik.

Anfänglich verfügte der Rat über die alleinige Entscheidungsbefugnis in allen Politikbereichen der EG. Auch die Exekutivkompetenzen kamen überwiegend dem Rat zu. Ohne daß grundsätzlich die Stellung des Rates im EG-Institutionensystem angetastet worden ist, muß er inzwischen in der → Haushalts- und in der → Assoziierungspolitik sowie bei Verträgen zur Erweiterung der EG die Entscheidungskompetenz mit dem Europäischen Parlament teilen und die Exekutivbefugnisse auf die Kommission delegieren. Die EEA hat außerdem mit der Einführung des "Verfahrens der Zusammenarbeit" zwischen Rat und EP den parlamentarischen Einfluß auf die EG-Gesetzgebung gestärkt.

Eingeschränkt wird die weiterhin dominante Stellung des Ministerrates im EG-Institutionensystem vor allem dadurch, daß er von unwesentlichen Ausnahmen abgesehen nur auf der Grundlage eines Vorschlags der Kommission tätig werden kann. An jeder Sitzung des Rates sowie seiner nachgeordneten Gremien nehmen auch Vertreter der Kommission teil, die zu jeder Zeit über das Recht verfügen, den Vorschlag der Kommission zu ändern oder zurückzuziehen. Da der Rat einen Vorschlag der Kommission nur einstimmig ändern, vielfach aber mit einer qualifizierten Mehrheit den Text der Kommission verabschieden kann, kommen im Rat nur selten Beschlüsse ohne Zustimmung der Kommission zustande.

Abstimmungsmodalitäten

Die Abstimmungsmodalitäten im Ministerrat sind nicht zentral, sondern in Einzelzuweisungen geregelt. Jede Einzelzuweisung im EWGV enthält Bestimmungen darüber, in welcher Form und unter Anwendung welcher Abstimmungsmodalitäten die einzelnen Institutionen am Entscheidungsverfahren beteiligt sind. Eine Beschlußfassung im Ministerrat mit der einfachen Stimmenmehrheit ist vertraglich immer dann vorgesehen, wenn nichts anderes bestimmt ist. Abstimmungen mit einer besonderen Mehrheitsanforderung ("qualifizierte Mehrheit") oder sogar mit Einstimmigkeitserfordernis stellen allerdings die Regel dar. Bei bestimmten Entscheidungen von konstitutioneller Bedeutung ist neben der einstimmigen Beschlußfassung im Ministerrat auch eine Ratifizierung durch die Mitgliedstaaten gemäß ihren verfassungsrechtlichen Vorschriften, das heißt durch die jeweiligen Parlamente, erforderlich (z. B. bei Vertragsänderung gemäß Art. 236 EWGV).

Bei Abstimmungen mit qualifizierter Mehrheit werden die Stimmen der Mitgliedstaaten gemäß den Bestimmungen des Art. 148 EWGV wie folgt gewichtet: Deutschland, Frankreich, Italien, Großbritannien je 10, Spanien 8, Belgien, Griechenland, Niederlande und Portugal je 5, Dänemark, Irland je 3, Luxemburg 2. Eine qualifizierte Mehrheit ist dann erreicht, wenn mindestens 54 der insgesamt 76 Stimmen einen Beschluß unterstützen, so daß 23 Stimmen eine "qualifizierte Minderheit" darstellen. Die

Stimmengewichtung zwischen den Mitgliedstaaten ist nach einem politischen Kalkül so ausgestaltet, daß zwei der großen Mitgliedstaaten alleine eine Entscheidung nicht verhindern können, während andererseits bestimmte Staatengruppen (wie die südlichen Mitgliedstaaten) es verhindern können, majorisiert zu werden.

Der EWGV sah vor, daß nach einer Übergangszeit bestimmte Beschlüsse mit qualifizierter Mehrheit gefaßt werden könnten. Als 1965 dieser Übergang anstand, widersetzte sich Frankreich diesem Schritt und zog seinen Vertreter aus den Sitzungen des Ministerrates zurück ("Politik des leeren Stuhls"). Der Ministerrat war anschließend neun Monate lang beschlußunfähig, bis am 18. Januar 1966 der sogenannte "Luxemburger Kompromiß" erzielt wurde. Fortan sollte bei Fragen, bei denen ein Mitgliedstaat ein "vitales nationales Interesse" geltend macht, solange nach einem Kompromiß gesucht werden, bis der betreffende Mitgliedstaat dem gemeinsamen Beschluß zustimmen kann. In der Praxis hatte dieser "Kompromiß" zur Folge, daß zwischen 1966 und 1985 im Ministerrat bis auf wenige Ausnahmen nur noch im Haushaltsbereich Mehrheitsbeschlüsse zustande kamen. Die von den Mitgliedstaaten stillschweigend akzeptierte Auslegung des Luxemburger Kompromisses als ein allgemeines Vetorecht gegen jede mißliebige Entscheidung führte dazu, daß grundsätzlich immer nach Einstimmigkeit gestrebt wurde und die Entscheidungsfindung im Ministerrat von einem einzigen Mitgliedstaat auf Jahre hinausgezögert werden konnte. Mit der EEA ist der Luxemburger Kompromiß zwar nicht abgeschafft geworden, sie hat aber de facto zur Aussetzung seiner Anwendung geführt.

Funktionsweise: Eine Konsensmaschinerie

Unabhängig von der jeweils anzuwendenden Abstimmungsmodalität entspricht der Ministerrat in seiner Funktionsweise einer Maschinerie zur Konsenssuche zwischen den Mitgliedstaaten. Entscheidungen werden innerhalb dieser Maschinerie auf drei verschiedenen Ebenen getroffen. Zahlreiche Arbeitsgruppen nationaler Beamter sollen insbesondere die technischen Aspekte der von der Kommission erarbeiteten Vorschläge diskutieren. Die Arbeitsgruppen leiten jeden von ihnen untersuchten Text an den Ausschuß der Ständigen Vertreter als zweiter "Clearing"-Stelle weiter. Auf einer schon politischen Ebene wird in diesem Gremium versucht, die noch offenen Interessendifferenzen zwischen den Mitgliedstaaten auszugleichen und einen Beschluß herzustellen, der in bestimmten Fällen auch mit qualifizierter Mehrheit gefaßt werden kann. Auf beiden Ebenen wird der Vorsitz vom jeweiligen Vertreter des Mitgliedstaates geführt, der im Ministerrat die Präsidentschaft innehat, so wie auch die Kommission immer vertreten ist. Die enge Verzahnung zwischen den Verwaltungen der Mitgliedstaaten und der EG-Bürokratie beweist sich darin, daß in den Arbeitsgruppen überwiegend dieselben nationalen Beamten sitzen, die auch in den von der Kommission in der Phase der Vorbereitung ihrer Entscheidungen konsultierten Gremien vertreten sind. Die Ständigen Vertretungen bei der EG sind die wichtigsten Schaltstellen zwischen den Mitgliedstaaten und der Gemeinschaft; sie stehen in permanentem engem Kontakt mit der Kommission und den Ständigen Vertretungen der anderen Mitgliedstaaten.

Der Ministerrat berät über die Dossiers, die bereits den Ausschuß der Ständigen Vertreter passiert haben. Sollte der Ausschuß der Ständigen Vertreter sich schon vollständig auf den Wortlaut eines Textes geeinigt haben, so erscheint dieser als sogenannter "A-Punkt" auf der Tagesordnung des Ministerrates, der ihn ohne weitere Diskussion formal verabschieden kann. Im anderen Fall müssen die Minister selber eine Entscheidung herbeiführen. Sitzungen des Ministerrates sind Großveranstaltungen, bei denen die Minister von Fachbeamten begleitet und unterstützt werden und bis über 100 Personen zugegen sein können. Immer öfter trifft sich der Ministerrat in seinen verschiedenen Zusammensetzungen daher zu sogenannten "informellen" Sitzungen, bei denen die Minister unter sich sind. Im kleineren und persönlicheren Rahmen werden manchmal Entscheidungen vorweg getroffen, die später nur noch einer formalen Bestätigung bedürfen. Zur Lösung besonders gewichtiger Probleme finden ebenfalls gelegentlich sogenannte "Jumbo-Ministerräte" statt, an denen zwei oder mehr Ressortminister jedes Mitgliedstaates teilnehmen.

Trotz der zunehmend häufiger genutzten Möglichkeit zur Abstimmung mit qualifizierter Mehrheit überwiegt in der praktischen Arbeit auf allen Ebenen des Rates die Konsenssuche. Auch die Mitgliedstaaten, die eine Mehrheitsmeinung vertreten, wissen, daß sie selber in anderen Fragen eine Minderheitsposition einnehmen, bei denen sie auf eine Rücksichtnahme der Partner angewiesen sind. Außerdem sind die Debatten im Ministerrat meist von Koalitionen zwischen Mitgliedstaaten geprägt, die schnell wechseln können. Werden einige Mitgliedstaaten vorschnell isoliert, ist es denkbar, daß später keine qualifizierte Mehrheit gefunden werden kann. Aus Erfahrung ist bekannt, daß mit der Zustimmung eines Mitgliedstaates zu einem Rechtsakt eine effizientere Umsetzung und Anwendung seines Inhalts verbunden ist. In der Praxis werden daher Mehrheitsbeschlüsse nur dann gefällt, wenn ein oder mehrere Mitgliedstaaten unwillens oder unfähig sind, einen Kompromiß einzugehen.

Eines der wesentlichen Instrumente der Funktionsfähigkeit des Ministerrates ist der halbjährig zwischen den Mitgliedstaaten wechselnde Vorsitz, auch Präsidentschaft genannt. Unterstützt durch das Generalsekretariat des Rates, dem "Gedächtnis" dieser Institution, obliegt es dem Vorsitz, die Arbeiten des Rates vorzubereiten, die Diskussionen zu leiten und Kompromisse zwischen den Mitgliedstaaten auszuloten. Bei der letztgenannten Aufgabe arbeitet der Vorsitz eng mit der Kommission zusammen, da ein Kompromiß häufig nur mit ihrer Zustimmung durchgesetzt werden kann, wenn jene bereit ist, ihren Vorschlag zu ändern.

Perspektiven

Für die Zukunft des Rates stellt sich die Frage, ob er sich in die Richtung eines europäischen Bundesrates oder Senats weiterentwickeln wird; Vorschläge in diese Richtung liegen schon länger auf dem Tisch. Realistisch zu erwarten ist aber, daß der Rat seine Kompetenzen wie bislang nur schrittweise an andere EG-Institutionen, insbesondere an das Europäische Parlament, verlieren wird. Stärker als dies in bestehenden Föderationen der Fall ist, wird eine → Europäische Union von der doppelten Legitimität der Mitgliedstaaten im Rat und der Abgeordneten im Europäischen Parlament geprägt sein. Die im Dezember 1990 einberufene EG-Regierungskonferenz zur Politischen Union wird sich vermutlich darauf einigen können, dem EP stärkere Mitwirkungsrechte bei der Gesetzgebung einzuräumen und den Bereich der Mehrheitsabstimmungen im Ministerrat auf alle Bereiche normaler Tätigkeit auszudehnen, ohne ihn aber seiner Entscheidungskompetenz zu entkleiden.

Christian Engel

OECD

Gründungsdatum und Sitz: 30.9.1961, Paris.
Mitglieder: 24 Mitglieder aus westlichen Industriestaaten, darunter die EG-Staaten. Jugoslawien ist assoziiertes Mitglied.
Vertragsgrundlagen: OECD-Konvention vom 14.12.1960, Zusatzprotokoll 1 regelt die Beziehungen zur EG.
Organe: Rat der Vertreter der Mitgliedstaaten, Exekutivausschuß, Fachausschüsse für spezielle Fragen, Sekretariat.
Literatur: Reba Anne Carruth: Industrial Policy Coordination in International Organizations, Frankfurt/M./Bern/New York/Paris 1989.

Vorgängerin der Organisation für Wirtschaftliche Zusammenarbeit und Entwicklung (OECD) ist die 1948 von den USA angeregte OEEC (Organization for Economic European Cooperation), deren wesentliche Aufgabe es war, beim Wiederaufbau Europas Kriterien für die Verteilung amerikanischer Gelder aus dem Marshall-Plan aufzustellen. Ende der 50er Jahre waren ihre Ziele weitgehend erreicht. Als völkerrechtliche Nachfolgeorganisation wurde die OECD (Organization for Economic Cooperation and Development) 1961 gegründet. Sie ist eine Organisation der zwischenstaatlichen Zusammenarbeit marktwirtschaftlich organisierter Industriestaaten in wirtschaftlichen Fragen. Hauptziel der OECD ist die Koordinierung der Wirtschafts-, Handels- und Entwicklungspolitik. Im einzelnen soll die Politik der Organisation in den Mitgliedstaaten Wirtschaftswachstum, Vollbeschäftigung, Preisstabilität und steigenden Lebensstandard fördern, zur Entwicklung der Weltwirtschaft, auch zugunsten der Länder der Dritten Welt, sowie zur Ausweitung des Welthandels beitragen. Zur Erreichung dieser Ziele versucht die OECD, die Wirtschaftspolitik ihrer Mitglieder zu harmonisieren und die internationale Entwicklungspolitik u. a. durch die Etablierung handelspolitischer Maßnahmen wie Zollpräferenzen zu unterstützen.

Die OECD finanziert sich aus Beiträgen der Mitgliedstaaten, die nach dem BSP errechnet werden. Oberstes Organ ist der Rat, der sich aus je einem Vertreter pro Mitgliedstaat zusammensetzt. Er ist zuständig für die Gesamtpolitik, stellt den Haushalt auf und erläßt Rechtsakte mit Außenwirkung in Form von Beschlüssen, Empfehlungen an die Mitgliedstaaten und Abkommen mit Nichtmitgliedstaaten und internationalen Organisationen. Entscheidungen oder Empfehlungen des Rates müssen einstimmig getroffen werden. Ihm zugeordnet ist ein Exekutivausschuß aus 14 Vertretern der Mitgliedstaaten, die die Arbeit des Rates nach dessen Weisungen vorbereiten. Zur Behandlung spezieller Fragen setzt der Rat Fachausschüsse ein, von denen es über 200 gibt, unter denen der wirtschaftspolitische Ausschuß eine herausragende Stellung einnimmt. Diese erstellen Konjunkturprognosen und Länderanalysen, befassen sich mit Wirtschaftsentwicklung und anderen Politikfeldern. Mit der OECD sind einige autonome oder halbautonome Institutionen verbunden: Die Internationale Energie-Agentur, die Kernenergie-Agentur, das Entwicklungszentrum der OECD sowie das Zentrum für Forschung und Innovation im Bildungswesen.

Die OECD hat durch die europäische Integration für die EG-Mitgliedstaaten untereinander keine Bedeutung, dient aber u. a. als Forum für die Beziehungen zwischen der EG und den USA sowie Japan. Drittstaaten kritisieren die Beschränkung des "Clubs der Reichen" auf den Kreis der westlichen Industrieländer, weitere Kritik befaßt sich mit seinem mangelnden greifbaren Einfluß.

Zwar hat die Organisation in den ersten 30 Jahren nach der Unterzeichnung ihrer Konvention keine spektakulären Erfolge aufzuweisen, als Forum der institutionalisierten Zusammenarbeit dürfen die indirekten Auswirkungen ihrer wirtschaftlichen Koordinierungsfunktion aber nicht unterschätzt werden: Die OECD ist zu einem bevorzugten Ort der internationalen politischen Diskussion geworden; ihr mannigfaltiges Know-how, das sich in etwa 250 Veröffentlichungen im Jahr niederschlägt, läßt Beitrittswünsche in den sich der Marktwirtschaft zuwendenden Ländern Mittel- und Osteuropas aufkommen.

Seit der Öffnung des Ostens und dem Zusammenbruch der Planwirtschaft ist die Suche nach angemessenen Strategien für einen sozial verträglichen Übergang der ehemaligen Ostblockstaaten zur Marktwirtschaft eine zentrale Aufgabe der OECD. In ihrem Sekretariat wurde dafür ein Zentrum für die Zusammenarbeit mit diesen Staaten geschaffen. Gemäß ihrer Ziele – Wirtschaftswachstum, soziales Wohlergehen und Förderung der Entwicklungsländer – ist es das Anliegen der Organisation, Osteuropa in die Weltwirtschaft zu integrieren und zugleich die befürchtete Wanderbewegung von Ost nach West zu vermeiden.

Olaf Hillenbrand

Rat für Gegenseitige Wirtschaftshilfe

Gründungsdatum und Sitz: Januar 1949, konstituierende Sitzung April 1949; Sitz des Sekretariats in Moskau.
Auflösung: 28.6.1991.
Mitglieder: Bulgarien, ČSFR, Polen, Rumänien, UdSSR, Ungarn; Albanien (1949–1962, seitdem "inaktives Mitglied"), DDR (1950–3.10. 1990); Mongolei (1962), Kuba (1972), Vietnam (1978).
Vertragsgrundlagen: Statut des RGW 14.12.1959 (Sofia) in Kraft seit 13.4.1960, Änderungsprotokoll 21.6.1974 (in Kraft seit 13.2.1976). Grundprinzipien der internationalen sozialistischen Arbeitsteilung, Beschluß der Vertreter der Mitgliedstaaten des RGW (1962); Komplexprogramm für die weitere "Vertiefung und Vervollkommnung der Zusammenarbeit und Entwicklung der sozialistischen ökonomischen Integration der Mitgliedsländer des RGW" (1971); Komplexprogramm des wissenschaftlich-technischen Fortschritts der Mitgliedsländer des RGW bis zum Jahr 2000 (1985).
Organe: Ratstagung; Exekutivkomitee des Rates; Sekretariat; Ständige Kommissionen; branchenspezifische Komitees (Hauptorgane).
Literatur: Adam Gwiazda: Die Desintegration des Rates für gegenseitige Wirtschaftshilfe. Neue Perspektiven für die mitteleuropäischen Länder? in: Aus Politik und Zeitgeschichte, B45/90, S. 35–45; Georg Link: Ungleiche Partner im europäischen Haus. Europäische Gemeinschaft und Rat für Gegenseitige Wirtschaftshilfe, Bonn 1990.

Ende Februar 1991 wurde die angekündigte formelle Auflösung des RGW nochmals aufgeschoben. Faktisch aber ist die 1949 ins Leben gerufene Organisation zur Koordinierung der Wirtschaftsbeziehungen unter den planwirtschaftlich organisierten Staatshandelsländern Osteuropas seit Ende 1989 funktionslos. Auf der 45. Ratssitzung im Januar 1990 wurde zwar eine unabhängige Kommission beauftragt, Vorschläge für eine RGW-Reform an Haupt und Gliedern auszuarbeiten, doch bereits damals machten insbesondere Ungarn, Polen und die ČSFR deutlich, daß sie ihre Mitarbeit im RGW so schnell wie möglich beenden wollten. Mit dem politischen Umbruch in Ost- und Mitteleuropa, der Hinwendung zur Marktwirtschaft und der Orientierung am westeuropäischen Wirtschaftsraum sowie der EG und der → EFTA wurde dem RGW mehr und mehr die Existenzgrundlage entzogen. Der RGW konnte weder institutionell noch politisch die Synchronisierung der Reformen der Intra-RGW-Zusammenarbeit mit den Reformen der Volkswirtschaften in den einzelnen Ländern bewältigen. Die marktwirtschaftliche Transformation der Wirtschaftsordnungen in Staaten des RGW verlief faktisch parallel zu 'Entpflichtungstendenzen' aus der RGW-Zusammenarbeit. Am 28. Juni 1991 wurde der RGW daher aufgelöst.

Derzeit ist noch unklar, ob es zur Gründung einer Nachfolgeorganisation mit äußerst begrenzten Aufgaben kommt. Insbesondere die lose kooperierenden fortgeschritteneren Reformstaaten Ungarn, Polen und ČSFR zeigen wenig Interesse an einer Nachfolgeorganisation und konzentrieren sich auf die inneren Systemreformen. Das Auseinanderfallen des RGW wurde in den Monaten vor seiner Auflösung in erster Linie durch den hohen Grad der gegenseitigen Abhängigkeit gebremst. Komplementär dazu ist die geringe Integration der RGW-Staaten in die Weltwirtschaft zu sehen (Anteil am Welthandel 1989 ca. 5%), so daß nur in einer längeren Übergangsperiode eine Diversifizierung und Umlenkung des Handels gelingen kann. Unterstützend wirken hier die intensivierten Wirtschafts- und Handelsbeziehungen mit der EG und den 24 → OECD-Staaten, die Maßnahmen im Rahmen der PHARE-Programme fördern.

Entstehung

Der RGW bezeichnete sich in den 80er Jahren als zwischenstaatliche Organisation zur mehrseitigen ökonomischen und wissenschaftlich-technischen Zusammenarbeit und Integration sozialistischer Staaten, er blieb aber im wesentlichen ein Bündnis für den bilateralen Außenhandel. Die Gründungsinitiative wird in der Regel der UdSSR zugeschrieben. Sie war politisch motiviert und steht im Zusammenhang mit der bipolaren Blockbildung am Ausgang des Zweiten Weltkriegs. Bis weit in die 50er Jahre hinein blieb der RGW wirtschaftlich bedeutungslos. Im Gründungskommuniqué vom 25. Januar 1949 sowie in seinem mehrfach revidierten Statut, das erst 1960 ratifiziert wurde, fehlte zunächst jede päzisere Festlegung auf eine politische und ökonomische Finalität des Zusammenschlusses.

Entwicklungsetappen

Im Zeitraum 1949–1959 stand die Schaffung eines Geflechts zweiseitiger Handelsabkommen und der organisatorische Aufbau des RGW im Vordergrund. Der Reformversuch Chruschtschows, eine "überstaatliche gemeinsame Wirtschaftsplanung" und damit einen partiellen Souveränitätsverzicht der RGW-Mitgliedstaaten durchzusetzen, scheiterte 1962 am Veto Rumäniens. Die Reforminitiative war auch eine Reaktion auf die Gründung von EWG und → Europäischer Atomgemeinschaft. Als Kompromiß wurde 1971 schließlich ein Komplexprogramm verabschiedet, das in einem Zeitraum von 15 bis 20 Jahren eine Vertiefung der Zusammenarbeit vorsah und erstmals für konkrete Maßnahmen Fristen setzte, so z.B. im Umweltschutz. Deren fehlende Verbindlichkeit im rechtlichen Sinne zeigte sich an der mangelhaften und punktuellen Umsetzung.

Im Komplexprogramm sind folgende ökonomische Ziele formuliert: (a) beschleunigtes Wirtschaftswachstum; (b) Herausbildung moderner Produktionsstrukturen; (c) Erhöhung des Lebensstandards der Bevölkerung; (d) schrittweise Annäherung des ökonomischen Entwicklungsniveaus der Mitgliedsländer; (e) beschleunigtes und stabileres Wachstum des Intrablockhandels. Hinzu treten politische Zielvorgaben: Verbesserung der Verteidigungsfähigkeit sowie "Stärkung der Position der Mitgliedsländer des RGW in der Weltwirtschaft und im Endergebnis Sicherung des Sieges im ökonomischen Wettbewerb mit dem Kapitalismus".

Mitte der 70er Jahre versuchte der RGW, der bis dahin eine reine Binnenfunktion hatte, als kollektiver Vertragspartner internationale Anerkennung zu finden. Mit Finnland (1973), Irak und Mexiko (1975), später mit Nicaragua (1983), Mozambique (1985), Jemen, Angola und Äthiopien (1986) sowie mit Afghanistan (1987) wurden Kooperationsabkommen geschlossen. Seit 1974 hatte der RGW Beobachterstatus bei den Vereinten Nationen. In den 80er Jahren mehrten sich die Krisenzeichen der Intra-RGW-Zusammenarbeit. Das 1985 beschlossene Komplexprogramm 2000, sollte eine "Intensivierung der Integration" und "Beschleunigung der wissenschaftlich-technischen Revolution" bewirken. Durchgreifende Erfolge blieben jedoch aus, wie die 44. Ratstagung (1988) konstatieren mußte. Als neues strategisches Ziel wurde die Schaffung eines "vereinigten Marktes" im RGW ins Auge gefaßt. Konkrete politische wie organsiatorische Reformen kamen nicht mehr zum Zuge, nachdem schrittweise sämtliche europäischen Mitgliedstaaten ihren Handel ab Januar 1991 untereinander in konvertibler Währung und zu Weltmarktpreisen abwickelten und in bilateralen Einzelverträgen ihre Wirtschaftsbeziehungen neu regelten. Die obsoleten Strukturen des RGW hielten nicht mehr Schritt mit der wirtschaftlichen und politischen Realität.

Struktur, Rechtscharakter und Prinzipien

Die innere Struktur des RGW kennzeichneten erhebliche Asymmetrien unter seinen Mitgliedern. Die UdSSR nahm eine politische und wirtschaftliche Führungsposition ein. Die sowjetische Vormachtstellung gründete vor allem auf der nahezu vollständigen Abhängigkeit der RGW-Länder, mit

Ausnahme Rumäniens, von sowjetischen Energie- und Rohstofflieferungen. Im Handel mit den RGW-Staaten entfiel rund die Hälfte der sowjetischen Lieferungen auf Energierohstoffe. Die UdSSR produziert allein mehr als zwei Drittel des geschätzten Sozialprodukts im RGW-Raum. Der Intrablockhandel der kleineren RGW-Länder war wesentlich auf die UdSSR orientiert (gut 50%), die ihrerseits einen sehr viel geringeren Grad der Außenverflechtung – etwa 35% – aufwies. Andererseits vermochte die auch im RGW-Vergleich schwach entwickelte sowjetische Wirtschaft keine Wachstums- und Investitionsimpulse oder größere Ressourcentransfers für ihre europäischen Partner im RGW zu liefern. Die primär politisch motivierte Aufnahme außereuropäischer Staaten steigerte die Heterogenität und die Ungleichgewichte im RGW zusätzlich. Unter den Hauptorganen im RGW bildete die gewöhnlich jährlich abgehaltene Ratstagung das oberste Entscheidungsgremium, das zumeist auf Ebene der Ministerpräsidenten zusammentrat und die Grundlinien der Zusammenarbeit beschloß. Das Exekutivkomitee setzte sich aus den stellvertretenden Regierungschefs zusammen und wachte als wichtigstes Vollzugsorgan über die Durchführung der Beschlüsse durch die nachgeordneten Organe. Es konnte jedoch nur Empfehlungen aussprechen. Das Sekretariat war ein ständiges Organ und führte die Verwaltungsarbeiten für alle Haupt- und Nebenorgane durch. An der Spitze stand ein Generalsekretär, der zugleich den RGW gegenüber Drittstaaten vertrat. Der Zusammenschluß beruhte formal auf den Prinzipien der staatlichen Souveränität, der Gleichrangigkeit und der Freiwilligkeit der Teilnahme seiner Mitglieder an RGW-Beschlüssen. Dementsprechend galt das Entscheidungsverfahren der Einstimmigkeit, wobei jedes Land über eine Stimme verfügte.

Stärkstes Integrationsinstrument im RGW waren die gemeinsame Ideologie der herrschenden Kommunistischen Parteien und die Strukturen der von ihnen angeleiteten staatlichen Planwirtschaften. Sobald sich die ideologische Klammer löste, brachen sich zentrifugale Tendenzen ihre Bahn. Das Komplexprogramm definiert die Koordinierung der nationalen Fünfjahrespläne als Hauptmethode der Zusammenarbeit. Der staatlich monopolisierte Außenhandel unter den Mitgliedstaaten des RGW ist seiner Struktur nach bilateral geblieben. Da die Währungen bis Ende der 80er Jahre reine Binnenwährungen waren und die nationale Preisbildung autonom und ohne gemeinsame Bemessungsgrundlage durchgeführt wurde, diente überwiegend der 1964 eingeführte Transferrubel als Verrechnungseinheit.

Deutlicher Indikator für die Krise des RGW war der Ende der 80er Jahre kontinuierlich zurückgehende Intra-RGW-Handel. Drastisch fielen

1990 die Importe der RGW-Länder aus der UdSSR (um ca. 18%), und auch deren Exporte in die UdSSR gingen dem Wert nach um 14% zurück.

Beziehungen zur EG

Bis zur de facto-Anerkennung der EG durch die UdSSR (1972) sah der RGW in der EG einen Teil des militärisch-industriellen Komplexes der kapitalistischen Staaten und ein Instrument der NATO. Seit 1973 bemühte sich der RGW um die Aufnahme von Beziehungen zu Brüssel. Die EG führte die zwischen 1976 und 1981 aufgenommenen Sondierungen schleppend. Aus politischen Gründen lehnte sie eine Aufwertung des von der UdSSR dominierten RGW ab und machte geltend, daß der RGW aufgrund seiner strukturellen und rechtlichen Verfassung kein adäquater Partner sei. Auf dem Hintergrund der Wirtschaftsreformen und Demokratisierungsprozesse in Staaten des RGW entwickelte sich ein fundamentaler Einstellungswandel gegenüber dem westeuropäischen Integrationsmodell. Die EG nahm zunächst in der Gemeinsamen Erklärung vom 25.6.1988 diplomatische Beziehungen zum RGW auf, um dann die seit langem vorgesehenen bilateralen Handels- und Kooperationsvereinbarungen mit den europäischen RGW-Staaten abzuschließen (→ Außenbeziehungen). Während die Beziehungen EG-RGW substantiell nicht über Grundsatzgespräche und den Austausch von Informationen im Rahmen des Gemeinsamen Ausschusses hinausgekommen sind, verdichtete die EG ihre Beziehungen zu den RGW-Staaten bis hin zu Verhandlungen über Assoziierungsabkommen mit Polen, Ungarn und der ČSFR, die in der Perspektive einer späteren EG-Mitgliedschaft angelegt sind (→ Assoziierungspolitik).

Barbara Lippert

Reformberichte

Literatur: Werner Weidenfeld (Hrsg.): Nur verpaßte Chancen? Die Reformberichte der Europäischen Gemeinschaft (Mainzer Beiträge zur Europäischen Einigung, Band 2), Bonn 1983; Werner Weidenfeld/ Wolfgang Wessels (Hrsg.): Wege zur Europäischen Union. Vom Vertrag zur Verfassung, Bonn 1986; Roy Pryce (Hrsg.): The Dynamics of European Union, New York 1987; Werner Weidenfeld u.a.: Wie Europa verfaßt sein soll. Vorschläge zur institutionellen Weiterentwicklung der Europäischen Gemeinschaft, Gütersloh 1990.

Die europäische Integration wird seit Beginn durch eine Reformdiskussion mit unterschiedlicher Intensität begleitet. Den jeweiligen Hintergrund bilden politische und wirtschaftliche Krisen, Unzulänglichkeiten des institutionellen Systems der Europäischen Gemeinschaft und Mißerfolge der Integration. Die Reforminitiativen, meist von den EG-Institutionen selbst in Auftrag gegeben, sind im wesentlichen dem institutionellen System, Defiziten in einzelnen Politikbereichen und den Kompetenzen der EG gewidmet. Einige Reformentwürfe zielen nur auf einen Ausschnitt dieser Themen, andere stellen einen umfassenden Lösungsansatz dar – wie etwa die erste Vertragsänderung, die → Einheitliche Europäische Akte (EEA) von 1986.

Reform des institutionellen Systems

Schwerfälligkeit der EG-Entscheidungsprozeduren und mangelnde demokratische Legitimierung wegen der relativ schwachen Stellung des → Europäischen Parlaments (EP) gaben immer wieder Anlaß zu institutionellen Reformkonzepten (→ Entscheidungsverfahren). Zum Beispiel setzte der Europäische Rat in Fontainebleau 1984 einen Ausschuß für institutionelle Fragen unter Leitung des Iren Dooge ein, parallel zu dem von dem Italiener Adonnino geleiteten Ausschuß zum → "Europa der Bürger". Der Dooge-Bericht (1985) forderte eine pragmatische Weiterentwicklung der bestehenden Verfahren, ein echtes Mitentscheidungsrecht für das EP und den Übergang zu qualifizierten Mehrheitsabstimmungen im Rat. Als Arbeitspapier ging er 1985 in die Verhandlungen der Regierungskonferenz ein, die die EEA ausarbeitete. Der Dooge-Bericht und seine Vorläufer strebten die Vertiefung der supranationalen Integration im Sinne eines föderierten Europa an. Andere zielten auf das traditionelle Konzept der intergouvernementalen Kooperation, also der Zusammenarbeit souveräner

Staaten auf Regierungsebene (→ Leitbilder der europäischen Integration). So lag etwa dem auf Initiative De Gaulles 1961 vorgelegten Vertragsentwurf für eine Union der europäischen Völker, ausgearbeitet unter Vorsitz des Franzosen Fouchet, die Vorstellung eines Europa der (souveränen) Vaterländer zugrunde. Der Fouchet-Plan, der eine engere Zusammenarbeit der EG-Länder in der Außen-, Kultur- und Verteidigungspolitik vorsah, scheiterte am Widerstand der Befürworter der supranationalen Integration mit unabhängigen EG-Institutionen. Eine Intensivierung der intergouvernementalen Kooperation erfolgte in den 70er Jahren aufgrund der Entscheidungen des Gipfeltreffens der Staats- und Regierungschefs 1969 in Den Haag: Entsprechend dem anschließend erstellten Davignon-Bericht wurde eine → Europäische Politische Zusammenarbeit (EPZ) zwischen den Regierungen der EG-Länder eingerichtet. Die Gipfeltreffen wurden 1974 als → Europäischer Rat, der regelmäßig tagen sollte, institutionalisiert.

Ausbau der Politikbereiche

Die konkreten Materien der EG-Politik bilden neben Fragen des institutionellen Systems den zweiten Themenschwerpunkt der Reformberichte. Dabei geht es um Korrekturen der gemeinsamen Politik, um die Kompetenzaufteilung zwischen Gemeinschaft und Mitgliedstaaten und um die Übertragung neuer Kompetenzen auf die EG. Auch die Initiative zur Gründung der → Europäischen Wirtschaftsgemeinschaft – nach dem erfolgreichen Anlaufen der → Europäischen Gemeinschaft für Kohle und Stahl (EGKS) 1951 – läßt sich hier einordnen: Eine Expertengruppe unter Vorsitz des belgischen Außenministers Spaak war von den Außenministern der sechs EGKS-Staaten 1955 beauftragt worden, Wege zur Fortführung der wirtschaftlichen Integration zu suchen. Der 1956 vorgelegte Spaak-Bericht bildete die Basis für die Römischen Verträge.

Um einen konkreten Politikbereich ging es z.B. im Mansholt-Plan (1968), der eine Reform der Gemeinsamen → Agrarpolitik vorsah, vor allem am Widerstand der Bauernverbände aber scheiterte. Vor dem Hintergrund der fortdauernden Haushaltskrise und des Streits um den britischen Beitrag (→ Haushaltspolitik) erarbeitete auch der Mandatsbericht der Kommission (1981) eine Reform der Agrarpolitik. Er forderte außerdem neue Maßnahmen in der gemeinsamen → Sozial- und → Regional-, → Industrie- sowie → Energiepolitik. Dem EP ging der Ansatz des Berichts nicht weit genug, während sich Rat und Europäischer Rat nicht zur grundsätzlichen Agrar- und Finanzreform entschließen konnten. Neue

Initiativen in einem anderen Politikbereich, dem "Europa der Bürger", forderte der Adonnino-Bericht (1985).

Zu den Reforminitiativen, die eine umfassende Entwicklungsstrategie für die EG-Politik entwerfen, gehört auch der Padoa-Schioppa-Bericht (1987): Der von einer Studiengruppe der Kommission unter der Leitung des Italieners Padoa-Schioppa ausgearbeitete Bericht empfiehlt angesichts des regionalen Entwicklungsgefälles in der EG (1.) die unbedingte Realisierung des Binnenmarktprogrammes, (2.) die Steigerung der Produktion durch eine kooperative Wachstumsstrategie, (3.) den Ausbau der EG-Strukturfonds und der Darlehensinstrumente und (4.) die erhebliche Verstärkung der Mechanismen des → Europäischen Währungssystems. Die Kommission legte ihrerseits 1987 ein umfassendes Reformpaket vor, das die Begrenzung der Agrarausgaben, die Reform des Finanzsystems und die Verdopplung der Strukturfonds verknüpfte. Das nach ihrem Präsidenten benannte Delors-Paket wurde bei dem Brüsseler Sondergipfel im Februar 1988 verabschiedet.

Daneben gab es spezielle Reformvorschläge zur Verwirklichung einer europäischen → Wirtschafts- und Währungsunion (WWU). 1969 legte der damalige Vizepräsident der EG-Kommission Barre ein "Memorandum über die Koordinierung der Wirtschaftspolitik und die Zusammenarbeit in Währungsfragen innerhalb der Gemeinschaft" vor. Daran anknüpfend entstand der von dem damaligen luxemburgischen Ministerpräsidenten und Finanzminister Werner vorgelegte Plan zur Schaffung einer Wirtschafts- und Währungsunion (1970). Der Werner-Plan sah die schrittweise Verwirklichung der WWU in drei Stufen bis 1980 vor, kam allerdings über die Einführung der ersten Stufe nicht hinaus. Ein neuer Anlauf erfolgte 1989: Ein Komitee der EG-Notenbankpräsidenten unter Leitung von Kommissionspräsident Delors legte ebenfalls einen Dreistufenplan zur Schaffung der WWU vor, dessen Verwirklichung mit dem Einstieg in die erste Phase im Juli 1990 begonnen hat.

Schritte zur Europäischen Union

Neben den Reforminitiativen, die auf eine Verbesserung der bestehenden EG-Politik und des institutionellen Systems zielten, gab es auch immer wieder Bemühungen, in einem großen Integrationsschritt eine Verfassung für die "Vereinigten Staaten von Europa" zu schaffen: So verabschiedete schon die Gemeinsame Versammlung der EGKS im März 1953 das Statut für eine Europäische Politische Gemeinschaft (EPG), die das politische Dach für die EGKS und die damals geplante Europäische Verteidigungsgemeinschaft (EVG) darstellen sollte. EPG und EVG scheiterten 1954 am

Veto der französischen Nationalversammlung. Die Staats- und Regierungschefs der EG bekräftigten schließlich bei ihrem Gipfeltreffen in Paris 1972 wieder das politische Ziel der → Europäischen Union und beauftragten 1974 den damaligen belgischen Ministerpräsidenten Tindemans, konkrete Vorschläge auszuarbeiten. Tindemans legte 1975 einen umfassenden Reformbericht zur schrittweisen Verwirklichung der Europäischen Union bis 1980 vor. Der dabei als Motor der europäischen Integration eingestufte Europäische Rat – Auftraggeber und Adressat – behandelte den Bericht jedoch äußerst zurückhaltend und reagierte lediglich mit weiteren Abischtserklärungen zur Schaffung der Europäischen Union.

Das Fehlen einer gemeinsamen Außenpolitik (→ Außenbeziehungen), die fortdauernde institutionelle Schwerfälligkeit und der Popularitätsverlust der EG bildeten 1981 den Hintergrund für eine erneute Initiative zur Europäischen Union von Bundesaußenminiser Genscher, der sich die italienische Regierung anschloß. Genscher und sein Amtskollege Colombo forderten: die europäische Einigung als Leitbild deutlich herauszustellen; einen Gesamtrahmen zu schaffen für EG und EPZ; die Führungsposition des Europäischen Rates auszubauen; die Mitwirkungs- und Kontrollrechte des EP zu verbessern; vom Einstimmigkeitsprinzip im Ministerrat abzugehen; neue Politikbereiche in die europäische Zusammenarbeit einzubeziehen, z.B. Kultur und Rechtspolitik. Diese bilaterale Initiative mündete schließlich im Juni 1983 in abgeschwächter Form in die "Feierliche Deklaration zur Europäischen Union" des Stuttgarter Gipfels.

Auch die seit 1979 direkt gewählten Mitglieder des Europäischen Parlaments trugen mit zahlreichen Berichten zur Reformdiskussion bei. Die Parlamentsvorschläge reichten dabei von kleinen pragmatischen Schritten bis zum Verfassungsentwurf. 1982 wurde auf Initiative des Italieners Spinelli im EP ein Ausschuß für institutionelle Reformen eingesetzt. Nach intensiven Vorarbeiten verabschiedete das EP im Februar 1984 einen Vertragsentwurf zur Gründung der Europäischen Union. Hauptziele waren: dem Einigungsprozeß einen transparenten und nachvollziehbaren Rahmen und somit Orientierung zu geben; das institutionelle Gefüge den neuen Gegebenheiten anzupassen, vor allem durch eine wesentliche Erweiterung der Kompetenzen des Parlaments; neue politische Problemschwerpunkte in die rechtlichen Grundlagen der Union einzufügen, etwa Außen- und Sicherheitspolitik, Umweltschutz, Energiepolitik, Regionalpolitik. Der Verfassungsentwurf erzeugte weiteren Reformdruck.

Bilanz und Perspektiven

In den Reformvorschlägen, die meist von einer Kritik des Ist-Zustands ausgehen, spiegeln sich die Defizite der europäischen Integration. In ihrer Reichweite variieren die Reformansätze von kleineren Korrekturen bis zum visionären Verfassungsentwurf einer Europäischen Union. Wenn auch viele Einzelforderungen mittlerweile verwirklicht sind, ist die konkrete Wirkung einzelner Berichte fraglich. Am wichtigsten war vielleicht in einigen Fällen das Verdienst, Probleme der EG und der einzelnen Gemeinschaftsinstitutionen publik gemacht zu haben. Einigen zentralen Reformentwürfen, etwa dem Tindemans-Bericht oder dem Vertragsentwurf des EP, kommt erhebliche Bedeutung als Orientierungshilfe und als gemeinsamer europäischer Bezugspunkt für die Diskussion über die Weiterentwicklung der EG zu.

Die Initiativen, Pläne und Berichte zur Korrektur der Gemeinschaft und ihrer Politik markieren so die wesentlichen Etappen der Reformdebatte, die zunächst in die EEA und das Binnenmarkt-Programm mündete, um 1989/90 erneut aufzuleben. Durch die für Ende 1992 vorgesehen Vollendung des → Binnenmarktes ist der Entscheidungsbedarf auf EG-Ebene deutlich angestiegen. Zudem nehmen die internationalen Anforderungen und Erwartungen an die Gemeinschaft zu. Auch die deutsche Einheit ließ die Forderung nach einer parallelen Vertiefung der europäischen Integration laut werden. Vor diesem Hintergrund beschloß der Europäische Rat, im Dezember 1990 parallel zur Regierungskonferenz zur Wirtschafts- und Währungsunion, eine zweite zur Politischen Union einzusetzen, die eine institutionelle Reform der Gemeinschaft ausarbeiten soll, um ihre Handlungsfähigkeit zu sichern. Dabei geht es auch um die Übertragung weiterer Kompetenzen an die Union, vor allem im Bereich der Außen- und Sicherheitspolitik. Die Notwendigkeit einer Reform hat auch die europäische Verfassungsdebatte wiederbelebt. Eine Arbeitsgruppe von Europaforschern legte 1990 Vorschläge für eine Europäische Verfassung vor ("Wie Europa verfaßt sein soll"). Nur eine Europäische Verfassung, so auch die Ansicht einiger Europaparlamentarier, könne die angestrebte Vertiefung der europäischen Integration gewährleisten (ausführlich hierzu: Bericht Martin und Bericht Colombo). Noch ist der Schritt zur Verfassung jedoch nicht in Sicht.

Anita Wolf

Regionalpolitik

Vertragsgrundlagen: Präambel des EWGV, seit Inkrafttreten der EEA (1987) zusätzlich Art. 130a bis e EWGV in Verbindung mit den Wettbewerbsregeln.
Ziele: Verringerung des Einkommensabstandes zwischen den Regionen der Gemeinschaft sowie des Rückstandes der am stärksten benachteiligten Gebiete in der wirtschaftlichen Entwicklung.
Instrumente/Einzelprogramme: Gemeinschaftliche Förderkonzepte (GFK) auf der Grundlage von nationalen Regionalplänen; diese werden abgewickelt über operationelle Programme (z. B. Integrierte Mittelmeerprogramme (IMP), Gemeinschaftsprogramme zur Umstellung der Eisen- und Stahlindustrie (Resider) und des Schiffbaus (Renaval), nationale Programme von Gemeinschaftsinteresse sowie integrierte Entwicklungsmaßnahmen), über einzelne Großvorhaben und die Gewährung von Globalzuschüssen; Instrumente sind der Europäische Fonds für Regionale Entwicklung (EFRE), die Europäische Investitionsbank (EIB), die Europäische Gemeinschaft für Kohle und Stahl (EGKS), der Europäische Sozialfonds (ESF), der Europäische Ausrichtungs- und Garantiefonds für die Landwirtschaft (EAGFL), Abteilung Ausrichtung).
Haushalt: EFRE: Verpflichtung 4,7 Mrd. ECU (10,7% des EG-Haushalts); Zahlung 3,9 Mrd. ECU (9,6%). Sonstige strukturpolitische Maßnahmen mit regionalem Charakter: Verpflichtungen 0,25 Mrd. ECU (0,6%); Zahlungen 0,19 Mrd. ECU (0,5%). EIB (außerhalb des EG-Haushalts): 11,56 Mrd. ECU.
Literatur: Willem Molle/Riccardo Cappellin (Hrsg.): Regional impact of Community policies in Europe, Aldershot 1988; Regionalpolitik, in: Werner Weidenfeld/Wolfgang Wessels: Jahrbuch der Europäischen Integration, Bonn 1981 ff.

Der Einkommensabstand zwischen den Regionen der Europäischen Gemeinschaft ist beträchtlich; zu den regionalen Unterschieden innerhalb der einzelnen Mitgliedstaaten kommen die Differenzen im Leistungsniveau der jeweiligen nationalen Volkswirtschaften hinzu. Im Zuge der → Erweiterung der EG ist das Wohlstandsgefälle erheblich größer geworden, da mit den beigetretenen Ländern nun Gebiete mit teilweise großer wirtschaftlicher Rückständigkeit dazu gehören. Während 1983 das ärmste Viertel der EG-Regionen nur 12% des gemeinschaftlichen Sozialprodukts erwirtschaftete und so über entsprechend wenig Einkommen verfügte, hatte das reichste Viertel der EG-Regionen einen Anteil von fast 40% am gemeinschaftlichen Produkt. Die reichste Region der Gemeinschaft war 1985 Groningen mit einem Pro-Kopf-Einkommen von 29.000 ECU (in Kaufkraftparitäten). Sie übertraf damit die ärmste Region, Thrakis in Griechenland, das nur etwas mehr als 5.000 ECU erzielte, um das Fünfeinhalbfache.

Die Gründe für den Einkommensrückstand sind vielschichtig: Die periphere Lage, eine ungenügende Kapitalausstattung in der Produktion, eine unzureichende Infrastruktur für Unternehmen und private Haushalte, ein niedriges Niveau der allgemeinen und beruflichen Qualifikationen der Bevölkerung und eine ungünstige Wirtschaftsstruktur mit großem Gewicht auf der Landwirtschaft und hohe Arbeitslosigkeit dürften hierbei im wesentlichen zusammenspielen. Zu den Gebieten mit großer Rückständigkeit zählen Griechenland, Portugal, weite Teile von Spanien, Süditalien und Sardinien, Irland, Nordirland, Korsika und die französischen überseeischen Departements sowie ein großer Teil des Gebietes der ehemaligen DDR. Insgesamt stellt sich das regionale Problem der Gemeinschaft als ein Nord-Süd-Konflikt dar.

Zur regionalen Rückständigkeit kommen in der Gemeinschaft noch besondere Schwierigkeiten von früher durchaus wohlhabenden Gebieten hinzu. Hier geht es darum, den erforderlichen Umstrukturierungsprozeß von im Niedergang befindlichen Industrien – so der Kohlenbergbau, die Stahlindustrie, der Schiffbau und die Textilindustrie – zu Wirtschaftszweigen mit Zukunft in der Industrie und im Dienstleistungsbereich zu bewältigen. Besondere Härten bringen diese Anpassungen vor allem dort mit sich, wo die Wirtschaft auf solche Bereiche stark konzentriert war. Benachteiligt sind hier auch die Regionen an den innergemeinschaftlichen Grenzen, da die nationalen Grenzen bis zur Vollendung des → Binnenmarktes noch wirtschaftliche Schranken bilden.

Zu den vom industriellen Niedergang bedrohten Gebieten der Gemeinschaft gehören insbesondere die alten Industrieregionen in Großbritannien, Nordfrankreich, Nordspanien und Belgien, norditalienische Küstenregionen, einzelne Grenzregionen in Westdeutschland, West-Berlin und Teile des Gebiets der ehemaligen DDR.

Begründung für Gemeinschaftsvorgehen

Die von dem Integrationsprozeß ausgelöste wirtschaftliche Dynamik hatte schon für die Alt-EG kaum dazu beitragen können, die regionalen Unausgewogenheiten zu vermindern. Vielfach profitierten die zentralen und wirtschaftlich ohnehin stärkeren Regionen mehr davon als die Randgebiete. Zudem war mit der Schaffung der Zollunion und der daraus resultierenden Intensivierung der innergemeinschaftlichen Arbeitsteilung für die nationalen Volkswirtschaften ein beträchtlicher Anpassungszwang verbunden, der einzelne Regionen mit einseitiger industrieller Ausrichtung besonders hart traf. Die Notwendigkeit, einen finanziellen Ausgleich zwischen den prosperierenden und den benachteiligten Regionen zu schaffen, wurde schon frühzeitig erkannt. Sie hat im Zuge der Vergrößerung der Gemeinschaft um Dänemark, Irland und Großbritannien 1973, mit der sich auch die regionalen Unausgewogenheiten verstärkten, zugenommen und führte schließlich bis 1975 zu einem regionalpolitischen Engagement der Gemeinschaft. Auf diesem Gebiet gemeinschaftlich vorzugehen, war auch geboten, um zwischen Fördergebieten eine Beihilfenkonkurrenz zu unterbinden, die einzelnen Regionen zunächst zwar Vorteile zu Lasten anderer ähnlich bedürftiger verschafft, letztlich aber die einzelstaatliche Regionalpolitik hätte ineffizient werden lassen.

Regionalpolitischer Ansatz

Ursprünglich war die Politik der Gemeinschaft darauf konzentriert, die Regionalpolitik der Mitgliedstaaten zu koordinieren und im Zuge der Kontrolle der nationalen Beihilfen mit regionalem Charakter zu gewährleisten, daß keine Wettbewerbsverzerrungen entstehen. Im Jahre 1975 wurde der Europäische Fonds für Regionale Entwicklung (EFRE) geschaffen, nicht zuletzt um das neue Mitgliedsland Großbritannien – als Agrarimportland ohne die gravierenden Agrarstrukturprobleme der anderen Länder – nicht zum Nettozahler für eine verfehlte Agrarpolitik werden zu lassen. Seitdem gewährt die Gemeinschaft finanzielle Hilfen für die Entwicklung bedürftiger Regionen. Der EFRE ist das Kernstück der EG-Regionalpolitik. Anfangs waren die gemeinschaftlichen Regionalhilfen mehr von ihrem quantitativen Charakter geprägt und daher relativ breit gestreut. Sie wurden in den Folgejahren – auch im Zusammenhang mit der Süd-Erweiterung der Gemeinschaft – immer stärker auf die rückständigen Regionen konzentriert.

Neben dem EFRE gibt es eine Reihe weiterer strukturpolitischer Finanzinstrumente der Gemeinschaft, die sich auf die Regionalentwicklung auswirken, so der Europäische Sozialfonds (→ Sozialpolitik), die Darlehenstätigkeit der → Europäischen Investitionsbank und der → Europäischen Gemeinschaft für Kohle und Stahl sowie der EAGFL, Abteilung Ausrichtung (→ Agrarpolitik). Zunächst wurden diese Mittel weitgehend isoliert voneinander vergeben, so daß Überlagerungs- und Neutralisierungseffekte nicht auszuschließen waren. Seit mehreren Jahren bemüht sich die Gemeinschaft, alle strukturpolitischen Maßnahmen mehr miteinander zu verzahnen, um auf diese Weise eine Strukturpolitik "aus einem Guß" zu verfolgen, in der das regionalpolitische Ziel einen hohen Stellenwert hat.

Die → Kommission wurde in der → Einheitlichen Europäischen Akte von 1986 aufgefordert, einen entsprechenden Gesamtvorschlag für eine Reform der Strukturpolitik vorzulegen. Der → Ministerrat verabschiedete diese Reform der Strukturfonds nach Anhörung des → Europäischen Parlaments und des → Wirtschafts- und Sozialausschusses einstimmig. Die einzelnen Durchführungsbeschlüsse zur Mittelvergabe des EFRE werden vom Ministerrat mit qualifizierter Mehrheit verabschiedet, auf Vorschlag der Kommission und in Zusammenarbeit mit dem Europäischen Parlament.

Strukturpolitische Grundsätze

Auf der Grundlage dieser Reform, die am 1.1.1989 in Kraft trat, konzentriert sich die Strukturpolitik der Gemeinschaft auf fünf vorrangige Ziele: 1. Förderung von Regionen mit Entwicklungsrückstand. Ein solcher Rückstand wird dann als gegeben angesehen, wenn das Bruttoinlandsprodukt je Einwohner nicht mehr als etwa 75% des EG-Durchschnitts erreicht. Vier Fünftel der Mittel des EFRE sind für diesen Kreis von Regionen bestimmt. 2. Umstellung der Regionen, Grenzregionen und Teilgebiete, die von der rückläufigen industriellen Entwicklung schwer betroffen sind. Dies ist dann der Fall, wenn die industrielle Beschäftigung deutlich rückläufig ist und die Arbeitslosigkeit über dem EG-Durchschnitt liegt. 3. Bekämpfung der Langzeitarbeitslosigkeit. 4. Erleichterung der Eingliederung der Jugendlichen in das Erwerbsleben. 5. Beschleunigte Anpassung der Agrarstrukturen sowie die Förderung der Entwicklung des ländlichen Raumes; Voraussetzung ist hierbei, daß die landwirtschaftlich Beschäftigten einen hohen Anteil an der regionalen Gesamtbeschäftigung haben, in der Landwirtschaft nur ein niedriges Einkommensniveau erreicht wird und zudem die regionale gesamtwirtschaftliche Leistung unterdurchschnittlich ist.

Für die Interventionen der Gemeinschaft gilt das Prinzip der Subsidiarität. Danach sollen die Maßnahmen immer nur als Ergänzung zu den nationalen, lokalen und sonstigen Aktionen ergriffen werden, und zwar nur dort, wo die eigenen Mittel unzureichend sind. Dies erfordert eine enge Abstimmung der Politik zwischen allen beteiligten Institutionen einschließlich der sozialen Gruppen und der Verbände.

Durchführung

Die regionalen Fördermaßnahmen der EG müssen dem Gemeinschaftlichen Förderkonzept (GFK) entsprechen. Die GFK werden von der Kommission in Verhandlungen mit den nationalen Behörden festgelegt. Basis sind regionale Entwicklungspläne, die von den nationalen Verwaltungen in Abstimmung mit den zuständigen regionalen und lokalen Einrichtungen aufgestellt wurden. Sie müssen einmal eine sozioökonomische Analyse für die betreffende Region/Teilregion enthalten, zum anderen das detaillierte Förderkonzept, die Schwerpunkte der Förderung und darüber hinaus eine Aufstellung über die von der Gemeinschaft beantragten Mittel, getrennt nach den einzelnen Finanzsituationen. Die GFK umfassen die Schwerpunkte, Art und Laufzeit der gemeinschaftlichen Interventionen sowie den Finanzierungsplan nach Höhe und Quelle der Gemeinschaftsmittel. Sie werden vorwiegend über die sogenannten operationellen Programme umgesetzt, zu denen die Projekte für die jeweilige Region – soweit sie einander ergänzen – zusammengefaßt sind. Diese Programme können entweder von nationalen Stellen vorgelegt oder auf Initiative der Kommission entwickelt werden.

Die Integrierten Mittelmeerprogramme (IMP) sind ein Beispiel für ein operationelles Programm. Sie wurden im Zusammenhang mit dem Beitritt Spaniens und Portugals eingeführt, um den übrigen Mittelmeerregionen der Gemeinschaft die Anpassungslast zu erleichtern. Denn diese Regionen mußten sich auf einen härteren Wettbewerb insbesondere bei agrarischen Südprodukten einstellen. Zu diesem Zweck enthalten die IMP strukturpolitische Maßnahmen zur Förderung von Landwirtschaft und Fischerei sowie zur Berufsbildung, Hilfen zum Ausbau der Infrastruktur und die Unterstützung neuer Aktivitäten in der Industrie und im Dienstleistungsbereich.

Die GFK können aber auch einzelne Großvorhaben enthalten oder Globalzuschüsse vorsehen. Im letzteren Fall kann einer besonderen regionalen Einrichtung die Aufgabe übertragen werden, die Abwicklung bestimmter Maßnahmen zu betreuen. Dies ist vor allem dann zweckmäßig, wenn an dem Programm eine Reihe von Projektträgern beteiligt ist. Weiterhin ist die Beteiligung an nationalen Beihilfen für Unternehmen möglich. Darüber hinaus können auch Vorstudien, Maßnahmen zur technischen Hilfe sowie Pilotprojekte gefördert werden.

Maßnahmen

An Infrastrukturinvestitionen, die eine wirtschaftliche Bedeutung haben, beteiligt sich der EFRE in den rückständigen Regionen bis zu 75% (in den übrigen Regionen bis zu 50%) der Gesamtkosten, mindestens zu 50% (25%) der öffentlichen Ausgaben. Dabei wird eine regionale Differenzierung vor allem nach dem Gewicht des regionalen Problems und der Finanzkraft des jeweiligen Mitgliedstaates vorgenommen. Die EIB stellt für die Infrastrukturinvestitionen Darlehen bereit, in der Regel zu marktmäßigen Konditionen. Im Auftrage der Kommission vergibt die EIB Darlehen auch aus Mitteln des neuen Gemeinschaftsinstrumentes (NGI; → Haushaltspolitik), für die von der Kommission auch Zinszuschüsse zur Verbilligung dieser Darlehen gewährt werden können. Bei Investitionen in der Industrie und im Dienstleistungsbereich beteiligt sich der EFRE an den nationalen Beihilfen, allerdings nur bis zu 50 bzw. 30% der Gesamtkosten. Auch hier kann die EIB Darlehen gewähren. Zur Erschließung des Entwicklungspotentials der Region, zur Förderung von Innovation und Fremdenverkehr sowie für Service-Einrichtungen kann der EFRE kleine und mittlere Unternehmen sowohl mit Investitions- als auch mit Betriebsbeihilfen fördern.

Finanzielle Ausstattung

Nach dem Beschluß des → Europäischen Rates vom Februar 1988 werden die Strukturmittel der Gemeinschaft von 1987 bis 1993 real verdoppelt. In Preisen von 1988 werden die Fondsmittel insgesamt also nach und nach von ungefähr 7 Mrd. (1987) auf 14,5 Mrd. ECU (1993) steigen. Für das Ziel Nr. 1 (rückständige Regionen) entfallen dann über 9 Mrd. ECU, für das Ziel Nr. 2 (Regionen im industriellen Niedergang) etwa 1,5 Mrd. ECU und für das Ziel Nr. 5b (rückständige Agrargebiete) knapp 1 Mrd. ECU. Im Rahmen des EFRE ist dabei für 85% der Mittel die Aufteilung nach Ländern bis 1993 vorgegeben (siehe Tabelle).

Interventionen des EFRE in %			
	Ziel Nr. 1	Ziel Nr. 2	Ziel Nr. 5 b
Belgien	–	4,3	1,2
Dänemark	–	0,4	0,7
Deutschland	–	8,9	27,5
Griechenland	16,2	–	–
Spanien	32,6	20,7	7,2
Frankreich	2,1	18,3	37,2
Irland	5,4	–	–
Italien	24,5	6,3	16,4
Luxemburg	–	0,2	0,1
Niederlande	–	2,6	2,2
Portugal	17,5	–	–
Großbritannien	1,7	38,3	7,5
Insgesamt	100,0	100,0	100,0

Bilanz

Mit der stärkeren Konzentration der Interventionen und der besseren Abstimmung der gesamten strukturpolitischen Maßnahmen ist die gemeinsame Regionalpolitik zweifellos effizienter geworden. Die kräftige Aufstockung der Fondsmittel trägt der Schwere der regionalen Probleme nun auch mehr Rechnung. Mit der Eingliederung des Gebiets der ehemaligen DDR in die EG ergibt sich allerdings ein zusätzlicher Bedarf auch an EG-Regionalhilfen. Darüber hinaus bleibt das Grundproblem der gesamten EG-Strukturpolitik bestehen: Sie ist nur Ersatz für ein effizientes System eines allgemeinen regionalen Finanzausgleichs.

Bernhard Seidel

Sicherheitspolitik, äußere

Vertragsgrundlagen: Art. 30(6) EEA; WEU-Vertrag; NATO-Vertrag.
Ziele: EG/EPZ: Stärkere Koordinierung der Standpunkte der Mitgliedstaaten "zu den politischen und wirtschaftlichen Aspekten der Sicherheit"; WEU: umfassende Beistandspflicht im Falle eines "bewaffneten Angriffs in Europa" (Art. V), "den Frieden und die Sicherheit zu festigen und die Einheit Europas zu fördern und seiner fortschreitenden Integrierung Antrieb zu geben" (Art. VIII), generell sicherheitspolitische Abstimmung und Lagebeurteilung, anfänglich umfassende Rüstungskontrollbestimmungen; NATO: "die innere Festigkeit und das Wohlergehen im nordatlantischen Gebiet zu fördern" sowie die "Bemühungen" der Mitgliedstaaten "für die gemeinsame Verteidigung und für Erhaltung des Friedens und der Sicherheit zu vereinigen (Präambel), Beistandsregel für den Fall eines bewaffneten Angriffs in Europa oder Nordamerika (Art. 5 u. 6).
Instrumente: 1. Beratung und Entscheidung: Rat der Außenminister, Europäisches Parlament (EG/EPZ); Rat der Außen- und der Verteidigungsminister, Versammlung (WEU); Nordatlantikrat und Atlantische Versammlung sowie Unterorganisationen (NATO). 2. Implementierung: Entschließungen und Stellungnahmen (EPZ); Wirtschaftssanktionen (EG); Entsendung militärischer Einheiten unter nationalem Kommando; bislang nur Marine und ohne Kampfauftrag (WEU); integriertes militärisches Kommando-, Kontroll- und Informationssystem (NATO).
Literatur: Reimund Seidelmann (Hrsg.): Auf dem Weg zu einer westeuropäischen Sicherheitspolitik, Baden-Baden 1989; Werner Weidenfeld u. a.: Die Architektur europäischer Sicherheit: Probleme, Kriterien, Perspektiven, Gütersloh 1989.

Sicherheit voreinander zählt zu den Grundmotiven der europäischen Integration. Die Europäische Gemeinschaft ist im Innenverhältnis ihrer Mitglieder stets auch ein Sicherheitsverbund gewesen. Die → Europäische Gemeinschaft für Kohle und Stahl (EGKS) integrierte bewußt jene Wirtschaftsbereiche, die bis dahin als strategisches Industriepotential, als Kern nationaler Kriegswirtschaft, begriffen wurden. Bis heute verfügt die EG dagegen nicht über eine klare sicherheitspolitische Kompetenz oder eine integrierte Verteidigung, und ihre sicherheitspolitischen Leistungen sind mittelbarer Natur. In der Gewährleistung der Sicherheit nach außen stehen andere Organisationen an erster Stelle. Die Nordatlantische Vertragsorganisation (NATO), der alle EG-Mitglieder bis auf Irland angehören, bildet den operativen Kern europäischer Sicherheitspolitik. Sie ist die einzige Organisation, die eine integrierte Verteidigungsstruktur für Westeuropa unterhält. Ihre militärische und politische Führung liegt bei den Vereinigten Staaten. Im Rahmen der NATO sind seit den frühen 60er Jahren, dem Zwei-Säulen-Konzept Kennedys, immer wieder Forderungen nach einer stärkeren europäischen Beteiligung an den Lasten und der Organisation der gemeinsamen Verteidigungspolitik erhoben worden; Synonym der Vorstellungen ist der Begriff des "zweiten Pfeilers innerhalb der Allianz". Auf europäischer Ebene weist die NATO eine regionale Struktur auf, welche auf das Drängen der Europäer nach Beteiligung an Planung und Entscheidung, aber auch in Fragen der Lagebeurteilung und der Rüstungsplanung zurückgeht. Seit 1967 wirken die Europäer in der Nuklearen Planungsgruppe (NPG) an der nuklearstrategischen Entscheidungsfindung mit; seit 1968 konsultieren sich die Europäer – ohne Beteiligung Frankreichs, das 1966 aus der militärischen Integration ausgeschieden ist – im Rahmen der Euro-Group und ihrer Untergruppen in allen Bereichen ihrer Sicherheitspolitik im NATO-Rahmen. Euro-Group-Mitglieder und Frankreich beraten seit 1975 in der Unabhängigen Europäischen Programmgruppe (IEPG) vor allem in Fragen der Rüstungsentwicklung und -beschaffung.

Die Westeuropäische Union, 1954 hervorgegangen aus dem 1948 zur Sicherheit gegen eine mögliche deutsche Aggression abgeschlossenen Brüsseler Pakt, ist ein Beistandspakt der Staaten Westeuropas. Ihr gehören neun EG-Mitglieder an: Neben Großbritannien, Frankreich und den Benelux-Staaten – den Gründungsmitgliedern des Brüsseler Paktes – sind dies Italien, die Bundesrepublik Deutschland und seit 1989 Spanien und Portugal. Im Art. 5 des WEU-Vertrages verpflichten sich die Mitglieder dem Prinzip der kollektiven Sicherheit. Die Bindewirkung der WEU reicht damit weiter als der Vertragsrahmen der NATO. Mit ausdrücklichem Verweis auf die NATO verzichtet die WEU jedoch auf eine eigene Verteidigungsstruktur. Die Bedeutung der WEU lag in den 50er Jahren in der Eingliederung der Bundesrepublik Deutschland in die westliche Sicherheitsstruktur. Im Rahmen der WEU wurden die Höchststärken und die Rüstungsbeschränkungen vereinbart und überwacht. In den 60er Jahren bildete die WEU die außenpolitische Brücke zum Nicht-EG-Mitglied Großbritannien, fiel jedoch zwischen EG und NATO zunehmend in die Bedeutungslosigkeit ab. Ihre "Revitalisierung" erlebte die Organisation erst durch die französische Bereitschaft zur Wiederbelebung in den 80er Jahren, als in der öffentlichen Krise der Sicherheitspolitik Unsicherheiten über den Zusammenhalt des Verteidigungskonsenses vor allem in bezug auf die Bundesrepublik auftraten und sich die → Europäische Politische Zusammenarbeit (EPZ) nach dem Einmarsch der Sowjetunion in Afghanistan als unzulänglich erwies. Mit der Verabschiedung einer "Plattform" im Oktober 1987 erklärten die Mitglieder ihre Bereitschaft zu einer Intensivierung ihrer Zusammenarbeit, einigen institutionellen Verstärkungen und zur Koordination ihrer Aktivitäten außerhalb des NATO-Vertragsgebiets. Letzteres wurde in den Entsendungen von Einheiten in den Golf zuletzt 1990/91 auch praktisch erprobt.

Unter den bilateralen Vereinbarungen sind der deutsch-französische Verteidigungsrat und die gemeinsame Brigade im Rahmen des deutsch-französischen Vertrages sowie die nuklearwaffenbezogene Kooperation zwischen Frankreich und Großbritannien hervorzuheben.

EG und Sicherheitspolitik

Daß die EG eine "Zivilmacht" ist, entspricht weniger der Unfähigkeit zur Organisation der Sicherheitspolitik als vielmehr dem unklaren politischen Willen der Mitgliedstaaten. Die Geschichte der europäischen Einigung ist geprägt von den gescheiterten Anläufen zur Überwindung dieser sicherheitspolitischen Abstinenz.

Unter dem Eindruck des Korea-Krieges und der Konfrontation mit der Sowjetunion im Kalten Krieg unterbreitete der französische Ministerpräsident René Pleven am 24. Oktober 1950 einen Vorschlag zum Aufbau einer europäischen Verteidigungskapazität, "die mit den politischen Institutionen des vereinten Europas verbunden" sein sollte. Im Ergebnis der wenige Monate später begonnenen Verhandlungen einigten sich die Mitglieder der EGKS am 27. Mai 1952 auf die Bildung einer Europäischen Verteidigungsgemeinschaft (EVG). Als politisches Dach über Kohle, Stahl und Verteidigung vereinbarten sie am 10. März 1953 in einem Vertragsentwurf zudem die Errichtung einer Europäischen Politischen Gemeinschaft (EPG). Beide Verträge scheiterten am 30. August 1954 am Veto der französischen Nationalversammlung. Die internationale Lage hatte sich soweit beruhigt, daß eine unmittelbare Kriegsgefahr kaum mehr bestand, so daß die vor allem in Frankreich artikulierten nationalen Vorbehalte gegen die starke Bindung durch EVG und EPG überwogen.

Mit der Bonner Erklärung vom 18. Juli 1961 leiteten die Staats- und Regierungschefs der damals sechs EG-Mitglieder eine zweite Phase der sicherheitspolitischen Gemeinschaftsbildung ein. Der Vorsitzende des mit der Erklärung eingesetzten Studienausschusses, Christian Fouchet, legte am 2. November 1961 einen Entwurf seiner Regierung zur Bildung einer

"Union der Europäischen Völker" (Fouchet-Plan I) vor, der als Ziel der Union u. a. formulierte, "durch eine gemeinsame Verteidigungspolitik in Zusammenarbeit mit den anderen freien Nationen die Sicherheit der Mitgliedstaaten gegen jeden Angriff zu stärken". Neben anderen Änderungswünschen, die auf eine stärkere Integration der Mitglieder in der Union abzielten, hielten die anderen fünf Verhandlungspartner die Präzisierung der führenden Rolle der NATO für unerläßlich. Im Fouchet-Plan II, den die französische Regierung am 18. Januar 1962 vorlegte, war die gemeinsame Außen- und Sicherheitspolitik nur noch als ein Bereich der Koordination enthalten. Einigkeit konnte über diesen Plan wie über den vom Ausschuß angenommenen Entwurf unter den Regierungen nicht erzielt werden. Die französische Politik verfolgte nach diesem Scheitern die Intensivierung auf bilateraler Ebene, doch auch der deutsch-französische Vertrag (Elysée-Vertrag) vom 20. Januar 1963 blieb aufgrund der atlantisch ausgerichteten Präambel, die der Deutsche Bundestag dem Vertrag vorschaltete, hinter den Erwartungen de Gaulles zurück.

In den 70er Jahren sind auf Gemeinschaftsebene keine neuen Anläufe zur institutionellen Einbindung der Sicherheitspolitik im engeren Sinne zu verzeichnen. Mit der 1970 begründeten EPZ wurde auch die Sicherheitspolitik der EG-Mitglieder der pragmatischen Einigungsstrategie zugeordnet: In den Beratungen der Außenminister im Rahmen der EPZ nahmen die Mitglieder zu internationalen Ereignissen Stellung, die auch sicherheitspolitisch bedeutsam waren. In der Vorbereitung ihrer Position für die → Konferenz für Sicherheit und Zusammenarbeit in Europa (KSZE) wurde die sicherheitspolitische Leistung der EPZ auch nach außen hin sichtbar. In seinem Bericht über die → Europäische Union an den → Europäischen Rat vom 29. Dezember 1975 bezog der damalige belgische Ministerpräsident Tindemans die Außen- und Sicherheitspolitik in den Gemeinschaftsrahmen ein. Darüber hinaus forderte er – wenn schon mehr nicht erreichbar schien – die gemeinsame Meinungsbildung "über unsere spezifischen Verteidigungsprobleme" und eine Zusammenarbeit in der Rüstungsproduktion.

Die wesentlichen Entscheidungen der 80er Jahre greifen die Forderung Tindemans' auf: Die Feierliche Deklaration zur Europäischen Union des Stuttgarter Gipfels vom 18. Juni 1983 erklärt die "Koordinierung der Positionen der Mitgliedstaaten zu den politischen und wirtschaftlichen Aspekten der Sicherheit" zur Aufgabe der EPZ; die → Einheitliche Europäische Akte führt diese Formulierung in den Vertragsrahmen der EG ein, ohne deren rechtliche Eigenständigkeit anzutasten.

Motive sicherheitspolitischer Integrationsschritte

Die verschiedenen Versuche zur Entwicklung einer gemeinschaftlichen Sicherheitspolitik lassen fünf Motive erkennen, die in unterschiedlicher Gewichtung Anstoß zu politischem Handeln gaben:

1. Die Verhütung eines Konflikts von der Art des Zweiten Weltkriegs: Für die fünf westlichen Gründungsmitglieder drückte sich darin vor allem die Sorge vor einem dominanten, expansiven Nachbarn Deutschland aus, dessen Kräfte es einzubinden galt.

2. Die Organisation eines wirksamen Schutzes nach außen: Die rasche Eskalation zum Kalten Krieg und die eindeutige konventionelle Überlegenheit der Sowjetunion in Europa erforderten eine Bündelung der Kräfte im westlichen Teil des Kontinents. Die Bundesrepublik Deutschland sollte als "Frontstaat" nicht ausgespart werden. Die Kontrolle über den Prozeß der Wiederbewaffnung Deutschlands und die politische Führung seiner Streitkräfte ließen sich durch deren Integration erreichen.

3. Die Festigung regionaler politischer Führung: Für die französische Politik besaß die Errichtung einer gemeinsamen Sicherheitspolitik immer dann besondere Bedeutung, wenn dieser Weg die Führungsrolle Frankreichs auf dem Kontinent zu festigen versprach.

4. Die Wahrnehmung eigener europäischer Interessen: Insbesondere in der Phase der Entspannung empfanden die Mitglieder der EG die Notwendigkeit, ihre Interessen sichtbarer und wirkungsvoller nach außen vertreten zu können als dies im Rahmen der NATO und der dort strukturell bekräftigten Führungsrolle der Vereinigten Staaten möglich schien. Mit dem Erfolg der Integration und ihrer wachsenden internationalen Bedeutung wuchs zudem der Entscheidungsdruck auf Westeuropa. Sicherheit schloß zunehmend nicht-militärische Faktoren ein, die den verteidigungspolitischen Rahmen überstiegen.

5. Die Bestimmung des politischen Zusammenhalts der Gemeinschaft und des Ziels der Integration: Die Sicherheitspolitik zählt zu den klassischen Merkmalen staatlicher Autorität, Schutzwirkung nach außen ist eine der Quellen legitimer Herrschaft. Einerseits war die Überforderung der Nationalstaaten unter den Nachkriegsumständen in diesem Politikbereich offensichtlich, andererseits erschien eine sicherheitspolitische Kompetenz und Struktur als das augenfälligste Merkmal der Staatsqualität der europäischen Integration.

Bilanz

Insgesamt verfügt die Europäische Sicherheitspolitik über ein Netzwerk sicherheitspolitischer Institutionen, dessen Überschneidungen vielfach zu

Reibungsverlusten, mangelnder Durchschaubarkeit und Wirksamkeit beitragen. Die Attraktivität der atlantischen Lastenteilung für die Sicherheitspolitik der Europäer wie auch die Schutzwirkung der amerikanischen Nuklearwaffen hat unter den Bedingungen des Ost-West-Konflikts die NATO bislang ohne wirkliche Alternative gelassen. Zu keiner Zeit war der Druck auf die Bildung eines europäischen Pfeilers stark genug, um die vielfach diskutierte Strukturreform des Bündnisses zu erzwingen. Die Motive für eine Ansiedlung der Sicherheitspolitik im Rahmen der EG sind entweder von der Zeit überholt worden oder waren zu kurzfristig angelegt. Die Organisation der Verteidigung unter dem Dach der EG scheiterte nicht zuletzt am fehlenden Konsens über Charakter und Reichweite ihrer politischen Finalität.

Mit dem Zusammenbruch der Regime in Osteuropa, der deutschen Einheit und den Reformen in der Sowjetunion tritt die europäische Sicherheitspolitik in eine neue Phase. Angesichts des Verfalls des Warschauer Paktes und der nachlassenden Bedrohung aus dem Osten ist auch ein Wandel des westlichen Sicherheitssystems unvermeidlich. Die Europäer werden stärker auf sich selbst verwiesen und die EG rückt in das politische Zentrum des Kontinents. Mit den stärkeren Impulsen für eine politische Weiterentwicklung der EG wird auch die Sicherheitspolitik näher an die Gemeinschaft rücken: Die Reform europäischer Sicherheitspolitik muß sich zumindest für die Zukunft um Vereinbarkeit mit den Strukturen einer Europäischen Union bemühen.

Josef Janning

Sicherheitspolitik, innere

Vertragsgrundlagen/Ziele: Die Europäische Gemeinschaft besitzt nur sehr begrenzte Kompetenzen für die innere Sicherheit. Art. 8a EWGV sieht jedoch vor, die für die innere Sicherheit bedeutsame Freizügigkeit für Personen bis zum 1.1.1993 herzustellen.
Instrumente: Vorwiegend zwischenstaatliche Zusammenarbeit.
Literatur: Gemeinsame Aussprache des Europäischen Parlamentes zur Freizügigkeit der Personen, in: Amtsblatt der EG. Verhandlungen des Europäischen Parlamentes: Ausführliche Sitzungsberichte vom 13.3.–16.3.1990, Nr. 3–388, S. 145–210; Bürger kontrollieren die Polizei, CILIP, Straßenmedizin (Hrsg.): Die Bullen greifen nach den Sternen: Europäische Gemeinschaft der Inneren Sicherheit, Hamburg 1990.

Die Zusammenarbeit der europäischen Staaten bei der inneren Sicherheit findet in einer Reihe von spezialisierten internationalen Gremien (Schengen-Gruppe, Pompidou-Gruppe, TREVI) unter weitgehender Abschirmung der Öffentlichkeit statt. Die Organe der EG beschäftigen sich wegen der nur sehr begrenzten vertraglichen Zuständigkeiten kaum mit Fragen der inneren Sicherheit, auch wenn die → Kommission in einigen der zwischenstaatlichen Gremien vertreten ist. In jedem Fall ist die EG durch den von ihr im Rahmen des Binnenmarktprogramms '92 vorangetriebenen Abbau der Personenkontrollen an den EG-Binnengrenzen zu einem wichtigen Akteur in diesem Politikfeld geworden. Der Grenzabbau in der EG und die Befürchtungen über eine Zunahme der Kriminalität bildeten in den letzten Jahren einen wichtigen Motor der internationalen Kooperation in der inneren Sicherheit.

Ebenen der internationalen Zusammenarbeit

Ein erster konkreter Schritt zur Verwirklichung des Grenzabbaus war das "Schengener Übereinkommen", das die fünf Regierungen Belgiens, der Bundesrepublik Deutschland, Frankreichs, Luxemburgs und der Niederlande im Juni 1985 im luxemburgischen Städtchen Schengen unterzeichneten; seit Ende 1990 gehört auch Italien dazu. Inhaltlich sah das Schengener Abkommen zunächst Erleichterungen für die Bürger bei der Grenzabfertigung und "möglichst bis zum 1.1.1990" einen vollständigen Abbau der Grenzkontrollen vor. Obwohl es integrationspolitisch ein Rückfall in eine "nur" zwischenstaatliche Zusammenarbeit der beteiligten EG-Staaten unter Ausschaltung der EG war, wurde es als interessantes Modell für den

Grenzabbau zwischen allen EG-Staaten gewertet. Im Juni 1989 wurde bekanntgegeben, daß die Personenkontrollen wegen der ungelösten Schwierigkeiten im Bereich der inneren Sicherheit und wegen der Kritik der Datenschützer nicht zum 1. Januar 1990 wegfallen könnten. Als neuer Termin für den Grenzabbau wurde der 31. Dezember 1992 ins Auge gefaßt. Es gelang aber, bis Juni 1990 ein Abkommen über die Durchführung des Grenzabbaus ("Schengen II") zu unterzeichnen.

Neben den Schengen-Staaten beschäftigen sich eine Reihe von anderen zwischenstaatlichen Gremien mit der inneren Sicherheit bzw. mit politischen Fragestellungen, die mit dem Abbau der Grenzkontrollen in Verbindung stehen. Dazu gehört u.a. die 1975 gegründete TREVI-Gruppe (Terrorisme, Radicalisme, Extremisme, Violence Internationale), die sich aus den Innen- und Justizministern der zwölf EG-Staaten zusammensetzt. Eine TREVI-Untergruppe, die Arbeitsgruppe TREVI IV, spielt im Hinblick auf den Grenzabbau in der EG eine wichtige Rolle. Die für die Einwanderung zuständigen Minister der EG-Staaten treffen sich ferner zur Behandlung von Fragen der Ausländer- und Asylpolitik. Sie kommen dabei aber nicht als EG-Ministerrat, sondern nur als Vertreter ihrer nationalen Regierungen zusammen. Der Kampf gegen die internationale Drogenkriminalität wird im Rahmen der 1971 ins Leben gerufenen "Pompidou-Gruppe" des Straßburger → Europarates organisiert.

Im Rahmen der EG wurden intensive Bemühungen um den im Binnenmarktprogramm vorgesehenen Abbau der Personenkontrollen zum 1. Januar 1993 vergleichsweise spät aufgenommen. Vom → Europäischen Rat gingen dazu wichtige Impulse aus. Auf seiner Tagung in Rhodos im Dezember 1988 setzte er die "Gruppe der Koordinatoren – Freizügigkeit" ein, die unter Beteiligung der → Kommission die Arbeiten der verschiedenen Gremien zur Vorbereitung des Grenzabbaus abstimmen sollte. Auf Initiative des französischen Staatspräsidenten wurde 1989 eine zweite Koordinatorengruppe, die "Gruppe der Koordinatoren – Drogenbekämpfung", ins Leben gerufen, um Schritte gegen die internationale Drogenkriminalität vorzubereiten. Den beiden Koordinatoren-Gruppen kommt besondere Bedeutung zu, weil es sich um wichtige Koordinierungsgremien für die innere Sicherheit innerhalb des EG-Rahmens – und nicht auf zwischenstaatlicher Ebene – handelt.

Problemfelder – Lösungsansätze

Die polizeiliche Bedeutung der Grenzkontrollen als strategischer "Filter" und die möglichen Bedrohungen durch ihren Abbau sind umstritten. Ein Indikator für die Sicherheitsrelevanz von Grenzkontrollen ist die Zahl der

Aufgriffe an den Grenzen. So wurden 1988 an den Grenzen allein der Bundesrepublik rund 107.800 Schmuggelaufgriffe erzielt. Die Zahl relativiert sich, wenn in Rechnung gestellt wird, daß es sich dabei zu einem beachtlichen Teil um Fälle handelt, die mit der geplanten Angleichung von Steuersätzen zwischen den EG-Ländern gegenstandslos werden. In ihrer Bedeutung wichtiger waren 1988 die 13.300 Aufgriffe wegen anderer Delikte; als Aufgriffgründe lagen laut Zolljahresbericht 1988 u. a. vor: 237 Staatsschutzfälle, 38 Straftaten gegen das Leben und 533 Waffen- und Sprengstoffdelikte. Insgesamt wurden bei fast 1 Mrd. Grenzübertritte 2.455 Personen an den Grenzen festgenommen. Dieser Bilanz wird entgegengehalten, daß der Zöllner am Schlagbaum schwerwiegende Kriminalitätsformen wie die internationale Drogenkriminalität und den internationalen Terrorismus kaum wirksam bekämpfen kann. Trotzdem zeigt die Bilanz der Grenzbehörden, daß die Grenzkontrollen immer noch eine wichtige polizeiliche Funktion bei der Bekämpfung bestimmter Kriminalitätsformen wahrnehmen.

Es ist jedoch insgesamt zu bezweifeln, daß die Beseitigung der Personenkontrollen eine ernsthafte Gefährdung für das Gefüge der inneren Sicherheit in der Bundesrepublik Deutschland bringen wird. Ein beachtlicher Teil der Befürchtungen im Hinblick auf den geplanten Grenzabbau dürfte eher psychologischer Natur sein. Mit den Grenzkontrollen fällt in den Augen großer Teile der Bevölkerung eine Barriere weg, die bisher ein Gefühl der Sicherheit hat vermitteln können.

Die europäische Politik hat auf beides Antworten zu finden: auf die mit dem Grenzabbau verbundenen realen Probleme sowie auf die psychologischen Verunsicherungen – schließlich soll der Grenzfortfall ein positives Signal der europäischen Einigung sein. Europapolitisch ist dies auch deswegen notwendig, um das Binnenmarktprogramm in den Augen der Bürger nicht zu diskreditieren. Im Zentrum der Diskussion um die Verwirklichung des Grenzabbaus stehen sechs Problemfelder. Zur inneren Dimension des Grenzabbaus gehören:

- Polizeiliche Zusammenarbeit/Rechtsangleichung: Nach Auffassung der Sicherheitsbehörden muß der Grenzabbau ausgeglichen werden durch eine Verbesserung der polizeilichen Zusammenarbeit – z. B. grenzüberschreitende Verfolgung von Straftätern ("Nacheile"), verbesserte Kommunikationsstrukturen, europäische Fahndungsunion – und der Rechtsangleichung (z. B. Betäubungsmittelrecht). Im Rahmen des Schengener Abkommens gibt es dazu konkrete Vereinbarungen. So befindet sich bereits ein computerisiertes Fahndungssystem, das Schengener Informationssystem (SIS), im Aufbau. Die Intensivierung der polizeilichen

Zusammenarbeit ist politisch sehr umstritten. Das → Europäische Parlament kritisierte, daß das Schengener Durchführungsabkommen "die Kompetenzen der Polizei erweitert, ohne eine entsprechende rechtliche Kontrolle vorzusehen". Auch von Seiten der Datenschutzbeauftragten werden trotz erfolgter datenschutzrechtlicher Verbesserungen Bedenken gegen das Durchführungsabkommen vorgebracht.

– Terrorismus: Der Kampf gegen den internationalen Terrorismus ist bereits heute ein Schwerpunkt der grenzüberschreitenden Kriminalitätsbekämpfung. Das Europäische Parlament hat 1989 in einer Entschließung betont, daß Grenzkontrollen kein geeignetes Mittel zur Bekämpfung des Terrorismus seien und lediglich von den Erfordernissen einer engeren, allerdings durch rechtliche Kontrollen flankierten Zusammenarbeit der Sicherheitsbehörden ablenkten.
– Drogenkriminalität: Die Aktivitäten der organisierten Drogenkriminalität sind in den Staaten der EG stark in Zuwachs begriffen. Das Europäische Parlament forderte 1989 in einer Entschließung einheitliche EG-Rechtsvorschriften gegen die Drogenkriminalität, insbesondere gegen die Drogengewinne und die Geldwäsche. Anfang 1990 hat die Kommission dem → Ministerrat einen Richtlinienvorschlag zur Bekämpfung der Geldwäsche unterbreitet. Die Koordinierung der nationalen und internationalen Maßnahmen gegen den Drogenhandel obliegt der EG-Koordinatorengruppe "Drogenbekämpfung".

In bezug auf die Außendimension des Grenzabbaus sind hervorzuheben:

– Stärkere Kontrollen an den Außengrenzen: Mit dem Abbau der Binnengrenzen wird es notwendig werden, die Kontrollen an den Außengrenzen der EG zu intensivieren. Jede einzelne Kontrollstelle an EG-Außengrenzen wird dann Reisende für die Gesamtheit der zwölf EG-Staaten überprüfen. Neben den bis heute vielfach unzureichenden technischen Möglichkeiten in einzelnen Mitgliedstaaten stellt sich vor allem die Frage, wie ausreichende Kontrollen durchgeführt werden können, ohne den Eindruck einer abgeschotteten "Festung Europa" zu erwecken.
– Asylrecht: Durch den Wegfall der Personenkontrollen wird es für politische Flüchtlinge möglich sein, sich ungehindert zwischen den EG-Staaten zu bewegen. Die EG-Kommission hat deswegen bereits in ihrem Weißbuch zum Binnenmarkt von 1985 eine EG-Richtlinie zur Koordinierung der nationalen Asylrechtsbestimmungen vorgeschlagen – ein Vorhaben, das sie inzwischen fallengelassen hat. In der Bundesrepublik Deutschland wird befürchtet, wegen der Verankerung des Asylrechts im Grundgesetz zu einem sogenannten Reserveasylland zu werden. Das

bedeutet, daß in anderen EG-Staaten nicht als Flüchtling anerkannte Personen sich in der Bundesrepublik ein zweites Mal um die Anerkennung als Flüchtling bemühen könnten. Elf EG-Staaten (Ausnahme: Dänemark) unterzeichneten im Juni 1990 eine auf völkerrechtlicher und nicht auf gemeinschaftsrechtlicher Basis beruhende gemeinsame Konvention zum Asylrecht. Das Europäische Parlament lehnte diese Konvention mit der Begründung ab, daß sie hinter den Möglichkeiten einer EG-Asylpolitik zurückbleibe. Es kritisierte, daß mit der Konvention die europäische Asylpolitik weitgehend der parlamentarischen Kontrolle sowie der juristischen Kontrolle durch den → Gerichtshof der EG entzogen würde. Inhaltlich sah das Parlament in der Konvention eine "Gefahr für die individuellen Freiheiten" und bewertete sie als einen "gefährlichen Präzendenzfall" für ein im Rahmen von TREVI geplantes Abkommen zum Asylrecht, dem Datenschutz sowie der Migrations- und der Drogenpolitik.

– Ausländerrecht/Visaerteilung: Das Weißbuch zur Vollendung des → Binnenmarktes sah für diesen Bereich ebenfalls eine Richtlinie zur Koordinierung der nationalen Politiken vor. Die zuständigen EG-Minister planen auch hier, diese Materie über eine zwischenstaatliche Konvention zu regeln.

Bilanz

Sofern der Abbau der EG-Binnengrenzen wirklich gravierende Probleme bei der Kriminalitätsbekämpfung aufwirft, müssen dafür politische Lösungen gefunden werden. Die bisherigen Lösungsansätze haben jedoch zahlreiche neue Bedenken und Einwände hervorgerufen und sind auf entsprechend heftige Kritik gestoßen. Vor allem ist auf zwei Problemkomplexe hinzuweisen:

Erstens auf die integrationspolitischen Gefahren. Beim Abbau der EG-Binnengrenzen handelt es sich um ein Teilziel innerhalb eines ausgewogenen und zugleich miteinander verwobenen Geflechtes europapolitischer Zielsetzungen, zu dem u. a. die Verwirklichung des Binnenmarktes, der Aufbau einer → Wirtschafts- und Währungsunion sowie die Politische Union gehören. Diese politischen Zielsetzungen beruhen auf einem ausdifferenzierten System institutionalisierter Zusammenarbeit sowie politischer und rechtlicher Kontrollmechanismen. Die weitreichende Ausklammerung der inneren Sicherheit aus der Regelungskompetenz der Europäischen Gemeinschaft schafft einen gefährlichen Präzedenzfall: Sie stellt das Gesamtgefüge der europapolitischen Zielsetzungen aufs Spiel und wirkt dadurch kontraproduktiv auf den Integrationsprozeß insgesamt.

Zweitens gibt es erhebliche demokratische und rechtsstaatliche Bedenken, weil die Behandlung der inneren Sicherheit auf zwischenstaatlicher Ebene die politischen, parlamentarischen und rechtlichen Kontrollmechanismen der EG aushebelt. Dies hat gravierende Konsequenzen. Die von den Regierungen gewählten Verfahrensweisen können nicht gewährleisten: a) die parlamentarische Kontrolle der Entscheidungsprozesse, b) eine ausreichende Information und Beteiligung der Öffentlichkeit, c) die Sicherung der Grundrechte und die rechtliche Kontrolle durch den Gerichtshof der EG und d) die Einbindung in das institutionelle System der EG.

Für die Zukunft ergibt sich mehr denn je die Notwendigkeit, die Fragen nach der Regelung des Grenzabbaus, die Bekämpfung der Kriminalität auf europäischer Ebene und vor allem die Pläne über eine Europäische Bundespolizei in einen parlamentarischen und rechtlichen Kontrollzusammenhang einzufügen und sie der öffentlichen Diskussion auszusetzen. In einer Initiative zur Politischen Union (→ Europäische Union) vom Dezember 1990 schlugen Bundeskanzler Helmut Kohl und der französische Staatspräsident François Mitterrand vor, die innere Sicherheit in den Kompetenzbereich der Politischen Union aufzunehmen.

Michael Leyendecker

Sozialpolitik

Vertragsgrundlagen: Präambel, Art. 2, 48–51, 117–128 EWGV.
Ziele: Verbesserung der Lebens- und Arbeitsbedingungen aller Arbeitnehmer, Angleichung der Sozialvorschriften der Mitgliedstaaten.
Instrumente: Europäischer Sozialfonds, Soziale Aktionsprogramme, Rechtsmaßnahmen zur Angleichung und Ergänzung der nationalen Sozialvorschriften.
Haushalt: 3.269 Mio. ECU (1989), davon 2.950 Mio. ECU für den Europäischen Sozialfonds (insgesamt 7.3% des EG-Haushalts 1989).
Literatur: Ernst Breit (Hrsg.): Europäischer Binnenmarkt: Wirtschafts- oder Sozialraum?, Bonn 1988; Wolfgang Däubler u. a.: Sozialstaat EG? Die andere Dimension des Binnenmarktes, Gütersloh 1989.

Nachdem schon der Vertrag zur Gründung der → Europäischen Gemeinschaft für Kohle und Stahl (1951) sozialpolitische Bestimmungen und Zielsetzungen enthielt, wurden auch in der Präambel und den Art. 2 und 3 EWGV die Verbesserung der Arbeits- und Lebensbedingungen der Arbeitnehmer als Integrationsziele aufgenommen. Zur Verwirklichung dieser Ziele sollten vor allem der Europäische Sozialfonds (Art. 123–127 EWGV) sowie eine Abstimmung und Zusammenarbeit zwischen den Mitgliedstaaten in Fragen der Sozialpolitik beitragen. Im Rahmen der Herstellung der Freizügigkeit der Arbeitnehmer innerhalb der Gemeinschaft (Art. 48–51 EWGV) als einem der essentiellen Ziele des → Binnenmarktes war vorgesehen, gemeinsame Maßnahmen zur Schaffung eines Systems zur Sicherung der sozialen Ansprüche und Leistungen für alle Arbeitskräfte durchzuführen, die in anderen EG-Staaten tätig sind. Dieses Ziel wurde bereits vor 1970 realisiert. Trotz ehrgeiziger Zielvorstellungen wurden der EWG im Gründungsvertrag aber nur in sehr begrenztem Umfang konkrete sozialpolitische Kompetenzen übertragen.

Entwicklung

Die gemeinsame Sozialpolitik der EG beschränkte sich zunächst weitgehend auf die Aktivitäten des Europäischen Sozialfonds. Nach Aufforderung der Pariser Gipfelkonferenz der Staats- und Regierungschefs der EG vom Oktober 1972 verabschiedete der → Ministerrat 1974 das erste "Soziale Aktionsprogramm" der Gemeinschaft, das den eigentlichen Beginn der EG-Sozialpolitik markiert. Dieses Aktionsprogramm, ein Nachfolgeprogramm (1984) sowie die einzelnen spezifischen Programme (Aktionsprogramm bezüglich der Sicherheit und des Schutzes am Arbeitsplatz (1978), Aktionsprogramm zur Förderung der Chancengleichheit der Frauen (1981), u. a.) stellten bis zur immer noch andauernden Suche nach der "sozialen Dimension" des Binnenmarktes den Rahmen für eine europäische Sozialpolitik dar. Schwerpunkte der Sozialpolitik waren neben den genannten Bereichen vor allem punktuelle Initiativen zur Förderung der Eingliederung von bestimmten Gruppen (Jugendliche Arbeitslose, Behinderte) in das Arbeitsleben und zum Schutz ihrer Rechte. Zur Sozialpolitik können weiterhin mehrere Richtlinien im Bereich des Gesellschaftsrechts gerechnet werden, in denen z. B. bestimmte Rechte der Arbeitnehmer bei Massenentlassungen oder grenzüberschreitenden Fusionen definiert wurden, sowie Initiativen im Bereich der → Bildungspolitik. Nur wenige der genannten sozialpolitischen Aktivitäten und Programme konnten sich auf spezifische Rechtsgrundlagen in den EG-Verträgen berufen, sieht man einmal von der Forderung nach gleichem Entgelt für Männer und Frauen (Art. 119 EWGV) ab. Sämtliche Programme beruhten daher auf allgemeinen Kompetenzermächtigungen (Art. 100 und 235 EWGV). Der Ministerrat muß in diesem Fall ohne Ausnahme einstimmig beschließen. Immerhin wird seit 1974 mit der Verabschiedung des ersten "Sozialen Aktionsprogramms" grundsätzlich die Befugnis der EG zum Erlaß von Vorschriften im Sozialbereich akzeptiert.

Die → Einheitliche Europäische Akte hat im sozialpolitischen Bereich die Kompetenzen der Gemeinschaft nur wenig erweitert: Der neue Art. 118 a sieht nun ausdrücklich Maßnahmen im Bereich der "Arbeitsumwelt" zum Schutz der Sicherheit und der Gesundheit von Arbeitnehmern am Arbeitsplatz vor, die der Ministerrat mit Mehrheitsbeschlüssen und in Zusammenarbeit mit dem → Europäischen Parlament (→ Entscheidungsverfahren) erlassen kann. Den Mitgliedstaaten ist es hierbei in bestimmten Grenzen erlaubt, strengere Vorschriften beizubehalten. Insbesondere in den Bereichen, die bisher ausschließlich den Mitgliedstaaten vorbehalten sind, wie etwa der sozialen Sicherheit, hat jedoch auch die EEA keine Fortschritte gebracht. In all diesen Bereichen ist es der EG daher nur möglich, Stellungnahmen abzugeben und Empfehlungen auszusprechen (wie z. B. 1975 zur 40-Stundenwoche). Signifikant für die bisherige Skepsis der Mitgliedstaaten, der Gemeinschaft weitreichende Möglichkeiten zum Eingriff in die Sozialgesetzgebung zu verschaffen, ist die Tatsache, daß alle Bestimmungen über die "Rechte und Pflichten der Arbeitnehmer" ausdrücklich nicht in die Reichweite des von der EEA neu eingeführten Art. 100 a EWG-Vertrag fallen, der ein erleichtertes Verfahren der Rechtsangleichung zur Vollendung des Binnenmarktes darstellt. Die Tendenz der gemeinsamen

Sozialpolitik geht daher bislang dahin, die Rechtsetzungsaktivitäten ohne besondere vertragliche Grundlagen und ohne eindeutige Zielperspektive auszudehnen. Eine Perspektive für die Zukunft bietet allerdings die "Gemeinschaftscharta der sozialen Grundrechte" der Arbeitnehmer.

Der Europäische Sozialfonds

Die vertragliche Aufgabe des Europäischen Sozialfonds besteht darin, einen Beitrag zur Verbesserung der Beschäftigungsmöglichkeiten der Arbeitnehmer zu liefern. Er stellt das Finanzinstrument der EG-Sozialpolitik dar. Seit seiner Einrichtung im Jahr 1960 diente der ESF bis Anfang der 70er Jahre größtenteils zur Finanzierung von Umsiedlungs- und Umschulungsmaßnahmen. Ohne nationale Quoten kamen die Gelder des Fonds vor allem den EG-Mitgliedstaaten zugute, die ein besonderes Geschick bei der Antragstellung bewiesen. Bis 1972 floß die Hälfte der Mittel in die Kassen der Bundesrepublik Deutschland.

Eine Reform der Fondsverordnung im Jahr 1971 führte daraufhin eng gesteckte nationale Quoten ein, um in der damaligen Sechsergemeinschaft Italien den Löwenanteil an den Finanzmitteln zukommen zu lassen. Außerdem wurden die Ziele des Sozialfonds um Programme zur beruflichen Bildung von Frauen oder zur Eingliederung von Behinderten in das Arbeitsleben erweitert. Eine weitere Reform des Sozialfonds im Jahre 1983 brachte keine wesentlichen Neuerungen. Allerdings wurden von 1983 bis 1988 drei Viertel der Fondsmittel für das prioritäre Ziel der Eingliederung arbeitsloser Jugendlicher in das Berufsleben aufgewandt. Das grundlegende Prinzip beim Einsatz der Mittel des Fonds war in dieser Epoche das der "Additionalität", nach dem nur ein Teil des Finanzbedarfs für ein bestimmtes Projekt aus den Fondsmitteln bezahlt wurde – nationale Anstrengungen sollten unterstützt oder angeregt, aber nicht ersetzt werden.

Im Zusammenhang mit der Vollendung des Binnenmarktes wurde erneut eine Reform des Europäischen Sozialfonds durchgeführt. Gemäß den Bestimmungen der EEA soll nun der Sozialfonds zusammen mit dem Europäischen Regionalfonds (→ Regionalpolitik) und der Abteilung "Ausrichtung" des Europäischen Agrarfonds (→ Agrarpolitik) zum "wirtschaftlichen und sozialen Zusammenhang" der Gemeinschaft beitragen. 1988 sind die EG-Strukturfonds auf fünf prioritäre Zielsetzungen verpflichtet worden, von denen zwei (Bekämpfung der Langzeitarbeitslosigkeit sowie Eingliederung Jugendlicher in das Berufsleben) in die alleinige Zuständigkeit des ESF fallen. Da die Strukturpolitik der EG die Vollendung des Binnenmarktes abstützen und begleiten soll, beschlossen die

Finanzminister der EG im Juni 1988 (→ Haushaltspolitik), bis 1993 die Mittel der Strukturfonds auf 25% des EG-Haushalts zu erhöhen und absolut zu verdoppeln, darunter auch die Mittel für die Sozialpolitik.

"Soziale Dimension" des Binnenmarktes?

Die "soziale Dimension" des Binnenmarktes ist bisher nicht viel mehr als ein Schlagwort, das allerdings zu kontroversen Grundsatzdebatten geführt hat. Nach dem Willen der Kommission und einer großen Mehrheit der Mitgliedstaaten wird angestrebt, dem Binnenmarkt und der EG insgesamt ein humanes und soziales Antlitz zu geben (→ Europa der Bürger). Das Schlagwort der sozialen Dimension beinhaltet deshalb sowohl eine grundsätzliche Integrationsoption als auch konkrete Rechtsetzungsmaßnahmen der EG, die vor allem durch die "Sozialcharta" der EG eine Umsetzung erfahren sollten. Die "soziale Dimension" des Binnenmarktes verfolgt auch den Zweck, Bedenken seitens der Gewerkschaften, insbesondere des Deutschen Gewerkschaftsbundes, entgegenzutreten, daß der Binnenmarkt zu einem "sozialen Dumping" führen werde. Die Gewerkschaften befürchten, daß bei einer verstärkten Marktintegration die verschärfte Konkurrenz zwischen nationalen Regelungssystemen zur Senkung der Sozialstandards führen könne. Ihre Zustimmung zum Binnenmarktprogramm soll daher einerseits durch die Verwirklichung einer "sozialen Dimension" gesichert werden, andererseits aber auch durch den "sozialen Dialog", der Einbeziehung beider Sozialparteien in die EG-Politik.

Der "soziale Dialog"

Nach dem Willen der EG-Kommission soll der "soziale Dialog" auf der EG-Ebene ein wesentlicher Bestandteil einer "sozialen Dimension" des Binnenmarktes sein. Vorläufer des Versuches, die Sozialpartner auf der EG-Ebene an einen Tisch zu bringen und einen Konsens zwischen ihnen herzustellen, waren bereits in den 70er Jahren der "Ständige Ausschuß für Beschäftigungsfragen" und eine "Dreierkonferenz". Der Versuch einer konzertierten Aktion scheiterte allerdings kläglich, sowohl an der mangelnden Kompromißfähigkeit der Mitgliedstaaten und der → europäischen Interessenverbände als auch an den mangelnden Kompetenzen der EG in den Bereichen der Wirtschafts- und Sozialpolitik.

Der Begriff des "sozialen Dialoges" taucht zuerst im Sozialen Aktionsprogramm aus dem Jahr 1984 auf, wurde dann durch die EEA in den EWG-Vertrag aufgenommen (Art. 118b) und seit 1986 von der Kommission bewußt eingesetzt, um anzudeuten, daß die Sozialpartner dazu aufgefordert sind, sich zusammen an der Verwirklichung des Binnenmarktes zu beteiligen. Es geht darum, im Rahmen von gipfeltreffenartigen Zusammenkünften von Vertretern der größten europäischen Interessenverbände (Europäischer Gewerkschaftsbund EGB, Union der Industrie- und Arbeitgeberverbände UNICE) mit der Kommission allgemeine Leitlinien der Sozial- und Wirtschaftspolitik auf der EG-Ebene zu erörtern und gemeinsame Prioritäten zu erarbeiten. Das bisher letzte "Gipfeltreffen" im Januar 1989 hat die Grenzen dieses Modells aufgezeigt, da Arbeitgeber und Arbeitnehmer hauptsächlich ihre Differenzen bekräftigten. Weiterhin sollen im Rahmen des sozialen Dialoges die Sozialparteien versuchen, gemeinsame Stellungnahmen zu einzelnen EG-Politikbereichen zu formulieren. Dies ist in einigen Fällen, so etwa in der → Forschungs- und Technologiepolitik, gelungen. Außerdem beinhaltet der soziale Dialog in Ergänzung zur Diskussion auf allerhöchster Ebene auch den Versuch, auf einzelnen Wirtschaftssektoren die Sozialparteien zusammenzubringen.

Ein ganz neuer Gedanke im Rahmen des sozialen Dialogs war die Idee, branchenweite europäische Tarifverträge abzuschließen. Diese Idee ist aber inzwischen fast gestorben, da die europäischen Interessenverbände hierzu von ihren Mitgliedverbänden kein Mandat erhalten werden.

Sozialcharta

Das ehrgeizigste Vorhaben zur Verwirklichung der "sozialen Dimension" des Binnenmarktes stellt die "Gemeinschaftscharta der sozialen Grundrechte" dar. In Erfüllung eines vom Präsidenten der Kommission 1988 erteilten Mandats legte der → Wirtschafts- und Sozialausschuß im April 1989 den Entwurf einer "Sozialcharta" vor, der im Einvernehmen zwischen den Sozialparteien entstanden war. Auf Grundlage dieses Entwurfs präsentierte die Kommission im Verlaufe des Jahres 1989 dem Ministerrat mehrere Vorschläge für eine EG-Sozialcharta, die formal vom Europäischen Rat verabschiedet werden sollte. Aus dem ursprünglich ehrgeizigen Plan, der eine Charta rechtlich verbindlicher, einklagbarer Sozialrechte vorsah, wurde im Verlauf der Debatten im Ministerrat letztlich ein Text, der seines wesentlichen Inhalts entkleidet war und kaum verbindliche Bestimmungen enthielt. Gegen die Stimme Großbritanniens verabschiedete der → Europäische Rat von Straßburg im Dezember 1989 schließlich eine "Gemeinschaftscharta der sozialen Grundrechte", die allerdings nur noch eine politische Willenserklärung ohne rechtliche Bindewirkungen darstellt.

Zur Umsetzung des wesentlichen Inhalts der Charta und der in ihr enthaltenen Grundrechte (angefangen vom Recht zur Berufsausbildung bis zum Recht auf Koalitionsfreiheit) legte die Kommission noch 1989 ein

Aktionsprogramm vor, in dem sie etwa 70 konkrete Rechtsmaßnahmen aufführte, zu denen sie beabsichtigt, dem Ministerrat Vorschläge zu unterbreiten. Viele dieser im Aktionsprogramm enthaltenen Maßnahmen müssen vom Ministerrat einstimmig verabschiedet werden und können somit von jedem Mitgliedstaat verhindert werden.

Auf dem Weg zur Sozialunion?

Der Stand der europäischen Integration im Bereich der Sozialpolitik ist bislang wenig entwickelt. Nur in wenigen Bereichen, so in der Sicherheit und Gesundheit am Arbeitsplatz sowie in Fragen der Arbeitsbedingungen benachteiligter Bevölkerungsgruppen, werden nationale Gesetzeswerke und Vorschriften von europäischen in erheblichem Umfang überlagert oder ergänzt. Die "Sozialunion" als wesentlicher Bestandteil einer → Europäischen Union bleibt deshalb weiterhin ein langfristiges Ziel.

Auch wenn bezweifelt werden kann, daß sich die EG in einen "Sozialstaat" verwandeln wird, sind in näherer Zukunft zwei Entwicklungen zu erwarten, die zu einer Verlagerung sozialpolitischer Aktivitäten und Kompetenzen auf die europäische Ebene führen könnten. Die Suche nach der "sozialen Dimension" des Binnenmarktes, die Verabschiedung der Sozialcharta und das zur Realisierung der Sozialcharta vorgelegte Soziale Aktionsprogramm deuten an, daß sowohl der Druck auf als auch der Wunsch nach europäischen Regelungen und Vorschriften im Sozialbereich zunehmen. Die vertraglichen Grundlagen für eine verstärkte Sozialpolitik auf der europäischen Ebene können schon von der seit Dezember 1990 tagenden Regierungskonferenz zur Errichtung der Politischen Union geschaffen werden. Eine stärkere Wirkung ist allerdings von den Folgen der Vollendung des Binnenmarktes zu erwarten. Die Marktintegration unter binnenmarktähnlichen Verhältnissen mit verstärkter Mobilität der Arbeitskräfte wird einen erheblichen Druck auf die Angleichung von Sozialvorschriften, Systemen der sozialen Sicherheit, auf Ausbildungssysteme und auch auf das nationale Arbeits- und Gesellschaftsrecht ausüben, der langfristig auch EG-Lösungen unverzichtbar macht.

Christian Engel

Umweltpolitik

Vertragsgrundlagen: Vor der EEA i.d.R. Art. 100, 235 EWGV. Seit der EEA Art. 130r, s, t EWGV.
Ziele: Erhaltung der Umwelt und Verbesserung ihrer Qualität; Schutz der menschlischen Gesundheit; umsichtige und rationelle Verwendung der natürlichen Ressourcen. Grundprinzipien: Vorsorgegebot, Verursacherprinzip, Subsidiaritätsprinzip.
Instrumente: Rechtliche Instrumente: v.a. Auflagen, insbesondere Richtlinien zu Umweltqualitätsnormen (Belastungswerte des Mediums), Verfahrensnormen (Emissions-, Bauart- und Betriebsnormen) und Produktnormen (Grenzwerte für Belastung bzw. Emission eines Produkts); vier Europäische Aktionsprogramme für Umweltschutz seit 1973.
Haushalt: Zwei Kapitel im EG-Haushalt sehen Ausgaben für den Bereich des Umwelt- und Verbraucherschutzes vor, sind jedoch relativ gering ausgestattet, da hier die Rechtsetzung das Hauptinstrument der Gemeinschaft ist. Die Ausgaben in diesem Bereich erfahren aber inzwischen überproportionale Steigerungsraten.
Literatur: Michael Franken/Walter Ohler (Hrsg.): Natürlich Europa. 1992 – Chancen für die Natur? Köln 1989; Lothar Gündling/Beate Weber (Hrsg.): Dicke Luft in Europa. Aufgaben und Probleme der europäischen Umweltpolitik, Heidelberg 1988; Lutz Wicke/Burkhard Huckestein: Umwelt Europa. Der ökologische Umbau zur europäischen Marktwirtschaft, Gütersloh 1991.

Eine Zuständigkeit der Europäischen Gemeinschaft für die Umweltpolitik war in den Gründungsverträgen von 1957 nicht vorgesehen. Auf die zunehmende Verschmutzung der Umwelt reagierten die Mitgliedstaaten mit einzelstaatlichen Maßnahmen. Als grenzüberschreitendes Problem kann Umweltverschmutzung jedoch nicht allein durch nationale Politik wirksam bekämpft werden. Da sich zudem die umweltpolitischen Maßnahmen und umweltrelevanten Produktnormen der Mitgliedstaaten zunehmend als Handelshemmnisse erwiesen und somit den wirtschaftspolitischen Zielen der EG entgegenstanden, wurde der Ruf nach umweltpolitischem Handeln laut. Von einer gemeinsamen Umweltpolitik versprach man sich zudem einen besseren Einsatz der Mittel für Forschung sowie gegenüber Drittstaaten eine bessere Verhandlungsposition.

Wenige Wochen nach der ersten Konferenz der Vereinten Nationen über die Umwelt des Menschen im Juni 1972, die in ihrer "Stockholm-Deklaration" Grundsätze eines Weltökologierechts formulierte, forderten die Staats- und Regierungschefs der EG-Mitgliedstaaten auf ihrer Pariser Gipfelkonferenz (Oktober 1972) die → Kommission der EG auf, ein umweltpolitisches Aktionsprogramm auszuarbeiten. Die Rechtfertigung für diese neue Zuständigkeit der EG fand sich in Art. 2 EWGV, der eine "harmonische Entwicklung des Wirtschaftslebens" sowie eine "beständige und ausgewogene Wirtschaftsausweitung" in den EG-Mitgliedstaaten zu den Aufgaben der Gemeinschaft zählt – diese Aufgabe aber konnte in Zukunft nur unter Berücksichtigung des Umweltschutzes erfüllt werden. Gleiches gilt für den in der Präambel des Vertrages bekräftigten Vorsatz, die "stetige Besserung der Lebens- und Beschäftigungsbedingungen" anzustreben. Darüber hinaus wurde auch Art. 235 EWGV für umweltpolitische Aktivitäten der EG herangezogen – dieser Artikel spricht der Gemeinschaft eine Handlungskompetenz für "unvorhergesehene Fälle" zu, falls sich dies zur Erreichung ihrer Ziele als erforderlich erweist.

Eine weitere umweltpolitische Handlungsermächtigung bietet Art. 100 EWGV, der die Angleichung von Rechtsvorschriften vorsieht, die sich auf die Errichtung oder das Funktionieren des Gemeinsamen Marktes auswirken. Um solchen Abbau von Handelshemmnissen, zugleich aber um Umweltschutz, ging es z.B. bereits 1970 in einer ersten, später mehrfach geänderten Richtlinie zur Festlegung von Grenzwerten für Kfz-Abgase. Rechtsakte auf der Basis von Art. 100 ebenso wie von Art. 235 kann der → Ministerrat nur einstimmig beschließen.

Europäisches Umweltrecht

Die grundsätzliche Notwendigkeit und Legitimität gemeinsamer Umweltpolitik der EG – obwohl im Vertrag nicht erwähnt – war somit bereits zu Beginn der 70er Jahre anerkannt und wurde auch vom → Gerichtshof der EG bestätigt. Es entstand daraufhin ein europäisches Umweltrecht normativer Ge- und Verbote: Die Gemeinschaft erließ bislang über 200 verbindliche Rechtsakte, meist in Gestalt von Richtlinien. Sie betreffen vor allem die Bereiche Gewässerschutz, Luftreinhaltung, Chemikalien, Schutz der Pflanzen- und Tierwelt, Lärmbelästigung, Abfallentsorgung. Nach den Erfahrungen mit den Dioxinfässern aus Seveso, die quer durch Europa geschickt wurden, erließ die Gemeinschaft z.B. 1982 eine Richtlinie über die Gefahren schwerer Unfälle bei bestimmten Industrietätigkeiten (spätere Änderungen) und 1984 eine Richtlinie über die Kontrolle grenzüberschreitender Verbringung gefährlicher Abfälle. Der Schwerpunkt europäischen Umweltrechts liegt bei wirtschaftsbezogenem Umweltrecht.

Die Effizienz des gemeinsamen Umweltrechts hängt allerdings von der Mitwirkung der Mitgliedstaaten ab. Erhebliche Reibungsverluste gibt es etwa bei der Umsetzung von EG-Richtlinien in nationales Recht: Die Kommission mußte auch im Umweltbereich zahlreiche Vertragsverletzungsverfahren gegen einzelne EG-Länder einleiten. Ist die Umsetzung von EG-Richtlinien in nationales Recht erfolgt, hängt ihre Wirksamkeit noch von der Anwendung und Durchsetzung vor Ort ab.

Einheitliche Europäische Akte

Mit der Änderung der Gründungsverträge von Rom (1957) durch die → Einheitliche Europäische Akte (EEA), in Kraft seit 1. Juli 1987, erhielt die Gemeinschaft schließlich eine ausdrückliche Kompetenz für die Umweltpolitik (Art. 130r, s, t EWGV). Es gehört nun auch vertraglich zu den Aufgaben der EG, "die Umwelt zu erhalten, zu schützen und ihre Qualität zu verbessern", "zum Schutz der menschlichen Gesundheit beizutragen" sowie "eine umsichtige und rationelle Verwendung der natürlichen Ressourcen zu gewährleisten" (Art. 130r). Festgeschrieben wurden ebenfalls die längst praktizierten Leitlinien gemeinsamer Umweltpolitik: der Grundsatz des vorbeugenden Umweltschutzes, das Verursacherprinzip und der Grundsatz vorrangiger Korrektur von Umweltbeeinträchtigungen an der Quelle (Ursprungsprinzip). Es wurde ein umweltpolitisches 'Subsidiaritätsprinzip' aufgenommen: Die Gemeinschaft soll nur dann tätig werden, wenn die "genannten Ziele besser auf Gemeinschaftsebene erreicht werden können als auf der Ebene der einzelnen Mitgliedstaaten". Im Einzelfall ist dies allerdings gerichtlich schwer zu überprüfen.

Auch mit der EEA wurde am einstimmigen Beschlußverfahren – mit bloßer Anhörung des → Europäischen Parlaments – für ein Tätigwerden der Gemeinschaft im Umweltbereich prinzipiell festgehalten, wenngleich der Ministerrat festlegen kann, daß Folgebeschlüsse mit qualifizierter Mehrheit zu fassen sind. Umweltschutzmaßnahmen können jedoch auch auf den durch die EEA neu eingefügten Art. 100a EWGV gestützt werden, sofern sie die Vollendung des Binnenmarktes betreffen. Dann müssen sie nach dem neuen Verfahren der Zusammenarbeit mit dem Europäischen Parlament beschlossen werden, gegebenenfalls mit Mehrheitsvotum (→ Entscheidungsverfahren). Die Kommission ist dabei verpflichtet, in ihren entsprechenden Vorschlägen an den Rat von einem hohen Schutzniveau in bezug auf Gesundheit, Sicherheit, Umwelt- und Verbraucherschutz auszugehen.

Neu ist die vertragliche Festlegung, daß Erfordernisse des Umweltschutzes bei jeglichem Gemeinschaftshandeln einbezogen sein müssen: "Die Erfordernisse des Umweltschutzes sind Bestandteil der anderen Politiken der Gemeinschaft". (Art. 130r, Abs. 2 EWGV). Diese Pflicht zur durchgängigen Einbeziehung ist für einen Politikbereich einzigartig im EWG-Vertrag und räumt damit dem Umweltschutz einen besonderen Rang ein. Die EG-Kommission legte unter anderem diesen Grundsatz ihrem Vierten Aktionsprogramm für den Umweltschutz zugrunde.

Viertes Aktionsprogramm

Auf das erste EG-Aktionsprogramm für den Umweltschutz vom November 1973 – mit umweltpolitischen Leitlinien, Handlungsvorgaben, Pilotprojekten – folgten drei weitere. Das Vierte Aktionsprogramm für die Jahre 1987–1992 stellt sicher die weitreichendste Konzeption übernationaler Umweltpolitik dar. Da der Problemberg wesentlich schneller wächst, als Lösungskonzepte vorgelegt und durchgesetzt werden können, ist es der Anspruch der Kommission, eine neue Phase gemeinschaftlicher Umweltpolitik einzuleiten. Bereits das Dritte Aktionsprogramm von 1983 verlagerte den Akzent auf die Einbeziehung von Umwelterfordernissen bei allen Aktionen und auf die Grundprinzipien der Vorbeugung und Verhütung von Umweltproblemen. Mit der Anerkennung der natürlichen Ressourcen als Grundlage, aber auch Grenze der weiteren wirtschaftlichen und sozialen Entwicklung soll mit dem Vierten Aktionsprogramm endgültig der Übergang zu einer vorbeugenden Politik vollzogen werden.

Wichtigstes Instrument, um Umwelterfordernisse als wesentlichen Faktor in die Planungs- und Entscheidungsprozesse jeglicher Wirtschaftstätigkeit von Anfang an zu integrieren, ist die Umweltverträglichkeitsprüfung (UVP). Nach rund 20 Vorfassungen legte die Kommission 1980 einen Vorschlag für eine UVP-Richtlinie vor, die der Rat schließlich fünf Jahre später verabschiedete und die im Juli 1988 in Kraft trat. Angestrebt wird damit ein einheitliches Verwaltungsverfahren bei der Planung von Wirtschaftsprojekten zur Prüfung der Auswirkungen auf Menschen, Pflanzen-, Tier- und Umwelt. Begleitend soll eine umfassende Information über den Stand des Umweltschutzes sowie über die Umweltverschmutzung in der Europäischen Gemeinschaft betrieben werden. So hat der Rat im Mai 1990 die Errichtung einer Europäischen Umweltagentur und eines Europäischen Umweltbeobachtungsnetzes beschlossen. Die Umweltagentur steht nicht nur den EG-Mitgliedstaaten offen.

Darüber hinaus bemüht sich die Kommission, Investitionen zur Verbesserung der Umwelt zu fördern, z. B. gewährt die → Europäische Investitionsbank Darlehen für den Bau von Abfallaufbereitungs- und Kläranlagen. Finanzinstrumente für die gemeinsame Umweltpolitik sind jedoch vor allem die Strukturfonds für die Landwirtschaft (Abteilung Ausrichtung) und der Europäische Fonds für Regionale Entwicklung (→ Regionalpolitik). Im Rahmen des letzteren wurde z.B. Ende 1989 das Sonderprogramm ENVIREG eingerichtet, das der Bekämpfung der Umweltverschmutzung in den wirtschaftlich schwächsten Küstengebieten der Gemeinschaft dienen soll, insbesondere im Mittelmeerraum.

Umwelt und Binnenmarkt

Ein Ziel der neuen Umweltpolitik der EG im Rahmen des Vierten Aktionsprogramms ist es auch, den verbreiteten Befürchtungen hinsichtlich der negativen Auswirkungen der Binnenmarktvollendung auf die Umwelt Rechnung zu tragen. Die Kommission beauftragte eine Expertengruppe mit der Untersuchung dieser Frage. Der 1989 von der Task Force vorgelegte Bericht kam zu dem Ergebnis, daß der → Binnenmarkt durch den Wachstumsschub gewaltige Implikationen für die Umwelt haben werde, insbesondere im Verkehrs- und Transportwesen. Ohne eine deutliche Richtungsänderung stehe eine wesentliche Zunahme der Verschmutzung bevor. Viele der im Binnenmarktprogramm enthaltenen Maßnahmen würden sich negativ auf die Umwelt auswirken. Vor allem im Transportwesen drohe ein erhöhtes Verkehrsaufkommen auf der Straße die bislang erzielten Erfolge bei der Luftreinhaltung mehr als zunichte zu machen (→ Verkehrspolitik). Um diesen Gefahren entgegenzusteuern, müsse die gesamte Umweltpolitik der EG und der Mitgliedstaaten neu überdacht werden.

Hier wird der für die EG-Umweltpolitik charakteristische Konflikt zwischen wirtschaftlichen Interessen und umweltpolitischen Notwendigkeiten deutlich. Die Kommission beabsichtigt, durch die Aufstellung strenger Umweltnormen im Rahmen der Vollendung des Binnenmarktes ein hohes Schutzniveau zu erreichen. Außerdem sind nationale Alleingänge zur noch wirksameren Erreichung der Ziele des Umweltschutzes zulässig (Art. 100a, Abs. 4; Art. 130t EWGV). Auch dürfen bereits vorhandene, nationale Schutzmaßnahmen, die über eine gemeinsame Regelung hinausgehen, beibehalten werden. Solche Maßnahmen auf nationaler Ebene müssen dabei tatsächlich dem Umweltschutz dienen und verhältnismäßig sein. Sie sind dann mit dem Gemeinschaftsrecht unvereinbar, wenn sich die entsprechenden nationalen Vorschriften als versteckte Handelshemmnisse entpuppen. Über relativ hohe Umweltstandards verfügen in der EG vor allem Dänemark und Deutschland.

Der Gerichtshof der EG hat seinerseits dazu beigetragen, umweltpolitischen Erfordernissen einen höheren Stellenwert einzuräumen, etwa durch das Pfandflaschen-Urteil vom 20.9.1988: Die EG-Kommission wollte das dänische System, das für Bier und alkoholfreie Getränke Pfandflaschen vorschrieb, verbieten, da es ein Handelshemmnis darstelle und daher im Widerspruch zu den Binnenmarkt-Prinzipien stehe. Der EuGH urteilte aber, daß die dänische Maßnahme aus Gründen des Umweltschutzes gerechtfertigt sei, und akzeptierte damit spürbare Handelsbeeinträchtigungen. Ebenso wie der EuGH setzt sich auch das Europäische Parlament für einen hohen Stellenwert des Umweltschutzes in der Gemeinschaft ein.

Umweltbewußtsein in Europa

Die Sensibilität für Umweltprobleme und deren Lösung ist in Europa unterschiedlich ausgeprägt. Für die Franzosen stellt Umweltschutz ein primär technisches Problem dar. Das öffentliche Klima in Großbritannien stand den – als kostspielige Marotte betrachteten – Umweltschutzbemühungen der restlichen Europäer lange Zeit mit Skepsis gegenüber. In den neu beigetretenen Ländern Griechenland, Spanien und Portugal werden hohe Umweltschutznormen häufig nur als Wachstumsbremse gesehen. Zudem sind die Prioritäten im Umweltschutz verschieden – in Südeuropa sind z.B. der Schutz vor Waldbränden sowie der Schutz wildlebender Tiere von großer Bedeutung.

Umfragen belegen allerdings, daß das Umweltbewußtsein und damit auch die Unterstützung für eine gemeinsame Umweltpolitik der EG im Laufe der 80er Jahre in der Gemeinschaft generell zugenommen hat. Dazu haben nicht zuletzt ökologische Krisen oder gar Katastrophen beigetragen. So setzte der Ministerrat z.B. nach dem Reaktorunglück von Tschernobyl 1986 neue Grenzwerte für Radioaktivität in Nahrungsmitteln fest, verbannte bestimmte Erzeugnisse zum Schutz der Bürger zeitweise vom Markt und richtete ein besonderes System für einen schnellen Informationsaustausch bei Strahlungsnotfällen sowie ein Netz für gegenseitige Hilfs- und Schutzmaßnahmen ein.

Allgemein erweist es sich jedoch als schwierig, die Umweltpolitik der Europäischen Gemeinschaft dem Bürger nahezubringen. Daran hat auch das "Europäische Jahr der Umwelt 1987" mit seinen Ausstellungen, Kampagnen etc. nicht viel ändern können. Umweltpolitische Aktivitäten der EG finden höchstens bei den jeweils besonders interessierten Gruppen auf nationaler Ebene Beachtung und werden wegen ihres Kompromißcharakters vorwiegend kritisch beurteilt. So sind etwa die Vorzüge grenzüberschreitender Lösungen auf niedrigem Niveau häufig schwer nachzuvollziehen. Die EG-Kommission setzt sich mittlerweile verstärkt für die Förderung des Unterrichts in Umweltschutzfragen in der Schule ein. Versuche, eine Verbindung zwischen nationaler und europäischer Ebene herzustellen, sind nach wie vor selten. Ein Beispiel sind die Bemühungen des EG-Verbraucherverbandes BEUC (→ Europäische Interessenverbände), eine EG-weite Boykottaktion gegen Sprühdosen, die Fluorchlorkohlenwasserstoffe (FCKW) als Treibmittel verwenden, zu koordinieren.

Bilanz und Ausblick

Die Europäische Gemeinschaft entwickelt sich neben der nationalen und bilateralen Ebene mehr und mehr zu einem umweltpolitischen Akteur in Europa – neben einer Vielzahl anderer internationaler Akteure, die sich ebenfalls Umweltfragen widmen: vom → Europarat über die → OECD bis zur → KSZE, von der Wirtschaftskommission der Vereinten Nationen (UNEP) bis zum GATT.

Die Europäische Gemeinschaft hat bislang in allen umweltrelevanten Bereichen Maßnahmen getroffen. Die traditionellen Themen wie Gewässerschutz, Luftreinhaltung, Chemikalien usw. sind dabei mittlerweile etwas in den Hintergrund getreten. Beherrscht wird die Diskussion auch auf EG-Ebene durch die Themen Klimaänderung und Zerstörung der Ozonschicht: Im Dezember 1990 einigten sich die EG-Umweltminister darauf, die Produktion und den Verbrauch von FCKW bis Anfang 1992 zu halbieren und bis Mitte 1997 völlig zu verbieten. Vorausgegangen waren langwierige internationale Verhandlungsrunden seit Ende der 70er Jahre, in denen sich die durch die Kommission vertretene Europäische Gemeinschaft – größter Produzent und Exporteur von FCKW – vor allem wegen französischem und britischem Widerstand sehr unbeweglich zeigte. Erst zunehmender Druck sowohl von innen, z.B. von Umweltschutzorganisationen, als auch von den USA sowie Fortschritte bei der Produktion von FCKW-Ersatzstoffen ermöglichten die Entscheidung von 1990. In Zukunft wird die Konfliktlinie im Klimaschutz weniger zwischen den USA und der EG als vielmehr zwischen Industrie- und Entwicklungsländern verlaufen. Die Gemeinschaft ist zunehmend bemüht, umweltpolitische Anliegen in ihre → Außenbeziehungen und → Entwicklungspolitik einzubeziehen. Ihre Abkommen mit Drittstaaten oder Ländergruppen enthalten inzwischen eine Umweltschutzklausel. Im Rahmen der intensivierten Zusammenarbeit mit den osteuropäischen Ländern wurden spezielle bilaterale Kooperationsabkommen im Umweltbereich abgeschlossen. Die EG selbst ist Vertragspartner verschiedener Umweltschutzabkommen.

Die Gemeinschaft hat ferner umweltschutzbezogene Forschungsprogramme wie STEP (Wissenschaft und Technologie für den Umweltschutz) und EPOCH (Europäisches Programm für Klimatologie und natürliche Risiken) eingerichtet. In den Blickpunkt rückt nun zunehmend das Abfallproblem. Die EG tut sich hier noch äußerst schwer, wirksame Regelungen für die Hinterlassenschaften der Industriegesellschaft zu treffen. Das Fehlen eines umfassenden Konzepts droht sowohl den Umweltschutz als auch die Binnenmarktvollendung zu gefährden.

Eine Standortbestimmung europäischer Umweltpolitik muß also zwiespältig ausfallen. Die Zunahme der verschiedensten Aktivitäten dokumentiert eine wachsende ökologische Sensibilisierung im Bereich der EG. Mit zunehmender Kooperationsdichte scheinen sich jedoch keineswegs nur noch Detailprobleme aufzutürmen. Je konkreter und damit wirksamer europäische Umweltpolitik wird, desto stärker artikulieren sich auch die Vorbehalte der beteiligten Parteien. Da auch mit der EEA nicht zu regelmäßigen Mehrheitsbeschlüssen im umweltpolitischen Entscheidungsprozeß übergegangen wurde, sondern meist Einstimmigkeit erforderlich ist, steht zu befürchten, daß es weiterhin nicht zu einer raschen Umsetzung umweltpolitischer Vorhaben der EG kommen wird.

Die Gemeinschaft steht in den 90er Jahren vor der anspruchsvollen Aufgabe, den Wandel zu einer umweltverträglichen Industriegesellschaft mitzugestalten. Um eine ökologische Neuorientierung von Wirtschaft, Technik und Gesellschaft zu erreichen, beabsichtigen die Umweltminister der EG unter anderem, das gemeinsame Umweltrecht durch Umweltabgaben und -steuern zu ergänzen. Zum Prüfstein wird für die Gemeinschaft die wirksame Integration der Umweltdimension in die anderen Politikbereiche. Um ihre Pflicht zu umweltfreundlichem Handeln in allen Tätigkeitsbereichen zu erfüllen, muß die Europäische Gemeinschaft ihrer umweltpolitischen Verantwortung jedoch auch in den Außenbeziehungen, besonders gegenüber Osteuropa und den Entwicklungsländern, gerecht werden.

Karin Stoll/Anita Wolf

Verkehrspolitik

Vertragsgrundlagen: Art. 3e, Art. 74–84 EWGV, Art. 70 EGKSV.
Ziele: Schaffung eines gemeinsamen europäischen Verkehrsmarktes, d.h. Verwirklichung der Dienstleistungsfreiheit im Verkehrssektor. Zu diesem Zweck ist im EWG-Vertrag vorgesehen, a) gemeinsame Regeln für den grenzüberschreitenden Verkehr zwischen Mitgliedstaaten und b) Regeln für die Zulassung von Verkehrsunternehmen aus einem Mitgliedstaat zum innerstaatlichen Verkehr in anderen Mitgliedstaaten aufzustellen.
Haushalt: Da es sich bei der EG-Verkehrspolitik vorrangig um eine Marktordnungspolitik handelt, die nicht die Bereitstellung umfangreicher finanzieller Mittel von Seiten der EG erforderlich macht, spiegelt sich die Bedeutung der Verkehrspolitik nicht im Haushalt der EG.
Literatur: Kommission der Europäischen Gemeinschaften: Die Verkehrspolitik der Europäischen Gemeinschaft, Europäische Dokumentation, 2. Auflage, Luxemburg 1984; Hellmuth Seidenfus (Hrsg.): Der Verkehr in der Phase der Anpassung an den vollendeten Binnenmarkt der EG, Göttingen 1989.

Der EWG-Vertrag räumt der Verkehrspolitik eine besondere Stellung ein: Der Verkehr ist neben der Landwirtschaft der einzige Wirtschaftsbereich, dem ein eigener Abschnitt des Vertrages gewidmet ist. Die geschichtliche Entwicklung der EG-Verkehrspolitik seit den 50er Jahren läßt sich in acht Phasen einteilen: In die 1. Phase (1952–1958) fallen die keiner umfassenden Verkehrskonzeption folgenden Maßnahmen der Hohen Behörde der → Europäischen Gemeinschaft für Kohle und Stahl. Erst mit dem EWG-Vertrag von 1957 wurde die rechtliche und politische Basis für eine breiter angelegte Verkehrspolitik geschaffen. Im Verlauf der 2. Phase (1958–1962), nach Inkrafttreten des EWG-Vertrages, bemühte sich die → Kommission um die Erarbeitung einer verkehrspolitischen Gesamtstrategie. 1961 legte sie ein Memorandum mit den Grundsätzen für eine gemeinsame europäische Verkehrspolitik vor. Am Anfang der 3. Phase (1962–1967) stand das Aktionsprogramm der Kommission von 1962, das konkrete Vorschläge zur Umsetzung des Memorandums enthielt. Trotz der Verabschiedung zahlreicher Einzelmaßnahmen gelang es in der Folgezeit vor allem wegen der unterschiedlichen Ausrichtung der nationalen Verkehrspolitiken nicht, das von der Kommission postulierte Verkehrskonzept zu verwirklichen. In der 4. Phase (1967–1971) war nur anfänglich im

Zuge der vorgezogenen Beendigung der Übergangsphase eine spürbare Belebung der Verkehrspolitik zu verzeichnen. Die 5. Phase (1971–1977) wurde durch die Beitritte neuer Mitglieder (→ Erweiterung) bestimmt. Die mit der Erweiterung verbundene Integrationsdynamik veranlaßte die Kommission dazu, die Rolle der Verkehrspolitik neu zu definieren: Sie erweiterte den Themenkreis der Verkehrspolitik – Luftfahrt und Seeschiffahrt kamen hinzu – und bezog die vielfältige Interdependenz zu anderen Politikfeldern verstärkt ein. Der Ministerrat nahm die Kommissionsvorschläge lediglich zur Kenntnis. Auch in der 6. Phase (1977–1982) blieb es trotz der Initiativen von Kommission und → Europäischem Parlament dabei, daß der Auftrag des EWG-Vertrages, einen europäischen Verkehrsmarkt zu schaffen, nicht verwirklicht wurde. Vor diesem Hintergrund ist die 7. Phase (1983–1985) zu sehen, die einen Umbruch brachte: Das Europäische Parlament leitete gegen den Ministerrat wegen dessen langjähriger Untätigkeit im Verkehrsbereich 1982 ein Vorverfahren wegen Vertragsverletzung ein, das 1983 zu einer Klage vor dem → Gerichtshof der EG führte (→ Entscheidungsverfahren). In einem Aufsehen erregenden Urteil entschied der Gerichtshof im Mai 1985 – er gab dem Parlament in dem entscheidenden Punkt der Klage recht –, daß es der "Rat ... unter Verletzung des Vertrages unterlassen (hat), die Dienstleistungsfreiheit auf dem Gebiet des ... Verkehrs sicherzustellen". Als Folge des Urteils des Gerichtshofes sowie der im gleichen Jahr gestarteten Initiative, den → Binnenmarkt bis 1992 zu verwirklichen, konnten in der 8. Phase (1985–1990) vor allem beim Straßengüterverkehr, bei der Luft- und Seeschiffahrt bedeutsame Fortschritte in Richtung auf eine verkehrspolitische Gesamtkonzeption verbucht werden. Eine weitere grundlegende Tendenz der letzten Phase ist das weitgehende Zusammenfallen von Verkehrspolitik und Binnenmarktpolitik.

Schadstoffemissionen Güterverkehr 1985

	Straße	Schiene	Binnenschiffahrt
	g/tkm*	g/tkm	g/tkm
Kohlenmonoxid (CO)	3,70	0,03	0,20
Stickoxide (NO_x)	3,26	0,20	0,58
Kohlenwasserstoffe (CH)	1,62	0,01	0,08
Ruß	0,07	0,04	0,04

* Angaben in Gramm/Tonnenkilometer (g/tkm): Schadstoffausstoß gemessen in Gramm pro um 1 Kilometer transportierte Tonne Fracht (Quelle: Verkehrsforum Bahn e.V.).

Straßengüterverkehr/Omnibusverkehr

Vom Transportaufkommen her ist der Straßengüterverkehr der wirtschaftlich bedeutsamste Güterverkehrsträger. Auf der Straße werden weitaus mehr Güter transportiert als auf der Schiene, auf dem Wasser oder in der Luft. Der Straßengüterverkehr ist aber gleichzeitig derjenige Verkehrsträger, der pro transportierte Tonne Fracht die höchsten ökologischen und sozialen Kosten im Hinblick auf Schadstoffemissionen, Verkehrssicherheit, Flächenverbrauch und Lärmbelastung verursacht (vgl. Tabelle).

Im Straßengüterverkehr gelang es der EG bis in die 80er Jahre nicht, ihre zentralen verkehrspolitischen Zielsetzungen zu verwirklichen: den Abbau der Beschränkungen für den grenzüberschreitenden und für den innerstaatlichen Straßentransport sowie die Angleichung der Wettbewerbsbedingungen für die Verkehrsunternehmen aus den verschiedenen Mitgliedstaaten. Als ein Schlüsselproblem erweist sich bis heute die Harmonisierung der Wettbewerbsbedingungen, vor allem der je nach Mitgliedstaat sehr unterschiedlichen steuerlichen und sonstigen Abgaben (Kraftfahrzeugsteuer, Mineralölsteuer, Straßengebühren). Die Angleichung dieser Kostenfaktoren ist eine der entscheidenden Voraussetzungen für den Abbau der Verkehrsbeschränkungen, da sonst die unterschiedlichen Kostenbelastungen zu starken Wettbewerbsverzerrungen führen würden.

Nach dem Urteil des Gerichtshofes von 1985 und im Blick auf das Binnenmarktziel traf der → Ministerrat 1985 einen Grundsatzbeschluß ("Masterplan"), der einen freien Verkehrsmarkt und die Harmonisierung der Wettbewerbsbedingungen bis 1992 vorsah. In der Umsetzung dieses Grundsatzbeschlusses wurde die Politik im Bereich des Straßengüterverkehrs eng mit dem Binnenmarktprogramm verknüpft. Im Juni 1988 erließ der Rat eine Verordnung, die verbindlich den Abbau aller mengenmäßigen Beschränkungen im grenzüberschreitenden Straßengüterverkehr ab dem 1. Januar 1993 vorschrieb. Ein wichtiger Schritt zur Öffnung des innerstaatlichen Güterverkehrs für Verkehrsunternehmen aus anderen Mitgliedstaaten stellte eine vom Ministerrat im Dezember 1989 verabschiedete Verordnung dar, die erstmalig die sogenannte freie Kabotage, d.h. die Zulassung nichtgebietsansässiger Transportunternehmer zum nationalen Straßengüterverkehr, in einem quantitativ allerdings nur sehr geringem Umfang ermöglichte. Beim Omnibusverkehr, d.h. beim Personenverkehr, strebt die EG-Kommission ebenfalls einen freien Verkehrsmarkt an. Sie hat Vorschläge zur Verwirklichung der Dienstleistungsfreiheit im grenzüberschreitenden Personenverkehr sowie zur Zulassung von Verkehrsunternehmen innerhalb eines Mitgliedstaates, in dem sie nicht ansässig sind (Kabotage), gemacht.

Soviel Kfz-Steuern zahlt ein typisch mittelständischer Transport-Unternehmer für 5 Lastzüge mit einem zulässigen Gesamtgewicht von 40 t in den EG-Staaten.*

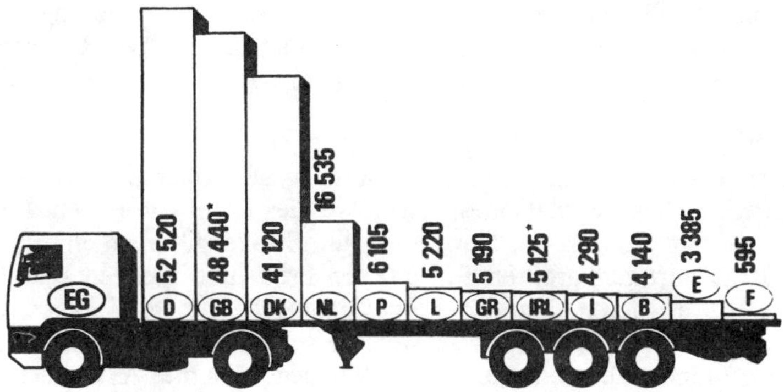

* GB und IRL: Angaben für das dort zulässige Gesamtgewicht von 38 t.

Angaben in DM

Quelle und Grafik: BDG.

Eisenbahn

Die Situation der Eisenbahnunternehmen ist in allen EG-Staaten in mehr oder weniger starkem Maße durch ähnliche Probleme gekennzeichnet: Verlust an Transportaufkommen an den Straßengüterverkehr, umfangreiche Subventionierung aus öffentlichen Kassen u. a. m. Angesichts der vergleichsweise geringen ökologischen und sozialen Kosten der Eisenbahnen ist der Verlust von Marktanteilen an die Straße bedauerlich. Die Politik der Kommission verfolgt das Ziel, die Eisenbahnen von teuren gesellschaftlichen Verpflichtungen zu entbinden bzw. sie für durch solche Verpflichtungen entstehende Kosten zu entschädigen sowie sie insgesamt nach wirtschaftlichen Gesichtspunkten führen zu lassen. 1990 hat die Kommission in einer umfangreichen Mitteilung an den Ministerrat eine Neuorientierung der Eisenbahnpolitik vorgeschlagen. Danach wären staatliche und unternehmerische Aufgaben im Eisenbahnverkehr voneinander zu trennen. Den Ausbau und Unterhalt der Infrastruktur, vor allem des Schienennetzes, soll der Staat übernehmen, während die unternehmerischen Aufgaben bei den Eisenbahnen verbleiben.

Eine vielversprechende Option für die Eisenbahen im Gütertransport stellt der kombinierte Verkehr von Straße/Schiene dar, der durch wirtschaftliche Anreize stärker gefördert werden soll. Im Personenverkehr bemühen sich die europäischen Eisenbahnen um eine Steigerung ihrer Wettbewerbsfähigkeit gegenüber der Straße und dem Luftverkehr durch den Auf- bzw. Ausbau eines europäischen Hochgeschwindigkeitsnetzes.

Schiffahrt

Die europäische Binnenschiffahrt ist durch große Überkapazitäten geprägt, deren Abbau gemäß eines Beschlusses des Rates von 1989 auf EG-Ebene koordiniert wird. Im Gegensatz zum Straßengüterverkehr ist die Binnenschiffahrt zum größten Teil frei von Preis- und Mengenbeschränkungen. Es existieren dennoch Beschränkungen, die im Rahmen des Binnenmarktprogramms abgebaut werden sollen. Die Kommission hat dazu 1985 einen Verordnungsentwurf vorgelegt, der die Verwirklichung der freien Kabotage für die Binnenschiffahrt vorsieht.

Zielsetzung der EG in der Seeschiffahrt ist, die zahlreichen, noch bestehenden Beschränkungen im Seeverkehr abzubauen und damit auch in diesem Bereich den EG-Binnenmarkt zu einer Realität werden zu lassen. Einen Durchbruch gab es im Dezember 1986, als der Ministerrat ein Gesetzespaket zur Seeschiffahrt verabschiedete, das u.a. den freien Dienstleistungsverkehr einführte und die Anwendung des gemeinschaftlichen Wettbewerbsrechts regelte. 1989 unterbreitete die Kommission dann zusätzlich Vorschläge zu Verbesserung der ökonomischen Situation der europäischen Handelsflotte.

Luftfahrt

Ähnlich wie bei den anderen Verkehrsträgern wird im Luftfahrtsektor, als Teil des Programms '92, angestrebt, einen freien Verkehrsmarkt zu schaffen: Reglementierungen sollen abgebaut, dem Wettbewerb zwischen den Fluggesellschaften mehr Raum gegeben und im Luftverkehr insgesamt mehr Flexibilität ermöglicht werden. Im Dezember 1987 verabschiedete der Ministerrat die erste Stufe des Liberalisierungskonzepts für den Luftverkehr. Im Juni 1990 einigte sich der Rat auf ein zweites Maßnahmenbündel.

Ein wichtiges Problem im Luftfahrtsektor ist die technisch-organisatorische Verbesserung der Flughäfen und Flugsicherungseinrichtungen. Das

EP fordert den Ausbau von Eurocontrol, der internationalen Organisation für Flugsicherung, und deren Anbindung an die EG.

Ausblick

In den nächsten Jahren wird die Europäische Gemeinschaft drei verkehrspolitischen Zielsetzungen verstärkt Rechnung tragen müssen: Erstens dem Erhalt und der Steigerung der wirtschaftlichen Leistungsfähigkeit des Verkehrssektors. Dies wird politisch und wirtschaftlich nur im Kontext der schrittweisen Verwirklichung des europäischen Binnenmarktes möglich sein. Zweitens müssen umweltpolitische Zielsetzungen stärker in die verkehrspolitische Konzeption der Gemeinschaft integriert werden. Die Reduzierung der ökologischen und sozialen Kosten des Verkehrs ist jedoch weitgehend nicht vereinbar mit der Binnenmarktpolitik der EG. Drittens muß die Frage nach der politischen Akzeptanz der gemeinschaftlichen Verkehrspolitik stärker in den Vordergrund gerückt werden. Der Widerstand ganzer Alpenregionen gegen den dortigen Transitverkehr demonstriert, wie wichtig die gesellschaftliche und politische Akzeptanz für die Verkehrspolitik ist.

Michael Leyendecker

Wettbewerbspolitik

Vertragsgrundlagen: Art. 3f, s, 85–94 EWGV, Art. 4, 5, 65, 66 EGKSV.
Ziele: Errichtung eines Systems, das den Wettbewerb innerhalb des Gemeinsamen Marktes vor Verfälschungen schützt.
Instrumente: Kartellverbot, Verbot des Mißbrauchs marktbeherrschender Stellungen, Gleichbehandlung privater und öffentlicher Unternehmen, Fusionskontrolle, Überwachung staatlicher Beihilfen.
Literatur: Bengt Beutler/Roland Bieber/Jörn Pipkorn/Jochen Streil: Die Europäische Gemeinschaft, Rechtsordnung und Politik, 3. Auflage, Baden-Baden, 1987.

Die Wettbewerbspolitik ist eines der wichtigsten Instrumente zur Verwirklichung der Vertragsziele. Einer ihrer Schwerpunkte liegt darin, die künstliche Abschottung nationaler Märkte mittels privater Absprachen zu verhindern, da dies dem Konzept des Gemeinsamen Marktes widersprechen würde. Dieses Ziel der Marktintegration steht gleichwertig neben der traditionellen Regelungsfunktion eines freien und unverfälschten Wettbewerbs, welche eine optimale Ressourcenallokation und Anreize zum ständigen Fortschritt im Verbraucherinteresse zur Folge hat. Eine Beeinträchtigung des Wettbewerbs kann aber nicht nur mittels kartellrechtlich relevanter Absprachen oder durch den Mißbrauch einer marktbeherrschenden Stellung bewirkt werden. Auch Unternehmenszusammenschlüsse und staatliche Maßnahmen können eine nicht wünschenswerte Veränderung der Wettbewerbsstruktur auf den jeweiligen Märkten bewirken.

Instrumentarium

Zur Durchsetzung des Ziels der Schaffung und Erhaltung unverfälschten Wettbewerbs sieht der EWG-Vertrag sowie das sekundäre Recht ein breit gefächertes Instrumentarium vor, so insbesondere: Kartellverbot, Verbot des Mißbrauchs einer marktbeherrschenden Stellung, Gleichbehandlung öffentlicher und privater Unternehmen, Fusionskontrolle, Überwachung nationaler Beihilfen.

Art. 85 EWGV untersagt wettbewerbsbeschränkende Vereinbarungen zwischen Unternehmen, die geeignet sind, den Handel zwischen Mitgliedstaaten zu beeinträchtigen. Solche Vereinbarungen sind nichtig und damit gerichtlich nicht durchsetzbar. Allerdings kann in Anwendung des Art. 85 Abs. 3 EWGV eine Freistellung vom Kartellverbot erteilt werden, wenn die Absprache für den Verbraucher überwiegend Vorteile mit sich bringt. Die für die Durchsetzung der Wettbewerbspolitik zuständige → Kommission hat hierzu eine umfangreiche Praxis entwickelt. Soweit es sich nicht um wirtschaftlich unwichtige Fälle handelt, werden Abreden, die eine Marktaufteilung oder Preisabsprachen zum Inhalt haben, besonders streng verfolgt. Kooperationen zwischen kleineren und mittleren Unternehmen werden hingegen im Regelfall positiv beurteilt, weil sie die Marktdurchdringung und die Wettbewerbsfähigkeit dieser Unternehmen fördern können.

Art. 86 EWGV verbietet den Mißbrauch einer marktbeherrschenden Stellung: Nicht eine marktbeherrschende Stellung, sondern lediglich deren Mißbrauch ist kartellrechtlich relevant. Eine Freistellung wie bei Art. 85 kommt im Rahmen des Art. 86 nicht in Betracht. Beide Vertragsartikel sind vielmehr unabhängig nebeneinander anwendbar. Den Mitgliedstaaten ist es untersagt, mittels staatlicher Maßnahmen diese Vorschriften zu beeinträchtigen.

Die Durchsetzung der Art. 85, 86 EWGV liegt bei der Kommission. Diese kann von Amts wegen oder auf Beschwerde ein Verfahren eröffnen. Nötigenfalls kann sie den Unternehmen Geldbußen bis in Höhe von 10% des Jahresumsatzes auferlegen, um die Einhaltung von Verboten zu erzwingen. Darüber hinaus verfügt sie über umfangreiche Untersuchungsbefugnisse gegenüber Unternehmen und kann Zwangsgelder verhängen. Die betroffenen Unternehmen haben die Möglichkeit, die Überprüfung dieser Maßnahmen durch das Gericht Erster Instanz und im weiteren Rechtszug durch den → Gerichtshof der EG zu beantragen.

Nicht nur private, sondern auch öffentliche Unternehmen sind den Wettbewerbsregeln des EWG-Vertrages unterworfen. Die Kommission kann unmittelbar auf der Grundlage der Art. 85, 86, gegen die betreffenden Unternehmen vorgehen. Darüber hinaus gibt Art. 90 der Kommission besondere, gegen die Mitgliedstaaten gerichtete Befugnisse. Ziel der Bestimmung ist es, zu verhindern, daß der Staat seinen besonderen Einfluß auf die von ihm abhängigen Unternehmen in wettbewerbswidriger Weise ausnützt bzw. diese in wettbewerbswidriger Weise bevorzugt. In den vergangenen Jahren hat die Kommission ihre Aktivität zunehmend auf die Öffnung bislang stark reglementierter Bereiche gerichtet, wie z.B. im Telekommunikationssektor.

Das Jahr 1989 wurde insbesondere durch den Erlaß der Fusionskontrollverordnung geprägt, die am 21. September 1990 nebst einer Reihe von Durchführungsbestimmungen in Kraft getreten ist. Die damit eingeführte präventive Kontrolle von Zusammenschlüssen mit gemeinschaftsweiter

Bedeutung ist insbesondere deshalb unverzichtbar, weil der Binnenmarktprozeß eine bedeutende Anzahl von Großfusionen mit sich gebracht hat und noch mit einer Verstärkung dieser Tendenz zu rechnen ist. Wenngleich viele dieser Fusionen unter wettbewerbspolitischen Aspekten unproblematisch erscheinen, so ist es doch notwendig sicherzustellen, daß die Wettbewerbsstruktur im Gemeinsamen Markt auch auf längere Sicht nicht nachteilig beeinflußt wird.

Auch staatliche Beihilfen können zu einer Verzerrung der Wettbewerbssituation führen. Aus diesem Grund sehen die Art. 92–94 EWGV ein besonderes Verfahren zur Beihilfenkontrolle durch die Kommission vor. Die Beihilfenkontrolle ist in den letzten Jahren erheblich verschärft worden, insbesondere nachdem im Ersten Bericht der Kommission über staatliche Beihilfen aus dem Jahr 1988 herausgearbeitet wurde, daß im Zeitraum 1981–1986 im Jahresdurchschnitt 3% des Bruttosozialprodukts der Mitgliedstaaten für Beihilfen ausgegeben wurden (siehe nunmehr auch den Zweiten Bericht für den Zeitraum 1986–1988).

Der EGKS-Vertrag enthält, im Gegensatz zum EAG-Vertrag, eigenständige Wettbewerbsregeln, die für die von ihm erfaßten Produkte gelten. Insbesondere gilt er im Gegensatz zum EWG-Vertrag auch für Verhaltensweisen, die sich nur innerhalb eines Mitgliedstaats auswirken; das Instrument der Fusionskontrolle war hiervon Anfang an vorgesehen.

Bilanz

Die Bedeutung einer stringenten Wettbewerbspolitik kann nicht unterschätzt werden. Die Geschichte hat gezeigt, daß letztlich nur ein System, in dem die betroffenen Wirtschaftsakteure der ständigen Herausforderung durch ihre Konkurrenten ausgesetzt sind, technischen und wirtschaftlichen Fortschritt vorantreibt. Die Gemeinschaft ist ihrer Aufgabe, die Bedingungen für die Existenz wirksamen Wettbewerbs zu schaffen, bislang in vollem Umfang nachgekommen. Derzeit stehen neue, ungeheure Herausforderungen im Zusammenhang mit der Schaffung des → Binnenmarktes im Raum. Die Kommission wird es obliegen, dafür Sorge zu tragen, daß auch in Zukunft Marktstrukturen bestehen werden, die effektiven Wettbewerb ermöglichen.

Thinam Jakob-Siebert

Die Ausführungen geben die persönliche Ansicht der Verfasserin wieder.

Wirtschaftspolitik

Vertragsgrundlagen: Art. 2 EWGV, Art. 102a, Art. 103, Art. 104–109, Art. 110–116, Art. 130a-e EEA.
Ziele: Beständiges und ausgewogenes Wachstum, Steigerung des Lebensstandards, stabile Preise und Zahlungsbilanzgleichgewicht, hoher Beschäftigungsstand.
Instrumente: Währungsausschuß, Ausschuß für Wirtschaftspolitik, Ausschuß der Zentralbankpräsidenten.
Literatur: Bengt Beutler u.a.: Die Europäische Gemeinschaft – Rechtsordnung und Politik, 3. Auflage, Baden-Baden 1987, S. 409–437; Rolf H. Hasse: Die Europäische Zentralbank: Perspektiven für eine Weiterentwicklung des Europäischen Währungssystems, Gütersloh 1989, bes. S. 48–91.

Die Regelungen des EWG-Vertrages zur Steuerung der Wirtschaft gemäß den gesamtwirtschaftlichen Zielsetzungen spiegeln einen Kompromiß zwischen ökonomischen und integrationspolitischen Erfordernissen und nationalen Widerständen gegen die Aufgabe wirtschaftspolitischer Souveränität wider. Die wirtschaftspolitischen Zielsetzungen selbst waren nicht umstritten. Art. 2 EWGV ("Aufgaben der Gemeinschaft") nennt eine beständige und ausgewogene Wirtschaftsausweitung, größere Stabilität, beschleunigte Hebung der Lebenshaltung und Förderung enger Beziehungen zwischen den Gemeinschaftsländern. Im speziellen Abschnitt des EWGV über "die Wirtschaftspolitik" – neben dem erst mit der → Einheitlichen Europäischen Akte (EEA) eingefügten Art. 102a über die Zusammenarbeit in der Wirtschafts- und Währungspolitik umfaßt er die Kapitel über "Konjunkturpolitik" (Art. 103), "Zahlungsbilanz" (Art. 104–109) und "Handelspolitik" (Art. 110–116) – werden in Art. 104 als Zielsetzungen ergänzt: hoher Beschäftigungsstand, stabiles Preisniveau und Zahlungsbilanzgleichgewicht. Der meist als "magisches Viereck" bezeichnete Zielkatalog, wie er sich üblicherweise in den EG-Staaten findet, ist also im EWGV enthalten. Durch die am 1. Juli 1987 in Kraft getretene EEA wurden zudem die Mitgliedsländer durch den neuen Titel "Wirtschaftlicher und sozialer Zusammenhalt" (Art. 130a-e) zu einer Wirtschaftspolitik verpflichtet, die auf einen Ausgleich der regionalen Ungleichgewichte hinwirken soll. Unterstützt wird diese Politik auf Gemeinschaftsebene durch den Einsatz von Mitteln der Strukturfonds, mit einem Volumen von 13 Mrd. ECU im Zeitraum 1988–1993.

Wirtschaftspolitische Zuständigkeiten

Der EWGV beließ die Wirtschafts- und Währungspolitik weitgehend in der Entscheidungskompetenz der nationalen Regierungen. Zugleich wurden die Regierungen aber verpflichtet, ihre Konjunktur- und Wechselkurspolitik als "Angelegenheit von gemeinsamen Interesse" (Art. 103, 107) zu betrachten und ihre Wirtschafts- und Währungspolitik zu koordinieren und an den Zielen des magischen Vierecks auszurichten. In der Konjunkturpolitik, also der kurzfristigen Wirtschaftspolitik, ist zwar in Art. 103 eine Entscheidungskompetenz vorgesehen, in der Praxis hat die Gemeinschaft von dieser an das Erfordernis der Einstimmigkeit gebundenen Möglichkeit keinen Gebrauch gemacht. Die Wirtschaftspolitik auf Gemeinschaftsebene orientiert sich an der ihr in Art. 3g EWGV zugewiesenen Tätigkeit der "Anwendung von Verfahren, welche die Koordinierung der Wirtschaftspolitik der Mitgliedstaaten und die Behebung von Störungen im Gleichgewicht ihrer Zahlungsbilanzen ermöglichen." Die Koordinierung hat durch die Mitgliedstaaten in enger Zusammenarbeit mit den Organen der Gemeinschaft zu erfolgen, "soweit dies zur Erreichung der Ziele des Vertrages erforderlich ist." Sie ist also mit einem hohen Grad an "Offenheit" für die Gestaltung durch Mitgliedsländer angelegt.

Die Mittel des EG-Haushaltes und damit auch ihre Bedeutung als Instrument der wirtschaftspolitischen Ablaufsteuerung sind gemessen an denen der nationalen Budgets noch bescheiden.

Koordinierungsinstrumente

Gemäß Art. 105 sollen die Mitgliedstaaten der Gemeinschaft ihre Wirtschafts- und Währungspolitik koordinieren, d.h. auf eine gemeinsame Zielfunktion hin ausrichten. Das Koordinierungsproblem ging die Gemeinschaft durch Schaffung institutioneller Rahmenbedingungen in Form der Gründung von Ausschüssen an. Diese Lösung sollte zwei Effekte verbinden: intergouvernementale Absprachen und das Lernen von Koordinierung in einem Politikbereich, in dem bereits auf nationaler Ebene Konflikte zwischen den wirtschaftlichen und politischen Bewertungen von Zielen und Mitteln bestehen. Neben dem im EWGV vorgesehenen und ein Jahr nach Gründung der EWG eingesetzten Währungsausschuß wurden als weitere Ausschüsse der für Konjunkturpolitik (1960), mittelfristige Wirtschaftspolitik (1964) und Haushaltspolitik (1964) sowie der Ausschuß der Zentralbankpräsidenten (1964) eingerichtet. Die Spezialausschüsse für Konjunkturpolitik, mittelfristige Wirtschaftspolitik und Haushaltspolitik wurden 1974 zum Ausschuß für Wirtschaftspolitik zusammengefaßt.

Unbefriedigende Koordinierung

Die wirtschaftliche Entwicklung war in den 60er Jahren insgesamt gesehen positiv und spannungsarm; von daher wurde den Ausschüssen die Arbeit erleichtert. Institutionalisiert, aber rechtlich unverbindlich, war dieser Kooperationsansatz echten Bewährungsproben allerdings nicht gewachsen. Die zunehmende Marktintegration – wichtiger Schritt: vorzeitige Vollendung der Zollunion zum 1. Juli 1968 – bei festen, wenngleich anpassungsfähigen Wechselkursen war für die Mitgliedstaaten in der Wirtschafts- und Währungspolitik mit Einbußen an Handlungssouveränität verbunden. Angesichts zunehmender Unterschiede in den Stabilitätsvorstellungen der Mitgliedstaaten, die nicht im Rahmen der Ausschüsse ausgeräumt werden konnten, kam es zu unkoordinierten wirtschaftspolitischen Reaktionen. Dieser Prozeß der Desintegration der Wirtschafts- und Währungspolitik stand im Widerspruch zu den Erfordernissen des EWGV, der die "schrittweise Annäherung der Wirtschaftspolitik der Mitgliedstaaten" neben der "Errichtung eines gemeinsamen Marktes" als Instrumente zur Verwirklichung seiner Ziele nennt.

Der Versuch, Anfang der 70er Jahre die Problem durch einen integrationspolitischen 'Kraftakt' zu lösen, wie ihn die "Werner-Strategie" in der Schaffung einer → Wirtschafts- und Währungsunion (WWU) bis 1980 vorsah, scheiterte. Zu groß waren insbesondere die Diskrepanzen in den deutschen und französischen Auffassungen über den integrativen Weg. Unter diesen Voraussetzungen war der Übergang zu mehr Entscheidungskompetenz auf EG-Ebene nicht erreichbar. Die beiden Ratsentschließungen zur WWU von 1971 und 1972 sowie die Konvergenzentscheidung und die Ratsrichtlinie über Stabilität, Wachstum und Vollbeschäftigung von 1974 blieben letztlich Erklärungen unverbindlichen Charakters, die nur wenig Koordinierungsanstrengungen in der Wirtschafts- und Währungspolitik auslösten. Lediglich der sogenannte DM-Block (Bundesrepublik, Belgien/Luxemburg, Niederlande, Dänemark und Nicht-EG-Mitglied Norwegen) – der harte Kern des 1972 im Gefolge der internen und externen Schocks gegründeten Europäischen Wechselkursverbundes ("Währungsschlange") – konnte sich in den wirtschaftlichen Turbulenzen als Zone relativer Stabilität bewähren, ohne daß er die Konvergenz von 1972 erreichte.

EWS und WWU

Ein neuer Anlauf zur engeren Zusammenarbeit in der Wirtschafts- und Währungspolitik wurde erst möglich, als sich die stabilitätspolitischen Konzeptionen einander annäherten und die Auffassung, daß nur eine

Politik der Preisstabilität zur Lösung des Problems der Arbeitslosigkeit beitragen konnte, stärker vertreten wurde. Diese Annäherung in den Zielauffassungen erlaubte schließlich die Schaffung des → Europäischen Währungssystems (EWS) als System fester (wenngleich anpassungsfähiger) Wechselkurse mit klar umrissenen Interventionsregeln. Wirtschafts- und Währungsraum in der EG haben sich nach dem Beitritt Spaniens (19.6.1989) und Großbritanniens (8.10.1990) zum EWS-Wechselkursmechanismus – wenngleich mit (noch) erweiterten Bandbreiten – als Integrationsraum einander stärker angenähert. Abseits stehen noch die beiden Niedrigeinkommensländer Griechenland und Portugal.

Die DM hat die Funktion einer Leitwährung übernommen, ist also zum Stabilitätsanker im System geworden. Im EWS ist ein Trend zur wirtschaftlichen Konvergenz entstanden, der über die Achse Bonn-Frankfurt-Paris auf die EWS-Teilnehmerländer ausstrahlt. Einige EWS-Mitglieder sind der Einschränkung ihres wirtschaftlichen Handlungsspielraums zunächst mit der Aufrechterhaltung von Kaptitalverkehrsbeschränkungen begegnet. Mit der zum 1. Juli 1990 in der Gemeinschaft erfolgten Kapitalverkehrsliberalisierung, die nur eine eng begrenzte zeitliche Streckung der Einführung für einige wirtschaftlich schwächere Länder zuläßt, wird der Verlust an wirtschaftspolitischer Autonomie noch stärker spürbar werden.

Es liegt in der Logik des → Binnenmarktes, die Erosion der nationalen wirtschafts- und währungspolitischen Kompetenzen mittelfristig durch die Fortentwicklung der Gemeinschaft zu einer Wirtschafts- und Währungsunion mit einem Europäischen Zentralbanksystem aktiv zu kompensieren. Der → Ministerrat hat in seiner Entscheidung vom Dezember 1989 über die Wirtschaftslage in der Gemeinschaft und zur Festlegung der wirtschaftspolitischen Leitlinien für 1990 festgestellt, daß ein Erfolg der Koordinierung der Wirtschaftspolitik nicht durch einen zentralisierten Entscheidungsprozeß, der den Mitgliedsländern Verpflichtungen auferlegt, erreicht werden kann. Statt dessen sollte ein System multilateraler Überwachung entwickelt werden, in dem Ziele mehr und mehr gemeinsam festgelegt werden und die Mitgliedsländer bei der Festlegung ihrer eigenen Politik der Wechselbeziehung zwischen den Volkswirtschaften und der Gemeinschaft voll Rechnung tragen.

Wirtschaftspolitische Praxis: 80er Jahre

Anfang der 80er Jahre bestand noch keine Einigkeit zwischen den Mitgliedsländern über den therapeutischen Ansatz zur Überwindung des Wachstumstiefs und der Bekämpfung der Arbeitslosigkeit.

Zwar war es seit Mitte 1982 zu einer konjunkturellen Aufwärtsbewegung gekommen, die in einen dauerhaften Wachstumsprozeß einmündete. Das prognostizierte mittelfristige Wachstum reichte aber bei weitem nicht aus, um die hohe Arbeitslosenzahl zu reduzieren. Bei einem realen Wachstum des Bruttoinlandsproduktes (BIP) von 2,5% belief sich die Arbeitslosenquote 1985 auf fast 11%, das Finanzierungsdefizit der EG-Staaten machte 5,2% des BIP aus, und auch die Inflationsrate (Verbraucherpreise) lag – trotz einer deutlichen Senkung seit Anfang der 80er Jahre – bei 6% (vgl. Tabelle). Vor diesem Hintergrund wurde 1985 die "Kooperative Wachstumstrategie für mehr Beschäftigung" – kooperativ, weil sie sich auf enge Zusammenarbeit zwischen Regierung, Arbeitgebern und Arbeitnehmern, aber auch zwischen den Ländern stützen sollte – vom Rat beschlossen. Diese Strategie sieht eine Verbindung von gebremster Lohnentwicklung, Stärkung der Nachfrage und eine Verbesserung der Bedingungen auf den Güter-, Kapital- und Arbeitsmärkten vor. Die Verbesserung der Allokation der Güter- und Dienstleistungsmärkte ist zudem Inhalt des Binnenmarktprogramms, das die Kommission in ihrem Weißbuch vom Juni 1985 dargelegt hatte.

Durch die Kooperationsstrategie sollte die durchschnittliche Wachstumsrate des BIP der EG von 2,5% Mitte der 80er Jahre auf 3,5% gesteigert und die Arbeitslosenquote auf 8% bis 1990 gesenkt werden. Erst Ende der 80er Jahre wurde die als notwendig erachtete Wachstumsrate erreicht, und die Arbeitslosenquote konnte von ihrem historischen Maximumwert von 10,8% (1985) auf 8,5% reduziert werden. Allerdings kann das für einen anhaltenden Abbau der Arbeitslosigkeit notwendige Wachstum in der Gemeinschaft Anfang der 90er Jahre wohl nicht aufrechterhalten werden (vgl. Tabelle).

Die Inflationsrate konnte gesenkt werden, allerdings wird – bei leicht rückläufiger Konvergenz – seit 1988 wieder eine Tendenz nach oben deutlich. Die Inflationsentwicklung zeigt die Stabilitätserfolge der uneingeschränkt dem EWS angehörenden EG-Länder (vgl. Tabelle).

Das zusammengefaßte Haushaltsdefizit der EG-Länder konnte von 5,2% des BIP (1985) auf 2,8% in der zweiten Hälfte der 80er Jahre zurückgeführt werden. Bei vielen Mitgliedsländern bedarf es erheblicher Konsolidierungsanstrengungen: In Italien und Griechenland sind die Budgetdefizite zweistellig, und auch in Belgien, den Niederlanden und Portugal liegen sie fast doppelt so hoch wie im Gemeinschaftsdurchschnitt (vgl. Tabelle). Ohne eine anhaltende stabilitätsorientierte Finanzpolitik kann eine dauerhafte Geldwertstabilität nicht gesichert werden. Da im Rahmen der WWU die Fiskalpolitik überwiegend in der Hand der Mitgliedsländer bleiben soll, muß es vertragliche Regelungen geben, die die Haushaltsdisziplin (auch durch das Mittel der Sanktion) sichern.

Gesamtwirtschaftliche Indikatoren der EG-Länder 1961-91

Bruttoinlandsprodukt (prozentuale Veränderung zu konstanten Preisen gegenüber dem Vorjahr, 1961-91)

	1961-1973	1974-1981	1982	1983	1984	1985	1986	1987	1988	1989	1990	1991
B	4,9	2,1	1,5	0,4	2,1	0,9	1,6	1,9	4,3	4,5	3,0	2,5
DK	4,3	1,2	3,0	2,5	4,4	4,3	3,1	-0,7	-0,4	1,1	2,0	2,1
D	4,4	1,9	-0,6	1,5	2,8	2,0	2,3	1,8	3,7	3,4	3,7	3,7
GR	7,7	3,0	0,4	0,4	2,8	3,1	0,8	-0,1	4,0	2,9	1,6	1,6
E	7,2	1,8	1,2	1,8	1,8	2,3	3,3	5,5	5,0	4,9	3,8	3,6
F	5,4	2,5	2,5	0,7	1,3	1,9	2,3	1,9	3,5	3,5	3,2	3,2
IRL	4,4	4,5	2,3	-0,2	4,4	2,3	-0,3	4,9	3,7	5,7	4,6	3,4
I	5,3	3,4	0,3	1,1	3,0	2,6	2,5	3,0	3,9	3,2	3,1	2,8
L	4,0	1,0	1,1	3,0	6,2	2,9	4,4	2,8	4,3	4,6	3,7	3,2
NL	4,8	2,0	-1,4	1,4	3,1	2,6	2,0	1,1	2,7	4,0	3,5	3,1
P	6,9	2,9	2,1	-0,2	-1,9	2,8	4,1	5,3	3,9	5,4	4,0	3,8
UK	3,2	0,7	1,7	3,6	2,1	3,7	3,5	4,7	4,1	2,3	1,6	2,4
EUR	4,8	2,1	0,9	1,6	2,3	2,5	2,6	2,9	3,8	3,4	3,0	3,1

Preisdeflator des privaten Verbrauchs (prozentuale Veränderung gegenüber dem Vorjahr, 1961-91)

	1961-1973	1974-1981	1982	1983	1984	1985	1986	1987	1988	1989	1990	1991
B	3,7	7,9	7,8	7,2	5,7	5,9	0,3	1,8	1,8	3,1	3,2	2,7
DK	6,6	11,0	10,2	6,8	6,4	4,3	3,5	4,4	4,9	5,0	2,5	2,7
D	3,5	5,0	4,8	3,2	2,5	2,1	-0,5	0,6	1,2	3,1	2,8	3,0
GR	3,5	16,8	20,7	18,1	17,9	18,3	22,0	15,6	14,0	13,8	17,0	16,0
E	6,6	17,5	14,5	12,3	11,0	8,2	8,7	5,4	5,1	6,6	6,6	6,1
F	4,8	11,5	11,5	9,7	7,7	5,8	2,7	3,1	2,7	3,5	2,9	3,0
IRL	6,3	16,1	14,9	9,2	7,6	4,7	4,0	2,6	2,5	4,1	3,0	3,4
I	4,9	17,4	16,9	15,1	11,9	9,0	5,7	5,0	4,8	6,0	5,5	5,0
L	3,0	7,4	10,6	8,5	6,9	4,5	1,2	1,5	2,6	3,4	3,5	3,6
NL	5,0	7,0	5,5	2,9	2,2	2,2	0,2	-0,4	0,7	1,1	2,3	2,7
P	3,9	21,6	20,3	25,8	28,5	19,4	13,8	10,0	10,0	12,8	11,7	10,0
UK	4,9	15,1	8,7	5,0	5,1	5,2	4,4	3,9	5,0	5,8	6,6	5,1
EUR	4,6	12,3	10,7	8,6	7,3	5,9	3,7	3,4	3,6	4,8	4,7	4,3

Zahl der Arbeitslosen (in Prozent der Erwerbspersonen 1961-91)

	1961-1973	1974-1981	1982	1983	1984	1985	1986	1987	1988	1989	1990	1991
B	2,2	8,1	11,9	12,5	12,5	11,6	11,6	11,4	10,3	9,5	8,9	8,5
DK	1,1	8,1	11,1	9,3	8,7	7,2	5,6	5,7	6,2	6,7	6,7	6,6
D	0,9	4,5	6,8	6,9	7,1	7,1	6,3	6,2	6,1	5,5	6,0	6,2
GR	4,2	3,0	5,8	7,9	7,1	7,7	7,4	7,4	7,7	7,6	8,0	8,5
E	2,8	9,5	16,3	17,7	20,6	21,8	21,0	20,4	19,4	16,9	16,3	15,9
F	2,3	6,3	8,3	8,2	9,8	10,2	10,3	10,4	9,9	9,5	8,8	8,1
IRL	5,3	9,4	11,6	15,2	16,8	18,2	18,2	18,1	17,6	17,0	16,3	16,1
I	5,6	8,1	8,7	8,8	9,5	9,4	10,4	10,2	10,7	11,0	11,0	11,0
L	0,0	0,7	1,3	3,5	3,1	2,9	2,6	2,6	2,1	1,8	1,7	1,6
NL	1,3	7,1	11,6	12,4	12,3	10,5	10,2	10,0	9,5	9,3	8,9	8,5
P	2,6	7,4	7,5	7,8	8,5	8,6	8,2	6,8	5,6	5,0	4,9	4,9
UK	2,0	6,3	10,5	11,1	11,3	11,4	11,4	10,4	8,5	6,7	6,1	6,3
EUR	2,6	6,7	9,5	9,9	10,7	10,8	10,7	10,3	9,7	9,0	8,5	8,3

Leistungsbilanzen (in Prozent des BIP, 1961-91)

	1961-1973	1974-1981	1982	1983	1984	1985	1986	1987	1988	1989	1990	1991
B	1,1	-2,1	-3,7	-0,8	-0,6	0,3	2,0	1,2	1,0	1,0	1,0	0,7
DK	-2,0	-4,0	-4,2	-2,6	-3,3	-4,6	-5,5	-3,0	-1,8	-1,8	-1,3	-0,8
D	0,7	0,5	0,5	0,7	1,3	2,6	4,4	4,1	4,1	4,5	4,3	5,1
GR	-2,9	-2,3	-4,4	-5,0	-4,0	-8,2	-5,3	-3,1	-1,7	-4,9	-4,6	-4,6
E	-0,2	-2,3	-2,5	-1,5	1,4	1,6	1,7	0,1	-1,1	-2,9	-3,6	-3,9
F	0,4	-0,3	-2,1	-0,8	0,0	0,1	0,5	-0,3	-0,4	-0,4	-0,3	-0,2
IRL	-2,5	-9,9	-10,6	-6,9	-5,8	-4,0	-2,9	1,3	1,8	1,6	1,2	0,7
I	1,4	-0,8	-1,6	0,3	-0,6	-0,9	0,5	-0,2	-0,6	-1,3	-1,1	-1,5
L	6,8	25,0	34,4	39,3	38,9	43,5	39,4	31,6	34,3	32,1	30,0	28,0
NL	0,5	1,4	3,2	3,1	4,2	4,1	2,7	1,4	2,4	3,2	3,0	3,1
P	0,4	-8,5	-13,5	-8,3	-3,4	0,4	2,4	-0,4	-4,4	-1,2	-1,2	-1,8
UK	-0,1	-0,3	1,4	0,9	-0,2	0,6	-0,8	-1,9	-4,1	-4,1	-3,0	-2,8
EUR	0,4	-0,4	33,1	0,1	0,3	0,7	1,4	0,7	0,2	0,0	0,2	0,3

Finanzierungsüberschuß oder -defizit (–) des Gesamtstaates (in Prozent des BIP, 1974-1991)

	1974-1981	1982	1983	1984	1985	1986	1987	1988	1989	1990	1991
B	-6,6	-11,0	-11,2	-9,0	-8,5	-9,0	-7,1	-6,7	-6,1	-5,9	-6,1
DK	-1,4	-9,1	-7,2	-4,2	-2,2	3,1	2,2	-0,1	-0,7	-0,5	0,5
D	-3,0	-3,3	-2,5	-1,9	-1,1	-1,3	-1,9	-2,1	0,2	-0,8	-0,2
GR	–	-7,7	-8,3	-10,0	-13,8	-12,7	12,0	-14,5	-17,7	-17,7	-16,8
E	-1,3	-5,6	-4,8	-5,5	-7,0	-6,1	-3,6	-3,1	-2,1	-2,0	-1,1
F	-1,0	-2,8	-3,2	-2,8	-2,9	-2,7	-2,0	-1,3	-1,3	-1,2	-1,2
IRL	-10,5	-13,8	-11,8	-9,8	11,3	-11,1	-9,1	-3,9	-3,1	-2,8	-3,2
I	-8,4	-11,3	-10,6	-11,6	-12,5	-11,7	-11,2	-10,6	-10,2	-10,3	-10,0
L	1,4	-1,0	2,0	3,4	5,3	3,3	1,3	2,3	3,3	3,9	3,1
NL	-2,9	-7,1	-6,4	-6,3	-4,8	-6,0	-6,5	-5,0	-5,1	-5,3	-5,1
P	–	-10,4	-9,0	-12,0	-10,1	-7,2	-6,8	-6,5	-5,0	-7,4	-6,9
UK	-3,8	-2,5	-3,3	-3,9	-2,7	2,4	-1,0	1,0	1,6	0,2	0,9
EUR	-3,7[1]	-5,5	-5,3	-5,3	-5,2	-4,8	-4,2	-3,6	-2,8	-3,3	-2,9

1 ohne Griechenland und Portugal
2 1990 und 1991 Vorausschätzungen

B = Belgien, DK = Dänemark, D = Bundesrepublik, GR = Griechenland, E = Spanien, F = Frankreich, IRL = Irland, I = Italien, L = Luxemburg, NL = Niederlande, P = Portugal, UK = Großbritannien, EUR = EG insgesamt

Quelle: Kommission der Europäischen Gemeinschaften.

Ausblick

Wichtig ist, daß bis zum Übergang in die Endstufe der WWU, in der ein autonomes, auf das Ziel der Geldwertstabilität verpflichtetes Europäisches Zentralbanksystem bestehen soll, die stabilitätspolitische Konvergenz so weit vorangetrieben ist, daß die Inflation in allen Ländern weitestgehend abgebaut und die Preisdivergenzen verschwunden sowie die Haushaltsdefizite auf ein stabilitätspolitisches Maß zurückgeführt sind. Zudem muß – worauf die Bundesbank hinweist – die Dauerhaftigkeit der Konvergenz auch durch die Märkte, d.h. in einer weitgehenden Angleichung der Zinsen auf den Kapitalmärkten zum Ausdruck kommen. Das Binnenmarktprogramm – einschließlich des Abbaus steuerlichen Grenzkontrollen – ist zügig zu verwirklichen. Unter zeitlichem Druck zustande gekommene Verhandlungskompromisse, die die notwendigen währungs- und wirtschaftspolitischen "essentials" der WWU in Frage stellen, wären ein integrationspolitisch gefährlicher Weg.

Henry Krägenau

Wirtschafts- und Sozialausschuß

Vertragsgrundlagen: Art. 193–198 EWGV.
Kompetenzen: Vertretung nationaler und europäischer Interessenverbände auf EG-Ebene; Beratung von Rat und Kommission der EG.
Zusammensetzung: 189 Mitglieder: je 24 aus Deutschland, Frankreich, Italien, Großbritannien, 21 aus Spanien, je 12 aus Belgien, Griechenland, Niederlande, Portugal, je 9 aus Dänemark und Irland, 6 aus Luxemburg. Die Mitglieder sind in drei Gruppen – Fraktionen vergleichbar – organisiert: Arbeitgeber, Arbeitnehmer, verschiedene Interessen (z. B. Handwerker, Landwirte, Verbraucher, Freiberufler).
Literatur: Hans-Günther Brüske: Der Wirtschafts- und Sozialausschuß der Europäischen Gemeinschaften. Die institutionalisierte Interessenvertretung als Faktor der europäischen Integration, Rheinfelden 1979.

Der Wirtschafts- und Sozialausschuß (WSA) soll den verschiedenen Interessengruppen des wirtschaftlichen und sozialen Lebens eine angemessene Vertretung in der Europäischen Gemeinschaft sichern. Durch den WSA sind die nationalen und europäischen Interessenverbände in den Gesetzgebungsprozeß der Gemeinschaft einbezogen. Als Sekundärorgan der EG hat der WSA die Funktion, → Ministerrat und → Kommission bei ihren Arbeiten beratend zu unterstützen. Er hat die Aufgabe, Zielsetzungen und Erwartungen, aber auch das latent oder offen vorhandene Konfliktpotential aus der Wirtschafts- und Sozialstruktur der Mitgliedstaaten der EG in die politische Willensbildung einzubringen und interessenausgewogene Kompromißformeln anzubieten. Mit seinen Stellungnahmen leistet der WSA somit einen Beitrag zur Gemeinschaftspolitik. Im Gefüge der EG-Organe ist der WSA keine unter-, aber eine nachgeordnete Einrichtung. Da seine Stellungnahmen keine aufschiebende Wirkung besitzen und weder die Kommission noch den Rat binden und da dem WSA keine verfahrenstechnischen Möglichkeiten zur Verfügung stehen, seinen Ansichten Geltung zu verschaffen, ist sein Einfluß begrenzt.

Im Rahmen des regulären Konsultationsverfahrens (→ Entscheidungsverfahren) befassen Rat und Kommission den WSA und fordern gemäß den Verträgen um eine Stellungnahme: Diese Anrufung erfolgt in einigen Fällen obligatorisch, z. B. bei Rechtsakten zur Verwirklichung der Freizügigkeit und des freien Niederlassungsrechts sowie bei der Liberalisierung des Kapital- und Dienstleistungsverkehrs. Rat und Kommission können den WSA darüber hinaus in allen Fällen anhören, in denen sie es für angebracht halten. Für die Bedeutung des WSA ist jeweils wichtig, zu welchem Zeitpunkt das Ersuchen um eine Stellungnahme eingeht. Rat oder Kommission können dem WSA für die Vorlage einer Stellungnahme auch eine Frist setzen, die mindestens zehn Tage betragen muß. Daneben kann der Wirtschafts- und Sozialausschuß seit 1974 aus eigener Initiative Stellungnahmen zu allen Gemeinschaftsthemen abgeben und veröffentlichen. Dieses Initiativrecht ermöglicht es dem WSA, Themen aufzugreifen, die er für relevant hält.

Neun Fachgruppen decken die Politikbereiche ab, mit denen sich der WSA beschäftigt: Wirtschafts- und Finanzfragen; Außenbeziehungen; Sozialfragen; Umweltschutz, Gesundheitswesen und Verbrauch; Landwirtschaft, Regionale Entwicklung; Industrie, Handel; Handwerk und Dienstleistungen; Verkehr und Kommunikationsmittel; Energie und Atomfragen. Themen aus anderen Bereichen können fallweise behandelt werden.

Interne Organisation

Der Ausschuß wählt für die Dauer von zwei Jahren aus seiner Mitte den Präsidenten, zwei Vizepräsidenten und die weiteren der insgesamt 24 Mitglieder des Präsidiums. Jede Gruppe ist in diesem mit acht Mitgliedern vertreten. Gemäß der Geschäftsordnung hat das Präsidium die Aufgabe, die Arbeiten des WSA zu organisieren und zu koordinieren. Es bestimmt die Fachgruppe, die mit der Ausarbeitung einer Stellungnahme befaßt wird. Zu den jeweiligen Beratungen können Experten von außerhalb hinzugezogen werden. Für spezifische Themen können zusätzliche Unterausschüsse oder Studiengruppen eingesetzt werden.

Die Mitglieder des WSA werden auf Vorschlag der einzelstaatlichen Regierungen vom Rat auf vier Jahre ernannt; Wiederernennung ist zulässig. Sie hängen als "besoldete Lobbyisten" von den sie nominierenden Interessenorganisationen direkt oder indirekt ab. Der höchste politische Beamte des WSA ist der Generalsekretär. Seine und die Einflußmöglichkeiten seiner Mitarbeiter sind nicht zu unterschätzen. Sie stellen nicht nur die administrative, sondern auch die inhaltliche Kontinuität des Ausschusses dar, dessen Kompetenz auch von der Qualität der Mitarbeiter begründet wird, die u.a. die Sekretariate der Fachgruppen leiten.

Alle wesentlichen Dokumente werden vom Plenum – dem obersten beschlußfassenden Organ – beschlossen. Die wichtigsten Arbeitsergebnisse des WSA werden in Stellungnahmen zusammengefaßt. In Studien- oder Informationsberichten werden zudem zentrale Aspekte der nationalen, europäischen und internationalen Politik behandelt, die für die Arbeit des Ausschusses und seine institutionelle Stellung interessant sind. Von zentraler Bedeutung für den Einfluß des WSA auf die Entscheidungsfindung der Gemeinschaftsinstitutionen ist jeweils die Schnelligkeit, mit der Beschlüsse gefaßt und Stellungnahmen erarbeitet werden.

Bilanz

Der Wirtschafts- und Sozialausschuß der EG ist von seiner Aufgabenstellung her gesehen eine Ständevertretung oder auch eine ständige Lobby-Konferenz: Durch den WSA können die in ihm vertretenen Interessenverbände dort Einfluß auszuüben versuchen, wo auf Gemeinschaftsebene Entscheidungen getroffen werden. Er verkürzt damit den Abstand von den Verwaltenden zu den Verwalteten. Eine Konkurrenz erhält der WSA allerdings zunehmend dadurch, daß sich die einzelnen Interessenorganisationen direkt an Kommission und Rat wenden und so außerhalb des offiziellen Entscheidungsprozesses ein beachtliches Lobby-Netzwerk entsteht.

Seit jeher, insbesondere aber im Rahmen der Verwirklichung der Politischen Union (→ Europäische Union), ist der WSA bemüht, seinen Stellenwert im Gefüge der EG-Organe durch die Weiterentwicklung zu einer vollwertigen EG-Institution mit verbindlicheren Einwirkungsmöglichkeiten zu erhöhen und somit seiner Stimme mehr Gewicht zu verleihen. Ausbaufähig ist z.B. auch die 1981 begonnene Zusammenarbeit zwischen dem WSA und dem → Europäischen Parlament. Wesentlich ist für ihn auch der weitere Abbau der Ratsaufsicht, die sich beispielsweise in der eingeschränkten Budgethoheit des Ausschusses ausdrückt.

Ein besonderes Beispiel ist der Grundsatzentwurf für die schließlich von den anderen Organen übernommene Charta der sozialen Grundrechte (→ Sozialpolitik). In diesem Fall hat der WSA zum ersten Mal in seiner Geschichte entscheidende Akzente gesetzt, bevor die übliche EG-Entscheidungsfindung begann. Als repräsentatives Organ neben dem Europäischen Parlament hat er damit seinem ureigensten Auftrag entsprochen: Lösungsvorschläge zu diskutieren und zu formulieren, die die unterschiedlichen Interessengruppen gemeinsam verantworten können und wollen.

Hans-Günther Brüske

Wirtschafts- und Währungsunion

Kurzdefinition: Binnenmarkt mit freiem Personen-, Waren-, Dienstleistungs- und Kapitalverkehr, unwiderruflich feste Wechselkurse mit Ziel einer einheitlichen Währungs- und Wirtschaftspolitik.
Arbeitsgrundlage: "Bericht zur Wirtschafts- und Währungsunion der Europäischen Gemeinschaft" v. 17.4.1989 ("Delors-Bericht"); Beschluß des Europäischen Rates v. 26./27. Juni 1990, zum 1. Juli 1990 in den Aufbau einer Währungsunion einzusteigen. 15.12.1990 Beginn der Vertragsverhandlungen über eine WWU.
Ziel: Verwirklichung der WWU in einem Drei-Stufenplan. Beginn der zweiten Stufe unter bestimmten Bedingungen am 1. Januar 1994.
Rechtsgrundlage: Art. 102a EWG-Vertrag.

Das Ziel einer Wirtschafts- und Währungsunion (WWU) zählt zu den herausragenden Themen in der Geschichte der Europäischen Gemeinschaft. Mit der WWU werden Preisstabilität, ausgewogenes Wirtschaftswachstum, sich angleichende Lebensstandards sowie außenwirtschaftliches Gleichgewicht anvisiert.

Bereits im Dezember 1969 erteilten die Staats- und Regierungschefs in Den Haag den Auftrag, einen Plan zu ihrer Verwirklichung zu erarbeiten. Der 1970 vorgelegte Werner-Bericht sah dies in drei Stufen, innerhalb von zehn Jahren vor. Der Plan scheiterte, weil die einzelnen Wirtschafts- und Währungspolitiken der EG-Länder nach zu verschiedenen Grundsätzen ausgerichtet (Divergenz) waren. Er verlangte eine zu seiner Zeit zu hohe Anpassungsleistung sowie ein zu hohes Maß an Integrationsbereitschaft. Die Lage änderte sich in den 80er Jahre infolge zweier Entwicklungen: Erstens schuf man im → Europäischen Währungssystem (EWS) 1979 einen pragmatisch orientierten Kooperationsrahmen für einen wichtigen Teilausschnitt der Währungspolitik, die Wechselkursgestaltung. Die EWS-Zusammenarbeit trug dazu bei, daß sich die Wirtschafts- und Währungspolitik der meisten EG-Länder in ihren Zielen und Methoden seit 1983/84 schrittweise annäherten (Konvergenzentwicklung). Zweitens warf das Projekt der Vollendung des → Binnenmarktes seit 1985 die Frage auf, ob dies nicht auch eine Wirtschafts- und Währungsunion, insbesondere eine gemeinsame Währung, erforderlich mache.

In der → Einheitlichen Europäischen Akte legte man die gemeinschaftsrechtlichen Grundlagen für eine dementsprechende institutionelle Weiterentwicklung der EG. Seither ist in Art. 102a EWGV zum einen festgelegt, daß bei institutionellen Veränderungen im Bereich der Wirtschafts- und Währungspolitik das Verfahren nach Art. 236 des Vertrages angewendet werden muß. Das heißt, daß entsprechende Vorschriften von allen Mitgliedstaaten durch die nationalen Parlamente ratifiziert werden müssen. Ferner geht Art. 102a davon aus, daß sich die institutionelle Weiterentwicklung im Gemeinschaftsrahmen vollziehen soll.

Dennoch liefen in der Gemeinschaft die währungspolitischen Interessen zunächst noch erheblich auseinander. Im Unterschied zu Frankreich folgte vor allem die deutsche Europapolitik dem Grundsatz, daß eine einheitliche Währung zwar langfristig sinnvoll, nicht aber zwingend notwendig sei, um den Binnenmarkt zu vollenden. Vielmehr vertrat Bonn, in diesem Grundsatz im Einklang mit der Bundesbank, die Auffassung, unter dem Anpassungsdruck des Binnenmarktprozesses sei die Wirtschafts- und Währungspolitik zunächst gemeinsam auszurichten, bis die einzelnen nationalen Währungen nach Wert und Stabilität faktisch unterschiedslos seien. Erst dann wolle man den Binnenmarkt durch eine gemeinsame Währung krönen (Krönungstheorie). Nicht nur Frankreich, auch Kommissionspräsident Delors setzten im Gegensatz dazu auf die Sogwirkung einer gemeinsamen Währung und drängten auf die frühere Einführung eines gemeinsamen Geldes (Lokomotivtheorie).

Ungeachtet wirtschaftlicher Vernunft geriet die Bundesregierung in dieser Diskussion zunehmend in die Rolle des europapolitischen "Bremsers". Vor allem im ersten Halbjahr 1988, als sie in der Verantwortung der EG-Ratspräsidentschaft unter dem Druck stand, europapolitische Fortschritte zu erzielen, wirkte sich dieses Image immer belastender aus. Im Vorfeld des Ratsgipfels von Hannover im Juni 1988 signalisierte schließlich das "Genscher-Memorandum" "für die Schaffung eines Europäischen Währungsraums und einer Europäischen Zentralbank" Kompromißbereitschaft. Das Papier sah die Errichtung einer institutionell nach dem Vorbild der Bundesbank gestalteten Europäischen Zentralbank vor – deutsches Leitmotiv in allen Folgeverhandlungen. Zwar nannte der Außenminister diese Währungsinstitution "eine ökonomische Ergänzung" und hielt auch an der Priorität des Ziels einer Geldwertstabilität fest. Indem er die Währungspolitik jedoch als "Katalysator für die notwendige Konvergenz der Wirtschaftspolitik" begriff, wich er von der bisherigen offiziellen deutschen Position ab und plädierte für eine Parallelität von Wirtschafts- und Währungsintegration. Im Gegenzug hatten sich die EG-Länder zwischenzeitlich auch zu der stets heftig umstrittenen Liberalisierung des Kapitalverkehrs durchgerungen, die vor allem für die Bundesrepublik von großem Interesse war.

Unter deutschem Vorsitz entschieden die Staats- und Regierungschefs in Hannover, einen Ausschuß einzusetzen, der "die konkreten Etappen zur Verwirklichung dieser Union (gemeint ist die WWU) zu prüfen und vorzuschlagen" hatte. Nicht unbedeutend ist dabei, daß dieses Gremium von Kommissionpräsident Delors geleitet wurde und damit eindeutig gemeinschaftspolitische Ausrichtung erhielt. Neben drei unabhängigen Währungsexperten gehörten dem "Delors-Ausschuß" ein weiteres Kommissionsmitglied sowie die ad personam berufenen Zentralbankpräsidenten der EG-Mitgliedstaaten an.

Der "Delors-Bericht"

Der "Delors-Ausschuß" legte seinen "Bericht zur Wirtschafts- und Währungsunion in der Europäischen Gemeinschaft" im April 1989 vor. Als Merkmal einer WWU betrachtet er eine gemeinsame Geldpolitik sowie einen hohen Grad an Konvergenz in der Wirtschaftspolitik. Ferner wird eine Übereinstimmung in anderen Politikfeldern, vor allem in der Haushaltspolitik, für notwendig erachtet.

Institutionell soll ein unabhängiges Europäisches Zentralbanksystem (EZBS) mit voller Entscheidungsbefugnis für Geldpolitik geschaffen werden, das auf Geldwertstabilität verpflichtet ist und keine Defizitfinanzierung betreiben darf. Der Plan fordert für die Geldpolitik und die gesamtwirtschaftliche Steuerung die Übertragung von Entscheidungsbefugnissen auf die Gemeinschaft. Allerdings sollen wirtschaftspolitische Aufgaben national geregelt werden, soweit sie die WWU in ihrer Funktion und ihrem Zusammenhalt nicht beeinträchtigen (Subsidiaritätsprinzip). Kennzeichen des Delors-Plans ist ein Vorgehen in drei Stufen:

Erste Phase (seit 1.7.1990): Keine institutionellen Veränderungen, aber Aufwertung des Ausschusses der Zentralbankpräsidenten: Ziel ist die Vollendung des Binnenmarktes mit der Beseitigung der materiellen, technischen und steuerlichen Grenzen; strukturelle Ungleichgewichte werden abgebaut, die wirtschafts- und währungspolitische Zusammenarbeit intensiviert; alle EG-Währungen treten dem Wechselkursmechanismus des EWS bei (Griechenland und Portugal sind bislang keine Teilnehmer). Noch bestehende Hindernisse zur Nutzung der privaten ECU werden abgebaut.

Zweite Phase ("Übergangsperiode"): Einführung neuer Organe und Strukturen, insbesondere des Europäischen Zentralbanksystems; letzte geldpolitische Entscheidungsbefugnisse bleiben weiterhin bei nationalen Instanzen, aber die neuen Organe erhalten dennoch erste Kompetenzen z.B. bezüglich der Festsetzung allgemeiner Leitlinien; nach wie vor ist die

Wechselkursanpassung möglich; die EWS-Bandbreiten werden verringert und ein Teil der Währungsreserven zusammengelegt.

Dritte Phase: Die Wechselkurse sind unwiderruflich fixiert, die geld- und wirtschaftspolitischen Kompetenzen uneingeschränkt bei Gemeinschaftsinstitutionen; Geldpolitik wird einheitlich durch das Europäische Zentralbanksystem (EZBS) gestaltet; Währungsreserven werden endgültig zusammengelegt und Devisenmarktinterventionen in Drittwährungen ebenfalls auf EG-Ebene entschieden; in der Endphase soll eine gemeinsame EG-Währung die nationalen Währungen ersetzen.

Neben dem Europäischen Rat und dem Delors-Ausschuß beteiligten sich auch andere EG-Organe an der Diskussion um die WWU: Im März 1989 erläuterte die → Kommission ihre Vorstellungen, die sich bis auf eine Bevorzugung des Ziels einer europäischen Währung sowie die Ablehnung verbindlicher Auflagen zur Begrenzung öffentlicher Defizite vom Delors-Plan nicht unterschieden. Das → Europäische Parlament forderte in einer Entschließung im April 1989 die Schaffung der WWU zum 1. Januar 1995 und schlug ein Statut für eine Europäische Zentralbank vor.

Die Umsetzung des "Delors-Plans"

Der "Delors-Bericht" wurde vom → Europäischen Rat in Madrid im Juni 1989 als "gute Grundlage" zur Verwirklichung der WWU angenommen. In der Folgezeit schuf der Rat der Wirtschafts- und Finanzminister schrittweise die EG-rechtlichen Voraussetzungen für den Beginn der ersten Stufe. Im Dezember 1989 rief der Europäische Rat in Straßburg die im "Delors-Bericht" vorgesehene Regierungskonferenz für den 13. Dezember 1990 nach Rom ein. Dieser sehr frühe Termin kam auch unter dem Eindruck der sich abzeichnenden deutschen Einigung zustande. Während die Bundesregierung unter Druck geriet, die Kontinuität ihrer integrationspolitischen Ausrichtung zu dokumentieren, entwickelte vor allem Frankreich wachsendes Interesse daran, das vereinigte Deutschland möglichst schnell und unwiderruflich einzubinden. Der deutsche Einigungsprozeß wirkte damit beschleunigend auf den Gesamtprozeß.

Ein wichtiges Ergebnis der seither geführten Verhandlungen bildet die Erarbeitung eines Statuts des EZBS durch die Notenbankgouverneure. Es besteht aus 41 Artikeln, soll in die Römischen Verträge aufgenommen werden und bezieht sich auf die dritte Stufe des Delors-Plans. Anfang Dezember 1990 billigten es die EG-Finanzminister. Seine wichtigsten Elemente: Das EZBS soll von Institutionen der Gemeinschaft, der Regierungen der Mitgliedstaaten oder anderen Stellen unabhängig sein. Es verfolgt das Ziel der Preisstabilität. Der Aufbau des EZBS trägt föderalistische Züge. Es soll fünf Aufgaben haben: 1. Formulierung und Verwirklichung der Geldpolitik der EG, 2. eine Wechselkurspolitik zu betreiben, die in Einklang mit dem Wechselkurssystem der Gemeinschaft steht, 3. Verwaltung der Währungsreserven der EG-Länder, 4. Sorge für das Funktionieren des Zahlungssystems in der Gemeinschaft und Durchsetzung einer stabilitätsorientierten Finanzpolitik. Ferner soll das EZBS bei der gemeinschaftlichen und internationalen Gesetzgebung auf den Gebieten des Geld-, Bank- und Finanzwesens konsultiert werden und darf nicht zur Deckung staatlicher Defizite herangezogen werden. In der Endstufe der Wirtschafts- und Währungsunion hat das EZBS das Recht, ECU-Noten auszugeben. Geführt wird es von einem Zentralbankrat und einem Exekutiv-Komitee (Direktorium). Im Rat sitzen die 12 Notenbankpräsidenten sowie sechs Komitee-Mitglieder. Der Zentralbankrat entscheidet in der Regel mit einfacher Mehrheit. Das Direktorium besteht aus den Präsidenten, den Vize-Präsidenten sowie weiteren vier Personen. Letztere sollen für acht Jahre vom Europäischen Rat, nach Stellungnahme des → Ministerrates und Konsultation des Europäischen Parlaments, benannt werden.

Eine Einigung über Stufe 3 des Delors-Plans, vor allem die Sicherung des Stabilitätsziels und der Unabhängigkeit einer europäischen Währungsbehörde käme deutschen Interessen sehr entgegen. Eine prinzipielle Annahme des Plans gelang aber nur deshalb, weil zum einen offen blieb, wann Stufe 3 überhaupt in Kraft treten soll und weil zum anderen unklar ist, wie denn zuvor die zweite Stufe gestaltet werden soll. Die Debatte darüber wurde offiziell mit der Regierungskonferenz am 14./15. Dezember 1990 in Rom eröffnet, ohne daß sich die Staats- und Regierungschefs in ihrer Erklärung dazu präzise geäußert hätten.

Einer Fülle unterschiedlicher nationaler Vorschläge zufolge ist man sich darin einig, daß mit Beginn der zweiten Stufe eine Währungsinstitution aufgebaut werden soll. Kontrovers aber werden Aufgaben diskutiert, die dieser Institution in der Übergangsstufe übertragen werden sollen: Die französischen und auch englischen Positionen gehen gemäß ihren nationalen Regelungen und in scharfem Gegensatz zu den deutschen von einem starken Einfluß ihrer Regierung auf die Geldpolitik aus. Wiederholt hatte London auch deshalb in den Verhandlungen seinen Generalvorbehalt gegenüber dem Delors-Plan deutlich gemacht. Im Herbst 1990 hatte die britische Regierung ein Gegenkonzept vorgelegt, das sich auf das Konzept eines "harten ECU" als Parallelwährung – der in Konkurrenz zur nationalen Währung steht – und eines Europäischen Währungsfonds stützt. Dahinter steht das Kalkül, den Gang der Währungsintegration weitgehend Marktkräften zu überlassen und nicht – wie im Delors-Plan vorgesehen –

über einen institutionellen Prozeß zu betreiben. Auch Paris betont nach wie vor, daß die "Unabhängigkeit des Währungsinstituts ... nur vorstellbar in gegenseitiger Abhängigkeit von einer starken Wirtschaftsregierung" ist. Gemeinsam mit der Banca d'Italia sowie der Kommission der EG will Frankreich dem EZBS bereits in der zweiten Stufe mehr Aufgaben übertragen: z.B. die Zuständigkeit für die Überwachung der ECU-Entwicklung, die Intervention an den Devisenmärkten gegenüber Drittländern und eine Zusammenlegung eines Teils der Währungsreserven.

Auf Seiten der potentiellen Hartwährungsländer Bundesrepublik und Niederlande wird darin der Versuch gesehen, bereits in der zweiten Stufe Fakten zu schaffen, die möglichst großen Einfluß auf die Geldpolitik stabilitätsorientierter Länder geben, ohne daß die für Stufe 3 vereinbarten Ziele wie z.B. Geldwertstabilität und Unabhängigkeit des EZBS schon gewährleistet wären. Ist dieser Einfluß gesichert, könnte das Interesse jener Länder an der Verwirklichung der Stufe 3 erheblich abnehmen. Die Bundesregierung vertritt deshalb die Auffassung, daß die nationalen Zentralbanken während der zweiten Stufe allein für die Geldpolitik verantwortlich bleiben sollen. Die grundsätzlichen konzeptionellen Differenzen sind damit nach wie vor nicht überwunden.

Erst der Zeitpunkt, zu dem wichtige währungspolitische Kompetenzen auf die europäische Institution übertragen werden, wird entscheiden, wer seine Interessen in der Auseinandersetzung um die Gestalt künftiger EG-Währungspolitik im Ergebnis durchgesetzt hat.

Eckart Gaddum

Europa-ABC in 200 Stichworten

von Olaf Hillenbrand

Abgestufte Integration: Abgestufte Integration bezeichnet einen Einigungsprozeß mit unterschiedlichen Geschwindigkeiten. So ist mit der Idee des "Europa der zwei Geschwindigkeiten" gemeint, daß die Vertiefung der Gemeinschaft zunächst nur von solchen Mitgliedsländern getragen wird, die sich dazu in der Lage sehen. Vorteil dieses Modells ist, daß die Einigungsgeschwindigkeit nicht abhängig von dem langsamsten oder sich der Integration am meisten widersetzenden Mitglied ist. Ein gutes Beispiel für dieses Prinzip ist das Europäische Währungssystem, an dem zwei EG-Staaten mit Sonderbedingungen, zwei überhaupt nicht teilnehmen.

Abschöpfungen: Abschöpfungen sind eine Art Importabgabe auf landwirtschaftliche Produkte aus Drittstaaten. Durch das Erheben von Abschöpfungen an den EG-Außengrenzen werden die Importe um die Differenz zwischen den niedrigeren Weltmarktpreisen und den innerhalb der Gemeinschaft gültigen Agrarpreisen verteuert. Abschöpfungen sind also variable Zölle, die je nach Preissituation auf dem Weltmarkt schwanken. Sie sichern den EG-Landwirten hohe Absatzpreise und sind eine wichtige Einnahmequelle der EG. Das Gegenstück zu den Abschöpfungen beim Export sind Ausfuhrerstattungen zum Ausgleich des genannten Preisgefälles.

Adonnino-Ausschuß: Bezeichnung für den vom Europäischen Rat in Fontainebleau 1984 initiierten Ad-hoc-Ausschuß für das "Europa der Bürger", der sich mit der Frage befaßte, wie das komplizierte politische System Europas seinen Bürgern besser vermittelt werden kann. Das Adonnino-Komitee legte 1985 zwei Berichte vor. Wichtigste Anliegen waren die Verwirklichung der Freizügigkeit und der Niederlassungsfreiheit. Die Kommission erarbeitete darauf im selben Jahr ein Arbeitsprogramm zur Umsetzung der Vorschläge.

AIM: (Advanced Informatics in Medicine) Gemeinschaftsaktion für den Einsatz der Infomationstechnologie und der Telekommunikation im Gesundheitswesen. Für fortgeschrittene Informationsverarbeitung in der Medizin wurde die Aktion in ihrer Pilotphase von 1988 bis 1990 mit einem Etat von 20 Mio. ECU ausgestattet.

AKP-Staaten: Insgesamt 69 Entwicklungsländer im afrikanischen, karibischen und pazifischen Raum, die durch das Abkommen von Lomé mit der EG verbunden sind (siehe Schaubild nächste Seite).

Amtssprachen der EG: Die Institutionen der EG haben aufgrund einer einstimmig verabschiedeten Ratsverordnung neun gleichberechtigte Amtssprachen: Dänisch, Deutsch, Englisch, Französisch, Griechisch, Italienisch, Niederländisch, Portugiesisch und Spanisch. Da der eigenen Sprache hoher Symbolwert zukommt, verzichtet kein Land auf seine Sprache. Jeder Rechtsakt der EG wird in alle Amtssprachen übersetzt. Mehr als jeder fünfte EG-Angestellte ist im Sprachendienst beschäftigt. Auf EPZ-Tagungen unterhalb der Ministerebene sind Englisch und Französisch die beiden

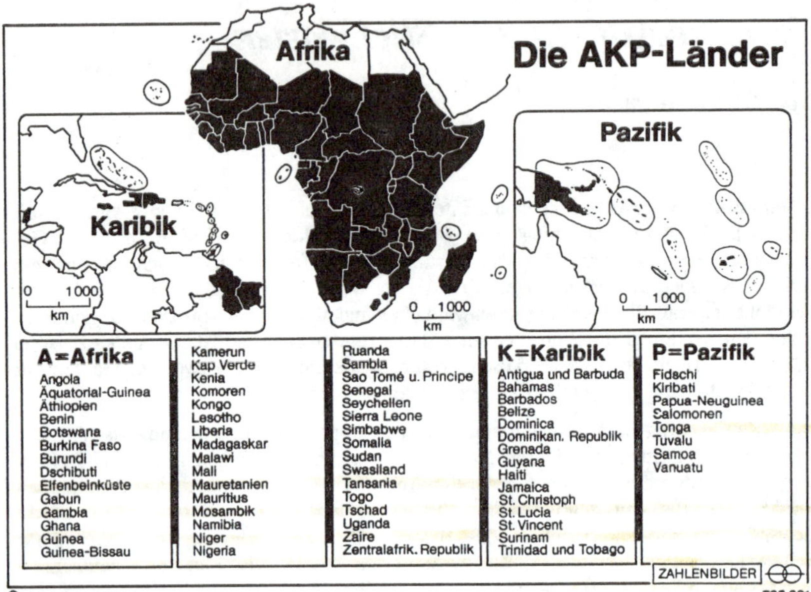

 725 601

Arbeitssprachen, der Europäische Gerichtshof in Luxemburg verwendet allein Französisch.

Antidumping- und Ausgleichszölle: Antidumpingzölle werden erhoben, wenn Waren zu niedrigeren Preisen eingeführt werden, als sie auf dem heimischen Markt des Exportlandes erzielen. Werden die Waren im Exportland durch Subventionen gestützt, erhebt man Ausgleichszölle. Diese Zölle haben durch den weitgehenden Zollabbau in den vergangenen Jahren an Bedeutung gewonnen. Voraussetzung für ihre Erhebung nach Art. 92 EWGV ist die wettbewerbsverzerrende, mit dem Gemeinsamen Markt unvereinbare Begünstigung bestimmter Unternehmen oder Produktionszweige.

ARION: Seit 1978 laufendes EG-Programm für Studienaufenthalte von Bildungsfachleuten, für das jährlich 500.000 ECU von der Gemeinschaft aufgewandt werden.

Assoziierung: Assoziierung ist eine Beziehung zwischen der EG und dritten Staaten, um wirtschaftliche Bindungen zu schaffen sowie die wirtschaftliche und soziale Entwicklung in den assoziierten Ländern zu fördern (geregelt in EWGV 131–136, 238). Sie wird durch ein völkerrechtliches Abkommen mit gegenseitigen Rechten und Pflichten begründet. Die Intensität der Beziehungen hängt vom Willen der Abkommenspartner ab. In der Regel besteht die Assoziierung vor allem im gegenseitigen Abbau von Handelshemmnissen. Innerhalb Europas ist sie von besonderer Bedeutung für Staaten, für die ein Beitritt aus wirtschaftlichen oder politischen Gründen nicht oder noch nicht in Frage kommt. Hier kann Assoziierung Vorstufe eines Beitritts sein.

Im Gegensatz zum Beitritt steht sie aber auch außereuropäischen Staaten offen. In Europa sind Malta, die Türkei und Zypern mit der Gemeinschaft assoziiert, außerhalb Europas neben den AKP-Staaten die von Frankreich, den Niederlanden und Großbritannien abhängigen Gebiete. Weitere Kooperationsabkommen bestehen mit den Mittelmeerstaaten Marokko, Tunesien, Algerien, Ägypten, Jordanien, Syrien, Libanon. Mit Israel wurde 1976 die Errichtung einer Freihandelszone vereinbart. Im Zuge der Öffnung Osteuropas sucht die EG nach neuen Formen der Assoziierung.

Audiovisuelles Eureka: Vom französischen Präsidenten Mitterrand bei der Tagung des Europäischen Rates auf Rhodos 1988 vorgeschlagenes Modell, um die Bemühungen um die Forschung und Einführung des hochauflösenden Fernsehens (HDTV) und des damit verbundenen Umfeldes voranzubringen. Ähnlich dem Vorbild EUREKA, das nicht auf die EG beschränkt ist, wird der Aufbau eines von den Europäern geprägten audiovisuellen Marktes gefördert. Dadurch soll die kulturelle Identität Europas gestärkt und die Amerikanisierung in den Medien zurückgedrängt werden.

Ausfuhrerstattung: Beim Export von Agrarerzeugnissen in Drittstaaten gewährt die EG den Landwirten Ausfuhrerstattungen, die die Differenz zwischen hohem EG-Verkaufspreis und niedrigerem Weltmarktpreis ausgleichen. Ausfuhrerstattungen sind variable Subventionen, die den Bauern einerseits Mindestpreise garantieren, es andererseits ermöglichen, Agrarüberschüsse der EG auf dem Weltmarkt abzusetzen. Ausfuhrerstattungen sind das Gegenstück zu Abschöpfungen bei der Einfuhr von Agrarprodukten in die EG.

Ausgleichsabgaben: Die unterschiedliche Art der Besteuerung oder Subventionierung einzelner Handelsgüter in der EG führt zu Wettbewerbsverzerrungen, die beim Grenzübertritt durch Ausgleichsabgaben korrigiert werden. Das ist ein Grund, warum trotz der Abschaffung der Binnenzölle in der EG noch Grenzkontrollen nötig sind: Beim Grenzübertritt eines so begünstigten Produkts in ein EG-Land ohne eine entsprechende Begünstigung wird dieser Vorteil an der Grenze abgeschöpft.

Ausschuß der Ständigen Vertreter (COREPER): Der Ausschuß der Ständigen Vertreter (AStV) ist ein dem EG-Ministerrat untergeordnetes Gremium. Es setzt sich aus Vertretern der Mitgliedstaaten im Botschafterrang zusammen und ist für die Vorbereitung der Ratstagungen und für die Ausführung von Aufgaben, die ihm der Rat überträgt, zuständig.

Außenzoll: Durch den Aufbau der Zollunion in der EWG bis 1968 wurde aus den vorher getrennten Zollgebieten stufenweise ein gemeinsames Zollgebiet. Damit fielen die bisherigen Zölle durch Einführung eines gemeinsamen Zolltarifs – "gemeinsamer Außenzoll" – weg. Seit 1975 werden die gesamten Einnahmen aus dem Außenzoll an den EG-Haushalt abgeführt.

Barre-Memorandum: Das Barre-Memorandum ist das im Februar 1969 von dem damaligen Vizepräsidenten der EG-Kommission, Raymond Barre, vorgelegte "Memorandum über die Koordinierung der Wirtschaftspolitik und die Zusammenarbeit in Währungsfragen innerhalb der Gemeinschaft". Darin wird die Kooperation der Mitgliedstaaten und ihrer Notenbanken angeregt. Das Memorandum war Grundlage für die Ausarbeitung des Werner-Planes zur Schaffung einer WWU.

BC-NET/Beratungsnetz für Unternehmenskooperation: Das 1988 entstandene Beratungsnetz für Unternehmenskooperationen ist ein Verbund von etwa 350 Kooperationsvermittlern in der EG, die über eine zentrale Datenverarbeitungsanlage im Büro für Unternehmenskooperation in Brüssel bei der Vermittlung von Kooperationspartnern der mittelständischen Wirtschaft in den verschiedenen EG-Staaten behilflich sind. Durch grenzüberschreitende Kooperation wird den KMU trotz ihrer begrenzten Kapazität die Teilnahme an Forschungs- und Entwicklungsprogrammen der EG ermöglicht. In der Bundesrepublik Deutschland sind etwa 45 Beratungsinstitutionen und Unternehmensberater am BC-NET beteiligt.

Benelux-Staaten: Benelux bezeichnet die organisierte ökonomische Zusammenarbeit von Belgien, den Niederlanden und von Luxemburg. 1944 beschlossen diese Staaten in einem Vertrag die Errichtung einer Zollunion. Im Laufe der 40er und 50er Jahre wurde der Vertrag und damit die wirtschaftliche Integration mehrmals erweitert. Zwar wurde nach Gründung der EWG die Wirtschaftspolitik der Benelux-Länder in die Gemeinschaft eingebunden, dennoch erfüllt ihre enge Zusammenarbeit allein durch deren größeres politisches Gewicht eine wichtige Funktion. Das Generalsekretariat der Benelux-Union hat seinen Sitz in Brüssel.

Bestimmungslandprinzip: Wird die Umsatzsteuer nach dem Bestimmungslandprinzip erhoben, so wird die Ware beim Export zunächst entlastet, d. h. die Umsatzsteuer des Ursprungslands wird abgezogen, und dann mit der Umsatzsteuer des Bestimmungslandes belastet. Die EG-Kommission ist im Rahmen der Binnenmarkt-Vollendung bemüht, bei den Umsatzsteuern von diesem derzeit geltenden Prinzip zum Ursprungslandprinzip überzugehen. Dann würde die steuerliche Ent- und Belastung der Waren beim Ex- bzw. Import entfallen und unabhängig vom Bestimmungsland die Umsatzsteuer des Ursprungslandes gelten. Das Steueraufkommen müßte über eine 'Clearing-Stelle' zwischen den EG-Staaten entsprechend der Warenströme verteilt werden.

Bevölkerung der EG: Die EG hat rund 343 Mio. Einwohner. Damit leben in den 12 Mitgliedstaaten mehr Menschen als in der Sowjetunion (283 Mio.), in den USA (244 Mio.) oder in Japan (122 Mio.) (siehe Schaubild nächste Seite).

Binnenzölle: Einfuhrzölle, die zu Beginn der EWG-Zusammenarbeit zwischen den Mitgliedstaaten der Gemeinschaft galten. Sie wurden zwischen den damals sechs Mitgliedstaaten schrittweise abgebaut und am 1. 7. 1968, im landwirtschaftlichen Bereich am 1. 1. 1970, völlig beseitigt. Für neue Mitglieder gelten Übergangsvorschriften, die in den jeweiligen Beitrittsverträgen festgelegt sind.

Bretton-Woods-System: Das Bretton-Woods-System basiert auf dem 1944 von 44 Staaten gefaßten Abkommen zur Neuordnung des Wirtschaftssystems auf Goldbasis. Mit dem Dollar-Gold-Standard wurden u. a. feste Wechselkurse eingeführt. Infolge von Währungskrisen hoben die USA 1971 die Einlösepflicht von Dollar in Gold auf; 1973 brach das System zusammen. Durch die 1971 ausgelösten starken Wechselkursschwankungen wurde die EG in währungspolitischen Zugzwang gebracht, den sie zunächst 1972 durch die Währungsschlange, dann durch die Einführung des EWS 1979 bewältig-

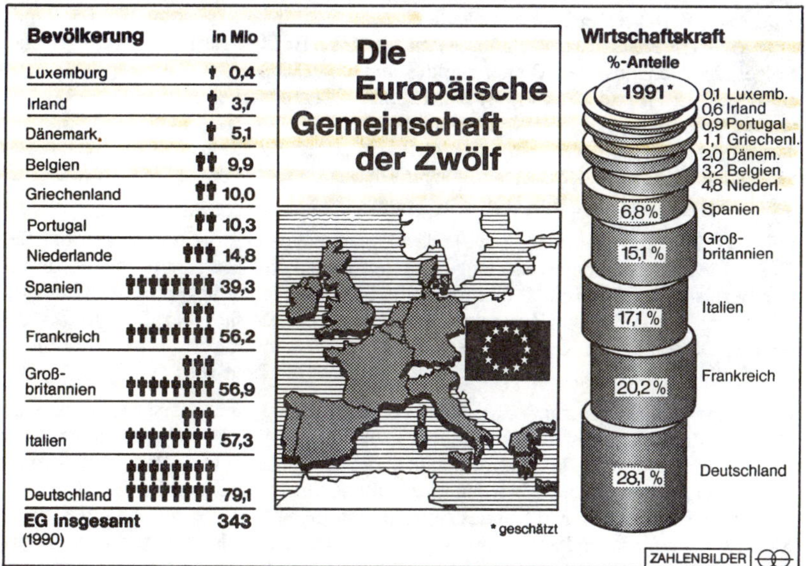

 715 290

te. Beide Maßnahmen bewirken die für enge Handelsbeziehungen notwendige Stabilisierung der EG-Wechselkurse.

BRIDGE: (Biotechnology Research for Innovation, Development and Growth in Europe) Programm für Forschung und technologische Entwicklung auf dem Gebiet der Biotechnologie. Der Etat für BRIDGE 1990–1994 beträgt 100 Mio. ECU.

BRITE-EURAM: (Basic Research in Industrial Technologies for Europe – Research and technological development programme in the fields of industrial manufacturing technologies and advanced materials) Spezifisches Forschungs- und Entwicklungsprogramm in den Bereichen Industrielle Fertigungstechnologien und Verwendung fortgeschrittener Werkstoffe. Ausgestattet ist das Programm mit einem Etat von 499,5 Mio. ECU für 1989–1992. Ziel ist die Stimulierung der Zusammenarbeit zwischen den europäischen Industrien u. a. auf den Gebieten Lasertechnik, Katalyse, Verbindungstechniken, neue Werkstoffe, rechnergestützte Planung und Fertigung.

Brüsseler Pakt: Der 1948 von Frankreich, Großbritannien, Belgien, den Niederlanden und Luxemburg mit einer fünfzigjährigen Laufzeit geschlossene Brüsseler Pakt (Westunion) ist ein Vertrag zur kollektiven Verteidigung und zur wirtschaftlichen, sozialen und kulturellen Zusammenarbeit. Mit Gründung der NATO verlor der Pakt seine Bedeutung als zentrale Koordinierungsstelle im Bereich der Sicherheitspolitik. Nach dem Scheitern der Europäischen Verteidigungsgemeinschaft (EVG) wurde der Brüsseler Pakt im Oktober 1954 entsprechend der Beschlüsse der Londoner Neun-Mächte-Konferenz erweitert und in die Westeuropäische Union (WEU) umgewandelt.

Cecchini-Bericht: Der 1988 vorgelegte Cecchini-Bericht ist eine von der EG-Kommission initiierte Studie über den Binnenmarkt 1992. Er analysiert die wirtschaftlichen Folgen des Gemeinsamen Binnenmarktes und prognostiziert der EG langfristig Wirtschaftswachstum und Wettbewerbsvorteile. Bei Wegfall der Hindernisse (Grenzkontrollen, technischen Handelshemmnisse, Steuerschranken usw.) ließen sich demnach Kosteneinsparungen von etwa 200 Mrd. ECU verwirklichen. Daraus resultierten niedrigere Verbraucherpreise, vermehrtes Wirtschaftswachstum und die Schaffung von mindestens 1,8 Mio. Arbeitsplätzen in wenigen Jahren.

CEDEFOP: (Centre européen pour le développement de la formation professionnelle) Das 1975 von der Gemeinschaft eingerichtete Europäische Zentrum für die Förderung der Berufsbildung hat seinen Sitz in Berlin. Seine Aufgaben liegen in der Unterstützung der europäischen Zusammenarbeit im Bereich der beruflichen Bildung. CEDEFOP soll alle Initiativen fördern, durch die eine konzertierte Lösung der für die Berufsbildung in Europa entstehenden Probleme vereinfacht wird.

CEN/Cenelec: CEN (Europäisches Komitee für Normung) und Cenelec (Europäisches Komitee für Elektrotechnische Normung) sind die europäischen Normenausschüsse. Die gemeinsame europäische Normeninstitution hat ihren Sitz in Brüssel und ist die Vereinigung der nationalen Normungsorganisationen von EG und EFTA. In der EG definieren Kommission und Rat das Anforderungsprofil (z. B. Gemeinsame Regeln bei Sicherheits- und Gesundheitsanforderungen, Mindeststandards im Verbraucherschutz) für Produkte, das die europäischen Normenausschüsse danach umsetzen. Durch diese die nationalen Normen ersetzenden Europanormen wird die Harmonisierung der Produktvorschriften vorangetrieben.

CERN: CERN (Conseil Européen pour la Recherche Nucléaire) ist eine zwischenstaatliche, 1954 gegründete europäische Organisation für Kernforschung mit Sitz in Genf. Ziel ist die Zusammenarbeit europäischer Staaten auf dem Gebiet der rein wissenschaftlichen und grundlegenden Kernforschung sowie der hiermit zusammenhängenden Forschung. CERN befaßt sich nicht mit militärischen Projekten und ist das bedeutendste europäische Zentrum für subnukleare Grundlagenforschung, die hier von den Mitgliedern koordiniert und gemeinsam finanziert wird.

COMETT: (Programme of the Community in Education and Training for Technologies) Das 1987 eingerichtete technologieorientierte EG-Bildungsprogramm fördert die grenzüberschreitende Zusammenarbeit zwischen Hochschule und Wirtschaft, um die technologische Basis der Gemeinschaft zu verbessern. Gefördert werden Ausbildungspartnerschaften, grenzüberschreitende Betriebspraktika und Stipendien für Führungskräfte der Wirtschaft und Hochschullehrer. 1990 absolvierten 3777 Studenten ein COMETT-Praktikum in einem Unternehmen eines EG-Mitgliedstaats. Auch EFTA-Staaten können sich an dem Programm beteiligen.

COPA: COPA (Comité des Organisations Professionnelles Agricoles de la CEE) ist der Ausschuß der berufsständischen landwirtschaftlichen Organisationen der EG. COPA ist einer der größten Interessenverbände innerhalb der Gemeinschaft. Er steht in permanentem Kontakt zu den Institutionen der EG und gibt Stellungnahmen zur Entwicklung der gemeinsamen Agrarpolitik der Gemeinschaft ab. Hauptziel ist seit seiner Gründung 1958 die Sicherung der Lebens- und Arbeitsbedingungen sowie die Verbesserung der Einkommen der Landwirte.

COREPER: Siehe Ausschuß der Ständigen Vertreter.

COST: (European Coordination of Scientific and Technical Research) Europäische Zusammenarbeit auf dem Gebiet der wissenschaftlichen und technischen Forschung, an der 19 Staaten beteiligt sind. Grundsatz ist die gemeinsame Planung von Forschungsprojekten mit einzelstaatlicher Finanzierung auf den Gebieten Informatik, Fernmeldewesen, Ozeanographie, Metallurgie und Werkstoffkunde, Umweltschutz, Meteorologie, Landwirtschaft, Lebensmitteltechnologie, medizinische Forschung und Gesundheitswesen.

Davignon-Bericht: Die Außenminister der Europäischen Gemeinschaft einigten sich am 27.10.1970 im Luxemburger Bericht über die Grundsätze und Verfahrensweisen der gemeinsamen Außenpolitik im Rahmen der Europäischen Politischen Zusammenarbeit. Grundlage war der Davignon-Bericht, den die Leiter der politischen Abteilungen der Außenministerien zuvor unter dem Vorsitz des Belgiers Etienne Davignon ausgearbeitet hatten. Darin wurde u.a. zweimal jährlich die Zusammenkunft der Außenminister, eines Politischen Komitees, welches diese Sitzungen vorbereitet und eines Sekretariats vorgesehen.

Davignon-Plan: Der Davignon-Plan, benannt nach dem damals für Industriefragen zuständigen EG-Kommissar, ist ein Ende der 70er Jahre eingeleiteter Umstrukturierungsplan für die Stahlwirtschaft. Er sah vor, die Überkapazitäten in der krisengeschüttelten europäischen Stahlindustrie abzubauen und so die verbleibenden Produktionsanlagen wieder wettbewerbsfähig zu machen. Ergänzende Maßnahmen dazu waren die Festlegung von Mindestpreisen und von Erzeugerquoten, die Zulassung von Krisenkartellen sowie die Schließung von Abkommen mit einer Reihe von Ländern zur Einschränkung der Niedrigpreiseinfuhr von Stahlprodukten.

Delors-Bericht: Der 1988/1989 erarbeitete Delors-Bericht ist ein Dreistufenplan zur Schaffung der Wirtschafts- und Währungsunion. Unter dem Vorsitz des amtierenden Kommissionspräsidenten Jacques Delors erarbeitete ein Komitee der EG-Notenbankpräsidenten und unabhängiger Sachverständiger ein konsensfähiges Programm, dessen Umsetzung der Europäische Rat auf seinem Gipfel in Madrid im Juni 1989 beschloß. Die erste Stufe, in der Kapitalverkehrsliberalisierung und verstärkte Koordination vorgesehen ist, begann am 1.7.1990. Die zweite Stufe sieht die Schaffung einer europäischen Zentralbank vor, während in der dritten Stufe die Wirtschafts- und Währungsunion mit festen Wechselkursen verwirklicht werden soll. Im Oktober 1990 sah der Europäische Rat – bei Erfüllung der dafür erforderlichen Voraussetzungen – den Start der zweiten Stufe am 1.1.1994 vor.

Delors-Paket: Das Delors-Paket ist ein 1987 von der Kommission vorgelegtes Reformpaket. Die Vorschläge betreffen die Reform des EG-Finanzsystems, die Begrenzung der Agrarausgaben, die Aufstockung der EG-Strukturfonds sowie neue Regeln der Haushaltsführung. Sie bilden die Grundlage für die Beschlüsse des Europäischen Rates im Februar 1988 in Brüssel und sind eine wichtige Voraussetzung für die Umsetzung des Binnenmarktprogramms.

DELTA: (Development of European Learning through Technology) DELTA ist eine Gemeinschaftsaktion auf dem Gebiet der Lerntechnologie, deren Hauptphase 1991 startete.

Deutsch-Französischer Vertrag: Der Deutsch-Französische Vertrag wurde am 22. 1. 1963 von Bundeskanzler Adenauer und dem französischen Präsidenten de Gaulle mit der Absicht unterzeichnet, eine wichtige politische Zusammenarbeit zu schaffen, der sich auf Dauer die übrigen EG-Mitgliedstaaten nicht würden entziehen können. Er sah periodische Konsultationen im Bereich der Außen-, Wirtschafts-, Verteidigungs-, und Kulturpolitik, außerdem die Schaffung eines Deutsch-Französischen Jugendwerks vor. Die durch den Vertrag etablierte bilaterale Abstimmung der Politiken zwischen der Bundesrepublik Deutschland und Frankreich wurde zu einem Motor der europäischen Integration und durch weitere Institutionalisierungen wie dem gemeinsamen Sicherheitsrat und dem Wirtschaftsrat ausgebaut.

Dienstleistungsverkehr: Der freie Dienstleistungsverkehr ist eine der vier im EWG-Vertrag festgelegten Grundfreiheiten (Art. 59). Er ermöglicht es den EG-Bürgern, Leistungen über die Grenzen hinweg zu erbringen, ohne daß eine Beeinträchtigung aufgrund der Staatsangehörigkeit erfolgt. Eine Dienstleistung ist jede Leistung im Rahmen einer selbständigen, gewerblichen, landwirtschaftlichen oder freiberuflichen Erwerbstätigkeit. Mit der Vollendung des Gemeinsamen Marktes bis Ende 1992 werden nationale Grenzen für Dienstleistungen abgebaut.

Direktwahl: Ursprünglich wurden die Abgeordneten des EP von den nationalen Parlamenten entsandt. Im Juni 1979 fanden erstmals Direktwahlen zum Europäischen Parlament statt (Art. 138 EWGV). Das gewählte Europäische Parlament hat dadurch eine stärkere Legitimation erhalten. Durch die Direktwahl sind die Abgeordneten des EP keine Vertreter der Mitgliedstaaten, sondern der Europäer selbst. Sie sind nicht in nationalen, sondern in europäischen Fraktionen, gemäß ihrer politischen Ausrichtung, zusammengeschlossen. Die Wahlperiode beträgt fünf Jahre. 1989 waren ca. 241 Mio. Europäer wahlberechtigt, die Wahlbeteiligung lag bei rund 62%.

Diskriminierungsverbot: Das Diskriminierungsverbot untersagt die unterschiedliche Behandlung aus Gründen der Staatsangehörigkeit im Anwendungsbereich des EWG-Vertrags. Als Ergänzung zur Niederlassungsfreiheit ist es eine grundlegende Voraussetzung für binnenmarktähnliche Verhältnisse. Daneben stärkt es das für den Aufbau einer europäischen Identität wichtige Gleichheits- und Zusammengehörigkeitsgefühl der Europäer.

Dooge-Bericht: Der Europäische Rat beauftragte 1984 einen von dem Iren James Dooge geleiteten Ausschuß für institutionelle Fragen, Vorschläge zum besseren Funktionieren der europäischen Integration zu unterbreiten. Der 1985 vorgelegte Dooge-Bericht fordert, die EG-Institutionen leistungsfähiger zu gestalten. Außerdem nennt er Aufgaben, denen sich die Gemeinschaft vorrangig zuwenden muß: Schaffung eines echten Binnenmarktes und einer Technologiegemeinschaft, Stärkung der Wettbewerbsfähigkeit der europäischen Wirtschaft, Förderung der wirtschaftlichen Konvergenz und Ausbau des EWS, Aufbringung der erforderlichen Mittel im Rahmen der Eigeneinnahmen der EG, Förderung der gemeinsamen kulturellen und zivilisatorischen Werte, Verstärkung der außenpolitischen Zusammenarbeit durch Stärkung der EPZ.

DRIVE: (Dedicated Road Infrastructure for Vehicle Safety in Europe) DRIVE ist ein Gemeinschaftsprogramm auf dem Gebiet der Straßenverkehrsinformatik und -telekommunikation, ausgestattet mit 60 Mio. ECU (1988–1990).

ECLAIR: (European Collaborative Linkage of Agriculture and Industry through Research) Von 1988–1993 laufendes EG-Programm zur biotechnologischen Entwicklung der Agrarwirtschaft. Etat in dieser Zeit: 80 Mio. ECU.

ECU: (European Currency Unit) Die ECU ist die Europäische Rechnungs- und Währungseinheit. Sie ist eine Korbwährung, die sich aus einstimmig festgelegten Anteilen der 12 Währungen der EWS-Mitglieder errechnet. Die ECU ist zentraler Bestandteil des EWS. Sie dient dort als Grundlage und Bezugsgröße für die Errechnung der Abweichungsschwelle zwischen den Gemeinschaftswährungen. Die ECU ist außerdem Rechengröße für Forderungen und Verbindlichkeiten und wird zum Saldenausgleich sowie als Währungsreserve der Notenbanken der Mitgliedstaaten verwandt. Weiterhin benutzt die Gemeinschaft die ECU zur Erstellung der Haushalte und Fonds, zur Festsetzung der Agrarpreise und zur Erhebung von Zöllen und ähnlichen Abgaben. Die ECU kann auch bei privaten Geschäften verwendet werden. Da sie sich aus dem Mittelwert der EG-Währungen errechnet, mindert sich bei ihrer Verwendung das Risiko der Wechselkursänderungen. Eine ECU hatte Anfang 1991 den Wert von etwa 2,06 DM (siehe Schaubild nächste Seite).

Eigeneinnahmen der EG: Bis 1970 wurden die Ausgaben der Gemeinschaft ausschließlich aus Beiträgen der Gemeinschaft finanziert. Danach wurde die Finanzierung der EG schrittweise auf Eigeneinnahmen umgestellt. Das System der Eigeneinnahmen verschafft der EG eine gewisse finanzielle Unabhängigkeit von den Mitgliedstaaten und erleichtert die eigenverantwortliche Durchsetzung übergeordneter europäischer Ziele. Seit dem 1. 1. 1971 führen die EG-Mitgliedstaaten die Agrarabschöpfungen und Zolleinnahmen (seit 1975 zu 100%) an den EG-Haushalt ab. Seit 1979 ergänzt ein Teil des Mehrwertsteueraufkommens (seit 1986: 1,4%) der Mitglieder die Finanzierung des EG-Haushalts. Die Finanzierungskrise der EG wurde 1988 durch die im Rahmen des Delors-Pakets vom Europäischen Rat gefaßten Beschlüsse behoben, die als vierte Einnahmequelle einen jährlich errechneten Anteil des BSP der EG-Länder vorsehen.

Einschleusungspreise: Der Einschleusungspreis setzt sich im Agrarpreissystem der EG aus dem Selbstkostenpreis für landwirtschaftliche Veredelungsprodukte (Eier, Geflügel, Schweinefleisch), der Abschöpfung und einer Zusatzabgabe zusammen. Zusätzlich zu den Abschöpfungen gibt es bei diesen Produkten eine besondere Schutzmaßnahme, deren Zweck es ist, Angebotspreisen unter dem Selbstkostenpreis bei der Einfuhr aus Drittländern zu begegnen: Auf Grundlage der durchschnittlichen Produktionskosten auf dem Weltmarkt errechnet sich der Einschleusungspreis. Durch die Zusatzabgabe werden darunter liegende Angebotspreise auf das Niveau des Einschleusungspreises angehoben.

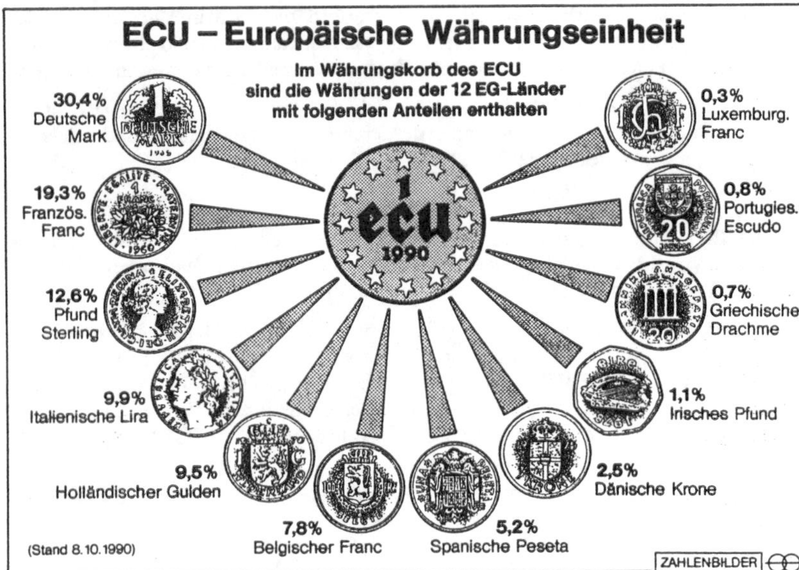

 A 715 510

ENVIREG: ENVIREG ist ein Gemeinschaftsprogramm im Bereich der Regionalpolitik, das Maßnahmen zugunsten der Umwelt fördert. Das Programm ist besonders für Regionen vorgesehen, in denen die Umweltprobleme die sozio-ökonomische Entwicklung behindern. ENVIREG finanziert u. a. Maßnahmen zur Abwasserentsorgung und -reinigung, Müllbeseitigung, Bekämpfung der Ölverschmutzung des Wassers in den Mittelmeerhäfen, Behandlung von Giftmüll.

EPOCH: EPOCH (European Programme on Climatology and Natural Hazards) ist ein seit 1986 laufendes Europäisches Programm über Klimatologie und natürliche Risiken. Etat für 1989–1992: 40 Mio. ECU.

ERASMUS: ERASMUS (European Community Action Scheme for the Mobility of University Students) ist ein seit 1987 laufendes Programm zur Förderung der Mobilität im Hochschulbereich in der EG. Gefördert werden u. a. der Austausch von Studenten und Dozenten sowie die Zusammenarbeit europäischer Hochschulen. Zwischen 1988 und 1990 beteiligten sich 43.000 Studenten und 1.500 Hochschulen an dem Programm. Im Zeitraum von 1990 bis 1992 stehen ERASMUS 192 Mio. ECU zur Verfügung.

ESPRIT: ESPRIT (European Strategic Programme for Research in Information Technologies) ist ein seit 1984 laufendes Forschungs- und Entwicklungsprogramm in den Bereichen Informationstechnologien, Energie und industrielle Modernisierung. 1988 verabschiedete der Ministerrat die zweite Phase des mit 1,6 Mrd. ECU (für 1988–1992) umfangreichsten Forschungsprogramms der Gemeinschaft. In 400 Projekten in den Bereichen Mikroelektronik, Informationsverarbeitungssysteme, rechnerintegrierte Fertigung, integrierte Informationssysteme und informationstechnische Anwendungssysteme kooperieren Unternehmen, Universitäten und Forschungsinstitute aus der EG. Ziel von ESPRIT und anderen Forschungsprogrammen ist die Verbesserung der Wettbewerbsfähigkeit der EG durch gemeinsame, vorwettbewerbliche Forschung.

EUREKA: (European Research Coordination Agency) EUREKA ist eine 1985 gegründete europäische Initiative zur verstärkten Zusammenarbeit in Forschung und Technologie. Durch intensivierte industrielle, technologische und wissenschaftliche Kooperation soll die Wettbewerbsfähigkeit Europas in Schlüsselbereichen der Zukunft verbessert werden. Mitglieder sind neben den 12 Staaten der EG die Kommission, die EFTA-Länder und die Türkei. Die bisher knapp 400 (1990) ausschließlich zivilen Projekte werden von Industrie, Wissenschaft und den Regierungen der beteiligten Länder bestimmt. Sie werden in Privatinitiative marktorientiert organisiert und können mit bis zu 50% ihrer Kosten gefördert werden.

EURET: EURET (European Research for Transport) ist ein Forschungs- und Entwicklungsprogramm für Verkehrstechnologien. Der Etat für 1990–1993 beträgt 25 Mio. ECU.

Euro-arabischer Dialog: Der Europäische Rat beschloß 1973 als Reaktion auf die Ölkrise den europäisch-arabischen Dialog zwischen der EG und den 22 Mitgliedern der Arabischen Liga. Themen des Dialogs sind von arabischer Seite der Friedensprozeß im Nahen Osten und die wirtschaftliche und soziale Entwicklung der arabischen Länder. Die Gemeinschaft erhofft sich durch die Verbesserung der politischen und wirtschaftlichen Beziehungen eine höhere Versorgungssicherheit für Erdöl. Seit Beginn der Gespräche gab es Probleme durch unterschiedliche Erwartungen und innerarabische Konflikte. Die seit 1979 brachliegenden Gespräche wurden 1988 im Rahmen der EPZ durch ein Treffen auf Außenministerebene wiederbelebt.

Euro-Group: Die Euro-Group ist ein 1968 entstandenes, informelles Gremium der europäischen NATO-Mitgliedstaaten außer Frankreich und Island. Ziel der zweimal jährlich stattfindenden Treffen der Verteidigungsminister ist es, den europäischen Beitrag innerhalb der NATO durch eine abgestimmte Verteidigungspolitik zu verstärken. Der Vorsitz der Euro-Group wird von einem Verteidigungsminister wahrgenommen und wechselt jährlich. Die Euro-Group ist kein Organ der NATO.

Eurocontrol: Die Europäische Organisation für Flugsicherung mit Sitz in Brüssel wurde 1960 durch das internationale Übereinkommen über Zusammenarbeit zur Sicherung der Luftfahrt gegründet. Mitgliedstaaten sind die Beneluxländer, Frankreich, Großbritannien, Irland und die Bundesrepublik Deutschland. Mit einer Reihe von Ländern wurden Kooperationsabkommen geschlossen. Eurocontrol lenkt und überwacht den zivilen und militärischen Luftverkehr in Höhenbereichen über 7.500 Meter und außerhalb von Hoheitsgebieten.

Eurokommunismus: Eurokommunismus ist eine Sammelbezeichnung für verschiedene Strömungen in westeuropäischen kommunistischen Parteien, die auf nationaler Basis einen von der kommunistischen Partei der Sowjetunion unabhängigen kommunistischen Kurs steuern. Eurokommunismus geht von den Gegebenheiten einer kapitalistischen

Gesellschaft aus. Grundwerte westlicher Demokratien sollen bei einer Regierungsübernahme oder -beteiligung nach Aussage der eurokommunistischen Parteien, die vor allem in Frankreich, Italien und Spanien vertreten sind, beibehalten werden.

Europa der konzentrischen Kreise: Das Konzept des Europas der konzentrischen Kreise beschreibt ein Modell für die Ausgestaltung des "Europäischen Hauses" nach dem Ende des Ost-West-Konflikts. Kennzeichnendes Merkmal ist der von außen nach innen ansteigende Integrationsgrad. Innerer Kreis ist die EG nach Vollendung des Binnenmarktes und Schaffung der Politischen Union sowie der Wirtschafts- und Währungsunion als höchster Integrationsstufe, in der die Nationalstaaten eine untergeordnete Rolle spielen. Um diesen Kern bilden die EFTA-Länder, die rechtlich und politisch eng mit der EG zusammenarbeiten, ohne bereits sämtliche Integrations- und Umstrukturierungsschritte mittragen zu müssen, den engsten Kreis. Der dritte konzentrische Kreis setzt sich aus den mit der EG assoziierten osteuropäischen Ländern nach der demokratischen Revolution zusammen, die mit der Lösung von wirtschaftlichen und politischen Problemen schrittweise zum Kern Europas zurückkehren. Die KSZE als allumfassende Struktur bildet den vierten Zirkel Europas, der – entsprechend institutionell ausgebaut – eine permanente Vertiefung gesamteuropäischer Zusammenarbeit ermöglichen könnte.

Europa der Regionen: Das Europa der Regionen ist ein Leitbild europäischer Föderalisten. Es wird von verschiedenen Gruppen verwandt, ohne es zu konkretisieren. Die Zielvorstellungen kreisen um regionale Eigenständigkeit, verstärkte Zusammenarbeit der Regionen über nationale Grenzen, identitätsstiftende Faktoren und Minderheitenschutz. Die Befürworter dieses Konzepts erhoffen sich von der europäischen Einigung eine Besserstellung der Regionen – auf Kosten der nationalen Ebene.

Europa-Kolleg Brügge: Das 1949 von den Mitgliedstaaten des Europarates gegründete Europakolleg Brügge bietet jährlich rund 250 Studenten mit Hochschulabschluß die Möglichkeit, sich in einem einjährigen Aufbaustudium vertiefend mit der europäischen Integration zu befassen und ein Diplom zu erwerben. Zugelassen werden Bewerber mit einem Abschluß in den Bereichen Rechtswissenschaften, Wirtschaftswissenschaften oder Politikwissenschaften, die über ausreichende Sprachkenntnisse in den beiden Arbeitssprachen des Europakollegs, Englisch und Französisch, verfügen.

Europa-Symbole: Komplizierte politische Gebilde vermitteln Bürgernähe u. a. durch Symbole. Europasymbole dienen zur Identifikation der Bürger mit Europa und der Gemeinschaft. Seit 1986 benutzt die EG die vom Europarat übernommene blaue Fahne mit zwölf goldenen, kreisförmig angeordneten Sternen. Die Zahl der Sterne stimmt nur zufällig mit der Zahl der EG-Mitglieder überein. Als Hymne verwendet man wie der Europarat die "Ode an die Freude" aus Beethovens Neunter Symphonie. Daneben gibt es die Fahne der Europäischen Bewegung: ein grünes "E" auf weißem Grund. Weitere Europa-Symbole sind die jährliche Verleihung von Europapreisen, die Einführung von Europaschildern anstelle von Zollschildern an den Binnengrenzen, der Europapaß, der gemeinsame Führerschein und der 9. Mai als Europatag.

Europäische Bank für Wiederaufbau und Entwicklung: Die 1990 mit Sitz in London gegründete Bank für Wiederaufbau und Entwicklung (Osteuropa-Bank) unterstützt, ähnlich der EIB, durch Darlehen ausschließlich private und unternehmerische Initiativen und Infrastrukturen, die den Übergang zur offenen Marktwirtschaft begünstigen. Sie wird unter diesen Auflagen jährlich rund 4 Mrd. DM in die Länder Mittel- und Osteuropas außer Albanien vergeben. Die Europäische Gemeinschaft besitzt als Initiatorin mit 51% die Kapitalmehrheit der Osteuropa-Bank, die von dem Franzosen Jacques Attali geleitet wird. An dem Kapital sind u.a. auch die USA, Kanada und Japan beteiligt.

Europäische Menschenrechtskonvention (EMRK): Die EMRK wurde am 4.11.1950 von den Mitgliedern des Europarates unterzeichnet. Darin verpflichten sich die Vertragsstaaten, die wichtigsten Grundrechte kollektiv zu schützen. Dazu zählen unter anderem: Recht auf Leben, auf Freiheit, Unverletzlichkeit und Sicherheit der Person, Recht auf angemessenes gerichtliches Gehör, Recht auf Achtung des Privat- und Familienlebens, Recht auf Gedanken-, Gewissens- und Religionsfreiheit, Recht auf freie Meinungsäußerung und Versammlung, Verbot von Folter, Sklaverei und Zwangsarbeit. Jedermann hat das Recht, eine wirksame Beschwerde bei einer nationalen Instanz einzulegen, wenn die in der Konvention aufgezählten Rechte und Freiheiten verletzt wurden. Die Einhaltung der Menschenrechte überprüfen die Europäische Kommission für Menschenrechte sowie der Europäische Gerichtshof für Menschenrechte.

Europäische Politische Gemeinschaft: 1952 bildeten die Mitglieder der Gemeinsamen Versammlung der Montanunion eine Ad-hoc-Versammlung. Sie arbeitete den Entwurf eines europäischen politischen Statuts aus, der am 10.3.1953 von der Gemeinsamen Versammlung angenommen wurde. Darin wurde die EPG als eine unauflösliche supranationale Europäische Gemeinschaft im Gefüge der EGKS und der geplanten Europäischen Verteidigungsgemeinschaft (EVG) vorgesehen. Durch das Scheitern der EVG in der französischen Nationalversammlung blieb auch dieses Vorhaben unrealisiert.

Europäische Umweltagentur: Der Ministerrat beschloß am 7.5.1990 die Errichtung der Europäischen Umweltagentur und eines Europäischen Umweltinformations- und Umweltbeobachtungsnetzes. Damit findet die wachsende Bedeutung des Umweltschutzes innerhalb der Europäischen Gemeinschaft ihren Niederschlag. Hauptaufgabe der Umweltagentur ist die Verbesserung der umweltrelevanten Datenlage, die eine Voraussetzung für effektive Umweltpolitik ist. Bis Mitte 1991 hatte die Agentur ihre Arbeit jedoch noch nicht aufnehmen können, da keine Einigung über ihren Sitz erzielt wurde.

Europäische Verteidigungsgemeinschaft (EVG): Der Plan einer Europäischen Verteidigungsgemeinschaft beruhte auf dem 1950 der französischen Nationalversammlung vorgelegten Pleven-Plan für eine europäische Armee. Er sah anstelle der bestehenden nationalen Armeen die Aufstellung einer vereinigten europäischen Armee vor. Am 25. Mai 1952 unterzeichneten die Regierungen Belgiens, der Bundesrepublik Deutschland, Frankreichs, Luxemburgs, der Niederlande und Italiens den Vertrag zur Gründung der EVG. Der EVG-Vertrag scheiterte jedoch am 30.8.1954 am Veto der französischen Nationalversammlung. Damit war auch der Plan einer Europäischen Politischen Gemeinschaft vom Tisch.

Europäische Weltraumbehörde (ESA): Die ESA (European Space Agency) wurde 1975 gegründet. Sie koordiniert die Zusammenarbeit europäischer Staaten auf dem Gebiet der Weltraumforschung und -technologie sowie die Zusammenarbeit mit der amerikanischen Weltraumbehörde NASA. Sie arbeitet ausschließlich für friedliche Zwecke. Erfolgreich ist sie auf dem Gebiet der Satellitentechnik, in der Entwicklung der europäischen Trägerrakete Ariane und des Weltraumlabors Spacelab. Die 13 Mitglieder der ESA sind: Belgien, die Bundesrepublik Deutschland, Dänemark, Frankreich, Großbritannien, Irland, Italien, die Niederlande, Norwegen, Österreich, Schweden, die Schweiz und Spanien.

Europäischer Ausrichtungs- und Garantiefonds für die Landwirtschaft (EAGFL): Der EAGFL dient zur Finanzierung der gemeinsamen Agrarpolitik der EG. Ihm wurden die Aufgaben der Marktstützungen und der Förderung der landwirtschaftlichen Umstrukturierungen übertragen. Der EAGFL hat zwei Abteilungen: Die Abteilung Garantie ist zuständig für die Finanzierung von Preisstützungsmaßnahmen und Ausfuhrerstattungen, die den Landwirten feste Preise sichern, während die Abteilung Ausrichtung durch Subventionen die Rationalisierung, Modernisierung und Strukturverbesserung der Landwirtschaft unterstützt.

Europäischer Entwicklungsfonds: Aus dem 1957 von der EG gegründeten und von ihren Mitgliedstaaten gespeisten EEF werden Maßnahmen zur Förderung der wirtschaftlichen und sozialen Entwicklung der AKP-Staaten finanziert. Neben wirtschaftlichen und sozialen Investitionsprojekten werden außerdem Maßnahmen der technischen Zusammenarbeit, Maßnahmen zur Erleichterung der Vermarktung und der Verkaufsförderung von Exporterzeugnissen sowie Hilfsmaßnahmen bei außergewöhnlichen Notfällen bezahlt. Zusätzlich wird ein Teil des EEF zur Stabilisierung der Ausfuhrerlöse durch das Stabex-System für gezielte Erlösstützungsmaßnahmen verwandt. Die Fonds haben jeweils eine Laufzeit von fünf Jahren. Der 7. Fonds mit einer Laufzeit von 1990–95 hat ein Volumen von 10,7 Mrd. ECU.

Europäischer Gewerkschaftsbund: Der 1973 gegründete Europäische Gewerkschaftsbund (EGB) ist ein Zusammenschluß europäischer Gewerkschaften aus 21 europäischen Ländern und die Interessenvertretung von etwa 44 Mio. gewerkschaftlich organisierten Arbeitnehmern innerhalb Westeuropas. Ziele des EGB sind einerseits die Vertretung der sozialen, wirtschaftlichen und kulturellen Interessen der Arbeitnehmer in Europa, andererseits, über die Erhaltung und Stärkung der Demokratie in Europa zu wachen. Vertreter des EGB sind in mehreren Ausschüssen von EG und EFTA vertreten.

Europäischer Wirtschaftsraum: Europäische Gemeinschaft und EFTA-Staaten vereinbarten 1984 in Luxemburg, die Zusammenarbeit auszuweiten und zeitgleich mit dem Gemeinsamen Markt einen großen dynamischen westeuropäischen Wirtschaftsraum zu verwirklichen. Dazu soll die Zusammenarbeit auch in den Bereichen Verkehr, Landwirtschaft, Fischerei und Energie intensiviert und auf über den Handel hinausgehende Themen ausgedehnt werden. Waren, Dienstleistungen, Kapital und Arbeitskräfte sollen sich wie in einem Binnenmarkt frei über die Landesgrenzen bewegen können. Die Verhandlungen gestalteten sich jedoch wegen der unterschiedlichen institutionellen

Strukturen und wegen unterschiedlichen Interessen von EG und EFTA äußerst schwierig.

Europäisches Haus: Der sowjetische Präsident Michail Gorbatschow prägte den Begriff des Gemeinsamen Europäischen Hauses. Damit ist eine dauerhafte europäische Friedenslösung und die enge Kooperation aller europäischer Staaten gemeint.

Europäisches Hochschulinstitut: Das Europäische Hochschulinstitut mit Sitz in Fiesole bei Florenz hat 1976 seine Arbeit aufgenommen und ist eine zwischenstaatliche Einrichtung der EG-Mitglieder. Ziel der Einrichtung ist es, durch Forschung und Lehre auf den Gebieten der Geistes- und Gesellschaftswissenschaften zur Entwicklung und Förderung des kulturellen wissenschaftlichen Erbes der EG beizutragen. In den vier Fakultäten Geschichte und Zivilisation, Wirtschaftswissenschaften, Rechtswissenschaften sowie Politik- und Sozialwissenschaften studieren rund 200 Stipendiaten mit abgeschlossenem Hochschulstudium.

Europäisches Jugendforum der EG: Das Europäische Jugendforum der EG ist ein 1978 gegründeter Zusammenschluß der Jugendorganisationen in der Gemeinschaft. Es dient als politische Plattform der Jugendorganisationen gegenüber den Organen der EG und setzt sich für eine Beteiligung der Jugend an der künftigen Entwicklung der EG ein. Mitglieder sind die nationalen Jugendausschüsse der Mitgliedstaaten und internationale Jugendorganisationen, die die in den Statuten festgelegten Bedingungen erfüllen.

Europäisches Jugendzentrum: Das Europäische Jugendzentrum ist die Internationale Bildungs- und Begegnungsstätte des Europarates in Straßburg. Im Europäischen Jugendzentrum werden Seminare und Kurse für die europäischen Jugendverbände durchgeführt, um ihnen die Möglichkeit zu geben, sich auf europäischer Ebene zu organisieren, Kooperationen zu fördern, Informationen auszutauschen und mit ihren Stellungnahmen gehört zu werden.

Europäisches Patentamt: Das 1975 gegründete Europäische Patentamt hat seinen Sitz in München. Dadurch, daß es Patente in einem einheitlichen Verfahren erteilt und schützt, die innerhalb aller Mitgliedstaaten des Europäischen Patentabkommens gültig sind, trägt es zur Vereinheitlichung des Patentschutzes in Europa bei. Obwohl das Europäische Patentamt keine Einrichtung der EG ist, haben die damals neun EG-Mitgliedstaaten 1975 ein Übereinkommen über das gemeinsame Patent unterzeichnet, das die Geltung der Patente für den Gemeinsamen Binnenmarkt vorsieht. Ende 1990 waren 16 europäische Staaten Unterzeichner dieses Abkommens.

EUROSTAT: EUROSTAT ist das statistische Amt der Europäischen Gemeinschaften. Es erstellt datenorientierte Analysen und Prognosen, die in regelmäßigen Abständen publiziert werden. EUROSTAT versorgt die EG-Organe mit entscheidungs- und handlungsrelevanten Daten und informiert die nationalen Administrationen und die Öffentlichkeit über statistisch erfaßbare Sachverhalte in der Gemeinschaft. Als zentrale Institution koordiniert und integriert EUROSTAT nach Möglichkeit die uneinheitlichen nationalen Statistiken in einem einheitlichen und vergleichbaren System.

EUROTECNET: (Network of demonstration projects in the field of new technologies and vocational training) EUROTECNET ist ein Programm zur Einführung neuer Informationstechnologien in der Berufsbildung. Die EG stellt dafür von 1990–1992 28 Mio. ECU zur Verfügung.

Eurovision: Die Eurovision ist der organisatorische und technische Verbund der 1950 gegründeten Europäischen Rundfunkunion. Ihr Zweck liegt in der Zusammenarbeit der Rundfunk- und Fernsehanstalten und im Austausch von Programmen und Sendungen. Der Programmaustausch hat im Laufe der Jahre erheblich zugenommen. Schwerpunkt ist die Überspielung von Nachrichten und Sportberichten, außerdem die Kooperation mit Intervision, der entsprechenden Organisation der osteuropäischen Staaten.

EURYDICE: EURYDICE ist ein seit 1980 bestehendes Informationsnetz der EG, das es den einzelstaatlichen und gemeinschaftlichen Verwaltungen ermöglicht, durch den Austausch von Fragen und Antworten einen Grundstock von Informationen über die Vielfalt der europäischen Bildungssysteme zusammenzutragen.

EWG-Klausel: Die EWG-Klausel ist ein Vorbehalt in bilateralen oder multilateralen Abkommen, die EG-Staaten mit Drittstaaten schließen. Darin wird auf die Zuständigkeitsregelung des EWG-Vertrags oder künftiger gemeinsamer Politiken verwiesen.

EWG-Vertrag: Am 25. 3. 1957 wurden in Rom die Verträge zur Gründung der Europäischen Wirtschaftsgemeinschaft und der Europäischen Atomgemeinschaft von Belgien, der Bundesrepublik Deutschland, Frankreich, Italien, Luxemburg und den Niederlanden unterzeichnet. Der EWG-Vertrag ist als der wichtigste und umfassendste Vertrag der Kern der europäischen Einigung.

FAST: FAST (Forecasting and Assessment in thc Field of Science and Technology) ist ein seit 1980 laufendes, vorausschauendes und bewertendes Programm für die Fortentwicklung europäischer Forschungspolitik, das in den vier Problembereichen: Technologie, Beschäftigung, Arbeit; Dienstleistung und technologischer Wandel; neue industrielle Systeme – Kommunikation, Ernährungstechnologien; erneuerbare Ressourcen betrieben wird.

Feierliche Deklaration von Stuttgart: Die vom Europäischen Rat im Juni 1983 verkündete Feierliche Deklaration von Stuttgart ist ein Schritt auf dem Weg zur Europäischen Union. In der Erklärung drückte sich das wachsende Interesse an einer engeren außenpolitischen Koordination innerhalb der Europäischen Politischen Zusammenarbeit aus. Außerdem wurden institutionelle Verbesserungen und Zusammenarbeit in der Rechtsangleichung beschlossen sowie konkrete Ziele der wirtschaftlichen Integration für die folgenden Jahre anvisiert.

Fernseh-Richtlinie: Die Richtlinie "Fernsehen ohne Grenzen" wurde vom Ministerrat am 3. 10. 1989 erlassen. Durch Angleichung der Gesetzgebung auf der Seite der Fernsehanbieter bis zum Herbst 1991 stellt sie sicher, daß kein Gemeinschaftsland den Empfang von audiovisuellen Produktionen eines anderen EG-Staates verbieten kann, so daß ein gemeinsamer audiovisueller Markt entsteht. Geregelt werden u. a. die Begrenzung der zulässigen Werbung, Jugendschutzbestimmungen, Werbeverbote für

Zigaretten und Arzneimittel. Außerdem sollen die Fernsehanstalten im Rahmen ihrer Möglichkeiten über 50% ihrer Programmzeit mit europäischen Produktionen bestreiten.

Festung Europa: In der Vokabel von der Festung Europa drücken sich Anerkennung der Stärke der EG, vor allem aber Sorge vor Protektionismus aus. Der bis Ende 1992 angestrebte Binnenmarkt schürt außerhalb der Gemeinschaft Befürchtungen, die EG könnte – ähnlich ihrer Agrarpolitik – zugunsten der eigenen Wirtschaft eine handelspolitische Abschottung gegenüber Drittländern betreiben. Die Gemeinschaft hat solche Vorwürfe stets mit dem Argument zurückgewiesen, eine Abschottung sei für sie als größten Welthandelspartner selbstmörderisch. Außerdem hält sich die EG an die u. a. im GATT vereinbarten Vorschriften, durch die sich der Liberalisierungsgrad der Wirtschaft erhöht.

Flächenstillegungen: Flächenstillegungen sind ein vom Europäischen Rat 1988 beschlossener Anreiz, die Überschußproduktion von Agrarerzeugnissen zu begrenzen. Landwirte, die sich verpflichten, mindestens 20% ihrer für Überschußprodukte genutzten Ackerfläche für mindestens fünf Jahre stillzulegen, erhalten Prämien von 100 bis zu 600 ECU pro Hektar.

FLAIR: FLAIR (Food-Linked Agro-Industrial Research) ist ein mehrjähriges Forschungs- und Entwicklungsprogramm (1989–1993) für Nahrungsmittelwissenschaft und -technologie mit einem Etat von 25 Mio. ECU.

FORCE: FORCE ist ein Aktionsprogramm zur Förderung der Weiterbildung, welches die Gemeinschaft im Zeitraum von 1990–1993 mit einem Etat von 88 Mio. ECU ausgestattet hat.

Fouchet-Pläne: Die Fouchet-Pläne waren ein Versuch, einen allgemeinen politischen Rahmen der Zusammenarbeit zwischen den EWG-Staaten zu schaffen. Der im November 1961 vom französischen Botschafter Fouchet erarbeitete Plan sah ein Verfahren der lockeren Abstimmung der Mitgliedstaaten vor. Nachdem der erste Entwurf eine Reihe von Änderungswünschen ausgelöst hatte, legte die französische Delegation im Januar 1962 unerwartet einen zweiten Fouchet-Plan vor, der von den anderen EWG-Staaten als Rückschritt abgelehnt wurde. Hintergrund des Scheiterns waren die unterschiedlichen Integrationsvorstellungen: Während Frankreich ein Europa der unabhängigen Vaterländer anstrebte, wollten die anderen EG-Staaten eine Integration mit eigenständigen europäischen Institutionen.

Freier Warenverkehr: Der freie Warenaustausch innerhalb der EG umfaßt neben der Beseitigung der Zölle zwischen den Mitgliedstaaten die Befreiung des Warenverkehrs von allen mengenmäßigen Beschränkungen. Dadurch bekommt der Gemeinsame Markt den Charakter eines Binnenmarktes. Da die Rechts- und Steuervorschriften in den EG-Ländern noch nicht angeglichen sind, werden zwischen den Ländern der Gemeinschaft Grenzkontrollen durchgeführt. Angestrebt wird, dies bis Ende 1992 abzubauen.

Freihandelsabkommen: Ein Freihandelsabkommen ist ein Handelsabkommen, das die Zölle zwischen den Verhandlungspartnern vollständig beseitigt und mengenmäßige

Beschränkungen von Handelsprodukten untersagt. 1972/73 schloß die Europäische Gemeinschaft solche Abkommen mit einzelnen Staaten der EFTA ab.

Freihandelszone: Eine Freihandelszone ist eine Gruppe von mindestens zwei Zollgebieten, zwischen denen die Zölle und andere den Außenhandel beschränkenden Maßnahmen beseitigt sind. Anders als in einer Zollunion, wo die vereinigten Länder einen einheitlichen Außenzolltarif errichten, behalten die in einer Freihandelszone zusammengeschlossenen Staaten ihre nationalen Außenzölle gegenüber Drittländern bei. Europäisches Beispiel einer Freihandelszone ist die EFTA.

Freizügigkeit der Personen: Arbeitnehmer aus EG-Staaten haben das Recht, in jedem EG-Land ohne jede Beschränkung aufgrund ihrer Staatsangehörigkeit unter gleichen Bedingungen wie einheimische Arbeitskräfte tätig zu sein, zu leben und in den Genuß der sozialen Vergünstigungen des Aufenthaltsorts zu kommen. Bis Ende 1992 soll die Freizügigkeit auf andere Personengruppen ausgedehnt werden.

Fusionskontrolle: Im September 1990 trat die "Verordnung über die Kontrolle von Unternehmenszusammenschlüssen" in Kraft. Demnach unterliegen Unternehmen ab einem weltweiten Umsatz von 5 Mrd. ECU bei grenzüberschreitenden Fusionsvorhaben einer Kontrolle durch die Kommission. Ziel der Maßnahme, die auf einem Kompromiß zwischen den EG-Staaten beruht, ist die Vermeidung übermäßiger Machtballung auf einem Wirtschaftssektor. Fusionen unterhalb dieser Schwelle unterliegen nationalem Recht.

Fusionsvertrag: Der am 8.4.1965 geschlossene Fusionsvertrag schuf für die Europäische Atomgemeinschaft, die Europäische Gemeinschaft für Kohle und Stahl und für die Europäische Wirtschaftsgemeinschaft gemeinsame Organe. Am 1.7.1967 trat der "Vertrag zur Einsetzung eines gemeinsamen Rates und einer gemeinsamen Kommission der Europäischen Gemeinschaften" in Kraft. Das Europäische Parlament und der Europäische Gerichtshof waren seit Gründung von EWG und EAG für alle drei Gemeinschaften zuständig.

GATT: GATT (General Agreement on Tariffs and Trade) ist ein allgemeines Zoll- und Handelsabkommen zwischen 96 Staaten, die insgesamt rund 90% des Welthandels abwickeln. Ziel ist der Abbau von Handelshemmnissen. Nach sechs multilateralen Verhandlungsrunden mit dem Ziel der Zollsenkung konnten in der Tokio-Runde auch Vereinbarungen über den Abbau nichttarifärer Handelshemmnisse erzielt werden. 1986 wurde die Uruguay-Runde eröffnet: Zu den Verhandlungen über Abbau von Handelsschranken und -verzerrungen kommen neue Themen wie der Handel mit Dienstleistungen, handelsrelevante Investitionsfragen und besserer Schutz geistigen Eigentums.

Gegenseitige Anerkennung: Gegenseitige Anerkennung bedeutet die Anerkennung der Gleichwertigkeit von Vorschriften oder Qualifikationen, die in verschiedenen Ländern der Gemeinschaft den gleichen Zweck haben. Gemäß diesem Prinzip hat der EuGH entschieden, daß ein Produkt, das in einem Mitgliedsland rechtmäßig hergestellt und in den Verkehr gebracht worden ist, überall in der Gemeinschaft verkauft werden darf.

Gegenseitige Anerkennung ist bei der Erreichung des Binnenmarktziels eine flexible Alternative zur bürokratisch aufwendigen Harmonisierung von Vorschriften. Die Kommission ist bemüht, die gegenseitige Anerkennung auch in bezug auf Bildungsabschlüsse durchzusetzen. Zu den Hochschulabschlüssen ist ein entsprechender Rechtsakt bereits verabschiedet.

Gemeinsame Forschungsstelle der EG (GFS): Zum Zweck der friedlichen Nutzung der Kernenergie gründeten die Euratom-Staaten 1957 die GFS. Sie umfaßt vier Institute in Ispra (Italien), Geel (Belgien), Karlsruhe (Deutschland) und Petten (Niederlande). Hinzu kam 1983 die Großversuchsanlage für thermonukleare Fusion (JET) in Culham (Großbritannien).

Gemeinschaftskompetenz: Durch die europäische Integration wurden nationale Zuständigkeiten auf die Gemeinschaftsorgane übertragen. Gemeinschaftskompetenzen bestehen dadurch z. B. in der Anwendung der Vorschriften zur Herstellung des Gemeinsamen Marktes, auf dem Gebiet der Zoll- und Handelspolitik, der Agrar-, Verkehrs- und Wettbewerbspolitik und bei der Koordinierung der Wirtschafts- und Währungspolitik.

Gemeinschaftspräferenz: Gemeinschaftspräferenzen sind Vorteile, die die Mitgliedstaaten der Gemeinschaft einander im Gegensatz zu Drittländern einräumen. Diese bevorzugte Stellung ergibt sich schon durch die Zollgemeinschaft. Das System der Gemeinsamen Agrarfinanzierung beruht auf der Gemeinschaftspräferenz, die europäische Landwirte vor Importen aus Drittländern schützt. Präferenzen ergeben sich auch aus der in den Gemeinschaftsverträgen vorgesehenen Gewährung anderer Vorteile wie beispielsweise der Niederlassungsfreiheit.

Grenzausgleich: Ausgleichsabgaben können innerhalb der EG bei der Einfuhr bestimmter landwirtschaftlicher Erzeugnisse erhoben werden. Sie gleichen durch Wechselkursschwankungen verursachte Preisunterschiede innerhalb der Gemeinschaft aus und stabilisieren damit das gemeinsame Preisniveau. Ausgleichsabgaben fanden infolge der nach 1969 aufgetretenen Währungsinstabilitäten häufige Anwendung, führten aber auch zu Preisverschiebungen und falschen Produktionsanreizen. Mit der Etablierung fester Wechselkurse im EWS ab 1979 gingen auch die Ausgleichsabgaben zurück. Bis 1992 sollen sie ganz abgebaut werden.

Grenzkontrollen: Bis zur Vollendung des Gemeinsamen Binnenmarktes sollen die Grenzkontrollen abgeschafft werden. Bis dahin sind Waren- und Personenkontrollen wegen unterschiedlicher nationaler Rechts-, Steuer-, Gesundheits- und Sicherheitsvorschriften, die bis Ende 1992 harmonisiert werden sollen, unter den EG-Mitgliedern trotz der Einführung der Zollunion 1968 noch nötig.

Grundfreiheiten: Vorrangiges Ziel des EWG-Vertrages ist es, die wirtschaftlichen Hemmnisse zwischen den Mitgliedstaaten zu beseitigen und damit den ersten Schritt auf dem Wege zu größerer politischer Einheit zu tun. Dazu sieht der Vertrag vor, innerhalb der Gemeinschaft einen gemeinsamen Markt zu errichten, dessen Grundpfeiler die vier Freiheiten, freier Waren-, Personen-, Dienstleistungs- und Kapitalverkehr, sind (vgl. Schaubild S. 356: Die EG auf dem Weg zum Binnenmarkt).

Haager Gipfelkonferenz: Der Haager Gipfel von 1969 ist ein Markstein europäischer Integration. Die Staats- und Regierungschefs der sechs EG-Staaten erklärten hier ihre Ziele für die weitere Entwicklung der EG. Sie beschlossen einerseits die Norderweiterung, andererseits mit dem Einstieg in die Wirtschafts- und Währungsunion ein engeres wirtschaftliches und politisches Zusammenrücken der EG-Mitglieder.

Haager Kongreß: 750 Politiker aus fast allen europäischen Staaten nahmen am Haager Kongreß der europäischen Einigungsbewegung im Mai 1948 teil. In seiner Resolution wurde ein geeintes demokratisches Europa gefordert. Die Forderungen des Haager Kongresses fanden ein weites Echo und gaben den Anstoß zur Aufnahme von Verhandlungen, die ein Jahr später zur Gründung des Europarates führten. Die im Europarat verwirklichte Europäische Konvention zum Schutz der Menschenrechte und Grundfreiheiten, der Europäische Gerichtshof für Menschenrechte und die europäische Parlamentarische Versammlung waren bereits Inhalt der Haager Resolution.

Handelshemmnisse: Die Beseitigung von Zöllen und Mengenbeschränkungen im Warenverkehr war ein wichtiger Schritt zum Binnenmarkt. Der freie Warenverkehr wird aber dennoch durch indirekte (nicht-tarifäre) Handelshemmnisse behindert. Dazu gehören u. a. Einfuhrgebühren und technische Handelshemmnisse, die aufgrund rechtlicher Unterschiede oder verschiedener Qualitätsnormen zwischen den EG-Staaten z. B. im Lebensmittelrecht oder im Arzneimittelrecht bestehen. Durch Harmonisierung, Normung und Rechtsangleichung unter den Gemeinschaftsmitgliedern sollen alle Handelshemmnisse bis zur Vollendung des Gemeinsamen Marktes Ende 1992 beseitigt sein.

Harmonisierung: Unter Harmonisierung versteht man in der EG die Abstimmung oder Angleichung von wirtschaftspolitischen Maßnahmen, von Rechts- und von Verwaltungsvorschriften der Mitgliedstaaten, um Störungen im Gemeinsamen Markt zu beseitigen.

Innerdeutscher Handel: Durch das dem EWG-Vertrag beigefügte Protokoll über den innerdeutschen Handel wurde festgelegt, daß Vorschriften des EWG-Vertrags keinen Einfluß auf den Handel zwischen der Bundesrepublik Deutschland und der bis zum 3. 10. 1990 bestehenden DDR hatten. Da der innerdeutsche Handel Binnenhandel blieb, galt der Gemeinsame Außenzoll nicht für die DDR, die daher oft als heimliches 13. Mitglied der EG bezeichnet wurde. Die anderen Mitglieder konnten "geeignete Vorkehrungen" unternehmen, um dadurch volkswirtschaftlich nicht geschädigt zu werden.

Integrierte Mittelmeerprogramme: Der Rat verabschiedete 1985 im Rahmen der europäischen Regionalpolitik eine Verordnung über die Integrierten Mittelmeerprogramme, um die Anpassungsprobleme Frankreichs, Italiens und Griechenlands im Hinblick auf die möglichen Auswirkungen des Beitritts von Spanien und Portugal besser zu bewältigen. Über eine Laufzeit von sieben Jahren sind für die Förderung der auf mittelmeerspezifische Produkte besonders angewiesenen Regionen Zuschüsse und Darlehen in Höhe von insgesamt 13,6 Mrd. DM vorgesehen. Damit soll u. a. die Anpassung der Produktion und der Aufbau einer besseren Wirtschaftsinfrastruktur gefördert werden.

INTERREG: INTERREG ist eine Gemeinschaftsinitiative für Grenzregionen. Für den Zeitraum von 1990–1993 stehen 700 Mio. ECU zur Verfügung. Gefördert werden grenzübergreifende Maßnahmen der Zusammenarbeit wie Infrastrukturvorhaben, Zusammenarbeit öffentlicher Versorgungsunternehmen, gemeinsame Aktionen von Unternehmen oder Kooperation im Bereich des Umweltschutzes.

Interventionspreise: In der EG-Agrarpolitik können die Preise der wichtigsten landwirtschaftlichen Erzeugnisse innerhalb einer bestimmten Marge nur bis zu einer festen Untergrenze, dem Interventionspreis fallen. Da die staatlichen Interventionsstellen verpflichtet sind, zum Interventionspreis jede angebotene Menge aufzukaufen, hat dieser die Funktion einer Preisgarantie für den Erzeuger.

JESSI: (Joint European Submicron Silicon) JESSI ist ein Eureka-Forschungsprojekt, an dem sich verschiedene Forschungseinrichtungen und Wirtschaftsunternehmen aus Frankreich, Großbritannien, Italien, den Niederlanden und der Bundesrepublik Deutschland beteiligen. Ziel des mit 3,8 Mrd. ECU veranschlagten Projekts ist die Herstellung eines 64 Megabyte-Chips, um den japanischen Vorsprung in der Mikroelektronik aufzuholen.

JET: (Joint European Torus) Programm im Rahmen des Forschungs- und Ausbildungsprogramms auf dem Gebiet der kontrollierten Kernfusion. JET ist die größte Versuchsanlage auf dem Gebiet der experimentellen Fusionsforschung. Über 300 Mitarbeiter aus den EG-Ländern, Schweden und der Schweiz arbeiten in Culham (England) an diesem Projekt.

JOULE: JOULE (Joint Opportunities for Unconventional or Long-term Energy supply) ist ein Forschungs- und Entwicklungsprogramm für nichtnukleare Energien und rationelle Energienutzung.

Jugend für Europa/YES: YES (Youth Exchange Scheme) ist ein pädagogisch orientiertes Austauschprogramm der EG mit einem Etat von 18,5 Mio. ECU (1988–1991). Es ermöglicht Jugendlichen im Alter von 15 bis 25 Jahren, innerhalb einer Gruppe mindestens eine Woche in einem Land der EG zu verbringen, um dessen Wirtschaft und Kultur kennenzulernen. Ziele des Programms sind die Förderung einer europäischen Identität und die Verbesserung der Kommunikation zwischen Bürgern aus verschiedenen EG-Ländern.

Kabotage: Kabotage ist eine Methode, die Zulassung von Transportunternehmen in EG-Staaten, in denen diese nicht ansässig sind, zu liberalisieren. Durch eine 1989 erlassene Verordnung wurde erstmals eine solche Zulassung gestattet. Eine Kabotagegenehmigung gewährt ihrem Inhaber den freien Zugang zum Güterkraftverkehr innerhalb der anderen Mitgliedstaaten zu den dort geltenden Bedingungen. Ab dem 1.7.1990 wurden zunächst 15.000 solcher zwei Monate gültigen Genehmigungen vergeben.

Kapitalverkehr, freier: Unter freiem Kapitalverkehr sind Kapitalbewegungen zwischen Ländern mit verschiedenen Währungen zu verstehen. Wegen deren Auswirkungen auf die Zahlungsbilanz und damit auf die Währungsstabilität eines Landes unterliegt der Kapitalverkehr zwischen den meisten Staaten Beschränkungen. Der Ministerrat beschloß 1988 die vollständige Liberalisierung des Kapitalverkehrs in den Mitgliedstaaten der EG bis zum 1.7.1990. Ausnahmeregelungen gelten seither für Spanien, Irland, Griechenland und Portugal. Der Kapitalverkehr zwischen EG-Staaten und Drittländern soll nach dem Willen der Gemeinschaft weitmöglichst liberalisiert werden.

Komitologie: Laut EWGV ist in der Regel die Kommission für die Durchführung der vom Ministerrat gefaßten Beschlüsse zuständig (Art. 145). Der Rat läßt dies von Ausschüssen nationaler Experten überwachen, die je nach Empfindlichkeit des betreffenden Sektors die Exekutivarbeit der Kommission entweder beratend, mitverwaltend oder regelnd begleiten. Der Beratende Ausschuß kann der Kommission lediglich unverbindliche Empfehlungen geben. Dagegen kann der Verwaltungsausschuß Durchführungsakte der Kommission mit aufschiebender Wirkung wieder an den Ministerrat verweisen; falls dieser innerhalb einer Frist keinen Beschluß faßt, erläßt die Kommission die festgelegten Exekutivmaßnahmen. Der Regelungsausschuß kann Maßnahmen der Kommission aufheben und erneut an den Rat verweisen. Falls der Rat die Entscheidungsfrist nicht einhält, kann die Kommission die Maßnahmen erlassen, sofern der Rat sich nicht mit einfacher Mehrheit dagegen ausgesprochen hat. Der Rat tendiert zum Ärgernis der Kommission zum Verfahren des Regelungsausschusses – was er laut Beschluß vom 18.7.1987 ("Komitologiebeschluß") nach Belieben wählen kann. Diese restriktive Handhabung der Exekutivbefugnisse der Kommission durch den Rat umschreibt der Begriff Komitologie.

Kontingente: Um das Angebot zu regulieren, dienen Kontingente als mengenmäßige Beschränkungen bei Ein- und Ausfuhren. Neben Warenkontingenten gibt es auch Devisenkontingente, wenn im Außenhandel zum Ankauf bestimmter Waren nur eine bestimmte Menge von Devisen freigegeben wird.

Konvergenzentscheidung: Konvergenz bedeutet in der EG die Annäherung der nationalen Politiken. Am 18.2.1974 beschloß der Rat zur Erreichung eines hohen Grades an Konvergenz in der Wirtschaftspolitik der Mitgliedstaaten eine Reihe von Prozeduren, deren Wirkung eine Abstimmung der Wirtschafts- und Währungspolitik sein sollte. Neben einem jährlichen Konsultationskalender und der Verabschiedung gemeinsamer Leitlinien sieht die Konvergenzentscheidung zwingende Konsultationen vor der Änderung der Parität der Leit- oder Interventionskurse sowie bei der Abweichung eines Mitgliedstaats von den gemeinsam festgelegten wirtschaftlichen Leitlinien vor.

Konvertibilität: Unter Konvertibilität versteht man die freie Austauschbarkeit von Währungen. Eine Währung ist dann konvertierbar, wenn die Währungsbehörden die eigene Währung im Besitz von Ausländern gegen Gold und Devisen einlösen und Inländern die Inlandswährung gegen Devisen eintauschen. Ohne eine solche Konvertibilität ist ein Gemeinsamer Markt nicht möglich. Die Währungen der EG-Mitglieder sind weltweit konvertierbar.

Kooperationsverfahren: Das Kooperationsverfahren nach Art. 149 EWGV wurde als neues Verfahren der Zusammenarbeit zwischen den EG-Organen 1987 durch die EEA eingeführt. Das Europäische Parlament erhielt damit erweiterte Mitwirkungsbefugnisse. Das Verfahren gilt vor allem für Beschlüsse im Rahmen der Verwirklichung des Binnenmarktes. Wesentlich für den größeren Einfluß des EP ist dabei die Einführung einer zweiten Lesung sowohl im Parlament als auch im Rat.

LEADER: Aktion der Europäischen Gemeinschaft im Rahmen der Strukturfonds zur ländlichen Entwicklung. Der Etat für 1990–1993 beträgt 400 Mio. ECU.

Leitkurse: Der Leitkurs ist der festgelegte Kurs einer Währung im EWS. Er bezieht sich auf den Wert der Währung in ECU. Entwickeln sich die Währungen auseinander, dann entfernen sie sich von ihren Leitkursen. Entfernt sich eine Währung um 2,25% von ihrem Leitkurs, tritt der Interventionsmechanismus des EWS in Kraft, um die Währung in Richtung des Leitkurses zu beeinflussen. Im gegenseitigen Einvernehmen aller EWS-Teilnehmer können die Leitkurse auch neu festgesetzt werden.

Liberalisierung: Liberalisierung bedeutet die Beseitigung von vorhandenen nationalen Beschränkungen des grenzüberschreitenden Waren-, Dienstleistungs-, Zahlungs- und Kapitalverkehrs, die dem freien Wettbewerb zwischen den Staaten entgegenstehen. Außer der EWG, bei deren Mitgliedern die Liberalisierung am weitesten fortgeschritten ist und bis 1992 vollständig erreicht werden soll, verfolgen noch andere zwischenstaatliche Organisationen, besonders das GATT, die OECD und der Internationale Währungsfonds (IWF) das Ziel der Liberalisierung.

LINGUA: LINGUA (Programme to promote foreign language learning in the EC) ist ein EG-Programm zur Förderung des Fremdsprachenunterrichts mit einem Etat von 200 Mio. ECU (1990–94). Ziel ist die Verbesserung der Kommunikationsmöglichkeiten innerhalb der Gemeinschaft. In die Förderung werden nur die Sprachen der Gemeinschaftsländer einbezogen, darunter besonders die weniger unterrichteten Sprachen.

Lomé-Abkommen: Die Abkommen von Lomé sind multilaterale Handels- und Entwicklungsabkommen zwischen der EG und den 69 AKP-Staaten. Dadurch werden die AKP-Länder mit den EG-Mitgliedstaaten assoziiert und erhalten neben Finanzhilfen erhebliche Handelsvorteile beim Export von Waren in die EG. Die Abkommen sind Kern der Entwicklungspolitik der EG. Lomé I wurde 1975 mit einer Laufzeit von fünf Jahren beschlossen, es folgten Lomé II (1980), Lomé III (1985) und schließlich 1990 Lomé IV mit einer Laufzeit von nunmehr zehn Jahren und einem Finanzrahmen von 22,4 Mrd. DM in den ersten fünf Jahren. Hauptschwerpunkt der Abkommen ist die langfristige Entwicklung der beteiligten Drittländer.

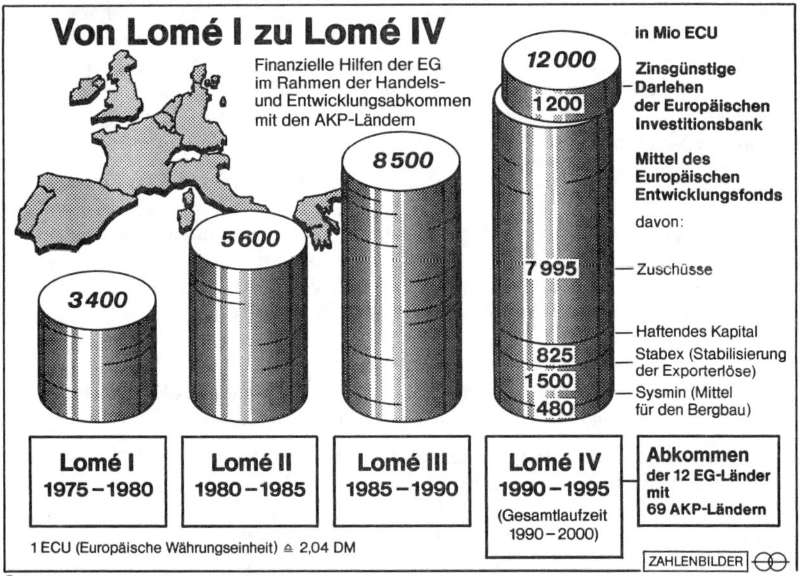

 725 610

Londoner Bericht: Auf der EPZ-Außenministertagung im Oktober 1981 in London zogen die damals zehn Außenminister Bilanz über die EPZ. Im Londoner Bericht äußerten sie sich zwar zufrieden über die bisherige Zusammenarbeit auf dem Gebiet der Außenpolitik, sahen aber die Notwendigkeit der Festigung und der Erweiterung des bestehenden EPZ-Instrumentariums. Die Beziehungen zwischen EG und EPZ sollten demnach enger gestaltet werden. Mit dem Londoner Bericht wurde der sicherheitspolitische Aspekt in die EPZ aufgenommen; der EPZ wurde ein fester Platz im Prozeß der politischen Einigung zugewiesen. Mit Stärkung der EPZ-Präsidentschaft sollte die Fähigkeit zum Krisenmanagement verbessert werden.

Luxemburger Bericht: Siehe Davignon-Bericht.

Luxemburger Kompromiß: Zum 1.1.1966 hätte der Ministerrat laut EWGV von einstimmigen Entscheidungen zu Mehrheitsentscheidungen übergehen sollen. Die französische Regierung lehnte dies ab. Da am 1.7.1965 keine Einigung über die umstrittene Agrarfinanzierung gelang, zog sie, um Entscheidungen zu verhindern, ihren Vertreter aus dem Rat zurück. Die "Politik des leeren Stuhls" war die erste größere Krise der EG. Sie wurde im Januar 1966 durch den Luxemburger Kompromiß beigelegt. Dieser besagt, daß ein Staat mit 'sehr wichtigen Interessen' nicht einfach überstimmt werden soll, sondern daß 'die Erörterung fortgesetzt werden muß, bis ein einstimmiges Einvernehmen erzielt worden ist'. Offen blieb, was ein wichtiges nationales Interesse ist und wie man sich im Dissensfall einigt. In den folgenden Jahren beriefen sich mehrere Mitglieder auf den Luxemburger Kompromiß und verhinderten so Entscheidungen. Seit der Verabschiedung der Einheitlichen Europäischen Akte, in der u.a. die Entscheidungsverfahren verbessert wurden, wurde der Luxemburger Kompromiß nicht mehr in Anspruch genommen.

Marshall-Plan: Der Marshall-Plan (European Recovery Program) war ein Programm zum Wiederaufbau der Wirtschaft Europas nach dem zweiten Weltkrieg, verkündet 1947 von dem damaligen US-Außenminister George C. Marshall. Bis 1952 erhielten 18 westeuropäische Staaten ca. 14 Mrd. US-$ als Kredite, nicht zurückzahlbare Zuschüsse, Sach- oder Lebensmittelhilfen. Der Marshall-Plan hatte entscheidenden Anteil am Wiederaufbau der westeuropäischen, besonders auch der westdeutschen Wirtschaft. Politisch ergänzte er die amerikanische Politik der Eindämmung des kommunistischen Einflusses.

MAST: (European research programme on Marine Science and Technology) Forschungs- und Entwicklungsprogramm für Meereswissenschaften und -technologie.

MEDIA: (Measures to encourage the development of the audio-visual industry) Programm zur Entwicklung der audiovisuellen Industrie in der Europäischen Gemeinschaft, um konkurrenzfähige Strukturen aufzubauen.

Meistbegünstigungsklausel: Die Meistbegünstigungsklausel verpflichtet einen Staat, alle handelspolitischen Vorteile, die er irgendeinem anderen Staat einräumt, auch dem Land zu gewähren, mit dem die Meistbegünstigung vereinbart wird. Dieses Prinzip ist Grundbestandteil des GATT und anderer Handelsabkommen.

Mehrheitsentscheidungen: Der Ministerrat trifft viele Entscheidungen einstimmig. Damit aber nicht jede Weiterentwicklung der Gemeinschaft wegen nationaler Interessen blockiert werden können, sehen die Römischen Verträge auch Abstimmungen mit einfacher oder qualifizierter Mehrheit vor. Allerdings wurden in der Vergangenheit –

bis zur Verabschiedung der Einheitlichen Europäischen Akte – aufgrund des Luxemburger Kompromisses die meisten Beschlüsse einstimmig gefaßt. Für Beschlüsse zur Vollendung des Binnenmarktes ist seit der EEA ausdrücklich – mit wenigen Ausnahmen – die Mehrheitsentscheidung vorgesehen, die auch praktiziert wird.

Messina, Konferenz von: Auf der Konferenz der sechs Außenminister der EGKS in Messina am 1./2.6.1955 wurde beschlossen, nach dem Modell der Montanunion Verhandlungen über die Integration weiterer Sektoren zu beginnen. Daraus entstanden dann die am 25.3.1957 unterzeichneten Römischen Verträge zur Gründung der EWG und der EAG.

Monitor: Monitor ist ein Gemeinschaftsprogramm zur strategischen Analyse, Vorausschau und Bewertung im Bereich der Forschung und Technologie. Es umfaßt drei Aktionsbereiche: SAST: Strategische Wirkungsanalyse von wissenschaftlichen und technischen Entwicklungen; FAST: Langfristige europäische Vorausschau auf die Wechselbeziehungen zwischen Wissenschaft, Technologie, Ökonomie und Gesellschaft; SPEAR: Methodologie und Wirksamkeit der sozialen und wirtschaftlichen Bewertung von Forschung und Entwicklung.

Montanunion: Montanunion ist die Kurzbezeichnung für die Europäische Gemeinschaft für Kohle und Stahl (EGKS).

Multifaserabkommen: Die Multifaserabkommen (MFA) gehen auf das Schutzbedürfnis der europäischen Textilindustrie aufgrund der im Weltmarktvergleich höheren Produktionskosten zurück. Die EG setzte 1981 in den Verhandlungen des Welthandelsabkommens GATT durch, den Import von Textilien zu begrenzen und einer Regulierung zu unterwerfen – und ihn damit für fünf Jahre den GATT-Regeln weitgehend zu entziehen. 1986 wurde das MFA um weitere fünf Jahre verlängert. Die Zuteilung von zulässigen Importquoten kann in bilateralen Textilabkommen unterschiedlich gehandhabt werden.

NATO: Die NATO (North Atlantic Treaty Organization) wurde am 4.4.1949 in Washington als kollektiver Sicherheitspakt gegründet. Bestandteile des Vertrags sind integrierte militärische Kommandobehörden, eine gegenseitige militärische Beistandsverpflichtung sowie verstärkte politische, wirtschaftliche und kulturelle Zusammenarbeit. Gegründet wurde die NATO von Belgien, Dänemark, Frankreich, Großbritannien, Island, Italien, Kanada, Luxemburg, den Niederlanden, Norwegen, Portugal und den USA. Später kamen Griechenland (1952), die Türkei (1952), die Bundesrepublik Deutschland (1955) und Spanien (1982) dazu. Frankreich (1966) und Griechenland (1974) schieden aus der militärischen Integration wieder aus.

Neues Gemeinschaftsinstrument (NGI): Das NGI ist eines der Finanzierungsinstrumente der EG. Die Gemeinschaft nimmt Anleihen auf, um in enger Verbindung mit der EIB strukturpolitische Zielsetzungen durch Investitionen in den Bereichen Energiepolitik, Regionalpolitik, Umstrukturierungs- und Umstellungspolitik sowie Ankurbelung des Wirtschaftswachstums als Darlehen finanzieren zu können. In den Jahren 1979–1989 wurden im Rahmen des NGI 6,345 Mrd. ECU zur Verfügung gestellt.

Nettozahler/-empfänger: Obwohl die Finanzierung der EG aus Eigenmitteln erfolgt und europäische Zielsetzungen verfolgt, beschäftigt die Differenz zwischen dem Anteil, den ein Land zur EG-Finanzierung einzahlt und den es aus EG-Mitteln erhält, immer wieder die Politiker. Da der Agrarhaushalt immer noch den Großteil des Haushalts verschlingt, werden Agrarländer begünstigt. Die Bundesrepublik Deutschland ist als Industrieland der größte Nettozahler – sie trägt mehr zum Haushalt bei, als wieder an sie zurückfließt. Als Exportland gehört sie aber auch zu den größten Nutznießern des gemeinsamen Marktes.

Niederlassungsfreiheit: Das Recht von EG-Bürgern auf Niederlassung in einem anderen Mitgliedstaat zur selbständigen Ausübung gewerblicher, landwirtschaftlicher oder freiberuflicher Erwerbstätigkeiten. Obwohl eine Beschränkung der Niederlassungsfreiheit seit dem 1. 1. 1970 verboten ist, findet diese de facto durch unterschiedliche Berufsregelungen und abweichende nationale Zulassungsvoraussetzungen statt. Durch Harmonisierung und gegenseitige Anerkennung von Berufsabschlüssen und Diplomen soll dieses Hindernis bis Ende 1992 aus dem Weg geräumt werden.

Nord-Süd-Konflikt in der EG: Das Wohlstandsgefälle in der EG hat sich durch ihre Süderweiterung verstärkt. Die Regionalpolitik der Gemeinschaft soll diesen Zustand ausgleichen, um dem in Art. 130a EWGV vorgesehenen Ziel, eine harmonische Gemeinschaft als Ganzes zu fördern, nachzukommen. Die Einkommens- und Strukturunterschiede und die damit verbundenen Interessenunterschiede innerhalb der EG erschweren die Einigung.

Nordischer Rat: Mitglieder des 1952 gegründeten Nordischen Rates mit Sitz in Helsinki sind Dänemark (seit 1973 auch EG-Mitglied), Finnland, Island, Norwegen und Schweden. Der Nordische Rat organisiert und vertieft die Zusammenarbeit der nordischen Länder. Erfolgreich war er bei der Herstellung einer Paß- und Zollunion und eines einheitlichen skandinavischen Arbeitsmarktes. Der Nordische Rat ist gekennzeichnet durch den informellen Charakter seiner Zusammenarbeit. Engere Kooperationsformen, z. B. das Ziel einer nordischen Wirtschaftsunion, scheiterten aufgrund verschiedenartiger außenpolitischer Verflechtungen.

Normung: Der für Ende 1992 angestrebte Gemeinsame Markt erfordert anstelle der bisherigen nationalen Normen die Einführung europäischer Normen. Entsprechend der Harmonisierungsrichtlinien der EG erarbeiten die europäischen Normenorganisationen CEN und Cenelec europäische Normen. Durch gemeinsame Normen werden eine Reihe von Handelshemmnissen nichtig.

Öffentliche Meinung: Die öffentliche Meinung wird in der Europäischen Gemeinschaft regelmäßig durch das Euro-Barometer demoskopisch erfaßt, das seit 1973 Stimmung und Grad der Zufriedenheit, Grundeinstellung zur Gesellschaft und zur EG, Beurteilung der Zukunft, Einschätzung des Binnenmarktes 1992 und andere, aktuelle Themen untersucht.

Österreich: Am 17. Juli 1989 hat Österreich dem Ministerrat ein offizielles Beitrittsgesuch zur EG unterbreitet. Da die österreichische Regierung auf der Beibehaltung der Neutralität auch bei einem Beitritt beharrte, weigerte sich Belgien, den Antrag ohne vorherige Diskussion zur Prüfung an die Kommission weiterzuleiten. Eine Erweiterung der EG wird vor 1993 nicht erwogen.

Paneuropa-Bewegung: Die Paneuropa-Bewegung ist eine Vereinigung zur Förderung des paneuropäischen Gedankens. Gegründet wurde sie 1922 von dem Österreicher Graf Coudenhove-Kalergi, nach dem zweiten Weltkrieg von ihm wiederbelebt. Ziel der Paneuropa-Union ist die Schaffung der Vereinigten Staaten von Europa, vergleichbar mit den USA. Obwohl Coudenhove-Kalergi nach Gründung der Paneuropa-Union mit einem Stufenplan zur Schaffung der Vereinigten Staaten ein beachtliches Echo fand, spielte er nach dem Zweiten Weltkrieg keine führende Rolle in der Europäischen Bewegung mehr.

Pariser Gipfelkonferenz: Im Oktober 1972 beschlossen die damals neun Staats- und Regierungschefs auf der Pariser Gipfelkonferenz, bis 1980 die Europäische Union zu verwirklichen. Dazu wurde der Tindemans-Bericht in Auftrag gegeben, der ein konsensfähiges Konzept erarbeiten sollte. Außerdem wurde der Beginn der zweiten Stufe der WWU für 1974 beschlossen. Die Intensivierung der Gemeinschaft fand Ausdruck in einer Reihe gemeinsamer Aktionsprogramme in verschiedenen Politikbereichen. Die Pläne zur Europäischen Union und WWU konnten später aufgrund divergierender Interessen nicht umgesetzt werden.

Pariser Verträge: Die am 5.5.1955 in Kraft getretenen Pariser Verträge zwischen Belgien, der Bundesrepublik Deutschland, Frankreich, Großbritannien, Italien, Kanada, Luxemburg, Niederlande und den USA regelten die Zusammenarbeit zwischen der Bundesrepublik und den Westmächten. Sie beendeten das Besatzungsregime und die Bundesrepublik erlangte weitestgehend Souveränität. Die Pariser Verträge regelten außerdem den Beschluß des Beitritts der Bundesrepublik zur NATO und die Erweiterung des Brüsseler Paktes zur Westeuropäischen Union sowie die Ergänzung des Deutschlandvertrages.

PETRA: PETRA (Community action programme on the vocational training of young people and their preparation for adult and working life) ist ein seit 1989 laufendes Programm zur Ausbildung und Vorbereitung der Jugendlichen auf das Erwachsenen- und Erwerbsleben. Ziel des Programms ist, die Qualität der Ausbildung im Hinblick auf den Gemeinsamen Markt zu erhöhen und Jugendlichen eine qualifizierte Berufsausbildung zu ermöglichen. Dazu wurde ein Netz von Ausbildungsinitiativen geschaffen.

PHARE: Das Hilfsprogramm PHARE zur wirtschaftlichen Umgestaltung der osteuropäischen Länder wurde 1989 von 24 Ländern (EG, EFTA, USA, Kanada, Australien, Türkei, Neuseeland, Japan) beschlossen. Die Koordinierung wurde der EG-Kommission übertragen. Das PHARE-Programm umfaßt eine Vielzahl einzelner Projekte und Aktionen. Bis Mitte 1991 konnten Zahlungszusagen (vor allem Finanzhilfen und Kreditbürgschaften) in Höhe von insgesamt über 30 Mrd. ECU mobilisiert werden. Für rund 50% der Mittel zeichnen die EG und ihre Mitgliedstaaten verantwortlich.

Präferenzabkommen: Eine Vereinbarung, in der sich die Vertragspartner Vorzugsbedingungen im gegenseitigen Warenaustausch gewähren.

PRISMA: Programm zur Vorbereitung von Industrien in rückständigen Gebieten auf den Binnenmarkt. Dafür steht in der Zeit von 1990–1993 eine Summe von 100 Mio. ECU zur Verfügung.

Protektionismus: Durch Protektionismus schützt oder begünstigt ein Staat inländische Produzenten vor der ausländischen Konkurrenz. Protektionistische Instrumente sind Zölle und mengenmäßige Einfuhrbeschränkungen, außerdem Vorschriften, die ausländische Wettbewerber diskriminieren und behindern, oder die Subventionierung der eigenen Industrie. Mit der Einführung des Gemeinsamen Marktes geht unter Drittländern die Angst einher, daß die EG als "Festung Europa" den Freihandel zugunsten der eigenen Industrie beschränken wird. Häufiger Gegenstand des Protektionismusvorwurfs ist die gemeinsame Agrarpolitik.

Qualifizierte Mehrheit: Der Rat entscheidet entweder einstimmig, mit einfacher oder mit qualifizierter Mehrheit. Die Einheitliche Europäische Akte (1986) erweiterte die Fälle der Abstimmungen mit Mehrheitsentscheidung, um die Wertigkeit des Gemeinschaftsinteresses gegenüber dem nationalen Interesse zu erhöhen. Bei Abstimmungen mit qualifizierter Mehrheit nach Art. 148 EWGV haben Deutschland, Frankreich, Großbritannien und Italien je zehn, Spanien acht, Belgien, die Niederlande, Griechenland und Portugal je fünf, Dänemark und Irland je drei und Luxemburg zwei Stimmen. Beschlüsse kommen zustande, wenn mindestens 54 (von 76) Stimmen dafür stimmen. Außerdem ist die Zustimmung von mindestens acht Mitgliedstaaten erforderlich, wenn die Entscheidung nicht auf einem Vorschlag der Kommission beruht.

Rahmenprogramm für Wissenschaft und Technik: In zwei Rahmenprogrammen beschlossen die Mitglieder der EG seit 1984, die Forschungsaktivitäten in der Gemeinschaft in eine globale Strategie einzupassen und eine große Palette von Forschungsschwerpunkten zu fördern. Die mit 6,48 Mrd. ECU (87–91) geförderten Anstrengungen unterstützen die EG-weite Kooperation in Forschung und Technik und die Verbreiterung der technologischen Wissensbasis in der Gemeinschaft.

RACE: Das RACE-Programm (Research and Development in Advanced Communication Technology for Europe) trägt der Tatsache Rechnung, daß der Kommunikationstechnologie in Europa in Zukunft größere Bedeutung zukommen wird. RACE ist das umfassendste Programm der EG im Bereich des Fernmeldewesens. Ein wichtiges Ziel ist die Entwicklung von Technologien für Breitbandkommunikation, d. h. die gleichzeitige Übertragung von Ton, Bild und Daten. Die EG stellt dafür 550 Mio. ECU (1987–1991) zur Verfügung.

Rat der Gemeinden und Regionen Europas (RGRE): Der 1950 gegründete RGRE ist ein Zusammenschluß von über 40.000 Gemeinden aus Europa, der Partnerschaften zwischen europäischen Kommunen vermittelt und durch kommunale Zusammenarbeit die Vereinigung Europas unterstützt. Die deutsche Sektion hat 940 Mitglieder. Aus ihm hervorgegangen ist die Europakonferenz der Gemeinden und Regionen, die unter dem Dach des Europarates ein Forum des Erfahrungsaustauschs und der Förderung der europäischen Idee ist. 1990 wurde er mit der International Union of Local Authorities (INLA; internationaler Gemeindeverband) zusammengelegt.

RECHAR: RECHAR ist ein 1989 verabschiedetes Programm im Rahmen des Strukturfonds für Regionale Entwicklung (EFRE) für Gebiete mit rückläufiger Entwicklung, um die Umstellung der Kohlereviere zu fördern. RECHAR soll u. a. die Politik der Verringerung von Subventionen abfedern.

Rechnungseinheiten: In der EG wurden zur Vereinfachung des Zahlungsverkehrs Rechnungseinheiten eingeführt, in denen die Haushalte und Fonds ausgewiesen wurden. Bis 1971 entsprach eine RE einem US-$. Nach einer Phase verschiedener Rechnungseinheiten in verschiedenen Bereichen wurde 1978 die ERE (Europäische Rechnungseinheit) als einheitliche Rechnungseinheit eingeführt, deren Wert sich aus einem Korb der Mitgliedswährungen errechnet. Damit identisch ist die ab 1979 im EWS eingeführte ECU.

Rechtsakte der Gemeinschaftsorgane: Rechtsakte von Rat und Kommission sind unterschiedliche Formen von Beschlüssen: Die Verordnung gilt unmittelbar als Gesetz in jedem Mitgliedstaat; die Richtlinie verpflichtet die Mitgliedstaaten, entsprechende Vorschriften zu schaffen, wobei ihnen Form und Mittel zur Erreichung des Ziels vorbehalten sind; die Entscheidung bezieht sich auf Einzelfälle und wendet sich an Mitgliedstaaten, Unternehmen oder Einzelpersonen und wird wie die Richtlinie nicht unmittelbar rechtswirksam; die Empfehlungen und Stellungnahmen sind unverbindlich. Dies gilt auch für programmatische Entschließungen des Rates.

Rechtsangleichung: Rechtsangleichungen werden vorgenommen, um Störungen im Gemeinsamen Markt, die durch unterschiedliche Rechts- und Verwaltungsvorschriften entstehen, zu beseitigen. Art. 100 EWGV sieht die Angleichung der Rechtsvorschriften vor, die sich unmittelbar auf die Errichtung oder das Funktionieren des Gemeinsamen Marktes auswirken. Im allgemeinen erläßt der Rat die Rechtsangleichungsvorschriften in Form von Richtlinien. Um dieses Verfahren zu erleichtern, wurde durch Einführung des Art. 100 a EWGV im Rahmen der EEA beschlossen, daß abgesehen von Steuern, der Freizügigkeit und den Arbeitnehmerrechten Entscheidungen zur Harmonisierung mit qualifizierter Mehrheit möglich sind.

Reglementierungsausschüsse: Siehe Komitologie.

Reinheitsgebot: Nach deutschem Lebensmittelrecht durfte nur eine genau definierte Palette an Zutaten beim Brauen von Bier verwendet werden. Laut der Entscheidung des EuGH vom 12. 3. 1987 ist dieses Reinheitsgebot ein unzulässiges, nicht-tarifäres Handelshemmnis, durch das ausländische Anbieter benachteiligt werden. Im Fall des Reinheitsgebots für Bier, aber auch z. B. bei der Zusammensetzung von Nudeln hat der Gerichtshof sich für den Freiverkehr der anders zusammengesetzten Produkte ausgesprochen.

RENAVAL: RENAVAL (Community programme on the shipbuilding areas) ist ein EFRE-Gemeinschaftsprogramm für die Umstellung der Schiffbauindustrie in Gebieten mit rückläufiger Entwicklung.

RESIDER: (Community programme on the conversion of coal and steel areas) Gemeinschaftsprogramm im Rahmen des Europäischen Fonds für Regionale Entwicklung für die Umstellung von Kohle- und Stahlindustriegebieten.

Richtlinien: Richtlinien sind Rechtsakte der Gemeinschaftsorgane. Durch Rat oder Kommission werden die Mitgliedstaaten der EG dazu angehalten, zur Erfüllung des in der Richtlinie genannten Ziels nationale Gesetze in der Regel innerhalb von zwei Jahren zu ändern oder zu erlassen.

Römische Verträge: Die Römischen Verträge sind die Gründungsverträge der Europäischen Wirtschaftsgemeinschaft (EWG) und der Europäischen Atomgemeinschaft (EAG/Euratom) sowie deren Zusatzprotokolle. Sie wurden in Rom am 25. 3. 1957 von Belgien, Dänemark, der Bundesrepublik Deutschland, Frankreich, Luxemburg und den Niederlanden unterzeichnet. Ihnen voraus ging die Bildung der Europäischen Gemeinschaft für Kohle und Stahl (EGKS), die zusammen mit EWG und EAG die Europäischen Gemeinschaften bildet. Wichtigster Vertrag ist der EWGV, in dessen Präambel die zentralen Ziele formuliert sind (u. a. enger Zusammenschluß der europäischen Völker, wirtschaftlicher und sozialer Fortschritt der Länder, stetige Verbesserung der Lebens- und Beschäftigungsbedingungen, Wahrung von Frieden und Freiheit). Die Römischen Verträge traten am 1. 1. 1958 in Kraft.

Schengener Abkommen: In dem im Juni 1985 in Schengen (Luxemburg) geschlossenen "Übereinkommen zwischen den Regierungen der Staaten der Benelux-Wirtschaftsunion, der Bundesrepublik Deutschland und der Französischen Republik betreffend den schrittweisen Abbau der Kontrollen an den gemeinsamen Grenzen" ist der Wegfall der Grenzkontrollen vorgesehen. Ein Zusatzabkommen regelt die Behandlung von Asylanträgen und die Zusammenarbeit der Polizeibehörden über die Grenzen hinaus. Das Schengener Abkommen besitzt damit Modellcharakter für die durch den Gemeinsamen Binnenmarkt vorgesehene Grenzöffnung.

Schlußakte von Helsinki: Die am 1. 8. 1975 unterzeichnete Schlußakte der KSZE enthält ein langfristig angelegtes, umfassendes Rahmenprogramm für die Verbesserung der politischen und wirtschaftlichen Beziehungen der Teilnehmerstaaten und für das Zusammenleben in Europa. Sie ist das Resultat der seit 1973 tagenden KSZE, an der alle europäischen Länder (Albanien seit 1991) sowie Kanada und die USA teilnehmen.

Schuman-Plan: Der im Mai 1950 vom französischen Außenminister Robert Schuman vorgelegte Plan einer Teilintegration gab den Anstoß für die 1952 verwirklichte Europäische Gemeinschaft für Kohle und Stahl. Unterschiedliche Interessen wurden dadurch verwirklicht: Während Frankreich ein Interesse hatte, die deutsche Kohle- und Stahlindustrie unter eine gemeinsame Kontrolle zu stellen, um die Möglichkeit eines Krieges zukünftig auszuschließen, nutzte die noch nicht souveräne Bundesrepublik Deutschland die Chance, als gleichberechtigtes Mitglied unter den sechs Mitgliedern anerkannt zu werden, sowie die Möglichkeit der Aussöhnung, die sich aus einer solchen Zusammenarbeit ergibt.

Schwellenpreise: Schwellenpreise sind Mindestpreise, zu denen Agrarprodukte in die EG importiert werden dürfen. Unter den Schwellenpreisen liegende Preise für Agrarprodukte werden durch Abschöpfungen und/oder Zölle so stark verteuert, daß sie den Schwellenpreis erreichen. Sinn dieser Maßnahme ist der Schutz einheimischer Landwirte vor billiger produzierenden Bauern aus Drittländern.

SCIENCE: (Programme plan to stimulate the international cooperation and interchange needed by European research scientists) Programm zur Stimulierung von Zusammenarbeit und Austausch im wissenschaftlichen und technischen Bereich. Das 1988 gestartete Programm soll durch grenzüberschreitende Kooperations- und Austauschprojekte die Qualität der wissenschaftlichen und technischen Forschung verbessern. Es hat eine Laufzeit von fünf Jahren und einen Etat von 167 Mio. ECU.

Sozialcharta: Um die soziale Dimension in dem durch ökonomische Überlegungen geprägten Binnenmarkt zu berücksichtigen, beschloß der Europäische Rat am 9.12.1989 eine Gemeinschaftscharta der sozialen Grundrechte, in der soziale Mindestanforderungen genannt werden. Obwohl sie keine Rechtsverbindlichkeit besitzt, stimmte Großbritannien gegen die Charta, die in 30 Punkten Grundrechte in bezug auf Freizügigkeit, Gleichbehandlung, sozialen Schutz und angemessene Einkommen für alle Bürger der EG vorsieht. Die Umsetzung der Mindestanforderungen in den EG-Ländern soll jährlich in einem Bericht dokumentiert werden.

Sozialer Dialog: Der soziale Dialog bezeichnet Treffen der Sozialpartner auf europäischer Ebene. Er hatte seinen Ursprung Mitte der 80er Jahre, als der Europäische Gewerkschaftsbund (EGB), die Arbeitgeberorganisation UNICE und der Europäische Zentralverband unter Vorsitz der Kommission zusammenkamen. Der soziale Dialog soll möglichst im Vorfeld des Binnenmarktes zur Etablierung annehmbarer Rahmenbedingungen führen.

Spaak-Bericht: Der Spaak-Bericht an die Außenminister der EGKS-Staaten empfahl im April 1956 die Gründung einer Europäischen Wirtschaftsgemeinschaft und einer Europäischen Atomgemeinschaft. Auf ihrer Konferenz von Messina hatten sie 1955 eine Expertengruppe unter Vorsitz des belgischen Außenministers Paul-Henri Spaak beauftragt, Wege zur Fortführung der wirtschaftlichen Integration zu suchen. Der Spaak-Bericht wurde auf der Konferenz von Venedig grundsätzlich angenommen und bildete die Basis für die am 25.3.1957 abgeschlossenen Römischen Verträge.

SPES: (European Stimulation Plan for Economic Science) Plan zur Stimulierung von europäischer Zusammenarbeit und Austausch zwischen Wirtschaftswissenschaften. Gefördert wird SPES mit 6 Mio. ECU (1989–1992).

SPRINT: (Strategic Programme for Innovation and Technology Transfer) Strategisches Programm für Innovation und Technologietransfer. Etat für 1989–1993: 90 Mio. ECU.

Stabex: Das Stabex-System ist ein Grundpfeiler der EG-Entwicklungspolitik. Die EG garantiert den AKP-Staaten ein Mindesteinkommen für ihre Agrarprodukte, die für Entwicklungsländer die wichtigsten Exportprodukte sind. Sinken die Ausfuhrerlöse im

Vergleich zum Durchschnittserlös der Vorjahre, dann gleicht die Gemeinschaft den Gewinnverlust entweder mit einem Überbrückungskredit oder mit einem nicht rückzahlbaren Zuschuß aus.

Stabilisatoren: Die Einführung von Stabilisatoren wurde vom Europäischen Rat 1988 beschlossen, um die Ausgabenzuwächse in der Agrarpolitik zu bremsen. Stabilisatoren sehen für bestimmte Agrarprodukte vor, daß die Garantiepreise automatisch dann im folgenden Jahr gesenkt werden, wenn die Mengenschwelle des Vorjahres überschritten wird. Damit wird eine Verminderung der Überproduktion erwirkt.

Standardqualität: Die Standardqualität bei Agrarprodukten ist die Qualität, auf die sich der Richtpreis und die davon abhängigen festgesetzten Preise beziehen. Preise für andere Qualitäten werden mittels bestimmter Berechnungsfaktoren von den Preisen für die Standardqualität abgeleitet.

Ständiger Ausschuß für Beschäftigungsfragen: Der Ständige Ausschuß für Beschäftigungsfragen ist ein seit 1970 bestehendes institutionelles Dach, unter dem neben Vertretern der Kommission Arbeitsminister, Gewerkschaftsvertreter und Arbeitgebervertreter aus den Mitgliedstaaten einen Dialog über Fragen der Beschäftigung und Mitbestimmung führen. Der in der Regel zwei- bis dreimal jährlich tagende Ausschuß bemüht sich um die Koordinierung der Beschäftigungspolitik der Mitgliedstaaten.

STAR: (Special Telecommunication Action for Regional development) STAR ist ein Gemeinschaftsprogramm zur Entwicklung bestimmter benachteiligter Regionen der Gemeinschaft durch einen besseren Zugang zu den fortgeschrittenen Telekommunikationsdiensten. Für diesen Zweck stehen von 1987–1991 780 Mio. ECU zur Verfügung.

STEP: STEP (Science and Technology for Environmental Protection) ist ein Programm für Wissenschaft und Technologie im Umweltschutz, dem in seiner zweiten Phase von 1989–1992 75 Mio. ECU zur Verfügung stehen.

Steuerharmonisierung: Unterschiedliche Steuerbelastungen beeinträchtigen den Gemeinsamen Binnenmarkt. Im EWGV ist die Harmonisierung der indirekten Steuern vorgesehen. Dadurch würden innergemeinschaftliche Steuergrenzen entfallen, die bislang ausgeglichen werden, um Wettbewerbsverzerrungen zu verhindern. Prominentestes Beispiel ist die Mehrwertsteuer: Je mehr sich die EG-Mehrwertsteuersätze annähern, desto kleiner fallen die Ausgleichsabgaben aus. Bis 1992 sollen die indirekten Steuern harmonisiert werden. Im Bereich der direkten Steuern bewirkt eine Harmonisierung der direkten Unternehmensbesteuerung gleiche Wettbewerbsbedingungen für alle Wettbewerber. Die Steuerharmonisierung ist eine spürbare Beschränkung nationaler Souveränität und stößt daher auf große Schwierigkeiten.

STRIDE: (Science and Technology for Regional Innovation and Development in Europe) Programm für Wissenschaft und Technik auf dem Gebiet der regionalen Innovation und Entwicklung für ländliche Gebiete in Europa. STRIDE ist ein Programm des EFRE und finanziert u. a. Projekte, die der Förderung einer direkten Verbindung zwischen Forschung und Wirtschaft dienen.

Strukturfonds: Die der Verwaltung der Kommission unterstehenden Strukturfonds der EG finanzieren Strukturhilfen im Gemeinschaftsbereich. Es sind der Europäische

Ausrichtungs- und Garantiefonds für die Landwirtschaft, der Europäische Regionalfonds zur Finanzierung regionalpolitischer Strukturbeihilfen sowie der Europäische Sozialfonds für die Verwirklichung der Sozialpolitik. Die Mittel der Strukturfonds, deren Verdopplung bis 1992 (im Vergleich zu 1987) im Rahmen des Delors-Pakets beschlossen wurde, fließen überwiegend ärmeren Regionen zu: Damit soll der wirtschaftliche und soziale Zusammenhalt in der EG so verstärkt werden, daß die Anforderungen des Gemeinsamen Binnenmarktes überall in der EG bewältigt werden können. Bis 1992 stehen den Strukturfonds insgesamt über 50 Mrd. ECU zur Verfügung.

Subsidiaritätsprinzip: Das Subsidaritätsprinzip besagt, daß die Staatsgewalt von der Ebene ausgeht, die zur Lösung einer Aufgabe am besten geeignet ist. Von der unteren Ebene lösbare Aufgaben verbleiben hier, während in Bereichen, die nicht oder nicht ausreichend bewältigt werden können, Kompetenzen auf eine höhere Ebene übertragen werden. Ein Beispiel dafür ist in der EG die Behandlung der Umweltpolitik (Art. 130 r EWGV).

Subvention: Subventionen sind Finanzhilfen oder mit einem Einnahmeverzicht verbundene Begünstigungen von Unternehmen, die von der öffentlichen Hand gewährt werden, um bestimmte wirtschaftspolitische Ziele zu erreichen. So können Subventionen etwa zur Erhaltung von Betrieben oder ganzen Wirtschaftszweigen gewährt werden, zur Anpassung an neue Bedingungen, zur Förderung des Produktivitätsfortschritts und des Wachstums von Unternehmen oder Unternehmenszweigen. Die Förderung durch wettbewerbsverzerrende Subventionen ist innerhalb der EG untersagt. Ausnahmen beziehen sich auf die Verbesserung der sozial-, struktur- und regionalpolitischen Situation innerhalb der EG. Da Subventionen den Freihandel behindern, wird weltweit, beispielsweise im GATT, der Subventionsabbau angestrebt.

Süderweiterung: Griechenland (1975), Portugal (1977) und Spanien (1977) stellten in den 70er Jahren nach Einführung demokratischer Regierungssysteme Anträge zum Beitritt in die EG. Unter der Süderweiterung versteht man den Beitritt dieser drei Staaten (Griechenland 1981; Portugal und Spanien 1986). Damit entstanden weitere Probleme für die EG durch die beträchtlichen Strukturunterschiede und das Wohlstandsgefälle zwischen alten und neuen Mitgliedern. Überwiegend politische Gründe – die Erwartung der innenpolitischen Stabilisierung der neuen Mitglieder durch ihre Mitgliedschaft – waren ausschlaggebend, trotz der ökonomischen Bedenken deren Beitritt zu befürworten.

SYSMIN: SYSMIN ist ein System zur Stabilisierung von Erlösen im Bergbaubereich für die mit der EG assoziierten AKP-Entwicklungsländer. Im Rahmen von SYSMIN erhalten diese Staaten u. a. Sonderdarlehen zur Finanzierung spezifischer Vorhaben im Bergbaubereich. Bei einem Produktions- oder Exportrückgang aufgrund technischer oder politischer Schwierigkeiten im Bereich der Produktion mineralischer Grundstoffe sollen die Hilfsmaßnahmen die Rentabilität der Bergbauunternehmen erhalten und so verhindern, daß die Exporterlöse in diesem Bereich zurückgehen.

TEDIS: TEDIS (Trade Electronic Data Interchange System) ist ein seit 1988 bestehendes Programm zum elektronischen Datentransfer für kommerzielle Zwecke.

Tempus: Tempus ist das Transeuropäische Mobilitätsprogramm für Universitätsstudenten mit einer Laufzeit von 1990–1994. Der Jahresetat beträgt 117 Mio. ECU. Tempus trägt der Öffnung der Staaten Zentral- und Osteuropas Rechnung: Analog zu den bereits bestehenden Gemeinschaftsprogrammen im Bereich der Bildung will die EG mit diesem Programm und einer Europäischen Stiftung für berufliche Bildung auf die spezifischen Bedürfnisse in zentraleuropäischen Ländern, zunächst in Polen und Ungarn, eingehen.

Tindemans-Bericht: Die Konferenz der Staats- und Regierungschefs beauftragte 1974 den damaligen belgischen Premierminister Leo Tindemans, ein Gesamtkonzept über die Umwandlung der EG in eine Europäische Union auszuarbeiten. In dem am 29.12.1975 vorgelegten, pragmatisch ausgestalteten Dokument wurde u. a. eine einzige Entscheidungszentrale mit ausreichender Autorität, die Verstärkung der gemeinschaftlichen Außenpolitik, eine Transformation der Gesellschaftsordnung und verstärkte Solidarität gefordert. Weitere Ziele waren die Verwirklichung der WWU, der gemeinsame Schutz der Energieversorgung und die Verstärkung der gemeinsamen Forschung. Um diese Ziele realisierbar und konsensfähig zu gestalten, forderte Tindemans die Erweiterung der Kompetenzen der europäischen Institutionen, wies aber auch auf die Möglichkeit hin, daß die Weiterentwicklung der EG auch mit zwei Geschwindigkeiten stattfinden könnte, d. h. zunächst nur von den Mitgliedern getragen werden könnte, die dazu in der Lage sind. Obwohl der Tindemans-Bericht nach pragmatischen Gesichtspunkten gestaltet wurde und die Weiterentwicklung der Gemeinschaft als flexiblen und schrittweisen Prozeß vorsah, wurde er nicht in unmittelbare Initiativen zur Europäischen Union umgesetzt.

Transnationale Integration: Unter transnationaler Integration versteht man das Zusammenwachsen von Regionen oder Verbänden, Parteien, Unternehmen etc. über Staatsgrenzen hinaus. Ein Beispiel ist in der EG das Entstehen von übernationalen Interessenverbänden oder Parteienzusammenschlüssen. Ihre Funktion besteht in der Vertretung von Zielen, die durch die politische Integration auf nationaler Ebene nicht wirksam eingefordert werden können.

Transnationale Politik: Transnationale Politik ist Politik von nichtstaatlichen Akteuren, deren Entscheidungen die Politik über die Staatsgrenzen eines Landes hinaus beeinflussen oder induzieren. Besonders wachsende wirtschaftliche Verflechtung schafft ein gewisses Maß an Macht und Autonomie und dadurch Entscheidungsspielräume, die das außenpolitische Monopol eines Staates unterlaufen können. So kann etwa ein transnationaler Konzern durch seine Investitionspolitik Einfluß auf die politischen Entscheidungen bestimmter Länder, die die Investition in ihrem Land wünschen, nehmen.

TREVI: (Terrorisme, Radicalisme, Extrémisme, Violence Internationale) TREVI ist die Bezeichnung für die 1975 gegründete, seit 1976 bestehende, informelle Zusammenarbeit der Innen- und Justizminister der EG-Staaten zur Bekämpfung des internationalen Terrorismus und Drogenhandels. Zu Beratungen über Kooperation und gemeinsame Strategien treffen sich die Minister für innere Sicherheit der Gemeinschaft auf dieser Ebene zweimal im Jahr. TREVI arbeitet auch mit Drittstaaten zusammen.

Türkei: Die seit 1964 mit der EG assoziierte Türkei beantragte am 14.4.1987 die Aufnahme in die EG. Eine EG-Mitgliedschaft der Türkei ist aus mehreren Gründen problematisch: Sie würde das bestehende Wohlstandsgefälle in der Gemeinschaft noch weiter verstärken und damit ein Fortschreiten der Integration komplizieren. Die mit einer Mitgliedschaft verbundene Öffnung der Märkte würde der Türkei zum jetzigen Zeitpunkt außerordentlich schwer fallen, so daß mit langen Übergangsfristen zu rechnen wäre. Außerdem würde die Freizügigkeit einen starken Zustrom türkischer Arbeitnehmer in die reicheren Gebiete der Gemeinschaft auslösen. Wegen der wirtschaftlichen und sozialen Kluft beschloß der Rat auf Vorschlag der Kommission im Februar 1990, keine Verhandlungen über den Beitrittsantrag der Türkei aufzunehmen. Stattdessen soll das bestehende Assoziierungsabkommen ausgebaut werden.

Unabhängige europäische Programmgruppe (IEPG): Die IEPG ist ein 1975 gegründetes, informelles Gremium der Zusammenarbeit der Verteidigungsminister der Euro-Group und Frankreichs. Ziele der einmal jährlich stattfindenden Treffen ist die Rüstungszusammenarbeit. 1988 verabschiedete die Programmgruppe einen "Aktionsplan für die schrittweise Schaffung eines europäischen Rüstungsmarktes", in dem die Grundsätze des grenzüberschreitenden Wettbewerbs und der umfassenden Zusammenarbeit auf dem Gebiet von Forschung und Technologie festgeschrieben sind.

UNICE: UNICE (Union des Confėderations de l'Industrie et des Employeurs d'Europe) ist die Vereinigung der europäischen Industrie- und Arbeitgeberverbände. Dem 1959 gegründeten Interessenverband gehören Industrie- und Arbeitgeberverbände aus den Mitgliedstaaten von EG und EFTA an. UNICE stimmt die Positionen ihrer Mitglieder in allen europäischen Fragen ab und vertritt deren Position insbesondere gegenüber den EG-Institutionen.

Untätigkeitsklage: Untätigkeitsklagen sind Klagen, die beim Europäischen Gerichtshof gegen den Ministerrat oder die Kommission der EG eingereicht werden können, wenn diese Organe durch ihre Untätigkeit gegen Ziele der Europäischen Verträge verstoßen (Art. 175 EWGV). Untätigkeitsklagen sind von den Mitgliedstaaten, den EG-Organen oder von einzelnen Personen einzubringen, wenn das betreffende Organ zwei Monate nach einer entsprechenden Aufforderung nicht tätig geworden ist. Beispielsweise verurteilte der Gerichtshof auf Klage des Europäischen Parlaments 1985 den Rat der Verkehrsminister, weil er nicht tätig wurde, um die im EWGV vorgeschriebene Freizügigkeit für Verkehrsdienstleistungen herzustellen.

Ursprungslandprinzip: Das Ursprungslandprinzip regelt die zolltarifliche und einfuhrrechtliche Behandlung von Importgütern. Das bedeutet: Importe unterliegen den mit dem Ursprungsland vereinbarten Bestimmungen. In der steuerlichen Behandlung findet das Ursprungsprinzip keine Anwendung. Es gilt der Umsatzsteuersatz des Bestimmungslands.

Ursprungsregelung: Da es oft schwierig ist, festzustellen, welches Land das Ursprungsland einer in mehreren Unternehmen nacheinander hergestellten Ware ist, bestimmen Ursprungsregelungen, welches Land als Ursprungsland des Produkts anzusehen ist. Die EG will mittels Ursprungsregelungen verhindern, daß Unternehmen aus Drittstaaten durch Verlagerung einzelner Produktionsschritte in die Gemeinschaft die Außengrenzen des Gemeinsamen Marktes unterlaufen.

VALOREN: VALOREN (Community programme on the development of certain less-developped EC regions through valorization of the indigenous energy potential) ist ein Gemeinschaftsprogramm zur Entwicklung weniger entwickelter Regionen der EG durch eine Entwicklung ihres endogenen Energiepotentials.

VALUE: VALUE ist ein Programm zur Verbreitung und Nutzung der Ergebnisse wissenschaftlicher und technischer Forschung. Für 1989–1992 stehen von der Gemeinschaft dafür 38 Mio. ECU zur Verfügung.

Veredelungskoeffizient: Die Umwandlung von landwirtschaftlichen Grundstoffen in höherwertige Nahrungsmittel nennt man Veredelung. Sie kann entweder durch Verfütterung oder durch Verarbeitung eines Grundstoffs stattfinden. Welche Menge eines Grunderzeugnisses dabei für die Erzeugung eines Veredelungsprodukts gebraucht wird, gibt der Veredelungskoeffizient an. Die Bedeutung dieses Wertes liegt beim Handel mit Drittländern in der Berechnung der Kosten der Grundstoffe eines Veredelungsproduktes, deren Höhe für die Berechnung der Abschöpfungen, die unterschiedliche Rohstoffkosten ausgleichen sollen, wichtig ist.

Verfassung, Europäische: Eine Europäische Verfassung wäre die rechtliche Grundlage der angestrebten Europäischen Union. Eine solche Verfassung würde eine qualitative Weiterentwicklung der EG bedeuten und die politische Handlungsfähigkeit der Gemeinschaft stärken. 1984 brachte das EP einen ersten Vertragsentwurf zur Gründung der Europäischen Union ein. Die Europäische Verfassung wird das politische System der EG durchschaubarer machen und damit Legitimations-, Identitäts- und Effizienzprobleme verringern. Inhaltlich würde sie die Kompetenzverteilung und föderale Struktur der Gemeinschaft regeln, Entscheidungsprozesse festlegen und einen gemeinsamen Bestand an Grundrechten kodifizieren. Im Dezember 1990 begann die Regierungskonferenz zur Schaffung einer Politischen Union, die einen Prozeß einleitete, an deren Ende eine Europäische Verfassung stehen könnte.

Versammlung der Regionen Europas (VRE): Die Versammlung der Gemeinden und Regionen Europas ist eine jährlich tagende ständige Konferenz, die im Rahmen des Europarates organisiert ist. Auf der 20. Session der ständigen Konferenz am 15. 10. 1985 wurde die Europäische Charta zur kommunalen Selbstverwaltung vorgelegt, deren Ziel es ist, die Abwesenheit gemeinsamer europäischer Normen zu vergüten und dem europäischen Bürger die Möglichkeit zu geben, an den Entscheidungen, welche seinen alltäglichen Lebensrahmen bestimmen, mitzuwirken.

Vertragsänderungsverfahren: Zur Änderung der Vertragstexte können Mitgliedstaaten oder Kommission dem Rat Entwürfe vorlegen. Nach Anhörung des EP und ggf. der Kommission kann der Rat eine Regierungskonferenz der Mitgliedstaaten einberufen, die dann die Änderungen festlegt (Art. 236 EWGV). Die Vertragsänderung muß von den Parlamenten der Mitgliedstaaten ratifiziert werden. Die bisher umfangreichste Vertragsänderung war die EEA.

Vertragsverletzungsverfahren: Ein Vertragsverletzungsverfahren ist ein Gerichtsverfahren vor dem EuGH gegen einen Mitgliedstaat, in dem der Vorwurf der Vertragsverletzung überprüft wird. Im Falle einer vermuteten Verletzung der Verträge können Mitgliedstaaten oder die Kommission initiativ werden. 1990 leitete die Kommission 1.332 Verstoßverfahren ein, von denen es in 73 Fällen zu einer Klage kam.

Verwaltungsausschüsse: Siehe Komitologie.

Währungsausgleich: Siehe Grenzausgleich.

Währungsschlange: Der Ministerrat vereinbarte 1972 einen europäischen Währungsverbund, die "Währungsschlange". Die in diesem Verbund zusammengeschlossenen Währungen durften untereinander nur noch um +/– 2,25% schwanken. Eine gleichgerichtete Stabilitätspolitik sollte dieses Ziel absichern. Das Wechselkursverhältnis zwischen den Währungen wurde auch nach der Freigabe der Wechselkurse gegenüber dem US-Dollar im März 1973 beibehalten. Allerdings erwies sich die Währungsschlange zu schwach im Verhältnis zu den durch heftige Währungsschwankungen geschaffenen Problemen, so daß nur die Bundesrepublik Deutschland, Dänemark und die Benelux-Länder die ganze Zeit in der Währungsschlange blieben. Anfang 1979 wurde sie durch das EWS abgelöst.

Warenverkehr, freier: Der freie Warenverkehr ist eine der vier für einen Gemeinsamen Markt ohne Schranken erforderlichen Grundfreiheiten. Um einen freien Warenverkehr über die EG-Grenzen zu ermöglichen, ist eine Harmonisierung der Zölle und Steuern ebenso notwendig wie einheitliche Regelungen auf den Gebieten des Gesundheits-, Verbraucher- und Umweltschutzes. Außerdem müssen alle weiteren Handelshemmnisse beseitigt werden. Die Gemeinschaft hat sich mit der Schaffung des Gemeinsamen Binnenmarktes bis Ende 1992 das Ziel gesetzt, diese Maßnahmen zu verwirklichen.

Warschauer Pakt: Der Warschauer Pakt wurde am 14. 5. 1955 zwischen der UdSSR, Albanien, Bulgarien, Polen, Rumänien, der CSSR und Ungarn abgeschlossen. Er ist das östliche Gegenstück zur westlichen NATO. Albanien trat 1968 aus, die 1956 beigetretene DDR schied 1990 mit der Vereinigung Deutschlands aus dem Bündnis aus. 1991 löste sich das Bündnis auf.

Weißbuch zur Vollendung des Binnenmarktes: Im dem 1985 von der Kommission vorgelegten und vom Europäischen Rat verabschiedeten Weißbuch wird ein Katalog von 282 Vorschlägen und Maßnahmen aufgestellt, durch deren Verwirklichung die den Gemeinsamen Binnenmarkt behindernden materiellen, technischen und steuerlichen Schranken beseitigt werden. Die Kommission legt dem Rat und dem EP jährlich einen Bericht über den Stand der verwirklichten Maßnahmen vor. Bis Mitte 1991 waren rd. 200 der im Weißbuch vorgesehenen Maßnahmen verabschiedet.

Werner-Plan: Der Werner-Plan ist der von einem Ausschuß unter der Leitung des damaligen luxemburgischen Ministerpräsidenten und Finanzministers, Pierre Werner, erarbeitete Bericht über die stufenweise Ausarbeitung der WWU. Er wurde im Oktober 1970 vorgelegt und sah die schrittweise Schaffung der WWU in drei Stufen bis 1980 vor, die durch Währungskooperation, Koordinierung der Konjunkturpolitiken,

Aufhebung der Kapitalverkehrsgrenzen und einen regionalen Finanzausgleich verwirklicht werden sollte. Die erste Stufe begann 1971. Das Auseinanderdriften der Währungen in den 70er Jahren und der Rückgriff auf nationale Krisenbewältigungsstrategien verhinderten die weitere Verwirklichung des Plans.

Westeuropäische Union (WEU): Die Westeuropäische Union befaßt sich mit wirtschaftlicher, politischer und kultureller Zusammenarbeit und kollektiver Selbstverteidigung. Sie wurde nach dem Scheitern der EVG am 23. 10. 1954 in Paris gegründet. Mitgliedstaaten sind Belgien, die Bundesrepublik Deutschland, Frankreich, Großbritannien, Italien, Luxemburg, die Niederlande und seit 1989 Portugal und Spanien. Wichtigstes Organ ist der Rat der Außenminister. Als übergeordnete Organisationen nahmen die NATO und der Europarat der WEU einen Teil ihrer ursprünglichen Aufgaben ab. Im Rahmen der Diskussion über einen "europäischen Pfeiler" in der Verteidigungspolitik erfährt die WEU derzeit eine Wiederbelebung.

Wettbewerbsverzerrungen: Wettbewerbsverzerrungen können vorliegen, wenn ein Konkurrent im Wettbewerb besondere Vorteile hat, die nicht auf eigene Leistung oder natürliche oder allgemeine ökonomische Produktions- und Standortbedingungen zurückzuführen sind. Die Hauptquellen solcher Verzerrungen sind staatliche Maßnahmen wie z. B. unterschiedliche Steuer- und Rechtsvorschriften. Ein zutreffender Vergleich der Wettbewerbspositionen kann nur von der Gesamtlage ausgehen, da einzelne an sich den Wettbewerb verzerrende Vor- und Nachteile sich ausgleichen können, so daß es insgesamt nicht zu einer Wettbewerbsverzerrung kommt.

Wohlstandsgefälle: In Art. 130 EWGV und der Einheitlichen Europäischen Akte ist das Ziel der Gemeinschaft formuliert, den wirtschaftlichen Abstand zwischen den verschiedenen Regionen zu verringern. Zwischen den Mitgliedstaaten der EG gibt es erhebliche Wohlstandsunterschiede. Den wohlhabenden Regionen im Norden der Gemeinschaft stehen landwirtschaftlich geprägte, entwicklungsschwache Regionen sowie Regionen mit schrumpfenden Industriezweigen und hoher Arbeitslosigkeit gegenüber. Die EG bekämpft diese Divergenz u. a. durch den 1975 gegründeten Regionalfonds, der bis 1990 insgesamt 52 Mrd. DM vergeben hat. Bevorzugte Mittelempfänger sind Irland, Portugal, Griechenland und Spanien. Trotz dieser Bemühungen hat sich das Wohlstandsgefälle seither weiter verstärkt.

YES für Europa: siehe Jugend für Europa.

Zahlmeister: Weil die Bundesrepublik Deutschland Nettozahler im Gemeinschaftshaushalt ist, wird sie von Kritikern der EG gelegentlich als Zahlmeister der Gemeinschaft bezeichnet. Da der Haushalt Agrarländer begünstigt, erhält die Bundesrepublik als Industrieland weniger Mittel, als sie einzahlt. Trotzdem ist der Vorwurf, daß die Bundesrepublik die Hauptlasten der Gemeinschaft trage, falsch, da der deutsche Anteil bei den EG-Eigeneinnahmen mit etwa 30% dem wirtschaftlichen Gewicht der Bundesrepublik entspricht. Vorwiegend über die Agrarpreisfinanzierung fließen etwa die

Hälfte der Beiträge wieder in die Bundesrepublik zurück. Als stärkstes Exportland der EG zieht die Bundesrepublik besonders große Vorteile aus dem Gemeinsamen Markt.

Zollkontingente: Die Einrichtung von Zollkontingenten ist ein Verfahren, bestimmte Waren in begrenzten Mengen zu einem ermäßigten Zoll oder zollfrei einzuführen. Die EG oder einzelne Mitgliedstaaten ermöglichen mit Hilfe der Zollkontingente ihre günstige Versorgung mit benötigten Waren, ohne über die notwendige Kontingentmenge hinaus den Zollschutz einzuschränken.

Zollrechtsharmonisierung: Die Angleichung des Zollrechtes war eine Voraussetzung für die EG, um nach der Einführung der Zollunion die einheitliche Anwendung des Gemeinsamen Zolltarifs sicherzustellen. Maßnahmen dazu sind die Einführung eines Zollkodex und neuer, gemeinsamer Vorschriften zur Abwehr von Produkten aus Drittländern, die Schutzrechte in der EG verletzen.

Zollunion: Eine Zollunion ist der Zusammenschluß mehrerer Zollgebiete zu einem einheitlichen Zollgebiet. Dabei fallen die Binnenzölle zwischen den Mitgliedern weg. Im Unterschied zur Freihandelszone kann bei der Einfuhr von Waren aus Drittländern kein Mitgliedsland eigene Zölle erheben, stattdessen werden einheitliche Außenzölle erhoben. Eineinhalb Jahre früher als vorgesehen konnte die EG im gewerblichen Bereich die Zollunion am 1. 7. 1968, bei landwirtschaftlichen Produkten am 1. 1. 1970 vollenden. Später beitretende Mitglieder erhalten jeweils eine Übergangsfrist, bis die Zollunion auch auf ihrem Gebiet voll anwendbar ist. Die Übergangsfrist der neuen EG-Mitglieder Spanien und Portugal läuft am 1. 1. 1993 aus.

Zuckerabkommen: Das Zuckerprotokoll ist ein Zusatz des Lomé-Abkommens im Rahmen der Entwicklungspolitik. Die EG garantiert vorwiegend landwirtschaftlich orientierten Entwicklungsländern als Maßnahme zur Erlössicherung eine jährliche Abnahmemenge von Rohrzucker zu EG-Preisen, die erheblich über den Weltmarktpreisen liegen.

Zeittafel der europäischen Integration

von Martin Schultz

19.09.1946	Winston Churchill verlangt in Zürich die Gründung der Vereinigten Staaten von Europa.
08.–10.05.1948	Der Koordinierungsausschuß für die europäische Einheit beruft den Kongress von Den Haag ein. In seinen Resolutionen fordert der Haager Kongreß ein geeintes demokratisches Europa und die Schaffung des Europarates.
05.05.1949	In London erfolgt die Gründung des Europarates. Sein Sitz ist Straßburg.
09.05.1950	Der französische Außenminister Robert Schuman schlägt die Gründung der Europäischen Gemeinschaft für Kohle und Stahl (EGKS) vor.
24.10.1950	Der französische Ministerpräsident René Pleven schlägt die Schaffung einer integrierten europäischen Armee vor.
18.04.1951	Unterzeichnung des Vertrages zur Gründung der EGKS (Pariser Vertrag) zwischen Belgien, der Bundesrepublik Deutschland, Frankreich, Italien, Luxemburg und den Niederlanden (die "Sechs").
27.05.1952	Unterzeichnung des Vertrages zur Gründung der Europäischen Verteidigungsgemeinschaft (EVG) zwischen den "Sechs", der allerdings 1954 in der französischen Nationalversammlung scheitert.
10.08.1952	Unter der Präsidentschaft von Jean Monnet nimmt die Hohe Behörde, Exekutivorgan der EGKS, ihre Arbeit auf.
10.09.1952	Die Außenminister der sechs EGKS-Staaten beauftragen die Gemeinsame Versammlung der EGKS mit der Erarbeitung eines Vertragsentwurfs für eine Europäische Politische Gemeinschaft (EPG), der am 10.03.1953 vorgelegt wird.
10.02.1953	Errichtung des gemeinsamen Marktes für Kohle, Eisenerz und Schrott.
01.05.1953	Errichtung des gemeinsamen Marktes für Stahl.
30.08.1954	Die EVG und die damit verknüpfte EPG scheitern am Veto der französischen Nationalversammlung.
01./02.06.1955	Die Außenminister der "Sechs" beschließen bei ihrer Tagung in Messina weitere Integrationsschritte. Bildung eines Sachverständigenkomitees unter Vorsitz von Paul-Henri Spaak.
19.05.1956	Die sechs Außenminister beschließen in Venedig die Aufnahme von Verhandlungen mit dem Ziel der Gründung der Europäischen

	Wirtschaftsgemeinschaft (EWG) und der Europäischen Atomgemeinschaft (EAG).
25.03.1957	In Rom werden die Verträge zur Gründung der EWG und der EAG (Römische Verträge) durch die "Sechs" unterzeichnet.
01.01.1958	Inkrafttreten der Römischen Verträge. Walter Hallstein wird erster Präsident der EWG-Kommission, Louis Armand Präsident der EAG-Kommission.
01.01.1959	In der EWG erfolgt die erste 10%ige Zollsenkung.
21.07.1959	Sieben Mitgliedstaaten der Organisation für europäische wirtschaftliche Zusammenarbeit (OEEC), Dänemark, Großbritannien, Österreich, Norwegen, Portugal, Schweden und die Schweiz, beschließen die Errichtung der EFTA (European Free Trade Association). Der Vertrag tritt am 03.05.1960 in Kraft.
01.01.1961	Erste Teilangleichung der nationalen Zollsätze der EWG-Staaten mit dem Ziel eines einheitlichen Außenzolls.
10.02.1961	Die Staats- und Regierungschefs der EWG-Staaten beschließen, enger politisch zusammenzuarbeitn. Unter der Leitung von Christian Fouchet arbeitet ein Beamtenausschuß hierfür einen Plan aus.
09.07.1961	Unterzeichnung des Assoziierungsabkommens der EG mit Griechenland.
31.07.1961	Irland stellt den Antrag auf Beitritt zur EWG.
09.08.1961	Großbritannien stellt den Antrag auf Beitritt zur EWG.
10.08.1961	Dänemark stellt den Antrag auf Beitritt zur EWG.
08.11.1961	Beginn der Beitrittsverhandlungen der EWG mit Großbritannien.
14.01.1962	Einigung im Ministerrat über die ersten vier Agrarmarktordnungen, die erste Finanzierungsregelung sowie die Wettbewerbsordnung.
17.04.1962	Die Verhandlungen über die Europäische Politische Union werden abgebrochen, weil kein Einverständnis über die Vorschläge des Fouchet-Ausschusses erzielt werden kann.
30.04.1962	Norwegen stellt den Antrag auf Beitritt zur EWG.
14.01.1963	Staatspräsident de Gaulle legt sein Veto zum britischen EWG-Beitritt ein.
22.01.1963	Unterzeichnung des deutsch-französischen Freundschaftsvertrages (Elysée-Vertrag) in Paris.
29.01.1963	Abbruch der Beitrittsverhandlungen der EWG mit Großbritannien.
20.07.1963	Unterzeichnung des Assoziierungsabkommens der EG mit 17 afrikanischen Staaten und Madagaskar in Jaunde (Jaunde-Abkommen).
12.09.1963	Unterzeichnung des Assoziierungsabkommens der EG mit der Türkei.
08.04.1965	Unterzeichnung des Vertrages über die Fusion der Exekutivorgane der drei Europäischen Gemeinschaften (EGKS, EWG, EAG).

30.06.1965	Die Verhandlungen über die Finanzierung der Gemeinsamen Agrarpolitik scheitern. Frankreich bricht die Verhandlungen ab und löst mit seiner "Politik des leeren Stuhls" eine siebenmonatige Krise aus.
28./29.01.1966	Die EWG-Krise wird mit dem "Luxemburger Kompromiß", dem de facto-Verzicht auf den vertraglich vorgesehenen Übergang zu Mehrheitsentscheidungen im Ministerrat, beigelegt.
11.05.1966	Einigung im Ministerrat auf die restlichen Agrarmarktordnungen, die Finanzverordnung und die Vollendung der Zollunion bis zum 01.07.1968.
10.05.1967	Großbritannien stellt zum zweiten Mal einen Beitrittsantrag. Ebenso erfolgt ein zweiter Beitrittsantrag Irlands.
11.05.1967	Dänemark stellt zum zweiten Mal einen Beitrittsantrag.
01.07.1967	Das Fusionsabkommen vom 08.04.1965 tritt in Kraft. Jean Rey wird erster Präsident der Kommission für alle drei Gemeinschaften (EGKS, EAG, EWG).
24.07.1967	Norwegen stellt zum zweiten Mal einen Beitrittsantrag.
28.07.1967	Schweden stellt den Antrag auf Beitritt zur EG.
19.12.1967	Der Ministerrat kann sich nicht über die Wiederaufnahme der Verhandlungen mit den beitrittswilligen Ländern einigen.
01.07.1968	Verwirklichung der Zollunion vor dem vorgesehenen Termin (31.12.1969) und Einführung eines gemeinsamen Außenzolls.
08.11.1968	Zur Verwirklichung des gemeinsamen Arbeitsmarktes in der EG wird die Freizügigkeit für Arbeitnehmer garantiert.
23.12.1968	Der Mansholt-Plan zur Reform der Landwirtschaft in der EG wird von der Kommission dem Rat vorgelegt.
04.03.1969	Das Assoziierungsabkommen zwischen der EG und Tunesien und Marokko wird unterzeichnet.
29.07.1969	Unterzeichnung des zweiten Jaundeabkommens. Es tritt am 01.01.1971 in Kraft.
01./02.12.1969	Die Staats- und Regierungschefs der EG treffen sich in Den Haag. Die Themen sind Vollendung des Binnenmarktes, Vertiefung der Integration und Erweiterung der EG. Sie fassen einen Beschluß zur beschleunigten Integration, zur stufenweisen Einführung der Wirtschafts- und Währungsunion (WWU) bis 1980 und zur politischen Zusammenarbeit. Außerdem wird die Aufnahme von Beitrittsverhandlungen mit Dänemark, Großbritannien, Irland und Norwegen beschlossen.
19.–22.12.1969	Einigung im Ministerrat über Agrarfinanzen, Eigenmittel für die Gemeinschaft und verbesserte Haushaltsbefugnisse des Europäischen Parlaments (EP).
01.01.1970	Die Kompetenz für die Außenhandelspolitik geht von den Mitgliedsländern auf die EG über und markiert den Beginn der Gemeinsamen Außenhandelspolitik.

21.04.1970	Beschluß im Ministerrat über Eigeneinnahmen der EG. Danach sollte die EG ab 1975 eigene Mittel erhalten.
30.06.1970	Die zweiten Beitrittsverhandlungen mit Dänemark, Großbritannien, Irland und Norwegen werden in Luxemburg eröffnet.
02.07.1970	Franco L. Malfatti wird Präsident der EG-Kommission.
08.10.1970	Der Werner-Plan, benannt nach dem luxemburgischen Ministerpräsidenten, über die stufenweise Verwirklichung der WWU wird dem Rat und der Kommission vorgelegt.
27.10.1970	Luxemburger Bericht (Davignon-Bericht) der EG-Außenminister an die Staats- und Regierungschefs über die Europäische Politische Zusammenarbeit (EPZ).
19.11.1970	Erste Gespräche der EG-Außenminister im Rahmen der EPZ in München.
05.12.1970	Das Assoziierungsabkommen mit Malta wird unterzeichnet.
09.02.1971	In Brüssel einigt sich der Ministerrat über die stufenweise Einführung der WWU.
01.07.1971	Das "System der allgemeinen Zollpräferenzen" im Handel mit 91 Entwicklungsländern wird von der Gemeinschaft beschlossen.
22.01.1972	Die Beitrittsverträge zwischen Dänemark, Großbritannien, Irland, Norwegen und der EG werden unterzeichnet.
21.03.1972	Die "Währungsschlange" wird eingeführt: Der Rat und die Regierungen der Mitgliedstaaten einigen sich darauf, die Wechselkurse der Währungen der EG-Mitglieder nur noch um höchsten 2,5% voneinander abweichen zu lassen.
22.03.1972	Sicco L. Mansholt wird Präsident der EG-Kommission.
10.05.1972	Irlands Bevölkerung billigt in einer Volksabstimmung den EG-Beitritt.
13.07.1972	Das britische Unterhaus spricht sich für den EG-Beitritt aus.
22.07.1972	Unterzeichnung des Freihandelsabkommens der EG mit den Rest-EFTA-Staaten Island, Österreich, Portugal, Schweden und Schweiz.
25.09.1972	Norwegens Bevölkerung lehnt in einer Volksabstimmung den EG-Beitritt ab.
02.10.1972	Dänemarks Bevölkerung stimmt in einer Volksabstimmung dem EG-Beitritt zu.
19./20.10.1972	Die Staats- und Regierungschefs der erweiterten EG beschließen in Paris den Ausbau der EG zur Europäischen Union und verabschieden einen Zeitplan zur Verwirklichung der WWU.
19.12.1972	Das Assoziierungsabkommen der EG mit Zypern wird unterzeichnet.
01.01.1973	Die Erweiterung der EG auf neun Mitglieder tritt in Kraft. Die EG erhält die alleinige Kompetenz für eine gemeinsame Handelspolitik.
11./12.03.1973	Großbritannien, Irland und Italien bleiben der "Währungsschlange" fern. Die EG-Finanzminister beschließen das gemeinsame Floaten

	ihrer Währungen gegenüber dem Dollar bei festen Wechselkursen untereinander.
14.05.1973	Das Freihandelsabkommen mit Norwegen wird unterzeichnet.
23.07.1973	Die Außenminister der EG verabschieden in Kopenhagen den zweiten EPZ-Bericht (Kopenhagener Bericht).
26./27.07.1973	Brüsseler Konferenz der EG mit 46 afrikanischen, karibischen und pazifischen Staaten (AKP-Staaten) über die Gestaltung der gegenseitigen Beziehungen.
05.10.1973	Das Freihandelsabkommen mit Finnland wird unterzeichnet.
21.01.1974	Die Arbeits- und Sozialminister verabschieden das sozialpolitische Programm der Gemeinschaft. In drei Aktionsfeldern wird die EG demnach aktiv: Beschäftigungsfragen, Fragen der Angleichung der Lebens- und Arbeitsbedingungen und Beteiligung der Sozialpartner an sozial- und wirtschaftspolitischen Entscheidungen der EG.
04.06.1974	Nach dem Regierungswechsel in Großbritannien verlangt die regierende Labourpartei die Neuverhandlung der Beitrittsbedingungen zur EG.
09./10.12.1974	Die Staats- und Regierungschefs der EG beschließen in Paris, in Zukunft regelmäßig als Europäischer Rat zu tagen.
28.02.1975	Das erste Lomé-Abkommen mit den 46 AKP-Staaten über Handels-, Finanz- und Technikfragen wird in Lomé unterzeichnet.
10./11.03.1975	Die Staats- und Regierungschefs treffen sich erstmals als Europäischer Rat in Dublin.
18.03.1975	Der Ministerrat beschließt, den Europäischen Regionalfonds einzusetzen.
05.06.1975	Die britische Bevölkerung stimmt in einer Volksbefragung für den Verbleib des Landes in der EG.
12.06.1975	Griechenland stellt den Antrag auf Beitritt zur EG.
16.09.1975	Zwischen der EG und China werden offizielle Beziehungen aufgenommen.
01./02.12.1975	Der Europäische Rat beschließt in Rom die Einführung des Europa-Passes und die Teilnahme am Nord-Süd-Dialog.
29.12.1975	Leo Tindemans legt seinen "Bericht über die Europäische Union" (Tindemans-Bericht) vor, der für die Weiterentwicklung der europäischen Integration, wenn notwendig, "zwei Geschwindigkeiten" vorsieht.
16.02.1976	Der RGW schlägt dem Rat ein Abkommen zwischen der EG und dem RGW vor.
27.07.1976	Beginn der Beitrittsverhandlungen mit Griechenland.
20.12.1976	Roy Jenkins wird Präsident der EG-Kommission.
28.03.1977	Portugal stellt den Antrag auf Beitritt zur EG.
01.07.1977	Vollendung des Zollabbaus zwischen den neun EG-Mitgliedern.
28.07.1977	Spanien stellt den Antrag auf Beitritt zur EG.

25.10.1977	In Luxemburg findet die erste Sitzung des Rechnungshofes der EG statt.
31.12.1977	Die Übergangszeit für Dänemark, Großbritannien und Irland endet.
07./08.04.1978	Der Europäische Rat beschließt in Kopenhagen die Direktwahl zum EP für den 07.–10.06.1979.
06./07.07.1978	Der Europäische Rat beschließt in Bremen die Schaffung des Europäischen Währungssystems (EWS) und einer Europäischen Währungseinheit.
05.09.1978	Die Fischereiverhandlungen zwischen den EG-Staaten beginnen.
17.10.1978	Die Beitrittsverhandlungen mit Portugal beginnen.
04./05.12.1978	Der Europäische Rat beschließt in Brüssel das Inkrafttreten des EWS zum 01.01.1979 mit der Europäischen Währungseinheit (ECU) als dessen Kernelement.
05.02.1979	Die Beitrittsverhandlungen mit Spanien beginnen.
13.03.1979	Das EWS tritt rückwirkend zum 01.01.1979 in Kraft.
28.05.1979	Die Beitrittsakte Griechenlands wird in Athen unterzeichnet.
07.–10.06.1979	Die erste allgemeine und unmittelbare Direktwahl zum EP findet in den neun EG-Mitgliedstaaten statt.
17.–20.07.1979	Erste Tagung des direkt gewählten EP in Straßburg. Simone Veil wird zur ersten EP-Präsidentin gewählt.
31.10.1979	Das Lomé-II-Abkommen zwischen der EG und 58 AKP-Staaten wird in Lomé unterzeichnet.
11.01.1980	In einer EPZ-Erklärung wird die sowjetische Intervention in Afghanistan verurteilt.
07./08.03.1980	Das Kooperationsabkommen zwischen der EG und den Staaten der ASEAN wird unterzeichnet.
02.04.1980	Das Kooperationsabkommen zwischen der EG und Jugoslawien wird unterzeichnet.
12.–13.06.1980	Der Europäische Rat verabschiedet in Venedig eine Erklärung zum Nahost-Konflikt.
28.07.1980	Das Kooperationsabkommen zwischen der EG und Rumänien wird unterzeichnet.
23.09.1980	In einer EPZ-Erklärung erfolgt eine Stellungnahme zum irakisch-iranischen Krieg.
06.10.1980	Die Kommission stellt die Krise der Eisen- und Stahlindustrie fest und ersucht den Rat um die Zustimmung zur Einführung von Produktionsquoten.
01.01.1981	Griechenland wird zehntes EG-Mitglied.
06. u. 20.01.1981	Der deutsche und der italienische Außenminister schlagen eine Stärkung der EPZ vor (Genscher/Colombo-Initiative).
06.01.1981	Gaston Thorn wird Präsident der EG-Kommission.
13.10.1981	Auf der Tagung des Europäischen Rates in London wird der Londoner Bericht zur EPZ-Verbesserung von den EG-Außenministern genehmigt.

4.01.1982	Die Außenminister verurteilen auf einer Sonderkonferenz zur aktuellen Lage in Polen die Verhängung des Kriegsrechtes.
19.02.1982	Pieter Dankert wird zum zweiten Präsidenten des EP nach Einführung der Direktwahl gewählt.
23.02.1982	Die Bevölkerung Grönlands votiert in einer Volksbefragung für den EG-Austritt.
06.04.1982	EG-Solidaritätserklärung für Großbritannien im Falklandkonflikt.
16.04.1982	Einfuhrembargo gegenüber Argentinien.
30.06.1982	Eine "Gemeinsame Erklärung" von EP, Kommission und Rat zur Gewährleistung einer besseren Abwicklung des Haushaltsverfahrens wird unterzeichnet.
25.01.1983	Die EG-Mitglieder einigen sich nach sechsjährigen Verhandlungen auf eine gemeinsame Fischereipolitik.
17.–19.06.1983	Der Europäische Rat unterzeichnet auf seiner Tagung in Stuttgart die "Feierliche Deklaration zur Europäischen Union".
04.–06.12.1983	In Athen gelingt es dem Europäischen Rat nicht, einen Kompromiß über die Finanzierungs- und Agrarfragen sowie die Verbesserung des Strukturfonds zu erzielen.
14.02.1984	Der Entwurf eines Vertrages zur Gründung der Europäischen Union, ausgearbeitet vom institutionellen Ausschuß unter Altiero Spinelli, wird vom EP angenommen.
14.–17.06.1984	Zweite Direktwahl zum EP.
25./26.06.1984	Der Europäische Rat erzielt in Fontainebleau in wichtigen Problembereichen Fortschritte. Beschluß über die Einsetzung des Dooge-Ausschusses für institutionelle Fragen und des Adonnino-Ausschusses für ein "Europa der Bürger".
24.07.1984	Pierre Pflimlin wird zum dritten Präsident des EP nach Einführung der Direktwahl gewählt.
26.09.1984	Das Abkommen über handelspolitische und wirtschaftliche Zusammenarbeit zwischen der EG und China wird unterzeichnet.
08.12.1984	Das Lomé-III-Abkommen der EG mit 65 AKP-Staaten wird unterzeichnet.
07.01.1985	Jacques Delors wird Präsident der EG-Kommission.
09.03.1985	Der Dooge-Bericht, der eine Regierungskonferenz über die Europäische Union empfiehlt, wird vorgelegt.
29./30.03.1985	Der Europäische Rat einigt sich in Brüssel über die Integrierten Mittelmeerprogramme (IMP), womit dem Beitritt der iberischen Länder nichts mehr im Wege steht.
12.06.1985	Die Beitrittsakten Spaniens und Portugals werden unterzeichnet.
14.06.1985	Die EG-Kommission legt das Weißbuch zur Vollendung des Binnenmarktes vor.
20.06.1985	Der Abschlußbericht des Adonnino-Ausschusses zur "Verankerung der EG im Bewußtsein ihrer Bürger" wird dem Europäischen Rat vorgelegt.

28./29.06.1985	Der Europäische Rat beschließt in Mailand mehrheitlich die Einberufung einer Regierungskonferenz zur Änderung der Römischen Verträge nach Art. 236.
02./03.12.1985	Der Europäische Rat einigt sich in Luxemburg auf eine Reform des institutionellen Systems, auf die Erweiterung der Gemeinschaftskompetenzen sowie auf einen rechtlichen Rahmen für die außenpolitische Zusammenarbeit. Diese Vertragsänderungen werden in der "Einheitlichen Europäischen Akte" (EEA) festgelegt.
01.01.1986	Mit dem Beitritt Spaniens und Portugals umfaßt die EG zwölf Mitglieder.
17. u. 28.02.1986	Unterzeichnung der EEA durch die Regierungen der zwölf Mitgliedstaaten.
01.01.1987	Das EPZ-Sekretariat in Brüssel nimmt seine Arbeit auf.
20.01.1987	Sir Henry Plumb wird zum vierten Präsidenten des EP nach Einführung der Direktwahl gewählt.
14.04.1987	Die Türkei stellt den Antrag auf Beitritt zur EG.
26.05.1987	Eine Volksabstimmung in Irland ermöglicht die Ratifizierung der EEA durch das Parlament in Dublin.
01.07.1987	Die EEA tritt in Kraft.
11./12.02.1988	Der Europäische Rat verabschiedet in Brüssel das "Delors-Paket" über die Reform des Finanzierungssystems, der Gemeinsamen Agrarpolitik und die Verdopplung der Strukturfonds der EG.
29.03.1988	Die Kommission legt den Cecchini-Bericht über die Kosten der Marktzersplitterung vor ("The Cost of Non-Europe"), der die Vorteile des Binnenmarktes quantifiziert.
25.06.1988	Das Kooperationsabkommen zwischen der EG und dem RGW wird unterzeichnet.
26.09.1988	Das Abkommen über Handel und Kooperation der EG mit Ungarn wird unterzeichnet.
02./03.12.1988	Der Europäische Rat beschließt auf Rhodos eine "Erklärung zur internationalen Rolle der EG", die davon ausgeht, daß "Europa 1992" ein "Partner" für die Welt und nicht "eine Festung Europa" sein werde.
19.12.1988	Das Abkommen über den Handel mit Industrieerzeugnissen zwischen der EG und der Tschechoslowakei wird unterzeichnet.
15.–18.06.1989	Dritte Direktwahl zum EP.
26./27.06.1989	Der Europäische Rat beschließt in Madrid die Einsetzung einer Regierungskonferenz entsprechend dem "Delors-Plan". Dieses von den Gouverneuren der nationalen Notenbanken unter Leitung von Kommissionspräsident Delors erarbeitete Konzept sieht die Schaffung der WWU in drei Stufen vor.
29.06.1989	Spanien tritt dem EWS bei.
17.07.1989	Österreich – dessen neutraler Status im Staatsvertrag von 1955 festgelegt ist – stellt den Antrag auf Beitritt zur EG.

26.07.1989	Enrique Barón Crespo wird zum fünften EP-Präsidenten nach Einführung der Direktwahl gewählt.
19.09.1989	Das Wirtschaftsabkommen zwischen der EG und Polen wird unterzeichnet.
15.12.1989	Das vierte Lomé-Abkommen mit 68 Staaten wird in Togo unterzeichnet.
18.12.1989	Das Abkommen über Handel und wirtschaftliche Zusammenarbeit der EG mit der UdSSR wird unterzeichnet.
19.12.1989	Verhandlungsbeginn zwischen der EG und den EFTA-Mitgliedsländern über eine verstärkte Zusammenarbeit und die Bildung eines Europäischen Wirtschaftsraumes (EWR).
13.03.1990	Das Handels- und Kooperationsabkommen zwischen der EG und der DDR wird unterzeichnet. Es sollte nicht mehr in Kraft treten.
09.05.1990	Das Handels- und Kooperationsabkommen zwischen der EG und Bulgarien wird unterzeichnet.
18.05.1990	Der Staatsvertrag zwischen beiden deutschen Staaten über die Wirtschafts-, Währungs- und Sozialunion wird in Bonn unterzeichnet.
19.06.1990	Der EG-Ministerrat erteilt der Kommission das Mandat zur Eröffnung der Verhandlungen über die Schaffung eines EWR zwischen EG und EFTA.
	Unterzeichnung des Schengener Abkommens in Luxemburg.
25./26.06.1990	Der Europäische Rat einigt sich in Dublin auf die Einberufung einer Regierungskonferenz zur Verwirklichung der WWU und einer zweiten Regierungskonferenz zur Politischen Union.
01.07.1990	Inkrafttreten der deutschen Wirtschafts- und Währungsunion. Damit besteht de facto eine Zollunion zwischen der EG und der DDR. Die erste Stufe der Europäischen Wirtschafts- und Währungsunion tritt in Kraft.
04.07.1990	Zypern stellt den Antrag auf Beitritt zur EG.
16.07.1990	Malta stellt den Antrag auf Beitritt zur EG.
17.07.1990	Besuch des ungarischen Ministerpräsidenten bei der EG-Kommission. Ungarn strebt bis 1992 die Assoziierung und bis 1995 die Vollmitgliedschaft in der EG an.
04.08.1990	EPZ-Erklärung über die Unannehmbarkeit der Gründe Iraks zur Annektion Kuweits.
21.08.1990	Die EG-Kommission verabschiedet ein Maßnahmenpaket zur Eingliederung der DDR in die EG.
03.10.1990	Durch Inkrafttreten des Staatsvertrages zwischen der Bundesrepublik Deutschland und der DDR werden beide deutsche Staaten vereinigt. Die fünf neuen Bundesländer gehören somit der EG an.
08.10.1990	Großbritannien wird zehntes Mitglied des EWS.
27.10.1990	Sondertagung des Europäischen Rates in Rom zu Fragen der WWU, der Politischen Union und dem Sitz der EG-Institutionen.

14./15.12.1990 In Rom bekräftigt der Europäische Rat, daß die Arbeiten der beiden startenden Regierungskonferenzen – zur Wirtschafts- und Währungsunion und zur Politischen Union – parallel zueinander und zügig durchgeführt und ihre Ergebnisse zusammen ratifiziert werden sollen. Erklärtes Ziel ist, diese Verfahren zur Vertragsänderung und Weiterentwicklung der europäischen Integration bis Ende 1992 – gemeinsam mit der Vollendung des Binnenmarktes – abzuschließen.

Verzeichnis der Autoren

Dipl. pol. Horst Brauner – Generalsekretär des Deutschen Rates der Europäischen Bewegung, Bonn.

Dr. Hans-Günther Brüske – Redaktionsleiter in der Hauptredaktion Unterhaltung beim Zweiten Deutschen Fernsehen, Mainz.

Christian Engel M.A. – wiss. Mitarbeiter am Institut für Europäische Politik, Bonn.

Dr. Fritz Franzmeyer – Leiter der Abteilung Westliche Industrieländer und Entwicklungsländer im Deutschen Institut für Wirtschaftsforschung (DIW), Berlin.

Eckart Gaddum – Projektmitarbeiter bei der Forschungsgruppe Europa, Institut für Politikwissenschaft, Mainz.

Dr. Klaus W. Grewlich – Leiter der Abteilung für Internationale Beziehungen in der Deutschen Telekom, Bonn.

Prof. Dr. Erwin Häckel – Deutsche Gesellschaft für Auswärtige Politik, Bonn.

Olaf Hillenbrand – Redakteur des Jahrbuchs der Europäischen Integration, Forschungsgruppe Europa, Institut für Politikwissenschaft, Mainz.

Dipl. pol. Christine Holeschovsky – wiss. Mitarbeiterin bei der Forschungsgruppe Europa, Institut für Politikwissenschaft, Mainz.

Dr. Thinam Jakob-Siebert – Generaldirektion "Wettbewerb" der Kommission der EG, Brüssel.

Josef Janning M.A. – stv. Leiter der Forschungsgruppe Europa, Institut für Politikwissenschaft, Mainz.

Bernd Janssen – Geschäftsführer des Zentrums für Europäische Bildung, Bonn.

Dipl. Volkswirt Henry Krägenau – wiss. Mitarbeiter beim HWWA-Institut für Wirtschaftsforschung, Hamburg.

Dr. Thomas Läufer – Ministerialrat, Präsidialbüro des Deutschen Bundestages, Bonn.

Wolf-Heinrich von Leipzig M.A. – wiss. Mitarbeiter am Institut für Europäische Politik, Bonn.

Michael Leyendecker M.A. – wiss. Berater bei European Research Associates, Brüssel.

Georg Link M.A. – Redakteur beim Südwestfunk-Landesstudio Rheinland-Pfalz, Mainz.

Barbara Lippert M.A. – wiss. Mitarbeiterin am Institut für Europäische Politik, Bonn.

Dr. Elfriede Regelsberger – stv. Geschäftsführerin des Instituts für Europäische Politik, Bonn.

Dr. Otto Schmuck – stv. Geschäftsführer des Instituts für Europäische Politik, Bonn.

Kristin Schreiber M.A. – Generaldirektion "Binnenmarkt und gewerbliche Wirtschaft" der Kommission der EG, Brüssel.

Martin Schultz M.A. – Dozent an der Zivildienstschule Karlsruhe.

Dr. Bernhard Seidel – wiss. Mitarbeiter beim Deutschen Institut für Wirtschaftsforschung (DIW), Berlin.

Christian Siebert M.A. – stv. Generalsekretär des Dachverbandes der EG-Automobilindustrie (CLGA), Brüssel.

Karin Stoll M.A. – Auswärtiges Amt, Bonn.

Prof. Dr. Winfried von Urff – Prof. am Lehrstuhl für Agrarpolitik, München-Freising-Weihenstephan.

Prof. Dr. Werner Weidenfeld – Prof. am Institut für Politikwissenschaft, Leiter der Forschungsgruppe Europa, Mainz.

Christian Welz D.E.A. – wiss. Mitarbeiter am Institut für Europäische Politik, Bonn.

Dr. Wolfgang Wessels – Geschäftsführer des Instituts für Europäische Politik, Bonn.

Anita Wolf M.A. – wiss. Mitarbeiterin bei der Forschungsgruppe Europa, Institut für Politikwissenschaft, Mainz.

Redaktion:

Olaf Hillenbrand,
Martin Schultz,
Anita Wolf.

Abkürzungsverzeichnis

ABl.	Amtsblatt
Abs.	Absatz
AKP-Länder	Länder im afrikanischen, karibischen und pazifischen Raum, die mit der EG durch das Abkommen von Lomé assoziiert sind
Art.	Artikel
ASEAN	Verband der Südostasiatischen Nationen (Association for South East Asian Nations)
AStV (COREPER)	Ausschuß der Ständigen Vertreter der nationalen Regierungen bei der EG (Comité des Représentants Permanents)
Benelux	Wirtschaftsunion zwischen Belgien, den Niederlanden und Luxemburg
BIP	Bruttoinlandprodukt
BRITE	Basic Research in Industrial Technologies for Europe (EG-Forschungsprogramm)
BSP	Bruttosozialprodukt
CDCC (CCC)	Rat für kulturelle Zusammenarbeit – im Rahmen des Europarates (Conseil de la Coopération Culturelle)
CEDEFOP	Europäisches Zentrum für die Förderung der Berufsausbildung (Centre européen pour le développement de la formation professionnelle)
CELAD	Europäischer Ausschuß für Drogenbekämpfung
CEMT	Europäische Konferenz der Verkehrsminister (Conférence Européenne des Ministres des Transports)
CEN	Europäisches Komitee für Normung
Cenelec	Europäisches Komitee für elektronische Normung
CEPT	Europäische Konferenz der Verwaltungen für Post- und Fernmeldewesen
CERD	Europäischer Ausschuß für Forschung und Entwicklung (Comité européen pour la recherche et le développement)
CERN	Europäische Organisation für Kernforschung (Conseil Européen pour la Recherche Nucléaire)
COGECA	Ausschuß des ländlichen Genossenschaftswesens der EG (Comité de la Coopération Agricole de la CEE)
COMECON	Rat für gegenseitige Wirtschaftshilfe (Conseil for Mutual Economic Aid)
COMETT	Programme of the Community in Education and Training for Technologies (Hochschulkooperationsprogramm)
COPA	Ausschuß der berufsständischen landwirtschaftlichen Organisationen der EWG (Comité des Organisations Professionelles Agricoles de la CEE)

COREPER	siehe AStV
COST	European Cooperation of Scientific and Technical Research (EG-Programm für Forschungskooperation)
DELTA	Development of European Lerning through Technology (Gemeinschaftsaktion auf dem Gebiet der Lerntechnologie)
Ders./Dies.	Derselbe/Dieselbe
EAEG	Europäische Atomenergiegesellschaft
EAG	Europäische Atomgemeinschaft
EAGFL	Europäischer Ausrichtungs- und Garantiefonds für die Landwirtschaft
ECLAIR	European Collaborative Linkage of Agriculture and Industry through Research (Programm für biotechnologische agroindustrielle Forschung und technologische Entwicklung)
ECOFIN-Rat	Rat der Wirtschafts- und Finanzminister
ECU	Europäische Währungseinheit (European Currency Unit)
EDU	Europäische Demokratische Union
EEA	Einheitliche Europäische Akte
EEF	Europäischer Entwicklungsfonds
EFRE	Europäischer Fonds für Regionalentwicklung
EFTA	Europäische Freihandelsassoziation (European Free Trade Association)
EG	Europäische Gemeinschaft
EGB	Europäischer Gewerkschaftsbund
EGI	Europäisches Gewerkschaftsinstitut
EGKS	Europäische Gemeinschaft für Kohle und Stahl
EGMR	Europäischer Gerichtshof für Menschenrechte – im Rahmen des Europarates
EIB	Europäische Investitionsbank
ELD	Europäische Liberale Demokraten
EMB	Europäischer Metallgewerkschaftsbund
EMRK	Europäische Menschenrechtskonvention
Envireg	Regionales Aktionsprogramm für den Umweltbereich
EP	Europäisches Parlament
EPG	Europäische Politische Gemeinschaft
EPOCH	Europäisches Programm für Klimatologie und natürliche Risiken (European Programme on Climatology and Natural Hazard)
EPZ	Europäische Politische Zusammenarbeit
ERASMUS	European Action Scheme for the Mobility of University Students
ESA	Europäische Weltraum-Organisation (European Space Agency)
ESPRIT	European Strategic Programme for Research in Information Technologies (Forschungs- und Entwicklungsprogramm)
EUCD	Europäische Union Christlicher Demokraten
EuGH	Europäischer Gerichtshof
EUR–12	"Das Europa der Zwölf" (Die EG nach der Erweiterung auf zwölf Mitgliedstaaten)
Euratom	Europäische Atomgemeinschaft

EUREKA	Agentur für europäische Forschungskoordination (European Research Coordination Agency)
Euro-Group	Europäische Gruppe im Rahmen der NATO
EURONET	Datenübertragungsnetz im Rahmen der EG
EVG	Europäische Verteidigungsgemeinschaft
EVP	Europäische Volkspartei
EWF	Europäischer Währungsfonds
EWG	Europäische Wirtschaftsgemeinschaft
EWGV	Vertrag zur Gründung der Europäischen Wirtschaftsgemeinschaft
EWS	Europäisches Währungssystem
EZBS	Europäisches Zentralbanksystem
f./ff.	folgende(r/s)
FuE	Forschung und Entwicklung
GAP	Gemeinsame Agrarpolitik
GATT	Allgemeines Zoll- und Handelsabkommen – im Rahmen der Vereinten Nationen (General Agreement on Tariffs and Trade)
GEI	Europäisches Gericht erster Instanz
GFS	Gemeinsame Forschungsstelle
GO	Geschäftsordnung
hrsg./Hrsg.	herausgegeben/Herausgeber
IAEO	Internationale Atomenergie-Organisation
IEA	Internationale Energie-Agentur – im Rahmen der OECD
IGR	Internationale Gewerkschaftsräte
ILO	Internationales Arbeitsamt (International Labour Organization)
IMP	Integrierte Mittelmeerprogramme
Interreg	Gemeinschaftsinitiative für Grenzgebiete
IWF	Internationaler Währungsfonds
JET	Joint European Torus – Forschungsprojekt über die kontrollierte thermonukleare Fusion
KMU	Kleine und mittlere Unternehmen
KOM	Kommission
KSZE	Konferenz für Sicherheit und Zusammenarbeit in Europa
KVAE	Konferenz für vertrauensbildende Maßnahmen und Abrüstung in Europa
Lingua	Programm zur Förderung der Fremdsprachlichen Ausbildung in der EG
MBFR	Beiderseitige ausgewogene Truppenverminderung (Mutual Balanced Force Reductions)
MdEP	Mitglied des Europäischen Parlaments
MEDIA	Aktionsprogramm zur Förderung der audiovisuellen Produktionsindustrie
MFA	Multifaserabkommen
Mio.	Millionen
Montan-Union	Europäische Gemeinschaft für Kohle und Stahl (= EGKS)
Mrd.	Milliarden
MwSt.	Mehrwertsteuer

NATO	Nordatlantikpakt-Organisation (North Atlantic Treaty Organization)
NET	Next European Torus (Kernfusionsprojekt)
NETT	Network for Environmental Technology Transfer
NGI	Neues Gemeinschaftsinstrument (für Anleihen zur Investitionsförderung)
OAU	Organisation für Afrikanische Einheit (Organization of African Unity)
OECD	Organisation für wirtschaftliche Zusammenarbeit und Entwicklung (Organization for Economic Cooperation and Development)
OPEC	Organisation erdölexportierender Länder (Organization of Petroleum Exporting Countries)
PETRA	Aktionsprogramm für die Berufsbildung und zur Vorbereitung Jugendlicher auf das Erwachsenen- und Erwerbsleben
PHARE	Hilfsprogramme zur Umgestaltung der Wirtschaft der osteuropäischen Länder
RACE	Research and Development in Advanced Communication Technology for Europe
RGW	Rat für Gegenseitige Wirtschaftshilfe
RL	Richtlinie
Rs	Rechtssache
SDI	Strategische Verteidigungs-Initiative (Strategic Defense Initiative)
SPRINT	Strategic Programme for Innovation and Technology Transfer
STAR	Special Telecommunication Action for Regional Development (EG-Strukturhilfsprogramm)
STEP	Science and Technology for Environmental Protection (Programm für Wissenschaft und Technik im Umweltschutz)
STRIDE	Science and Technology for Regional Innovation and Development in Europe
TARIC	Integrierter Zolltarif der EG
Tempus	Europaweites Mobilitätsprogramm für den Hochschulbereich
UNICE	Union der Industrie- und Arbeitgeberverbände Europas (Union des Confédérations de l'Industrie et des Employeurs d'Europe)
UNO	Organisation der Vereinten Nationen (United Nations Organization)
Unctad	Handels- und Entwicklungskonferenz der Vereinten Nationen
VE	Verpflichtungsermächtigung
vgl.	vergleiche
VO	Verordnung
WEU	Westeuropäische Union
WSA	Wirtschafts- und Sozialausschuß
WVO	Warschauer Vertrags-Organisation
WWU	Wirtschafts- und Währungsunion
ZE	Zahlungsermächtigung

Sach- und Personenregister

Verzeichnis der Schaubilder und Tabellen

Bettina Selby

Ah Agala!

Eine Frau erfährt Afrika
Mit dem Fahrrad durch
die Wüste

SV international
Schweizer Verlagshaus
Zürich

Die englische Originalausgabe erschien 1988 unter dem Titel
»Riding the Desert Trail«
bei Chatto & Windus Ltd., London.

Deutsch von Jürg Wahlen

Schutzumschlag: Heinz von Arx, Zürich
Satz: Utesch Satztechnik GmbH, Hamburg
Druck und Bindung: Franz Spiegel Buch GmbH, Ulm
Printed in Germany

ISBN 3 7263 6583 4

Dieses Buch ist Vimto, Michael und Fatima gewidmet – und all den Kindern Afrikas im Kampf ums Überleben.

Inhalt

Danksagung

Bei der Niederschrift dieses Reiseberichts machte ich eine merkwürdige Erfahrung: Schwierigkeiten und dramatische Geschehnisse kamen ganz unerwartet ans Licht, deren ich mir in der jeweiligen Situation nicht immer voll bewußt gewesen war – was wohl auch sein Gutes hatte!

Ohne die freundliche Unterstützung und Förderung und ohne die humorvolle Anteilnahme einer großen Zahl Menschen, die ich auf dem Weg und nicht selten an den abgeschiedensten Plätzen antraf, hätte ich diese Reise vielleicht nicht überlebt, und diese Geschichte wäre nie geschrieben worden. Ihnen, die mich bewirteten, mir ein Obdach verschafften und Mittel und Wege fanden, mir zu den unmöglichsten Reisezielen zu helfen, bin ich ganz besonders verpflichtet. Nicht jedermann kann namentlich genannt werden, da dies allenfalls Repressalien nach sich ziehen könnte, und so möchte ich sie alle unter einen Hut bringen: meine afrikanischen Freunde.

Dank für umfassende praktische Hilfe und Unterstützung schulde ich des weiteren dem Staatlichen Ägyptischen Amt für Tourismus, dem Ägyptischen Kulturzentrum und der Ägyptischen Forschungsgesellschaft; The British Council; dem Sudanesischen Kulturzentrum; Oxfam und Euro Action ACCORD; der Botschaft von Uganda in Khartum und der Verwaltung der Nationalparks Ugandas; Hochwürden John Baker, Bischof von Salisbury, und Hochwürden John Nesle, Bischof von Ramsbury; Hilly Janes vom »Independent« sowie nicht zuletzt meiner Familie und meinen Freunden.

Meine Anerkennung gebührt auch all den Afrikaforschern, die

den Zugang zu diesen Gebieten erschlossen und deren Mut und Findigkeit meine Reise so sehr inspiriert haben. Dabei denke ich besonders an Dr. Livingstone, John Speke, Samuel und Florence Baker, Burton und Stanley, vor allem aber an Amelia B. Edwards, die Frau, die den Stein ins Rollen brachte.

Einleitung

»In diesem so außergewöhnlich wilden, so schicksalhaften, so trostlosen Panorama ist nur eins wirklich schön: die Farben. Noch nie, nicht einmal in Ägypten, habe ich je etwas Ähnliches gesehen – so zart, so durchsichtig, so harmonisch. Ich brauche nur meine Augen zu schließen, und alles steht wieder lebendig vor mir. Ich sehe den bernsteinfarbenen Sand, die Felsen des Kataraktes, ganz schwarz und purpurn und poliert, den grünlichbraunen Nil, gesprenkelt mit gärendem Schaum. Und über allem der blaue, brennende Himmel, durchflutet von Licht und flirrend in der Sonne.

Doch jenseits aller Schönheit liegt noch ein besonderer Reiz: Dies alles erhebt unsere Einbildungskraft und läßt sie die Größe des Nils empfinden. Wir schauen über eine Welt aus Wüste und sehen den Strom vorbeiziehen, unentwegt, von weit her. Kein Segel befährt diese gefährlichen Wasser, kein lebendiges Wesen bewegt sich im weglosen Sand. Es scheint, als hätten wir die Grenzen der Zivilisation berührt und ständen auf der Schwelle zu einem unerforschten Land.

Und trotz alledem haben wir das Gefühl, wir befänden uns erst am Anfang des mächtigen Stroms. Nahezu tausend Meilen sind wir gegen die Strömung gereist; doch was bedeutet das schon angesichts der Distanz, die noch immer zwischen uns und den Großen Seen liegt? Und wie weit müssen wir jenseits der Großen Seen suchen bis zur Quelle, die noch immer im verborgenen liegt?«

Amelia B. Edwards (1877)

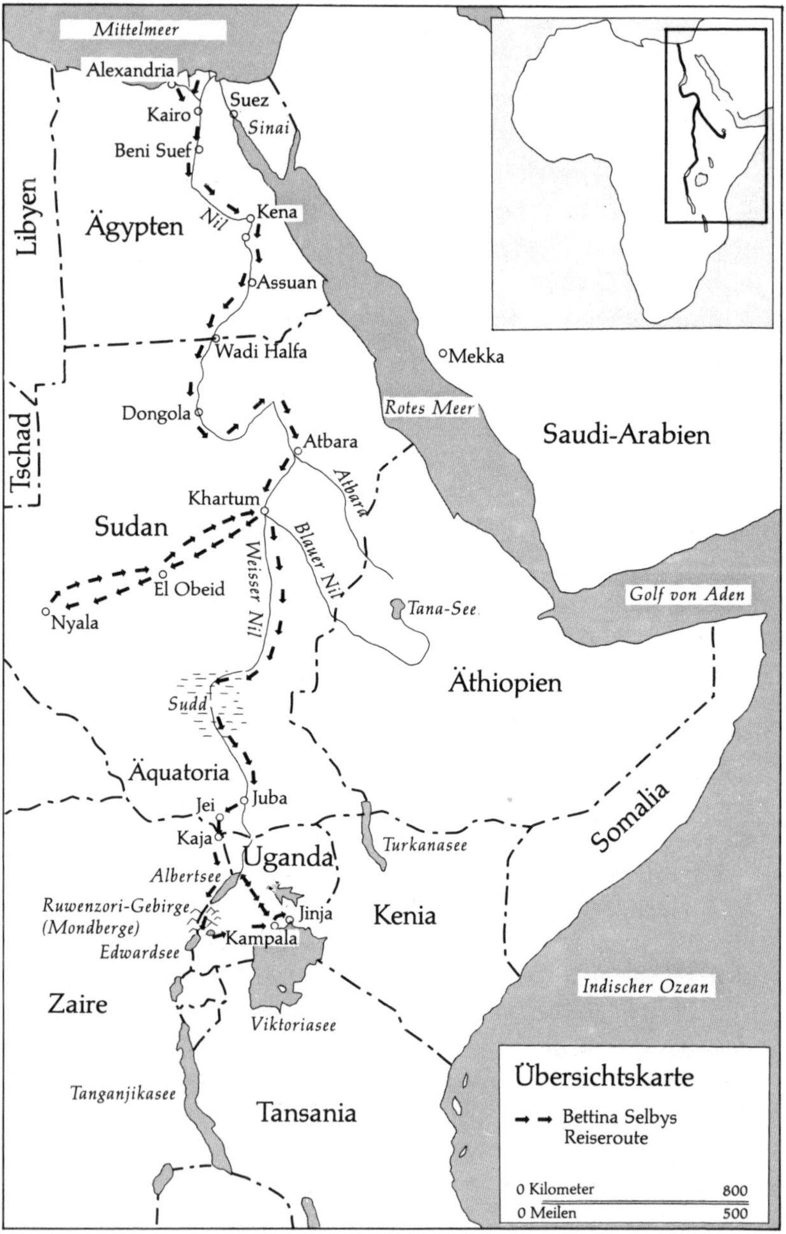
Mittelmeer
Alexandria
Kairo
Suez
Sinai
Beni Suef
Libyen
Ägypten
Nil
Kena
Assuan
Wadi Halfa
Mekka
Tschad
Dongola
Rotes Meer
Atbara
Saudi-Arabien
Khartum
Atbara
Sudan
Blauer Nil
Weisser Nil
El Obeid
Nyala
Tana-See
Golf von Aden
Äthiopien
Sudd
Äquatoria
Juba
Jei
Kaja
Uganda
Turkanasee
Somalia
Albertsee
Ruwenzori-Gebirge
(Mondberge)
Jinja
Kenia
Kampala
Edwardsee
Indischer Ozean
Zaire
Viktoriasee
Übersichtskarte
Bettina Selbys Reiseroute
Tanganjikasee
Tansania
0 Kilometer 800
0 Meilen 500

1. KAPITEL

Inspiration

Als ich Anfang November in Kairo landete, wurde ich am Flughafen von drei Männern abgeholt, die Plakate mit der Aufschrift WILLKOMMEN, MRS. BETTINA trugen. Ägypten mit seiner gutgeölten Tourismusindustrie schätzt es zwar generell, wenn Schriftsteller das Land besuchen, aber um vier Uhr morgens ein Empfangskomitee auf die Beine zu stellen (wobei das Flugzeug erst noch zwei Stunden Verspätung hatte!) ist schon ein tolles Ding. Es bedeutete auch, daß mir die üblichen schleppenden Einreiseformalitäten sowie die Notwendigkeit, eine größere Geldsumme zu einem ungünstigen Kurs zu wechseln, erspart blieben, was ich zu würdigen wußte und mich im voraus für dieses Land einnahm. Doch der freundliche Eindruck hielt nicht lange hin. Denn was in Ägypten – und praktisch auf der ganzen Reise – den Ton angab, bekam ich in dem Augenblick zu Gehör, als ich nur wenige Stunden später in meinem Hotelzimmer vom höllischen Getöse von Kairos Verkehr geweckt wurde.

Ich war von der Zeitverschiebung noch immer aus dem Rhythmus. Gereizt trat ich hinüber ans Fenster und erblickte hinter der Corniche, der Uferpromenade, in scharfem Kontrast zu sechs Spuren frenetisch herumkurvender, hupender Fahrzeuge eine weite Fläche funkelnden Wassers, das ruhig und majestätisch dahinfloß. Und obwohl viele Brücken es überspannten und die hohen Gebäude der modernen City seine Ufer säumten, so schien es dennoch erstaunlich ungezähmt, von einer ungeheuren, mühelosen Kraft. Es ließ alles von Menschenhand Geschaffene zusammenschrumpfen, ließ die sich auftürmenden Betonblöcke fast ein wenig lächerlich aussehen und verkleinerte die endlosen Autokolonnen auf den Brücken zu Reihen von Spielzeugautos. War es nicht einzigartig, daß ein Strom, der während so vieler Zeitalter einen so tiefgreifenden Einfluß auf die Geschichte der Menschheit ausgeübt hatte, noch immer mit unverminderter Energie dahinzog, während die Zivilisationen, die er genährt hatte, schon längst zu Staub zerfallen und in seinen Fluten zum Meer getragen worden waren? Die Zeit und die Geschehnisse verloren dramatisch an Wichtigkeit. In all den folgenden Monaten verfehlte ein unerwarteter Blick auf den Nil nie, daß mir das Herz wieder leicht wurde und kleinliche Sorgen und Gereiztheit schwanden.

Der Gedanke, eine siebentausend Kilometer lange Reise zu der Quelle des Nils zu unternehmen, war mir an einem Wintertag fast ein Jahr zuvor im British Museum zugeflogen. Es war einer jener tropfnassen, grauen Tage, wo die letzten Herbstblätter die Gullys verstopfen und schwarze, schlüpfrige Flecken auf dem Gehsteig bilden, wo der Verkehr Fontänen schmutzigen Wassers über Radfahrer und Fußgänger spritzt, die zu nahe am Randstein stehen, und London sich von seiner häßlichsten Seite zeigt. An solchen Tagen reizt es mich, dem Grau für ein Weilchen zu entfliehen, mein Fahrrad ans Geländer zu ketten und einen Abstecher ins Museum zu machen, zu einem kurzen Wiedersehen mit alten Favoriten – mit den Steintafeln mit Bildern wilder Assyrer, die längst vergessene Städte eroberten und dort schreckliche Dinge trieben, oder mit der Fülle der zusammenstibitzten lieblichen Marmorstatuen, welche die Griechen so gerne von uns zurückhaben möchten. Bis zu jenem besonderen Tag hatte mich die Ägyptische Sammlung nie richtig angezogen: Ich fand die Mumienreihen bedrückend und die massiven Skulpturen eher langweilig und leblos.

Was meine Haltung gegenüber Ägypten und seinen Schätzen radikal veränderte, war ein Buch, das mir ins Auge stach, während ich feuchtfröstelnd auf dem Weg zu einer heißen Suppe in der Cafeteria den Museumsladen durchquerte. In krassestem Gegensatz zu dem Hundewetter draußen zeigte das Bild auf dem Einband eine sonnige Flußlandschaft mit Palmen und goldenen Ruinen, und einer Eingebung des Augenblicks folgend, kaufte ich es, um beim Mittagessen ein wenig darin zu schmökern. Es handelte sich um die Neuauflage eines Werkes, das vor hundertzehn Jahren von Amelia B. Edwards verfaßt worden war, einer viktorianischen Romanschriftstellerin, die auf höchst amüsante und vergnügliche Weise tausend Meilen im Segelboot den Nil hochfuhr. Ihre Begeisterung für das heiße, trockene Ägyptenland und seine antiken Kunstschätze war ansteckend, besonders in den erlauchten Hallen des British Museum. Als ich durch die vertrauten, mit den Beutestücken anderer Nilexpeditionen des neunzehnten Jahrhunderts vollgestopften Galerien zurückwanderte, begann ich die riesigen, ausdruckslosen Pharaonenstatuen, die tierköpfigen Götter, die unergründlich blickenden Löwen mit gekreuzten Pfoten und die ellenlangen Steininschriften auf einmal mit neuen Augen anzublicken. Und ganz plötzlich verspürte ich einen Drang, nach Ägypten zu reisen und mir diesen Teil der Erde, der das alles zum Leben erweckt hatte, selbst zu besehen.

Als der Gedanke erst einmal Wurzeln geschlagen hatte, begann er rasch zu wuchern, und bald umfaßte mein Reiseplan nicht bloß die letzten fünfzehnhundert Kilometer des Nils, wo er Ägypten bewässert, sondern die gesamte Länge dieses unermeßlichen, faszinierenden Stroms, bis hin zu seiner Quelle tief im Herzen Afrikas, wo das Rift Valley die riesigen Äquatorialseen birgt und die Mondberge ihre geheimnisvollen, schneebedeckten Spitzen hinter Schleiern von Nebel und Wolken aufragen lassen. Meine Reise sollte mich von den Stätten einer der ältesten Hochkulturen der Welt zu Gebieten dieses Planeten führen, die der Entdeckung am längsten getrotzt hatten! Als Amelia B. Edwards den Unterlauf des Nils hochsegelte und sich in ätzenden Bemerkungen über Thomas-Cook-Dampfer und Gruppenreisen erging, waren die oberen Regionen des Stroms noch weitgehend unerforscht. Es war kaum zehn Jahre her, seit Burton, Speke, Baker, Dr. Livingstone und Stanley gewetteifert hatten, wer als erster das Rätsel der Nilquelle lösen konnte, wo sie doch, wie sich herausstellte, bereits vor zweitausend Jahren von Ptolemäus völlig zutreffend beschrieben worden war. Daß die Mondberge wirklich existieren könnten, wäre keinem dieser ehrgeizigen Forscher auch nur im Traum eingefallen – wer würde schon erwarten, Ptolemäus' »ewigen Schnee« kaum ein Dutzend Meilen vom Äquator entfernt vorzufinden?

Mein Vorhaben kam mir ungeheuer aufregend vor, flößte mir aber auch Angst ein. Wie zu den Glanzzeiten der Nilforschung waren Wüsten, Sümpfe und Dschungel noch immer eine echte Herausforderung, und hatte ich endlich Ägypten hinter mir gelassen, gab es kaum noch richtige Straßen, bloß Reifenspuren im Sand. Nicht zuletzt mußte ich um meine persönliche Sicherheit fürchten, denn Uganda und Sudan zählen nicht zu den stabilsten Ländern unserer Erde (und urteilt man nach ihrer Geschichte, scheinen sie es nie gewesen zu sein). Doch wer lange Distanzen zurücklegt, findet nur wenige Routen, die nicht durch irgendwelche Krisenherde führen. Die Welt ist selten rundum friedlich, und wenn ich mich je entschieden hätte, auf einen paradiesischen Zustand zu warten, wäre ich nie irgendwohin gelangt. Wer den wichtigsten Sinn seines Lebens im Reisen sieht, dem bleibt nur eins übrig: sich aus dem Kopf zu schlagen, was man sowieso nicht lösen kann, und Entscheidungen bezüglich seiner persönlichen Sicherheit später zu treffen, wenn man die lokalen Gegebenheiten kennt.

Sehr viel leichter und auch bedeutend genüßlicher waren die praktischen Reisevorbereitungen. Das Transportmittel stand von vornherein fest: Ich würde per Fahrrad reisen. Ich spielte zwar zuerst mit dem Gedanken, auf einem Kamel zu reiten, weil es in der Wüste heimisch war, doch ich zweifelte an meinen Fähigkeiten, allein mit so einem Tier fertig zu werden, und die Dienste eines Kameltreibers konnte ich mir nicht leisten. Mit Fahrrädern hingegen kenne ich mich gut aus. Ich bin eine begeisterte Radfahrerin, außerdem schätze ich Flexibilität: Ich kann mein Rad per Flugzeug, Schiff, Auto und Eisenbahn transportieren und es sogar über kürzere Strecken auf der Schulter tragen. Es macht mich unabhängig wie kein zweites Reisegefährt, denn es braucht weder Treibstoff noch Dokumente und nur sehr wenig Pflege. Und am allerwichtigsten: Es bringt mich mit genau der richtigen Geschwindigkeit vorwärts, so daß ich mir alles in Ruhe ansehen kann, es isoliert mich nicht von meiner Umgebung, und es macht mir zudem eine Menge Freunde.

Für meine Nilreise mußte unbedingt ein geländegängiges Fahrrad her, da die breiteren Räder und die stärkere Konstruktion dieses Typs den harten Strapazen, die ihm bevorstanden, besser gerecht wurden. Evans, eine Fahrradfabrik, die bereits diverse Mehrzweckräder für mich angefertigt hatte, gestattete mir diesmal, selbst ein Modell zu entwerfen. Das Resultat ließ sich sehen. Mein Rad hatte steilere Rahmenwinkel und einen kürzeren Radstand als die meisten Allzweckräder, war aber trotz seines Extragewichts schnell und lebhaft. Und knallrot gespritzt! In Gedanken nannte ich es bereits liebevoll »Knallfrosch«, doch nur, bis ich in Ägypten ankam – dort wurde es sofort zum »Agala« (arabisch für Fahrrad) oder besser »Ah Agala«, wie die Araber sein Erscheinen jeweils verzückt begrüßten. In diesen Landen, wo Fahrräder so zahlreich wie Esel, aber unausweichlich in einem langweiligen Schwarz gestrichen sind und nur einen einzigen Gang haben, fand es stets uneingeschränkte Bewunderung. Mein leuchtend rotes »Ah Agala« besaß achtzehn Gänge, versiegelte Lager, um Sand und Staub abzuhalten, und nur das Beste vom Besten an Ausrüstung, darunter auch vier raffinierte neue Satteltaschen, in welche meine gesamte Ausrüstung für die viereinhalbmonatige Fahrt verstaut werden sollte.

Bei Reisen mit dem Fahrrad stellt sich nur ein schwieriges Problem: Wieviel Gewicht kann komfortabel mitgeführt werden? Was ist wesentlich, worauf kann man verzichten? Man muß da eine klare Grenze ziehen. Da ich bereits lange Fahrradtouren durch den Nahen Osten, den Himalaja und die Türkei unternommen hatte, konnte ich mich teilweise auf meine eigenen Erfahrungen stützen, doch die Aufgabe war immer noch nicht leicht. Nach vielem Hin und Her mit Listen aufstellen, Durchstreichen und Hinzufügen beschloß ich, bei den Kleidern zu sparen, nur das Allernotwendigste mitzunehmen und zerschlissene Stücke »en route« zu ersetzen. Weil Moslems sehr empfindlich auf entblößtes Fleisch reagieren, mußte ich langärmelige Hemden und knöchellange Hosen bei mir haben, unter der brennenden Sonne

sowieso das einzig Vernünftige. Das Grundsortiment zum Überleben war so leichtgewichtig wie nur möglich und bestand aus Zelt, Schlafsack, Kocher, Töpfen und etwas getrockneten Fertiggerichten. Als größte Knacknuß erwies sich, in der Wüste einen ausreichenden Vorrat an Wasser zu beschaffen und all das gefährliche Zeug darin herauszufischen – Bilharzia und Gardia sind bloß zwei der vielen Schrecknisse, von denen das Nilwasser nur so wimmelt. Ich sammelte genügend Plastikbehälter für etwa zwölf Liter, mehr, als ich überhaupt tragen konnte, und machte auch eine Wasserfilterpumpe »made in Switzerland« mit einem soliden Keramikkern ausfindig. Sie wog zwar etwa ein halbes Kilo, war aber verläßlich und filterte garantiert alle schädlichen Bakterien aus verschmutztem Wasser. Ich zog sie den Reinigungstabletten vor, denn diese schmecken scheußlich, und ich hätte viel zu viele davon gebraucht, um mit den fünf bis zehn Litern Wasser täglich klarzukommen, die man in den Tropen zu sich nehmen sollte.
Das nötige Werkzeug fiel schwer ins Gewicht, selbst das häßliche aus Leichtmetall, das ich jeweils auf Reisen mitführe. Ich mußte auch einen Ersatzreifen und einen Luftschlauch einpacken und sandte zusätzliche Reifen nach Khartum voraus. Dazu kamen Antibiotika und weitere Medikamente sowie die Notapotheke für praktisch sämtliche medizinischen Eventualitäten, abgesehen von Schlangenbissen und Amputationen. Schreibmaterial, die wichtigsten Reiseführer, ein Fotoapparat mit zehn Filmspulen und ein Benzinkocher samt einer Flasche Brennstoff ließen das Gewicht alarmierend hochschnellen; wenig zählten hingegen ein einsamer Plastikkrug und zwei Löffel aus Horn für sämtliche Mahlzeiten, die ich kochen wollte, zudem konnte ich aus dem Kochtopf essen. Auf Lesestoff und auf Musik mußte ich notgedrungen verzichten und mich mit den Brocken behelfen, die in meinem Gedächtnis gespeichert waren. Ich habe glücklicherweise noch die altmodischen Erziehungsmethoden abgekriegt, welchen gemäß wir Schüler große Happen Prosa und lange Gedichte auswendig lernen mußten, was mir auf langen, einsamen Radreisen sehr zustatten kam. Ein Sammelsurium von Kleinigkeiten – Taschenmesser, Lithiumtaschenlampe, Miniaturkompaß, ein Anti-Insekten-

Netzsack für meinen Kopf, der die Quälgeister abhalten sollte, ein ingeniöses »long-life«-Streichholz, eine langsam brennende Dauerkerze, Insektenschutzmittel, Sonnenöl, Nähzeug sowie Amulette aus Jett, welche ein gelehrter Freund mir mit der Bemerkung geschenkt hatte, in klassischen Zeiten hätten Reisende stets so etwas mit sich geführt, um sich zu schützen – all dies half mit, das endgültige Ladegewicht auf dreißig Kilo hochzuschrauben. Es war ein Glück, daß die vorherrschenden Winde Afrikas erwartungsgemäß von hinten blasen würden, wenn ich flußaufwärts fuhr, nur wunderte ich mich, für wieviel Übergewicht ich wohl auf dem Flug nach Kairo zahlen mußte.

Während ich also fröhlich daranging, die ganze Ausrüstung zusammenzutragen, erkundigte ich mich gleichzeitig nach den Visa, versuchte alles Mögliche über die Reiseroute herauszufinden und ackerte mich durch allerlei nützliche Leitfäden. Kenner der einzelnen Nilländer überboten sich mit Lobesworten über die Einwohner und verbreiteten sich nostalgisch über ihre Lebensweise, waren aber sehr unbestimmt, was praktische Einzelheiten betraf, die ich unbedingt wissen mußte – kein Wunder, da keiner von ihnen je in diesen Ländern mit dem Fahrrad herumgefahren war. Es machte nicht den Anschein, als hätten die verfügbaren Informationen über bestimmte Teilstrecken seit jener Zeit, als die Kartographen leere Flächen einfach nach Gutdünken auffüllten, so sehr zugenommen, und der Gedanke, daß ich womöglich durch jungfräuliches Territorium pedalen könnte, jagte mir erwartungsvolle Schauer den Rücken hinunter.

Für Uganda brauchte ich eigentlich kein Einreisevisum, doch weil Großbritannien jetzt von den Mitgliedern des Commonwealth Visa forderte, könnte man, wenn ich endlich vor Ugandas Grenze stand, dort Gleiches mit Gleichem vergelten. So wurde jedenfalls gemunkelt. Es schien mir jedoch unsinnig, bei der Botschaft eines Landes, das erst wenige Monate zuvor seinen jüngsten Staatsstreich verzeichnet hatte, vorzusprechen und um Hilfe oder Informationen zu bitten.

Auch der Sudan litt unter beträchtlichen internen Schwierigkeiten. Dem Land war offenbar nicht besonders viel daran gelegen, den Tourismus anzukurbeln, und die Probleme, die zu überwinden waren, von den Sudanesen eine Einreisegenehmigung zu erhalten, türmten sich immer höher. Man konnte mir zwar eine ausstellen, doch bloß auf dreißig Tage befristet und nur, wenn ich ein Flugticket nach Khartum und zurück vorwies. Da ich vorhatte, den Weg dorthin auf dem Fahrrad zurückzulegen, schien mir das absurd, aber schließlich mußte ich klein beigeben. Weil ich in solchen Dingen nicht abgebrüht genug bin, kam ich gar nicht auf den Gedanken, daß ich den Flug wieder annullieren konnte, sobald ich das Visum erhalten hatte, und so büßte ich eine schöne Stange Geld ein.

Die Ägypter hingegen schienen entzückt, daß ich ihr Land besuchen wollte, und schätzten sich überglücklich, alles in ihrer Macht Stehende zu tun, um mir zu helfen. Man lud mich gleich ein, einem Vortragszyklus von hervorragenden Ägyptologen im Ägyptischen Kulturzentrum beizuwohnen, einem eleganten Haus aus dem achtzehnten Jahrhundert in Mayfair, das schon ein bißchen heruntergekommen aussah, von welchem die Ägypter jedoch steif und fest behaupteten, es sei für König Faruk gebaut worden. (Daten sind in der ägyptischen Geschichtsschreibung nicht so wichtig – was bedeuten schon zweihundert Jahre für Leute, die in Dynastien rechnen?) Hier war es, wo ich einige Ägypter traf und sehr rasch schätzen lernte. Sie schienen mich auch zu mögen, besonders als sie entdeckten, daß ich mit dem wunderlichen Diaprojektor umgehen konnte, der den Gastprofessoren soviel Kummer bereitete.

Viele Stunden verstrichen in Bibliotheken, wo ich Atlanten konsultierte und Berichte über afrikanische Forschungsreisen las. Darin stieß ich mit schöner Regelmäßigkeit auf detaillierte Beschreibungen von extremsten Entbehrungen, von qualvollster Mühsal und von heiklen Zusammenstößen mit »den Eingeborenen«. Malaria und andere Beschwerden hatten alle Forschungsreisenden gleich monatelang lahmgelegt. Wegen der Schwierigkeiten, sich einen Pfad durch das zerklüftete, weglose Gebiet zu bahnen, waren sie von einer endlosen Kette notorisch unzuverlässiger Träger abhängig gewesen. Erschöpft von Hunger und

Krankheiten, hatten sie sich zu guter Letzt zurückgekämpft und wurden, nur noch Schatten ihrer selbst, daheim mit frenetischem Jubel empfangen.

Meine Träume begannen sich mit langen Reihen von Trägern mit Packkörben von Fortnum & Mason zu bevölkern. Ganze Armeen fanatisierter »Wuschelköpfe«, wie Kipling die sudanesischen Stammeskrieger genannt hatte, brodelten hinter ihrem Mahdi aus der Wüste hervor und warfen sich gegen die »dünnen roten Verteidigungslinien« der Soldaten mit Tropenhelmen und Kitchener-Schnurrbärten. Krokodile lauerten hinter jeder Flußbiegung und hielten blinzelnd ihre Krokodilstränen zurück, während sie nur darauf warteten, schiffbrüchige Forscher in lecken Eingeborenenkanus zu verschlingen, und T. S. Eliots Hippopotamus stieg, tausendfach vervielfältigt, aus der dampfenden Savanne nach oben wie ein Himmel voller Fesselballone. Meine überfütterte Phantasie wurde wohl noch zusätzlich von all den Spritzen angeheizt, die Typhus, Gelbfieber, Starrkrampf, Cholera, Meningitis, Gelbsucht und Tollwut vorbeugen sollten.

Da ich während des Frühlings und Sommers so lange in Bücher vertieft in der Stube gehockt hatte, fühlte ich mich, als die Zeit der Abreise näher rückte, körperlich nicht in bester Verfassung. Die Fahrt war viel zu strapaziös, als daß ich mich auf die ersten paar Wochen auf dem Rad hätte verlassen können, um mich wieder aufzumöbeln, deshalb nahm ich einen Monat vor dem Abflug, als die meisten Vorbereitungen unter Dach waren, einen Job als Botin bei der »On Yer Bike Despatch Company« an, einem Fahrrad-Eilkurierdienst, der günstig in der Nähe des Ägyptischen Kulturzentrums in Mayfair lag. Noch nie im Leben habe ich für so wenig Entgelt so hart geschuftet und mich dabei erst noch königlich amüsiert. Ich wurde im Handumdrehen topfit dabei, und meine Reflexgeschwindigkeit steigerte sich ungeheuer, andernfalls hätte ich kaum lange im Hickhack der aggressiven Fahrweise unserer Hauptstadt überlebt. Das berauschende Gefühl, völlig anarchistisch in den Straßen herumzukurven, wo sich der ganze übrige Verkehr oft hoffnungslos verkeilt hatte, war ein zusätzlicher Bonus, der mir bei meinem Einzug in Afrika sehr zustatten kam.

2. KAPITEL

Hundewetter

Kairo liegt am Kopfende des Nildeltas. Etwas weiter nördlich teilt sich der Riesenstrom in zwei Arme, die auf verschiedenen Wegen dem Mittelmeer zustreben und ein weites, fächerförmiges Gebiet einschließen, das seit der Morgendämmerung der Kultur zu den fruchtbarsten Landstrichen der Welt zählt. Dreimal im Jahr kann dort die Ernte eingebracht werden, und dieser Produktion von Nahrungsüberschüssen verdankte Ägypten seine einstige Größe. Nahe an der westlichen Mündung liegt die Stadt Rosette, wo man die eng in drei verschiedenen Schriftarten beschriebene Steintafel fand, die den Schlüssel zur Entzifferung der ägyptischen Hieroglyphen lieferte und den Schleier über der sechstausendjährigen Geschichte der Pharaonendynastien lüftete. Von der Mündung des östlichen Flußarms waren die Kreuzritter an Damietta vorbei den Nil hochgesegelt, um die neuen arabischen Herren von Ägypten zum Kampf zu fordern. Dort wurde das Schicksal des Heiligen Landes besiegelt: Geschwächt von Krankheiten, geschlagen von den überlegenen Streitkräften Saladins und behindert vom jährlichen Sinken des Wasserpegels, der ihre Schiffe auf dem Trockenen zurückließ, wurden die christlichen Heere vernichtet.

1869 waren sie wieder da, diesmal, um einen Kanal durch das enge Landstück zu graben, welches das Mittelmeer vom Roten Meer trennt, und damit einen Seeweg zu eröffnen, der die Reise nach Indien und in den Orient um Monate verkürzte. Der Suezkanal war derart wichtig, daß er eine bedeutende Seemacht wie Großbritannien dazu bewog, sich für Ägypten zu »interessieren« und ihr Gewicht dort geltend zu machen. Diese Einflußnahme dehnte sich unweigerlich auch auf die Länder aus, durch welche der Nil floß und von denen Großbritanniens wachsendem Kolonialreich und blühendem Handel Gefahr drohen mochte. Bereits 1899 regierte Königin Viktoria das gesamte Nilgebiet von den Mondbergen bis hinunter zum Mittelmeer, wo nicht de facto, dort eben inoffiziell.

Hier, an diesem Küstenstrich am Mittelmeer, wollte ich meine Reise beginnen. Ich hatte den Plan, gemütlich den Saum des Deltas entlang von Alexandria nach Port Said zu radeln und im Vorbeiweg alle die berühmten Stätten aufzusuchen, die für mich schon legendär geworden waren; erst dann würde ich mich südwärts wenden und die über siebentausend Kilometer lange Reise in Angriff nehmen, welche mich schließlich ins Herz Afrikas führen sollte, wo der Nil seine fernen Anfänge hat. Ich verweilte daher nicht lange in Kairo, weil ich die Stadt ja später noch erkunden konnte, wenn mich mein Weg nach ein, zwei Wochen wieder dorthin zurückführte, statt dessen steuerte ich geradewegs auf der Wüstenstraße auf Alexandria zu – und fand mich mit einem Mal aus einem angenehmen Klima von siebenundzwanzig Grad Wärme in eine naßkalte Welt versetzt, um nichts besser als jene, die ich in England zurückgelassen hatte. Die Winterstürme hatten früh eingesetzt. Hohe Wellen schlugen donnernd über die Strandpromenade, der Himmel drohte in düsterem, gräulichem Purpur, Wasser floß die Mauern der Häuser herunter, spritzte aus zerbrochenen Abflußrohren und ließ die Gullys überlaufen. Alles war deprimierend eintönig. Nur nachts wurde das Grau zerrissen, wenn es am Horizont wetterleuchtete und das Spektakel der Zickzackblitze über den Meereshimmel zuckte.

Irgendwo unter den nassen Pflastersteinen Alexandrias ruhen die verschollenen Überreste Alexanders des Großen. »Ruhelos wird jene Stadt sein, wo diese Leiche liegt«, hatte der Oberpriester von Memphis verkündet, ihr ein Begräbnis verweigert und die Träger aufgefordert, mit ihr in des Eroberers eigene Stadt zurückzukehren. Sie ist nicht der einzige Schatz, der unter der französisierten Stadt aus dem neunzehnten Jahrhundert verborgen ist: Hier stand einst Kleopatras sagenumwobene Bibliothek, und eins der Sieben Weltwunder der Antike, der Leuchtturm von Pharos, erhellte den Schiffen die Zufahrt zu den beiden prächtigen Häfen. Damals hatte sich Alexandria an Bedeutung und Gelehrsamkeit mit Athen und Byzanz messen können. Hier hatte Ptolemäus die Welt kartographiert und die Quelle des Nils festgelegt, hier Euklid seine Mathematikschule gegründet. Jahrhundertelang blühten die Kunst, die Philosophie und die Theologie, bis die Fluten der Barbarei die Stadt überschwemmten und ihre großartigen Gebäude niedergerissen wurden, um als Steinquader für Minderwertiges zu dienen. Von Zeit zu Zeit öffnet sich heute wieder ein Erdspalt, und ein Überbleibsel aus der griechisch-römischen Welt tritt zutage. Eins davon, ein kleines, hübsches römisches Theater, war erst kürzlich ausgegraben worden, doch als ich es mir aus meinem Unterstand, einem offenen Schuppen, wo die Schaufeln verwahrt wurden, anguckte, wurde mir klar, daß ich mich bei diesem Winterwetter unmöglich in jene schillernde verschwundene Welt einstimmen konnte. Um von Alexander zu träumen, braucht es Sonnenschein.

Meine Gedanken schweiften statt dessen zu Amelia B. Edwards, der reiselustigen viktorianischen Schriftstellerin, deren Nilfahrt vor hundert Jahren nicht wenig dazu beigetragen hatte, daß ich jetzt hier stand. Sie hatte anfänglich gar nicht vorgehabt, Ägypten zu besuchen, war aber während einer verregneten Malexpedition in Europa vom »Hundewetter« nach Süden getrieben worden. Ihr Zufallsbesuch zeitigte ungeahnte Folgen: Sie hörte auf, romantische Dichtungen zu verfassen, und wurde zu einer glühenden und unermüdlichen Ägyptologin, die über Hieroglyphen und hieratischen Schriften grübelte und bedenkenlos in ihren langen, bauschigen Gewändern durch glühende Wüsten ritt, um weitentfernte, obskure Tempel zu besichtigen. Ich hatte nicht die leiseste Absicht, in die Fußstapfen dieser wundervollen, gelehrten Frau zu treten, was aber das gegenwärtige »Hundewetter« betraf, so schien es wie aus den Seiten ihres Reiseberichts entsprungen. So beschloß ich, die Küste Küste sein zu lassen und schnurstracks mit den letzten Schwalben aus Europa nach Süden, nach Kairo zurückzueilen. Kairo ist von Wüste umgeben, und es regnet dort im Durchschnitt nur fünf Tage im Jahr.

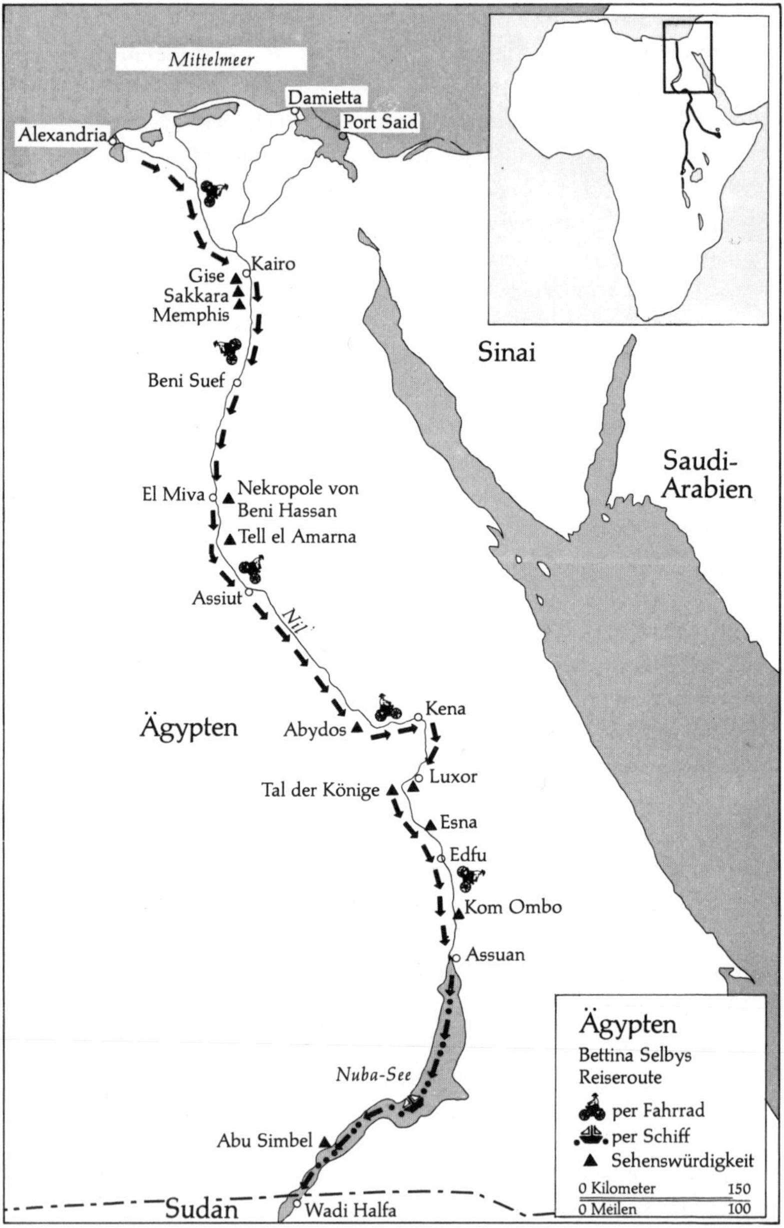
Mittelmeer
Damietta
Port Said
Alexandria
Kairo
Gise
Sakkara
Memphis
Sinai
Beni Suef
Saudi-Arabien
El Miva
Nekropole von Beni Hassan
Tell el Amarna
Assiut
Nil
Kena
Ägypten
Abydos
Luxor
Tal der Könige
Esna
Edfu
Kom Ombo
Assuan
Nuba-See
Abu Simbel
Sudan
Wadi Halfa
Ägypten
Bettina Selbys Reiseroute
per Fahrrad
per Schiff
Sehenswürdigkeit
0 Kilometer 150
0 Meilen 100

Wäre ich mit der Eisenbahn gefahren, hätte ich mit den Schwalben einigermaßen Schritt halten können. Ich erwog diese Möglichkeit ernsthaft, da weder ich noch mein Fahrrad für diese Nässe ausgerüstet waren – ich hatte mit Hitze und Dürre gerechnet und vor der Abreise sogar die Schutzbleche abgeschraubt, um Gewicht zu sparen. Aber die entzückten Ausrufe »Ah Agala!«, die das nagelneue, hellrote Rad am Bahnhof begrüßten, gefolgt von Bemerkungen wie: »Lassen ihn hier. Er folgen vielleicht morgen, vielleicht nächste Tag!«, stimmten mich um. Seit meiner Ankunft in Ägypten hatte ich so viele Anfragen erhalten, ob »Dies-Agala-sehr-nett« zu verkaufen sei, daß ich ziemlich besorgt um seine Sicherheit war. Wenn wir nicht zusammen im gleichen Zug reisen konnten, zog ich es vor, zurückzuradeln, was überdies den Vorteil hatte, daß ich mir dabei die reiche Agrarlandschaft genauer besehen konnte.

Voller Zuversicht erwartete ich, das Wetter würde sich bessern, sobald ich Alexandria den Rücken gekehrt hatte, doch bald entdeckte ich, daß ich nicht nur gegen unaufhörliche Regengüsse ankämpfen mußte – das gesamte Delta stand unter Wasser: Schuld war nicht der Nil, der während der jährlichen Überschwemmungen seine urzeitliche Gabe, den fruchtbaren Schlamm, herunterzubringen pflegte, denn damit ist es seit dem Bau des Assuan-Staudamms vorbei. Der Schlamm lagert sich jetzt in dem riesigen, von Menschenhand geschaffenen See hinter der Staumauer ab, wo er monströse Fische ausbrütet, die in den Turbinen des Wasserkraftwerks häufig Maschinenschäden und Stromausfälle verursachen. Chemikalien haben das »Geschenk des Nils« ersetzt, und so sind auch die Sardinenschwärme, die sich früher vor dem Delta einfanden, um sich an den Rückständen des Schlamms gütlich zu tun, heute vollständig verschwunden. Trotzdem wird der Assuan-Damm für die gegenwärtigen Überschwemmungen verantwortlich gemacht: Seit er gebaut wurde, hat sich der Grundwasserspiegel in ganz Nordafrika gehoben, so daß der Großteil der Niederschläge, die in den vergangenen Tagen gefallen waren, an der Oberfläche blieb.

Der Regen wollte und wollte nicht aufhören. Unbehindert

durch ein Schutzblech, spritzte das Hinterrad pausenlos eine Fontäne Schmutzwasser meinen Rücken hoch, während die Bugwellen vorbeiziehender Lastwagen alles an mir durchweichten, was noch nicht vom Regen durchnäßt war, der von oben herunterprasselte oder von unten heraufsprühte. Der Straßenbelag mit seinen zahlreichen breiten, tiefen Schlaglöchern ließ viel zu wünschen übrig. Weil ich sie unter dem alles bedeckenden Wasser nicht wahrnehmen konnte, tauchte ich jedesmal unweigerlich hinein. Gelegentlich kreuzten Brücken über meinem Kopf, und wo sich die Straße senkte und unter ihnen durchführte, stand das Wasser manchmal fast meterhoch. Solche Senken mußte man mit Volldampf durchfahren, und ich pedalte mit eingetauchten Füßen, was ich nur konnte, um den riesigen Wasserwiderstand gegen die Satteltaschen zu überwinden. Schließlich kam der Zeitpunkt, wo ich völlig durchweicht war. Da hörte ich auf, mir Sorgen zu machen, und begann mich für die Szenerie rund um mich herum zu interessieren.

Ich fuhr an einer fast lückenlosen Kette zusammengebrochener Lkws und Anhänger vorbei. Einige waren ganz von der Straße abgekommen und lagen friedlich auf der Seite (ihre Fahrer waren wohl im Haschischrausch zu wagemutig gewesen), andere hatten einfach den Geist aufgegeben, weil ihr elektrisches System soviel Nässe nicht verkraftete. Hinter ihnen lag eine Welt, die anscheinend nichts mit diesem mechanischen Versagen, ja nicht einmal mit dem zwanzigsten Jahrhundert gemein hatte. In Dörfern mit Lehmziegelhütten jagten Horden von schmuddeligen Kindern in langen Kleidern ausgemergelte Hühner zwischen hohen, dampfenden Misthaufen herum, Männer in biblischen Gallabijas mit Kopfputz folgten ihren Wasserbüffeln in die Reisfelder, Esel stapften in endlosem Kreis um archaische Schöpfräder, und überall bildeten Frauen und Mädchen bunte, schwatzende Trauben, wuschen ihre Wäsche oder füllten irdene Wasserkrüge an den überfließenden Bewässerungsgräben. Jedermann schien glücklich und freute sich an dem Morast, als sei dies ein Grund mehr zum Feiern. Wie durch ein Wunder war alles noch genau so, wie es Herodot vor zweieinhalb Jahrtausenden beschrieben hatte: »Das

Land ist in ein Meer verwandelt, und nur die Städte stehen über Wasser, wie Inseln im Ägäischen Meer.« Halbwegs erwartete ich, eine Flottille Feluken voller lärmiger, feiernder Menschen vorübergleiten zu sehen, die zotige Fruchtbarkeitslieder sangen und hingerissen obszöne Gesten ausführten, laut Herodot ein charakteristisches Merkmal dieser jährlichen Feiern.

Es müssen wohl derlei Gedanken gewesen sein, die meine Aufmerksamkeit ablenkten, denn bei der nächsten Straßensenke verschätzte ich mich und legte zuwenig Tempo zu. Plötzlich wurde mein Schwung abgebremst, ich drehte mich um die eigene Achse und stand bis zu den Oberschenkeln in trübem Wasser. Als ich mich dem Fahrrad entwunden hatte und mit ihm herauszuwaten begann, fuhr ein Lieferwagen heran. Der Fahrer streckte seinen Kopf aus dem Fenster und sagte: »Oh, Madame, Sie sind ja ganz naß!« Es klang sehr besorgt, und als er fragte: »Wollen Sie mitfahren und sich trocknen?«, brauchte es keine zweite Einladung. Im Nu war das Fahrrad hinten verstaut, und bald begann sich die Windschutzscheibe zu beschlagen, als die Heizung sich meiner durchtränkten Kleidung annahm. Mein Retter war ein sehr freundlicher Mann, dem es offenbar schwerfiel zu verstehen, was ich da auf der überfluteten Deltastraße mit einem Fahrrad zu suchen hatte – um so mehr, als keine ägyptische Frau ein Fahrrad besteigt, selbst unter besseren Bedingungen nicht. Nach einer Weile ließ er das Problem auf sich beruhen und erzählte mir von seinen Früchten und dem Gemüse, die er seit kurzem nach Großbritannien exportierte. Er erwähnte auch seine drei Häuser, ich glaube, um mir zu verstehen zu geben, daß er ein vermögender Mann sei.

Ein Weilchen darauf hielten wir bei einem kleinen Schuppen am Rand eines Dorfes aus Lehmziegelhäusern. Es diente als Café für Lkw-Fahrer und zugleich als Heim für eine Familie, mit zwei Betten in einer dunklen Ecke, ein paar Stühlen und einem wackeligen Tisch. In einer flachen Metallschale auf dem Fußboden brannte ein Feuer, aus dem mit einer Metallzange Kohlenstücke gefischt wurden, um die Wasserpfeife anzuzünden, die ständig für die Fahrer, welche hier haltmachten, in Bereitschaft war. Grobes

Stroh verdeckte zum Teil den herumliegenden Schutt, Licht und Fliegen kamen durch die offene Tür herein, und zwei Kinder mit schmuddeligen Kleidern und schmutzigen Händen servierten Tee und schauten zur Wasserpfeife. Ich lehnte Pfeife und Haschisch ab und nahm nur den Tee an – allerdings nicht ohne leise Bedenken. Bei der Art und Weise, wie ich herumreise, zählt es zum Schwierigsten, gesund zu bleiben, und unter solch unhygienischen Verhältnissen etwas zu essen oder zu trinken ist sicher nicht gerade der beste Weg dazu. Dabei spielen aber immer auch andere wichtige Überlegungen mit, zum Beispiel Menschen kennenzulernen und sie nicht zu beleidigen, und so muß man in der Hinsicht oft Kompromisse eingehen.

Als die beiden Kinder ihre Schüchternheit überwunden hatten, holten sie zwei »Welcome to English«-Schulbücher unter den Betten hervor und begannen im Singsang mit »Setzt euch!« – »Guten Tag, Herr Lehrer« – »Wie geht es Ihnen?« – »Wie alt sind Sie?« – »Wie heißen Sie?« und ähnlichen Äußerungen, mit denen Touristen in Schwellenländern heute geplagt werden. Nach Hunderten solcher schematischer Wortwechsel kam ich mir eher wie ein sprechender Roboter denn wie ein menschliches Wesen vor und hätte mir seitens dieser kleinen Linguisten etwas mehr Zurückhaltung oder wenigstens ein paar kreative Abweichungen von der Norm gewünscht. Schon nur eine Einleitung wie »Bitte« oder »Macht es Ihnen etwas aus, wenn ...« oder vielleicht »Entschuldigen Sie, darf ich Sie etwas fragen?« hätte die Monotonie etwas gemildert oder dem Opfer wenigstens eine Möglichkeit zur Flucht verschafft. (Der Fehler liegt natürlich bei den Verfassern dieser langweiligen, phantasielosen Schulbücher – Briten, wie ich fürchte.) Meine Reise hatte jedoch gerade erst angefangen, und so war ich von den vier glänzenden Augen unter dem Wuschelhaar eher entzückt als verärgert.

Bevor wir aufbrachen, wurde mir die Ehre zuteil, das Prunkstück des Haushalts zu besichtigen: Unter einem Stück Plastik war ein Fernsehapparat versteckt. Es gab keinen elektrischen Strom für den Anschluß, das Gerät ruhte einfach ausdruckslos auf einer wackeligen Kiste wie eine unergründliche Wesenheit in einem

Schrein. Dies war wohl der neue Hausgott, ein Symbol des Fortschritts, das die alten Mächte abgelöst hatte und vielleicht eine völlig vorhersehbare Welt verhieß, wo es keine Überschwemmungen mehr gab.

Bevor mich mein Wohltäter ein kleines Stück Wegs vor Kairo absetzte, ließ er noch eine Banknote von umgerechnet fast zwanzig Mark in meinen Schoß fallen. »Du brauchen. Nimm! Nimm!« drängte er mich, wischte meinen Protest beiseite und fügte der Gabe noch ein Päckchen Tuttifrutti-Kaugummi hinzu. Mir ging ein Licht auf: Damit hatte er das Rätsel gelöst, warum ich auf einem Fahrrad durch das überschwemmte Delta fuhr – ich mußte arm und bedürftig sein, und er fühlte sich bewegt, Mildtätigkeit auszuüben, wie es der Koran vorschreibt. Ich konnte ihn auf keinerlei Weise vom Gegenteil überzeugen oder gar das Almosen zurückweisen, ohne seine Großzügigkeit grob zu beleidigen. So fuhr ich weiter, nach Kairo hinein, noch immer naß und starrend vor Schmutz; doch wenn ich an die Begegnungen dieses Tages dachte und mir vergegenwärtigte, daß ich die erste Etappe meiner Fahrt trotz des Hundewetters recht vergnüglich hinter mich gebracht hatte, wurde mir ganz warm. Jetzt, da der Regen aufgehört hatte und der Himmel wieder klar war, konnte alles nur noch besser werden.

3. KAPITEL

Kairo

In den Straßen von Kairo wurde ich immer nur dann angefahren, wenn die Fahrzeuglenker rückwärts zu fahren versuchten, was sie schlicht nicht beherrschten. Bewegten sie sich vorwärts, so benahmen sie sich eher wie Radfahrer. Sie scherten aus und schlängelten sich wieder zurück, wo immer sie eine Lücke erspähten, und obwohl sie den Finger ständig auf der Hupe hatten, schienen sie doch keinen wirklichen Groll gegen die übrigen Straßenbenützer zu hegen. Das war sehr tröstlich, denn selbst wenn alles auf eins hinausläuft, ziehe ich es doch vor, wegen mangelnder Fahrtüchtigkeit überfahren zu werden als wegen aggressiven Verhaltens. Geparkt wurde häufig in Dreierreihen. Eine Unzahl Männer war dauernd damit beschäftigt, Fahrzeuge herumzurücken, damit jene, die am Rinnstein festsaßen, befreit werden konnten. Um die Gehsteige frei von Autos zu halten, waren die Bordsteine so weit erhöht worden, daß man sie kaum noch erklimmen konnte, und daher reihten sich viele Fußgänger auf dem engen Streifen in der Mitte der Straße in den Verkehr ein. Es spricht für die Wachsamkeit meines Schutzengels, daß ich zwei Wochen lang bei Tag und bei Nacht durch Kairo radelte, ohne etwas zu den markanten Unfallziffern dieser Stadt beizutragen.

Als erstes fand ich ein kleines Familienhotel in der Nähe der modernen City, dessen Direktion bereit war, auch mein Fahrrad zu beherbergen. Es lag im achten Stockwerk und hatte einen winzigen Aufzug, bei dem immer jemand draußen stehen und sich gegen die Tür lehnen mußte, bevor er sich in Bewegung setzte. Der einzige Weg, das Rad in den Lift zu kriegen, war, es hochzustellen und auf dem Hinterrad im Gleichgewicht zu halten, mich daneben hineinzuquetschen und in einer verkrümmten Haltung zu warten, bis einer kam, sich anlehnte und uns losschickte. Das ging nicht immer einfach, weil verschiedene Büros und Gewerberäume die unteren Stockwerke einnahmen, wie ich es bei vielen der bescheideneren Hotels von Kairo feststellen konnte. Die Höhenlage hatte aber auch ihren Vorteil. Der Lärm der Autohupen war in den oberen Regionen ein wenig gedämpft, doch ich konnte auch hier nur schlafen, wenn ich mir die Wachspfropfen, die ich vorsorglich eingepackt hatte, in die Ohren stopfte. Anderseits war diese Situation doch recht alarmierend: Der einzige Fluchtweg schien der unzuverlässige Lift zu sein – es gab weder Treppen noch eine Feuerleiter.

Wie so vieles in Kairo hatte auch dieses Hotel einst bessere Tage gesehen. Obwohl ihm ein Nachduft längst verblichener Noblesse anhing, war es entschieden schäbig, und zwar rundum. Es sei jedoch noch immer seinen Preis wert, versicherten mir zwei Dauergäste. Die eine, eine blasse, rotblonde Dame mit dicken Brillengläsern, lebte seit dreißig Jahren als Gouvernante in Ägypten, ohne daß ihr schottischer Akzent auch nur eine Spur darunter gelitten hätte. Jetzt war sie pensioniert. Sie sagte, ihr Blut sei dünner geworden und sie könne die Kälte Schottlands nicht mehr ertragen. Sie war von schnippischem Wesen, hatte aber eine romantische Ader und konnte richtig lyrisch werden, wenn vom einstigen Glanz der ägyptischen Hautevolee die Rede war. Der zweite Stammgast war ein ältlicher Ägypter, der eine Griechin geheiratet und sich im stillen Frieden einer Insel in der Ägäis beinahe vor Heimweh verzehrt hatte. Man sagt oft, die Ägypter hätten ein ganz spezielles Verhältnis zum Nil, so daß sie sich in der Ferne selten glücklich fühlten, doch Mr. Beirum meinte, es seien die Geräusche von Kairo, nach denen er sich sehnte. Er hatte das lärmigste Zimmer im ganzen Hotel bezogen und hielt Tag und Nacht beide Fenster weit offen. Das Leben, belehrte er mich, sei eine traurige Sache. Er vermisse seine Frau bitterlich, doch keins von ihnen könne es dort aushalten, wo das andere aufblühe. Die beiden Dauergäste erhielten Vorzugspreise und Sonderbehandlung, ebenso wie – in geringerem Maß – Pauschalreisende aus

Israel. Ein Anschlag wies speziell darauf hin, daß diese Pauschaltouristen ein Ei zu ihrem spärlichen »kleinen Frühstück« bestellen durften, was mich neugierig machte, ob ich nicht auch ein bißchen Vorzugsbehandlung fordern konnte, vielleicht als einsame Radfahrerin. Ich zeigte dem Management also den Brief vom Ministerium für Tourismus, ein paar kurze Zeilen auf arabisch, gestempelt mit einem kleinen, blassen Adler, der viel gewichtiger zu sein schien, als er aussah, denn mein Zimmerpreis wurde sofort reduziert, wenn auch nur um einen winzigen Betrag. Deswegen bot man mir aber noch lange kein Ei an; auch wurde das Warmwasser nie Wirklichkeit, obwohl man es mir mehrfach versprochen hatte.

Vorzugskurse gab es beim Geldwechseln, wenn man das Geschäft statt in einer Bank auf der Straße abwickelte. Überall, sogar in den Moscheen, wurden Ausländer mit überlautem, hoffnungsvollem »Change Dollar?« begrüßt, andernfalls hieß es »Sie ... sehen?« mit Angeboten aller erdenklicher Souvenirartikel, das meiste davon Blütenessenzen. Dabei ging es jedoch sehr entspannt und freundlich zu, ohne die geringste Spur der berüchtigten hartnäckigen Belästigungen, wie ich sie von vielen orientalischen Städten kenne, und ich gewann Kairo mit jedem Tag, den ich dort verbrachte, lieber.

Das berühmte Ägyptische Museum, ein riesiger, mit kolossalen verstaubten Skulpturen vollgepfropfter Bau, lag bequem in Reichweite. Zwar gilt es als eine der Hauptsehenswürdigkeiten des Landes, wirkt jedoch für die meisten Besucher, falls sie nicht fanatische Ägyptologen sind, wenig einladend. Zum Glück besaß ich einen Ausweis, mit dem ich freien Zutritt zu solchen Einrichtungen hatte, daher konnte ich mich häufig zurückziehen, um mich etwas auszuruhen und zu erfrischen. Meiner Meinung nach gibt es eine klare Grenze, wieviel man sich bei einem Museumsbesuch zu Gemüte führen kann – eine Stunde reicht da längstens. Doch wer ein hohes Eintrittsgeld bezahlt hat, fühlt sich leider oft verpflichtet, sich durchzubeißen und alles auf einmal zu besichtigen. (Dies ist meiner Meinung nach eins der wichtigsten Argumente dafür, daß in den Museen und Galerien Großbritanniens weiterhin kein Eintrittsgeld erhoben werden sollte.)

Die Hauptattraktion des Ägyptischen Museums ist ohne Zweifel der großartige Grabschatz von Tutanchamun. Einzelne Stücke dieser märchenhaften Kollektion sind allein für sich tief beeindruckend, so etwa die Totenmaske aus Gold und Email und das Geschmeide, welches die Mumie schmückte; aber noch viel eindrücklicher ist die schiere Quantität, ist der unermeßliche Reichtum dieser Grabbeigaben. Die wunderschönen Wagen, Thronsessel, Betten, die geschnitzten und vergoldeten Behälter für sämtliche nur denkbaren Bedürfnisse des Lebens in der nächsten Welt sind mit höchstem künstlerischem und handwerklichem Geschick gearbeitet. Jeder der drei überreich dekorierten Schreine, in welchen alles untergebracht war, ist so groß, daß er als Garage dienen könnte. Später, als ich die Felsengrabkammer im Tal der Könige in Luxor sah, aus welcher der Schatz stammt, konnte ich kaum glauben, wie er dort Platz fand. Und Tutanchamun war ein eher unbedeutender König gewesen, war jung gestorben und übereilt in ein kleines, unfertiges Grab gestopft worden! Was die riesigen Grabstätten der großen Pharaonen alles enthalten haben müssen, läßt sich nur mutmaßen, denn alle außer jener von Tutanchamun sind schon vor langer Zeit von Grabschändern entdeckt und ausgeplündert worden – wie es scheint, manchmal sogar auf Befehl späterer Pharaonen, welche die goldenen Kunstschätze einschmelzen ließen und wiederverwendeten, womöglich für ihren eigenen Begräbnisstaat.

Ägypten ist eine wahre Fundgrube. Es steht dort so viel Großartiges herum, daß die Aussicht, noch dieses und noch jenes Mammutmonument anschauen zu müssen, zeitweise abschreckend wirkt. So ging es mir jedenfalls bei den meistgepriesenen Königsgräbern, den Pyramiden. Dazu kam, daß mir ihre Form bereits zum Hals heraus hing: Sie muß heutzutage Schokoladenschachteln, Biskuitdosen und eine Unmenge anderer trivialer Dinge veredeln – völlig unpassend übrigens, bedenkt man, wozu diese Monumente einst dienten –, so daß ich mich beim Gedanken an die wirklichen Pyramiden überhaupt nicht inspiriert fühlte und mehr aus Pflichtbewußtsein hinaus nach Gise radelte. Der Weg dorthin, ursprünglich eine angenehme Fahrt ins Blaue, wurde für den Staatsbesuch der Kaiserin Eugenie zu einer Prozessionsroute ausgebaut. Jetzt hat sich die Stadt bis ganz an den Rand des Kalksteinkamms ausgebreitet, auf dem die Pyramiden stehen, so daß mir das von vielen früheren Reisenden überlieferte Erlebnis verwehrt blieb, die vertrauten Dreiecksformen von weit weg zu erblicken, klein und unbedeutend durch die Distanz. Mein erster Blick auf sie fiel vielmehr von ganz nahe und kam völlig überraschend. Ich war vollauf mit den Tücken einer belebten Straße beschäftigt, als ich zufällig hochblickte und sah, wie eine der riesigen, lohfarbenen Flanken der Cheopspyramide langsam hinter einem hohen, tristen Häuserblock in mein Gesichtsfeld glitt. Der Anblick schlug mich derart in Bann, daß ich mich aus dem Verkehr winden mußte, am Bordstein anhielt und sie anstarrte. Genau wie der Nil reduziert sie alles übrige zur Bedeutungslosigkeit. Es war nicht nur eine Frage ihrer Größe, ihrer Massigkeit, ihres ungeheuren Alters – ich hatte meine Statistiken gelesen und wußte, daß sie bereits mehr als zweitausend Jahre dastand, als Christus geboren wurde, daß sie das Kreuz auf der St.-Pauls-Kathedrale in London um mehr als dreißig Meter überragt und viele der großen Moscheen Kairos aus ihren Quadern und Blendsteinen erbaut worden sind, ohne daß es ihr viel Abbruch getan hätte –, alle diese Fakten waren völlig irrelevant für die enorme Wirkung, die sie ausübte, für ihre einzigartige Ausstrahlung von Macht und Erhabenheit. Später, als ich erfuhr, daß sie den Urhügel symbolisieren sollte, der sich zu Anfang aus den Wassern des Chaos erhob, dünkte es mich, genau so sei sie mir auf der belebten Straße erschienen: als das großartigste Symbol der Schöpfung dieser Welt.

Ist man oben angelangt, wird der Eindruck unvorstellbarer Gewichtigkeit und Masse sogar noch überwältigender, doch es fällt schwer, sich das Staunen zu bewahren, wenn man pausenlos von einer Armee zudringlicher Kamelboys attackiert wird, von Jungen mit Eseln, Jungen mit Pferden und Jungen, welche schmutzige Postkarten, Souvenirs, gefälschte Antiquitäten und verschiedene Dienste anbieten. Seit viktorianischen Zeiten hat man sich über diese »Pyramidenbeduinen« beschwert, die, mit den Worten Mark Twains, noch heute »so zahlreich und lästig sind wie die Fliegen« und ihre Gefälligkeiten noch ebenso häufig »mit anzüglichem Grinsen und unanständigen Gesten begleiten«. Ich merkte sehr rasch, daß es ein Riesenfehler war, mit einem von ihnen zusammen auf demselben Tier zu reiten oder einen Augenblick außer Sichtweite der anderen Touristen zu geraten, denn selbst Jungen von neun Jahren machten sich ein Vergnügen daraus, Ausländerinnen in den Hintern zu kneifen oder ihnen anzügliche Bilder unter die Nase zu halten. Hier oben wehte auch ein recht starker Wind und wirbelte Sand und Abfälle herum. Daß so viele Leute trotz all dieser Widrigkeiten wieder und wieder zu den Pyramiden zurückkehren, beweist, welch eine große Anziehungskraft sie ausüben.

Als ich einen ziemlich widerwärtigen arabischen Jugendlichen anheuerte, der sich in einem permanenten Zustand sexueller Erregung zu befinden schien, hatte ich endlich etwas Ruhe. Weil ich darauf beharrte, allein auf seinem Kamel zu reiten (das völlig unpassenderweise Mickymaus hieß), entging ich nicht nur seinen unwillkommenen »Aufmerksamkeiten«, sondern auch denen der anderen Schlepper. Hoch auf dem übelriechenden Rücken von Mickymaus besichtigte ich die Sphinx und die vielen Totentempel und ritt um alle drei Hauptpyramiden herum, danach, als das Kamel mit sittsam gefalteten, untergeschlagenen Beinen ausruhte und wiederkäuend die Vorbeigehenden anzischte, während sein Besitzer sie mit anzüglichem Grinsen bedachte, besuchte ich die inneren Räumlichkeiten. Hier erblickte ich das älteste Schiff der Welt, eine Sonnenbarke mit hochgezogenem Bug aus einer der fünf Schiffsgruben rund um die Große Pyramide. Ähnliche Barken trugen die Leichname der Pharaonen den Nil entlang, wo sie mumifiziert und für ihre endgültige Ruhestätte vorbereitet wurden. In den kunstvoll ausgearbeiteten Schiffen, die man mit ihnen begrub, sollten sie ihre geisterhafte Reise zur Sonne antreten, nachdem sie durchs Totenreich gefahren waren. Der Aufwand, solche Boote zu bauen – dieses hier war über dreißig Meter lang –, nur um sie zusammen mit vier gleichartigen zu begraben, überstieg meine Fassungskraft. Die viel später geborene Kleopatra ging mir statt dessen durch den Sinn und Shakespeares Zeilen: »Die Bark', in der sie saß, ein Feuerthron, brannt' auf dem Strom.«

Dann bekämpfte ich tapfer meine aufsteigende Klaustrophobie und kletterte gekrümmt durch heiße, stickige, überaus klug ersonnene Schächte und Korridore ins Innere der Großen Pyramide. Schließlich stand ich in ihrer Mitte, im Königsgrab, wo es nichts gibt, nur einen leeren Granitsarkophag und das Gefühl eines unvorstellbaren Gewichts, das über einem lastet. Auf das Vergnügen, außen an der Cheopspyramide zur Spitze hochzuklettern, verzichtete ich, da dringend davon abgeraten wird, weil schon zu viele bei diesem Vorhaben heruntergestürzt und an den Kanten der Steinblöcke zerschmettert sind. Mark Twain hatte flehentlich gehofft, dieses Schicksal möge auch den nervenaufreibenden Araber ereilen, der ihm dorthin nachgefolgt war.

Oft kehrte ich am späten Nachmittag nach Gise zurück, um ein wenig hinaus in die Wüste zu reiten und die drei Hauptpyramiden aus verschiedenen Winkeln zu betrachten. Wo man auch stand, wirkte ihre Anordnung schlicht großartig. Der ungeheure, sich in die Länge ziehende Schatten, den sie bei Sonnenuntergang warfen, erstreckte sich weit in die Wüste hinein und gemahnte an den uralten Mythos von der Nacht, die das Land verschlingt.

Nach der Zeitrechnung Ägyptens ist Kairo keine alte Stadt. Die ersten, die hier bauten, waren die Römer. Sie nannten ihre Festung Babylon, was vermuten läßt, daß ihre Geographiekenntnisse wohl etwas wackelig waren. Auf den Ruinen der Festung wurde das alte Kairo erbaut, ein Städtchen, das der späteren islamischen Stadt nicht eingegliedert wurde, weshalb sich dieser Ort mit seinen engen, grob gepflästerten Gäßchen und koptischen Kirchen aus dem vierten und fünften Jahrhundert viel von seinem frühchristlichen Anstrich bewahrt hat. Manche Moslems behaupten, die Völker anderen Glaubens seien nicht so reinlich wie jene, die den Islam angenommen haben; doch obwohl es oft keinen wahrnehmbaren Unterschied gibt, trifft dieser Vergleich hier wirklich zu: Die alte Stadt starrt vor Dreck, viel mehr als jedes andere Viertel Kairos, obwohl man auch dort nirgendwo von Sauberkeit sprechen kann. Eine der primitiven, kleinen Kirchen nimmt von alters her den Ruhm für sich in Anspruch, auf jener Stelle gebaut zu sein, wo die Heilige Familie auf ihrer Flucht nach Ägypten rastete, doch leider fand ich die Grotte vom Nilwasser überschwemmt. Die koptische Skulptur und Architektur, die dem Besucher zugänglich ist, scheint ein schwerfälliger und provinzieller Abklatsch der glorreichen byzantinischen Kunst zu sein. Das alte Kairo mit seinem altehrwürdigen Schmutz wirkte unnatürlich gelähmt, fast wie dem Untergang geweiht – die mittelalterliche islamische Stadt war unendlich viel schöner und aufregender.

Obwohl ich schon früher in muslimischen Ländern herumgereist bin, entwickelte ich erst eine Leidenschaft für die islamische Architektur, als ich nach Kairo kam, denn an vielen Orten hat der Islam, eine relativ junge Religion, zu seinem eigenen Schaden auf früheren Kulturen aufgebaut. In Istanbul hatte ich nur Augen für die Pracht des Byzantinischen Reiches, neben der selbst die prunkvolle Blaue Moschee beinahe ein wenig banal und überladen wirkte. In der gespannten Atmosphäre von Jerusalem fällt es nicht leicht, den Felsendom von dreitausend Jahren zänkischer Geschichte zu trennen, und man wird es einem Juden oder einem Christen nicht verargen können, wenn er ihn eher als einen späten Zusatz zur Heiligen Stadt ansieht und nicht als das Juwel, das er zweifellos ist. Selbst in Damaskus wurde die Große Moschee auf einem noch größeren christlichen Fundament errichtet. Kairo jedoch, der wahre Schauplatz »Arabischer Nächte«, ist wie aus einem Guß – eine von Grund auf neugebaute Stadt, errichtet auf dem Höhepunkt der raschen, dramatischen Siegeszüge des Islams, als sein Reichtum grenzenlos war und Wissenschaften und Künste blühten wie nie zuvor und nie wieder. An jeder Straßenecke der mauerumgürteten mittelalterlichen Stadt steht eine Moschee, über fünfhundert insgesamt und viele von ihnen weit größer als die europäischen Kathedralen. Alle drängeln sich um einen Platz an der Sonne, zusammen mit Koranschulen, öffentlichen Brunnen und Häusern wohlhabender Kaufleute, deren reichverzierte, geschnitzte Holzschirmwände einst die Frauen des Harems verbargen, wenn sie auf das lebendige Treiben in den Straßen hinunterschauten.

Wenn ich nachts durch die Gäßchen mit ihren tausend Minaretten wanderte, die sich in der samtblauen Dunkelheit gegen die Sterne abzeichneten, über mir eine Mondsichel, die dort oben in unwahrscheinlicher Vollkommenheit hing, blitzte das legendäre Kairo auf, das hauchfeine Gewebe einer sagenumwobenen Stadt. Tagsüber war der galoppierende Verfall dieses Gewebes nur zu offensichtlich, obwohl die Suks, die Märkte und Basare, vor Leben strotzten. Von oben sah man dann, daß die flachen Dächer mit Schutt bedeckt waren und der Staub dicht auf jeder horizontalen Fläche lag. Trotzdem war es ein prachtvoller Anblick, und ich beschloß, in diese Gegend umzuziehen, um sie noch intimer kennenzulernen.

Ich fand ein Hotel, das vor allem Moslems mit bescheidenen Mitteln offenstand und wo jedes Zimmer mit einer gewobenen Gebetsmatte aus Plastik ausgestattet war, die man bei Nichtgebrauch aufrollen konnte. Es war ein großes, modernes Gebäude im Stil einer Heilsarmee-Unterkunft, das nicht den geringsten Ehrgeiz hatte, seinem architektonischen Erbe Genüge zu tun oder seine Gäste mit Komfort zu verwöhnen. Ich wohnte dort, weil gerade das Geburtstagsfest des Propheten gefeiert wurde und dieses Haus als einziges noch nicht voll belegt war. Gerechterweise muß ich erwähnen, daß stets Warmwasser zum Waschen verfügbar war, was in Ägypten selbst in Fünfsternhotels ein nicht üblicher Luxus ist. Abgesehen von der fürchterlichen cremefarbenen und grünen Ausstattung und dem unerbittlichen Gehämmer aus den Messingwerkstätten, die nur einige wenige Schritte gegenüber in einem dunklen Gäßchen lagen, war mir dort ziemlich wohl. Die Hotelleitung war sehr entgegenkommend: Man verstaute das Agala unten in einem Schrank, zusammen mit einem weniger aristokratischen Fahrrad indischer Abkunft, und schickte auch jeden Tag jemanden hinaus in den Suk, um mir ein Frühstück zu holen. Andere Gäste bereiteten sich ihr eigenes Frühstück zu, saßen in großen Gruppen in den weißgekachelten Korridoren zusammen auf Binsenmatten und aßen Ful, die allgegenwärtige Grundnahrung der Nilbewohner. Sie kochten auf einfachen Kohleherden und schaufelten die Feldbohnen aus einer großen Gemeinschaftsschüssel mit Brocken von flachem, ungesäuertem Brot zusammen. Ich wurde regelmäßig eingeladen, diese Mahlzeiten zu teilen, denn die Araber sind ein liebenswertes und gastfreundliches Volk, aber zu diesem Zeitpunkt hatte sich mein Magen noch nicht mit Ful befreunden können – später auf meiner Reise wurde es zu meiner hauptsächlichen Nahrung.

Bei meinen Streifzügen durch die Suks traf ich vielerlei Menschen, so daß ich mich selten einsam fühlte. Es gab zwar ein paar wenige hartnäckige Quälgeister, meist war es jedoch völlig problemlos, im Kaffeehaus Zufallsbekanntschaften anzuknüpfen oder Hilfe anzunehmen, ohne für dieses Privileg tief in die Tasche greifen zu müssen, und viele Leute nahmen bereitwillig große Unannehmlichkeiten auf sich, um mir den Weg zu bestimmten Orten zu zeigen. Einmal half mir ein junger Mann zwei Stunden lang beim frustrierenden Versuch, in Kairo ein Telefongespräch zu führen, und als ich ihn als kleine Entschädigung für seine Mühe zu einem bescheidenen Bier mit Kebab einlud, sagte er zwar zu, bestand jedoch darauf, die Rechnung zu begleichen – er stehe, wie er sagte, in meiner Schuld, weil er sich so gefreut habe, mit mir über seine Freundin sprechen zu können.

Nur einmal bekam dieses schöne Bild einen Kratzer. Ich machte im Basar Fotoaufnahmen und wurde urplötzlich von drei sehr großen und sehr schwarzen Frauen in leuchtend farbigen Gewändern angefallen, die wie aus dem Nichts aufgetaucht waren. Ihre Augen sprühten Feuer. Sie schrien mich an: »Wer sagen, du können von uns Bilder machen? Wer dir erlaubt?« Die kleine Kamera hing an einer Kordel um meinen Hals, und die Frauen waren wild entschlossen, sie mir wegzureißen, selbst wenn dabei mein Kopf auch gleich mitkam. »Wir müssen kaputt machen«, sangen sie unisono, als sei dies irgendein Ritual, während jede der drei an einem anderen Teil von mir zog und zerrte. Ich sparte mir die Worte, denn ich brauchte jedes Quentchen Kraft, um die Kamera festzuhalten. Bei dem Lärm, den sie machten, wäre ich sowieso nicht gehört worden, und ich glaube kaum, daß sie meinen Protest zur Kenntnis genommen hätten. Aus den zur Straße offenen Marktläden stürzten mir Männer zu Hilfe, doch es schien eine Ewigkeit zu dauern und viel Manneskraft zu benötigen, um die Frauen endlich von mir wegzuwuchten, wobei mir fast beide Arme ausgekugelt wurden. Alles war zu schnell geschehen, als daß ich hätte Angst kriegen können, aber als es endlich ausgestanden war, fühlte ich mich ganz schwach und meinte, in Ohnmacht zu fallen. Man half mir in einen winzigen Laden und servierte mir Tee, während das Siegesteam beim Tauziehen rund um mich herumstand und versuchte, mich zum Lachen zu bringen, mir auf den Rücken klopfte und mich in die Wangen kniff wie ein kleines Kind. »Nicht Ägypter, diese Frauen«, beschwichtigten sie mich. »Kein Ägypter tut so was. Alle Ägypter gut. Alle Afrikaner sehr gut, nur von Nigeria und Zaire viel Ärger. Wie diese verrückte Frauen.« Sie erwärmten sich sichtlich für dieses rassistische Thema und behaupteten sogar: »Sie essen Leute!« Zur Verdeutlichung bissen sie sich in den Unterarm. »Kannibalen! Wir alle viel Angst. Aber du keine Angst, hier ist Big Ali – Big Ali schaut, sie niemand weh tun. Du Schwierigkeiten, du finden Big Ali!« und so fort, bis ich statt vom Schock ganz schwach vor Lachen war.

Meine Streifzüge durch Kairo hielten mich von nichts Wichtigem ab, denn mein Reiseplan sah viel freie Zeit vor, damit ich so unabhängig wie möglich meinen Neigungen folgen konnte – und das ist ja auch das Wesentliche, wenn man auf diese Weise herumreist. Doch selbst wenn ich dringend hätte weiterreisen wollen, wäre nichts daraus geworden. Ich mußte mich dem mühseligen Geschäft widmen, Genehmigungen und Visa zu kriegen und herumzuhören, ob Informationen über eventuelle Schwierigkeiten erhältlich waren, die längs des Nils auf mich warteten. Viele frustrierende Stunden verbrachte ich damit, in den verstaubten Gängen des bürokratischen Wirrwarrs die widersprüchlichsten Auskünfte und Ratschläge zu sammeln. Weil jedoch nur wenige Amtsstellen täglich längere Zeit geöffnet hatten, da freitags, am Sabbat der Moslems, sowieso alles zu war genau wie am Sonntag, dem christlichen Sabbat, und weil der dazwischen eingeklemmte Samstag ebenfalls Ruhetag war, blieb mir viel Zeit, um angenehmeren Dingen nachzugehen.

Nur für kurze Zeit (und sehr spät in seiner langen Geschichte) war der Nil ein offener, frei zugänglicher Fluß mit unbehinderten Reisemöglichkeiten entlang dem ganzen Lauf, und zwar von 1899 an, als die Briten alle Gebiete, durch die er fließt, effektiv unter Kontrolle hatten. Man mag vom Kolonialismus halten, was man will – für Reiselustige machte er das Leben sehr viel leichter. Heutzutage haben alle drei Nilländer – Uganda, Sudan und Ägypten – eine autonome Regierung, was die Beweglichkeit sehr einschränkt. Die damit verbundenen Schwierigkeiten waren, wie ich langsam zu entdecken begann, beträchtlich, wenn nicht sogar unüberwindlich. Einmal mehr beschloß ich, die kleineren Sorgen einfach zu ignorieren. Lokalfehden und Gesetzlosigkeit in Mittelägypten zum Beispiel schienen den Behörden viel mehr Kummer zu machen als mir, und ich konnte sowieso nichts dagegen tun, außer mich allenfalls zu bewaffnen.

Nicht verzichten konnte ich hingegen auf die Genehmigung, durch die dreihundert Kilometer Wüste hinter dem ersten Katarakt und dem Staudamm zu fahren, wo sich der künstliche See bis weit in den Sudan erstreckt, da dieses Gebiet heute Militärzone ist und ich nicht das Risiko eingehen wollte, erschossen zu werden, nur weil ich das erforderliche Blatt Papier nicht bei mir hatte. Ich vergeudete viel Zeit damit, diesem schwer faßbaren Wisch nachzujagen, und hatte schließlich keine andere Wahl, als aufzugeben und es später, wenn ich nach Assuan kam, noch einmal zu versuchen. Ich hatte auch gehofft, mehr über die Lage im Sudan herauszufinden. Als ich aus England abreiste, war unklar, ob das Gebiet flußaufwärts von Khartum völlig gesperrt war, weil fast der ganze Süden von der Sudanese People's Liberation Army (SPLA) kontrolliert wurde, oder ob man die Rebellen der Volksbefreiungsarmee inzwischen zurückgedrängt hatte. Es gab auch Gerüchte über ein Wiederaufflammen der Kämpfe in Uganda, die ich gerne bestätigt oder zerstreut hätte. Die Informationen, die ich in Erfahrung brachte, verwirrten mich nur noch mehr, nicht zuletzt, weil die meisten Kontaktpersonen versuchten, mich überhaupt von meiner Reise abzubringen. Die Lage weiter südlich war so instabil, daß sie sich schon wieder völlig verändert haben konnte, bis ich dort eintraf. Bei so vielen Propheten, die meinen Untergang voraussahen und nur den Kopf schütteln konnten, schien es mir geraten, mich auf die Socken zu machen, bevor mich ihre düsteren Prognosen ganz zermürbten. Ich setzte ein Abreisedatum fest und machte eine Abschiedsvisite an allen meinen Lieblingsorten.

Den letzten Tag verbrachte ich damit, das Fahrrad zu überholen und es zu ölen und zu schmieren, um sicherzugehen, daß nichts bei der Überschwemmung gelitten hatte. Darauf legte ich wie bei einer militärischen Inspektion meine ganze Ausrüstung auf dem Bett aus und packte sie mehrmals in die vier Satteltaschen um, bis ich genau wußte, wo was verstaut war, und alles, was ich benötigte, ohne langes Suchen finden konnte. Dinge, die ich oft brauchte, steckte ich in eine Tasche über dem Lenker – die Kamera, Sonnenschutzcreme, die täglichen Vitamintabletten und Anti-Malaria-Pillen, die Taschenlampe, mein Notizbuch, einen Kugelschreiber, Geld, die Ausweise und die Sonnenbrille. Wenn ich das Fahrrad für kurze Zeit sich selbst überließ, konnte ich diese Tasche leicht abschnallen und mitnehmen, damit ich im Falle eines Diebstahls nicht ganz mittellos und ohne Paß dastand. Ich hatte kein Fahrradschloß bei mir, teils, um Gewicht zu sparen, teils aber auch, weil solche Dinger nicht viel nützen, höchstens als kurzfristiges Abschreckungsmittel. Ich hielt es für viel sicherer, das Rad jeweils in jemandes Obhut zurückzulassen, und es gab immer mehr als genug Leute, die diesen Dienst gerne verrichten wollten. Überdies war das Agala viel zu auffallend. Es würde wohl kaum gestohlen werden, denn selbst wenn man es umfärbte, wäre es allzu leicht erkennbar. Außen an der Lenkertasche war ein kleiner Beutel, in dem ich die Spraydose gegen wilde Hunde verwahrte. Sie wirkte nur, wenn ihr Inhalt auf kurze Distanz direkt in die Augen gespritzt wurde, wonach sich die Biester angeblich unter Beschwerden zurückzogen, bis der stechende Schmerz nachließ und die Beute glücklich das Weite gesucht hatte. Ich hatte wenig Vertrauen in diese Vorrichtung und schon gar nicht in meine Zielsicherheit, nahm sie aber gleichwohl mit. Sonst war mein kleines Schweizer Militärtaschenmesser der einzige Gegenstand, der eine Waffe hätte abgeben können. Ich verwahrte es an einer Kordel in meiner Hosentasche, damit es nicht verlorenging.

Als ich alles mir Mögliche zur Vorbereitung der Abreise erledigt hatte, unternahm ich einen letzten Spaziergang durch die lange Hauptstraße der mittelalterlichen Stadt, die ich so liebgewonnen hatte. Es war schon recht spät. Die Läden im Suk waren schon verriegelt, aber in den Höfen und Gäßchen wimmelte es noch immer von Familien, welche mitten unter ihren Schafen, Ziegen und Eseln rund um die Türschwellen saßen, während Hühner im Dreck zu ihren Füßen herumscharrten. Im Viertel der Silberschmiede wurde ich durch einen plötzlichen Hagel von Pistolenschüssen aufgeschreckt, danach folgten Trompetengeschmetter und Trommelschläge. Unversehens platzte ein Umzug in die schwach beleuchtete Szene, und schon war die Straße zur Schaubühne geworden. Ich sah sofort, es mußte sich um eine Hochzeit handeln, denn da war schließlich das Brautpaar – er in makellos geschnittenem weißem Straßenanzug, sie in einem weißen Kleid westlichen Zuschnitts mit Nylonbesatz, das mehrere Fingerbreit zu lang war, so daß sie beim Gehen Schwierigkeiten hatte. Rund um die beiden hüpfte und wirbelte ein Kreis junger Männer, ebenfalls in Weiß gekleidet, mit roten Schärpen und roten Bändern um die Stirn. Sie stampften und klatschten im Takt zu einer Trommel, welche einer der Tänzer schlug. Gelegentlich hörte das Tanzen auf, dann traten Leute vor, um das Brautpaar zu begrüßen. Frauen in schwarzen Kopftüchern standen hinter den Tänzern und warfen den Kopf zurück, wobei sie das hohe und unirdisch anmutende Geheul ausstießen, das alle Feiern im Nahen Osten kennzeichnet und anscheinend erzeugt wird, indem man eine einzelne hohe Note lange aushält, während sich die Zunge sehr schnell von einer Seite zur anderen bewegt.

Mir war bis dahin nie aufgefallen, wie empfänglich die Ägypter für Musik und Rhythmus sind. Jedes breite Sims und jedes Autodach hatte seine Besatzung von kleinen Jungen, die sich im Takt zum Tanz wiegten und drehten, und sogar Kleinkinder wackelten und ruckten in den Armen ihrer Eltern auf und ab und krähten vor Lust. Ein dicker, lustiger Mann mit einem kleinen Jungen auf dem Arm verschränkte seinen freien Arm mit meinem und zog mich in die sich wiegende Menge. »Willkommen, willkommen!« strahlte er und stellte mir stolz seinen kleinen Sohn Mustafa vor. Beim nächsten Unterbruch wurde ich vorwärtsgezogen, um dem Brautpaar die Hand zu schütteln und viel Glück zu wünschen. Ich war nun ein Teil der Festlichkeiten geworden, und viele Leute kamen, um mir die Hand zu schütteln und nach meinem Namen zu fragen. Mit vielen Zwischenhalten für die Pistolenschüsse und Trompetenrufe bahnte sich der Tanzzug langsam seinen Weg in einen der vierhundertjährigen Höfe im Zentrum des Viertels, wo die Silberschmiede wohnten. Hier konnte sich die Braut endlich von ihrer Hauptbeschäftigung erholen, nicht über das zu lange Kleid zu stolpern. Sie erhielt mit dem Bräutigam einen Sitzplatz auf einer erhöhten Bühne. Dunkeläugige, erhitzte junge Frauen fächelten ihnen Kühle zu, die jungen Männer tanzten weiter, und die übrigen Gäste saßen ihnen in Reihen gegenüber. Klein Mustafa war auf meinem Schoß eingeschlafen, während sein Vater auf der Suche nach einer Cola war – dem stärksten Drink, der an einer Moslemhochzeit serviert wird.

Ein neuer Tag war angebrochen, als ich mich auf den Weg zurück ins Hotel machte – nach einem letzten Coca-Cola-Trinkspruch auf Braut und Bräutigam und nachdem ich den süßen kleinen Mustafa einer schwarzgewandeten Dame übergeben hatte, die mich anblickte, als sei sie nicht sehr erbaut, ihren Sohn in den Armen einer Ungläubigen zu finden. Die letzten Abschiedsrufe verhallten. Der Himmel über den Märchenminaretten war mit Sternen besät. Alles war so romantisch und unwirklich, und ich hätte der Stadt nicht schöner Lebewohl sagen können, bevor ich mich aufmachte – flußaufwärts.

4. KAPITEL

Mittelägypten

Vor Einbruch der Dunkelheit ein sicheres Obdach zu finden gehört zu den obersten Überlebensregeln für Individualtouristen. Städte mit Hotels gibt es in Ägypten jedoch nur wenige, und sie liegen oft ziemlich weit auseinander und für einen Radfahrer nicht immer in Reichweite. Natürlich hatte ich mein Zelt bei mir, doch es war für die Wüste vorgesehen, fernab jeder menschlichen Behausung, denn mit Ausnahme von richtigen Zeltplätzen, von denen ich in ganz Ägypten nur einen einzigen antraf, gibt es nur wenige Stellen, wo es für eine Frau ratsam wäre, allein zu campen.

Am ersten Tag nach Kairo machte ich mir jedoch darüber keine Sorgen, denn ich glaubte ein Nachtlager auf Nummer Sicher zu haben. Ich hielt auf Sakkara zu, die Totenstadt von Memphis, die älteste Stadt des alten Ägyptens und vielleicht der ganzen Welt, und freute mich riesig darauf. An klaren Tagen kann man sie von Kairo aus sehen, denn der Kamm von Gise setzt sich viele Meilen fort und verläuft mit einem Gewirr von Pyramiden auf seiner ganzen Länge parallel zum Ostufer des Nils. Die markante Stufenpyramide von König Djoser in Sakkara bildet den Prototyp für sie alle. Sie besteht aus einer Anzahl stufenförmiger, immer kleinerer Schichten und sieht aus wie ein riesiger, von Kinderhand erbauter Turm aus Bauklötzen. Ganz in der Nähe liegt das »English House«, eine Unterkunft für britische Gastarchäologen. Einer von ihnen, ein Bekannter von mir, hatte freundlicherweise einige Fertigmahlzeiten und einen Ersatzreifen mitgenommen, die ich dort auf meinem Weg nach Süden abholen konnte. Wie ich ihn verstanden hatte, gab es im schlimmsten Fall genügend Platz auf dem Fußboden, um meinen Schlafsack auszubreiten.

Es traf mich daher wie ein Schlag, als ich kurz vor Einbruch der Nacht ankam und mir der leitende Professor die Türe wies, und das in einer Gegend, wo die wertvollen Antiquitäten von bewaffneten Wächtern geschützt werden, deren Finger lose am Abzug liegt, weil sie alles, was sich bewegt, gleich für einen modernen Grabräuber halten. »Willkommen für eine Tasse Tee«, sagte der Professor, wobei er alles andere als freundlich aussah, »aber ich kann Sie leider nicht hierbehalten. Tut mir leid, und überhaupt. Sicherheitsprobleme, sehen Sie. Geht auf gar keinen Fall, leider, aber so ist es nun mal.« Die anderen Teilnehmer der Gruppe waren ebenfalls schockiert und wandten ein, daß es sich, ganz abgesehen von der mangelnden Gastfreundschaft, gar nicht gut machen würde, wenn daheim in den Zeitungen Titel wie »Britin, von Mumienprofessor vor die Tür gestellt, erschossen« zu lesen waren, um so mehr, als sich die Universitäten alle Mühe gaben, einen günstigen Eindruck zu erwecken, um Budgetkürzungen abzuwenden. Der Professor ließ sich jedoch nicht erweichen. Er behauptete, die Unbedenklichkeitsbescheinigung der Expedition würde durch meine Anwesenheit gefährdet. Je stärker die anderen die Nase rümpften und je mehr Referenzen ich vorwies, um ihm zu zeigen, wie scharf die Ägypter darauf waren, mich in ihrem Land zu haben, desto feindseliger wurde er. Er war nun einmal kein flexibler Mann.

»Schon als ich vor ein paar Monaten Ihren Brief erhielt, habe ich befürchtet, daß Sie Schwierigkeiten bekommen würden«, fuhr er fort, und aus seiner Stimme schwang die Befriedigung mit, daß er recht gehabt hatte, obwohl er eine Erklärung, weshalb er mir seine Befürchtungen nicht mitgeteilt hatte, schuldig blieb. »Mit dem Fahrrad durch Ägypten? Oh nein, praktisch unmöglich, würde ich sagen. Fast nirgendwo Übernachtungsmöglichkeiten, wissen Sie. Bedaure, nicht helfen zu können.«

Da alle sich einig waren, daß es in Sakkara nirgendwo anders eine Unterkunft gab, blieb bloß eins übrig: Fröhlich in den sicheren Tod hinauszugehen wie Titus Oates bei Scotts Antarktisexpedition! Und so wäre es mir höchstwahrscheinlich auch ergangen, hätte ich den Rat des Professors befolgt, am Rande des wilden, hektischen Verkehrs bei Nacht nach Kairo zurückzuradeln. Unter dem Druck der übrigen Teilnehmer fand sich jedoch zu guter Letzt tatsächlich eine Alternative: Der Expeditionsjeep sauste los, und ich pedalte wütend hinterher wie ein überarbeiteter Kolbenmotor, bis wir endlich in einem fünf Kilometer entfernten Dorf ankamen, wo zwei ansässige Archäologen gebeten wurden, mich für diese Nacht bei sich aufzunehmen, was sie denn auch taten. Allzu begeistert waren sie allerdings nicht. Ich erinnerte mich lebhaft, wie ich als kleines Kind zu Beginn des Zweiten Weltkriegs mit einem Etikett an meinem Mantel und einer Gasmaske, die an einer Schnur um meinen Hals baumelte, wie ein unerwünschtes Paket dastand und mit anderen verwirrten Evakuierten in einem fremden Gemeindehaus wartete, bis jemand kam, um uns abzuholen.

Obwohl meine zögernden Gastgeber am Morgen etwas aufgetaut waren, fühlte ich mich noch immer wie ein Paria und war entschlossen, niemandem je wieder für eine Übernachtung zu Dank verpflichtet sein zu müssen, was immer auch geschehen möge. Viel besser war, das Zelt am Straßenrand aufzuschlagen und die Folgen auf mich zu nehmen. Zu meiner Freude wurde dieser Entschluß während der folgenden Reise ständig durchkreuzt – oft konnte ich mich später der Gastfreundschaft kaum erwehren. Vielleicht war es gut so, daß dieser einzige Mißton schon früh anklang und von Leuten meines eigenen Landes stammte.

Die nächste Stadt war hundertdreißig Kilometer entfernt, ein hartes Tagespensum, das mir wenig Zeit ließ, Sakkara zu erforschen. In der vergangenen Nacht hatte ich kaum einen Blick davon erhascht. Im Zwielicht unter dünnem, kaltem Nieselregen hatte der Ort desolat ausgesehen: rundum archäologischer Aushub, Erdhaufen, höhlenartige Gruben, die mich angähnten, so tief, daß sie eine ganze Armee verschlucken konnten, Knochen- und Schädelteile, die überall herumlagen – kurz: ein uralter, geschändeter Friedhof. Unter einem flirrend blauen Himmel, mit einer Sonne, die genug Zeit gehabt hatte, mir den steilen Aufstieg zurück zum Kamm um acht Uhr morgens ungemütlich heiß zu machen, schien der Platz wie verwandelt und viel, viel aufregender.

Ein hochgewachsenes Kamel löste sich hurtig und lautlos von der entfernten Seite von Djosers Pyramide, schoß wie ein Trugbild aus der Sonne, schlenkerte beim Rennen seine riesigen Füße und hielt seinen hochmütigen Kopf zur Seite geneigt, die Oberlippe zu einem permanenten Hohnlachen hochgezogen. Auf einer bunt gefärbten Satteldecke mit vielen Quasten saß stolz und aufrecht ein alter Mann in fliegenden Gewändern und Turban. Er sah edel und romantisch aus, wie die meisten Beduinen auf Kamelrücken, und hatte nicht die geringste Ähnlichkeit mit dem aufdringlichen Haufen in Gise. Ich wünschte, ich wäre ihm am Abend zuvor begegnet, denn er schien von mir und dem Agala sehr eingenommen und lud mich fast sofort in sein Haus ein. Hätte ich zugesagt, wäre mir Zeit genug geblieben, mir Sakkara richtig anzusehen, doch nach den gestrigen Ereignissen war ich verstimmt und mochte seine Freundlichkeit nicht erwidern. Mein Entschluß, von niemandem mehr eine Gefälligkeit anzunehmen, kam mir wieder in den Sinn, und so sagte ich, ich sei auf einer Reise flußaufwärts und in Eile. Höflich übersah er meine Brüskheit und meinte, er werde für mich beten und seinen Gott bitten, mir zu helfen, da ich nur eine Frau sei und eine Reise, wie ich sie vorhatte, selbst für einen Mann hart wäre. Diese Besorgnis trug, obwohl sie ziemlich sexistisch klang, viel dazu bei, mein Gemüt zu besänftigen.

Sein großes Kamel hieß Ramses der Zweite. Viele männliche Kamele in Ägypten heißen so, denn der Pharao dieses Namens ließ so viele Kolossalstatuen von sich herstellen, daß sein Name unter all den Pharaonen der geläufigste ist. Mit Hilfe von Ramses dem Zweiten konnte ich mir in der einen Stunde, die mir noch verblieb, etwas von den Wundern Sakkaras ansehen. Zuerst dirigierte ich ihn zu dem kunstvoll gearbeiteten, prachtvoll verzierten Grab von Ti, einem hohen Beamten des Alten Königreichs, der drei Pharaonen überlebt und eine Prinzessin geheiratet hatte. Seine Titel – Aufseher über die Pyramiden und Sonnentempel, Königlicher Berater, Hofschreiber, Hüter des Geheimwissens – lesen sich wie eine Litanei, und die Wände seiner Grabstätte sind eine Enzyklopädie des Lebens der privilegierten Klassen im alten Ägypten, von der Nilpferdjagd bis zur »Behandlung« säumiger Steuerzahler.

Danach ritt ich durch den Sand zum Serapeum, wo einst die heiligen Apis-Stiere in Katakomben so groß wie das Labyrinth des Minotaurus in Kreta bestattet wurden. Aus unerfindlichen Gründen sind alle diese grauslichen Relikte bis auf eins gestohlen worden; geblieben sind nur die riesigen, leeren Sarkophage mit halb zurückgeschobenen Deckeln, wie wenn sie erst kürzlich ausgeräumt worden wären. Der Apis-Stier, so glaubte man, war das Tier, in welchem Pta, der Gott von Memphis, sein irdisches Sein verkörperte. Wenn ein Apis-Stier starb, wurde sein Körper mit derselben langwierigen und komplizierten Prozedur einbalsamiert wie der eines Pharaos, und ein anderer Stier seines Geblüts nahm seinen Platz ein und verlebte seine irdische Existenz in einem großen, luxuriösen Tempelkomplex voller gigantischer Statuen. Dieser Brauch hielt sich mindestens zweitausend Jahre lang, obwohl er schon in der heidnischen Welt in den Tagen Herodots um 500 vor Christus als reichlich bizarr angesehen wurde und viele griechische Touristen des Altertums extra nach Memphis reisten, um sich mit eigenen Augen davon zu überzeugen. Ich stand allein in diesen stillen Katakomben. Eine erdrückende Monotonie beschlich mich. Die monströsen, leeren Särge, alle von identischer Form und aus einem einzigen Granitblock herausgeschnitten, sowie die endlosen, trüb beleuchteten, aus dem Kalkgestein ausgehöhlten Gänge erschienen mir wie ein Alptraum, wie eine geistlose herkulische Tat, die kein Ende nehmen wollte.

Von Memphis, der zerstörten Hauptstadt Unterägyptens, sah ich gar nichts, denn mir blieb keine Zeit, und so oder so sind nur noch niedrige, formlose Backsteinhügel übrig. Was aus dauerhafterem Stein gebaut war, ist längst abgetragen (viele der Moscheen und Häuser, die ich im islamischen Teil Kairos so bewundert hatte, wurden damit erstellt), während die Statuen und Monumente, welche nicht ebenfalls in Kairo landeten, in den Museen Europas und Amerikas verstreut sind.

Diesen ganzen ersten Tag hatte ich auf meiner Fahrt nach Süden die Reihe der Pyramiden nahe zur Rechten. Auf den rund hundertfünfzig Kilometern gibt es etwa ein Dutzend davon. Dann und wann taucht eine auf dem Kamm auf, und außer in der Grundkonstruktion gleicht keine der anderen. Eine wird Knickpyramide genannt, weil auf halber Höhe der Steigungswinkel verändert wurde, was einen höchst eigenartigen Knick zur Folge hatte; eine andere, in einem besonders steilen Winkel und ohne richtigen Sockel konstruiert, stürzte in sich selbst zusammen und wurde lange Zeit eher für einen Turm als für eine Pyramide gehalten. Es gibt eine Theorie, wonach jede dieser Pyramiden ein Experiment war, ein Versuch, eine Vorstufe, die zu der Perfektion hinführte, wie sie schließlich in Gise erreicht wurde, worauf der Pyramidenbau schlagartig zurückging. Sie mögen zwar unvollkommen sein, doch noch immer beflügeln sie die Phantasie, und sie lenkten mich von den kleinen Schmerzen und Wehwehchen ab, die ich langsam zu spüren begann, als der erste lange, heiße Tag im Sattel und der holprige Straßenbelag ihren Tribut forderten. Beim Fahren ging mir durch den Kopf, daß ungefähr zur selben Zeit, als die alten ägyptischen Architekten ihre komplizierten mathematischen Berechnungen zur Konstruktion der Pyramiden anstellten, unsere nördlichen Vorfahren riesige Steinobelisken anschleppten und aufrichteten und Stonehenge und weitere ähnliche Monumente schufen. Obwohl sie sich in der Form von den Pyramiden völlig unterscheiden, scheinen diese Anstrengungen alle dieselbe Absicht zu teilen: Sie weisen auf ein Bedürfnis nach einem Sammelpunkt hin, der die alltägliche Existenz transzendiert, nach etwas, was die Idee der Ewigkeit ausdrückt. Für die Nilbewohner müssen die Pyramiden zudem wie Wachtposten gewirkt haben, welche die feindlich gesinnte Wüste zurückhielten.

Eine kolorierte Landkarte von Ägyptens Niltal sieht aus wie eine grüne Blume mit einem langen, gebogenen Stengel, die in einer Einöde von gelbem Sand liegt. Das fächerförmige Delta bildet die Blüte, der Stengel ist ein schmaler Streifen intensiv bewirtschaftetes Land, das auf dem flachen Talboden, welchen die Überschwemmungen über die Jahrtausende gebildet haben, den Fluß säumt. Dieser fruchtbare Flußgürtel macht zusammen mit dem Delta und ein paar Oasen nur etwa ein Fünfundzwanzigstel der Gesamtfläche Ägyptens aus – der Rest ist Wüste. Ein Element trifft in einer wie mit dem Lineal gezogenen, scharfen Linie auf das andere, und es gibt keinen Ort in diesem Flußtal, von dem man die Wüste nicht sehen kann.

Ich glaubte, auf der Fahrt in diesem schmalen Band müsse auch der Nil immer zu sehen sein, doch dies war nicht der Fall: Zwar lag er nur ein kleines Stück weit weg, aber die meiste Zeit war er unsichtbar. Zuerst war ich enttäuscht. Ich wünschte, ich hätte wie Amelia B. Edwards ein Schiff bestiegen, aber dann wurde mir klar, daß vom Wasser aus die hohen Flußufer das meiste verbergen mußten, ausgenommen vielleicht die Palmwipfel. Alles in allem sah ich also auf meiner Route viel mehr von der Gegend.

Die Straße folgte nicht sämtlichen Windungen des Flußlaufes. Sie führte einem breiten Kanal entlang, auf dessen anderer Seite Beduinendörfer aufgefädelt waren, deren Lehmziegelhäuser sich in pittoresker Verkommenheit wie betrunken aneinanderlehnten. Ziegenherden taten sich am Abfall gütlich, welcher über die fast senkrecht abfallenden Kanalufer hinuntergeworfen worden war, die jetzt dank des tiefen Nilwasserstands etwa zwei bis drei Meter freilagen, und alte, ganz in Schwarz gekleidete Frauen, jüngere Frauen und Mädchen in leuchtend gefärbten Kleidern wuschen Töpfe und Stoffe und Kleinkinder im dicklich-grünen Wasser. In den kleineren Bewässerungskanälen, welche sich kreuz und quer durch die Felder zogen, glänzte nasses, braunes Fleisch auf: Hier badeten die Männer. Ihre geraden, breiten Schultern und schlanken Körper schienen wie aus antiken Fresken an den Grabwänden entsprungen. Waren sie bekleidet, trugen sie Gallabijas in Pastelltönen, unter denen Blau vorherrschte und die sich vor dem Grün der Felder und den dunklen, statuenhaften Palmen überaus romantisch ausnahmen.

Weil der Boden in Ägypten so kostbar ist, wird wenig davon für den Straßenbau verschwendet. Meine Nebenstraße mündete daher oft in die Nord-Süd-Hauptverbindung ein, was weder angenehm noch sicher war. Zum Glück bewirkte mein Seltenheitswert wenigstens, daß ich von den Fahrern der endlosen Lastwagenkolonnen bemerkt und nicht gleich unter den Rädern zermalmt wurde – ein Los, das zahlreiche Schafe, Ziegen, Esel, Rinder, Kamele, Hunde und vermutlich auch Menschen traf (obwohl die menschlichen Leichen nicht wie die Tierkadaver einfach am Straßenrand liegengelassen wurden und verwesten). Die Hauptstraße war noch in anderer Hinsicht gräßlich: Autohupen plärrten, und alles starrte vor Schmutz. Es war nicht bloß der organische Dreck des Dorflebens, sondern vor allem die unappetitliche Ausdünstung alter, schlecht gewarteter Transportmittel des zwanzigsten Jahrhunderts. Die Luft war schwarz von Abgaswolken, die Straße und ihre Umgegend dick mit Öl und Ruß bedeckt. Reifenfetzen, Abfallreste, abgebrochene Metallteile sowie eine verblüffend große Zahl mächtiger Radnabenmuttern und Schrauben, die sich von ihrem Mutterleib losgesagt hatten, lagen überall herum und lauerten darauf, Unvorsichtigen eins auszuwischen.

Hie und da führte die Hauptstraße durch reizlose Kleinstädte, in denen der Teerbelag plötzlich aufhörte und zerbrochenen Pflastersteinen oder nackter Erde mit großen Löchern und Bodenwellen Platz machte. Hier vervielfachte sich der Dreck. Ein Durcheinander von Wagen, Eseln, uralten, durchhängenden Bussen und Menschengewimmel brachte alles, selbst Fahrräder, zum Stillstand. An solchen Orten hielt ich jeweils an, um zu essen. Bald merkte ich, daß es von Vorteil war, von der Hauptstraße wegzukommen und im Suk nach einem guten Café zu fragen. Hatte ich erst jemanden gefunden, der meine wenigen Brocken Arabisch verstehen konnte oder, was häufiger der Fall war, ein wenig Englisch sprach, wurde ich durch farbige, enge Gassen, an denen sich die Verkaufsstände aufreihten, zum besten Speiselokal des Ortes geleitet, während ein, zwei oder sogar drei zerlumpte Begleiter mein Fahrrad bewachten, bis ich fertig gegessen und ihnen ein Trinkgeld gegeben hatte. Ohne ihre Hilfe wäre es schwierig gewesen, in Ruhe zu essen, da sich sofort eine große Menschenmenge ansammelte und auf Distanz gehalten werden mußte. Die Wachmannschaft hatte das gut im Griff und hielt oft Vorträge aus dem Stegreif über das Fahrrad, um die Menge zu unterhalten. Ich selber war bloß ein Kuriosum – das Agala hingegen wurde immer wieder hingerissen bewundert. Die Leute waren verblüfft von seinen zahlreichen Hebeln, Gängen und weiteren technischen Raffinessen und schienen keine Ahnung zu haben, wozu das alles diente. Ich wünschte manchmal, ich könnte genug Arabisch, um die improvisierten Erklärungen der Referenten zu verstehen, die sicher nicht viel fachkundiger waren als ihr Publikum.

Die Cafés, zu denen man mich führte, waren einfache, gegen die Gasse offene Hütten. Sie konnten längst nicht so unhygienisch sein, wie sie aussahen, denn ich bekam während der ganzen Zeit in Ägypten nur allerbanalste Magenverstimmungen, und da die Lokale von Moslems besucht wurden, gab es immer einen Wasserhahn, damit man sich vor dem Essen waschen konnte. In den Städten war das Wasser gewöhnlich sehr stark chloriert. Ich aß gebratene Auberginen, Felafel und den allgegenwärtigen Ful. Manchmal war er mit Zwiebeln, Tomaten und Kräutern gedünstet und mit gehackten grünen Blättern bestreut, was sehr gut schmeckte, manchmal schwammen die Bohnen jedoch bloß in einer Ölpfütze, und das schmeckte abscheulich, war aber nahrhaft. Zuerst vermied ich es, Fleisch zu essen, weil mich das absichtliche und unabsichtliche Abschlachten von Tieren längs der Straßen anwiderte. Beim absichtlichen Töten wurde nach dem rituellen Durchschneiden der Kehle und der nötigen Dauer des Ausblutens begeistert gehackt und mit Messern geschlitzt. Es schien eine noch barbarischere Angelegenheit zu sein als das zufällige Schlachten längs der Autostraße, doch der Westen erledigt ja diese unappetitliche Aufgabe auf womöglich noch grausamere Weise in Schlachthöfen. Als ich die Landesgrenze erreicht hatte, war ich abgehärtet gegenüber dem Freiluftgemetzel (solange ich nicht zuschauen mußte) und konnte wieder Fleisch essen, ohne dabei zuviel an das Tier zu denken, von dem es stammte. Die Pittabrotfladen, welche jede Mahlzeit begleiteten, wurden von der Regierung subventioniert, und ein durchschnittliches Essen inklusive ägyptischen Coca-Colas kostete selten mehr als umgerechnet eine Mark.

Die Befürchtungen des ungastlichen Professors hatten sich als unbegründet erwiesen, denn ich fand überall eine Unterkunft. Manchmal gab es Tage, an denen ich weiter radeln mußte, als ich eigentlich vorgesehen hatte. Die größte Tagesleistung lag bei etwa zweihundert Kilometern, mit Rückenwind und auf topfebener Straße zwar anstrengend, aber nicht unmöglich. Die meisten

Hotels waren sehr primitiv – Größe und Dreistigkeit der Kakerlaken dienten mir jeweils als ersten Hinweis –, ich las jedoch keine Flöhe auf, und der Schmutz wurde durch die Freundlichkeit der Leute mehr als wettgemacht. Jedermann in Ägypten schien eifrig darauf bedacht, sein Englisch zu üben. Es gab keinen Abend, wo ich nicht schließlich meinen Eßtisch mit mehreren ernsthaften jungen Männern teilte, um über dies und jenes zu diskutieren – warum Amerika Ägypten soviel Geld zur Förderung der Geburtenkontrolle gibt oder wie man ein Visum kriegt, um in England oder Amerika oder überall, nur nicht in Ägypten, zu studieren oder zu arbeiten. Nach all diesen intellektuellen Anforderungen am Ende eines körperlich anstrengenden Tages fiel mir das Einschlafen selten schwer, obgleich es mir ohne eigenen Schlafsack, Ohrpfropfen und Insektenschutzmittel nicht so gut ergangen wäre.

Schon schwieriger war es, jeweils die nächste Stadt noch zu erreichen und trotzdem genug Zeit zu finden, mir die Sehenswürdigkeiten anzuschauen. Diese Altertümer lagen gewöhnlich etwas abseits der Straße, und nicht selten schloß ihr Besuch eine Nilüberquerung mit der Fähre ein. Nach ausgiebigem Warten, bis irgendein Teil der veralteten Maschinerie repariert war, kam das Feilschen beim Mieten eines Esels und der Ritt auf einer armen, unterernährten Kreatur, der man einfach einen alten Sack über den knochigen Rücken geworfen und ein Stück Seil ums Maul gewickelt hatte. War ich endlich am Ziel angelangt, konnte sich ein weiterer Aufschub ergeben, bis der Wärter mit den Schlüsseln aufgespürt war, welcher höchstwahrscheinlich irgendwo an einem Schattenplätzchen schlummerte. Das Ganze mochte leicht mehrere Stunden dauern.

Manchmal war mir schon der Gedanke daran zuviel, und ich versuchte mich Tempeln gegenüber in der blasierten Haltung: »Haste einen gesehen, so haste alle gesehen.« Doch dann bereute ich regelmäßig, etwas ausgelassen zu haben, denn wie Amelia B. Edwards wurde ich zunehmend süchtig nach ägyptischen Ruinen. Ich bin mir nicht ganz sicher, weshalb. Ich fand ihre Massigkeit weder attraktiv, noch berührten sie mich im herkömmlichen Sinn, nichtsdestoweniger waren sie fast immer großartig. Ein geheimnisvoller Hauch umwehte sie, ein bestrickender Sinn für das Erhabene. Sie gaben mir das Gefühl, irgendein Geheimnis zu bergen, das es zu enträtseln galt.

Hie und da fiel einer dieser Besuche mit der Ankunft einer gutbetuchten Reisegesellschaft von einer Nilkreuzfahrt zusammen, die heutzutage mit Dampfern des Nil-Hilton oder Sheraton durchgeführt werden. Amelia B. Edwards hätte sie wohl genauso scharf aufs Korn genommen, wie sie es schon mit den Thomas-Cook-Dampfern der 1870er Jahre getan hatte. Immer wieder strich sie die Vorzüge ihrer eigenen Reise in einem traditionellen hölzernen Segelboot heraus. Dampfer, notierte sie mit Genugtuung, liefen häufig auf den Sandbänken auf Grund, und wäre sie am selben Tag wie ich bei den Gräbern von Beni Hassan angekommen, hätte sie wohl noch weit geringschätzigere Bemerkungen auf Lager gehabt.

Ich hatte mit einem jungen Engländer Bekanntschaft geschlossen, während wir beide auf die Fähre warteten. Er studierte in Alexandria Arabisch und verbrachte nun eine Woche damit, auf seinem uralten Motorrad die archäologischen Fundstellen Ägyptens abzuklappern. Als wir zusammen die Gräber erreichten, kam gerade eine größere Gruppe Franzosen von einem Dreideckdampfer an Land. Sämtliche trugen knapp bemessene Kreuzfahrtkleidung, was den Moslems, welche selbst die großzügig bemessenen Shorts im britischen Kolonialschnitt für beide Geschlechter unanständig finden, ein Greuel ist. Alle ortsansässigen Frauen hatten eine Falte ihres Umhängetuchs übers Gesicht gezogen, um auszudrücken, wie schockiert sie waren, doch nicht mehr als eine Falte, um den Blick auf die »schamlosen Ungläubigen« ja nicht zu verbergen. Die Männer glotzten offen und machten keinen Versuch, ihr Interesse am weiblichen Fleisch zu verbergen, das da mühsam die steilen Treppenfluchten in der Klippenwand emporklomm.

Der Wächter der Gräber von Beni Hassan war ein griesgrämiger Geselle. Er war nicht im geringsten an Kleidung interessiert, sondern nur an der Höhe des erwarteten Trinkgelds, und weil die vielen Franzosen ganz offensichtlich mehr Freigebigkeit versprachen als ein einzelnes englisches Paar, fanden wir uns dauernd am Schwanz der Gruppe herumgeschubst. Als sie ihre oberflächliche Besichtigung beendet hatten, wurden wir mit ihnen hinausgedrängt, und das Tor fiel hinter uns ins Schloß. Schon in den Gräbern durften wir kein einziges Wort miteinander wechseln, denn das Kreuzfahrtunternehmen hatte eine Fremdenführerin aufgeboten, die unablässig und laut auf französisch referierte. Wenn wir uns einmal vergaßen und etwas zueinander sagten, blickte sie stirnrunzelnd in unsere Richtung, worauf uns der kriecherische Wächter anzischte, ruhig zu sein. Nach dieser Exkursion war ich willens abzuwarten, bis Kreuzfahrtgesellschaften wieder zurück in ihren Deckliegestühlen saßen, bevor ich meine Tour antrat.

In alten Zeiten war Ägypten in zwei Königreiche geteilt: Memphis war die Hauptstadt von Unterägypten, Oberägypten wurde von Theben aus regiert. Historisch gesehen ist das Interessanteste im mittleren Ägypten die Regentschaft von Pharao Echnaton und seiner ebenso berühmten Gattin Nofretete, die im vierzehnten Jahrhundert vor Christus die gesamte komplexe Struktur der ägyptischen Religion mit ihrer pantheistischen Anbetung einer großen Zahl von Göttern in die Schranken forderten. Echnaton verkündete, daß nur ein Gott existiere: Aton, dessen Symbol die Sonne war und der nur über den Pharao selbst wahrhaftig angebetet werden konnte. Einige Gelehrte sind der Ansicht, daß seine Herrschaft Ägyptens ersten Gehversuch im Monotheismus darstellte, und wollen einen echten religiösen Fortschritt feststellen; andere wiederum interpretieren sie eher zynisch als Versuch, den göttlichen Status des Königtums noch zu erhöhen.

Echnaton verlegte seine Hauptstadt südlich von Theben auf jungfräulichen Boden nach Amarna, achtzig Kilometer vom heutigen Beni Hassan entfernt. Hier wurde im Einklang mit dem neuen Glauben ein Kunststil begründet. Es kam zu einer großartigen, aber kurzen Blütezeit. Der Pharao hatte die Macht einer einflußreichen Priesterschaft gebrochen, die damals ein Zehntel allen fruchtbaren Bodens in Ägypten besaß, doch Echnatons mutige Neuordnung überlebte ihren Schöpfer nicht lange und wurde endgültig gebrochen, als der minderjährige König Tutanchamun vor seinem eigenen frühen Tod die alte Ordnung wiederherstellte. Die Priester des ursprünglichen Glaubens rächten sich, indem sie Echnatons Hauptstadt zerstörten und seinen Namen samt dem seiner Gemahlin und seiner unmittelbaren Nachkommen aus den Listen der Könige herausmeißelten, die auf Steintafeln in den Königsstädten von Theben und Memphis aufgeführt waren, was einem völligen Vernichtungsurteil gleichkam. Waren ihre Namen einmal ausgelöscht, so schienen sie nie existiert zu haben. Im alten Ägypten war Unsterblichkeit mit solider Materie verknüpft, mit Gegenständen, denen spezielle Macht zugeschrieben wurde. Der Geist brauchte Dinge, die man anfassen konnte – wie Nameninschriften, Statuen, einen mumifizierten Körper und Grabbeigaben –, um seine Existenz fortzuführen. Die Regentschaft von Echnaton, dem »Häretiker«, hatte jedoch einen derart ausgeprägten Einfluß auf die produktive Kunst seiner Zeit, daß sie die Phantasie einiger späterer Pharaonen nachhaltig beeinflußte, und der Kopf einer zerbrochenen Statue von Nofretete im Berliner Museum gilt heute als einer der exquisitesten Kunstschätze aller Zeiten.

Manchmal verlor ich mich bei der Rückkehr von diesen Besuchen im Labyrinth der kleinen, schmutzigen Wege auf dem fruchtbaren Streifen zwischen Straße und Nil und fand mich in einer anderen Welt wieder, losgelöst und scheinbar ohne irgendwelchen Zusammenhang mit dem zwanzigsten Jahrhundert, das sich in der geteerten Straße und in den kosmopolitischen Nildampfern und Touristenattraktionen verkörperte. In diesem beschatteten, grünen Landstrich leben siebzig Prozent der ägyptischen Bevölkerung, die Fellachen. Ihr ländliches, arbeitsintensives Leben hat sich seit uralten Zeiten nicht wesentlich geändert. Jede Handbreit Boden ist kultiviert, bewässert von einem komplexen System kleiner Kanäle und Bewässerungsgräben, die mit einem Fußtritt gegen einen Erdklumpen geöffnet und mit einem Spaten Erde wieder geschlossen werden. Mechanisierung ist selten – und in einem Land, das angeblich alle zehn Monate um eine Million Menschen anwächst, nicht wirklich notwendig.

Einige Dörfer hatten ein Gemeinschaftsgewerbe, eine Töpferei etwa oder eine Ziegelei. Man arbeitete gruppenweise nach uralten Methoden zusammen, als Material diente der reichlich vorhandene, in der Sonne getrocknete Nilschlamm. In diesen Dörfern, wo ich manchmal anhielt, um bei der Arbeit zuzuschauen, zeigte sich erst wirklich das verzweifelte Ausmaß von Ägyptens Armut. Man begegnete ihr in allen Aspekten des täglichen Lebens: bei den unhygienischen Wohnverhältnissen, bei den von Fliegen bedeckten Säuglingen, bei den Kindern, die an unbehandelten Krankheiten litten, und bei ihren Eltern – Männern und Frauen, die viel zu früh alt wurden. In diesen bäuerlichen Dörfern wurde ich selten belästigt. Nur am Nilufer, wo Touristen von jeher angeredet werden, waren die Kinder zuweilen mit ihren Forderungen nach Bakschisch zudringlich und heftig, und gelegentlich gesellten sich Frauen, seltener auch alte Männer dazu.

Wirklich eingeschüchtert fühlte ich mich jedoch nachmittags auf der Landstraße. Wenn die Schule aus war, strömte ein endloser Zug von Kindern und Jugendlichen hervor und säumte meilenweit die Straße. Es war unmöglich, ihnen zu entkommen. Bei schwachem Verkehr formten sie manchmal eine Menschenkette und versuchten mich zum Anhalten zu zwingen. Die Kühnsten streckten ihre Hände aus und riefen: »Geld, gib uns Geld!«, einige hatten sogar Steine zum Schleudern bereit und Stöcke, um sie durch die Speichen zu stecken. Je weiter ich nach Süden kam, desto ungebärdiger wurden die Kinder. Ich konnte nur wenig dagegen unternehmen und höchstens auf den Schutz des Verkehrs hoffen, denn die kleinen Teufel weiter vorne wurden von den Nachzüglern alarmiert und warteten jeweils schon auf mich. Anzuhalten war fatal. Ich tat es einmal und hatte die größte Mühe, wieder wegzukommen. So versuchte ich immer schön weiterzufahren, wie viele Steine auch über meinen Kopf flogen, und fuchtelte manchmal bedrohlich mit meinem Taschenmesser herum. Mit Schrecken dachte ich an jene Million neuer Ägypter, die alle zehn Monate geboren werden, und an die betrübliche Aussicht, daß sie alle diese unangenehme Entwicklungsphase durchlaufen mußten – vor ihrer Metamorphose zu ägyptischen Erwachsenen, die doch insgesamt so liebenswürdig waren.

5. KAPITEL

Unter Räubern in Oberägypten

In Assiut wurde ich gewarnt, auf der Weiterfahrt besonders vorsichtig zu sein, da angeblich bewaffnete Fehden und eine allgemeine Zügellosigkeit herrschten. Wie die meisten Warnungen vor Gefahren, gegen die sich nichts vorkehren läßt, vergaß ich auch diese völlig – bis nach einem unliebsamen Zwischenfall, einem Raub, der auf das Konto meines Wunsches ging, Fotos zu machen. Ich war den ganzen Morgen auf einer spektakulären Straße geradelt, flankiert von den goldenen, mit Höhlen und Gräbern durchsetzten Kalksteinklippen der östlichen Wüste. Noch nie hatte der Himmel so vollkommen blau, noch nie hatten die Felder grüner geschienen. Überall waren stattliche Dattelpalmenhaine verstreut. Einzelne Bäume sprossen mitten aus den Häusern oder sogar auf den Flachdächern der Lehmziegeldörfer, welche die Straße säumten. Immer wieder berührte die Straße den Rand des Nils, der an dieser Stelle so breit war, daß das gegenüberliegende Ufer nur erraten werden konnte. Anmutige Feluken zogen stromaufwärts, vom selben sanften Wind getrieben, der auch mir in den Rücken blies, und in den Feldern spielten Silberreiher das Motiv der weißen Segel. Die Landschaft war so idyllisch, wie man es nur wünschen konnte, und lud geradezu zum Fotografieren ein. Jeder Schnappschuß wurde jedoch bereits im Keim erstickt, und zwar von einer nicht enden wollenden Schar kleiner, tatendurstiger Kinder, die auf die Straße strömten, sobald sie mich erblickten, und wie die Todesfee im irischen Märchen »Hallo Herrrr ... Wie geht es ... dirrr?« schrillten. Dutzende von Händen schoben sich fürs »Bakschisch, Herrrr ...« vor (ich mußte ein Herr sein, da Frauen nicht auf Agalas fahren), die anderen hielten ihre Steine und Stecken umklammert, bereit, davon Gebrauch zu machen, falls die Großzügigkeit versiegte. Selbst Krösus wäre zum Bettler geworden, hätte er auch nur die kleinste Münze in jede der Hände gelegt, die mir in Ägypten entgegengestreckt wurden.

In einem bestimmten Dorf winkte mir dann ein Mann, anzuhalten. Ich wußte nicht, was er wollte, doch er schüttelte mir die Hand und schien sehr freundlich. Er hatte anscheinend nichts dagegen, daß ich den Fotoapparat herausholte, sondern schien vielmehr geschmeichelt und rief seine ganze Sippschaft herbei, rund zwanzig oder dreißig Personen, da er offensichtlich die vier Ehefrauen hatte, die das islamische Recht ihm zugestand. Ich schoß ein paar Aufnahmen, während sie das Fahrrad hielten und mich auf weitere interessante Motive hinwiesen, darunter zwei alte Männer, die ein Fischernetz flickten. Als ich mich nach dem Knipsen wieder umdrehte, war das Fahrrad unter einem Meer von Leibern verschwunden. Kühn watete ich hinein, um es zu retten, und sah gerade noch, wie ein Individuum mein Reisejournal aus der Lenkertasche zog und ein anderes emsig dabei war, Werkzeug und Gepäckschnüre abzutransportieren. Während ich diese Sachen wieder behändigte, streckten sich mir von überall her Hände entgegen, und Stimmen erhoben sich zur bekannten Bitte. Eine Frau packte meine Hand und versuchte einen Ring von meinem Finger zu zerren. Die Situation schien ziemlich alarmierend zu werden. Mit einem Mal wurde mir bewußt, was für eine zähe, sehnige und äußerst skrupellose Bande das war. Ich stieß jedoch nicht wirklich auf Widerstand, als ich mir einen Weg aus all den grapschenden und fordernden Händen bahnte, und die paar Steine, die mir nachflogen, als ich entwischte, waren ungefährlich.

Ich war schon fast einen Kilometer weg vom Kampfschauplatz, als ich entdeckte, daß man mir meinen Sonnenhut geraubt hatte. Nicht, daß er viel gekostet hätte, doch er konnte in den Wüsten des Sudans, die vor mir lagen, über Leben und Tod entscheiden. Ich war bereits so weit nach Süden gelangt, daß ich in der Nachmittagssonne auf seinen Schutz nicht mehr verzichten konnte. Ich mußte handeln! Aber es brauchte noch mal fast einen Kilometer, bis ich all meinen Mut zusammengenommen hatte. Mit meinem kleinen Schweizer Militärmesser in der Hand kämpfte ich mich gegen den Wind zurück, dabei übte ich passende Drohgesten und Grimassen ein, um meine Waffe nach mehr aussehen zu lassen und mich in Kampfstimmung zu bringen. Als ich mich dem Tatort näherte, erblickte mich ein kleiner Bub auf einem Esel. Mit Panik in den Augen wendete er sein Reittier, stieß einen Warnschrei aus und klapperte zum Dorf zurück. Ich stürzte ihm nach und brüllte, so laut ich konnte: »Polizei! Polizei!«, in der Hoffnung, daß das arabische Wort etwa gleich tönte, dazu fuchtelte ich drohend mit dem Taschenmesser über meinem Kopf herum. Ich fühlte mich fast wie Don Quijote mit der Lanze gegen Windmühlen anrennen.

Die ganze Sippe war auf einem Haufen zwischen zwei Bruchbuden versammelt. Und da war auch mein Hut, festgekrallt in der Hand eines kleinen, sehr schmuddeligen Jungen. Mehrere Leute verdrückten gerade die Reste meines Picknicks, und allen stand die Schuld ins Gesicht geschrieben. Sie sahen aus wie eine Gruppe ungezogener Schuljungen, die beim Plündern der Speisekammer auf frischer Tat ertappt worden waren – es war einfach unmöglich, von ihnen eingeschüchtert zu sein. Nur mit äußerster Mühe konnte ich mir das Lachen verbeißen, als ich mit gestrenger Miene nach vorne schritt und den Hut auflas. Die belegten Brote hingegen waren unwiederbringlich dahin.

Im nächsten Dorf winkte mir eine Gruppe verdutzter Männer, die mich nun schon zum drittenmal durchfahren sahen, anzuhalten. Voll Selbstvertrauen nach meiner erfolgreichen Schlacht stieg ich ab und setzte mich, um mit ihnen Tee zu trinken. Der Dorfälteste, der etwas Englisch verstand, fragte mich, was das Messer sollte, und ich erklärte mit viel Mimik, wo die Worte fehlten, was geschehen war. Als der Überfall endlich zu jedermanns Zufriedenheit vorgespielt war, waren wir Freunde geworden. Alle lachten schallend, besonders über die bescheidenen Dimensionen meines Taschenmessers, und bevor ich mich wieder auf den Weg machte, überreichte man mir feierlich einen großen Stock aus Zuckerrohr. »Nicht für essen«, sagten sie, »hauen!

hauen!« und führten vor, wie ich ihn auf die Köpfe irgendwelcher Möchtegernräuber niedersausen lassen sollte. Ich hütete ihn lange Zeit. Er erwies sich als äußerst nützlich und jagte sogar eine Truppe dreister junger Frauen auf Eseln in die Flucht, als sie versuchten, mir im Vorbeitrotten den Hut vom Kopf zu schlagen. Später ging ich dazu über, gelegentlich daran zu nagen, wenn ich keine Energie mehr hatte. Er schmeckte sehr erfrischend, doch auf halbem Weg durch Ägypten, vor der großen Flußschlaufe von Kena, wo der Nil in einem Bogen von neunzig Grad nach Osten schwingt, war er schließlich futsch.

Kurz vor dieser Stelle liegt das vielleicht älteste Heiligtum der Welt: Abydos, das Kultzentrum von Osiris, dem Gott der Unterwelt. Einst war es der Wunsch jedes Ägypters, ob vornehm oder nicht, zu Lebzeiten einmal eine Pilgerreise nach Abydos zu unternehmen oder dort begraben zu werden oder wenigstens seinen mumifizierten Leichnam auf einer Barke dorthin bringen zu lassen, bevor er anderswo beigesetzt wurde. Seither ist dieser Ort mehr und mehr verkommen, sogar der Nil hat ihm den Rücken zugewandt und einen neuen Lauf mehrere Kilometer östlich eingeschlagen. Zerzauste Dörfer drängen sich auf Hügeln, wo einst Tempelanlagen unvorstellbaren Alters gestanden hatten. Von der Periode des Neuen Reichs zwischen 1560 und 1080 vor Christus ist nur ein schwacher Abglanz in Gestalt zweier Tempel zurückgeblieben, die von Seti I. und seinem bauwütigen Sohn Ramses II. errichtet wurden. Obwohl niemand lange dort verweilt, gilt Abydos noch immer als wichtiger Fundort. Die Touristenbusse halten auf dem Weg von Kairo nach Assuan nur kurz an, andere Besucher kommen einen Tag von den Nildampfern oder von ihren komfortablen Hotels in Luxor herunter und kehren wieder zurück, bevor es einnachtet.

Da es in Abydos keine Übernachtungsmöglichkeit für Besucher gab, konnte ich nur dank der guten Dienste eines jungen Mannes, den ich zwei Tage zuvor kennengelernt hatte, in einer Art Gartenschuppen ein Obdach finden. Walid war ein wandernder Apotheker und erledigte bei meiner Ankunft gerade sein wöchentliches Pensum in Abydos. Meine Bude stand neben der, in welcher er selber schlief. Es war zwar so etwas wie ein Bett darin, auch eine vor Fliegen starrende Glühbirne, welche an einem ausgefransten Draht herunterhing, und ein Rohr, das in Kopfhöhe aus der Wand herausragte und wohl als Dusche gedacht war, doch da es weder Elektrizität noch Wasser gab, schien nur das Bett zu etwas nütze. Hier hatte ich mich jedoch geirrt. Die dünne, mit Baumwolle gestopfte Matratze befand sich in einem derart fortgeschrittenen Verwesungszustand, daß ich beschloß, meine aufblasbare Matratze auf dem Boden auszulegen und es mit den Käfern, Kakerlaken und etwaigen Nagern aufzunehmen. Ich hatte ja meine Dauerkerze, das einzige wirkliche Problem war nur das fehlende Wasser – ironischerweise gerade hier, wo einst große Teiche und Wasserbecken für die Waschungen der Pilger gewesen waren und, wie Herodot behauptete, die Priester viermal täglich badeten. Nach dem Radfahren bei Temperaturen, die jetzt nie unter fünfundzwanzig Grad fielen und meist beträchtlich höher lagen, träumte auch ich von vier Bädern am Tag. Ich sehnte mich dauernd nach viel, viel Wasser, um die Schweiß- und Schmutzkruste von meiner Haut und meinen Kleidern zu spülen, doch von ein paar wenigen Hotels abgesehen, wo die Duschen wirklich funktionierten, mußte ich mich die meiste Zeit mit einem halben Eimer einer trüben Brühe begnügen, die ich über mich goß. Wenn die Straße das Nilufer streifte, war die Versuchung, mich kopfüber ins glitzernde Naß zu stürzen, manchmal fast übermächtig, und nur die strikten Warnungen vor Bilharzia hielten mich zurück.

Der dürftige Zustand der Unterkünfte von Abydos wurde vom Vergnügen, eine Nacht auf dem Land statt wie üblich in einer lärmigen Stadt zu verbringen, mehrfach aufgewogen. Mein Schuppen stand in einem Garten, wo den Touristen tagsüber Getränke und Eis verkauft wurden. Bei Tageslicht war er ohne jeglichen Reiz, doch die Nacht verlieh ihm einen geheimnisvollen Anstrich. Sie verhüllte den herumliegenden Abfall und verstärkte den angenehmen Duft der Sträucher und Kräuter. Ohne störende Straßenbeleuchtung wirkten die Sterne riesengroß. Ihr Licht reichte aus, um die Pylonen und Mauern des Tempels von Seti zu beleuchten. Obwohl kein Abendessen serviert wurde, gab es gutes ägyptisches Bier, dazu meinen Notproviant an Früchten und Erdnüssen, der das Felafelsandwich von einem Verkaufsstand im Dorf ergänzte.

Ein zusätzlicher Reiz bestand darin, daß mich Walids Freund in den Tempeln herumführte. Abdel, ein Hochschulabsolvent, der gerade an seiner Dissertation über Archäologie arbeitete, war hier in Abydos aufgewachsen, wo die Tempelhöfe sein Spielplatz und die hohen, mit farbigen Hieroglyphen bedeckten Mauern seine ersten Bücher gewesen waren. Für das aufgeweckte Kind einer armen Familie erwies sich die allgemeine Schulpflicht als eine Chance, aus dem bäuerlichen Leben auszubrechen. Es war ihm sicher nicht leichtgefallen, denn seine Familie war zwar stolz auf die Fähigkeiten ihres Sohnes, setzte ihn aber unter Druck, doch lieber etwas Nützlicheres zu studieren. Jetzt hatten ihn alle außer seiner Mutter abgeschrieben, und alles, was ihr noch am Herzen liege, sei, wie er sagte, ihn zu verheiraten. Abdel schien indessen fest entschlossen, diesem Schicksal zu entrinnen.

Die alte ägyptische Religion ist schon deshalb faszinierend, weil die Gelehrten sich ihretwegen sehr in den Haaren liegen. Einige führen ins Feld, daß alles auf eine Religion mit einem ewigen, präexistenten und allmächtigen Gott hindeute und die unzähligen Götter nur seine symbolischen Ausdrucksformen seien; andere sehen sie als völlig heidnisch an, als einen komplexen erweiterten Polytheismus mit Lokalgöttern von beschränkter Macht und einem allem zugrunde liegenden Sonnenanbetungskult. Abdel selbst vertrat leidenschaftlich die erste Theorie und stilisierte den Osiris-Mythos zum klarsten Beweis eines sehr frühen monotheistischen Glaubens hoch, der weit vor Echnatons Regierungszeit lag. Er führte mich zu den inneren Kammern von Setis Heiligtum, wo bei den jährlichen Feiern die geheiligten Mysterien der Auferstehung von Osiris zelebriert wurden. Hier zeigt ein sehr dürftig erhaltenes Relief, wie Osiris auf einem Bett liegt, nachdem er von seinem Bruder Seth – der Macht des Bösen – zerstückelt worden war. Seine verschiedenen Körperteile mit Ausnahme seines Phallus, den ein Fisch gefressen hatte, wurden von seiner liebenden Gattin Isis gesammelt und mit neuem Leben erfüllt. Isis schwebt in Gestalt eines Vogels über seinem Kopf, und dies soll der Moment gewesen sein, wo Osiris auf mysteriöse Weise seinen Sohn Horus mit ihr zeugte, bevor er dieses Leben auf immer verließ und seine Pflichten als Gott der Toten antrat. Horus wuchs heran, um seines Vaters Tod zu rächen und das Böse zu zerstören – die »Göttlichkeit« der Pharaonen beruhte letztlich darauf, daß man sie als »Bestrafer der Verderbnis« mit Horus assoziierte.

Die weiteren Argumente, welche Abdel anführte, um seine Theorie zu untermauern, haben sich in meinem Kopf mit all den vielen verschiedenen Ansichten über die ägyptische Religion, die mir andere Gelehrte mitteilten oder die ich selbst gelesen hatte, zu einem bunten Durcheinander vermischt. Das Gebiet scheint ungeheuer komplex zu sein, obwohl es auch hier um das zentrale Thema des Kampfes zwischen Gut und Böse kreist, das allen Religionen gemeinsam ist. Es sind zufällige Einzelheiten, an die ich mich noch am besten erinnere, denn sie sind es doch, welche stets unsere Einbildungskraft fesseln – zum Beispiel die Erklärung, daß Hator, die Gemahlin von Horus, die schönste Frau gewesen sein soll, die man sich nur vorstellen kann, und daher mit Kuhohren versehen wurde, weil den alten Ägyptern Kühe über alles gingen. Es gab dort auch ein heiliges unterirdisches Wasserbecken, zu dem Abdel mich führte, einen dunklen Ort, den man über ein paar uralte, zerbrochene Stufen erreichte. Unfruchtbare Frauen kamen früher hierher, um in diesem Becken zu baden und den Gott um einen Sohn zu bitten, und während eine Frau betete, warf ein verborgener Priester einen Stein ins Wasser. In der Meinung, das Spritzen sei die Antwort des Gottes, erschrak sie so heftig, daß sie wegging und das nächste Mal, als sie mit ihrem Mann schlief, prompt schwanger wurde. Ich erfuhr aus verschiedenen Quellen, daß das Becken auch heute noch mit derselben Absicht aufgesucht wird und so bekannt für seine Wirksamkeit ist, daß man mehrere wissenschaftliche Studien darüber anstellte.

Mit Hilfe von Abdels enthusiastischen Erklärungen begann sich in mir langsam ein Bild der kolossalen Tempel zu formen. Ich sah Wälder dicht aneinandergebauter Säulen vor mir, welche die Szenerie für die priesterlichen Riten bildeten, sah, wie die Sonnenstrahlen überraschend auf den innersten heiligen Bezirk in jenen dunklen Hallen fielen und ihn zum Leben erweckten. Prozessionen von Figuren in Roben, welche die starre Statue des »erweckten Gottes« trugen, lösten sich plötzlich von ihrem Platz an den Wänden und nahmen Gestalt an. Die Statue, die sie trugen, war deutlich mehr als nur ihre Form: Sie war ein Objekt der Kraft, das Ka, die Essenz Gottes, in sich enthielt und dem deshalb wie jedem großen Herrn mit Wein und Fleisch, mit Tanzen und Singen aufgewartet werden mußte. Diese Sicht der Dinge milderte für kurze Zeit die starre Leere der verlassenen Bauten und schlug eine Brücke durch die Jahrhunderte, zurück zu den Menschen, die hier einst dem Gott gehuldigt hatten.

Nach einer langen Tagesfahrt gegen einen starken Ostwind erreichte ich Kena, wo der Fluß auf seinen südlichen Kurs zurückschwenkt. Drei Tage war es nun her, seit ich mich husch, husch hatte waschen können, und meine Kleider fühlten sich vom Schweiß ganz salzig und steif an. Meine Diät aus Früchten und Bier war angesichts der körperlichen Daueranstrengung nicht besonders bekömmlich gewesen. Ich fühlte mich ausgelaugt und war gar nicht begeistert von der Aussicht auf eine der üblichen unpersönlichen Unterkunftsmöglichkeiten. Als ich nach längerem Herumschlendern in der Stadt nur eine Reihe schmutziger Hotels vorgefunden hatte, betrat ich ein Reisebüro, um mich zu erkundigen, ob es hier nichts Besseres gebe. Man wußte von nichts, doch ein junger Mann, der die Aufsicht führte, fragte herum und begleitete mich schließlich zu einem Hotel, das sich als ein bißchen sauberer als der Durchschnitt erwies und wo wenigstens Wasser aus den Hähnen kam. Ich hatte mich kaum gewaschen und meine Kleider ausgespült, als Disa, der junge Mann, mit einer Einladung seiner Eltern zurückkam, den Abend in ihrem Heim zu verbringen.

Es war eine durchschnittliche ägyptische Familie aus der Mittelschicht: der Vater, ein Grundschullehrer, Disa, zwei weitere erwachsene Söhne und eine Tochter, die noch zur Schule ging. Die Mutter wartete allen liebevoll und freudig auf – ein Muster an Hingebung. Sie kam mir jedoch ziemlich krank vor und hustete unaufhörlich. Die Familie lebte in einer kleinen, sauberen Wohnung im ersten Stock eines engen, noch nicht fertiggestellten Rohbaus an einer schmutzigen Straße. Ich erfuhr, daß mit der Zeit noch zwei weitere Stockwerke über ihnen dazugebaut und an andere Leute vermietet würden. Dies war offenbar das gängige Muster beim Wohnungsbau in Ägypten: haufenweise halbfertige Rohbauten, alle von minderer Qualität. Selbst die rudimentärsten Bautechniken schienen zu fehlen. Das Backsteinmauerwerk wurde zum Beispiel überhaupt nicht verfugt, und ich wunderte mich oft, weshalb diese Gebäude nicht einfach wie Kartenhäuser in sich zusammenstürzten. All das stand in krassestem Widerspruch zu den massiven historischen Bauten, welche für die Ewigkeit errichtet worden waren. Auch im Innern der Häuser herrschte dieselbe schludrige Bauweise vor. Ich übernachtete in vielen Drei- oder Viersternhotels, wo gute Baumaterialien von pfuschenden Handwerkern ruiniert worden waren. Die sanitären Installationen sahen oft aus, als wären sie mit einem Vorschlaghammer an Ort und Stelle eingepaßt worden, und auf die gekachelten Wände schienen wilde Horden nassen Beton geworfen zu haben, nachdem die Platten gelegt worden waren.

So zusammengepfercht und einfach sie auch lebten – Disas Wohnung mit ihrem kleinen Duschraum ohne Betonklumpen, die Wände und Fußböden verunstalteten, war ein Musterbeispiel an Gepflegtheit. Daß sich die Familie überhaupt ein solches Heim leisten konnte, war nur möglich, weil alle erwachsenen Kinder ihren Verdienst in den Familientopf warfen. Disa meinte, dies sei in seinem Land nicht unüblich, bedeute jedoch, daß sich junge Leute meist erst ab dreißig Jahren eine Heirat leisten konnten. Er selbst war seit fünf Jahren verlobt und bezweifelte, vor Ablauf weiterer fünf Jahre heiraten zu können. Da zuviel Kontakt zwischen den Geschlechtern vor der Hochzeit nicht gern gesehen wird, boten diese in die Länge gezogenen Verlobungen eine mögliche Erklärung, weshalb es in Ägypten so viele reizende junge Männer gab, die stundenlang Zeit zur Verfügung hatten, um mit einer Engländerin mittleren Alters zu plaudern.

Selbst wenn ich königlichen Geblüts gewesen wäre, hätten

Disas Eltern mich nicht freundlicher willkommen heißen können. Sie bestanden darauf, daß ich die Nacht bei ihnen blieb, statt ins Hotel zurückzukehren. Das ganze Schlafarrangement der Familie wurde auf den Kopf gestellt, so daß ich schließlich trotz meiner Proteste das große Schlafzimmer mit dem steinharten Ehebett und dem Bett der Tochter ganz für mich allein hatte. Seine Bewohner biwakierten irgendwo anders, so gut es eben ging. Ihre Gastfreundschaft ging so weit, daß sie mir mit allen Mitteln das Gefühl zu geben versuchten, ich sei es, die ihnen einen Gefallen erweise.

Das Abendessen nahmen wir alle sieben rund um einen niedrigen, runden Messingtisch mit vielen einzelnen Gerichten ein, in welche wir nach Belieben unsere Finger oder Brotstücke eintunkten. Es gab Kaninchen, Spinat, gefüllte Taube, ein Omelett, Chips, ein Hackfleischgericht, marinierte Zitronen und Käse. Alles schmeckte köstlich, obwohl einige der Speisen, besonders der Spinat und das Gehackte, ohne Besteck nicht eben leicht zu essen waren. Danach wurden frische Datteln gereicht, und wir tranken Tee aus tulpenförmigen Gläsern. Alle schmunzelten oder lachten ausgiebig über meine Ungeschicklichkeit, mit den Fingern zu essen. Sie waren die wärmsten, freundlichsten Menschen, die ich in ganz Ägypten kennenlernte, und ich war sehr glücklich, auf ihr Drängen den nächsten Tag mit ihnen verbringen zu können.

Man wollte mir unbedingt die berühmte Töpferei von Kena zeigen. Am folgenden Morgen gleich nach dem Frühstück wurde ich von Disa, der sich für den Ausflug ein Fahrrad geborgt hatte, ins Grüne geführt. Ich hatte schon vorher dörfliche Töpfereien gesehen, doch diese hier war ganz anders und sehr, sehr merkwürdig. Auf einem riesigen Areal voller Bruchsteine und Gruben waren primitive, mit Kohle beheizte Brennöfen errichtet – eine Art Steinzeittöpferei, die eine Welt von amphorenartigen Gefäßen produzierte, alle von derselben Form und Größe, Hektar über Hektar zu großen Hügeln aufgeschichtet. Der Ausschuß wurde für Gartenmäuerchen und Klosetts in den Arbeiterwohnungen verwendet und bildete den gediegensten Teil der primitiven Behausungen. Kena war anscheinend berühmt für diese speziellen Töpfe, die schon seit Menschengedenken hergestellt wurden. Es gab niemanden dort, der mir sagen konnte, wozu sie genau dienten oder wer sie kaufte. Der ganze Platz hatte etwas Surreales an sich – als stehe er über der gewohnten, funktionellen Welt.

Später wanderten wir auf schmalen Weglein durch die Felder in der Umgebung. Man konnte kaum einen Fuß vor den anderen setzen, denn jede Handbreit Boden war so gepflegt und ordentlich wie nur möglich, ganz im Gegensatz zu den baufälligen Dörfern mit ihren auswuchernden Misthaufen und den zerlumpten Kindern. Eins der Felder war soeben geerntet und neu gepflügt worden. Drei alte Frauen kauerten im Dreck wie riesige schwarze Krähen und gruben von Hand die verbliebenen Wurzeln aus. Sie riefen uns im Vorbeigehen etwas zu. Disa erzählte mir, daß sie sich über die harte Arbeit beklagten und ihn, einen »Stadtmenschen«, hänselten, indem sie ihn zum Schein baten, doch mitzuhelfen. Dann trat der Grundbesitzer zu uns und schickte einen schönen Jungen in einer grünen Gallabija Tee holen. Wir setzten uns auf einen kleinen Flecken Gras, wo sich zwei Pfade trafen und Mango- und Feigenbäume ihre Äste über uns vereinigten und Schatten spendeten. Er spielte den Gastgeber, und wir tranken den Tee aus dem einzigen kleinen Glas, welches jeweils für den nächsten nachgefüllt wurde.

Das stattliche arabische Haus von Disas Vetter, das er mit seinem Bruder teilte und wo wir zu Mittag essen sollten, lag am anderen Ende des Dorfes. Keiner der beiden Männer war Bauer. Sie arbeiteten auf Regierungsämtern in der Stadt, das Haus war ihnen durch eine der Frauen zugefallen. Überall wimmelte es von kleinen Kindern, deren Gesichter von Fliegen bedeckt waren. Ägypten ist unbestritten das Land der Fliegen. Den Kindern hier scheint es offenbar nichts auszumachen, wenn sie an ihnen herumkrabbeln, denn sie versuchen nicht, sie wegzuscheuchen. Die Zimmer waren dunkel und hatten hohe Decken, sehr dicke Wände und kleine Fenster. Sie liefen wie zufällig ineinander über, verbunden durch unerwartete Höfe und Korridore, als ob das Haus ganz ohne erkennbaren Plan immer weiter gewachsen wäre. In der Küche gab es nichts außer einem Butangasherd und ein paar Töpfen in einer Ecke auf dem Fußboden, auch der Rest des Hauses war spärlich möbliert, nur ein paar Sitzbänke und Betten standen auf dem nackten Lehmboden. Die besten Zimmer hatten mit Leimfarbe in einem schablonierten Muster gestrichene Wände und Balkendecken, einige der Räume waren den Mäusen und Tauben überlassen worden. Das Ganze roch nach Verfall. Obwohl es schon sehr alt aussah, war es erst vor sechzig Jahren erbaut worden und ließ jeglichen Reiz vermissen.

Nur eins der Kinder durfte mit uns essen, die übrigen wurden strikt draußen bei den Frauen gehalten. Dieser Junge, der vierjährige Sohn unseres Gastgebers, war erklärtermaßen sein Liebling. Er klammerte sich an die Knie seines Vaters und blickte uns finster an, und als er merkte, daß Papa mit uns in die Stadt weggehen wollte, spuckte er die Apfelsine, die er gerade aß, wieder aus, schmiß sie seinem Vater nach und heulte herzzerbrechend. »Er tun dies immer, wenn ich gehen. Er lieben mich sehr!« sagte Disas Vetter voller Stolz, machte aber keinen Versuch, das Kind zu trösten.

An diesem Abend kam eine ganze Prozession Nichten und Neffen bei Disas Eltern zu Besuch. Erwartungsvoll und mit glänzenden Augen saßen sie auf einer harten, hölzernen Sitzbank und nahmen allen Mut zusammen, ihre wenigen Brocken Englisch anzuwenden. Ich hatte den Nachmittag damit verbracht, Disas Mutter Hanna beim Gemüseputzen für das Abendessen zu helfen. Obgleich niemand da war, der übersetzen konnte, weil Disa wieder in seinem Reisebüro arbeitete, hatten wir beide uns zugelächelt und mit kleinen Gesten eine stille, wohltuende und anspruchslose Verbindung hergestellt. Obwohl Hanna und ich etwa im gleichen Alter waren, hätte es kaum einen größeren Unterschied zwischen uns geben können – sie mit ihrem engen, von der Familie beherrschten Gesichtskreis, ich eine einsame Reisende weit weg von zu Hause –, und dennoch fühlten wir uns irgendwie sehr verwandt. Sie zählte zu den seltenen Frauen, die mit ihrem Los völlig zufrieden sind, und strahlte vor Glück, so daß es ein Vergnügen war, einfach mit ihr zusammen zu sein.

Hanna war krank, wie ich von Anfang an vermutet hatte. Sie hatte sich an den Drüsen am Hals operieren lassen müssen, allerdings erfolglos; die Schwellungen waren wiedergekehrt, und es ließ sich nichts mehr dagegen tun. Die Art, wie sich die ganze Familie mit der Tatsache abfand, daß sie nicht mehr lange zu leben hatte, war weit entfernt von dumpfem Fatalismus. Vielleicht half ihnen wirklich ihre Religion dabei. Sie waren alle auf eine unaufdringliche, aber ernsthafte Weise praktizierende Moslems – Disa zum Beispiel litt es nicht, wenn ich von meinen Reiseplänen sprach, ohne sie mit einem »So Gott will!« einzuleiten und mit »Dem Herrn sei's gedankt!« zu schließen. Doch ich glaube, es war vor allem Hanna selbst, die mit ihrer Art, wie sie das Leben und was es ihr schenkte von ganzem Herzen akzeptierte, den Rest der Familie ermunterte, die Gedanken an ihren Tod mit einem solchen Gleichmut zu ertragen.

Beim Abschied empfand ich einen Schmerz, der mir, gemessen an der Kürze meines Aufenthalts, wunderlich erschien. Es war, als müßte ich eine Familie verlassen, von der ich ein Teil geworden war, und sobald Disa mir auf der Straße nach Luxor ein letztes Lebewohl zugewinkt hatte, war ich fast froh, mich wieder mit den Handgreiflichkeiten der Bakschischjäger herumschlagen zu müssen und so meine Gedanken vom Scheiden abzulenken.

6. KAPITEL

Die Stadt der hundert Tore

Theben entspricht wohl von allen Städten in ganz Ägypten am ehesten den Erwartungen des Nilreisenden, denn selbst mit ihren weitverstreuten Ruinen bleibt diese Stadt, was sie seit der Morgenröte der Zivilisation verkörpert: ein Weltwunder von unglaublicher und ehrfurchtgebietender Größe. Theben war Homers »Stadt aller Städte« – »Ägyptens Theben«, läßt er Achilles in der Ilias sprechen, »wo jedes Haus voll Schätze ist und wo aus hundert Toren jedem zweihundert Krieger mit Streitgespann und Pferden stürmen«. Homers vieltorige Stadt ist längst unter der eintönigen Architektur des modernen Luxor verschwunden, doch diese nüchterne Kleinstadt verblaßt gänzlich angesichts des ungeheuren Ausmaßes der Ruinen von Karnak, die auf ihrer Südseite über ihr aufragen. Die vier Tempel mit ihren gigantischen Säulenhallen, den Tempelhöfen voller Kolossalskulpturen und den sich auftürmenden Pylonen bilden die wohl eindrücklichste Ansammlung von Altertümern, die sich auf der ganzen Welt finden läßt. Noch heute verbinden die Überreste einer kilometerlangen Prunkstraße mit widderköpfigen Sphinxen den riesigen Komplex von Karnak mit dem Großen Tempel von Luxor, welcher in jahrhundertelanger Restaurationsarbeit zu einem unschätzbaren Juwel an den Ufern des Nils hergerichtet wurde.

Nach etwa sechzig erlebnisreichen Kilometern, auf denen ich den Aufmerksamkeiten der Bakschischjäger ausgewichen war und versucht hatte, die sinnlosen Hupensalven überdrehter Motorfahrzeuglenker zu ignorieren, kam ich von Norden nach Luxor und stand urplötzlich vor dieser überwältigenden Pracht. Erst jetzt konnte ich die Reaktion der französischen Armee richtig verstehen, die 1799 bei der Verfolgung des Mameluken Murad Bei ebenfalls unerwartet vor diese Szenerie zu stehen kam und wie ein Mann ohne das geringste Kommando zur Begleitung von Trommeln und Pfeifen salutierte. Später ließ Verdi seine exotische Oper »Aida« hier spielen, und wäre ich im folgenden Jahr angereist, so hätte ich ihrer erstmaligen Aufführung im Tempel von Luxor beiwohnen können. Für diesen Ort kann ich mir nichts Angemesseneres vorstellen als Opera grande mit Reiterei, Streitwagen, Löwen mit goldenen Halsbändern und einem tausendköpfigen Chor, denn bei genauerer Betrachtung steckt hinter diesem in den Himmel ragenden Wald von Steinmetzarbeiten ein gerüttelt Maß an Pomp oder sogar Absurdität. So viel Großartigkeit, mit der die Pharaonen ihre Machtfülle demonstrierten, kann man beim besten Willen nicht mehr ganz ernst nehmen – was, wie ich denke, diesen Platz erst wirklich angenehm macht. Er schien mir nie auch nur entfernt Rose Macaulays »Orten sanfter Melancholie« zuzugehören. Vor dem Hintergrund der honigfarbenen Klippen und des weiten, unter einem blauen Emailhimmel vorbeiziehenden Nils, auf welchem Fellachen mit ihren Körben voller Ackerfrüchte und ihren Enten und Hühnern hin und her kreuzten, wirkten die Überreste Thebens viel eher wie eine Feier des Lebens – zu schön, zu farbenfroh, zu interessant, als daß man anderen als vergnüglichen Gedanken hätte nachhängen können.

Ein komfortables Hotel, das erste seit Kairo, trug beträchtlich zu meiner Hochstimmung bei und war glücklicherweise nicht sündhaft teuer, weil Ägypten gerade eine flaue Touristensaison erlebte und es sich daher über den Zimmerpreis diskutieren ließ. Kaum hatte ich mich auf der Terrasse eingenistet, um die Aussicht zu genießen, als ich auch schon freudig von »Tennessee Madge« begrüßt wurde. Madge, eine Frau in meinem Alter, die ich kurz in Sakkara getroffen hatte, war wie Amelia B. Edwards in ihren mittleren Jahren von der Ägyptologie gepackt worden und studierte jetzt, um einen akademischen Abschluß in diesem Fach zu erlangen. Da die amerikanische Stadt Memphis zur Finanzierung der Forschung im alten Memphis beiträgt, hat die dortige Universität das Recht, jedes Jahr zwei Studenten für ein paar Studienwochen nach Ägypten zu schicken. Madge war eine davon. Sie hatte sich für die Expedition als äußerst nützlich erwiesen, weil sie als einziges Mitglied den Jeep fahren konnte, der mich damals in der Nacht begleitet hatte, als mir im »English House« eine Schlafgelegenheit verweigert worden war. Nun hatte sie ihren Aufenthalt in Sakkara beendet und wollte sich für eine Luxuskreuzfahrt auf dem Nil einschiffen, bevor sie zurück in die Staaten flog. Inzwischen verbrachte sie ein paar Tage damit, Luxor zu erkunden, doch da sie das erste Mal weg von der Heimat und punkto Auslandreisen noch etwas naiv war, machte sie sich Sorgen wegen eines Begleiters, den sie aufgegabelt hatte.

Sie erzählte mir die ganze Geschichte beim Tee, und was sie sagte, klang nur zu bekannt. Ein sympathischer Mann von etwa fünfunddreißig Jahren war in einem Museum an sie herangetreten, wobei er vorgab, er sei dort angestellt und wisse in allem, was das alte Ägypten betreffe, bestens Bescheid. Er hatte sie zum Kaffee eingeladen und ihr dabei gestanden, er sei von ihren Reizen völlig hingerissen. Darauf hatte er sie überredet, sich später mit ihm zum Essen zu treffen, dem sich ein Besuch in einem Nachtklub anschließen sollte, wo eine bestimmte Bauchtänzerin auftrat. Madge war nicht so naiv, als daß ihr seine wahren Absichten und seine Liebesbeteuerungen nicht verdächtig vorgekommen wären, wollte aber trotzdem seine Gefühle nicht verletzen, denn ägyptische Männer können eine überzeugende Show abziehen und sich zutiefst verletzt stellen, weil man ihnen unwürdige Motive unterschiebe, oder sogar durch die Blume andeuten, nur der pervertierte Verstand westlicher Frauen könne sich so etwas Unanständiges ausdenken. Fazit: Madge hatte der abendlichen Unterhaltung zugestimmt und wollte jetzt, daß ich zur Sicherheit mitkam, als eine Art Anstandswauwau.

Ich spiele nicht gern Mauerblümchen, und zudem war Madges Begleiter, ein gewisser Mohammed Jussif, sogar noch unangenehmer, als ich erwartet hatte, und so offenkundig auf Abriß aus, daß ich überrascht war, wie jemand auch nur den geringsten Zweifel an seinen Absichten hegen konnte. Er schien von mir ebenso unbeeindruckt zu sein wie ich von ihm und war verständlicherweise verstimmt, daß Madge nicht allein gekommen war. Der Bauchtanz fand in den trüb beleuchteten, ziemlich klinischen Räumlichkeiten eines modernen Hotels statt und war nur spärlich besucht. Madge wurde überredet, auf die Bühne zu gehen und ihre kordsamtbekleideten Hüften im Verein mit dem weißen, beweglichen Bauch des ägyptischen Mädchens kreisen zu lassen. Es war gar nicht erbaulich. Mohammed Jussif schaute mit kaltem und berechnendem Blick zu. Später lud er uns beide ein, den folgenden Tag in seinem Haus auf der anderen Seite des Nils zu verbringen (wegen der Möglichkeit, gleich zwei dumme, ältliche Gänse auszunehmen, wie ich vermutete), und wollte einfach nicht aufbrechen. Weil es in Ägypten wirklich so eigenartig schwerfällt, eine Einladung abzulehnen, murmelte ich unterdrückte Zustimmung, nur um endlich wegzukommen. Während meiner Woche in Luxor nahm ich so viele Einladungen zum Tee, Lunch oder Abendessen an, daß ich mich bald nicht mehr erinnern konnte, wo mich einzufinden ich versprochen hatte und welche Orte ich demzufolge besser mied – mit dem Resultat, daß ich immer wieder meine Möchtegern-Entertainer dort antraf und Gedächtnisschwund vorgeben mußte. Mohammed Jussif hatte als einziger die Kühnheit, mich im Hotelzimmer anzurufen und wissen zu wollen, warum ich nicht aufgekreuzt sei, wonach mich das Hotelpersonal zu meinem Ärger mit wissenden Blicken ansah.

Die arme Magde hatte sich in der Zwischenzeit unlösbar in die Sache verstrickt, was eines Abends seinen dramatischen Höhepunkt auf einem der Luxusnildampfer finden sollte. Vielleicht war es zum Teil auch meine Schuld. Mir war klargeworden, daß ich Madge nicht einfach allein in den Ruinen herumwandern lassen konnte und sie jemanden brauchte, der auf sie aufpaßte. Doch während ich völlig zufrieden für mich auf dem Fahrrad herumgondelte, wollte Madge unbedingt eine richtige geführte Tour im Auto, also organisierte Mohammed Jussif eine für sie. Madge hatte endlos mit mir diskutiert, welche Gründe wohl hinter seinem Interesse an ihr steckten. Sie hatte herausgefunden, daß er nichts mit dem Museum zu tun hatte, wie er behauptete, so daß also keine gemeinsame Leidenschaft für Ägyptologie vorliegen konnte. Sie sei sicher, es handle sich nicht um reine Zuneigung, aber ich war gewiß, daß ihr romantisches Herz aus Tennessee das Gegenteil erhoffte.

Madge setzte die Tour auf den Tag fest, als sie das Hotel verließ, kurz bevor sie sich auf ihrem Nildampfer einschiffen wollte, daher trug sie all ihr Gepäck und ihre Wertsachen bei sich. »Kein Problem«, sagte Mohammed Jussif, »Sie können alles sicher in meinem Haus zurücklassen und es später abholen.« Madge, im Zwiespalt, ihn nicht durch falsche Verdächtigungen zu verletzen, obwohl ihr gesunder Menschenverstand sie warnte, drehte der Vernunft den Rücken zu und ließ alles Gepäck einschließlich Paß, Geld und Reiseschecks dort stehen. Nach dem Ausflug, der viel teurer gewesen war, als Mohammed Jussif angegeben hatte, kehrten sie zum Mittagessen in sein Haus zurück. »Zählen Sie all Ihr Geld nach«, sagte er. »Vergewissern Sie sich, daß nichts fehlt, und dann können wir nach nebenan gehen und essen. Sie können Ihre Tasche hierlassen, Sie wissen ja jetzt, daß sie da sicher ist.«

Ich erfuhr die Einzelheiten kurz vor der Abfahrt beim Abendessen an Bord des Schiffs. Madge brach nicht in Tränen aus, aber sie lechzte nach Rache – nur der Himmel weiß, zu was für einer Furie eine Frau werden kann, die man beraubt hat! Sie hatte nicht bemerkt, wie Mohammed Jussif ins Zimmer zurückgeschlichen war, um sich ein paar Reiseschecks und das Geld zu schnappen, und den Verlust erst später entdeckt, als sie im Büro von American Express einen Scheck einlösen wollte. Es war ein dummer Diebstahl, denn er mußte damit rechnen, geschnappt zu werden, wenn er die Schecks einlösen wollte. Der Angestellte dort hatte ihr geraten, nicht zur Polizei zu laufen, sondern Mohammed Jussif zu bewegen, ihr das Gestohlene zurückzugeben. Ich glaube, in diesem Stadium wäre es Madge piepegal gewesen, wenn der Mann lebenslänglich gekriegt hätte, doch sie hatte Angst, in die Mühlen der ägyptischen Polizei zu geraten. Sie dachte sich, wenn ich mit ihr käme, um ein paar Tatsachen zu bestätigen, würde sie den Vorfall dem Agenten der Schiffahrtgesellschaft erzählen und ihm dann alles Weitere überlassen können.

Dieser Agent war ein eleganter, blühend aussehender, wohlgenährter Mann mit einer schlecht kaschierten Verachtung für alleinreisende Frauen. Er stellte die Art Fragen mit offenen sexuellen Anspielungen über die »Affäre«, die ich nicht im geringsten relevant fand, die ihm Madge jedoch wie einem Beichtvater beantwortete – ja, er hatte sie geküßt, und ja, er hatte die ganze Zeit versucht, sie zu betasten ... Die Inquisition fand in der Bar statt, und die Barkeeper hingen mit offenem Mund und unverhohlenem Interesse über die Theke. Als wir etwas zu trinken bestellten, war ich die einzige, die Alkohol verlangte, doch der Whisky wurde automatisch vor Madge hingestellt. Sie war ganz klar die verführte Unschuld. Gerade als der Agent, der aus Kairo stammte, alle hiesigen Männer als »Abschaum« und »Schmutz« abqualifizierte (was mir mit der Zeit auf die Nerven ging, da ich die meisten von ihnen nett und hilfsbereit fand), marschierte Mohammed Jussif herein und begrüßte Madge, als ob überhaupt nichts Böses geschehen wäre. Inzwischen war Madge völlig in die Rolle der schwachen, hilflosen, verführten Frau geschlüpft, die männlichen Schutzes bedurfte. Sie schrak zurück, ließ sich in ihren Sessel fallen und blickte flehentlich zu dem Agenten hoch, der mit einer für seine Körperfülle erstaunlichen Behendigkeit aufsprang, sich brüllend wie ein Stier auf den verdutzten Mohammed Jussif stürzte, ihn ohrfeigte und den ganzen Weg die Landungsbrücke hinunter zurückstieß. »Der lassen Sie jetzt in Ruhe. Sie keine Angst mehr haben müssen«, sagte er, als er triumphierend zurückkam, rieb sich symbolisch die Hände und zupfte seine steifen Manschetten zurecht.

Doch die Sache war damit noch längst nicht abgetan. »Was ist mit meinem Geld und den Schecks?« fragte die plötzlich wieder sehr energische Madge. Der Agent zog sich zurück und kam nach kurzer Zeit in Begleitung zweier Männer in Zivil wieder, die er als Kriminalbeamte vorstellte. Meiner Ansicht nach waren sie jedoch eher Mitglieder der Schiffsbesatzung. Nach einem weiteren kurzen Verhör und ein paar halbherzig aufgeschriebenen Notizen machten sich die drei, Madge und ich zu einem kurzen Streifzug durch die Hotelbars auf, um Mohammed Jussif zu finden. Der Agent spielte währenddessen auf ihre zarten weiblichen Gefühle an, ließ versteckt anklingen, wie unangenehm die Folgen für sie sein könnten, und brachte Madge schließlich dazu, keine Anzeige zu erstatten, denn an schlechter Propaganda war ihm natürlich zuallerletzt gelegen, weil sie dem profitablen Kreuzfahrtgeschäft schaden konnte. All das kam mir wie eine gut einstudierte Farce vor. »Wir ihn werden ein wenig verprügeln«, meinte der Agent, welcher offensichtlich das Kommando führte. »Nicht zu fest, nur so, daß er nicht wieder macht und er gibt zurück Ihr Geld.« Und die »Polizisten« nickten beide zustimmend und fröhlich.

Ich sah Madge nach dieser Nacht nicht mehr und weiß nicht, ob sie ihr Geld wieder erhielt, aber am nächsten Morgen früh stellte das Hotelpersonal entgegen meinen Anweisungen einen Anruf in mein Zimmer durch. Es war Mohammed Jussif, der mich unbedingt sehen wollte, um mir »das gewisse Etwas, was Ihrer Freundin gehört«, zurückzugeben. Er schien ein bißchen weniger selbstsicher als gewöhnlich zu klingen, doch ich wollte nichts mehr damit zu tun haben. Ich riet ihm, was immer es auch sei, ins Büro von American Express zu bringen, und wechselte noch am selben Tag das Hotel. Ein paar Tage später sah ich ihn beim Vorbeiradeln noch einmal auf der anderen Straßenseite. Er entdeckte mich und winkte mir fröhlich zu, also konnte ich annehmen, daß ihm nichts allzu Drastisches zugestoßen war.

Selbst ohne alle diese Ablenkungen wäre es mir schwergefallen, mehr als nur einen flüchtigen Überblick über Luxor zu gewinnen – es gab einfach zu viel zu sehen. Zuerst wanderte ich fast einen ganzen Tag im Tempelkomplex von Karnak am Ostufer herum, ohne mich auf Einzelheiten einzulassen. An den Abenden fanden kunstvolle »Son-et-lumière«-Shows statt, wobei der Tempel von Luxor im schönsten Flutlicht stand und so geheimnisvoll erschien wie tagsüber nie. Dann konnte ich Stunden damit verbringen, in seinen Höfen herumzustreifen und einfach die Atmosphäre in mich einzusaugen. Das Westufer mit seiner legendären Nekropole, der Totenstadt, wirkte beängstigender. Hier verbrachten die Besucher die meiste Zeit. Zwei Fährboote kreuzten ständig auf dem Nil hin und her. Eins diente speziell für die Touristen und wurde an beiden Ufern sofort von Taxifahrern, Eseljungen und anderen Schleppern belagert; das andere, die »Fähre fürs Volk«, landete etwas weiter flußabwärts, abseits vom größten Trubel. Sie kostete viermal weniger und war voller Menschen, die mit einem bunten Gemisch von Waren zum Markt fuhren.

Für Streifzüge am Westufer waren Fahrräder nichts Ungewöhnliches, aber keins von ihnen kam dem »Ah Agala« gleich. Wie überall wurde es sehr bestaunt und trug zusammen mit dem Umstand, daß ich allein war, viel dazu bei, wie man mich in der Nekropole behandelte. Gruppenreisende standen viel stärker unter Druck, Souvenirs zu kaufen und für Dienstleistungen zu bezahlen, und ich hörte, wie viele Leute sich beklagten, dieser Ort sei für sie abgeschrieben, weil man sie andauernd schikaniere. Mir jedoch wurde fast der ganze Tag im Tal der Könige zum reinsten Vergnügen. Ich hatte das Agala am frühen Morgen in der Obhut der Andenkenverkäufer beim Tempel von Hatschepsut zurückgelassen – genau der richtige Platz übrigens, denn Hatschepsut war eine Frau gewesen, die trotz heftiger Opposition seitens der Männer an ihrer Macht festgehalten hatte und ungefähr ums Jahr 1500 vor Christus der einzige weibliche Pharao in der Geschichte Ägyptens wurde. Sie erlitt zwar dasselbe Los wie Echnaton – ihr Name wurde von ihrem Nachfolger aus der Liste der Könige herausgehackt –, doch ihr großartiger, unübertroffener Grabtempel ist weitgehend unversehrt geblieben. In kühnem Schwung steigen seine Säulenterrassen gegen ein großes, natürliches Amphitheater in den Klippen von Deir el-Bahri in den thebanischen Hügeln empor, und seine feinen Proportionen lassen ihn eher griechisch als ägyptisch aussehen.

Von Hatschepsuts Tempel zum Tal der Könige gibt es eine Abkürzung über die Hügel. Ein junger Andenkenverkäufer namens Achmed erklärte sich bereit, mich auf denselben Pfaden die Klippen hochzuführen, auf denen vor urdenklichen Zeiten ägyptische Kunsthandwerker gegangen waren, um die königlichen Grabstätten zu gestalten. An diesen unbewachsenen, steinigen Abhängen stand alle zwei Schritte ein moderner Thebaner und verkaufte gefälschte Antiquitäten, die er mit einem verschwörerischen Zischen aus den Falten seines Gewands zog: »Psst, psst! Ich weiß, Sie nicht Tourist, mein Freund, darum ich zeigen. Ich selber ausgraben. Nur schauen!« Es gab auch echte Stücke zu kaufen, wenn man das nötige Kleingeld hatte (wie das seit dem achtzehnten Jahrhundert gang und gäbe ist), doch diese wurden sehr viel diskreter angeboten, weil der Handel damit streng geahndet wird. Viele der Fälschungen sind übrigens sehr schön gemacht – vielleicht von den Nachfahren jener fernen Künstler, welche all die Lebensalter hier arbeiteten, die es brauchte, um diese Gräber zu erstellen. Und ebenso wie jene alten Ägypter, die sich nicht als Künstler betrachteten, sondern bloß als Arbeiter im Sold des Herrschers, erheben auch die modernen Souvenirhersteller keinen Anspruch auf künstlerische Anerkennung. Sie sind einfache Leute, die sich durchs Leben zu schlagen versuchen. Achmed schaute, daß keiner mich belästigte, und geleitete mich die abschüssigen Wege aus den staubbedeckten Hügeln ins enggewundene Tal der Könige hinunter, wo einst jeder Fußbreit mit Schätzen bedeckt war, die auf der ganzen Welt nicht ihresgleichen hatten.

Im Tal der Könige gibt es zweiundsechzig bekannte Gräber. Nur ein Dutzend ist elektrisch beleuchtet, und bloß sechs von ihnen werden normalerweise besucht. Sie sind schlechthin unübertrefflich. Vielleicht werde ich wirklich eines Tages zurückkehren, um sie mir noch einmal in Ruhe anzusehen, doch im Grunde glaube ich selbst nicht so recht daran, weil mir die nötige Hingabe abgeht. Hätte ich es bei einem einzigen Grab bewenden lassen, wären vielleicht klingendere Saiten in mir angeschlagen worden und reichere Erinnerungen geblieben; doch nach so vielen endlosen Stufen hinunter in die Tiefe, nach all den langen, heißen, stickigen Gängen begannen die hellen, wunderbar erhaltenen Reliefs sich allmählich alle zu gleichen. Busladung um Busladung Touristen strömten von überall her ins Tal, standen Schlange, um hinunterzusteigen und wieder hochzusteigen, vorbei an den Wänden mit den vertrauten dynastischen Ruhmestaten und den wiederkehrenden Anleitungen aus dem Ägyptischen Totenbuch. Und so steht der Besucher vor einem Dilemma: Der Besuch ist zwar ein Muß, aber wer hat schon die nötigen ein, zwei Jahre Zeit, um sich das alles richtig anzuschauen?

Am besten ist mir das Grab Tutanchamuns in Erinnerung geblieben, da ich in Kairo bereits seinen Grabschatz bewundert hatte. Obgleich die Grabstätte klein und relativ bescheiden ist, hat sie nichts von der Sensation verloren, daß sie bis in unser Jahrhundert hinein unentdeckt geblieben war. Zudem hat von allen Gräbern im Tal der Könige nur jenes von Tutanchamun den Leichnam des Pharaos »in situ«. Ich hatte überdies Thomas Hovings jüngsten Aufsatz über die Öffnung von Tutanchamuns Grab gelesen, worin enthüllt wurde, daß das publizistisch breitgetretene Spektakel, als Howard Carter und sein Gönner Lord Carnarvon in der Gegenwart von gespannt wartenden Museumsdirektoren und Zeitungsleuten das letzte Hindernis durchbrochen und die Grabkammer erreicht hatten, ein großangelegter Schwindel gewesen war. Anscheinend hatten sich die beiden bereits einige Tage zuvor eingeschlichen und fünfunddreißig Gegenstände geklaut, wonach sie das Grab wieder zumauerten, um die Öffentlichkeit an der Nase herumzuführen.

In einem anderen Teil der Nekropole gab es weitere Gräber, zu welchen ich gern und oft zurückkehrte: jene der Notabeln, der Beamten der Pharaos. Diese exquisit dekorierten Räume berührten mich mehr als alles andere, was ich in Ägypten sah. Aus der Zierlichkeit und künstlerischen Freiheit, mit welcher die Reliefs herausgehoben und gefärbt waren, sprach das Entzücken der Künstler, hier endlich von den Fesseln befreit zu sein, kaiserliche Wände dekorieren zu müssen. Der Erfindung waren keine Grenzen gesetzt, so daß sich keine zwei Gräber auch nur annähernd gleichsahen. Besonders gefiel mir das Grab Sennofers, des Aufsehers der königlichen Gärten von Amon, aus der Regierungszeit von Amenophis II. um 1500 vor Christus, bekannt auch unter dem Namen »Grab der Weinreben«, weil seine Decke mit einem gemalten Spalier verziert ist, an welchem schwere Büschel purpurfarbener Weintrauben hängen – das fließendste und natürlichste Gemälde in allen Gräbern, die ich besucht habe. Das Grab jedoch, das ich am häufigsten aufsuchte, war jenes von Ramose, der seine Ruhestätte um 1400 vor Christus vorbereiten ließ, zur Zeit der Machtübernahme Echnatons, des »monotheistischen Ketzers«.

Dort findet sich ein auffallender Übergang von einer Mauer, die noch mit einem wunderschönen Relief im Stil des Alten Reichs geschmückt ist, zu einer Szene aus dem neuen Glauben, der Anbetung der Sonnenscheibe, auf einer anderen Grabwand. Diese ist in der revolutionären, in die Länge gezogenen Stilart von Echnatons Regime ausgeführt – ein Stil, der stark an die Skulpturen Modiglianis erinnert.

Ramoses Grab lag direkt beim Haus einer ägyptischen Familie – Ibrahim und Zenab samt ihren Kindern Gebal, Fatin und Mohammed, die alle meine Freunde wurden. Das Dorf Gurna war über und rund um die Gräber der Notabeln gewachsen, die sich an der Seite des Hügelkamms eng aneinanderdrängen. Seit Jahrhunderten hatten die Fellachen ihre Häuser so gebaut, daß sie die Grabkammern als eine Art Kellergeschoß einschlossen, in welches sie sich vor der Winterkälte und der Sommerhitze zurückziehen konnten. Als nun die Ägyptologie in Mode kam und der Wert der Gräber publik wurde, riß man die Hütten über den wichtigeren, dekorierten Grabstätten nieder und unternahm mehrere Versuche, die Dorfbewohner völlig aus der Gegend zu vertreiben. Man stellte ihnen einen anderen Wohnort zur Verfügung, der näher bei ihren Feldern am Nilufer lag, aber weder Leitungswasser noch Elektrizität konnten den Einwohnern von Gurna dieses neue Dorf schmackhaft machen. Sie lieben ihren alten Ort am staubigen Berghang, wo es zwar keine Annehmlichkeiten gibt, dafür jedoch genügend Touristen, die ihnen ein Neben- oder sogar Haupteinkommen sichern. Und so wandern die Männer von Gurna noch heute in ihren anmutigen biblischen Gewändern wie Könige zwischen den Gräbern herum, und noch heute schleppen die Frauen das Wasser meilenweit heran, während sich die Kinder auf dem Aushub der Grabstellen tummeln und nur die zähen unter ihnen das Erwachsenenalter erreichen.

Meist ließ ich das Agala bei Ibrahims Haus stehen. Er hatte mich bei unserer ersten Begegnung zum Mittagessen eingeladen, was ich (wie die meisten meiner Einladungen) beinahe vergessen hätte, doch zum Glück kam er mich abholen, denn zu meinen Ehren war ein ausgedehntes Bankett vorbereitet worden. Ibrahim wohnte in einem vornehmen, zweistöckigen Haus, das sein Großvater, der Dorfscheich, vor etwas über hundert Jahren erbaut hatte. Drinnen war es geräumig und kühl, mit hohen Zimmerdekken und Fenstern mit Läden in den dicken Mauern. Die Zimmer waren sehr lang und eng und hatten Flügeltüren und Fliesenböden. Im Lauf der Jahre wurde das obere Stockwerk nicht mehr benutzt. Das Haus hatte schon bessere Tage gesehen: Es war nur spärlich mit ein paar Binsenmatten, Holzbänken mit Kissen zum Anlehnen und einer grob behauenen, selbstgemachten Anrichte möbliert, aber es lebte sich angenehm darin. Ibrahims Großvater war ein wohlhabender Mann mit viel Grundbesitz gewesen, doch zu viele Kinder hatten überlebt und ihren Anteil beansprucht, was die Lage für Ibrahims Generation völlig veränderte. Dies ist ja eine der großen Tragödien in der Dritten Welt: ein explosiver Bevölkerungszuwachs, mit dem die Möglichkeiten, sich sein Auskommen zu sichern, nicht Schritt halten können. Ibrahim gehörte zu den wenigen Ausnahmen, die ihre Familie auf drei Kinder beschränkten. Er schien überhaupt bewußter zu leben als die meisten Männer, welche ich in Ägypten traf, und er war sich im klaren, wie verheerend sich eine zu große Familie auswirken konnte. Dabei half ihm auch eine ungewöhnlich enge und liebevolle Beziehung zu seiner Frau Zenab, die ebenfalls sehr bewußt lebte und in meinen Augen viel emanzipierter war als die meisten Ägypterinnen.

Ich besuchte noch andere Häuser im Dorf, die beträchtlich armseliger aussahen und wo die Kakerlaken ungestört und in großer Zahl sogar bei Tageslicht herumkrabbelten, wie in der Hütte von Tya, einem jungen Mann, der gerade Urlaub vom Wehrdienst hatte und mich bat, ihm bei einem Liebesbrief an eine fünfundvierzigjährige Französin behilflich zu sein. Tya war ein viel typischerer Vertreter der Männer von Gurna als Ibrahim. »Sie schon probieren mit Haschisch?« fragte er mich mit verträumtem, abwesendem Blick, als ich den leidenschaftlichen Luftpostbrief durchlas, den er mir gereicht hatte.

Ich mußte zugeben, daß dies nicht der Fall war, und er schwärmte mir vor: »Du machen Liebe, vielleicht geht zehn Minuten. Alles vorbei. Aber mit Haschisch – eine Stunde, manchmal ganze Nacht. Sie dich nie mehr vergessen!«

Viele der Männer von Gurna hatten ihre Keksdosen voller Liebesbriefe von Frauen aus dem Westen, und die Einblicke in die »wilderen Gefilde der Liebe«, welche diese Episteln mir erlaubten, waren faszinierend. Seit der Viktorianischen Zeit scheint sich diesbezüglich nicht viel geändert zu haben, schon gar nicht die Liebe selbst, bloß die Schauplätze und die Partner. Alle diese Briefe waren von vernünftigen, gebildeten Frauen geschrieben, von denen viele gewillt schienen, alles daheim aufzugeben und sich hier in Gurna mit ihren arabischen Liebhabern niederzulassen. Wenige der Männer erwiderten diese Hingabe, bloß Tya schien eine Zukunft mit seiner französischen Dame zu erwägen und wischte den Altersunterschied von zwanzig Jahren sowie den Umstand, daß er bereits eine Frau hatte, einfach beiseite. »Was schlimm? Wir uns lieben! Wir glücklich sein werden!« Für die meisten war es jedoch nur ein leichtherziges Spiel, waren die Liebesbriefe Erfolgstrophäen. Nicht daß sie ohne Empfindungen oder gar lieblos gewesen wären, doch ihre Vorstellungen von den Frauen im Westen (und wohl auch von den Frauen ganz allgemein) führten zu einer Art doppelter Moral. Im Grunde waren sie anmutige, attraktive, heißblütige Männer, die einfach in den Tag hinein lebten – wie etwa Hamdi Hassan, der Kopftücher verkaufte und dem ich einmal wegen eines Briefes, in welchem eine Frau androhte, seinetwegen ihren Mann zu verlassen, sachte Vorhaltungen machte, worauf er mit ungespieltem Erstaunen erwiderte: »Aber ich ihr sage, ich finde andere Frauen, wenn sie fort. Ich bin junges Mann. Ich will alles machen. Später, vielleicht fünfunddreißig, ich aufhöre, gehe in Moschee wie mein Vater.«

Dank meiner Freundschaft mit Ibrahim und seiner Familie wurde ich nicht wie sonst üblich belästigt und sah auch bald, daß die meisten Männer ein klares, eindeutiges Nein respektierten. Nur Hamdi Hassan stellte mir, wenn er nicht gerade Busreisenden seine schmuddeligen Tücher verkaufte, mit unverminderter Begeisterung nach, was ich eher als freundliches Kompliment auffaßte. Als ich schließlich zum inoffiziellen Dorfschreiber aufgerückt war und die Antworten auf die Liebesbriefe der Männer Gurnas verfaßte, konnte ich nichts mehr verkehrt machen. Sie verteidigten mich notfalls sogar gegen andere Touristen, wie im Ramasseum, dem überladenen Totentempel von Ramses II. Dort liegt die umgekippte Kolossalstatue des Pharaos, welche in Shelleys berühmtem Sonett fälschlich als »Ozymandias, König der Könige« besungen wurde und mit den Worten »Schaut meine Werke an, ihr Mächtigen, und laßt die Hoffnung fahren« Berühmtheit erlangte – ein Rollenwechsel, von welchem der großspurige Ramses II. wohl kaum erbaut gewesen wäre. Besonders die Amerikaner drängten sich dort und versuchten keuchend, schnell zu einem Schnappschuß zu kommen, bevor sie atemlos zum nächsten Punkt auf ihrem Kulturfahrplan davonstürzten. Sie konnten ganz schön ruppig und herrisch werden, wenn sie meinten, irgendein unschuldiger Zuschauer stehe ihnen im Blickfeld. Wie die meisten anderen Besucher fand ich ihr Benehmen ärgerlich und gab mir Mühe, über ihr Geschrei hinwegzuhören. Eines Tages wurde ich mehrmals von einer Frau mit dem typischen Akzent des amerikanischen »Bibelgürtels« angekläfft; Hamdi Hassan jedoch, der sprungbereit mit seinen Tüchern auf der Lauer lag, gab seine Tarnung vorzeitig preis und hielt ihr eine Standpredigt: »Du nicht Boß hier! Sie unser Freund. Du sie nicht sagen, was tun muß!«

Aus dem kühlen Komfort von Luxor am Ostufer war ich in ein Nullsternhotel direkt unterhalb von Gurna gezogen, wo der Sand unvermittelt in fruchtbare Felder übergeht. Das zweistöckige Gebäude mit den dicken, ockerbraun getünchten Mauern umschloß einen baumbeschatteten Garten. Sein Besitzer, ein uralter Mann namens Scheich Ali, hatte die trüben Räume mit Fotografien geschmückt, die ihn als außergewöhnlich attraktiven jungen Mann zeigten, und hielt einen Vorrat billiger Perlenketten für seine weiblichen Gäste bereit, obwohl er kaum noch fähig war, die wenigen Schritte von seinem Zimmer zum Garten zu schlurfen. Ich war der einzige Gast und wurde von einem Urenkel des Scheichs betreut, ebenfalls ein Ali von etwa elf Jahren, der so gutaussehend zu werden verhieß wie sein bejahrter Vorfahr.

Mein Zimmer lag im ersten Stock. Es war einigermaßen sauber und sah aus wie ein provenzalisches Stilleben von van Gogh. Das Fenster war mit Gaze bedeckt, um die Fliegen abzuhalten, und schaute auf die sitzenden Gestalten der fast zwanzig Meter hohen Kolosse von Memnon, die sich ehrfurchtgebietend, aber in etwas lädiertem Zustand aus einem Meer von hellgrünem Zuckerrohr erhoben.

Es war eine ausgezeichnete Ausgangsbasis für alle die Sehenswürdigkeiten am Westufer. Abends trafen die Dorfbewohner ein, um drinnen Bier zu trinken, zu rauchen und zu schwatzen, und dies war die Zeit, wo ich mich mit meinen Pflichten als inoffizieller Schreiber abplagte und Antworten für die Frauen verfertigte, welche die Wahl getroffen hatten, sich diesen Männern hinzugeben. Manchmal gab es Musik mit Trommel und Querpfeife, und die Männer, ein langes Tuch um ihre Hüften geknotet, tanzten, allein oder zu zweit, geschmeidig, anmutig und selbstvergessen. Schwer hing der Duft der blühenden Sträucher in der Luft, die Sterne standen groß und hell am Nachthimmel, und zu solchen Zeiten hätte es wirklich eines völlig unromantischen Herzens bedurft, diese verführerische Situation nicht zu verstehen.

7. KAPITEL

Die Wüste rückt näher

Ein herrlicher Wind blies mich durch die Felder Oberägyptens voran, als ob ich durchs Gewoge von hohem, goldenem Zuckerrohr segeln würde. So mühelos und angenehm war das Radfahren bisher noch nie gewesen, und je schneller ich fuhr, desto mehr wirbelte die Luft um mich auf, blies mir das Haar aus der Stirn und fächelte mir willkommene Kühle ins Gesicht. Es war eine dieser seltenen Etappen, wo es eine Nebenstraße gab, was mir erlaubte, die Landschaft zu genießen, ohne vom Verkehr und von bedrohlichen Kindern abgelenkt zu werden. Dieser idyllische Zustand hielt bis zum sechzig Kilometer entfernten Städtchen Esna an, wo der erste einer Kette von ptolemäischen Tempeln tief unten in einer Grube inmitten des Suk lauert.

Alle die großartigen Tempel südlich von Luxor wurden von den Ptolemäern erbaut, Pharaonen griechischer Herkunft, die auf Alexanders des Großen Eroberung von Ägypten im Jahre 332 vor Christus folgten. Die Römer bauten sie nach oder schmückten sie neu aus, nachdem der Tod von Kleopatra 30 vor Christus das Zeitalter der Ptolemäer beendet hatte. Der Tempel in Esna war Knum, einer der ältesten ägyptischen Gottheiten, gewidmet, der den Menschen auf seiner Töpferscheibe erschuf, doch alles, was davon übriggeblieben ist, ist die elegante Säulenhalle. Sie wird Kaiser Claudius zugeschrieben, der sich im ersten nachchristlichen Jahrhundert in einer Orgie von baulicher Tätigkeit erging, um die Macht des Römischen Reiches zu verkünden. Weder Römer noch Griechen hatten das geringste Interesse, die einheimische Bevölkerung oder die mächtige Priesterschaft durch Eingriffe in ihre Religion zu provozieren, und errichteten daher all ihre Tempel auf uralten Stätten und im herkömmlichen Landesstil. Das Aufregendste am Tempel von Esna ist seine versunkene Lage inmitten einer Stadt, die inzwischen auf den Haufen jahrhundertealten Schutts fünfzehn Meter höher gewachsen ist. Wie die Zeichnungen von Amelia B. Edwards zeigen, schaute er damals ziemlich merkwürdig aus, denn er war erst zum Teil ausgegraben, und nur die obersten sechs Meter der Säulen mit ihren hübsch variierten Kapitellen waren sichtbar. Sie war viel begeisterter gewesen als ich jetzt: Einen ganzen Tag hatte sie völlig versunken damit verbracht, die Szene zu skizzieren, und dabei völlig vergessen, das reichliche Mittagessen einzunehmen, welches ihr vom Schiff herübergebracht wurde. Sie hatte sich ja auch nicht so verausgaben müssen wie ich auf meinem Agala, während sie langsam den Nil hinauftrieb – ich jedenfalls verdrückte mit Wonne Pittabrot und Felafel, während ich den nun vollständig freigelegten Säulenwald bewunderte.

Als ich wieder zurück auf Straßenniveau hochkletterte, machte mich der Hüter des Tempels darauf aufmerksam, daß mein Hinterreifen platt war. Die Tempelwächter waren von der rosa Karte, die mir freien Zutritt zu den Altertümern verschaffte, meist sehr beeindruckt und glaubten, ich müsse eine studierte Ägyptologin sein. Dies galt auch hier. »Die Professorin« (zudem die einzige Besucherin dieses Tages) hatte eine Reifenpanne erlitten, während ihr Agala in seiner Obhut war! Das kam einer mittleren Katastrophe gleich, und er hatte auch bereits einen Mechaniker aus der nahegelegenen Autowerkstatt herbeizitiert, um den Schaden zu beheben. Nur mit Mühe konnte ich die beiden Gentlemen davon überzeugen, daß ich keinerlei Hilfe benötigte – obwohl dies nicht ganz zutraf: Sie waren mir sehr nützlich mit ihren Bemühungen, die Menge der Schaulustigen in Schach zu halten, welche sich im Nu versammelte, sobald ich das Fahrrad auf den Kopf gestellt hatte und das Hinterrad löste. Ein großer, noch immer fest im Reifen steckender Nagel machte es leicht, das Leck zu lokalisieren. Normalerweise hätte ich nun den Ersatzschlauch montiert und die Reparatur am Abend ausgeführt, wenn ich Zeit und etwas Schweres, ein Tischbein zum Beispiel, in Reichweite hatte, um auf den

Flicken zu drücken, während die Gummilösung trocknete. Ein so zahlreiches Publikum verdiente jedoch etwas mehr Unterhaltung, also führte ich die Pannenhilfeprozedur von A bis Z vor ihren Augen aus und wurde dafür mit ehrfürchtigem Respekt bedacht. Ein Mann äußerte sogar, er hätte nie gedacht, daß eine Frau auch Ingenieurin sein könne. Eine Reifenpanne zu beheben schien mir jedoch für eine Stadt, die mit ihren Tanzmädchen und Lustdamen für die Kamelkarawanen einst als bekanntes Vergnügungszentrum gegolten hatte, nur ein sehr harmloser Ersatz zu sein.

Ich verweilte nicht lange in Esna, weil noch sechzig Kilometer bis Edfu vor mir lagen, wo ich die Nacht verbringen wollte – eine ungeschickte Wahl, wie sich zeigen sollte. Edfu gilt traditionell als die Stätte, wo Horus in seinem zeitlosen Kampf auf Seth traf, und es gibt dort einen Tempel, den Ptolemäus III. im zweiten Jahrhundert vor Christus errichten ließ, um den Triumph des Guten über das Böse zu verewigen. Er sollte wohl an Bombast alles im alten Ägypten in den Schatten stellen. Ihn monumental zu nennen wäre schlicht eine Untertreibung. Zwar ist er gewiß einer der größten und besterhaltenen Tempel in ganz Ägypten, doch nach so viel Massigkeit und Reichtum wirkt Größe allein nicht mehr eindrücklich. Ohne Zweifel hat er einst ein großartiges Cecil-B.-De-Mille-Bühnenbild für die jährlichen Festlichkeiten abgegeben, die hier zur Feier des Sieges von Horus abgehalten wurden. Die Statue des Himmelsgottes wurde in einer Parade herumgeführt, zusammen mit jener seiner Braut Hator, der Kuhohrigen, welche von Dendera in einer heiligen Barke den Nil hochgesegelt war. Doch ohne diese Pracht, der ein Ende gesetzt wurde, als das Römische Reich zum Christentum übertrat und heidnische Anbetung untersagte, ist Edfu ein kühler Ort und wirkt wie ein leeres, ausgeweidetes Kino.

Vielleicht war ich auch nur zu einer ungünstigen Zeit eingetroffen, nach einem langen Tag auf dem Sattel, als die Sonne schon tief stand und das hohe Gemäuer und der gigantische Pylon, das Eingangstor, düstere Schatten über den riesigen Innenhof warfen, so daß er wie vom Himmel abgeschnitten schien. Der Spaziergang durch die endlosen dunklen Hallen, die an ein unterirdisches

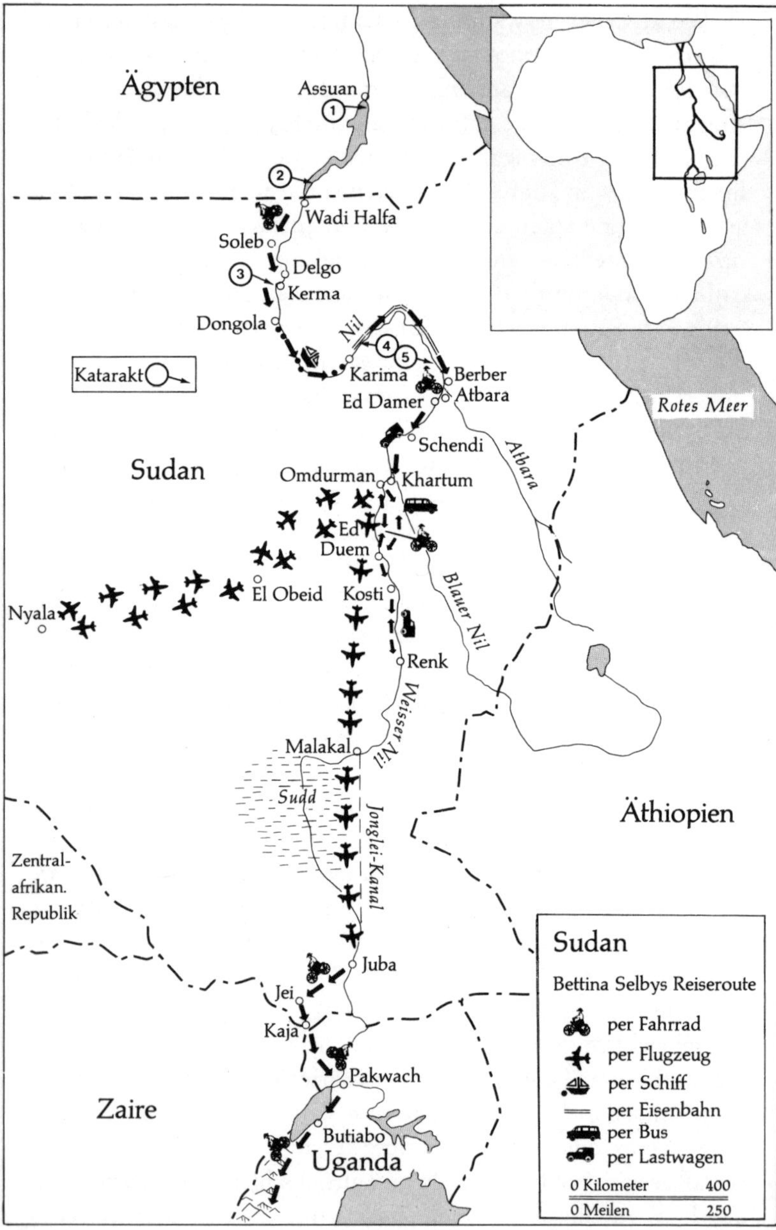
Ägypten
Assuan
Wadi Halfa
Soleb
Delgo
Kerma
Dongola
Nil
Karima
Berber
Atbara
Ed Damer
Katarakt
Rotes Meer
Schendi
Atbara
Sudan
Omdurman
Khartum
Ed
Duem
El Obeid
Kosti
Nyala
Blauer Nil
Renk
Weisser Nil
Malakal
Sudd
Jonglei-Kanal
Äthiopien
Zentral-
afrikan.
Republik
Juba
Jei
Kaja
Pakwach
Zaire
Butiabo
Uganda
Sudan
Bettina Selbys Reiseroute
per Fahrrad
per Flugzeug
per Schiff
per Eisenbahn
per Bus
per Lastwagen
0 Kilometer 400
0 Meilen 250

Gewölbe erinnerten, dauerte viel zu lang. Das einzige, was diese Eintönigkeit unterbrach, waren vier monströse, in Granit gehauene Vögel, welche die Doppelkrone von Ober- und Unterägypten trugen und die Eingänge bewachten. Einer war umgekippt und lag steif und wachsam wie eh da, ein unheilvoll blickendes Auge zum Himmel gewendet. Diese Riesenvögel stellten Horus in Falkengestalt dar, doch auf mich wirkten sie wie ein Schreckbild aus den Alpträumen eines Wurms. »Hüte dich vor dem Jabberwock, mein Sohn«, zitierte der Reiseführer mit feinem Einfühlungsvermögen.

Edfu wäre als Übernachtungsort wohl am Schluß der Rangliste gelandet, hätte ich nicht zufällig zwei städtische Polizeioffiziere getroffen, die mich unter ihre Fittiche nahmen. Sie waren nach Edfu versetzt worden, ohne daß man sie gefragt hätte, was im ägyptischen Polizeidienst, der ziemlich militärisch geführt wird, die Regel sein dürfte. Edfu galt nicht gerade als lukrativer Posten, und sie empfanden wohl viel Sympathie für etwaige Leidensgenossen, die hier von der Dunkelheit überrascht wurden. Das Beste, was sie für mich finden konnten, war ein Hotel dem Polizeiposten gegenüber, ein recht massives Wohnhaus, das harte Zeiten durchgemacht haben muß. Sein imposantes Treppenhaus, die Wandtäfelung und die hübschen Messingtürgriffe waren von Schichten zusammengeklumpten Schmutzes und dickem Spinnengewebe bedeckt – ein Haus der Sorte also, wo man vorsichtig versucht, nicht die Wände zu streifen. Die Beamten sprachen sehr dezidiert mit dem Besitzer. Sie verlangten, daß ein Zimmer gesäubert und warmes Wasser bereitet wurde, doch hier galt ihre Autorität nicht so viel wie bei ihrer eigenen Mannschaft, die sie auf der Wache zurückgelassen hatten, wo alles eimerweise mit stark desinfiziertem Wasser abgespült wurde. Keine ihrer Forderungen wurde wirklich erfüllt, obwohl jedermann vor Bereitwilligkeit zu glühen schien. »Machen Sie sich nichts daraus«, meinte einer der Polizeibeamten tröstend, »wir sind gleich nebenan, um Sie zu beschützen.«

Mit dem Essen klappte es schon besser, da sie eine Abmachung mit einer Witwe in der Stadt getroffen hatten, welche ihnen die

Abendmahlzeit zubereitete. Deren alter Vater brachte es herüber und lungerte herum, während wir aßen, aus Angst, es könnte uns einfallen, mit den angeschlagenen Schüsseln und den Blechlöffeln und -gabeln abzuhauen, die der Alte anscheinend für sehr wertvoll hielt. Wir aßen zusammen in dem für mich hergerichteten Zimmer, wo drei Betten, ein Tisch, ein mit Schnur zusammengebundener Stuhl und das Fahrrad standen, das ein Polizeirekrut die Treppe hochgetragen hatte. Ich kriegte den Stuhl, die Polizisten saßen gegenüber auf einem der Betten, und die Zeitung, in welche das Brot eingewickelt gewesen war, diente als Tischtuch. Das Essen – gebratener Flußbarsch aus dem Nil und Leber, in Knoblauch und einem grünen Gewürz geschmort, das wie Koriander aussah – war eine lokale Spezialität und hätte einen würdigeren Rahmen verdient. Beide Gerichte schmeckten köstlich, und ich merkte erst mitten im Essen, daß die Polizisten mir den Löwenanteil zugeschoben hatten, obwohl es ja eigentlich ihre eigene Abendmahlzeit war. Sie waren wirklich äußerst liebenswürdig.

Einer der beiden, ein Hauptmann, war Moslem, sein etwas jüngerer Leutnant dagegen koptischer Christ und sehr an religiösen Fragen interessiert. Niemand weiß genau, wie viele Kopten es in Ägypten gibt, obwohl sie vermutlich etwa zehn Prozent der Bevölkerung ausmachen. Die meisten von ihnen leben in Oberägypten. Kaum war der letzte Bissen Brot verschwunden, stellte mich der junge Mann auch schon zum Thema »Christentum im Westen« zur Rede. Nachdem er sich vergewissert hatte, daß ich Protestantin und nicht Katholikin war, fragte er gleich: »Warum mögen Sie die Jungfrau Maria nicht?« Ich merkte bald, daß ihn keine Antwort befriedigen konnte, weil er sich im voraus darauf festgelegt hatte, wie ich über die Angelegenheit denken mußte. Die koptische Religion ist die älteste Form des Christentums; da ihre Doktrin der Heiligen Dreifaltigkeit jedoch von jener der römisch-katholischen und griechisch-orthodoxen Kirche abweicht (die Person Gottvaters wird als über dem Sohn Jesus Christus stehend und höher eingestuft), gilt sie bei diesen als häretisch. Die Moslems hingegen, die ja auch den einen Gott so sehr betonen, sind mit den Kopten immer mehr oder weniger gut ausgekommen, ganz ähnlich wie mit den Juden, bevor sich das Problem mit Palästina stellte. Mit ihrem Glauben an die drei Personen der Trinität praktizieren die übrigen Christen in den Augen der Moslems, Juden und Kopten eine Art Vielgötterei, nicht viel besser als jede ausgesprochen heidnische Religion. Im Westen scheint sich fast niemand mehr um solch feine dogmatische Unterschiede zu kümmern, obwohl vor nicht allzu langer Zeit noch viele Menschen bereit waren, dafür auf dem Scheiterhaufen zu sterben – wie es auch bei diesem jungen Mann den Anschein hatte. Ich war daher in der folgenden Diskussion von vornherein im Nachteil und konnte bloß bewundern, welche starken Gefühle und welch leidenschaftliche Hingabe solche religiösen Detailfragen in ihm auslösten.

Diese Nacht zog ich es vor, meine aufblasbare Matratze auf dem Bett auszubreiten, das mir am wenigsten anrüchig vorkam, und nicht auf dem mit uraltem Schmutz bedeckten Fußboden. Ich ließ das Licht brennen, in der Hoffnung, damit die Kakerlaken in dem greulichen Klosett gegenüber abzuschrecken, die so riesengroß waren, daß sie Seite an Seite mit den Jabberwocks in jedem Alptraum hätten auftreten können. Ich schlief nicht gut. Bevor ich im ersten, noch unsicheren Licht der Morgendämmerung aufbrach, verlangte der freundliche, schmierige alte Hotelier, der auf einer Bank quer über der Türschwelle schlummerte, einen Zuschlag auf die lächerlich billige Rechnung, als Entschädigung für den exzessiven Gebrauch der 15-Watt-Glühbirne.

Während meiner letzten Tagesetappe durch Oberägypten wurde ich gewahr, wie die nackten Klippen beidseits des Nils bedrohlich näher rückten und der grüne, fruchtbare Streifen mehr und mehr schrumpfte. Im Umkreis des für Horus und den Krokodilgott Sobek erbauten Tempels von Kom Ombo zog sich die Wüste wieder etwas zurück und gab ein paar Hektar helles Kulturland frei, wo für eine Raffinerie in der Nähe Zuckerrohr angebaut wurde. Der Tempel von Kom Ombo ist in einem noch viel traurigeren Zustand als jene von Edfu und Esna, da er als Steinbruch für profanere Gebäude (inklusive der Zuckerraffinerie) diente. Die Wände sind fast abgetragen, die Höfe und Säulen stehen offen im

Licht des Himmels wie ein griechischer Tempel. Seine herrliche Lage auf einer Klippe, die auf den Nil schaut, mit welliger Wüste rundum bis zum Horizont und dem weiten, bräunlichgrünen, ruhig vorbeiziehenden Wasser verleiht ihm jene Zartheit und Einheit mit seiner Umgebung, welche vielen ägyptischen Tempeln abgeht. Zu seinen überraschenden Seiten zählen die steifen, mumifizierten Krokodile, die wie grinsende Planken in einer verstaubten Kapelle aufgestapelt sind, aber auch ein in ein Mauerfragment geritztes Relief mit Instrumenten für komplizierte Hirn- und Kieferchirurgie, die vor zweitausend Jahren hier in Gebrauch waren.

Hinter Kom Ombo nähert sich die Wüste wieder dem Nil. Hier, auf einem Mäuerchen neben dem schnell fließenden Wasser, nahm ich mein letztes ägyptisches Picknick ein. Deutlich kräuselten sich die Wellen, wo der Wind mit der Strömung kämpfte, und eine Feluke, die breitseits am Wind mit abgetakeltem Segel mitten im Strom trieb, wie die Segelboote seit jeher flußabwärts fahren, kam nur langsam voran. Die starke Strömung läßt ahnen, welch unvorstellbare Wassermassen den Fluß vorwärtsschieben, denn an diesem Punkt, tausendfünfhundert Kilometer vom Mittelmeer entfernt, liegt der Wasserspiegel nur gerade sechsundachtzig Meter über Meer.

Nach dem Mittagessen dann wieder das wohlbekannte Muster: immer schlimmere Angriffe von immer größeren Haufen kriegerisch gesinnter Jugendlicher, die aus der Schule kamen. Selbst die sonst so furchtlose Amelia B. Edwards hatte es sich zur Regel gemacht, nie ohne männliche Begleitung an Land zu gehen, und auch ich hätte mir in diesen schwierigen Zeiten manchmal einen solchen Beschützer gewünscht. Mit jeder Meile, die ich nach Süden kam, wurden die Angriffe schlimmer, was mich angesichts der Konzentration ärmlich aussehender Dörfer in der nun völlig kahlen Umgebung nicht eigentlich erstaunte. Viele Leute wurden hier in den letzten Jahren neu angesiedelt, nachdem ihre Häuser durch den Bau des Hochdamms zerstört worden waren – Nubien, das Land hinter dem ersten Katarakt, ist heute fast gänzlich unter den Fluten des größten künstlichen Sees der Welt verschwunden.

Zum Glück traf ich mitten in diesem letzten Sturmangriff auf einen Schutzmann mit Motorrad und legte die letzten wenigen Kilometer bis Assuan unter Polizeieskorte zurück.

In Assuan endet die langgestreckte Oase Ägyptens. Sand erstreckt sich östlich und westlich des Nilufers, und blickt man flußaufwärts, versperrt der erste Katarakt dem Strom den Weg. Assuan, seit jeher Grenzstadt und Handelsposten, war ein magnetischer Anziehungspunkt für den exotischen Reichtum des Landesinneren – wilde Tiere, Sklaven und Elfenbein aus dem fernen Süden, Gold aus dem Lande Nub, Gewürze und Parfüme aus Punt. Hier schwankten auf Wüstenpfaden die Kamelkarawanen heran, hier gingen militärische Expeditionskorps an Land und marschierten südwärts, um entlegene Territorien zu erobern. Juden, die im sechsten Jahrhundert vor Christus vor Nebukadnezar in die Diaspora flohen, fanden sich hier am Ziel ihres Leidensweges und ließen sich auf der Insel Elephantine nieder, und hier endete auch »das Geschenk des Nils«, denn hinter dem Katarakt lagerte sich der von den Fluten heruntergeschwemmte fruchtbare Schlamm nur gelegentlich an kleinen Flecken ab. Tempel wie Abu Simbel, die jenseits von Assuan in die Felsklippen gebaut wurden, dienten ihrer Natur nach als Mahnmal der Großmacht Ägypten und warnten vor all den Gefahren, die in der Wildnis des Sudans lauern mochten.

Ich fuhr direkt zum Old Cataract Hotel, wo Briefe, ein Vorrat Trockennahrung und Ersatzreifen auf mich warteten. Es ist das berühmteste Hotel Assuans, der Ort, wo Agatha Christie »Mord auf dem Nil« schrieb und wo jeder, der etwas auf sich hielt, abgestiegen war, bevor die Ansprüche heutiger Jet-Reisender die aufdringlich geschmacklosen, modernen Luxushotelkästen hervorbrachten. Wer kritisch urteilt, wählt heute noch das Old Cataract, teils weil man von seiner Terrasse den schönsten Ausblick in ganz Assuan auf den Nil und die Insel Elephantine genießt, teils aber auch wegen seiner denkwürdigen Inneneinrichtung, die an eine begütertere und kultiviertere Kundschaft erinnert. Ich gedachte nicht, selbst dort zu wohnen, da dies die Grenzen meines Budgets bei weitem überschritten hätte, doch die Hotelleitung bot mir freundlicherweise freie Unterkunft im neuen Kalabsha-Hotel hundert Meter weiter oben an. Zu behaupten, daß mir das Kalabsha gefiel, wäre gelogen, doch ein bißchen Viersterneluxus, wie geschmacklos auch immer, kam mir nach meinen jüngsten Behausungen nicht ungelegen. Ich schlief dort bestens, wenn mich nicht gerade das Bellen und Heulen herumstreunender Hundemeuten oder die Rufe zum Morgengebet um vier Uhr früh aus dem Schlaf rissen. Meine ganze Freizeit verbrachte ich aber auf der Terrasse des Old Cataract, wo ich türkischen Kaffee trank, den mir nubische Diener im roten Fes reichten.

Nicht daß ich viel Muße gehabt hätte! Assuan war das Sprungbrett für meine nächste Reiseetappe, und einmal mehr mußte ich mich hier mit der Bürokratie herumschlagen, um die notwendige Bewilligung für die Weiterfahrt mit dem Fahrrad jenseits des Hochdamms zu erhalten. Ich hatte nicht im Sinn, das überfüllte Schiff nach Wadi Halfa zu benutzen, denn ganz abgesehen davon, daß es in zweifelhaftem Ruf stand und ein Schiffbruch im krokodilverseuchten Wasser des Nuba-Sees keine verlockende Aussicht war, wollte ich allein durch die Wüste in den Sudan fahren und im Vorbeiweg Abu Simbel besuchen.

Ich brauchte tagelang, bis ich nur die zuständigen Büros gefunden hatte und die Öffnungszeiten kannte. Dort trug ich mein Anliegen vor und zeigte meinen ehrfurchtgebietenden Brief und die rosa Karte, die zwar beide gebührend bewundert wurden, mir aber nichts weiter einbrachten als Angebote für geführte Reisen zu weitentfernten Tempeln, Gratiseintritte für »Son et lumière« und Einladungen zum Abendessen. Das gesamte Gebiet rund um den See war Militärzone, Zutritt streng verboten, und außerdem, wie man andeutete, vermint, falls ich mir etwa in den Kopf setzen sollte, auf eine Bewilligung zu verzichten. Nun ist ja der Erfolg einer Reise oft eine Frage der Kompromißbereitschaft, und meine Situation bildete da keine Ausnahme. Zu viele Unsicherheiten lagen vor mir. Mir war wichtig, das große Nilbecken zu erreichen und auf dem Weg dorthin so viel als möglich zu sehen – wenn die einzige Alternative »Schiff oder gar nichts« lautete, nahm ich eben das Schiff! Da sich zudem das politische Klima im Sudan täglich verschlechterte, schien es geraten, so schnell als möglich dorthin zu gelangen, bevor Touristen die Einreise generell verweigert wurde.

Daß meine Kapitulation nicht automatisch eine leichte Überfahrt versprach, zeigte sich schon an der kilometerlangen Schlange sich drängelnder Sudanesen, die versuchten, sich nach ihren Einkaufstouren zu den Fleischtöpfen Ägyptens wieder zurück in ihre sandigen Weiten durchzuschlagen. Im Sudan fehlten, wie man mir sagte, viele Konsumgüter. Die Reichen flogen nach Europa, um sich einzudecken, die Minderbemittelten unternahmen die lange, mühselige Reise nach Kairo, das ihnen wie ein Eldorado vorkommen mußte. In Assuan herrschte jedoch noch immer eine gewisse Kolonialmentalität vor, und wenn ein Angestellter der Nile Navigation Company, welche den Dampfer nach Wadi Halfa betreibt, in dieser beängstigend langen Schlange ein westliches Gesicht erspähte, wurde man in ein Büro im Innern des Gebäudes geführt, wo man seine Fahrkarte in einer privateren, zuträglicheren Atmosphäre erstehen konnte. Kabinen waren Monate im voraus ausgebucht, weswegen ich mir aber keine Sorgen machen müsse, wie der zuständige Angestellte versicherte: »Kein Problem, meine Dame, Boot braucht jetzt nur noch zwei Tage. Gar nicht lang!«

Der junge Mann, der meine Fahrkarte ausstellte, versprach, er werde an der Anlegestelle sein, wenn das Schiff abfahre, um mir beim Verladen des Agala zu helfen. »Dann Sie geben mir Adresse in England?« bat er und verriet damit sein wahres Motiv. Ich fragte, wozu er sie brauche, obwohl ich es ganz genau wußte. »Ich Sie vielleicht besuchen? Etwas bleiben, finden Arbeit, nicht?« England schien für viele junge Männer aus der Dritten Welt noch immer ein Mekka zu sein.

Meine Weiterreise sollte erst ein paar Tage später erfolgen, und so nahm ich das Angebot an, zwei der bekanntesten Sehenswürdigkeiten Ägyptens zu besuchen, die ich beim besten Willen nicht auslassen konnte: die Tempel von Philä und Abu Simbel. Beide waren den Fluten zum Opfer gefallen – Philä, die heilige Insel der Isis, sogar schon 1902, als die Briten den ersten Staudamm in

Assuan bauten, der sie sechs Monate im Jahr unter Wasser setzte. Touristen konnten damals »Trips« hinüber zu der Insel buchen und vom Schiff hinuntergucken, wo sich die versunkenen Pfeiler im durchsichtig-grünen Wasser wiegten. Der Hochdamm hätte Philä für immer ertränkt, deshalb wurden in einem großangelegten Projekt für mehrere Milliarden Dollar sämtliche Bauten zerlegt und auf einer anderen Insel in der Nähe wieder aufgebaut, die man mit Bulldozern so umgestaltete, daß sie dem Original so ähnlich wie möglich sah. Im gesamten Komplex befinden sich etwa vier Tempel. Philä war einst die tollste Touristenattraktion für die alten Römer gewesen, denn der Kult der Isis wurde mit den Muttergottheiten im Mittelmeerraum und im Vorderen Orient assoziiert und hielt sich von allen heidnischen Bräuchen am längsten – zweihundert Jahre, nachdem der Rest des Römischen Reiches offiziell christlich geworden war, wurde Isis noch immer in Philä angebetet, und erst als Kaiser Justinian im sechsten Jahrhundert ein Machtwort sprach, wandelte man die Stätte in eine christliche Kirche um, die sinnigerweise der Jungfrau Maria gewidmet war. Auch für die viktorianischen Touristen war Philä ein Magnet, lag es doch überaus hübsch und romantisch auf seiner kleinen Insel und sah aus, als ob seine Säulen auf dem Wasser schwimmen würden. Philä war Amelia B. Edwards' Lieblingsplatz. Besieht man sich ihre Skizzen, auf denen viel Grün die harten Linien der Steinhauerkunst auflockert, müßten die Ruinen damals reizvoller als heute gewesen sein.

Ich besuchte sie eines Abends im Farbenspiel von »Son et lumière«, nur fuhr leider auch eine Gruppe ägyptischer Schüler mit. Es war der Stimmung nicht sehr zuträglich, mitten in einem Haufen hemmungsloser Teenager beiderlei Geschlechts zu stekken, die sich weit mehr füreinander als für die Geschichte ihres Landes interessierten. Abgesehen davon hatte ich den Eindruck, ein wohldotiertes, gutbeleuchtetes Museum zu besuchen, und auch Amelias ekstatische Schilderungen konnten mir beim besten Willen nicht darüber hinweghelfen. Die Seele dieses Ortes war verschwunden, geblieben war ein schön gestaltetes technisches Meisterwerk, eine große Ansammlung altehrwürdiger Gebäude, die einst Tempel gewesen und nun auf profanem Boden wieder aufgebaut worden waren. Halb hatte Miß Edwards hier »Klänge antiker Gesänge und eine Prozession weißgewandeter Priester, die hoch über sich den verschleierten Schrein Gottes trugen«, erwartet – »Son et lumière« kam dem zwar sehr nahe, doch machte es für mich leider keinen Unterschied.

Abu Simbel sah ich bei vollem Tageslicht. Ich fuhr die dreihundert Kilometer hin und zurück in einem komfortablen Bus auf einer nagelneuen Schnellstraße, die, wie man hört, eines Tages direkt nach Khartum führen soll (nur hört man das schon seit mindestens fünfzig Jahren). Auf beiden Seiten dieses neuen, glatten Asphaltstreifens war Wüste, soweit das Auge reichte, nur hier und dort lag das Skelett eines Kamels herum, wo das Tier mangels Wassers zusammengebrochen war und seine Seele ausgehaucht hatte. Die Falken waren gekommen und hatten die Knochen ratzekahl zu würdevoll-strengen, abstrakten Kunstgebilden abgenagt. Auf einer Strecke von etwa achtzig Kilometern standen Abertausende von Pyramiden verschiedenster Größe – ein vom Winde verwehtes Naturphänomen aus Sand, so perfekt geformt, daß man kaum glauben konnte, sie seien nicht von Menschenhand geschaffen. Ich fand sie viel ehrfurchtgebietender als den Tempel von Abu Simbel.

Abu Simbel ist ein zweites technisches Multimilliarden-Dollar-Wunder. Während der Wasserspiegel des neuen Stausees anstieg, spritzte man dem gesamten Kolossalbau von Ägyptens berühmtestem Tempel Harz ein, worauf er in tausend Stücke zersägt und dreihundert Meter über seinem ursprünglichen Standort auf einer Felsenklippe in einem riesigen, speziell konstruierten, als Berg kaschierten Gewölbe wieder zusammengesetzt wurde. In diesem hohlen Hügel kann der Besucher nun herumwandern und die Augen aufsperren. Er kann um die vier Kolosse von Ramses II. am Eingang spazieren und die Tempelhallen durchstreifen und wird nirgends eine Spur finden, wo alles wieder zusammengeleimt wurde – alles ist genau so wie früher. Dann kann er dasselbe Spiel mit dem Gegenstück spielen, dem großen Tempel von Nefertari, der Gemahlin von Ramses II. Wer so scharf auf technische Meisterleistungen ist wie mein Führer Musa Mohammed, wird hier für die dreihundert Kilometer Busfahrt reich belohnt; wer jedoch herkommt, um einen großartigen Tempel zu sehen, ist vielleicht enttäuscht. Auch Abu Simbel ist jetzt ein weiteres guterhaltenes Museum – wie in Philä ist seine Seele unter dem Wasser begraben worden.

Musa beharrte darauf, die Seele des modernen Assuan sei der Hochdamm: Keine Ägyptenreise sei abgeschlossen, ohne daß man ihm Reverenz erwiesen hatte. Er kannte seine Dimensionen auswendig und spulte sie herunter, während wir auf der Aussichtsplattform standen und die graue Masse anstarrten – der Damm enthalte so viel Baumaterial, daß man damit die Große Pyramide siebzehnmal nachbauen könnte, und genügend Stahl für fünfzehn Eiffeltürme. Doch mit diesen Gebilden hat die Staumauer nicht das geringste gemein. Nie weist sie über sich selbst hinaus, und sie vermittelt keine andere Botschaft als die von Kraft und Zweckmäßigkeit. Für die einen gilt, wie für Mustafa, der Damm als ein Symbol für die Mündigkeit des Menschen, der sich seine Umwelt verantwortungsvoll untertan macht; andere sehen darin ein unverantwortliches Herumpfuschen mit den Kräften der Natur, die sich unserer Kenntnis noch immer entziehen – »Das ›Geschenk des Nils‹ wird ihm in den Rachen zurückgestopft«, wie sich ein Kritiker pointiert ausdrückte.

Der Hochdamm wurde 1971 fertiggestellt und war von Anfang an ein strittiges Unterfangen, dessen Vor- und Nachteile noch heute heftig diskutiert werden. Ägyptens rasch anwachsende Bevölkerung benötigte gewaltige Wasserreserven, um Wüstenland wieder urbar zu machen, sowie entsprechende Elektrizitätsquellen. Der Damm lieferte beides, doch der Preis für diese Segnungen ist zum Teil noch unbekannt. Die Menschen, die unter dem fünfhundert Kilometer langen Stausee ihr Heim verloren, und die altehrwürdigen Tempel, welche von ihren Wurzeln abgeschnitten wurden, sind rein lokale Tragödien; die Auswirkungen auf die Ökologie von halb Afrika jedoch können erst heute langsam abgeschätzt werden. Der Grundwasserspiegel in der gesamten Sahara ist am Steigen, und all der lebenspendende Nilschlamm wird jetzt im Seebecken zurückgehalten und muß durch Chemikalien ersetzt werden, die man mit Hilfe des Stroms aus dem Staudamm produzieren muß. Unmengen des kostbaren Wassers (nach einigen Quellenangaben um die fünf Milliarden Kubikmeter jährlich) gehen heute durch Verdunstung verloren, und man schätzt, daß in fünfhundert Jahren die Seen vollständig von Schlamm aufgefüllt sein werden. Anderseits hat das bebaubare Land in Ägypten um dreißig Prozent zugenommen. Selbst in den jüngsten Dürreperioden, welche Äthiopien und Sudan verheerende Hungersnöte bescherten, ermöglichten die Wasservorräte Ägypten, seine drei Ernten im Jahr einzubringen, und nicht zuletzt hat sich auch die Elektrizitätsproduktion verdoppelt. Doch keine dieser Wohltaten wird lange anhalten, wenn sich die ägyptische Bevölkerung weiterhin alle zehn Monate um eine Million vermehrt.

Als neue Schranke zu Ägyptens südlicher Landesgrenze ist der Hochdamm eindrücklich und mit seiner Ausstrahlung grenzenloser Kraft fast ein wenig furchterregend. Ich konnte nur zu gut verstehen, warum das Gebiet Militärzone war: Bei dem heute auf der ganzen Welt blühenden Terrorismus könnte ein Dammbruch eine Sturmflut aufgestauten Wassers entfesseln, welche das ganze Land zerstören und alles hinwegfegen würde.

Meinen letzten Nachmittag in Ägypten verbrachte ich auf angemessene Weise in einer kleinen Feluke auf dem Nil. Das Segel am hohen Mast wurde von hundert Flicken zusammengehalten und fing den kleinsten Windhauch auf, der zufällig um die Inseln strich. Der Schiffer hieß Sajid. Er trug ein blaues Gewand und beteuerte, er sei hin und her gerissen zwischen Freundschaft und Verdienst, also mußten wir einen Kompromiß schließen, was die Kosten des Ausflugs betraf. Sein Gespräch drehte sich fast nur darum, wie schwierig das Leben doch sei. Schwierig sei es mit dem Sex für einen alleinstehenden gläubigen Moslem, der fünfmal im Tag betet, aber der Versuchung einfach nicht widerstehen kann (»Ich bin gut, ich versuche, ich versuche, aber mein Körper braucht nötig, und wenn Frau will, ich tue es«), schwierig sei auch die Ehe: »Geld nicht genug. Viel Geld für Heiraten. Ich zweiunddreißig, habe viele Schwestern und kleine Brüder, noch nicht Zeit für Heiraten.« Nur seine Familie war nicht schwierig, und seine Stimme wurde weich, als er von ihr erzählte: »Wir brauchen unsere Familie. Ich muß meine Mutter sehen jeden Tag. Und wenn einer von meine Brüder nicht da, ich ihn vermisse.« Nicht weit unter der Oberfläche fand sich tiefe Zufriedenheit, welche das ganze Gerede von Schwierigkeiten Lügen strafte. Er war an dem Ort verwurzelt, wo seine Familie seit Menschengedenken gelebt hatte, und er kannte jeden Wasserstrudel, jeden Felsen und jeden Trick des Windes auf diesem inselübersäten Strich des Nils.

Gerade als die Sonne unterging und sich der Abendhimmel violett verfärbte, glitten wir zu den Felsen unterhalb des Hotels zurück. Beim Gedanken an den morgigen Abschied fühlte ich plötzlich einen Stich im Herzen. Ich spürte, wie lieb mir Ägypten geworden war. Wie bei Sajid lagen die Schwierigkeiten mit diesem Land nur an der Oberfläche – zum Beispiel der ärgerliche, aber nie wirklich bedrohliche Kleinkrieg mit den Bakschischjägern. Ich hatte im wesentlichen ein sanftes Land vorgefunden, wo ich zuvorkommend und mit viel Freundlichkeit behandelt worden war. Ich dachte an den achtzigjährigen Scheich Ali, wie er durch den Garten seines Nullsternhotels bei der Nekropole im alten Theben schlurfte – bei meiner Abreise hatte er mir ein paar Schnüre mit billigen Perlen in die Hände gedrückt und gesagt: »Sie gut, Sie nettes Frau. Ich liebe Sie. Ich liebe Sie wie meine Mutter.«

8. KAPITEL

Hinter dem ersten Katarakt

Der größte Teil des Platzes auf dem Deck des Dampfers nach Wadi Halfa war fürs Gebet reserviert. Nur die Männer beteten. Sie standen Schulter an Schulter in einer Reihe auf speziell für sie ausgebreiteten Matten und hatten Schuhe und Sandalen ordentlich am Rand hingestellt. So hielten sie das vorgeschriebene Moslemritual ab, verbeugten sich tief, bis die Stirn den Boden berührte, und versuchten, sich vom Anblick junger, spärlich bekleideter westlicher Männer und Frauen, die sich rundherum niedergelassen hatten, nicht ablenken zu lassen. Bikinis und nackte Oberkörper waren zwar für dieses Wetter nicht ungeeignet, da es von Stunde zu Stunde spürbar heißer wurde, zeugten aber von mangelnder Einfühlung in die Mentalität dieses Teils der Erde, wo die Bewohner nacktes Fleisch unmoralisch finden und sogar die Männer ihre Beine bekleiden. Es gab etwa dreißig solcher weißer Sonnenanbeter, meist ziemlich junge Briten und Australier auf einer Busreise quer durch Afrika. Ich hatte ihr Gefährt schon gesichtet. Es sah mit seinen breiten, weichen Reifen eher wie eine Mondfähre aus und war auf einer Barke festgezurrt, die vor uns den See hinaufdampfte. Ich glaube, der Bus muß irgendwo mittendrin versunken sein, denn obwohl ich drei Tage in Wadi Halfa verbrachte, war er bei meiner Weiterreise noch nicht wieder aufgetaucht, und seine Passagiere waren alle stocksauer aufeinander und auf die ansässige Bevölkerung.

Es gab noch fünf andere unabhängige Touristen aus dem Westen. Zwei von ihnen reisten wie ich allein: Einen Deutschen mittleren Alters namens Heinz zog es zu den Wildreservaten in Kenia, Andi hingegen, ein jüngerer Landsmann von ihm, ging immer der Nase nach, wohin es ihn gerade gelüstete. Drei junge Amerikaner, Mark, Tom und Judy, wollten auf dem Landweg so schnell als möglich die Eltern der beiden Männer besuchen, die in Uganda als Missionare arbeiteten. Wir sechs hatten uns an der Hafenmole zusammengefunden und versuchten, uns von den halbnackten Buspassagieren abzusondern, denen viel daran gelegen schien, ihre Reihen mit uns zu verstärken. Es gab jedoch wenig Platz zum Manövrieren, da der uralte Kahn bis zum Bersten mit heimkehrenden Sudanesen und ihren Bergen von Gepäck vollgestopft war.

Unter Deck waren die Bedingungen miserabel. Jeder Zoll Boden war besetzt, und ich fürchtete für die Sicherheit meines Fahrrads, das von dem hilfreichen Schalterbeamten in eine Ausbuchtung beim Ausgang gestellt worden war und nun einigen fülligen Sudanesinnen und ihren Kindern zum Anlehnen diente. In den heißen, stickigen Salons, deren Wände und Polster zu einem durchgängigen Braun verblichen und in Tabakschwaden eingehüllt waren, herrschte ein wildes Durcheinander von Menschenleibern, welche auf den Sitzplätzen und rundherum campten. Innerhalb von wenigen Stunden waren die Decks von vielerlei Abfällen übersät, es gluckste und knirschte unter den Füßen, wenn man sich langsam wie ein Wurm einen Weg durch das Gedränge wühlte. Das Gewimmel war viel zu dicht, als daß man hätte sehen können, wohin man trat. Ließ man etwas fallen, so war es unwiederbringlich dahin. Ein Toilettenbesuch erforderte eine gehörige Willensanstrengung oder ein wirklich dringendes Bedürfnis, und als Judy und ich schließlich unseren Widerstand überwanden und dem klar mit »Ladies« bezeichneten Örtchen zustrebten, hielt es bereits ein kauernder Mann besetzt. Wir beschwerten uns bei einem vorbeigehenden Besatzungsmitglied, das sogleich hineinstürzte und den Gesetzesbrecher mit noch immer um die Mitte hochgeschürztem Gewand herauszerrte.

Alles in allem ließ sich nur auf dem kleinen Deckplatz leben, der nicht fürs Gebet benutzt wurde. Wir legten unsere Schlafsäcke und Matten aus, um unser Gebiet abzustecken, und bangten, daß die düsteren Blicke, die auf die nackten Glieder der Buspassagiere fielen, bewirken könnten, daß wir alle nach unten geschickt wurden.

Irgendwann in der Nacht kreuzten wir den Wendekreis des Steinbocks, der seit dem zweiten Jahrhundert vor Christus leicht nach Süden gewandert ist. Damals hatte Eratosthenes aus der Schule von Alexandria festgestellt, daß in Assuan die Sonnenstrahlen bei der Sommersonnenwende mittags genau senkrecht in einen Brunnen fielen, und daraus geschlossen, daß die Erde rund war. Er berechnete auch den Erddurchmesser mit einer Abweichung von nur achtzig Kilometern. Ich mußte an seine brillanten Schlußfolgerungen denken, als ich in meinem Schlafsack auf dem Metalldeck lag – eine der vielen säuberlich aufgereihten, umwickelten Gestalten wie bei einer Ausstellung von Mumien im British Museum – und in die samtene Dunkelheit und das Sternengefunkel über mir starrte. Diese unsichtbare Barriere markiert den endgültigen Abschied von Ägypten und durchtrennt das letzte Band zur mediterranen Kultur. Vielleicht bildete ich mir nur ein, daß etwas Neues in der Luft lag, doch die Sternbilder waren auf einmal unvertraut und verwirrlich wie Bewohner fremder Himmelsräume. Der Große Bär, der am englischen Nachthimmel nie fehlt, steckte unsichtbar irgendwo unter dem nördlichen Horizont, während der sonst meist durch Abwesenheit glänzende Orion fast senkrecht über unseren Köpfen stand. Sternbilder, die ich nie zuvor erblickt hatte, füllten die südliche Hemisphäre, und ich schlief ein, noch während ich versuchte, einigen von ihnen einen Namen zu geben.

Der zweite Tag war schlimmer. Mein Bedürfnis nach Seife, Wasser und frischen Kleidern wuchs zusehends, und die Vorstellung, wieder auf einem Stuhl zu sitzen, statt sich ständig aufs Metalldeck zurückzulehnen, schien immer mehr wie der reinste Luxus. Der Hunger trieb uns schließlich, unsere Essensgutscheine einzulösen. Die Mahlzeiten wurden in Schüsseln geklatscht, die man sich zuerst bei denen, die schon gegessen hatten, zusammensuchen mußte. Es war nicht leicht zu erraten, was man da aß. Die Bohnen schmeckten eindeutig besser als die unförmigen Brocken von knorpeligem Fleisch, doch gab es gar keine Wahl: Jeder aß, was ihm ausgeschöpft wurde. Wir Einzelreisenden hatten uns einen eigenen Trinkwasservorrat mitgebracht, die Leute vom Bus dagegen nicht, und so mußten sie trinken, was eben da war, mit dem Resultat, daß sich viele von ihnen den Magen verdarben. Den Gedanken an die Schiffstoiletten gab ich völlig auf. Die Sudanesen ihrerseits hielten sich an Coca-Cola und Tee und verwendeten Wasser nur für ihre rituellen Waschungen vor dem Gebet.

Ums Schiff herum gab es nicht viel zu sehen, nur die Weite des Sees, eine entfernte, hügelige Wüstenlinie im Westen und hie und da einen Vogel, der über uns vorbeizog. Man fühlte sich nicht wie auf einem natürlichen Gewässer, vielleicht auch deswegen, weil in der Ferne kurz der verlegte Tempel von Abu Simbel zu sehen war oder weil mir bewußt wurde, wie alle die versunkenen Stätten unter unserem Schiffsrumpf durchzogen. Die Reise war eigenartig unbedeutsam, wie aufgehängt in einem Vakuum, wo nichts darauf hinwies, wie die Zeit verstrich. Ich war, wie ich merkte, ganz offensichtlich nicht für Kreuzfahrten geboren.

Das Schlimmste stand mir noch bevor, als wir endlich anlegten und ich hinunterging, um das Fahrrad zu beschützen – eine dringende Notwendigkeit, da es meiner Meinung nach so dicht vor dem Ausgang nicht überlebt hätte. Einige Beamte kamen an Bord, worauf die Türen wieder geschlossen wurden und dies während mehrerer Stunden auch blieben, während sich der Druck der Menschenleiber dahinter, die alle nach vorne drängten, beständig verstärkte. Die Temperatur stieg an, der Duft von ungewaschenem Fleisch intensivierte sich, das Agala und ich verwickelten sich immer enger ineinander. Mehreren Frauen schien es so übel zu werden wie mir. Eine fiel fast in Ohnmacht, obwohl die Menge viel zu dicht stand, als daß man hätte umfallen können. Ihre Notlage schien unter den anderen Passagieren eher Erheiterung als Besorgnis auszulösen, und mehrere junge Mädchen brachen in ein Gekicher aus. Später wurde mir klar, daß es sich einfach um eine nervöse Reaktion gehandelt haben muß, aber damals begann ich mich ernsthaft zu fragen, ob ich den Sudan je mögen würde. Bevor mich das Gedränge völlig mit dem Rahmen des Fahrrads verschweißen konnte, schoben glücklicherweise ein paar Besatzungsmitglieder die Menge zurück, es gelang ihnen, die Türe zu öffnen, und endlich durften wir an Land gehen.

Das befreiende Gefühl, der Enge des Schiffs und all diesen Körpern entronnen zu sein, ließ das trostlose Ufer wie ein kleines Paradies aussehen. Nach der mageren Palette von Eindrücken auf dem Stausee waren die ersten zehn Minuten ein Erlebnis. Silberreiher wateten am Seeufer, blendend weiß vor dem Grün der Binsen, ein feines Gewebe von Sand, Stein und Gefieder. Dann gingen mir weltlichere Dinge durch den Kopf – Nahrung, ein Obdach und ein Bad –, und ich stieg aufs Fahrrad und nahm die acht Kilometer bis zur Stadt Wadi Halfa in Angriff. Eine Stunde später strampelte ich mich immer noch ab. Langsam begann ich die Ungeheuerlichkeit meines Vorhabens einzusehen: Das vollbeladene Rad, obwohl speziell geländegängig konstruiert, sank bis zu den Achsen im weichen Sand ein. Ich mußte es mehr schieben als fahren, und selbst das kostete ungeheuer viel Kraft, so daß ich bald schweißgebadet war. Die verwirrlich vielen Abzweigungen machten alles noch schlimmer. Hunderte von Reifenspuren zogen sich kreuz und quer durch die sandige Einöde, und so folgte ich jeweils jener, die mir die Hauptspur schien, bis sie sich in einer konfusen Serie von tiefen Gräben verlor, wo offensichtlich ein Fahrzeug festgefahren war und ausgebuddelt werden mußte.

Als ich schließlich doch noch in Wadi Halfa ankam, war mir zunächst unklar, wohin ich mich wenden sollte. Niedrige, graubraune Gebäude waren planlos und ohne erkennbares Muster über ein sehr weites, ödes, sandiges Gebiet verstreut. Der Ort sah verlassen und bedrückend aus. Weil keiner da war, um mir weiterzuhelfen, steuerte ich mühsam auf ein Gewirr von Eisenbahnschienen zu, bis nach einiger Zeit ein liebenswürdiger junger Mann in einem schweren Tweedmantel auf mich zutrat und mich fragte, ob ich Geld wechseln wolle. Matars litt unter der Kälte von Sudans einzigem Wintermonat mit Temperaturen von etwa plus siebenundzwanzig Grad. Er hatte gerade nichts vor, und als ich ihm erzählte, ich suche ein Hotel, eskortierte er mich meilenweit über den lästigen Sand von Wadi Halfa. Das erste Hotel am Platz, traubenförmig zusammengebaute kleine Betonzellen und -klötzchen, die sich um kleine, staubige, mit ein paar vertrockneten Pflanzen begrünte Höfe scharten, hätte mir bestens gepaßt, war aber leider schon belegt. Also auf zum zweitbesten, einer ähnlichen Konstruktion, nur ohne Pflanzen und eine Spur weniger sauber – auch es war schon voll! Das dritte und letzte Hotel bewies nur, wie komfortabel die ersten beiden gewesen wären – nicht daß sich die Hotelleitung deswegen hätte Sorgen machen müssen, denn auch hier gab es kein freies Zimmer mehr. Ich begann mich schon zu wundern, ob ich als unbegleitete Frau diskriminiert wurde, bis mich Matara über die problematische Situation Wadi Halfas aufklärte.

Die alte Stadt Wadi Halfa mit all ihren urbaren Feldern und Dattelpalmen lag tief unter Wasser. Dieser neue Ort hatte nur eine einzige Existenzberechtigung: Er war der versunkenen Stadt am nächsten und lag am Kopfende der Eisenbahnlinie. Die meisten Bewohner des alten Wadi Halfa waren weit weg, oben am Fluß Atbara, neu angesiedelt worden, eine Handvoll war jedoch in dieser trostlosen Sandwüste geblieben und trauerte nun dem Verlorenen nach. »Wir konnten Land kriegen für Siedeln überall. Überall sie wollten uns geben Land, aber wir diese Ort lieben. Dies ist Land von unsere Großväter«, sagte Matara.

Seine eigenen Leute waren vergleichsweise Neuankömmlinge, Nachfahren eines ungarischen Soldaten, der von der türkischen Armee desertiert und sich in dieser abgelegenen Ecke des alten Osmanenreichs versteckt hatte. Matara behauptete, es gebe eine Ansiedlung mit blauäugigen Bewohnern, die unter dem Namen »Ungarisches Dorf« bekannt sei, doch als ich sie später aufsuchte, fand ich nur braune Augen.

Nachdem der Mahdi 1884 General Gordon besiegt hatte, ließ General Kitchener die Eisenbahnlinie von hier nach Khartum bauen, um das Land zurückzuerobern. Dieselbe antiquierte Bahnlinie mit demselben Rollmaterial wird noch heute betrieben. Laut Fahrplan hat sie Anschluß ans Schiff aus Ägypten und die Suk-Lastwagen, welche die Wüste mit Passagieren und Gütern aus den verstreuten Dörfern durchqueren; in Wirklichkeit bricht sie jedoch dauernd zusammen, so daß überhaupt nichts mehr klappt und sich alles in Wadi Halfa ansammelt und auf einen Weitertransport wartet. Die Sudanesen warten mit ruhiger, resignierter Ergebenheit, während die Europäer vor Wut kochen und meinen, sie könnten so den Lauf der Dinge beeinflussen.

Hier über so etwas Modernes wie eine Eisenbahn zu sprechen vermittelt allerdings bereits ein völlig verkehrtes Bild vom technischen Entwicklungsstand des Sudans. Mit seinen über zweieinhalb Millionen Quadratkilometern meistenorts noch immer unerforschter Wüste ist der Sudan das größte Land Afrikas. Es gibt hier keine befestigten Straßen außer der kürzlich im Osten fertiggestellten Verbindung zwischen Port Sudan am Roten Meer und Khartum und ein paar Kilometern holperiger Teerstraßen in einer bewässerten Gegend im Süden der Hauptstadt; zwischen Wadi Halfa und Khartum durchläuft der Nil vier weitere Katarakte, welche im Verein mit unzähligen Untiefen und Sandbänken verhindern, daß der Strom wie in Ägypten als Hauptverkehrsader benutzt werden kann. Zehn Jahre erbitterter Kämpfe zwischen dem islamischen Norden und dem christlichen Süden haben das Land wieder beinahe auf den Stand von 1870 zurückgeworfen, als Kamelkarawanen die einzige Verbindung zur Außenwelt darstellten. Bei meiner Ankunft in Wadi Halfa verstand ich endlich, was ein alter Moslem-Weiser gemeint hatte, als er schrieb: »Gott erschuf den Sudan, und dann lachte Er.«

Mehrere hundert Leute lagerten bereits inmitten ihrer Waren auf dem Sand längs der Eisenbahnschienen, und ihre Zahl vermehrte sich zusätzlich um meine Mitpassagiere vom Schiff, die jetzt in einer Flotte japanischer Lieferwagen aufkreuzten. Matara schlug vor, zum Polizeiposten zu gehen und dort um Erlaubnis zu bitten, den in solchen Notfällen für Europäer reservierten »Special Railway Room« benutzen zu dürfen. Auf dem Weg trafen wir meine Freunde von der Überfahrt, mit Ausnahme von Heinz, der so schlau war, beim besten Hotel herumzuhängen, bis jemand freundlicherweise auszog und sein Zimmer für ihn räumte. Die Leute vom Bus warteten unten an der Hafenmole auf ihr Gefährt, und so machten wir geziemend bekleideten Westler uns unter günstigen Vorzeichen auf den Weg. Der Polizeiposten erwies sich als eine kleine Hütte aus Lehmziegeln mit einer windigen Zelle, wo uns ein Häftling um Zigaretten bat. Ich erfuhr, daß er des Alkoholgenusses angeklagt war – ein schlimmes Vergehen in diesem Land, wo die islamische Rechtsprechung der Scharia erst kürzlich wieder eingeführt worden war und zu einer endlosen Reihe von amputierten Händen und Füßen für vergleichsweise harmlose Delikte geführt hatte.

Der »Special Room« erwies sich als Bahnsteig. Es war ein widerlicher Flecken, den selbst die campenden Sudanesen mieden. Gerade als wir uns entschlossen hatten, irgendwo draußen in der Wüste zu biwakieren, bot uns Matara an, sein »Hotel« zu benutzen, eine der verfallenen Bruchbuden, die in einer gezackten Linie einen Teil des Basars von Wadi Halfa bildeten. Es maß etwa zweieinhalb Meter im Geviert und war aus Teilen ausrangierter Eisenbahnschwellen, Pappe und Säcken gebaut, mit vielen Zwischenräumen, wo frische Luft und Licht einfallen konnten, ganz ähnlich wie die Hütten, welche kleine Jungen sich zusammenzimmern. Eines Tages würde Matara es in ein richtiges Hotel verwandeln und Tee servieren wie in all den umliegenden Schuppen, doch in der Zwischenzeit waren wir willkommen, es zu benutzen, und er breitete sogar ein paar Matten auf dem nackten Fußboden aus.

Diese Bude wurde die nächsten drei Tage unsere Zentrale, obwohl Judy und ich das Glück hatten, am folgenden Tag ein Bett im besten Hotel zu kriegen. Nach dem rauhen Leben erschienen mir die kalten Duschen in den kahlen Betonwürfeln als der Gipfel von Komfort. Das höchste Vergnügen waren jedoch Toiletten mit Wasserspülung, vermutlich die einzigen in dieser zersiedelten Stadt. Ich bin in diesen Dingen nicht pingelig und habe überhaupt nichts gegen ein einigermaßen sauberes Klo Modell »Loch im Fußboden« oder gegen einen Gang in Gottes weite Natur. Doch wie weit man in Wadi Halfa auch hinaus in die Wüste stapfte, immer waren da schon andere, welche die charakteristischen, recht eleganten metallenen Wasserkrüge mit den langen, gebogenen Tüllen herumtrugen, die an Stelle von Toilettenpapier verwendet wurden. Der ganze offene Platz rund um Wadi Halfa war tatsächlich ein gigantisches Freiluft-WC. Das einzig Gute daran war, daß der Sand und die heiße Sonne alles hygienisch austrockneten, nicht wie in den feuchten englischen Parks mit ihren unzähligen Häufchen von großen, überfütterten Hunden.

Ich hatte kein Bedürfnis, lange in Wadi Halfa zu verweilen. Wieder einmal war es die Bürokratie, die mich dort festhielt – und die Schwierigkeit, einen Weg hinaus zu finden. Es hat schon Radfahrer gegeben, die einfach dem Schienenstrang folgten, mühsam über die Schwellen holperten, für den Wasserbedarf auf die Unterhaltsbahnhöfe entlang der Strecke angewiesen waren und überhaupt nichts als leblose Wüste zu Gesicht bekamen, doch das war nichts für mich. Ich suchte kein Testgelände, sondern wollte dem Nil folgen, mir die Leute ansehen, die dort lebten, und mir auf dem Weg eine möglichst gute Zeit machen. Das Problem war einzig, daß die Route nicht immer dem Nil folgte, sondern durch sandige, weglose Landstriche führte und nur hin und wieder den Fluß berührte. Der erste Abschnitt, bekannt unter dem Namen »Felsenmagen«, ist besonders berüchtigt und schwierig und hat mehreren Armeen das Leben sauer gemacht, unter anderem auch den britischen Streitkräften auf ihrem Weg, General Gordon in Khartum zu entlasten. Schwierigkeiten hin oder her – ich fand nicht einmal den Anfang dieser Route, die aus Wadi Halfa hinausführen sollte, und zögerte, mich einfach in Richtung Süden durch den weichen Sand auf die Socken zu machen, in der Hoffnung, schon irgendwo einmal auf eine Fahrspur zu stoßen.

Alle meine Sorgen wegen Spuren im Sand waren sowieso rein akademischer Natur, da der Distriktkommissar nichts davon hören wollte, daß ich Wadi Halfa auf dem Fahrrad verließ. Ich mußte ihn aufsuchen, um meine Reiseerlaubnis und einen Fotoausweis zu erhalten. Dies war kein leichtes Unterfangen, da im Sudan das Frühstück mitten am Vormittag eingenommen wird und die Büros nur kurze Zeit zwischen den Mahlzeiten geöffnet haben. Der Kommissar saß in seinem vorfabrizierten, mit Fotos vom alten Wadi Halfa tapezierten Büro. Er wollte mir weismachen, in der kargen Wüste wimmle es von Wölfen und Schakalen, die alle nur darauf warteten, Radfahrer zu verschlingen. Mein Einwand, wenn es dort draußen solche Tiere gäbe, hätten sie wohl mehr Angst vor mir als ich vor ihnen, verfing nicht. Ich zweifelte sowieso etwas an seinem Sinn für Realität, denn er teilte mir mit, der Krieg im Süden nähere sich seinem Ende, ich könne also unbesorgt mit dem Fahrrad bis nach Uganda durchfahren. Die letzte Meldung, die ich aufgeschnappt hatte, besagte, daß die SPLA auf dem Vormarsch sei und alle Reisen südlich von Khartum verboten waren. Der Kommissar hatte darüber seine eigenen Ansichten: »Zuerst wir wollen nicht kämpfen gegen sie. Sie sind unsere Brüder. Aber sie tun den Leuten weh, schießen auf Flugzeuge. Frauen und Kinder töten sie. Wir müssen das beenden!« Hier weiteten sich seine Augen dramatisch, und er blickte wild und stolz. »Jetzt wir setzen dem ein Ende. Es ist aus! Rebellen werden in den Busch zurückgedrängt, Unruhe es gibt keine mehr!«

Wichtig war, erst einmal irgendwie aus Wadi Halfa hinauszukommen und dann weiterzuschauen. Ich sprach mit verschiedenen Leuten im Suk und erhielt die hoffnungsfrohe Zusage, auf einem Lastwagen mitfahren zu können. Mark und Judy sollten ebenfalls mitkommen, um noch etwas mehr vom Sudan zu sehen, bevor sie von Khartum nach Uganda flogen, Tom, Andi und Heinz hingegen wollten den Zug nehmen, wenn er endlich eintraf. Die knapp bekleideten Leute vom Bus lagerten immer noch unten am Seeufer und warteten ohne große Hoffnung auf ihr fehlendes Vehikel.

Man hing in den Schuppen des Suk herum, trank ein Glas Tee nach dem anderen und schlug die Zeit tot. Die Luft schwirrte von Gerüchten, doch niemand wollte sich darauf verlassen, also wechselten wir uns darin ab, den Lastwagen im Auge zu behalten und die letzten Neuigkeiten über den Zug zu erhaschen, der offensichtlich mehrmals zusammengebrochen und sogar entgleist war. Einmal gab es falschen Alarm, als mitten in der Nacht unter großem Gequietsche und Gepfeife ein Zug einfuhr, es war jedoch nur der Hilfszug, der von Atbara herübergeschickt worden war, und so ging die Warterei auf den nun schon drei Tage überfälligen Zug von Khartum weiter. In der Zwischenzeit wurde ich wegen Fotografierens verhaftet. Mein jüngst erworbener Fotografenpaß zeigte wenig Wirkung: Ich wurde abgeführt und dachte schon, dem Alkoholsünder in seiner Zelle Gesellschaft leisten zu müssen, statt dessen stellte man mir einen Haufen irrelevanter Fragen, worauf man mich unter vagem Gemurmel entließ, es sei unratsam, Fotos zu machen. Vor dem Posten wartete ein Mann auf mich und flüsterte mir ins Ohr: »Sudan schlechtes Land, aber Sie keine Angst. Ich Geheimpolizist.« Ich fühlte förmlich, wie die etablierte Ordnung rund um mich abbröckelte.

Endlich, am vierten Tag, kam der Zug an. In Minutenschnelle war er brechend voll, sogar die Dächer waren mit einem soliden Menschenteppich belegt. Unser Lastwagen war hingefahren und kehrte mit Säcken steinharter, getrockneter Datteln bis oben an die hohen Planken beladen zurück. Das Fahrrad wurde an die Ladeklappe gebunden, und Judy, Mark und ich wurden geheißen, auf die Ladung hinaufzuklettern, wo wir wortlos mit sechsundzwanzig knochigen Sudanesen um einen Sitzplatz rangelten, die unterschiedslos Ellbogen, Hände und Füße einsetzten, um ihr Revier zu verteidigen. Fünf sudanesische Frauen teilten sich die Führerkabine mit dem Fahrer und seinem Beifahrer – wie, kann ich mir immer noch nicht vorstellen, denn ich sah sie nur heraus- und hineinklettern, wenn wir anhielten.

Sobald sich die Dunkelheit herabsenkte, fuhren wir los, drei Lastwagen im Konvoi, damit man sich im Bedarfsfall gegenseitig helfen konnte. Einer der Männer erzählte uns, die Fahrer zögen es vor, diesen Streckenabschnitt jeweils in der Nacht zu fahren, da sich die Beschaffenheit des Sandes im Scheinwerferlicht besser abzeichne. Alle drei Lkws waren alte, hochrädrige Bedford-Zehntonner mit abgewetzten Reifen, was sie zu erstklassigen Wüstenfahrzeugen machte, und hochgezogenen Seitenwänden, die ein Maximum an Ladung aufnehmen konnten. Sie waren so oberlastig, daß es mir wie ein Wunder vorkam, daß sie nicht umkippten. Die Fahrer erwiesen sich als sehr geschickt darin, sie in fahrtüchtigem Zustand zu erhalten und auf diesem mörderischen Terrain den festesten Grund zu finden – das heißt, auf einem Sand, der unausgesetzt wanderte und wechselte, ständig in Sekundenschnelle zu entscheiden, welcher der vielen Reifenspuren zu folgen. Das allerwichtigste war jedoch, immer in Bewegung zu bleiben; mußte man anhalten, bedeutete dies normalerweise, das Gefährt mühsam wieder auszugraben, weshalb alle Fahrzeuge im Sudan Spaten, Matten und Wasservorräte mitführten.

Fast unmittelbar nach Wadi Halfa veränderte sich die Landschaft dramatisch. Hügel ragten dunkel gegen den Sternenhimmel, und geheimnisvolle Senken und Aushöhlungen öffneten sich vor dem Scheinwerferlicht. Der Lastwagen schlingerte in alarmierender Schräglage zuerst auf die eine Seite, dann zurück auf die andere und drohte uns aus unseren kostbaren Hochsitzen zu kippen. Es wurde immer kälter. Wir drei kuschelten uns unter Judys Schlafsack aneinander, dem einzigen, den wir erreichen konnten. Einige der Männer waren barfuß, manche trugen nur ein dünnes Hemd oder leichte Baumwollkleidung. Auch sie versuchten, sich anzuschmiegen und ihre Füße unter den Schlafsack zu stecken, was man ihnen nicht verargen konnte. (Nur Judy war nicht sehr erbaut, weil sie ihn nicht waschen konnte und gedachte, ihn einige Monate zu benutzen.) Davon abgesehen waren alle höflich und freundlich und ließen Datteln und Nüsse und andere Erfrischungen herumgehen. Bald wetteiferte ein peinigender Schmerz von zartem Fleisch, das unerbittlich gegen die harten Säcke rieb, mit den Krämpfen, die meine Beinmuskeln befielen, doch dafür entschädigte mich die wilde Schönheit dieser nächtlichen Szene, und ich hätte sie nicht missen wollen.

Wir hielten zweimal im Laufe der Nacht an, das erstemal bei einer »Station«, die bloß aus einem halboffenen Schuppen mit Pultdach bestand, wo ein Schaf, eine Ziege und zwei Männer hausten, der bitterkalten Luft ausgesetzt. Sie lag allein auf weiter Flur in dieser Wildnis. Die Männer rührten sich, um Tee zu bereiten, und kochten Wasser über ein paar Weißdornzweigen. Beim zweiten Halt waren wir zu steif, um hinunterzuklettern, und blieben auf unseren Plätzen. Jemand brachte uns freundlicherweise Tee, worauf alle für ein paar Stunden Schlaf in die umliegende Wüste verschwanden, während wir oben auf der Ladung vor Kälte zitterten. Vermutlich schliefen auch wir ein wenig, denn auf einmal dämmerte der Morgen, und die Sterne verblaßten.

Als der Lastwagen endlich aus dem »Felsenmagen« auftauchte

und der Nil wieder in unser Blickfeld rückte, befanden wir uns etwa hundert Kilometer flußaufwärts in einer dünnbesiedelten Landschaft mit engen, sandigen Feldern und Dattelpalmenhainen. Kleine Weiler lagen ein paar Meilen auseinander, rundum drohte die Wüste. Noch nie hatte ich etwas derart Verletzliches gesehen wie diese kleinen Nester voller Leben, die so völlig abgeschnitten von aller Zivilisation waren. Nur die allerkleinsten Gemeinden auf winzigen Inselfleckchen wie St. Kilda und North Rona, weit vor der Nordwestküste Schottlands, schienen mir ähnlich isoliert, doch ist es schon einige Zeit her, daß das Leben dort zum Aushalten war. Plötzlich fühlte ich mich sehr glücklich, hier zu sein. Die Ärgernisse in Wadi Halfa waren alle wie weggeblasen – ich wußte, der Sudan würde mir gefallen.

Nach einem nahrhaften Bohnentopf im Dorfcafé fühlte ich mich voller Energie und brannte darauf, loszufahren. Das Fahrrad schien die Reise gut überstanden zu haben, es hatte nur etwas von seiner Farbe eingebüßt. Als wir es von der Ladeklappe losbanden, war es unter seiner dicken Schicht hellroten Staubs völlig unkenntlich. Ich reinigte es, so gut ich konnte, und hoffte, daß nicht allzuviel Staub seinen Weg in die heiklen Radlager gefunden hatte. (Das war auch wirklich der Fall, doch das sollte ich erst viel später entdecken.) Dann ging ich daran, den notwendigen Wasservorrat aufzubereiten. Seit meiner Ankunft in Wadi Halfa war dies eine tägliche Pflichtübung, da es kein Wasser mehr gab, das ich unbedenklich verwenden konnte. Alles kam direkt aus dem Nil, eine dicke, dunkle Brühe mit besonders mannigfaltigen Fremdkörpern, besonders Gardia und Bilharzia. Jeder Tropfen, den ich zum Trinken, Zähneputzen oder Waschen meiner Kochtöpfe brauchte, mußte zuerst durch meine Spezialpumpe gepreßt werden, um diese gefährlichen Kleinlebewesen zu eliminieren. Meine Pumpe, eine geniale Schweizer Erfindung, arbeitete mit Mikrofiltration durch einen soliden Keramikkern. Ihr einziger Nachteil lag darin, daß es bei derart mit Feststoffen verschmutztem Wasser wie diesem viel Anstrengung kostete, bis es durchgepreßt war. Die Oberfläche des Kerns verklumpte sich rasch, und ich mußte ihn rund dreißigmal abmontieren, reinigen und wieder einsetzen, um etwa zwei Liter Wasser zu filtrieren. Mein täglicher Minimalbedarf lag bei sieben Litern, die Wasseraufbereitung war somit ein langer, mühseliger Prozeß. Daß ich überhaupt ohne fremde Mikroben heimkehrte, spricht für die Wirksamkeit der Pumpe wie auch für meine Ausdauer.

Mit all dem vielen Wasser an Bord war das Agala bedenklich überladen und ließ sich kaum mehr hochheben. Ich sagte Mark und Judy Lebewohl. Sie würden mich wohl an diesem oder dem nächsten Tag überholen, sobald sie einen anderen Lkw gefunden hatten, der sie nach Khartum mitnahm. Sollte es sich als unmöglich erweisen, mit dem Fahrrad vorwärtszukommen, wollten sie schauen, daß mich der Lastwagen auflud. Ich realisierte damals noch nicht, wie viele verschiedene Fahrspuren durch die Wüste führten: Die Wahrscheinlichkeit, sie wiederzusehen, war etwa ebenso groß, wie daß zwei kleine Schiffe auf dem Atlantik zusammenstießen.

Zu meiner Freude fand ich, daß der Sand die meiste Zeit mein Gewicht trug, sobald ich einmal die Technik raus hatte, in Bewegung zu bleiben, komme, was da wolle. Der Untergrund wechselte zwischen Gestein, Kies, Staub und Sand, der sich unter den Rädern wie Haferbrei anfühlte, und Sand, der so weich wie Talkumpuder war und wo nichts mehr lief. Die Fahrt erforderte äußerste Konzentration und war körperlich sehr anstrengend. Wenn ich auf einen Flecken weichen Sand stieß, blieb mir nichts anderes übrig, als abzusteigen und das Agala hindurchzuzerren, doch glücklicherweise waren solche Stellen nicht sehr zahlreich. Nach all den Tagen, wo ich vergleichsweise untätig gewesen war, fühlte ich mich bestens ausgeruht und war froh, wieder unter eigenem Dampf in die richtige Richtung weiterzufahren. Das Wetter hielt sich mit milden siebenundzwanzig Grad bestens. Noch ein Monat, und die Temperatur würde weit über die Fünfundvierziggradmarke klettern, dann waren solche körperlichen Anstrengungen unmöglich.

Ich folgte undeutlichen Reifenspuren im Sand, die mir die Illusion vermittelten, ich befände mich auf einer Art Autobahn. In Wirklichkeit hatte ich seit dem Weiler, wo mich der Lastwagen abgesetzt hatte, keine Menschenseele erblickt, nichts als Sand. Nach ein paar Stunden machte ich Rast. Rund um mich herum gab es nur rauhe, steinige Wüste. Zu meinen Füßen hastete ein schwarzer, gepanzerter Käfer zu einem niedrigen, blattlosen, mit bösartigen Stacheln gespickten Busch.

9. KAPITEL

Durch Wüstensand nach Dongola

Ich hatte nun endlich den Punkt meiner Reise erreicht, wo meine durch ganz Ägypten mitgeschleppte Ausrüstung zur Geltung kommen sollte. Das Zelt steckte noch immer in seinem Sack. Ich freute mich richtig, zum erstenmal darin zu schlafen. Es war sehr klein und tunnelförmig, mit vielen Fensterchen zur Kühlung, seine abgerundete Konstruktion machte das Aufstellen im Sand leicht, und seine gelbe Farbe ließ es unauffällig wirken. Auch der Herd war noch nie gebraucht worden. Ich hatte ein Modell gewählt, das mit Benzin betrieben wurde, weil ich glaubte, dieser Brennstoff sei überall am leichtesten erhältlich. Im Sudan mit seinem eingeschränkten Transportverkehr fuhr man jedoch größtenteils mit Dieselöl; Benzin war so kostbar wie Gold, deshalb war es nur gut, daß ich einen ausreichenden Vorrat bei mir hatte.

Meine Hauptnahrung bestand aus abgepackten, getrockneten Fertigmenüs. Die meisten waren in Skandinavien hergestellt und trugen solide klingende Namen wie »Fleischklößchen mit Nudeln«, »Fleischragout mit Reis« oder »Makkaroni mit Soße«. Im Unterschied zu vielen Speisekarten in Nobelgaststätten war hier keine Rede von »delikat in einer Marinade aus exotischen Gewürzen sautiert, zur Geschmacksabrundung leicht über Holzkohle gegrillt und als Schlußbouquet in edlem Armagnac flambiert«. Diese Fertiggerichte waren solch teurem Gaumenkitzel in einem überlegen: Ich konnte sie nur hinunterwürgen, wenn ich heißhungrig war. Sie sparten daher viel Gewicht ein und waren ideal für mich, selbst wenn ich viktorianische Reisende wie Sam Baker zuweilen um ihre Freßkörbe von Fortnum & Mason beneidete, die auf den Köpfen einer langen Reihe von Trägern schaukelten. Doch mit meinen Earl-Grey-Teebeuteln, der sich von allein aufblasenden Matratze, der Dauerkerze und weiterem häuslichem Krimskrams war ich eigentlich ganz gut bedient und erwartete voller Freude meine erste Nacht allein unter dem Wüstenhimmel.

Der erste Hinweis, daß sich diese gemütlich-romantische Vorstellung wohl kaum verwirklichen würde, erfolgte bereits, als ich den nächsten kleinen Weiler am Nil erreichte. Zwei Männer sahen, wie ich mich mit dem Agala im weichen Sand abzappelte, und rannten mir von ihren Feldern zu Hilfe. Sie konnten kein Englisch, und mein arabischer Sprachschatz war, abgesehen von der liebenswürdigen Begrüßung »Salaam Aleikum« (»Ich grüße dich im Namen Gottes«), nicht über einfache Substantive oder Zweiwortsätzchen wie »Hinna Waine?« – »Wo ist hier?« – gediehen. Doch obwohl sich unser Konversationsaustausch bald erschöpft hatte und ich wußte, daß »hier« irgendwo (und nicht auf meiner Landkarte verzeichnet) war, wichen die beiden Männer nicht mehr von meiner Seite, bis sie mich zu einem Haus eskortiert hatten, wo eine zerbrechlich wirkende Frau auf dem nackten Fußboden in einer überdachten Ecke des Hofes ein Feuer unterhielt. Sie bedeuteten mir, mich zu setzen, während die Frau mir etwas zu trinken holte, und gingen dann mit freundlichem Winken zu ihren Feldern zurück.

Die Frau und ich kauerten zu beiden Seiten des Feuers. Wir lächelten einander scheu an, während sie die Handvoll Zweige anblies, um eine Flamme zu erzeugen und in einer Blechdose Wasser zu kochen. Eine Prise Tee wurde ins kochende Wasser gerührt und mehrere Löffel Zucker zugegeben. Der Inhalt konnte sich eine Weile setzen, bevor er sorgfältig in ein Glas gegossen wurde. Während ich trank, war sie damit beschäftigt, eine ganz gewiß sehr sorgfältig gehütete Dose Sardinen zu öffnen und mit einigen gehackten Zwiebeln zu vermischen. Dazu servierte sie mir etwas waffeldünnes, ungesäuertes Brot. Jedesmal, wenn ich eine Pause einlegte, drängte sie mich, doch zuzugreifen. Ich fühlte mich unbehaglich, Menschen, die in unseren Augen offensichtlich bitterarm sind, das Essen wegzuessen – im Wissen, es ihnen auf keine Weise entgelten zu können, denn ihnen Geld anzubieten hätte sie zutiefst beleidigt. Ich hatte zwar einige Kugelschreiber und Ansichtskarten mit Koranstellen aus verzierten Manuskripten bei mir, doch dies waren nur dürftige Andenken im Vergleich zu ihrer grenzenlosen Freigebigkeit.

Der Abschied fiel nicht leicht. Die Frau wollte unbedingt, daß ich blieb und bei ihr übernachtete. Ein paar Wörter Englisch, die sie auf der Schule gelernt hatte, fielen ihr wieder ein, und sie erzählte mir, sie sei eine neue Ehefrau und noch kinderlos. Doch es war erst drei Uhr nachmittags, und ich wollte vor Einbruch der Nacht noch ein paar Meilen hinter mich bringen. Danach lagen die Dörfer enger zusammen. Überall, wo ich durchradelte, kamen lächelnde Menschen aus den Hütten und riefen mir zu, doch anzuhalten. Hätte ich mich darauf eingelassen, wäre ich überhaupt nicht mehr vorangekommen, und so erfand ich einen Trick: Ich erwiderte ihren Gruß, winkte, rief »Dongola« und fuhr weiter – in der Meinung, nach Dongola sei es nur ein Katzensprung, während die Stadt in Wirklichkeit noch sieben Tagesreisen weg war. Kein Wunder, daß jedermann verblüfft dreinschaute, wenn ich auf die Frage, wohin die Reise führe, mit kecker Stimme »Dongola« antwortete.

Die Dörfer sahen sich alle ähnlich. Abseits von den kostbaren bebauten Feldern standen sich meist zwei Reihen viereckiger Hütten mit hohen Mauern gegenüber, dazwischen lag ein Streifen weicher Sand. Es gab keine Fenster, nur metallene, mit geometrischen Mustern bemalte Flügeltüren. Auch die Mauern waren manchmal in wäßrigen Farbtönen gestrichen, nilgrün, rosa oder blau, meist jedoch sandfarben belassen. Gärten und Zäune fehlten. Die Häuser wirkten eher wie Miniaturfestungen. Im Sand vor den Haustüren spielten kleine Kinder. Sie schrien in panischer Angst auf, wenn sie meine weiße Haut erblickten, und stürzten mit Gebrüll ins Haus.

Kurz vor Sonnenuntergang gedachte ich, bald mein Zelt aufzustellen. Ich fuhr durch ein weiteres Dorf am Ufer des Nils und schrie mein »Dongola«, doch die Bewohner, die nach ihrem Tagwerk vor ihren Häusern saßen und sich ausruhten, schickten mir einen englisch sprechenden Jungen auf einem Fahrrad nach. Es werde in einer halben Stunde dunkel, sagte er mir, ich hätte keine andere Wahl, als umzukehren und bei ihnen zu übernachten. Es war schön, so begehrt zu sein, und so saß ich die nächste Stunde mitten auf der Dorfstraße auf einem Wiener Stuhl, trank Tee und beantwortete die Fragen der Männer, wobei der Junge übersetzen mußte. Die Schatten wurden immer länger, bis die Sonne fast untergegangen war. Unvermittelt wurde es derart kühl, daß jedermann seinen Stuhl nahm und wegging, worauf man mich durch die verzierte Tür führte, durch welche das Agala eine Stunde zuvor verschwunden war.

Ich weiß nicht recht, was sie von mir hielten – vermutlich dachten sie, ich sei weder Mann noch Frau, sondern irgend etwas Drittes. Der ganze Haushalt wurde umgestellt, damit ich ein eigenes Zimmer hatte, das beste im Haus. An einer der Wände hing ein schreiend moderner Teppich, eine Art Wandbehang mit einem aus fluoreszierender Wolle gestickten Bergmotiv. Zwei Fenster mit schweren Läden gingen auf den Hof hinaus. Durch das Flachdach aus Papyrusstengeln war der Himmel schwach sichtbar. Von irgendwoher war ein Bett hineingestellt worden, und das Agala lehnte sorgfältig gegen eine der lehmverkleideten Wände wie ein weiterer geehrter Gast. Ich aß mit den Männern in einem recht modernen Raum mit Metallbetten, die Kopf- an Fußende rundum den Wänden entlang standen und auf denen sich die Männer auf einen Ellbogen zurücklehnten wie die alten Römer bei einem Gelage. Über den Betten hingen Lamettafäden, als ob Weihnachten gefeiert würde. Ich erfuhr nicht, was das zu bedeuten hatte, und auch die Frauen und ihr Quartier, das auf einen anderen Teil des Hofes hinausging, bekam ich nicht zu Gesicht. Ein Junge brachte die Schüsseln mit den Speisen herein und trug ab. Es gab Ful, gekochte Eier und zusammengerollte Scheiben waffeldünnes, blättriges Brot. Sobald die Mahlzeit zu Ende war, legten sich die Männer auf ihre Betten, was mir ein Zeichen schien, mich zurückzuziehen. Ich erhielt eine Sturmlampe, die mir zu meinem Zimmer zurück leuchten sollte. Das einzige, was ich vermißte, war ein Ort zum Waschen – in dieser Gegend ein ungelöstes Problem. Vermutlich waschen sich die Leute an den seichten Stellen im Nil, was ich wegen der Bilharzia und Gardia unter keinen Umständen riskiert hätte. Ich behalf mir diese und die folgenden Nächte notgedrungen mit meinem Waschlappen und ein paar Tropfen des mühsam gereinigten Wassers.

Als ich am nächsten Morgen aufwachte und anfing, meine Siebensachen zusammenzusuchen, gewahrte ich eine kleine, alte Dame, die draußen mit heißem Tee und Biskuits herumgeisterte. Als ich losfuhr, drückte sie meine Hände zwischen den ihren und rezitierte etwas, was wie ein Segensspruch klang. Von den Männern konnte ich mich nicht mehr verabschieden, denn obwohl es erst sieben Uhr war, arbeiteten sie bereits auf den Feldern. Um zehn war es Zeit fürs zweite Frühstück: Sobald ich ein Dorf erreichte, hieß man mich anhalten und mitessen, und diese Gastfreundschaft bestimmte meinen Tagesablauf, bis ich in Dongola ankam. Das Zelt benutzte ich kein einziges Mal, und nur selten kochte ich mir eine der Fertigmahlzeiten oder braute mir Tee. Und wer immer auch für mich sorgte, ließ mich fühlen, daß ich es sei, der ihm eine Ehre erweise.

Ich kam nur mühsam vorwärts und legte selten mehr als dreißig bis vierzig Kilometer im Tag zurück. Der Nil lag stets irgendwo zu meiner Rechten und war für gewöhnlich nicht zu sehen, weil Klippen und Sanddünen mich ständig ins Landesinnere zwangen. Nur wo es Flecken von Kulturland gab, senkte sich die Route wieder gegen den Fluß hinunter. Wie von Zauberhand erschien er, nachdem ich eine steinige Klippe umrundet hatte, unvermutet weit unter mir und floß ruhig mit seiner breiten, silbernen Flut durch dieses tote Land – oft hätte ich tagelang nur dasitzen und zuschauen können, wie er vorbeiströmte. Auch die kleinen Siedlungen an seinem Ufer, die in dieser wilden Landschaft so überaus verletzlich wirkten, waren ein rührender Anblick. Das dunkle Grün der Palmen und das hellere der frisch bebauten Felder hoben sich überraschend von der Wildnis ab. Rund um diese Weiler dröhnten unaufhörlich langsame, dumpfe Schläge wie ein riesiges Herzklopfen in der Luft. Sie stammten von alten, einzylindrigen Lister-Dieselpumpen, die trotz fünfzigjährigen Einsatzes noch immer unermüdlich die Felder bewässerten.

Nur wenige hundert Meter weiter und außer Sichtweite des Nils lag eine völlig andere, fremdartige Welt. Hier war die Gefahr, sich zu verirren oder im Kreise herumzuwandern, sehr real, besonders wenn sich Erschöpfung bemerkbar machte und der Verstand verrückt spielte. Nirgends gab es den kleinsten Fleck Schatten. Eine allgegenwärtige Sonne brannte bedrohlich. Sie sog die Feuchtigkeit aus dem lebendigen Gewebe, so daß es unerläßlich war, sich bis zur Nasenspitze zu vermummen. Es war ein Glück, daß ich meinen Sonnenhut wieder ergattert hatte. Der Schweiß rann mir immerzu übers Gesicht und in die Augen, und wo er trocknete, hinterließ er eine Salzschicht, welche die Haut reizte und meine Kleider zerfraß. Wenn ich nicht ständig eine Spezialsalbe aufstrich, wurden meine Lippen und das Innere meiner Nasenlöcher schnell schrundig, und dunkle Gläser waren lebenswichtig, um meine Augen vor dem Glitzern der Sonne auf dem Sand zu schützen. Ich erschrak fürchterlich, als ich eines Tages entdeckte, daß eine Flasche Insektenschutzmittel in der Lenkertasche ausgelaufen war, die Plastikseitenteile meiner Sonnenbrille aufgelöst, mein Blitzlicht und die Linse meiner Taschenlampe beschädigt und mehrere Kugelschreiber in eine klebrige Pappe verwandelt hatte. Nach diesem Vorfall sorgte ich dafür, daß das Mittel für sich allein in einer Außentasche steckte – doch wenn es schon Plastik auflösen konnte, wie würde es wohl erst auf der Haut wirken? Die dunklen Gläser sahen runzlig und zernagt aus, ließen sich jedoch glücklicherweise noch verwenden. Meine einzigen, speziell für Radfahrer verfertigten Schuhe hatten steife Sohlen, um den Druck gleichmäßig auf die Pedale zu verteilen, und eine perforierte Oberseite aus Leder, damit meine Füße kühl blieben. Sie erfüllten ihre Pflicht vorzüglich und überlebten die gesamte Reise, doch in der Wüste mußte ich arg leiden, da sie sich jedesmal, wenn ich absteigen und das Agala über die weichen Stellen hieven mußte, mit brandheißem Sand füllten.

Weil die Sonne jetzt fast senkrecht über meinem Kopf stand, war es nicht so leicht wie weiter nördlich, sich nach ihrem Stand zu orientieren. Ich wußte meist, wo Süden lag, steckte mir jedoch meinen Kompaß ans Hemd, um von Zeit zu Zeit einen Kontrollblick darauf zu werfen. Eine ständige Gefahr bildeten die Habub, blindwütige Sandstürme, die ohne Vorwarnung plötzlich losbrechen konnten. Sie erstickten alles in einer dunklen Wolke und dauerten oft den ganzen Tag an. Wer in einem solchen Fall keinen Kompaß zur Hand hatte, forderte das Schicksal heraus. Doch selbst ohne Habub war der Staub ein ständiges Ärgernis. Er legte sich auf alles, kroch unter meine Augenlider und in meine Nasenlöcher, und ich muß pfundweise davon verschluckt haben.

Wasser wurde zum kostbarsten Gut der Welt. Meine Tagträume drehten sich meist um ein kühles Bad in eiskalten schottischen Flüssen, oder ich lag in tiefen, stillen Becken unter Wasserfällen. Die tägliche Ration von sieben Litern Trinkwasser reichte gerade aus: Ich gewährte mir streng nach Uhr jede halbe Stunde einen kleinen Trunk, und wenn die Verhältnisse manchmal hart waren, konzentrierte ich mich auf den nächsten Becher lauwarme Flüssigkeit und hielt mich mit dieser Aussicht auf Trab. Tee war ein Luxus, den ich mir für besonders schlimme Tage aufsparte, wo ich das Gefühl hatte, ich müsse mich etwas verhätscheln. Jemand in Wadi Haifa hatte mir eine Handvoll steinharter, geschmackloser winziger Limonen geschenkt, die ich zu den Earl-Grey-Teebeuteln gab – das Ergebnis schmeckte herrlich.

Trotz all ihrer Bedrohlichkeit war die Wüste ein Erlebnis und von gestrenger Schönheit. Einst, vor langer Zeit, ein fruchtbarer, baumbewachsener Landstrich, wo Hirtennomaden wohnten und wilde Tiere hausten, war sie jetzt allen Lebensformen mit Ausnahme von Skorpionen und robusten Insekten feindlich gesinnt. Doch jeden neuen Morgen brach ich voller Spannung auf, um mehr von ihr zu sehen. Sie forderte etwas in mir heraus, und gleichzeitig schenkte sie mir ein unendliches Gefühl von Frieden und Freiheit. Ich verstand jetzt, wieso die Heiligen der verschiedensten Religionen an solchen Orten zu ihrer Spiritualität gelangt waren. Es war nicht nur das Fehlen jeglicher Ablenkung, was die Wüste so anziehend machte, sondern vielmehr ein absoluter Sinn für das, was ist, für das Wesentliche des Lebens, dem man sich hier stellen mußte. Ich wußte: Wenn Gott irgendwo existierte, so war Er hier.

Eines Abends gelangte ich kurz vor Sonnenuntergang hinunter zum Nil, im freudigen Vorgefühl, an seinem Ufer zu campen. Für einmal verspürte ich keine Lust auf menschliche Gesellschaft, auf das mühselige Geschäft, sich einander mitzuteilen. Ich hatte den ganzen Tag keine Menschenseele gesehen und wollte nur ungern die Stille der Wüste verlieren. Nur die Notwendigkeit, meinen Wasservorrat aufzufüllen, hatte mich davon abgehalten, das Zelt draußen im Sand aufzuschlagen. Sobald ich in Sichtweite der kleinen, festungsähnlichen Häuser kam, deren Mauern fensterlos waren und die in die Innenhöfe schauten, bog ich in einen kleinen Weg ein, der durch die umliegenden Felder führte. Ich hoffte, nicht aufgespürt zu werden, aber es war zwecklos: Ich wurde sogleich gesichtet und in der üblichen freundlichen Art von einigen jungen Männern begrüßt, die gerade ihre Bohnensetzlinge fertig ausgepflanzt hatten. Ich sagte ihnen, ich hätte vor, am Fluß zu zelten, doch Achmed, der in der Schule Englisch gelernt hatte, dachte wohl, ich wolle wissen, wo ich mich hier befand, und erzählte mir von einem Ort namens Sub irgendwo auf der anderen Seite des Flusses. Mir schwante plötzlich, daß er den alten Tempel von Soleb meinen könnte, aus welchem zwei einzigartige Steinlöwen abtransportiert worden waren, die zu den kostbarsten Schätzen im British Museum zählen. Ich hatte diese Löwen schon immer geliebt, selbst als ich mich noch nicht für ägyptische Skulpturen interessiert hatte, und war ganz aufgeregt, als ich erfuhr, der Tempel, aus welchem sie stammten, liege gleich gegenüber – bis ich schließlich merkte, daß ich ja gar kein Transportmittel hatte.

»Sie wünschen dort gehen?« fragte Achmed. »Tajil und ich Sie jetzt mitnehmen.« Und im Handumdrehen saß ich in einem Gefährt, das aussah, als sei es aus einer der Bootsgruben bei den Pyramiden ausgegraben worden. Es war aus massiven, roh behauenen Planken gebaut und hatte mittschiffs einen hohen, quadratischen Aufbau. Der Mast war ungeheuer hoch, und weil ein starker Wind herrschte, war die Gaffel nur so weit entrollt, daß sie einen schmalen Streifen eines zerschlissenen, geflickten Segels freigab. Wieder einmal waren die Dinge nicht nach Plan verlaufen – sondern unendlich viel besser!

Die Sonne stand schon tief, als wir über den Strom glitten. Wir steuerten einen Zickzackkurs, um Sandbänken und Untiefen auszuweichen. Es gab nur wenige Stellen, wo ein Boot anlegen konnte, und so mußten wir am anderen Ufer drei Kilometer durch Felder und Dattelhaine wandern und erreichten den Tempel erst zehn Minuten vor Sonnenuntergang. Er war ganz in violetten Schatten getaucht, mit einem hellroten Rand rund um die ungedeckten Eingänge, wo die Sonne kurz aufblitzte, bevor sie verschwand. Sehr wenig war übriggeblieben, nur einige Säulen und beschriftete Mauern, die auf einem Hügel inmitten eines Feldes voller herausgebrochener Steine standen. Trotz allem machte dieser Tempel in seiner Entrücktheit einen mindestens ebenso tiefen Eindruck auf mich wie alle die Ruinen, die ich in Ägypten gesehen hatte. Amenophis III. hatte ihn um 1420 vor Christus erbauen lassen, als Ägypten im Zenit seiner Macht stand und seinen Einfluß weit nach Asien und Afrika ausdehnte. Der Pharao wurde hier als Manifestation Amuns, des Gottes von Theben, angebetet, und die Ruinen legen Zeugnis ab, wieviel dichter diese Wildnis zu jener Zeit bevölkert gewesen sein muß als heute. Nahe am Fußende einer zusammengestürzten Treppenflucht lagen ein paar Fragmente eines steinernen Löwen. Er war ganz eindeutig ein Gefährte der beiden vollständig erhaltenen Exemplare in London, und sein Anblick knüpfte gleichsam ein unsichtbares Band zur Heimat.

Der Rückfahrt zum Ostufer nach diesem späten Tempelbesuch verdanke ich meine tiefste Erinnerung an den Nil im Sudan. Schon damals schien sie mir fast unvorstellbar idyllisch und unwirklich. Die Oberfläche des Stroms, mit Silber und Schatten gescheckt, kräuselte sich in kleinen Wellen ums Röhricht rund um die Inselchen. Schilf raschelte flüsternd im Abendwind; das leise Plätschern des Bootsrumpfes, der auf dem Wasser dahinglitt, und das Knarren der Takelage über uns, wenn sich das große Segel zur Seite neigte, schienen ihm zu antworten. Achmed lehnte sich gegen die lange, archaische Ruderpinne, eine Figur wie aus der Legende, und Tajil kauerte still und wachsam zu seinen Füßen. Das Boot segelte einen breiten Streifen Mondlicht hinunter dem jenseitigen Ufer zu, einem schwarzen Rand mit steifen, scherenschnittartigen Palmwedeln, die scharf gegen die Sterne abstachen. Ich konnte kaum glauben, daß ich mich in demselben rauhen, trockenen Land befand, durch welches ich mich erst wenige Stunden zuvor mühsam durchgekämpft hatte.

Diese Nacht schlief ich in einem kleinen Raum in Achmeds Haus, wo jemand bereits das Agala hingestellt hatte. Die Essenszeit war schon längst vorüber, und man reichte mir eine Handvoll getrockneter Datteln zur Stärkung. Ich war so müde von dem Spaziergang nach einem langen, anstrengenden Tag durch die Wüste, daß ich statt meiner üblichen fünf bis sechs Stunden achteinhalb Stunden durchschlief. Bevor ich losfuhr, schenkte ich Achmed meinen zweiten Miniaturkompaß, denn ich spürte, daß ich diesem unvergeßlichen Abend ein Zeichen setzen mußte, so gut ich eben konnte.

Das kleine Städtchen Delgo, welches ich einige Tage später erreichte, kam mir nach all den Dörfern riesengroß vor. Es gab dort sogar ein Krankenhaus. Es werde von Leuten aus weitem Umkreis aufgesucht, was die lokale Einwohnerschaft ganz schön durcheinanderbringe, erklärte mir ein junger Distriktkommissar, der mich aus einer Horde ungebärdiger Kinder herauspflückte, welche mir den Weg versperrten. Er hob das Agala in seinen Toyota-Lieferwagen und brauste mit mir zum Krankenhaus davon, um den Abend mit seinem Freund Ibrahim zu verbringen, dem einzigen Arzt dort. Ibrahim hatte in Rumänien studiert und grämte sich sehr über den Zustand seines Krankenhauses, wo es keinen Sauerstoff, keinen Kühlschrank und nur drei Stunden täglich Elektrizität gab. Die Gebäude waren alt und baufällig und alles andere als reinlich. Er bestätigte mir, daß Gardia und Bilharzia in dieser Gegend endemisch waren, und meinte, es sei ziemlich sinnlos, sie zu behandeln, wenn man gegen ihre Ursache, den Schmutz, nicht angehen konnte. Es gab nur zwei Patienten in den Abteilungen: ein Kind mit Bronchitis, dessen Mutter von Ibrahim ausgeschimpft wurde, weil sie ihr Abendessen neben dem Bett ihres Kindes statt draußen im Hof kochte, und ein Neugeborenes, das mit der Nabelschnur um den Hals zur Welt gekommen war, dem es jedoch bereits besser ging. Mutter und Kind lagen zusammengeknäuelt auf einer schmutzigen, gestreiften Matratze, und die Mutter strahlte überglücklich.

Es war hier, wo mir die subtilen Unterschiede in der Bekleidung der sudanesischen Männer aufzufallen begannen. Bevor Ibrahim mich im Krankenhaus herumführte, hatte er sich in ein westlich geschnittenes Hemd und ebensolche Hosen gestürzt, die ihm offenbar einen höheren Status verliehen, während er bei seiner Rückkehr wieder in seine Gallabija aus Baumwolle schlüpfte, da er sie kühler und angenehmer zum Tragen fand. Obwohl ich mich in seinem Haus notdürftig waschen konnte, war es ziemlich verwahrlost. Außer zwei Betten und einigen harten Stühlen gab es kaum Möbel. Ibrahim war in Khartum geboren und aufgewachsen und fühlte sich in diesem rückständigen Provinznest fehl am Platz. Seine Begeisterung für die Medizin war längst verkümmert. Er sorgte nicht einmal mehr für seine eigene Gesundheit und trank von dem trüben Wasser, ohne es aufzubereiten, obwohl es ihm bei seiner Ankunft davor gegraut hatte. Seine Hoffnungslosigkeit wirkte niederschmetternd. Ich fühlte, hier wurde ich mit etwas konfrontiert, was mir vielleicht besser verborgen geblieben wäre. Später kehrte der Kommissar mit zwei Lehrern zurück, und die Männer spielten bis spät in die Nacht Karten. Bevor ich mich zurückzog und sie ihrem Zeitvertreib überließ, machte ich noch Bekanntschaft mit einer der Blüten des Alkoholverbots, einem scharfen, hausgebrannten Destillat, das farblos wie Arrak aussah. Ein Schluck reichte mir – fürwahr ein tödliches Gesöff! Diesen illegal hergestellten Schnaps sollte ich überall im Sudan antreffen, und weil sonst nichts zu haben war, lernte ich ihn mit der Zeit sogar schätzen, da er die müden Muskeln wundervoll entspannte, obwohl man ihn immer mit äußerster Vorsicht genießen mußte.

Am nächsten Tag stand ich mit der Morgendämmerung auf, ließ einen Dankesbrief für Ibrahim zurück und fuhr los, bevor sich jemand zeigte. Ich radelte vier Stunden bis zum ersten, sehr ärmlich wirkenden Dorf, wo mich gleich ein paar alte Männer aufforderten, anzuhalten und etwas Brot und Dattelsirup zu mir zu nehmen – unter vielen Entschuldigungen, daß sie mir nur so wenig anbieten konnten. In jedem Dorf hatte sich bisher jemand gefunden, der Englisch verstand. Theoretisch mußten alle Kinder zur Schule gehen und wurden in diesem Fach unterrichtet, und der Sudan rekrutierte zu diesem Zweck sogar jährlich zweihundert Hochschulabsolventen aus Großbritannien (um so mehr, als dadurch sudanesische Lehrer freigestellt werden konnten, um in Saudi-Arabien für beträchtlich höhere Gehälter zu unterrichten, als man sie den jungen britischen Lehrern bezahlte). Weil so viel Nachdruck auf die englische Sprache gelegt wurde, war meine Unkenntnis des Arabischen hier kein so großes Problem, und auch in diesem Dorf waren junge Leute daheim in den Schulferien und konnten übersetzen. Während ich mich stärkte, saßen die Männer um mich herum und erzählten mir, wie die Zeiten sich änderten und daß die Jungen sich nicht mehr dafür begeistern könnten, auf den Feldern zu arbeiten, wo das Leben hier doch so gut und friedvoll war, sondern lieber in Autos herumfahren und so rasch als möglich in die Stadt ziehen wollten.

Doch erst im Kreis von Frauen bemerkte ich, wie groß der Generationenkonflikt wirklich war. In der kleinen Ortschaft Kerma nahm mich eine noch junge Grundschullehrerin namens Aida zu sich heim. Sie lebte dort mit ihrem Mann, der ebenfalls unterrichtete, und seinen vier jüngeren Brüdern. Als die Männer endlich verpflegt worden und weggegangen waren, um mit ihren Freunden Karten oder Domino zu spielen, wurde ich auf einen Rundgang zu Aidas Freundinnen mitgenommen. Wir schlängelten uns durch ein Labyrinth miteinander verbundener Häuser und Höfe, ohne auch nur einmal auf die Straße zu treten. Immer wieder kamen wir in Zimmer voller Frauen und Mädchen, die sich auf den Betten und auf dem Fußboden zusammendrängten und Schwarzweißfernsehen schauten. Dieses technische Wunderwerk in arabischen Lehmziegelhütten mit Betten und ein paar niedrigen Hockern als einziger Möblierung anzutreffen wirkte immer wieder völlig ungereimt. Wo es auch nur für wenige Stunden am Tag Elektrizität gab, folgte der Fernsehapparat auf dem Fuß. In den Küchen dagegen hatte das technische Zeitalter noch nicht Einzug gehalten: Überall kauerten die Frauen auf den Fersen auf dem

Fußboden oder saßen auf sehr niedrigen Hockern und bliesen in die Holzkohlenherde. Bei diesen Kochgelegenheiten handelte es sich meist um Zweiliter-Öldosen, in welche viele Löcher gebohrt waren, manchmal sah ich auch einen mit Paraffin betriebenen Primuskocher. Ein Spülbecken kam mir nie in die Quere, vielfach gab es einfach einen Wasserhahn draußen im Hof.

Es war sehr vergnüglich, diese Frauen und Mädchen kennenzulernen, und vermittelte mir eine Ahnung von den Umwälzungen, die sich im modernen Sudan abspielen. Die jungen Frauen kamen in den Genuß einer höheren Schulbildung und wirkten alle sehr viel selbstsicherer als ihre sanften, zurückhaltenden Mütter (obwohl sich dies vielleicht weitgehend auf ihre Sprachkenntnisse zurückführen ließ). Sie brannten darauf, über die Probleme ihres Landes zu diskutieren, die in ihren Augen vorwiegend ökonomischer Art waren. Sogar über die Klitorisbeschneidung wurde bereitwillig und offen gesprochen. Es erscheint absurd, daß ein Land mit einer derart zerstreuten Bevölkerung und mit so wenigen Krankenhäusern solche Praktiken billigt, welche es den Frauen verunmöglichen, ihre Kinder auf natürliche Weise zu Hause zu gebären. Dieser Brauch geht jedoch sehr weit zurück und ist im gesellschaftlichen Muster so tief verwurzelt, daß eine unbeschnittene Frau als sozial minderwertig gilt und man glaubt, die Männer fänden sie nicht begehrenswert. Obwohl sich im Koran nichts zu ihrer Rechtfertigung findet, hat die Beschneidung offenbar eine sehr stark religiöse Bedeutung. Sie beschränkt sich nicht etwa auf abgelegene Landstriche, sondern betrifft allein in Afrika mindestens zehn Millionen Frauen und in der gesamten islamischen Welt wohl noch weit mehr. Doch nirgendwo wird sie so radikal praktiziert wie im Sudan.

Obgleich viele Ämter versuchen, sie auszurotten, spricht nichts dafür, daß sie dabei Erfolg hätten; die jüngsten Erhebungen deuten vielmehr darauf hin, daß die Klitorisbeschneidung wieder im Vormarsch ist, weil sich der Einflußbereich der Moslems nach Süden ausbreitet und in der Nachbarschaft sozialer Druck ausgeübt wird, sich diesem Brauch anzupassen.

Die Beschneidung findet im Alter von etwa sechs Jahren statt.

In ihrer extremsten Form werden alle äußeren Genitalien des Mädchens weggeschnitten, worauf die Öffnung so eng zugenäht wird, daß nur ein winziges Loch übrigbleibt. Abgesehen von den offensichtlichen Einwänden gegen eine so schwere Verstümmelung, gibt es auch besorgniserregende medizinische Nebeneffekte wie Harnverhaltung und ein größeres Infektionsrisiko. Am schlimmsten ist jedoch, daß die Frauen bei jeder Geburt wieder aufgeschnitten werden müssen. Es finden sich auch weniger extreme Formen dieser Prozedur. Vielfach wird sie in Krankenhäusern ausgeführt, mit der Begründung, da sie ja ohnehin erfolge, sei es besser, dies geschehe unter hygienischen Verhältnissen und mit der Möglichkeit, die Schmerzen etwas lindern zu können, als bei irgendeinem Quacksalber mit all den damit verbundenen Risiken und seelischen Erschütterungen.

Keine der jungen Frauen, die mit mir über diesen Eingriff diskutierten, verdammte ihn von Grund auf oder fand ihn gar barbarisch. Ihr größtes Anliegen schien viel eher, daß sich jede Frau selber sollte entscheiden können. Die meisten meinten, wenn sie frei wählen könnten, würden sie ihren eigenen Töchtern die Beschneidung ersparen, doch viele glaubten auch, daß sie unter dem Druck der älteren Frauen in der Familie schließlich nachgeben würden. Die Großmütter schienen zusammen mit den Hebammen, die solche Operationen routinemäßig ausführen, die Hauptverantwortlichen für die Beibehaltung dieses Brauchs zu sein, bildet er doch die Haupteinnahmequelle für die staatlich ausgebildeten Hebammen. Ein kurioser Aspekt dabei ist, daß die Klitorisbeschneidung schon 1957 von der sudanesischen Regierung offiziell verboten wurde.

Bereits vor meiner Reise hierher hatte ich von den Beschneidungspraktiken im Sudan gehört, da kürzlich besonders im Zusammenhang mit der Deklaration der Vereinten Nationen über die Rechte des Kindes ein großer publizistischer Wirbel veranstaltet wurde. Es erstaunte mich deshalb, wie hoch die Akzeptanz selbst unter der jüngeren, gebildeten Generation der sudanesischen Frauen war. Sie ihrerseits waren verblüfft über einige unserer Sitten, im besonderen, daß man bei uns keine Mitgift zahlen muß – wie ich hörte, muß ein Bräutigam im Sudan dem Brautvater zwischen drei- und viertausend Pfund bezahlen und überdies ein Haus bereitstellen, während die Braut für die Möbel verantwortlich ist. Sehr überrascht waren sie auch, daß mir mein Mann erlaubt hatte, diese Reise allein zu unternehmen. Sie dachten sich wohl, das komme davon, daß er keinen Brautpreis hatte bezahlen müssen.

Nach Kerma lag eine weitere wundervolle Tagesreise durch die Wüste vor mir. Auf den Rat einiger Leute, die mich zum Frühstück bewirteten, fuhr ich weit ins Landesinnere. Diese Route kürzte einen großen Bogen des Nils ab und kletterte zu einem seltsamen, mondkraterähnlichen Plateau hoch, wo sich überall einzelne kahle, gezackte rote Hügel erhoben. In der Mitte stand wie auf einem surrealistischen Gemälde eine tote Akazie. Sie schien mit Votivgaben vollbehängt zu sein, meist Papier- und Plastikfetzen, und jemand hatte an ihrem Fuß ein Feuer entzündet und unbedacht einen Großteil des Stammes verbrannt. War der Baum auch abgestorben, so übte er dennoch in der leeren, offenen Ebene eine ungeheure Anziehungskraft auf mich aus. Ich verweilte eine Zeitlang neben ihm und braute mir einen Tee. Danach fuhr ich stundenlang über Felsgrund, der sich herrlich fest unter den Rädern anfühlte. Es war, als ob ich nach all den Tagen, wo ich nur unter großem Kraftaufwand durch die endlosen Meilen von nachgiebigem Sand vorwärtsgekommen war, die Freuden des Radfahrens neu entdeckt hätte.

10. KAPITEL

Verhaftet!

Wenige Meilen vor Dongola fuhr ich auf eine weite Ebene hinunter, wo der Sand immer tiefer und weicher wurde, bis ich nach stundenlangem Schieben und Wuchten, das mir nicht mehr als ein paar hundert Meter einbrachte, erschöpft aufgab und einem vorbeifahrenden Lastwagen winkte. Die zähen japanischen Lieferwagen mit Vierradantrieb – Toyotas, Mitsubishis und Isuzus – haben diese Ecke der Welt für sich erobert. Später auf meiner Reise, als ich einen davon durch ein ebenso unwirtliches Gelände fuhr, begann ich ihre Vorzüge erst wirklich zu schätzen; hier, in der Wüste vom Sudan, stellte ich vorerst erstaunt fest, wie leicht ihre großen Räder und der Allradantrieb mit dem weichen Sandstaub fertig wurden, in dem ich jämmerlich steckengeblieben war.

Der Lastwagen, der meinetwegen angehalten hatte, war zu einem Taxi umgebaut worden. Gewundene schmiedeeiserne Stützen trugen so etwas wie ein Dach, um die Sonne abzuhalten, und auf beiden Seiten verlief längs eine Sitzbank. So viele Leute, wie überhaupt Platz fanden, saßen zusammengequetscht mit ihren Waren für den Markt von Dongola. Alle rückten fröhlich noch etwas näher zusammen, und das Agala wurde den Mittelgang nach hinten geschoben, wo es von Knien, Gemüsesäcken, Hühnern und Eierkörben aufrecht gehalten wurde. Ich kriegte einen Sitz am Ende der einen Bank. Zwei Männer, die mir Platz gemacht hatten, saßen mit den Köpfen draußen gefährlich hoch auf der Ladeklappe. Die Fahrt war nicht sehr bequem, denn der Lastwagen schlitterte und rumpelte durch den Sand, und die scharfen Kanten des Fahrrads gruben sich in weiches Fleisch. Meine Reisegefährten wollten unbedingt wissen, wozu seine einzelnen Teile dienten, da keiner von ihnen je etwas Ähnliches gesehen hatte, und manche meinten, es müsse sich um ein Motorrad handeln. Es war nicht leicht, Menschen, die fast kein Englisch verstanden, seine technischen Raffinessen zu erklären und gleichzeitig zu verhindern, daß mein Kopf gegen das Dach des herumtanzenden Lasters krachte.

Bei der Fähre am Flußufer, wo wir aus unserem vollgestopften Taxi befreit und abgesetzt wurden, herrschte geschäftiges Treiben. Viele Pfade durch die östliche Wüste liefen hier zusammen, und ein großer Haufen von Menschen und Fahrzeugen wartete bereits auf die Überfahrt nach Dongola, einem Regionalzentrum auf der anderen Seite des Nils. Von irgendwoher tauchte eine große Hochzeitsgesellschaft auf einem Lastwagen auf, und alle jungen Frauen schürzten ihre Röcke und kletterten die hohen Seitenwände herunter. Die einen sangen, andere heulten ihr charakteristisches Heulen, eine schlug auf einem großen Plastikkanister den Takt. Wie so viele der Einwohner des Nordsudans sahen sie bemerkenswert attraktiv aus und auch sehr unterschiedlich, denn die Sudanesen sind eine Mischung verschiedenster Rassen, und ihre Hautfarbe reicht von einem so tiefen Schwarz, daß es fast bläulich wirkt, über jede erdenkliche Schattierung von Schwarz und Braun bis zu einem sonnengebräunten Beige. Die arabischen Invasoren des siebten Jahrhunderts hatten sich mit den einheimischen Nubiern und früheren Eroberern aus Äthiopien vermischt, und als der Sklavenhandel mit Zentralafrika blühte, kam Negerblut in großen Quantitäten hinzu, denn die arabischen Sklavenhändler waren sich nicht zu gut, von ihrer Ware zu kosten. Anders als in Indien, wo eine Haut desto mehr gilt, je weißer sie ist, schien es im Sudan nicht die geringsten Vorurteile bezüglich der Hautfarbe zu geben.

Die Frauen dieser Hochzeitsgesellschaft trugen die knöchellangen Wickelkleider in hellen Farbtönen, wie sie hier auf dem Land üblich sind. Wie die indischen Saris waren sie stets von einem langen Umhangtuch begleitet, dem Tobe, das wie in Indien der Bescheidenheit zuliebe um den Körper gewickelt wird und mit welchem sich Kopf und Gesicht bedecken lassen, wenn man völlig verschwinden will. Diese jungen Frauen hatten jedoch nicht den geringsten Wunsch, sich zu verstecken, sondern schienen erpicht darauf, daß jedermann mit ihnen mitfeierte, ich inbegriffen. Sie zogen die Braut nach vorne, um mir das Geflecht des zarten Hennamusters zu zeigen, das ihre Hände, Arme und Füße bedeckte, und wiesen auf weitere Einzelheiten hin, die ich mir ja nicht entgehen lassen durfte, wie den reichlichen Goldschmuck und die hübschen, hochhackigen goldenen Sandalen. Die meisten anderen Frauen hatten bloß die Handflächen oder Fingerspitzen und auch die Fußsohlen mit Henna gefärbt. Auf der Fähre zogen sie mich in ihren Kreis, versuchten mir ihre Lieder beizubringen und posierten für Fotoaufnahmen. Als sie auf der anderen Seite des Flusses wieder auf ihren Lastwagen kletterten, luden sie mich ein, ihnen nachzufahren, doch ich konnte nicht lange mithalten, und es gab zu viel Neues zu sehen, das mich ablenkte, so daß ich nicht bemerkte, wohin ihr Fahrzeug schließlich verschwand.

Vom Anlegeplatz der Fähre aus konnte man die Stadt noch nicht sehen, also folgte ich einfach allen anderen auf einem holperigen Pfad. Auf der einen Seite pflügte ein Mann ein Feld mit zwei großen Ochsen, dunklen, mächtigen Tieren, die sich eifrig ins Geschirr legten und an jedem Wendepunkt mit schnellem Schritt herumstürmten, während der Bauer an den Pfluggriffen hing und um ein Haar die Kontrolle verloren hätte, dabei aber stolz und vergnügt dreinblickte. Alle Leute trugen ihre Waren zum Markt. Viele hockten gebückt auf Eseln und balancierten sehr lange Stangen, an welchen Körbe und Bündel mit Gemüse herumschwangen, andere gingen zu Fuß mit ähnlichen Stangen, die auf ihren Schultern lagen. Es sah alles ein wenig aus wie ein leicht verfremdeter Holzschnitt vom ländlichen Leben aus dem europäischen Mittelalter.

Kurz vor der Stadt traf ich auf ein Stück geteerte Straße, das erste seit elfhundert Kilometern. Zwar war es sehr uneben und voller Schlaglöcher, doch mir schien es geradezu märchenhaft, und ich konnte kaum fassen, wie glatt und mühelos sich darauf fahren ließ. Nach kurzer Zeit degenerierte es wieder zu garstigem Sand, doch weckte es in mir beim Radeln Erinnerungen an einige der Vorteile unserer Zivilisation des zwanzigsten Jahrhunderts, von denen ich selbst dann nicht geträumt hatte, wenn Badezimmer und andere Bequemlichkeiten fehlten. Wie die Bruchstücke des steinernen Löwen in Soleb verband mich dieser Asphaltstreifen mit meiner eigenen Welt, so daß ich einen Moment lang mitten in all der Aufregung meiner Reise ein stechendes Heimweh empfand.

Dongola selbst wirkte seltsam fehl am Platz. Die übliche Uferpromenade längs des Nils war ganz eindeutig die renommierteste Straße der Stadt, mit guterhaltenen Steinhäusern aus den Tagen der britischen Kolonialherrschaft und einem vornehmen Teerbelag. Auf der anderen Seite lag ein trefflich gebauter Brustwall mit eleganten Sitzplätzen, doch dahinter, wo eigentlich der majestätische Nil vorbeifließen sollte, war nichts als ein breiter, tiefer, trockener Graben mit ein paar Gemüsegärten. Der Fluß hatte sein ehemaliges kanalisiertes Bett aufgegeben und die Stadt mit ein paar Gemüsebeeten als ihrem Herzen zurückgelassen. Während ich auf diesen prosaischen Anblick hinunterschaute, näherte sich ein junger, europäisch gekleideter Mann und sprach mich in ausnehmend fließendem Englisch an. Er sagte, er heiße Mustafa, und da ich gewiß aus England komme, müsse ich ihn unbedingt begleiten und bei seiner Familie wohnen wie alle Touristen aus England. Ich fragte ihn, ob er schon viele Besucher gehabt hätte, worauf er antwortete: »Nun, vor ein paar Jahren hatten wir zwei. Es war sehr nett, mein Englisch ein bißchen aufzufrischen.« Um seiner Einladung mehr Gewicht zu geben, fügte er hinzu, das Hotel in der Stadt sei nicht der richtige Platz für eine Frau, da es nur aus einem einzigen Raum bestehe, wo jedermann schlafe, und wegen der vielen Moskitos nicht auszuhalten sei.

Ich begleitete also Mustafa durchs Stadtzentrum. Marktfahrzeuge, zu Bussen umgebaute Lastwagen, Lieferwagen, Esel und Straßenverkäufer plärrten und hupten, lärmten und schrien in den heißen, engen, staubigen Sträßchen und auf den überfüllten, farbenfrohen Marktplätzen. Nach der Ruhe in der Wüste war diese ohrenbetäubende Kakophonie nur schwer zu ertragen. An der breiten Straße, welche die Stadt in zwei Teile zerschnitt, lagen ein Krankenhaus und rund ein halbes Dutzend Apotheken, in deren einer Mustafa arbeitete. Auch hier herrschte lautes, geschäftiges Treiben. Lange Menschenschlangen warteten vor dem Krankenhaus, und Familien saßen herum und hielten ein Picknick ab. Ich konnte verstehen, daß die sechs Apotheker alle Hände voll zu tun hatten, um der Nachfrage gerecht zu werden.

Auch das Hotel lag in dieser Straße. Schon ein kurzer Blick darauf genügte, um zu verstehen, warum mir Mustafa davon abgeraten hatte. Für die Stechmücken war es ein Paradies, denn rund um die überfließenden Wassertröge lagen trübe Pfützen, wo sie sich laben und ihre Eier ausbrüten konnten. Im Sudan war ich bis jetzt von den Mücken einigermaßen verschont worden, da es so wenig stehendes Wasser gab, in Ägypten hingegen hatten sie mir manchmal sehr zu schaffen gemacht. Jeden Sonntag schluckte ich zwei Tabletten zur Vorbeugung von Malaria, und sobald ich Khartum erreichte, wo das Risiko dramatisch anstieg, sollte ich jeweils mittwochs noch eine weitere zu mir nehmen – dies auf Empfehlung von British Airways, wo man einen vorzüglichen Impfservice unterhält und die meisten Krankheiten, die den Reisenden befallen können, scharf im Auge behält. Man sagte mir dort aber auch, die Malariaerreger seien inzwischen derart resistent gegen sämtliche Formen der Prophylaxe geworden, daß der einzig sichere Weg, sie nicht zu kriegen, darin bestehe, sich nicht von den Mücken stechen zu lassen. Zu diesem Zweck hatte ich ja mein plastikfressendes Insektenschutzmittel bei mir und außerdem einen Sack aus Moskitonetz, um im feuchten Dschungel, wo es vermutlich von angriffslustigen, bissigen Insekten nur so wimmelte, mein Gesicht zu schützen. Ich konnte ihn mir über den Hut ziehen und sah darin aus wie ein Bankräuber mit einem neuartigen Modell einer düster wirkenden Strumpfmaske. Er hatte sich bereits als nützlich erwiesen, als ich in der Wüste von ganzen Wolken von Sandfliegen angegriffen worden war, aber wenn ich unter Leuten war, konnte ich ihn unmöglich überstülpen.

Die Wohnviertel der Stadt, wo ruhige, einförmige, in einem ordentlichen Gitterrostsystem angelegte Straßen von ausdruckslosen Fassaden flankiert wurden, gewährten den Ohren eine Erholungspause, boten aber einen traurigen Anblick. Wie die meisten

Städte im Sudan, die ich besuchte, atmeten sie einen Hauch von Verfall, welcher aus einer Kombination von schmutzigem, abfallübersätem, festgetrampeltem Sand, abbröckelnden Lehmziegelmauern und dem völligen Fehlen von Bäumen und Grünpflanzen herrührte. Überall bot sich das gleiche Bild. Nichts sah sauber oder festumrissen aus, alle Linien waren verschwommen, alle Farben verwaschen und undefinierbar. Es gab nur wenig, worauf sich das Auge richten konnte oder was seine Aufmerksamkeit anzog, und es war sehr schwierig, einen Weg zu finden oder zurückzuverfolgen. Der Sand war König, und was nicht eh schon daraus verfertigt war, wurde bald von einer dicken Schicht bedeckt. Die sudanesischen Städte boten den gleichen desolaten Anblick wie verlassene, abfallübersäte Seebäder am Ende der Saison. Wie anders war es doch in der Wüste, wo sich die Landschaft die unverfälschte Qualität eines Strandes bewahrte, von welchem die Flut alle menschlichen Spuren weggespült hatte!

Trat man durch die hohen Metalltüren in der Vorderfront eines sudanesischen Hauses, kam man wie aus einer heißen, überbelichteten und nichtssagenden Filmszene in eine Oase von Schatten und Kühle. Die Eintönigkeit draußen war hier durchbrochen, keine zwei Häuser schienen sich völlig zu gleichen. Mustafas Türflügel öffneten sich auf einen unerwartet langen Pfad. Unmittelbar hinter dem Tor lag die Toilette, mit einem kleinen, niedrigen Türchen auf die Straße hinaus, um auf praktische Weise den anfallenden Inhalt zu beseitigen, denn es gab hier keine Wasserspülung. Am anderen Ende war ein Hof. Kreuz und quer waren Wäscheleinen gespannt, an einer Mauer lehnte ein Spültrog mit einem Wasserhahn darüber, gegenüber lag ein aus Lehmziegeln gebauter Duschraum. Ein Bogengang mit je einem Zimmer an beiden Seiten führte in einen zweiten langen, engen Innenhof, dessen Mitte überdacht war. Dort standen ein großer Kühlschrank, drei Metallbetten, eine Waschmaschine und ein Fernsehgerät. Am einen Hofende lagen zwei Schlafzimmer und eine Küche, am anderen ein Taubenschlag und ein Verschlag für die Ziege. Ein paar Hühner kratzten den Schlafzimmern gegenüber in behelfsmäßiger Gefangenschaft herum.

Auf einem der Betten saß eine sehr füllige Dame, Mustafas Mutter, und rüstete Gemüse. An ihren beiden Wangen verliefen drei tiefe, parallele Narben, das Stammesmuster, das einst jedem sudanesischen Kind in die Gesichtshaut geritzt wurde – ein Brauch, der heute am Aussterben ist. Sie behielt meine Hand zwischen ihren Händen, während sie einen langen Willkommensgruß auf arabisch aufsagte, den mir Mustafa übersetzte: »Im Namen Allahs biete ich dir alles an, was ich dir geben kann, wenn es in meiner Macht steht.« Mustafas Schwester, eine pummelige junge Frau, hatte ein Tuch um den Kopf geknüpft, die Ärmel bis zu den Ellbogen hochgekrempelt und eine Schürze aus Sackleinwand um ihre mollige Mitte gebunden. Wie sie so mit vollen Wassereimern durch den Hof hastete, auf Schritt und Tritt hoffnungsfroh von einer braun und weiß gefleckten Ziege verfolgt, sah sie aus wie ein Bauernmädchen auf einem Gemälde von Vermeer. Auf den Betten saßen auch ein paar Kinder, einige der vielen Nichten und Neffen von Mustafa. Er hatte mehrere ältere Brüder, welche alle schon verheiratet oder draußen in der weiten Welt waren. Sein Vater war Getreidehändler. Der kleine, dünne alte Mann schlief jedesmal prompt ein, wenn eine Mahlzeit zu Ende war, und sprach wie seine Frau kein Wort Englisch.

Hier in diesem Haus konnte ich einen Teil der Gastfreundschaft, die mir entgegengebracht wurde, vergelten: Mustafas Mutter war eine passionierte Raucherin, konnte jedoch wie alle anderen Raucher in dieser Gegend ihrer Leidenschaft nicht frönen, denn zurzeit herrschte akuter Tabakmangel, und niemand hatte seit Wochen eine Zigarette gesehen. Sobald sie ihre Willkommensrede beendet hatte, ließ sie mich durch Mustafa fragen, ob ich nicht eine Zigarette für sie hätte. Zufällig hatte ich ein paar zum Verschenken dabei, und da ich nicht wußte, daß sie hier Gold wert waren, gab ich ihr ein ganzes Päckchen. Dies wiederum schien Mustafa zu verärgern. Er meinte, ein solches Geschenk sei viel zu wertvoll, da Zigaretten auf dem Schwarzmarkt zum hundertfachen Preis gehandelt wurden. Seine Mutter werde sie außerdem horten und selber rauchen, während er sie mit seinen Freunden geteilt hätte. Ein zweites Päckchen stellte dann den

Hausfrieden wieder her – was nur gerecht war, denn ich sollte in Mustafas Zimmer schlafen, den Hühnern gegenüber. Ich vermutete angesichts des Bergs von Kleidungsstücken, die aus zwei großen Schränken herausquollen und an einem langen Gestell hingen, daß ihm das nicht sehr gelegen kam, denn er verbrachte genau wie der Arzt in Delgo den größten Teil des Tages damit, von sudanesischer Kleidung in westliche zu wechseln und umgekehrt.

Kurz nach meiner Ankunft wurde das Mittagessen serviert. Mustafas Vater beehrte mich mit den besten Bissen. Zum Glück rauchte er nicht auch noch, denn meine kleine Goldmine war erschöpft. Es gab reichhaltigere Kost, als ich bisher im Sudan gewohnt war: ein Gericht aus gegarter Niere, Auberginen, Gumbo und Ful. Während sich die älteren Leute auf den Betten im Hof hinlegten, um ein Verdauungsschläfchen zu halten, und die Schwester, auf welche die Hauptbürde der häuslichen Pflichten zu fallen schien, mit dem Abräumen begann, nahm mich Mustafa auf einen Streifzug durch Dongola mit.

Nachdem wir eine Weile durch die konturlosen Straßen gewandert waren, tauchte ein Freund Mustafas in einem Lieferwagen auf, auf dem Weg zu einem benachbarten Dorf, um einige Medikamente abzuliefern. Wir stiegen ein, damit ich ein junges Mädchen treffen konnte, das angeblich eine berühmte Wahrsagerin war, und standen lange bei ihrem Haus am Rande der Wüste herum. Aus einer etwa fünfzehn Meter tiefen Grube im Sand pumpte eine Motorpumpe einen endlosen Strom schwefliges Wasser hoch. Rund um die bewässerten Felder und die alten, verlassenen Lehmziegelhäuser huschten Scharen brauner Ratten hin und her, zerrten lange Halme herum und arbeiteten so intelligent zusammen, daß man leicht vergessen konnte, was für eine Bedrohung sie für dieses arme Land darstellten. Wir gingen wieder weg, ohne die Wahrsagerin getroffen zu haben – anscheinend hatte sie gerade einen schwarzen Tag. Statt dessen half mir Mustafa, Auskünfte für meine Weiterreise einzuziehen.

Jeder, bei dem ich mich erkundigte, sagte mir, daß der Sand den Nil entlang weiter oben nicht besser wurde und mit dem Fahrrad kein Durchkommen möglich sei. Es gab mehrere Alternativen.

Die Suk-Lastwagen und die prächtigen Busse, die auf Lastwagenfahrgestelle montiert waren, fuhren quer durch die Wüste von Dongola nach Khartum und kürzten damit rund sechshundertfünfzig Kilometer ab, was mir jedoch nichts nützte, weil ich am Nil bleiben und mir auf dem Weg einiges ansehen wollte. Dies bedeutete, fast einen ganzen Kreisbogen um den größten Mäander der Welt zurückzulegen, der mich nach dreihundert Kilometern an einen Punkt weiter nördlich führen würde, als ich jetzt war, bevor er wieder nach Süden abdrehte. Es sollte auch ein Boot geben, das bis Karima unterhalb des vierten Kataraktes fuhr. Mir würde das sehr gelegen kommen – wenn es wirklich zutraf. Wir wandten verhältnismäßig viel Zeit und Mühe auf, Näheres darüber zu erfahren, doch im Sudan scheint sich nichts über ein Gerücht hinaus zu konkretisieren, auch dieses Schiff machte da keine Ausnahme: »Vielleicht fährt es morgen. Vielleicht auch nicht. Alles liegt in Allahs Händen.«

Das Schiff dampfte tatsächlich zwei Tage später los. Den Tag zuvor verbrachte ich abwechslungsweise in den Fängen der Geheimpolizei und denen ihrer uniformierten Kollegen. Ich machte auf dem Früchte- und Gemüsemarkt mit williger Kooperation all der farbenfrohen Verkäufer ein paar Fotos, als ein ältlicher Mann in einem Tweedmantel über seiner Gallabija, dessen Kragen bis über die Ohren hochgeschlagen war, und mit Stielaugen wie hartgekochte Eier hinter exzentrischen dunklen Brillengläsern einschritt. »Sie das nicht tun, ist verboten«, fuhr er mich an und stieß mich roh beiseite. Ich zog den zuständigen Fotografenpaß hervor, den er höchst beleidigt musterte. »Ich nicht Englisch sprechen«, log er, als ob er damit ein höchst verderbliches Laster abstreite. Also steckte ich meinen Paß in die Tasche zurück und versuchte, in der Menschenmenge unterzutauchen, hatte aber kein Glück: Im Nu fand ich mich von einem seiner Spießgesellen abgeführt. Ich hatte keine Angst, denn ich war sicher, daß es sich um ein Mißverständnis handeln mußte und meine Genehmigung alles wieder ins Lot bringen würde, doch der unliebsame Zwischenfall, der die freundliche Stimmung vermiest hatte, ärgerte mich. Es war schwierig genug, die nötigen Aufnahmen zusammenzukriegen, und wenn die Leute schon nichts dagegen hatten, daß ich sie ablichtete, schien es mir doppelt ungerecht, wenn man mich daran hinderte.

Ich wurde zu einem weit entfernten Gebäudetrakt geführt und von mehreren Individuen verhört. Sie stöberten eifrig in meinen Papieren herum, besonders im Reisepaß, den sie immer und immer wieder durchblätterten, wohl in der Hoffnung, etwas Inkriminierendes zu finden, zum Beispiel einen Stempel aus Israel oder Südafrika. Da ich wußte, daß nichts Derartiges darin stand und meine Papiere alle in Ordnung waren, machte ich mir noch immer keine Sorgen, wurde jedoch langsam ungeduldig und wollte endlich weg aus diesen cremefarbigen und grünen Büros. Die Zeit fürs zweite Frühstück war gekommen, und weil die Polizeibeamten essen gehen wollten, ließ man mich frei, allerdings mit der Auflage, ich müsse nach dem Frühstück wieder anrücken, um »dem Chef« vorgeführt zu werden – sozusagen gegen Kaution also.

Mustafa begleitete mich dorthin zurück, um zu dolmetschen, und die ganze Prozedur wiederholte sich, sehr zu meinem Verdruß, denn die Temperatur draußen stieg merklich an. »Sie besuchen viel arabisch Länder?« fragte der »Chef«, nachdem er eine halbe Stunde lang meinen Reisepaß befingert hatte, von vorne nach hinten und wieder zurück. Ich bejahte und fügte hinzu, in keinem sei ich von der Polizei derart schikaniert worden wie hier. Es folgte eine gemurmelte Entschuldigung, damit hatte es sich aber, und mehrere Männer, die an den Wänden herumsaßen, feuerten ihre Fragensalven auf mich ab: wie ich mein Geld verdiente, wo ich wohnte und so fort. Ich glaube, nicht einer von ihnen erwartete wirklich eine Antwort. Sie gaben einfach Laut, um mit ihrem Englisch zu prahlen oder um sich wichtig fühlen zu können. Nach einer Weile ignorierte ich sie und ließ Mustafa für mich antworten; und langsam verpuffte das Ganze, weil sie das Interesse an mir verloren, und ich konnte endlich gehen. Mustafa meinte, für ihn sei dieser Zwischenfall sehr nützlich gewesen, da er jetzt wisse, welche Männer in der Stadt der Geheimpolizei angehörten, denn sie waren kürzlich ausgewechselt worden, als Sadik al-Mahdi die Regierung von Numeiri übernommen hatte.

Er war der Ansicht, die einzige Funktion der Geheimpolizei bestehe darin, Zeichen der Staatsverdrossenheit unter der Bevölkerung zu rapportieren, und dieser Haufen hier sei recht dämlich, sein Inkognito auffliegen zu lassen.

Kaum war ich zum Markt zurückgekehrt, diesmal, um Früchte für die (wie ich hoffte) morgige Schiffahrt einzukaufen, als mich ein junger uniformierter Polizist auf einem Fahrrad anhielt und mich anbellte: »Wer sind Sie, Madame? Wo gehen Sie?« Ich war derart erbost, daß das Gesetz schon wieder an mich herantrat, daß ich beschloß, ihn einfach links liegenzulassen, bis es ihm zu dumm wurde. Dies war gar keine gute Idee. Als ich Mustafa endlich wiedergefunden hatte, der übersetzen mußte, hatte mir der junge Mann mein Uhrband aus Metall ins Handgelenk gerieben, damit ich ihm ja nicht entwischen konnte. Noch einmal folgte ein kilometerlanger Marsch zum Polizeiposten, doch diesmal wurde ich in ein Areal geführt, das direkt neben jenem der Geheimpolizei lag. Die uniformierte Gattung hatte anscheinend nichts mit der geheimen Spezies zu schaffen und stritt rundweg ab, daß es sie überhaupt gab. Via Mustafa teilte man mir mit, ich stecke ernsthaft in der Klemme, weil ich mich bei meiner Ankunft bei der Polizei hätte melden müssen – alle Touristen seien verpflichtet, sich an jedem Ort weit und breit im Lande, den sie passierten, auf dem Polizeiposten zu melden und zum Beweis dafür ihre Reisegenehmigung abstempeln zu lassen. Es gelang mir schließlich, sie davon zu überzeugen, daß ich von dieser Auflage nichts gewußt hatte und mir in Wadi Halfa kein Wort davon gesagt worden war. Als ich endlich wieder auf freiem Fuß war, meinte Mustafa nur, es sei wohl klüger, ich würde mich die wenigen verbleibenden Stunden bis zum Abend nicht mehr allein auf der Straße blicken lassen.

Dies fiel mir nicht schwer, denn Dongolas Reize waren doch arg lädiert, und ich mußte unbedingt noch das Agala überholen und meine Wäsche waschen, bevor ich weiterreiste. Ein kurzer Abstecher mit Mustafa zum Hafengebiet bot einen erfreulichen Anblick: Ein zerbeulter Dampfer hatte an der baufälligen Mole angelegt, und wenn mir das Glück hold war (oder besser, wenn es Allah so gefiel), würde er morgen früh abfahren.

Mein Fahrrad brauchte dringend etwas Pflege. Die Kette war knochentrocken und knirschte hörbar, ebenso die Zahnkränze am Hinterrad. Diese verschieden großen Zahnkränze erlauben dem Fahrer, die Gänge zu wechseln, und sind auf ein Mittelstück an der Nabe geschraubt. Darin befindet sich der Freilaufmechanismus, der trotz seiner robusten Konstruktion die schwächste Stelle der ganzen Übersetzung ist. Staub und Sandkörner bekommen ihm nicht gut, und in der letzten Zeit waren kleine Mengen davon eingedrungen. Mit der Kette stand es nicht allzu schlimm, denn vor meiner Abreise aus England hatte ich alles Fett sorgfältig entfernt und es durch ein nichtfettendes Schmiermittel ersetzt, das keinen Staub anzog. Ich reinigte die beiden Teile und opferte noch ein wenig von meinem kostbaren Schmiermittel. Dann ging ich noch einmal das ganze Fahrrad durch, wobei Mustafas drei junge Neffen mir begeistert assistierten. Der unbeschränkte Wasservorrat verleitete mich dazu, meine ganze Ausrüstung gründlich zu waschen und die Satteltaschen abzuschrubben, die dick mit Staub imprägniert waren. Eigentlich war es die reinste Zeitverschwendung, denn man mußte nur etwas auf den Boden legen oder gegen eine Wand lehnen, und schon war es wieder so dicht mit Staub bedeckt wie zuvor.

Der Abend verging im Kreis der Familie. Wir saßen alle draußen im Hof auf den Betten beim Fernsehen, in Decken eingewikkelt, um uns vor dem plötzlichen Kälteeinbruch zu schützen. Obwohl es jeden Tag spürbar heißer wurde, waren die Nächte meist ziemlich kühl, denn es war noch Winter. Auf dem Programm stand eine rührselige ägyptische Familienserie. Es wurde dieselbe Folge ausgestrahlt wie in der Nacht zuvor, und Mutter und Tochter sahen genauso gespannt zu wie beim ersten Mal und knackten währenddessen mit großem Geschick Sonnenblumenkerne. Auch die Ziege kam herüber, um die Sendung anzusehen, schaute sich mit klugen, spöttischen Augen die Handlung an und trottete schließlich davon, um die Rückseite des Geräts zu inspizieren. Ein Gockel jagte die Hennen im Hof herum und piesackte sie schrecklich, so daß immer wieder eine halb rennend, halb fliegend vor den Bildschirm flatterte und gackerte, worauf sich die

Tochter mißmutig hochstemmte und alles Federvieh in die andere Hofecke zurückscheuchte. Die Tauben, die den verlotterten Schlag bewohnten, stürzten sich herunter und pickten die Brosamen auf, welche die Hühner übriggelassen hatten, und eine Katze kreuzte hin und her. Zwischen ihren Kiefern hing ein zusammengerolltes Kätzchen, weil sie ihre Familie in ein neues Quartier brachte.

11. KAPITEL

Die große Schlaufe

Die Abfahrt war zur Zeit der Morgendämmerung angesagt, also stellte ich mich schon früh am folgenden Morgen unten am Flußufer ein. Auf echt sudanesische Art blieb das Schiff jedoch bis zum Mittag dort liegen, wo es war, bis der Kapitän völlig unerwartet und aus keinem ersichtlichen Grund beschloß, jetzt sei es Zeit, abzulegen, so daß mehrere Leute, welche versuchten, den schwierigen Zugang zum Schiff zu bewältigen, der über morastiges Ufer und zerbrochenes Plankenwerk führte, das Nachsehen hatten und zurückgelassen wurden.

Mittlerweile hatte der verblichene Zauber des alten Gefährts mein Herz gewonnen, und es war mir ziemlich egal, ob wir uns vorwärtsbewegten oder nicht. Die Hauptattraktion war meine Unterkunft. Man hatte mir eine Erstklaßkabine geräumt, die mich umgerechnet etwas mehr als zwei Mark im Tag kostete und für diese Gegend so luxuriös war, daß mir meine zeitlich befristete Besitznahme die Feindschaft eines Besatzungsmitglieds zuzog, welches umquartiert worden war, um mir Platz zu machen. Der Mann schaute während der ganzen dreitägigen Reise immer wieder herein, um sich dies und jenes zu holen, was er überall in der Kabine versteckt hatte – zwei Zigaretten hinter einem Spiegel, ein zusammengerolltes Hemd sowie eine große, zerbeulte Emailschüssel unter dem Bett –, und als alle seine Dinge endlich draußen waren, kam er, um mir eine flammende Strafpredigt zu halten, wie unfair es doch sei, daß ich zum Preis einer einzigen Fahrkarte zwei Schlafkojen zur Verfügung hatte.

Die kleine Kabine gehörte zu acht weiteren, die einen Block im vorderen Teil des ersten Zwischendecks bildeten, dahinter lag ein zweiter Block mit zehn Zweitklaßkabinen. Sie waren zwar nur geringfügig kleiner, konnten sich jedoch nicht der Vorteile eines zersprungenen Waschbeckens, einer Kommode, deren Schubladenböden verschwunden waren, und eines Stücks Spiegel rühmen. Letzterer war ein großer Schock für mich, denn seit Ägypten hatte ich mein Gesicht nicht mehr erblickt und mir aufs Geratewohl das Haar gekämmt und die Zähne gebürstet. In meiner Prunkkabine gab es auch Kleiderhaken an den Wänden und einen Stuhl mit drei Beinen, selbst ein Wasserhahn war am Waschbekken angebracht und lieferte, obwohl er sich frei im Kreis herumdrehen ließ, sogar Wasser, falls es jemand von der Besatzung in den Sinn kam, den Tank auf dem Oberdeck zu füllen. Wenn der Generator arbeitete, erglühte zuweilen eine elektrische Glühbirne von wenigen Watt Leistung zu trübem Lebenslicht; die Lampe über dem Bett – welch ein Luxus! – schaffte es nicht mehr.

Nur noch eine weitere Erstklaßkabine war der Öffentlichkeit zugänglich, die anderen sechs waren verriegelt. Vielleicht genügten sie den erforderlichen Sicherheitsbestimmungen nicht mehr (Löcher in den Deckplanken, Waschbecken, die schräg von den Wänden hingen ...). Sicherheit wurde bei der Schiffahrtsgesellschaft offenbar großgeschrieben, denn bevor ich meine Fahrkarte kaufen konnte, mußte ich ein Formular unterschreiben, das sie jeglicher Haftung entband, falls mir auf der Fahrt irgendein Unglück zustoßen sollte. Das kam viel billiger zu stehen als Schwimmwesten oder Rettungsboote, doch da der Lederhandel den Nil seiner Krokodile beraubt hat (ich hatte auf den fast zweieinhalbtausend Kilometern noch kein einziges zu Gesicht bekommen), glaubte ich mir keine großen Sorgen machen zu müssen.

Als ich an Bord kam, nahm einer von der Schiffsmannschaft, der den Steward spielte, das schmutzige Laken von der noch schmutzigeren Strohsackmatratze der unteren Schlafkoje und ersetzte es durch ein anderes, ebenso schmutziges Laken. Er teilte mir mit, ich könne das »ach so nette Agala« ruhig an der Reling vor meiner Kabine angekettet lassen. Später brachte er den »Direktor dieses Schiffs«, den Kapitän, zu meiner Kabine, der mir die Hand schütteln wollte – ich fühlte mich wie eine Mischung aus

Schulmädchen und Vorzugspassagier auf einem Transatlantikkreuzer. Als ich endlich meine Satteltaschen ausgepackt, meinen Schlafsack ausgebreitet und meine Besitztümer auf der Kommode zurechtgelegt hatte, schwelgte ich im Gefühl eines Wanderers, der vorübergehend einen Unterschlupf gefunden hat, für eine Weile die Tür hinter sich zuziehen kann und sich nicht mehr ständig mit Sonne, Sand und Polizisten herumschlagen muß.

Nebst den zehn Zweitklaßkabinen, von denen einige in ihren engen Wänden eine große, lebhafte sudanesische Familie beherbergten, lagen weitere Unterkünfte für die Steuerleute auf einem tieferen Deck, angenehm nahe bei der Kombüse. Hier produzierte ein temperamentvoll veranlagter Koch auf einem enorm großen gußeisernen Herd Riesenmengen von Fleischtopf mit Bohnen und Linsen. Der Herd sah so bezaubernd antik aus, daß er bei jeder Auktion ein Vermögen erzielt hätte. Auf jedem Deck gab es Toiletten System »Loch im Boden«, die täglich irgendwann ausgespült wurden, wonach sie kurze Zeit einigermaßen benützbar waren. In einem Raum konnte man sich duschen, doch ließ man es lieber bleiben, weil man schmutziger herauskam, als man hineinging. WCs und Dusche waren wie mein Waschbecken abhängig vom Einsatzwillen eines dafür zuständigen Matrosen, der Flußwasser in den oberen Wassertank pumpen sollte, aber berüchtigt dafür war, seine Pflicht unregelmäßig zu erfüllen.

Auch das Trinkwasser wurde direkt aus dem Fluß hochgepumpt und auf den Decks in großen Amphoren in Metallständern hingestellt. Diese klassischen Gefäße waren leicht porös und hielten das Wasser schön kühl, doch wimmelte es darin von all den endemischen Nilbewohnern, insbesondere Gardia. Töpfe wie diese werden überall im Sudan verwendet. Interessanterweise erfuhr ich von einem Arzt, daß das unten aus den Böden herauströpfelnde Wasser, das man gewöhnlich wegschüttete, fast hundertprozentig frei von Gardia sei, weil die Mikroben durch die Lehmschicht herausgefiltert wurden. Nach genau diesem Prinzip funktionierte ja auch meine Schweizer Wunderpumpe: Sie preßte das Wasser durch einen so engporigen Keramikkern, daß nicht einmal die kleinste Mikrobe durchschlüpfen konnte. An Bord versuchte ich deshalb, die aus den Amphoren sickernde Flüssigkeit aufzufangen, da dies meine kräfteraubende tägliche Pumperei wesentlich erleichterte, denn der Großteil des klumpigen Schlicks war bereits ausgeschieden.

Zu beiden Seiten des Dampfers war je eine riesige Barke festgezurrt. Sie waren viel größer als das Schiff selbst und gaben ihm ein etwas pathetisches Aussehen – wie ein winziger Weidenlaubsänger, der versucht, zwei fette Kuckucksjungen aufzuziehen. Die eine Barke war mit einem Gemisch von Waren beladen, die andere diente als eine Art Arche für die zahlreichen Besatzungsmitglieder und ihre Freunde, die unter einem Strohdach ein entspanntes, sorgloses Leben führten und unablässig kleine Mahlzeiten kochten, zu denen sie sich am Ufer mit viel Aufregung und Geplapper Feuerholz holten. Im ganzen nördlichen Sudan war Holz knapp, und so bedeutete jeder tote Ast, der an Bord geschleppt wurde, einen Triumph für das Schiff auf Kosten irgendeines Dorfs am Nilufer. Falls die Crew nicht gerade auf solche Raubzüge aus war oder kochte oder betete, lagen alle auf dem Deck herum und schliefen in der Sonne, und wenn der Kapitän wollte, daß irgend etwas erledigt wurde, mußte er sich weit aus dem Fenster seiner Brücke lehnen und kräftig auf einer Schiedsrichterpfeife blasen. Waren alle endlich aufgeschreckt, tobte zunächst ein wilder verbaler Schlagabtausch hin und her, bis sich endlich ein Matrose widerstrebend bequemte, die Instruktionen auszuführen. Es war ein sehr demokratisches Völkchen, und alles wäre wohl ziemlich schnell in völlige Anarchie ausgeartet, hätte der Kapitän nicht so offensichtlich viel mehr Energie gehabt als alle übrigen zusammengenommen.

Was das Schiff antrieb, war mir ein Rätsel. Ich denke, es fuhr mit Dieselöl, doch ich konnte kaum mehr als ein paar Meter glänzendes, verwickeltes Messingrohrwerk durch die offene Tür des großen Maschinenraums hinter der Kombüse ausmachen und wurde jedesmal, wenn ich ihn genauer inspizieren wollte, von einem furchteinflößenden Individuum weggescheucht, dessen Domäne er war. Wäre mir wirklich daran gelegen gewesen, hätte ich mich an den Kapitän wenden können. Er hatte mich ins Herz geschlossen und schickte häufig den »Steward« aus, um mich mit der Einladung »Direktor von Schiff sagt, Sie kommen!« auf die Brücke zu lotsen. Doch der »Direktor« verstand kein Englisch, und so fand ich nie heraus, weshalb eigentlich diese Aufgebote erfolgten – wahrscheinlich, damit ich mich willkommen fühlte. Nachdem ich eine Weile zwischen dem Dutzend Männer gesessen hatte, die sich ständig dort aufhielten, und dem Steuermann zulächelte, der sich an dem übergroßen Steuerrad ordentlich abrackern mußte und es mochte, wenn man ihn lobte, wie geschickt er die endlosen Sandbänke vermied, ging ich zufrieden wieder meinem eigenen Kram nach. Endlich hatte ich begriffen, was die Freuden einer Kreuzfahrt ausmacht: das »dolce far niente«. Die kräftezehrende Reise seit Wadi Halfa, die ständige Anstrengung, mich verständlich zu machen, und nicht zuletzt die doppelte Verhaftung in Dongola hatten ihren Tribut gefordert. Ich brauchte dringend Ruhe und Erholung, und diese Schiffahrt war dafür genau richtig. So kochte ich mir ein paar Fertiggerichte und führte meine Notizen nach, sonst aber saß ich einfach zufrieden da und betrachtete das endlose, gleichförmige Panorama aus Sand und vereinzelten Palmen, von dem ich nie genug bekommen konnte.

In einer der Zweitklaßkabinen reisten noch zwei weitere Engländerinnen mit, zwei der vielen jungen Hochschulabsolventinnen, die von der sudanesischen Regierung angeheuert waren, um in den Schulen Englisch zu unterrichten. Leider fanden sie nicht den geringsten Gefallen an diesem Erlebnis. Weil gerade Ferienzeit war, reisten sie ein wenig herum und hofften, andere junge Briten zu treffen und mit ihnen Weihnachten zu feiern. Ihre Gesellschaft war oft etwas deprimierend, da sie diesem Land gegenüber eine so negative Einstellung hatten und so manches ihnen Verdruß bereitete, besonders der Charakter der jungen Menschen, welchen sie Englisch beibrachten. Sie waren ohne die geringste positive Motivation hierhergekommen, in der Dritten Welt Hilfe zu leisten, ja nicht einmal aus Freude am Unterrichten, sondern weil sie die Nase voll hatten, in Großbritannien arbeitslos zu sein, und sich dachten, es sei doch nett, auf fremde Kosten ein wenig herumzureisen. Ihre Haltung war einem derart armen, zerrissenen Land wie dem Sudan kaum förderlich und ließ vermuten, daß beim Auswahlverfahren für diese Jobs etwas verkehrt laufen mußte. Das einzige, was den beiden Mädchen ihren Aufenthalt hier zu versüßen schien, war der leichte Zugang zu Bang (Marihuana), das selbst bei dem Hungerlohn, den man ihnen bezahlte, spottbillig war.

Wir drei durften eine kleine, abgeschlossene Glasveranda auf unserem Deck benutzen, die oben im Bug direkt unter der Steuerbrücke lag. Wir verbrachten viele Stunden dort in arg lädierten Korbstühlen, aus welchen wir uns sehr vorsichtig herauswinden mußten, um nicht von den vielen Nägeln zerkratzt zu werden, die überall herausstanden, wo das Rohrgeflecht verrottet war. Das Schiff machte es wohl nicht mehr sehr lange: Seine Decks waren vom hohen Alter schon abgewetzt und ausgebleicht, der Fugenkitt zwischen den Planken war verschwunden und der Anstrich an den meisten Stellen völlig abgeblättert. Die Mannschaft rührte keinen Finger, um es etwas aufzumöbeln. Es war eins der vielen Überbleibsel aus der Kolonialzeit, ganz ähnlich wie die Dieselpumpen am Nilufer oder die Strandpromenade und das Gitterrostsystem der Häuser in Dongola, und muß einst speziell für diese nur zweihundertfünfzig Kilometer lange Flußstrecke zwischen dem dritten und dem vierten Katarakt gebaut worden sein, die »Gartenprovinz Dongola«, wie sie auch genannt wurde.

Hinter diesem Sonnendeck mit seinen zerbrochenen Fliegendrahtgittern und den Korbstuhlwracks lag eine kleine, perfekte, mit schönster Walnußtäfelung ausgelegte Offiziersmesse. Beim gegenwärtigen Stand der Dinge gab es für ein solches Relikt verblichener Vornehmheit keine Verwendung mehr, denn jetzt kauerte man auf Deck oder saß auf einer der Schlafkojen, um die Mahlzeiten einzunehmen. Und so blieb die Messe verschlossen – ein heiliges Mahnmal fremdartiger Gebräuche der Briten.

Von Zeit zu Zeit sahen wir an den Ufern Zeugen des alten Königreichs von Kusch. Steinerne Fragmente ragten wie Spitzen von Eisbergen aus dem Sand heraus und wiesen auf Tempelkomplexe und Paläste, die jedes Jahr etwas mehr unter dem Sand verschwanden. Ich besuchte keinen von ihnen, denn ich konnte ja nicht mehr einfach nach Belieben haltmachen. Ich war an den Rhythmus des Schiffs gebunden, das sich langsam gegen die unerbittliche Strömung seinen Weg flußaufwärts kämpfte und nur anhielt, wenn es um praktische und geschäftliche Dinge ging – um ein willkommenes Stück Holz zu schnappen, Passagiere an scheinbar einsamen Uferstellen abzusetzen oder in Dörfern, die nur aus einer Handvoll Häuser bestanden und zu klein waren, als daß sie auf meiner Karte verzeichnet gewesen wären, Waren auszuladen. Ich machte mir nicht das geringste daraus. In Ägypten hatte ich genug Altertümer gesehen, und in dieser Gegend ist bis jetzt noch nichts ausgegraben worden, was sich mit der Schönheit der Löwen von Soleb messen könnte.

Die Macht Ägyptens hatte hier in diesem einst fruchtbaren Landstrich kulminiert und war wieder verebbt, im Wettstreit mit der großen Zivilisation von Meroe, deren Hauptstadt Napata direkt unter dem vierten Katarakt lag. Aus dieser Stadt waren hin und wieder Eroberer vorgedrungen und hatten ihrerseits Ägypten überrannt, neue Dynastien gegründet und auf den Statuen der Pharaonen Gesichtszüge fremdartigen Zuschnitts zurückgelassen. Das Land muß damals, um etwa 1500 vor Christus, viel grüner gewesen sein, obwohl die Ausbreitung der Wüste bereits zu dieser Zeit begann. Hier war der Nil nicht über die Ufer getreten und hatte nicht jedes Jahr mit seiner reichen Schlammflut die Fruchtbarkeit der Erde erneuert. Wie bei anderen frühen Hochkulturen war der Boden bestellt worden, bis er ausgelaugt war, dann wurde er von den Ackerbauern aufgegeben und der Erosion überlassen. Als die assyrischen Eroberer im sechsten vorchristlichen Jahrhundert in Ägypten einfielen und dem gesamten Niltal die Eisenzeit bescherten, brauchte es ungeheure Mengen Holz, um Kohle zum Schmelzen des neuen Metalls zu gewinnen. Die Bäume dieser Gegend wurden abgeholzt, was wiederum die lokalen klimatischen Verhältnisse beeinflußte und den Boden noch stärker der Erosion aussetzte. Seither haben Nomadenstämme längst die letzten Spuren der meroitischen Kultur zerstört, genauso unbarmherzig, wie ihre Ziegen-, Schaf- und Rinderherden im Kampf ums Überleben unter diesen harten Bedingungen das Zerstörungswerk am Boden vollendeten. Heute hat der Sand bis auf winzige Überreste alle Spuren der einstigen Bodenkulturen vertilgt, und jedes Jahr rückt die Wüste – der schrecklichste und unversöhnlichste Eroberer aller Zeiten – ein Stück weiter vor.

Die drei Tage auf dem kleinen Schiff vergingen wie im Traum. Bevor ich seiner Enge überdrüssig werden konnte, hatten wir auch schon die erste große Schlaufe des Flusses umrundet und tuckerten in nordöstlicher Richtung um die Sandbänke nach Karima, wo sich mein Kampf gegen Sand, Sonne und Staub fortsetzen sollte. Wir legten früh am Morgen an. Nach all den kleinen Nildörfchen, wo ein einziger Esel kaum Platz fand, sah Karima wie eine ansehnliche Metropole aus. Ich rackerte mich längs der Eisenbahnlinie zum Stadtzentrum durch, doch schon diese kurze Strecke überzeugte mich vollends, daß meine Informationen leider zutrafen: Der Sand war noch weit schlimmer als rund um Dongola. Es war der weichste Sand, den ich je gesehen hatte – er fühlte sich eher wie grauer Talkumpuder an. Ein Durchkommen mit dem Fahrrad war ausgeschlossen.

Eigentlich hatte ich vorgesehen, einige Tage in Karima zu verweilen und die meroitischen Ruinen zu erkunden, änderte jedoch meine Pläne, als ich hörte, daß der wöchentliche Zug in wenigen Stunden abfahren sollte. Wollte ich am Nil bleiben, war dies die einzige Lösung, denn die Suk-Lastwagen benutzten verständlicherweise die Abkürzung quer durch die Wüste, um den zweiten riesigen Bogen abzuschneiden, wo der Fluß wieder auf Südkurs dreht. Ich mochte nicht eine ganze Woche in einer Stadt vergeuden, die so wenig Reizvolles zu bieten hatte – immer vorausgesetzt, daß der nächste Zug überhaupt planmäßig abfuhr. Ein paar Tage im Sudan reichen aus, um jeden Reisenden von der Notwendigkeit zu überzeugen, schnell zuzugreifen, wann immer sich eine Transportmöglichkeit bietet und die Richtung annähernd stimmt.

Der Tip mit dem Zug stammte von einer schottischen Krankenschwester mittleren Alters namens Lexa, die von ihrer Kirche in Glasgow finanziell unterstützt wurde und im Krankenhaus von Karima arbeitete. Ich machte ihre Bekanntschaft, weil mich ein

Mann am Ärmel zupfte, als ich mich mit dem Agala vorwärtskämpfte, mir zulächelte und etwas sagte, das wie »Koadscher, Koadscher« klang. Er erwartete offensichtlich, daß ich ihm folgte, und da nichts dagegen sprach, ging ich mit, und er führte mich zum Krankenhaus. Im Sudan geschieht dies sehr oft, denn die Einheimischen nehmen an, daß Ausländer – »Koadschers« – gerne mit anderen Koadschers zusammensein möchten, und so schleppen sie einen dorthin, wo die ansässigen Ausländer wohnen oder arbeiten. Für Touristen kann dies sehr hilfreich sein, und den hier lebenden Ausländern kommt es selten ungelegen, weil sie es meist schätzen, hie und da wieder ein Gesicht aus der Heimat zu sehen. Lexa versicherte mir wiederholt, wie es sie freue, mich kennenzulernen, und drängte mich zum Bleiben, da britische Frauen in ihrem Alter hier äußerst rar seien. Wir frühstückten zusammen in einem Flügel des Krankenhauses, wo die kleinen Patienten alle von ihren zahlreichen Verwandten gefüttert wurden. Jede Familie war für ihr eigenes Essen verantwortlich, daher wimmelte es auf dem ganzen Platz von Menschen, die mit Schüsseln und Gerichten herein- und hinausrannten und neben den Betten lebhafte Picknicks abhielten. Die Kinder litten alle an Bronchialentzündung. Lexa meinte, in ein paar Monaten würde sich das ändern, dann werde es heiß und die Stationen seien voll mit Fällen von Malaria und akuter Diarrhöe. Trotz der Bronchitis ging es den Kindern im Winter gesundheitlich am besten, und sie konnten Gewicht zusetzen; wenn jedoch die fürchterliche Sommerhitze das Land packte, verloren sie den Appetit, und falls sie sich dann noch eine Darminfektion zuzogen, dehydrierten Säuglinge und Kleinkinder sehr rasch. Dies und nicht der Infekt selbst war der Hauptgrund, warum so viele von ihnen starben. Komplikationen wegen der Klitorisbeschneidung, ein weiteres gravierendes Problem, fielen hingegen das ganze Jahr hindurch an.

Nach dem Frühstück machten wir einen Besuch in der Säuglingsklinik, die von Lexa ins Leben gerufen worden war und nun von sudanesischem Personal geführt wurde. Der Hauptteil der Arbeit bestand darin, die Kinder zu wägen, da die Klinik an Säuglinge und Kleinkinder mit Untergewicht Zusatznahrung austeilte, daneben aber auch ein Impfprogramm durchführte und versuchte, die Mütter in elementarer Gesundheitsvorsorge anzuleiten. Trotz der Armut der Mütter, welche die Klinik aufsuchten, herrschte jeweils eitel Freude, wenn verkündet wurde, eins der Kinder sei nun gesund genug und benötige keine Zusatzrationen mehr. Überall an den Wänden hingen freizügige Plakate mit den schrecklichsten Folgen verstümmelter weiblicher Genitalien, doch Lexa sagte, daß sie bis jetzt sehr wenig Wirkung zeitigten, weil der soziale Druck viel zu stark sei, als daß die Mütter gewagt hätten, sich gegen die Tradition aufzulehnen. Der sudanesische Arzt, welcher das Krankenhaus leitete, war ihres Wissens der einzige Elternteil im ganzen Bezirk, der sich geweigert hatte, seine Töchter beschneiden zu lassen, zu einem hohen Preis allerdings, denn die Mädchen seien in der Schule durchweg geächtet worden und die Familie könne in der Stadt kein normales gesellschaftliches Leben führen.

Lexa beeindruckte mich besonders durch die Art, wie sie sich abkömmlich machen und das aus der Umgebung rekrutierte Personal die Führung übernehmen lassen konnte. Sie verfolgte ganz eindeutig eine Politik, nicht direkt einzugreifen oder einzuspringen, wenn irgendwo gepfuscht wurde. Ihr Ziel sei, sich so rasch als möglich überflüssig zu machen, indem sie ihre Kenntnisse anderen weitergab und allmählich Selbstvertrauen aufbaute. Später, nachdem ich viele andere praktische Entwicklungshelfer kennengelernt hatte, wurde mir bewußt, wie selten eine solche Einstellung ist. Würden mehr ausländische Helfer diese Haltung teilen, gäbe es viel weniger Unwillen unter der Bevölkerung, der geholfen werden soll. Es war nicht nur eine Frage des guten Willens, sondern auch eine der Lebensanschauung: Lexa mochte und respektierte die Sudanesen von Herzen, ganz im Gegensatz zu den beiden jungen Lehrerinnen auf dem Dampfer. Was Lexa geben konnte, rührte aus ihrem innersten Wesen als Mensch. Sie war in sich selbst so erfüllt, daß sie sich fast ausschließlich auf die Bedürfnisse anderer konzentrieren konnte, was mir das christliche Ideal der Nächstenliebe auf einfachste und direkteste Weise zu verkörpern schien.

Ich könnte von mir nicht behaupten, daß ich in den folgenden vierundzwanzig Stunden sehr viel Nächstenliebe empfand, weder christliche noch wer weiß was für welche, denn ich war viel zu sehr in meine eigenen Unannehmlichkeiten verwickelt, um an etwas anderes denken zu können. Dank der Widerborstigkeit der Schalterbeamten von Karima, welche die erforderlichen Formulare später als zwei Stunden vor der geplanten Abfahrt des Zuges nicht mehr ausstellen wollten, konnte ich nur noch eine Fahrkarte dritter Klasse kriegen. Hätte ich geahnt, was das bedeutete, hätte ich mich wohl zu den nichtzahlenden Passagieren aufs Wagendach geschwungen und der mörderischen Kälte der Wüstennacht getrotzt, denn nichts konnte schrecklicher sein, als in diesem Wagen drinzustecken. Ich war schon erledigt, bis ich nur das Fahrrad sicher im Dienstwagen verstaut hatte. Widerstrebend hatte ich mir einreden lassen, dies sei Sache des Zugpersonals, und wollte eben weggehen, als ich gerade noch rechtzeitig einen Blick zurückwarf und sah, wie mein getreues Streitroß durch die Luft flog, gefolgt von einem dumpf hallenden Geräusch und einer Wolke von Staubschwaden, die aus der Ladetür eines Lastwagens quoll. Ich stürmte zurück und konnte in letzter Sekunde verhindern, daß ein schwerer Kühlschrank daraufgewuchtet wurde. Der Lkw hatte Zement transportiert, und auf der Ladebrücke lag noch immer eine fußhohe Puderschicht, die den Fall des Agala dämpfte. Obwohl man alle Anstrengung unternahm, mich zu vertreiben, weigerte ich mich standhaft, mich vom Fleck zu bewegen, bis der Zug abfuhr. Ich schnallte auch die Satteltaschen alle wieder fest, damit mein Fahrrad besser geschützt war, falls es jemandem einfallen sollte, es als Wurfgeschoß zu verwenden. Weil mehrere Beamte alle das große Wort führen wollten und andauernd Waren wieder ausluden oder umstellten, wurde ich ziemlich schmutzig, bevor ich einsteigen konnte.

Im Drittklaßabteil waren nur die kahlen Gerippe der Sitze übriggeblieben. Die Polsterung war ganz weggerissen, und unter den Sitzen lagen Sandwehen und Dreckhaufen. Toiletten ohne Spülvorrichtung zwischen den türlosen Wagen strömten einen penetranten Geruch aus. Jeder Fußbreit war mit eng zusammengepferchten Männern, Frauen und Kindern besetzt, so daß ich anfangs dankbar war, außer meiner Lenkertasche mit den Ausweisen und Reiseschecks kein Gepäck bei mir zu tragen. Aber schon nach kurzer Zeit merkte ich, wie gelegen mir Schlafsack, Luftmatratze und warme Kleider gekommen wären – Dinge, die nun alle im verschlossenen und versiegelten Güterwagen steckten und für mich unerreichbar waren.

Bald zeichnete sich ab, daß der Zug im Durchschnitt nicht mehr als fünfzehn Kilometer pro Stunde zurücklegte. Nach zwei Stunden erwies sich auch diese Schätzung als lächerlich optimistisch, denn auf eine halbe Stunde gemächliche Fahrt folgte eine Dreiviertelstunde Ruhepause. Da ich nichts zwischen mir und dem flachen Stück Hartfaserplatte hatte, auf dem ich saß, litt ich schon bald an qualvollen Krämpfen, die nach etwa vier Stunden kaum mehr zum Aushalten waren. Ein paar Schritte zu tun, um meine unbequeme Lage zu lindern, war unmöglich, denn ich hätte über dicht aneinandergepackte Körper stelzen müssen. Alle anderen hatten in weiser Voraussicht Tücher und Bündel mitgebracht, um ihren Sitzplatz auszupolstern. Als die Nacht hereinbrach, wurde mein Elend durch den plötzlichen Temperatursturz noch verschlimmert. Ich begann ernsthaft zu überlegen, ob ich in meinem dünnen Hemd und den leichten Hosen die Reise wohl überleben würde, und war gerade zum Schluß gekommen, dies sei höchst unwahrscheinlich, als Rettung in Gestalt eines Streckenhalts nahte. Der Zug bremste, und viele Leute verließen den Wagen, so daß ich meine abgestorbenen Glieder strecken und ihnen mit steifen Schrittchen nachklettern konnte.

Im Verlauf der Nacht hielten wir mehrmals in diesem nur spärlich bevölkerten Abschnitt des Nils. Jedesmal torkelten die Passagiere aus den unbeleuchteten, staubigen Eisenbahnwagen oder kletterten durch die Fenster hinaus in die Wüstennacht, wo schöne, vom unruhigen Geflacker der harzgetränkten Feuer beschienene Mädchen im Sand neben den Schienen kauerten und Datteln, Kuchen und heißen Tee verkauften, der wie das reinste Lebenselixier schmeckte – die einzige Linderung in meinem Dauerelend, das sich achtzehn Stunden hinzog und nicht enden wollte.

In dieser Zeit hatten wir nicht mehr als zweihundertfünfzig Kilometer zurückgelegt.

Die schlimmsten Augenblicke kamen jedoch erst, als es hell wurde. Alle außer mir schliefen auf den Sitzen oder lagen unter einer dicken Staubschicht auf dem Boden ausgebreitet. Es war kein schöner Anblick. Staub schien meine Kehle zu füllen, knirschte zwischen den Zähnen, hatte sich in die Falten meiner Kleider geschlichen und bedeckte meine Haut wie ein Leichentuch. Ich sah aus wie etwas kürzlich Ausgegrabenes. Als ich an meinen gefühllosen Beinen hinunterschaute, bemerkte ich mit Schrecken, daß meine Knöchel vom langen, unbequemen Sitzen unförmig angeschwollen und zweimal so dick wie sonst waren. Weil mir so etwas bisher noch nie passiert war, brütete ich düster, ob ich mir wohl eine der scheußlichen afrikanischen Krankheiten zugezogen hatte, Elephantiasis zum Beispiel. Es hätte ausgezeichnet zu dem elenden Zustand gepaßt, in welchen ich versunken war.

Beim nächsten Halt (ich glaube, es war in Berber, bin aber nicht ganz sicher, weil ich derart benommen war) kroch ich aus dem Zug. Ich hatte nur den einen Wunsch: einen Platz zu finden, wo ich schlafen und mich waschen konnte – vor allem waschen, denn ich spürte, wie der Staub tief in die Poren meiner Haut eingedrungen war und nur ein langes Einweichen in einem wohligen, heißen Bad ihn dort je wieder herausbringen würde. Ein Bad diesseits von Khartum – bitte schön, gleich um die Ecke! verhöhnte ich mich selbst. Ich hatte seit meiner Abreise aus England kaum ein Bad zu Gesicht bekommen, schon kalte Tröpfelduschen aus rostigen Röhren waren ein Luxus. Irgendwie schaffte ich es, mein dringendes Bedürfnis nach Wasser zur Seite zu schieben und mich ganz darauf zu konzentrieren, jemanden zu finden, der den Gepäckwagen aufschloß und das Agala befreite. Ich versuchte schon gar nicht, die dicke, weiße Schicht Zementstaub wegzuwischen, sondern setzte mich einfach drauf und fuhr los – südwärts, in die richtige Richtung. Auf einmal merkte ich, daß ich auf Asphalt statt auf Sand fuhr, was mir derart unwahrscheinlich schien, daß ich es aufgab, mir darüber den Kopf zu zerbrechen, und alle meine Kraft zusammennahm und in die Pedale trat.

Nach langer, langer Zeit – es müssen mehrere Stunden gewesen sein – fand ich mich in einer Stadt mit breiten Straßen wieder, und da ich spürte, daß ich am Ende meiner Kräfte war, fragte ich irgend jemanden, wo ich ein Hotel finden könne, und dieser Jemand führte mich zu einem ziemlich nobel aussehenden Gebäude in einem Garten. In der Tür empfing mich ein kleiner, ältlicher Mann, wie wenn man mich erwartet hätte, und ich wurde in ein großes, schattiges Schlafzimmer geführt, wo es nach Paraffin roch, zweifellos, um die Kakerlaken auf Abstand zu halten. Es gab ein Bett mit einem einzigen, sauberen Laken, wie es, wie ich später herausfand, im Sudan der Brauch ist, und kaum zu glauben: ein richtiges Badezimmer mit Badewanne und sogar heißem Wasser! Zu diesem Zeitpunkt hätte mir der Himmel wohl kein größeres Geschenk machen können.

Gurna, das Dorf bei den Grabstätten der Notablen.

Die ägyptische Sippschaft, die meinen Sonnenhut raubte.

Mein Freund Ibrahim, der mich kulinarisch verwöhnte.

Zwischen Nil und Straße: wie in alten Zeiten.

Schilluk-Mutter mit ihrem Kind (Renk).

Neidisch gucken junge Mädchen zu, wie Vimto mit den Jungen lernt.

Vimto und Fatima. Vagabundierender Junge in Nyala.

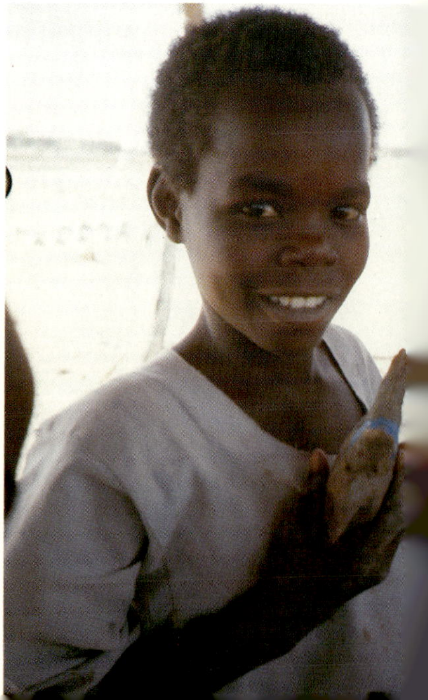

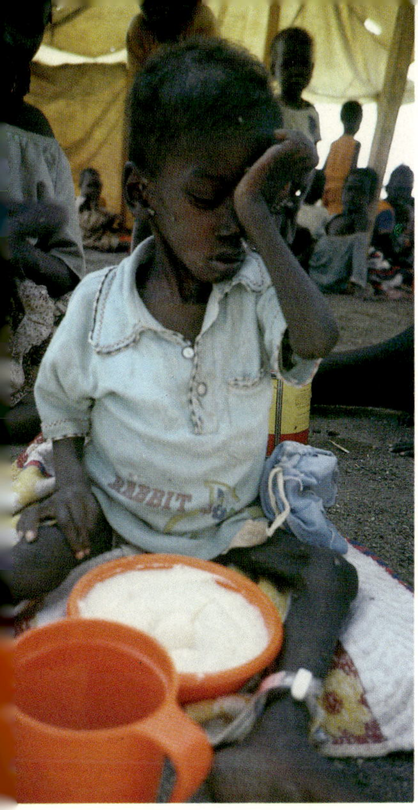

kleine Michael, der dem Tod trotzte
nk).

Saba.

Straßenjunge in Khartum.

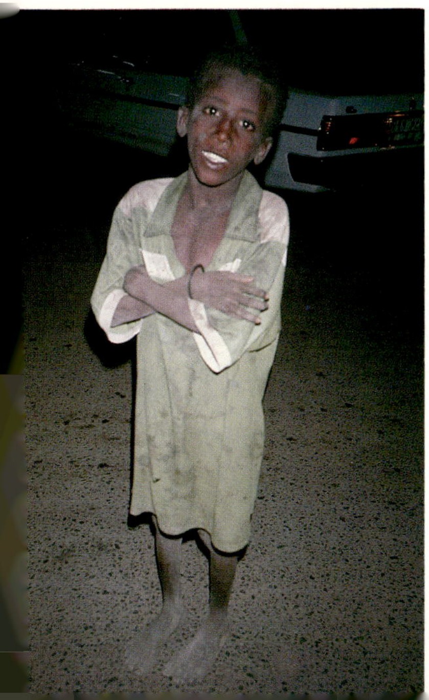

Junger vagabundierender Bettler (Khartum).

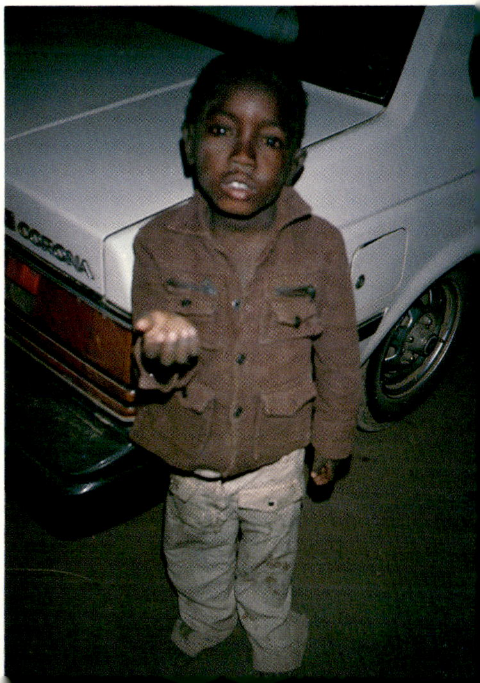

Beim Pflügen in Nordsudan.

Vertriebener Schilluk (Renk).

Viehpferch der Mundari (Juba).

Vieh der Mundari.

Mundari-Mädchen aus Juba.

Meine Träger auf den Mondbergen.

Luta Nzige (Albertsee).

12. KAPITEL

Von Schutzengeln und Wunschfeen

Während ich in dem unglaublichen Komfort meines zweiten heißen Bads schwelgte, sorgfältig darauf bedacht, meine wasserdichte Taschenlampe nicht zu verschieben, die statt eines Stöpsels im Spundloch steckte, begann ich mich zu fragen, wer wohl hinter der Person steckte, die mich zu diesem köstlichen Ort geführt hatte. Ich hatte nicht die geringste Andeutung von Flügeln unter seiner Gallabija bemerkt, doch Schutzengel können bekanntlich viele Gestalten annehmen, und mein eigener war bisher auf dieser Reise so aktiv gewesen, daß es mich schon nicht mehr überraschte, wo und wie auch immer er erschien. Nie hatte ich sein Bemühen um mich mehr geschätzt als jetzt. Ich hatte bereits rund um die Uhr geschlafen und fing nun langsam an, die seltsam unwirklichen Qualitäten dieses Hotels zu würdigen, wo ich der einzige Gast zu sein schien. Die Mahlzeiten, die ich ganz allein im großen, trüben Speisesaal einnahm, waren sehr einfach und nicht besonders gut zubereitet, doch Omeletts, gefüllte Paprikaschoten und aufgeschnittene, geteilte Pampelmusen waren Gerichte aus fernen, fernen Zeiten und kamen mir in meinem Zustand ebenso märchenhaft vor wie das Bad. Ein kleiner, stiller Mann bediente mich. Er tauchte, wie von Geisterhand hergezaubert, auf, kaum ließ ich mich im Speisesaal blicken, und legte sorgfältig Riesenmengen schweren Bestecks auf ein zwar fleckiges und gräuliches, aber immerhin aus doppeltem Damast gewirktes Tischtuch. Ich wurde nie gefragt, was ich wünschte, das Essen wurde einfach hereingetragen und mir vorgesetzt. Bad, Tischtücher, gemachte Betten (selbst mit nur einem Laken), Handtücher und Besteck – alles wirkte so elegant, so im Widerspruch zu allem, woran ich mich im Sudan gewöhnt hatte, daß ich meinen Aufenthalt im »Gasthaus« von Atbara wie in Trance verbrachte.

Ich nutzte die Zeit, so gut es ging, einmal nichts zu tun, außer zu baden, zu essen und zu versuchen, mich mit hochgelegten Füßen auszuruhen, um die Schwellung in meinen Knöcheln zu lindern. Selbst die wenigen Treppenstufen hinunter in den Speisesaal kosteten mich Mühe und bewiesen mir, wie erschöpft ich eigentlich war. Nur allzu leicht werden die Anforderungen einer Reise, wie ich sie unternahm, unterschätzt, nur allzu gerne ignoriert man die pausenlose, harte körperliche Anstrengung, das heiße Klima, die unzureichende Ernährung, die ständigen Bemühungen, sich in einer fremden Sprache zu verständigen und dauernd auf dem Präsentierteller zu sein – und muß es weitgehend auch, wenn man zu so abgelegenen Orten reist. Der springende Punkt ist, zu erkennen, wo die Grenze liegt. Verlangt man zu lange Zeit vom Körper oder vom Kopf zuviel, finden sie immer einen Weg, sich zu rächen, und dann funktionieren sie einfach nicht mehr richtig. Die Lethargie, die ich in mir spürte, und meine geschwollenen Knöchel zeigten deutlich, daß ich einer längeren Erholungspause bedurfte, als die drei Tage auf dem Schiff von Dongola mir gewährt hatten. Ich konnte ruhig ein, zwei Tage bleiben, wo ich war, tüchtig essen und wieder etwas von dem verlorenen Gewicht zulegen, und genau das schien mir auch das Vernünftigste. Doch Khartum lag nur noch wenige Tage entfernt, falls der freundliche Asphaltstreifen nicht aufhörte, und in Khartum warteten Freunde, mit denen ich Weihnachten feiern wollte – und Briefe! Der Gedanke an Post hat einen starken Einfluß auf Reisende fernab der Heimat. Seinetwegen haben sich schon Forscher, die dem Tod nahe waren, noch endlose Monate durch dichten Dschungel weitergeschleppt, und auch auf mich übte er eine ähnliche Wirkung aus. Ich wollte so rasch als möglich weiter.

Als mein Entschluß einmal feststand, konnte ich mich endlich richtig entspannen und den Rest des Tages genießen. Ich machte es mir auf dem Holzbalkon vor meinem paraffinimprägnierten Schlafzimmer bequem, wo meine frischgewaschenen Kleider und das Gepäck rund um mich herum zum Trocknen aufgespannt waren. Der Himmel hing voller riesiger, bräunlichroter Falken, die sich auf ihrer endlosen Suche nach Aas vom Wind tragen ließen. Sie hatten meine vertrauten Begleiter in der Wüste abgelöst, düster wirkende Vögel mit schmutzigweißem Gefieder, gelben Köpfen und schwarzen Flügelspitzen, die mir nachfolgten und nur darauf zu warten schienen, daß ein Hitzschlag mein Lebenslicht ausblies und sie mich verspeisen konnten.

Der Balkon schaute auf einen halb verfallenen Garten. Hie und da flammte ein ungewöhnlich heller Farbfleck aus dem vorherrschenden stumpfen Ocker der sudanesischen Landschaft auf – ein paar blühende Büsche, die zäh genug gewesen und nicht eingegangen waren. Noch immer säumten Steinbrocken mit weißen Farbspuren die mit militärischer Präzision angelegten Wege rund um trockene, weite Flächen, wo einst Rasen gewachsen war. In der Mitte stand ein krummer, abgetakelter Fahnenmast. Längs der breiten Straßen hinter dem Garten gab es Reihen von Laubbäumen und sogar Überbleibsel von Bürgersteigen. Je mehr sich dieses Bild einprägte, desto stärker stieg das Gefühl eines Déjà-vu-Erlebnisses in mir hoch, bis mir plötzlich bewußt wurde, daß ich ja alles hier kannte, daß dieselben Gespenster in dieser Oase herumschwebten wie jene, die durch die Orte im Bergland von Nordindien geisterten. Tee mit Scones, Krocket, kleine Drinks – es war die unverwechselbare Aura des britischen Kolonialreichs, und die sechzig oder siebzig vor sich hin rostenden Lokomotiven »Made in Darlington«, die ich auf der Hinfahrt gesehen hatte, gehörten genauso in jene noch unvergessene Welt.

Atbara war General Kitcheners Kopfbahnhof für seinen Sudanfeldzug gewesen, und hier fand die erste Schlacht statt, um den Tod von General Gordon zu rächen und »diesen verdammten Mahdiisten eine Lektion zu erteilen«. Kein Kenner der Lage wäre je auf die Idee gekommen, daß der Nachfolger des Mahdi, Kalif Abdulla, mit seinen Kriegern eine Gefahr für die Sicherheit Kairos und des Suezkanals darstellen könnte, obwohl dies ein wichtiges Argument war, um die Strafexpedition zu unternehmen. Der wirkliche Grund war viel eher, daß eine stolze und mächtige Nation von einer Horde »nackter Wilder« zum Gespött gemacht und einer ihrer Helden, General Gordon, ermordet worden war. Die »heidnischen Wuschelköpfe« hatten seinen Kopf zur Belustigung herumparadiert, und diese Schandtat schrie nach Vergeltung, genau wie die »unverschämte Frechheit«, daß der Mahdi später einen Brief an Königin Viktoria gesandt hatte, worin er sie aufforderte, sich Allahs Willen zu unterziehen. Eine erste Strafexpedition von zehntausend Mann unter General Hicks war bereits 1883, zwei Jahre vor dem Fall von Khartum, vom Mahdi niedergemacht worden, und es war also allerhöchste Zeit, daß Britannien seiner Christenpflicht nachkam und den Sudan wieder unter angloägyptische Herrschaft zwang! Und als die unrechtmäßige Besitznahme der zentralafrikanischen Gebiete begann, wuchs der Druck der öffentlichen Meinung erst recht an, sich dieser Wüstenödnis, durch welche der größte Teil des Nils floß, zu bemächtigen.

Dreizehn Jahre nachdem Khartum gefallen war, bewegte sich also Kitcheners beachtliche anglo-ägyptische Streitmacht am Ostufer des Nils flußaufwärts, auf derselben Route, die ich soeben mit meinem Rad gefahren war. Einer der Emire des Kalifen hatte sich in Atbara mit zweitausend Stammeskriegern verschanzt, in der vergeblichen Hoffnung, den Vormarsch aufhalten zu können. Am Karfreitag 1898 griff Kitchener die Männer des Emirs mit der ganzen Wucht seiner modernen Artillerie an und radierte sie aus. Zu der Handvoll Überlebenden des kurzen Scharmützels zählte auch der junge Emir selbst. Er wurde in Ketten und Handschellen an der Spitze des Siegeszugs mitgeschleppt und von Mitläufern mit Abfällen beworfen, während Kitchener auf seinem weißen Schlachtroß saß und die Parade abnahm und ein junger Soldat namens Winston Churchill sich sorgfältig Notizen über das Geschehen machte.

Nachdem er seinen Eisenbahnbrückenkopf eingerichtet hatte, marschierte Kitchener weiter nach Omdurman, zur Entscheidungsschlacht seines Feldzugs. Hier stellte sich ihm der Kalif mit einer Streitmacht von fünfzigtausend Kriegern entgegen, die er dort postierte, wo Allah es ihm aufgetragen hatte: am anderen Flußufer auf gleicher Höhe wie damals beim Sieg über Khartum, in Reichweite von Kitcheners Kanonenbooten.

Die britischen Truppen zählten weniger als die Hälfte des Feindes, nur etwa zwanzigtausend Mann, doch während die Sudanesen größtenteils nur mit Speeren bewaffnet waren, hatte Kitchener Kanonenboote der Royal Navy, Maschinengewehre, Flinten und hundert Stück Artillerie. Niemand gab dem Kalifen auch nur die geringste Chance. In seiner Schlachtbeschreibung notierte Churchill: »Die ganze schwarze Linie, die wir für Büsche gehalten hatten, begann sich zu bewegen. Hinter ihr erschienen weitere ungeheure Massen und Linien von Männern über dem Hügelkamm; und während wir verblüfft diesen wunderlichen Vorfall beobachteten, verfärbte sich der ganze Abhang schwarz mit wimmelnden Wilden.« Es war ein Bild, wie es später in Hunderten von romantisierenden Filmen inszeniert werden sollte: eine dünne rote Linie mit weißen Tropenhelmen, die standhaft einer riesigen Übermacht trotzte. Doch in Omdurman war nichts dergleichen geschehen. Die Araber hatten Kitcheners Linien nie erreicht, sondern waren in dem mörderischen Artilleriefeuer, das in ihre massierten Reihen schlug, niedergemäht worden. »Es war keine Schlacht, sondern eine Exekution«, hielt ein anderer Augenzeuge fest. Binnen zweier Stunden lagen zehntausend Männer des Kalifen in verknäuelten Haufen tot auf dem Sand, der Rest strömte in wilder Flucht zurück nach Omdurman. »Der Feind«, bemerkte Kitchener, als er sein Feldglas absetzte, »hat einen kräftigen Nasenstüber abgekriegt.« Bei den alliierten Streitkräften wurden nur vierhundert Opfer gemeldet, von denen die meisten aufs Konto eines unnötigen und nicht befohlenen Kavallerieangriffs des Lancer-Regiments gingen.

Darauf folgte ein abscheulicher Vorfall, der an barbarische Zeiten gemahnte und alle viktorianischen Anstandsprinzipien in den Wind schlug: General Kitchener ritt zum Grab des Mahdi in Omdurman und ließ seinen Leichnam ausgraben und in den Nil werfen, nachdem er zuerst den Kopf abgeschnitten hatte, um daraus ein Tintenfaß anzufertigen. Königin Viktoria in Person erteilte ihm deswegen eine Rüge, doch in Ungnade fiel er nicht – dafür war sein Sieg viel zu populär gewesen. Der Kopf wurde in aller Stille in Wadi Halfa wieder begraben, wo er sich demselben

Element zugesellt hat wie der Körper, denn das Grab liegt jetzt mehrere Meter unter den Wassern des Hochdamms. Solche Missetaten einzelner haften lange im Gedächtnis und bringen den Kolonialismus als Ganzes in Mißkredit. Sie überschatten die langsamen, geduldigen Bemühungen, den unmenschlichen Sklavenhandel zu unterbinden, Recht und Ordnung einzuführen und eine gewisse ökonomische Grundlage für das wirtschaftliche Wachstum des Landes zu schaffen – Bemühungen, die schon seit mehreren Dekaden vor dem Fall Khartums in Gange waren und die als »die Bürde des weißen Mannes« noch lange nachdem Kitchener im Ersten Weltkrieg vor den Orkney-Inseln mit einem Schiff versunken war, weitergehen sollten.

Auf dem Weg nach Khartum wollte ich mir etwas von den Auswirkungen dieser modernen »Bürde des weißen Mannes« in Gestalt eines Projekts »Grüne Wüste« anschauen. Es sah vor, Teile der Bayuda-Wüste mit Bäumen aufzuforsten und sich dabei der Arbeitskraft eben jener Hirtennomaden zu bedienen, deren Vorfahren für die Überweidung verantwortlich gewesen waren, die das Land in die heutige Einöde verwandelt hat. Schon als ich das erstemal in England davon hörte, fand ich es ein aufregendes Vorhaben; jetzt, wo ich bereits einige Erfahrungen mit diesem Landstrich gesammelt hatte, war ich um so gespannter, was für ein Wunder die Wüste wieder zum Blühen bringen konnte.

Ich reiste ziemlich früh von Atbara weg. Noch immer war mir niemand begegnet außer dem stillen, kleinen Mann, der meine Mahlzeiten serviert und mir zum Schluß die bescheidene Rechnung überreicht hatte. Der Himmel war schmutzig und in ein ungewöhnlich kränklichgelbes Licht getaucht, doch ich achtete nicht weiter darauf, da mir das Radfahren bei starkem Rückenwind auf dem geteerten Straßenstück viel Spaß bereitete. Zuerst überquerte ich eine baufällige Brücke, die über das breite, steinige Bett des Atbara führte, des letzten großen Nebenflusses des Nils. (Für mich, die ich stromaufwärts reiste, war er der erste und markierte zugleich die Zweitausendmeilengrenze.) Jetzt war er nur ein Rinnsal, doch sobald in Äthiopien der Regen fällt, verwandelt sich der Atbara in einen reißenden, fast fünfhundert Meter breiten Strom und trägt den reichen Schlamm aus dem äthiopischen Hochland herunter. Der Nil selbst, den ich nur kurz zu meiner Rechten erblickte, sah zum erstenmal eisengrau und unansehnlich aus: Ein stumpfes Licht beraubte ihn all seines Glanzes.

In Ed Damer radebrechte ich mit Erfolg mein Arabisch und konnte mich der Dienste eines intelligenten, alten Mannes versichern, der mit mir auf der Suche nach den Leuten des Projekts »Grüne Wüste« kreuz und quer durch die sandigen Straßen stapfte. Mein Führer mußte eine ganze Schar von Jungen ausfragen, bevor wir schließlich in einem Sträßchen ein bulliges Fahrzeug entdeckten, auf dem in großen Lettern »Grüne Wüste« aufgemalt war. Aus dem Haus, vor welchem es abgestellt war, kam jedoch keine Reaktion auf unser Klopfen und Rufen. Dann erschienen Nachbarn und berichteten, der Lastwagen sei schon vor geraumer Zeit zusammengebrochen – die »Grüne Wüste« schien sich in Luft aufgelöst zu haben. Ich war enttäuscht, aber keineswegs überrascht: Wer hatte in diesem so hoffnungslos verarmten Land schon die notwendigen Mittel zur Hand, um ein derart schwieriges Unterfangen in Angriff nehmen zu können? Internationale Hilfsprojekte für zig Millionen Dollar zur Rettung alter Tempel vor den Fluten eines Staudamms sind eine Sache – der viel unspektakulärere Prozeß, Bäume anzupflanzen, eine andere, an der offenbar nur wenigen Leuten etwas gelegen zu sein schien. Der »moderne« Mensch ist viel zu sehr damit beschäftigt, aus den großen Regenwäldern und aus den Kiefernwäldern des Himalaja neue Wüsten zu erzeugen, als daß er sich darum kümmern könnte, die alten Wüsten, die seine Vorfahren geschaffen haben, wieder zu reparieren.

In Ed Damer hielt mich nichts mehr, also gab ich meinem Führer ein paar Zigaretten und schwang mich aufs Agala. Doch der alte Mann hinderte mich daran, wegzufahren. Er klammerte sich am Gepäckträger fest, bis ich merkte, daß ihm etwas zu schaffen machte, was er wegen der Sprachbarriere nicht ausdrükken konnte. Schließlich erwies sich, daß das kränkliche Licht, dem ich keine Bedeutung zugemessen hatte, der Vorbote eines Habub war, eines sich zusammenbrauenden Sandsturms, und der Mann um meine Sicherheit fürchtete, weil, wie ich nicht wußte, der einzige Weg nach Khartum durch Wüste führte. Eine weitere Schar Jungen wurde befragt, worauf er mich erneut durch viele Straßen geleitete, bis er endlich an einem hohen, pastellfarbenen Doppeltor anklopfte, das sich in nichts von hundert anderen unterschied. Als es sich jedoch öffnete, stand dahinter ein Engländer mit langen, bloßen Beinen und versuchte in fruchtlosem Bemühen, schnell eins hinter dem anderen zu verstecken, als wäre er in unzüchtiger Bekleidung erwischt worden (was vom Standpunkt der Moslems ja auch der Fall war).

Zwar war mir gerade ein Entwicklungsprojekt durch die Finger geschlüpft, hier war ich dafür, wie ich bald merken sollte, über ein anderes gestolpert – eigentlich gar kein so großer Zufall, wie ich später entdeckte, denn fast jedes weiße Gesicht im Sudan hat irgend etwas mit Entwicklungshilfe zu tun. David und Julie waren beide als professionelle Entwicklungshelfer in einem Krankenhaus tätig. Im Vorjahr, als die große Hungersnot wütete, waren sie erstmals nach Ostafrika gekommen und hatten drei qualvolle Monate in einem Flüchtlingslager verbracht, wo die Kinder rundherum wie die Fliegen starben; jetzt waren sie als Ehepaar-Team bei einem der kleineren Hilfswerke angestellt, um im Gebiet des Atbara medizinische Grundversorgung zu leisten. Die beiden waren gerade beim Packen. Sie wollten Weihnachten in Khartum verbringen und boten mir an, mich mitzunehmen, da der Straßenzustand zum Radfahren viel zu schlecht sei. Selbst mit ihrem Toyota mit Allradantrieb sei die Fahrt manchmal eine prekäre Angelegenheit, und sie würden, wie sie sagten, nie ohne Spaten und Matten losfahren, um das Auto notfalls ausgraben zu können, und hätten immer einen reichlichen Wasservorrat für längere Pannen bei sich. Ich nahm ihr freundliches Anerbieten dankbar an. David und sein sudanesischer Fahrer luden das Agala sorgfältig oben auf einen Berg von Gepäck, das mit einem Spinnennetz aus Seilen festgezurrt war, während Julie mir in der Zwischenzeit Haus und Garten zeigte.

Das Paar wohnte in einem kleinen, typisch sudanesischen, von einer hohen Mauer umgebenen Haus mit separaten Zimmerchen, die um einen Hof gebaut waren und malerische Ecken und Winkel formten. Alles sah recht primitiv aus, mit Ausnahme der weißgetünchten Mauern und einer Fülle von Pflanzen, welche in mehreren kleinen Blumenbeeten wuchsen, ein in sudanesischen Häusern höchst ungewohnter Anblick. Es machte einen gewaltigen Unterschied, denn in dem überall vorherrschenden monotonen Lehmziegeleinerlei dürstet das Auge ständig nach ein wenig Farbe. Ich bin sicher, daß dies auch der Hauptgrund war, warum den Leuten mein knallrotes Agala so gut gefiel und weshalb die Sudanesen ihre Haustüren in den buntesten Farben bemalen, die sie in die Finger kriegen können. Doch nichts bot eine so angenehme Abwechslung wie Blumen, Büsche und Bäume. Sie schienen gleichsam Feuchtigkeit in die trockene Atmosphäre zu tragen und ließen alles ein bißchen weniger staubig und öde aussehen. Julie meinte, sie könne hier auf diesem Fleckchen beinahe alles anpflanzen, es brauche nur häufiges Bewässern und Schatten, denn die Erde sei sehr fruchtbar.

In diesem Garten erblickte ich erstmals den unscheinbaren, ligusterähnlichen kleinen Busch, aus welchem Henna hergestellt wird. Ohne Henna auf den Fingerspitzen und Fußsohlen fühlt sich keine sudanesische Frau richtig angezogen. Die Frauen im Sudan, wie arm sie auch sein mögen, kennen viele Schönheitsprozeduren, die ich noch nie zuvor gesehen hatte: Rauchbäder zum Beispiel, wo die Frau stundenlang über einem Feuer in einer Vertiefung im Fußboden des Hauses kauert und ihren Tobe wie ein Zelt über sich drapiert hat, sollen die Haut geschmeidig machen und ihr einen blanken Schimmer verleihen. Körperbehaarung gilt hier als unschön und wird mit hausgemachten Enthaarungsmitteln aus Zitrone und Zucker entfernt, worauf parfümierte Öle in die Haut gerieben werden. Kein Duft gleicht dem andern, denn jede Frau stellt aus zerstoßenen Kräutern und Blumen ihre eigenen Tinkturen her, und die Rezepte werden sorgfältig gehütet.

Wir verließen Ed Damer nach dem Mittagessen mit der Absicht, in der Nähe der Ruinen der Königsstadt Meroe zu campen. Der Habub blies jedoch immer stärker, und so steuerten wir statt dessen Richtung Schendi. Ich war froh, daß ich nicht auf dem

Fahrrad saß. Jetzt wurde mir auch klar, warum so viele Seile um unser Gepäck herumgeschlungen waren, denn der Wagen hüpfte und bockte im tiefen Sand, prallte mit unangenehmem Aufschlag in die vielen Senken und Löcher, und das Steuerrad schien sich ständig den Händen des Fahrers entwinden zu wollen. Einige der Mulden stammten von Kamelen, die sich auf der Fahrspur wie Pferde hin und her gerollt hatten und ihre wollenen Rücken gegen den Sand scheuerten, um Parasiten loszuwerden. Der Fahrer schien von diesen Senken geradezu magnetisch angezogen zu werden und brauste mit hoher Geschwindigkeit in sie hinein. Meiner Meinung nach fuhr er nicht annähernd so gut wie die anderen Sudanesen, mit denen ich weiter nördlich gereist war, vermutlich weil der Wagen nicht ihm gehörte und es ihm egal war, wenn er beschädigt wurde. Er gehörte auch nicht David, der sich jedoch ernstlich Sorgen machte, weil nach nur sechsmonatigem Gebrauch bereits größere Reparaturen anstanden. Die Federung war schon vorher strapaziert gewesen, doch als wir Khartum erreichten, stellte sich heraus, daß ein Stoßdämpfer zerbrochen war, was mich nach den zwei leidvollen Tagen Knochengerüttel gar nicht überraschte.

David wußte viel Interessantes zum Thema »Entwicklungshilfe heute« und erklärte mir fachmännisch, wie sie aufgezogen war. Er hatte sich seinen Arbeitsbereich sorgfältig ausgewählt und sah dort Aufstiegsmöglichkeiten vor sich liegen, denn in Entwicklungsländern boten sich verlockende Aussichten auf Beförderung. Zuerst hatte er an der Universität einen Diplomkurs in Entwicklungshilfe belegt und darauf zielstrebig seine praktische Ausbildung in Krankenpflege absolviert. In meinen Augen war Entwicklungshilfe stets etwas Begrenztes gewesen, etwas, was sich mit ziemlich kurzfristigen, spezifischen Bedürfnissen befaßte: David hingegen sah sie viel längerfristig, als eine Aufgabe, die sich bis weit ins einundzwanzigste Jahrhundert erstrecken würde – eine für mich völlig neuartige und auch beunruhigende Perspektive. Es fiel mir zunehmend schwer, diese komplizierten Zusammenhänge zu verstehen, während wir auf einer arglistigen Fahrspur auf und ab hüpften und die seltsamen Ruinengebilde der Königsstadt Meroe drohend aus den Staubwolken aufragten, und ich muß gestehen, daß mir nur ein Bruchteil all dessen geblieben ist, was ich über die Philosophie und Struktur dieser neuen Wachstumsindustrie zu hören bekam. Je besser ich den Sudan kennenlernte, um so mehr steigerte sich übrigens meine Verwirrung, die hier ihren Anfang hatte.

An vorderster Front tätig, waren sich David und Julie der politischen Aspekte der Entwicklungshilfe sehr wohl bewußt, ohne direkt in sie verwickelt zu sein. Ihre Aufgabe bestand darin, bei den Einstellungen und Bräuchen, die den drei schrecklichen Plagen Krankheit, Armut und Unwissenheit zugrunde lagen, praktische Veränderungen zu initiieren, was, wie sie genau wußten, sehr viel Zeit brauchte. Sie waren sich auch im klaren, daß die hiesigen Mitarbeiter, welche sie angestellt hatten, um bei den Impfprogrammen und in den Kliniken zu helfen, die sie in Gang zu bringen versuchten, am liebsten die ganze Ausrüstung, die Transportmittel und das Geld für sich beansprucht hätten, um die Dinge auf ihre Art zu schaukeln. Ein nagendes Gefühl der Unzufriedenheit war von vornherein in ihrer Arbeit einprogrammiert, denn was konnten sie in diesem riesigen Einzugsgebiet mit den beschränkten Mitteln, die ihnen zur Verfügung standen, schon ausrichten? Selbst die Einsicht, daß die Dinge nun einmal so standen, half nicht viel weiter. Die unermeßliche Weite, die fürchterliche Hitze und die fehlenden Kommunikationsmittel und Straßenverbindungen stellten dem wenigen, das sie hatten, fast unüberwindliche Schwierigkeiten in den Weg und führten leicht zu Frustration.

Wenn ich ihre Aufgabe mit jener von Lexa in Karima verglich, konnte ich erst richtig ermessen, wie viel härter und unersprießlicher sie ihrer Natur nach sein mußte und wie sehr sich beide voneinander unterschieden. Lexa hatte viel mehr Kontakt mit den Menschen, denen sie half. Sie sprach ihre Sprache, und ihr beschränkter Wirkungskreis ermöglichte ihr eine viel engere Beziehung zu den Leuten, die sie ausbildete. Da sie finanziell direkt von ihrer Kirche daheim unterstützt wurde, konnte sie alles, was sie benötigte, ohne monatelange ärgerliche Verzögerungen unmittelbar anfordern. David und Julie ihrerseits hatten zwar mehr Spielraum, weil sie die Bedürfnisse in ihrem Operationsfeld selbst abklären konnten, standen jedoch angesichts der ungeheuren Probleme mit den einzelnen Menschen, denen sie zu helfen versuchten, in keinem ständigen Kontakt und sahen sie kaum mehr als einmal. Zudem benötigten sie dauernd einen Dolmetscher, was beträchtliche Schwierigkeiten mit sich bringen und ihren Erfolg schmälern mußte. Obwohl ich ihre Absichten bewunderte, hätte ich ihren Job nie im Leben angenommen.

Durchgeschüttelt von der Fahrt und voller blauer Flecken kamen wir früh am Abend in Schendi an. Plötzlich war es sehr kalt geworden. Das Licht, welches sich am Mittag etwas aufgehellt hatte, war wieder grau und drohend, und ein wütender Wind wirbelte die oberste Lage Sand zusammen mit einem bunten Gemisch von Abfällen durch die Luft. Schendi schien ein trostloses Kaff zu sein. David und Julie hatten Freunde hier, bei denen sie übernachten wollten, ein Ehepaar mit zwei jungen Söhnen, das etwas mit »Grüne Wüste« zu tun gehabt hatte und jetzt bei einem anderen Aufforstungsprojekt mitarbeitete. Ihr Haus war leicht zu finden, denn davor stand ein einzelner Baum, dessen Stamm durch eine etwa eineinhalb Meter hohe, runde Backsteinmauer vor herumstreunenden Ziegen geschützt war. Wenn es schon so viel Aufwand erforderte, im Nordsudan einen einzigen Baum großzuziehen, war leicht ersichtlich, wieso es so wenige davon gab. Das Schicksal wollte es jedoch, daß ich nichts Genaueres über die Aufforstungsprojekte in dieser Gegend erfuhr, denn die Familie lag mit einer Kombination von Hepatitis und Malaria im Bett, und so wurden wir mit typisch sudanesischer Großzügigkeit im Haus von Freunden des Fahrers untergebracht.

Unser Gastgeber war eine ägyptische Familie, die seit Jahren in Schendi lebte und Handel trieb. Daß sie ohne viel Federlesens und mit allen Anzeichen freundlichen Willkommens vier unerwartete Gäste in ihrem kleinen Heim unterbringen konnte, war eins der immer wiederkehrenden Wunder, die das Leben im Sudan bereithielt. Wo der Fahrer unterschlüpfte, weiß ich nicht, doch Julie, David und mir wurde ein Zimmer mit drei Betten und einem

Kleiderschrank abgetreten. Wir waren alle so müde von der Fahrt, daß wir nach einer Dusche in einem Lehmziegelschuppen im Hof, wo auch eine moderne Waschmaschine untergebracht war, sofort zu Bett gingen, wobei uns ein tüchtiger Schluck des lokalen Feuerwassers trostreich begleitete.

Schon eine Stunde nach unserer Abreise von Schendi am nächsten Morgen hatten wir uns verirrt. Es war höchst eigenartig. Soeben hatten wir uns offensichtlich noch auf einer Fahrspur mit Hunderten von Reifenabdrücken rundherum vorwärtsgepflügt, und schon steckten wir in unberührtem Sand. Nur unsere eigenen Profilspuren erstreckten sich hinter uns. Wir waren einem Kompaßkurs gefolgt und hatten aus einer Unmenge auseinanderlaufender Spuren, auf die wir alle hundert Meter trafen, eine ausgewählt, die sich nun einfach im Sand verlief, weil der Wind alles verwischt hatte. Anfangs waren wir nicht weiter beunruhigt. Wir hielten einfach etwas nach Westen, doch die Spur fand sich nicht wieder, also drehten wir nach Osten ab, doch auch dort war sie nicht – ein Beweis, wie leicht man sich in der Wüste hoffnungslos verirren kann, wie ich weiter nördlich bereits selbst herausgefunden hatte. Auf einem Fahrrad ist jedoch alles viel gemächlicher, und so war es mir meist gelungen, eine verlorene Fahrspur wieder aufzuspüren, bevor sie für immer verschwunden war. Mit einem Auto hingegen ging das nicht so leicht. Bei dieser Geschwindigkeit konnte schon eine Kursabweichung von einem oder zwei Grad ganze Welten ausmachen, und vielleicht befanden wir uns bereits Meilen von der Fahrspur und vom Nil entfernt. Wir waren jedoch nie ernstlich in Gefahr, da wir zwei Kompasse bei uns hatten und, falls alles schiefging, einfach nach Westen fahren konnten, bis wir auf den Fluß stießen. Das Schlimmste, was uns passieren konnte, war ein mechanischer Defekt, oder wir konnten in unwegsamem Sand steckenbleiben, wo es wenig wahrscheinlich war, daß uns andere Fahrzeuglenker auffinden würden.

Mehrere Stunden lavierten wir in einer weglosen Ödnis herum. Gelegentlich fuhren wir an Nomadenlagern vorbei, freudlosen, verlassen wirkenden Plätzen mit einem oder zwei mehrfach geflickten Zelten, neben denen ein altes Vehikel oder ein Motorrad abgestellt war und wo Haufen von halb von Sand bedecktem Schrott herumlagen, ohne daß sich eine Menschenseele blicken ließ. Ein- oder zweimal gerieten wir in eine Gegend mit Gestrüpp und Akazien, aus denen herauszufinden, ohne den Wagen zu beschädigen, nicht eben leicht war. Nach einem weiteren dieser Ausfälle beschloß David, rechtsumkehrt zu machen, was uns in eine ziemlich gefährliche Situation brachte, denn der Habub fing von neuem an zu wehen und verwischte unsere Spuren. Als wir erstmals wieder weiter als ein paar Meter über die Motorhaube hinaus sehen konnten, merkten wir, daß wir direkt in ein Militärmanöver gefahren waren und uns mitten im Feuerbereich befanden, mit roten Flaggen, Haufen von Armeelastwagen und Hunderten bewaffneter Soldaten, die um uns herumhasteten. Sie waren nicht besonders erbaut, und wir machten, daß wir so schnell als möglich wegkamen.

Schließlich tauchte, wie altehrwürdige Tradition es verlangt, eine einsame Gestalt aus den Staubwolken auf und schwankte auf einem großen Kamel hin und her, dicht umdrängt von ihrer Ziegen- und Schafherde. Nur ihre Augen waren durch die um den Kopf gewickelten Tücher sichtbar. Als unser Retter einmal begriffen hatte, wohin wir wollten, ließ er sein Kamel niederknien, trat zu uns und zeichnete uns eine Karte in den Sand.

Danach war alles ein Kinderspiel. Zwar stockte das Herz noch ein, zwei Momente, wenn die Räder wirkungslos in allerfeinstem Sand durchdrehten, doch mit umsichtigem Einsatz des Allradantriebs gelangten wir schließlich auf eine vielbefahrene Spur zurück, wo David und Julie sich auskannten. Nach einigen weiteren Strafstunden auf gräßlichen Fährten mit fast metertiefen Rinnen stießen wir auf eine harte, gerippte Strecke von ungemilderter Wildheit. David jagte mit großer Geschwindigkeit über sie dahin, um noch vor der Dunkelheit an ihr Ende zu gelangen, und während die Nacht über uns hereinbrach, erreichten wir völlig erschöpft und voll von Sandkörnern und -körnchen, die jede Pore verstopften, endlich den lädierten Asphaltstreifen, der uns nach Khartum bringen würde.

13. KAPITEL

Khartum

An einer jener einzigartigen, bedeutsamen Stellen auf der Erde, wo zwei große Flüsse sich vereinen, breitet sich Khartum planlos wuchernd über eine sandige Ebene aus. Von den Höhen Äthiopiens stürzt der Blaue Nil nieder und erlaubt sich zwei weite, schwungvolle Bogen, bevor er auf den Weißen Nil trifft, dessen eigener jäher Fall aus den großen Binnenseen Afrikas durch die riesigen Sümpfe des Sudd etwas gezähmt wurde. Von einer der Brücken Khartums läßt sich sehr schön beobachten, wie die beiden Ströme Seite an Seite nordwärts fließen, der eine deutlich dunkler als der andere, ohne daß sich ihre Fluten vorerst vermischen. Hier stand ich an einem Scheideweg – von nun an würde ich nur noch dem Lauf des Weißen Nils folgen.

»Warum Sie halten hier an?« fragte mich ein Polizist militärischen Zuschnitts jedesmal, wenn ich vom Agala stieg, um diesen erhabenen Anblick zu genießen. »Anhalten auf Brücke verboten!« Und jedesmal machte sein Gewehr einen schwachen, kaum wahrnehmbaren Ruck gegen mich, wie um zu unterstreichen, daß er nicht mit sich spaßen ließ. Ich hätte liebend gerne eine Fotoaufnahme gemacht, aber ich war zunehmend nervös geworden, irgendwo im Sudan meine Kamera zu zücken, zudem wußte ich nur zu gut, daß hier alle Brücken als militärisches Geheimnis gelten und nur von Spionen fotografiert werden. Diese Stelle übte jedoch eine so magische Anziehungskraft auf mich aus, daß ich trotz des Polizisten jeden Tag, den ich in Khartum verbrachte, hierher zurückkehrte und so langsam, wie ich nur konnte, über die weite Brücke radelte. Der Blaue Nil ist hier ebenso breit wie sein Bruder, und wenn er im Spätsommer anschwillt und aus dem äthiopischen

Hochland massenhaft reichen Schlamm, das »Geschenk des Nils«, mit sich trägt, ist seine Wucht so gewaltig, daß er den Weißen Nil zurückstaut, bis dieser einen Monat später sein eigenes Hochwasser heranführt.

Es fällt schwer zu glauben, daß es hier ursprünglich überhaupt keine Stadt gab, bis die türkisch-ägyptischen Invasoren des frühen neunzehnten Jahrhunderts Khartum als Handelsposten für den Sklavenhandel einrichteten. Heute liegen beim Zusammenfluß der beiden Ströme drei große Städte, die sich alle von verschiedenen Ufern weit in die Wüste hinein erstrecken. Das eigentliche Khartum wurde vom Mahdi zerstört und unter General Kitcheners Verwaltung zu Beginn unseres Jahrhunderts wieder aufgebaut. Seine behäbigen Häuser im eduardischen Stil sind in einem Rechteck neben dem Blauen Nil angelegt, und die Straßen kreuzen sich im Muster des Union Jack, angeblich, weil die Stadt so leichter zu verteidigen war, doch ebensosehr, um ein Fanal für den Kolonialismus zu setzen. Alle größeren Gebäude in Kitcheners Khartum beherbergen heute Regierungsstellen, ausgenommen das Grand-Hotel, auf dessen Marmorterrasse an der Uferpromenade sich am angenehmsten herumsitzen, eine Limonade schlürfen und eine Weile der Hitze und dem Staub der Stadt entfliehen ließ. Khartum-Nord, zu Beginn des zwanzigsten Jahrhunderts von den Briten als Industriezentrum errichtet, liegt gegenüber am anderen Ufer und ist, abgesehen von seinem Hafenviertel, das von reizenden, abgewrackten Raddampfern gesäumt wird, ein häßlicher Ort, ganz im Gegensatz zu Omdurman, der farbenfrohen und interessanten Stadt des Mahdi am Westufer des Weißen Nils. Bedingt durch den Zustrom von Flüchtlingen und durch die allgemeine Landflucht infolge der jüngsten Dürrejahre und Hungersnöte, breiten sich alle drei Städte wie ein Buschfeuer aus.

»Man kann sich kaum einen elenderen, verkommeneren und ungesünderen Ort vorstellen«, schrieb Sir Samuel Baker von Khartum, als er mit seiner Frau 1862 erstmals dort eintraf. Ich fragte mich, was er sich wohl denken würde, bekäme er die drei großen Städte heute zu Gesicht. Samuel Baker war mir häufig durch den Kopf gegangen, seit ich den Atbara überquert hatte, denn er war es gewesen, der ihn als erster erkundete und kartographierte, wobei er gleichzeitig das Geheimnis lüftete, woher der lebenspendende Nilschlamm kam und weshalb es jährlich zwei Überschwemmungen gab. Unter all den Nilforschern war er für mich der farbigste und liebenswerteste, obwohl er nicht in Königin Viktorias Gunst gestanden hatte. Grund für das königliche Mißfallen war seine zweite Frau Florence. Samuel Baker, ein Witwer mit beträchtlichem Privatvermögen und einer Schar Töchter, die er in der Obhut seiner Schwester in England zurückließ, stieß auf einer Reise durch Zentraleuropa auf ein ungarisches Mädchen, siebzehn Jahre jünger als er selbst, das auf einem türkischen Sklavenmarkt verkauft werden sollte. Sie erregte sein Mitleid, und er erwarb sie. Da er unterwegs zu seiner Nilexpedition war, nahm er sie mit, und auf der abenteuerlichen Fahrt zur Quelle des Nils wurde Florence seine »chère amie«. Nachdem sie eine Reihe außerordentlicher Fährnisse überstanden hatten, die sich wie ein Abenteuerheft für Jungen lesen, kehrten die beiden schließlich nach England zurück, hielten eine Hochzeitszeremonie ab und lebten zusammen glücklich bis an ihr seliges Ende. Ehen auf Probe waren im Viktorianischen England jedoch verpönt, und als ebenso unschicklich und ungeschickt galt es, eine Vergangenheit wie die von Florence zu haben. Diese widrigen Umstände nebst Florences freimütigem Bekenntnis, sie habe in der Wüste Männerkleidung getragen und sich als Sams Sohn ausgegeben, wogen auf den Waagschalen gesellschaftlicher Anerkennung schwer zu ihren Ungunsten. Daß die Bakers dennoch fast überall, sogar bei einigen Mitgliedern der königlichen Familie, empfangen wurden, zeigt deutlich, wie hoch im Kurs die Afrikaforschung damals gestanden haben muß. Nur Königin Viktoria selbst blieb unversöhnlich und hielt an ihrer Ansicht fest, die beiden seien »nicht salonfähig«.

Ich glaube kaum, daß Khartum den Bakers heute besser gefallen hätte als damals, und muß gestehen, daß auch ich dieser Stadt nichts abgewinnen konnte. Ich fand ihre Anlage äußerst verwirrlich und verirrte mich am laufenden Band. Es half nichts, daß man mir erklärte, alles sei doch sehr logisch auf einem Gittersystem aufgebaut, denn mit Ausnahme der Altstadt sah sich alles derart ähnlich, daß nichts im Gedächtnis haften blieb, wonach man sich richten konnte. Da ich zudem dauernd den Kratern in der Straße ausweichen und versuchen mußte, Khartums Piratenfahrstil zu überleben, wußte ich nie, wo ich mich gerade befand, und konnte mich hundert Meter von meiner Unterkunft entfernt hoffnungslos verfahren. Sie lag draußen beim Flughafen im »Botschaftsviertel«, dem neusten Viertel der Stadt. Wollte man sich hier zurechtfinden, merkte man sich am besten die Nationalflaggen und die Embleme auf den Toren, da es keine Straßenschilder gab.

Es war eine eigenartige Gegend – eine Kombination von geschmacklosem Überfluß und Verkommenheit. Die großen, blockähnlichen, modernen Häuser sahen zwar alle verschieden aus, doch fehlte es ihnen an Charakter. Ihre weiten Mauerflächen waren in vielfältigen, schreienden Pastelltönen bemalt, und manche waren mit Stacheldraht umwickelt und standen da wie unverdauliche, gepanzerte Hochzeitstorten. Vor jedem Haus waren Toyotas und Landrover mit Vierradantrieb geparkt, die Statussymbole der hier lebenden Ausländer. In der Nacht wurden sie hinter die hohen Tore gefahren, wo ein Nachtwächter auf einem Bett mit Schnurbespannung schlief, bereit, aus dem Schlaf hochzuschrecken, falls ein Eindringling die Verteidigungslinien durchbrechen sollte.

Die Straßen sahen aus, als wären sie für Panzermanöver gebraucht worden – die Gehsteige in Stücken, die Fahrbahn voller Krater und Buckel. Fast nirgends gab es einen richtigen Straßenbelag, so daß überall Staub durch die Luft wirbelte. Jede Straße hatte mindestens eine große, abfallübersäte Zahnlücke, wo ganze Scharen von Ziegen auf den Außentreppen halbfertiger Gebäude herumkletterten und auf den offenen Betonfußböden Schutz vor der Sonne suchten. Chai-Frauen kauerten hier bei ihren Kochherden und Töpfen auf dem Boden und servierten den Büroangestellten aus den Botschaften Tee, andere dieser großen, ungepflasterten Plätze dienten als Bushaltestellen und Marktplätze oder einfach als Spielplatz für den Wind, wo er die Abfälle herumblasen konnte. Die ganze Stadt schrie nach Wasser. Ein Netz von Brunnen und kleinen Seen hätte sie erträglich gemacht, doch alles, was es hier gab, war zuweilen eine geborstene Abwasserleitung, die die Straße überschwemmte und eine ideale Brutstätte für Schwärme von Stechmücken bot.

Khartum war voll von Ausländern, die meist irgendein Hilfswerk vertraten, von denen es über hundert gab. Wegen der Abkürzungsmanie waren Gespräche für Nichteingeweihte meist unverständlich (»Bei DEBESCA gibt's heute abend eine Party für die CRITCHS. Alle von LODDY haben schon zugesagt, und auch die von FITSA sind dabei.«) Eine schreckliche Hungersnot war eben überstanden, so daß sich viele dieser Hilfsagenturen alle Mühe gaben, ihre weitere Existenzberechtigung nachzuweisen, wogegen die sudanesische Regierung alles tat, um die Zahl der Ausländer im Land zu reduzieren, ohne dabei die riesigen Geldsummen zu verlieren, die auf dem Spiel standen. Großbritannien jedenfalls schien sich von vielen seiner Verpflichtungen zurückzuziehen. Der Sudan Club, wo die ansässigen Briten eifrig für ihre jährliche Weihnachtsaufführung probten, hallte laut von den Klagen und Beschwernissen, die dieser Rückzug mit sich brachte. Bill, die Triebfeder der dramatischen Produktion, war einer dieser Unzufriedenen. Er war bei ODA (British Overseas Development Association) angestellt und erfreute sich in Khartum eines Lebensstandards, den er sich daheim nie hätte leisten können. Seine drei Kinder wurden in Privatschulen in England erzogen, zwei Diener und ein Landrover standen ihm zur Verfügung, doch vor allem war er hier ein großes Rädchen in einem kleinen Getriebe und daher sehr verbittert, das alles aufgeben zu müssen. »Die werden nie jemand anderes kriegen, der so viel Extraarbeit hineinsteckt wie ich«, sagte er. Ich glaubte ihm aufs Wort, denn er drillte seine Theatertruppe von frühnachmittags bis spätabends, bis die Nerven zum Zerreißen gespannt waren und die Luft von Eifersüchteleien und verletztem Stolz knisterte.

Es war ein nach innen gekehrtes Völklein, das sich da jeden Nachmittag um den kleinen Swimmingpool versammelte und sich um die Bar drängte, wo nur alkoholfreie Getränke ausgeschenkt werden durften, wo aber Würstchen und Chips und weitere nostalgische britische Leckereien über das fehlende »Große Dunkle«

oder einen Gin Tonic hinwegtrösteten. Nicht daß es an Alkohol gefehlt hätte: Wer irgend jemand vom diplomatischen Dienst kannte, konnte sich leicht eindecken, und dies schien praktisch auf jedermann zuzutreffen, denn fast überall, wo ich eingeladen wurde, standen zu Privatzwecken alkoholische Getränke zur Verfügung. Zur Zeit der extremen Sommerhitze muß es nervenaufreibend sein, in Khartum zu leben, doch sonst schien man hier eine ruhige Kugel zu schieben, ohne allzu hohe Anforderungen, aber auch ohne den geringsten Anreiz – sicher nicht gerade die Ambiance, welche ein Samuel Baker anregend gefunden hätte. So wie der Sudan Club aus seinem früheren, renommierten Quartier in neue, bescheidenere Räumlichkeiten verlegt worden war, so unterschieden sich auch die Leute, die Großbritannien jetzt im Sudan vertraten, von jenen, die nur schon zwanzig Jahre früher hier gewesen waren. Die ganze Szene wirkte viel prosaischer und farbloser. Der unaufhaltsame Niedergang des britischen Einflusses schien sich im Stadium der Agonie zu befinden, und der Auszug von Mitarbeitern, die höher hinaus wollten und fettere Weiden suchten, wurde im Märchenstück »Hans und die Bohnenranke« zur Begleitung einer alten, in Vergessenheit geratenen Volksweise sehr sinnig symbolisiert.

Meine hauptsächliche Aufgabe in Khartum bestand darin, herauszufinden, wie ich meine Reise fortsetzen konnte. Das war gar nicht so einfach. Zuallererst suchte ich die Britische Botschaft auf, um mich über die gegenwärtige politische Lage ins Bild zu setzen. Dort erhielt ich ein offizielles Warnschreiben des Inhalts, allen britischen Staatsbürgern werde dringend abgeraten, sich irgendwie in Richtung Südsudan oder Norduganda zu begeben. Die SPLA kontrollierte den gesamten Süden bis hinter Malakal und infiltrierte das Gebiet nordwärts bis nach Renk. Auch in den Nilgegenden von Norduganda waren wieder Kampfhandlungen im Gange. Inoffiziell wurde mir mitgeteilt, meine einzige Chance bestehe darin, nach Juba zu fliegen, wo eine Rumpfmannschaft von Entwicklungshelfern auf dem britischen Gelände zurückgeblieben sei, während alle anderen evakuiert wurden. Von dort konnte ich mich vielleicht auf einem der Nahrungsmittelkonvois nach Uganda durchschlagen, die auf der einzigen noch offenen und entminten Straße von der belagerten Stadt zurückfuhren – selbstverständlich müsse man mir jedoch dringendst davon abraten!

In weiser Voraussicht, daß es Probleme geben würde, war ich über diese Einschätzung der Lage nicht eben bestürzt. Daß überhaupt noch eine offene Straße aus Juba führte und Lastwagen zur Entlastung der Stadt durchkamen, war eine ausgezeichnete Nachricht, denn die letzten Monate war Juba völlig abgeschnitten und nur aus der Luft zu erreichen gewesen. Ich hatte nicht im Sinn, unbedachte Risiken einzugehen, doch da ich nun einmal schon so weit gekommen war, wollte ich, falls wirklich eine Straße offen war und ungefähr in die richtige Richtung führte, nicht einfach aufgeben, sondern den Versuch wagen. Das beste schien mir, mit dem Fahrrad so weit wie möglich nach Süden zu fahren, dann nach Khartum zurückzukehren, zu versuchen, von hier nach Juba zu fliegen und mich dort genauer umzusehen. Die Situation veränderte sich von Tag zu Tag. Ich gewann überhaupt nichts, wenn ich über den Schauergeschichten von Journalisten oder von Zivilflugzeugen brütete, die von Minen zerfetzt beziehungsweise von der SPLA abgeschossen worden waren.

Ich verließ die Botschaft mit einer neuen Sorge: Auf die Frage, ob mein Visum für Uganda in Ordnung sei, hatte ich entgegnet, meines Wissens brauchten britische Staatsbürger keins, doch dem schien nicht so zu sein, obwohl niemand richtig Bescheid wußte. Für eine Botschaft im Nachbarland kam mir das befremdlich vor – wozu sind solche Einrichtungen schließlich da? Wie sich herausstellte, war es zu meinem eigenen Besten, denn auf meinen Streifzügen durchs »Botschaftsland« stieß ich auf die Vertretung von Uganda, wo mir ein charmanter Absolvent von Oxford bestätigte, daß ich kein Visum benötigte. Ich konnte ihn dazu überreden, mir einen offiziellen Brief zu schreiben, des Wortlauts, ich sei eine harmlose Schriftstellerin, die per Fahrrad zur Quelle des Nils reise, und die Regierung von Uganda wäre dankbar für jede Unterstützung, die man mir zukommen lasse. Ich kam mehrmals vorbei, um ihn daran zu erinnern, und hielt schließlich wirklich diesen »Ferman« in den Händen, der sich als äußerst wertvolles Dokument erweisen sollte, ohne welches ich wohl erschossen worden wäre.

Von den sudanesischen Behörden eine Reisebewilligung zu erhalten war ein mühseliges und geisttötendes Geschäft. Nachdem ich viele Tage stundenlang in gräßlichen, rauchigen Büros herumgestanden hatte, wo jedermann ausgiebig auf den Boden spuckte, durfte ich endlich eine kostspielige amtliche Genehmigung kaufen, um die hundertsechzig Kilometer südlich nach Kosti per Fahrrad zurückzulegen, und erhielt das vage Versprechen, eine Erlaubnis für den Flug nach Juba zu kriegen, wenn ich ein Flugticket vorweisen konnte. Diese Nuß war schwierig zu knakken, da es keine offiziellen Flüge nach Juba mehr gab, seit die SPLA früher im Jahr ein Passagierflugzeug über Malakal abgeschossen hatte. Ich hoffte, auf einem der privaten Fracht- oder Hilfsgüterflüge mitfliegen zu können, doch dafür wurden keine Tickets ausgestellt. Man hatte mich vorgewarnt, die kleinen Flugzeuge würden auf viertausend Meter Höhe fliegen und dann wie ein Stein hinunterplumpsen, um die Wahrscheinlichkeit, von einem feindlichen Geschoß der Rebellen getroffen zu werden, möglichst gering zu halten – eine Aussicht, die nicht besonders verlockend klang. Ich wollte jedoch alles in Kauf nehmen, wenn ich nur nicht gleich wieder versandfertig nach Khartum zurückgeschickt wurde, weil meine Papiere nicht in Ordnung waren. Jedenfalls schien der Gouverneur von Juba an Größenwahn zu leiden und nach Lust und Laune seine eigenen Regeln aufzustellen, mal so und mal anders. Er hatte bereits einen Mitarbeiter von Oxfam und einen europäischen Priester mit fadenscheinigen Anschuldigungen ausgewiesen, ich konnte also keinesfalls mit einer unbehelligten Durchreise rechnen, sondern mußte mich einmal mehr auf mein Glück verlassen.

Nachdem ich vergeblich meine Fühler zu den Leuten von der Luftfracht ausgestreckt hatte, ließ sich im Moment bezüglich Juba nichts weiter unternehmen, und so beschloß ich, mich ein paar Tage nach Weihnachten auf den Weg nach Süden zu machen. Ich wollte die Fahrt ausnutzen, um mir so viele Hilfsprojekte wie nur möglich anzusehen, und versuchte daher Verbindung mit Oxfam aufzunehmen, deren Hauptquartier in Oxford mir bereits behilflich gewesen war, mir ein Bild von der Lage zu machen, bevor meine Reise begann. In Khartum jemanden aufzuspüren grenzte an ein Wunder: Es gab keine Telefonbücher, das Telefon funktionierte sowieso fast nie, und Adressen bestanden meist aus Postfachnummern, so daß man oft tagelang herumirrte, bis man den gesuchten Ort fand. Als ich Oxfam endlich aufgestöbert hatte, wimmelte mich der Direktor übers Telefon in barschem Ton ab, da er einige Tage frei habe und niemand sonst da sei, der mich informieren könne. Ich war nicht sonderlich erbaut, aber mein Schutzengel muß wieder einmal unter neuer Verkleidung an der Arbeit gewesen sein, denn gleich im Büro nebenan war Unicef zu Hause. Ich präsentierte meine »Referenzen«, worauf man sich freundlich anerbot, mir bei der Lösung meiner Reiseprobleme zu helfen. Die Zeitungsartikel, die ich geschrieben hatte, gefielen ihnen. Sie dachten offenbar, wir könnten bei einem Projekt zur Betreuung herumvagabundierender Kinder voneinander profitieren, und arrangierten deshalb eine Verabredung mit ihrem Direktor für die kommende Woche, wenn ich wieder zurück in Khartum sein würde.

Es war eine Lust, endlich weiterzukommen, nachdem ich mir eine Woche lang in schmuddeligen Büros frustriert die Beine in den Bauch gestanden hatte! Selbst die reizlosen Industrieviertel am Stadtrand von Khartum konnten den Genuß nicht trüben. Meine Route verlief längs der Gezira, der Gegend zwischen dem Blauen und dem Weißen Nil, wo ein ausgeklügeltes Bewässerungssystem es ermöglicht, die für den Export so wichtige Baumwolle anzubauen. Noch standen die Felder leer, und auf den endlosen braunen Flächen wuchs kein einziges Blatt. Die Straße schien sich ins Unendliche fortzusetzen, nur der getreue afrikanische Wind blies stetig und stark von Norden. Ich dachte bei mir, dies sei die einzige Radreise, die ich je unternommen hatte, wo das uralte irische Gebet »Möge der Wind stets in deinem Rücken sein« nicht nötig war. In Windeseile legte ich die achtzig Kilometer bis Jebel Aulio zurück, wo ich nach Westen drehte und erstmals seit

Khartum wieder den Nil erblickte. Es gab hier einen Staudamm, den die Briten in den dreißiger Jahren gebaut hatten und dessen Maße im Vergleich zum Assuan-Damm sehr menschlich wirkten – er hatte eine Schleuse, damit die Schiffe stromaufwärts fahren konnten, und zwischen der Maschinerie waren kleine Gärten angelegt. Alles sah ganz genauso aus wie Teddington Lock an der Themse, doch als ich auf dem Damm stand, hörte die Ähnlichkeit auch schon auf, denn dahinter lag ein phantastisch weiter See. Nach Wochen in der Wüste fühlte sich die unmittelbare Nähe von soviel Wasser wie ein Wunder an.

Ich hielt auf dem erhöhten Fußweg an und kochte mir ein Päckchen meiner Fertignahrung auf, als ein kleiner Junge mit zwei flachen, silbernen Fischen daherkam, die er soeben gefangen hatte, sich still neben mich setzte und hoffnungsvoll zum brodelnden Kochtopf guckte. Als es ihm Zeit zu sein schien, glitt er hinunter ans Wasser, wusch sich die Hände und gab mir mit einer Handbewegung zu verstehen, er erwarte »mitzumischen« – eine alte sudanesische Geste des Teilens. Diesmal war's »Hackfleisch mit Makkaroni«. Da ich nur einen einzigen Löffel besaß, ließ ich Klumpen des unappetitlich aussehenden Geköchs in seine Hand fallen. Ich befürchtete, sein Gaumen sei noch nicht abgehärtet genug, um mit dem Natriumglutamat und all den übrigen Zusätzen fertig zu werden, doch schien es ihm eindeutig mehr zu munden als mir. Er »mischelte« auch meine Apfelsine und machte sich dann rasch mit seinen Fischen davon. Das war sehr höflich von ihm, denn wäre er dageblieben, hätte das bedeutet, daß er noch Weiteres erwartete.

Auf dem Rückweg über die Schleusenkammer wurde ich von drei vorbeischlendernden, jungen Offizieren eingeladen, die Nacht in einem nahegelegenen Armeelager zu verbringen. Sie waren erst kürzlich nach Abschluß der Militärakademie in Omdurman hierher in ein großes Ausbildungscamp verlegt worden. Ihr nächster Standort war der Dschungel im Süden, wo sie gegen die Streitkräfte von John Garang und seiner SPLA kämpfen sollten, eine Aussicht, die sie nicht sehr begeisterte. Sie steckten voller jugendlichem Idealismus und waren überzeugt, für eine gerechte Sache zu streiten, meinten jedoch, Garang habe die besseren Waffen, außerdem sei das Gelände auf seiner Seite. Sie fühlten sich für den Dschungelkrieg schlecht ausgerüstet, und ihre Verluste waren immer höher als die der Rebellen.

Die drei gaben sich alle Mühe, es mir in einem Zimmer mit einer Decke aus zerbrochener Pappe, wo nur ein durchhängendes Bett stand, gemütlich zu machen. Einer von ihnen legte ein Laken, sein eigenes, wie ich vermutete, über die fleckige Baumwollmatratze, und ich wurde mit einer Taschenlampe zu einem spartanischen Waschraum geführt, der keine Tür hatte und wo es von Kakerlaken wimmelte. Sie hörten nicht auf, sich zu entschuldigen, daß alles in einem derart erbärmlichen Zustand sei, doch ihr Land sei sehr arm. Ich war jedoch ganz glücklich und entzückt, mit so netten jungen Männern zusammenzusein. Leider tauchte nach einer Weile ein Major auf, und das Agala und ich wurden in seinen Lieferwagen gewedelt, da ich die Nacht in seinem Haus verbringen sollte. Ich wäre lieber geblieben, wo ich war, um so mehr, als sich die Frau Major in Khartum aufhielt, aber ich hatte hier nichts zu sagen. Nachdem er einige rosa geblümte Leintücher auf ein Bett in einem der inneren Zimmer gelegt und mir in einem Mixer einen Grapefruitsaft gepreßt hatte, verschwand der Major für den Rest des Abends.

Ich fand mich allein in einem merkwürdigen Betonhaus mit vier ineinandergehenden Zimmern, einem frei verlegten Wellblechdach und in hellem Jadegrün gestrichenen Wänden, die im Neonlicht besonders giftig wirkten. Es herrschte eine denkwürdige Unordnung. Überall an den Wänden hing Spinnengewebe, kleine Häufchen Schutt und Zigarettenstummel lagen auf den nackten Zementfußböden, und das meiste Mobiliar war in den zwei unbenutzten Zimmern aufgetürmt. Ich fragte mich, wie lange die Frau des Majors wohl schon weg war. Ein wenig schüchterten mich auch die bedrohlichen, schwarzgepanzerten Käfer ein, die im Schutt herumstolzierten und Jagd auf Kakerlaken machten, welche im Vergleich zu ihnen geradezu sylphenhaft wirkten.

Am nächsten Morgen fuhr ich in aller Frühe weiter. Ich hatte herrlich geschlafen und gar nicht gehört, wie der Major heimgekommen war, muß mich also sicher gefühlt haben. Bevor ich ging, zeigte er mir noch ein Fotoalbum mit Schnappschüssen, die meisten von seiner Frau und seinem kleinen Sohn, andere wiederum von Offizierskollegen, die im Süden getötet worden waren. Es sei ein »schrecklicher Krieg«, sagte er, »zu schrecklich, um darüber zu sprechen«. Wenn man nach ein paar Monaten dort unten noch nicht tot war, war man ausgezehrt und krank. Es sei schrecklich, nur daran zu denken, dorthin zurückzugehen, doch man habe keine andere Wahl, denn es sei seine Pflicht.

Der Neuigkeitswert, auf Asphalt zu fahren, hatte sich bereits abgenutzt. Wie leicht und geschwind ich auch vorwärts kam, ich fand den Preis dafür zu hoch. Lastwagen und Busse ratterten mit rücksichtsloser Leidenschaftlichkeit vorbei, Wolken von stickigem Staub wirbelten in ihrem Kielwasser. Am Straßenrand lagen die Leichen von Kühen und Schafen, die ihnen zum Opfer gefallen waren, und zeigten ihre Knochen durch die gähnenden Löcher, die in ihre straff wie ein Trommelfell gespannte Haut gepickt waren. Der Wind hatte wohl meine selbstgefällige Zufriedenheit von gestern und das fehlende Gebet, mir weiterhin seine Gunst zu schenken, bemerkt und nach Westen gedreht. Immer wenn die Straße in diese Richtung verlief, gab es überhaupt nichts in der flachen Ebene, was seine Gewalt gehemmt hätte, und es kostete mich ein hartes und unangenehmes Stück Arbeit, mitten in seinen staubigen Rachen zu fahren. Das einzige, was die topfebene, ausgebleichte Landschaft gelegentlich unterbrach, waren Hütten, wo den Buspassagieren Verpflegung verkauft wurde. Als ich bei einer anhielt, um gekochte Eier mit Ful zu essen und etwas in mein Reisetagebuch einzutragen, demonstrierte mir ein Junge, der neben mir stand und zuguckte, seine Bildung und seine Englischkenntnisse: Er behauptete, ich hätte das falsche Datum aufgeschrieben. Er hatte zwar unrecht, brachte mich aber eine Zeitlang ziemlich durcheinander.

Ich wurde der nichtssagenden Landschaft langsam überdrüssig und beschloß, den Nil zu überqueren und die Nacht in einer Stadt namens Ed Duem zu verbringen. Als ich das Ufer erreichte, glaubte ich auf einen weiteren Staudamm gestoßen zu sein, denn der Fluß war noch immer so breit wie ein riesiger See, doch es handelte sich nur um den Rückstau des Damms von Jebel Aulio hundertzwanzig Kilometer weiter südlich. Eine Autofähre führte nach Ed Duem hinüber, ein kleiner Kahn, der auf der zwanzigminütigen Überfahrt jeweils nur zwei Wagen auf einmal beförderte. Aus seiner Seite war ein Stück herausgeschnitten worden, und durch diese Lücke wurden die Autos beschwatzt und geschubst, was ihnen meist nicht sehr gut bekam. An Deck war ein halbes Dutzend junger Mädchen in hellen Kleidern und mit viel Schmuck, die große, flache Körbe auf dem Kopf trugen. Sie hatten den Buspassagieren an der Asphaltstraße Beutel mit Sonnenblumenkernen und dergleichen verkauft (hin und zurück immerhin zehn Kilometer) und warfen bei der Heimkehr den jungen Männern aus der Gegend kühne, blitzende Blicke zu. Es waren Felata-Mädchen, eine Art Zigeuner, in deren Kultur die Kinder von frühauf angehalten werden, selber für ihr Leben zu sorgen. Im Gegensatz zu den anderen sudanesischen Mädchen erwartet man von ihnen auch, daß sie sich ohne männlichen Schutz bewegen.

Diese Nacht verbrachte ich im Haus eines holländischen Ehepaars, zu dem mich einheimische Fährpassagiere geführt hatten. Es war, obwohl im traditionellen Stil mit einem Hof und Zimmern rundherum gebaut, das sauberste Haus, das ich im ganzen Sudan angetroffen habe. Bas und Wil hatten ein Baby und waren fest entschlossen, es gesund zu behalten, deshalb hatten sie, bevor sie einzogen, zwei Wochen damit verbracht, alle Löcher im Verputz aufzufüllen und alles zu schrubben und zu streichen. Das Resultat ließ sich sehen, ohne prätentiös zu wirken oder sie weit über ihre sudanesischen Nachbarn zu heben. Sie waren beim International Labour Office der Uno angestellt, einer Institution, die sich weltweit um die Arbeitsbedingungen der Menschen kümmert. Bas leitete ein arbeitsintensives Trinkwasserprojekt in die Wege, seine Frau Wil führte eine Untersuchung durch, was die Frauen am liebsten lernen wollten, sobald einmal Möglichkeiten dazu bestünden. Auch Kochen mit Sonnenenergie stand im Angebot und weckte viel Interesse, was an Orten, wo es praktisch keinen natürlichen Brennstoff außer Kuhmist gibt, nicht weiter verwundert.

Beim Abendessen erzählten mir die beiden von ihrer Arbeit. Es gab schwerwiegende Probleme in dieser Gegend, obwohl sie bis vor kurzer Zeit sehr fruchtbar gewesen und genügend Regen gefallen war. Wie Bas mir berichtete, erinnerten sich die alten Leute noch genau daran, wie man in den Wadis, den ausgetrockneten Flußtälern, Fische fangen konnte. Sie waren das halbe Jahr über voll Wasser gewesen, jetzt aber zu Wüste verkommen. Es gab zuviel Vieh, welches das Land überweidete, und nicht genügend Bäume und Hecken, um Schutzgürtel zu bilden, das Land zu segmentieren und der Erosion Einhalt zu gebieten. Das größte Einzelproblem bildete das Trinkwasser, denn auf einem Landstrich von hundert Kilometern konnte die Regenmenge zwischen null und vierhundert Zentimetern im Jahr variieren. Immer wieder stürzten Brunnen ein, und in der Regenzeit tranken die Kinder aus Pfützen am Boden und wurden krank. Schon zehn Kilometer vom Nil entfernt gab es oft kein Wasser mehr, daher vergeudeten die Dorfbewohner viel Energie damit, lange Distanzen hin und zurück zu wandern und jeden Tropfen, den sie brauchten, vom Fluß herbeizutragen. Das Gebiet, in welchem Bas und Wil arbeiteten, war nicht zu groß, so daß bereits erste Resultate vorlagen: Bas hatte einen Bewässerungskanal fertiggestellt und einige Brunnen graben lassen, meinte jedoch, dies sei nur ein winziger Tropfen in einer riesigen Wüste von Armut und Vernachlässigung, und es falle schwer, die Zukunft des Sudans optimistisch einzuschätzen, wenn im Westen nicht ein drastisches Umdenken stattfinde.

14. KAPITEL

Südwärts nach Renk

Bis Kosti waren es ungefähr hundertfünfzig Kilometer auf einer Holperstraße am Westufer des Nils. Nachdem ich mich erkundigt hatte, glaubte ich, das sei zu schaffen, selbst wenn es hier nur noch wenig Verkehr gab, weil am Ostufer eine neue geteerte Straße verlief. Für einen Tag war die Distanz zu groß, doch so sah ich viel mehr von Land und Leuten, als wenn ich den leichteren Weg durch die gesichtslose Ebene weitergefahren wäre. Hat sich ein Reisender zwei Monate lang ständig beeilt und liegt sein Ziel noch immer in weiter Ferne, kann es leicht geschehen, daß er sich unnötig antreibt und aus den Augen verliert, was ihm die Fahrt von Moment zu Moment bringt. In meinem Fall war es jedoch derart unsicher, wie weit nach Süden ich überhaupt vorstoßen konnte, daß ich nie vergaß, wie kostbar jede Meile war.

Ich bereute meinen Entschluß keinen Augenblick, denn diese Route führte mich durch eine einzigartige, faszinierende Gegend mit rauhem, trockenem Buschland, wo die quadratischen arabischen Lehmziegelhäuser langsam runden Hütten mit konisch zulaufenden Grasdächern Platz machten und das Rassengemisch der sudanesischen Araber einem Volk wich, das viel negroider aussah. Es war, als beträte man ein neues Land, als finge hier »das richtige Afrika« an, wie Churchill es genannt hatte. Der Wohlstand der Siedlungen, durch die ich fuhr, variierte sehr stark, je nachdem, wie nahe mich mein Weg zum Nil führte. Die Dörfer nahe am Wasser hatten hohe, schattige Bäume, einen größeren Anteil Häuser im arabischen Stil und hie und da sogar ein Teehaus, während die abgelegensten nur aus einigen kleinen Grashütten bestanden, die eng hinter einer Dornenhecke zusammengepfercht waren. Überall ritten Scharen von Kindern mit Wasserbehältern aus Fünfliter-Blechkanistern auf ihren Eseln hin zum Nil, der unsichtbar irgendwo zu meiner Linken lag, und wieder zurück. Die meisten Esel und Kinder wurden nervös, wenn ich vorbeifuhr, wahrscheinlich weil sie nur wenige Weiße zu Gesicht bekamen und schon gar nicht eine Frau auf einem knallroten Fahrrad. Die Kinder waren zerlumpt und abgemagert. Viele hatten irgendeine Mißbildung oder waren verkrüppelt, doch wenn sie nicht erschraken, schienen sie sehr lebendig, lächelten mir zu oder winkten freudig, und gelegentlich rannten eins oder zwei eine Weile neben mir her.

Alle die Probleme, von denen mir Bas und Wil am Tag zuvor berichtet hatten, lagen offen zutage: die Überweidung, der Mangel an Wasser und an Schutzgürteln sowie die daraus resultierende Erosion. Im Umkreis von etwa anderthalb Kilometern von jedem Dorf mußte ich absteigen und das Agala mühsam vorwärtsstoßen, obwohl das meiste Gepäck in Khartum zurückgeblieben war, denn eine verblüffend große Zahl Ziegen und Großvieh, die in riesigen Herden herumstapften, hatte den Erdboden in einen trockenen Staubhaufen verwandelt. Doch nicht bloß der Staub bildete ein Hindernis: Einmal führte die Fahrspur durch einen bewässerten Fleck, ich brach durch die verkrustete Erde und begann sehr schnell zu versinken. Ich konnte gerade noch die Satteltaschen losreißen und sie auf ein Stück trockenen Boden vor mir werfen, bevor das Agala und ich knietief in dickem, matschigem Dreck steckten. Es war schwierig, herauszukraxeln, und es dauerte längere Zeit, das klebrige Zeug wieder abzukratzen.

In keinem der Dörfer gab es auch nur eine Spur von Gastfreundschaft. Für den Sudan war das so ungewöhnlich, daß es mir ein deutliches Anzeichen schien, wie arm diese Region war. Etwa auf halber Strecke lag ein Rastplatz für Lastwagen, doch der Umsatz war wohl eher mager, denn ich hatte tagsüber nur gerade zwei Lkws gesehen, beides alte, hochrädrige, mit Leuten vollgestopfte Bedfords, die angehalten hatten, um sich zu vergewissern, daß ich wohlauf war. Der Rastplatz bestand aus einer Reihe kleiner, aus Grasmatten verfertigter, vorne offener Buden, in denen weitere

Matten zum Sitzen auf dem Boden lagen. Es gab etwa ein Dutzend davon, und sogleich entbrannte ein heftiger Wettstreit um meine Wenigkeit. Die Hütte, die ich betrat, servierte nur Tee. Ich machte Zeichen, ich wolle essen, worauf ein Mann fortging und mir eine Schüssel mit etwas Undefinierbarem brachte, das derart abscheulich schmeckte, daß ich es beim besten Willen nicht hinunterwürgen konnte. Als ich es zurückwies, befürchtete er, ich würde nicht bezahlen, kaum hatte er aber sein Geld, verdrückte er geschwind und mit allen Anzeichen von Genuß den Inhalt der Schüssel selbst. Mein Halt war nicht sehr erholsam, denn alle Jungen aus dem Dorf kamen herbei, standen herum und starrten mich an. Sie drängelten sich nach vorne, so nahe es ging, während die Chai-Frau und mehrere ältere Männer versuchten, sie wegzujagen.

Obwohl das Terrain so schwierig war und ich oft absteigen mußte, kam ich relativ gut vorwärts. Kurz vor Einbruch der Nacht, als sich der mit feurigen Federwolken übersäte Himmel mit violetten Schatten zu überziehen begann, war ich nicht mehr weit von Kosti und sah bereits seine Lichter in der Ferne blinken. Ich hatte beabsichtigt, die Dunkelheit abzuwarten und dann meinen Schlafsack unter einem Busch auszubreiten; doch je mehr ich mich Kosti näherte, desto häufiger und ärmer wurden die Dörfer, und als es einzunachten begann, schien mir die Atmosphäre verdächtig und feindselig gesinnt. Bedrohlich aussehende Hunde mit gesträubten Rückenhaaren patrouillierten rund um die Dornenhecken und knurrten mich an, wenn ich vorbeifuhr. Ich war gar nicht erpicht darauf, mich unter solchen Umständen zur Ruhe zu legen – und plötzlich kam mir in den Sinn, daß heute ja Silvesternacht war, und ich fühlte eine Sehnsucht in mir aufsteigen, mit ein paar Landsleuten nach heimischen Neujahrsbräuchen zu feiern. Daher verdoppelte ich meine Anstrengungen, um die Stadt zu erreichen. Die Dunkelheit überholte mich jedoch leicht, während ich noch immer mitten im Buschland steckte, und hätte nicht ein Isuzu-Lieferwagen angehalten und mir einen Platz angeboten, wäre ich wohl schwerlich weitergekommen, denn ohne daß ich es bemerkte, hatte sich soeben ein tückischer Dorn in den Vorderreifen des Agala gebohrt.

Mit seinen soliden Gebäuden, der Eisenbahn und sogar Straßenbeleuchtung kam mir Kosti als ein Wunder modernster technischer Perfektion vor, doch so groß war es nun auch wieder nicht, daß Koadschers unbemerkt bleiben konnten. Ich wurde stracks zum Haus zweier junger britischer Frauen geführt, die beide Jane hießen und im sudanesischen Schuldienst angestellt waren. Sie nahmen ihre Aufgabe ernst, anders als die beiden, die ich auf dem Schiff in Dongola getroffen hatte: Jane und Jane hatten sich nach einem Jahr im Sudan entschlossen, die Lehrerinnenlaufbahn einzuschlagen, und planten, nach Großbritannien zurückzukehren, um sich richtig dafür auszubilden, bevor sie ihre nächste Stelle hier antraten. Sie empfingen eine Landsmännin, die aus heiterem Himmel bei ihnen hereinschneite, als wäre dies hier alltäglich, und ich hatte kaum zehn Minuten Zeit, eine Tasse Tee hinunterzustürzen, bevor sie, ich und zwei Freundinnen, die bei ihnen wohnten, von einem Auto abgeholt und auf eine Neujahrsparty entführt wurden. Diesmal schien nicht mein Schutzengel dahinterzustecken, sondern gewiß eine gute Fee, obwohl sie mein von der Reise mitgenommenes Aussehen ruhig noch etwas hätte aufmöbeln können, bevor sie die Kürbiskutsche vorfahren ließ.

Das für diese Gegend riesige, luxuriöse Haus, zu dem wir gefahren wurden, war im Besitz einer amerikanischen Transportgesellschaft. Es wurde nur zum Teil benutzt, denn bei den gegenwärtigen Unruhen und mit nur der Hälfte des einstigen Operationsgebiets war die Firma ziemlich zusammengeschrumpft. Wir sollten alle nach dem Fest hier schlafen, denn das war einfacher, als jedermann noch nach Hause zu bringen. Bevor die Party richtig begann, wurde für die Gäste des Hauses ein Wunder nach dem andern hergezaubert – zuerst ein Bad, dann Berge von Essen aus einer riesigen Tiefkühltruhe. Alles war wie im Schlaraffenland, und zum erstenmal seit Wochen fühlte ich mich wieder ausreichend ernährt.

Es wimmelte von Menschen aller Nationalitäten, sogar einige kummervoll blickende Finnen waren da. Noch nie hatte ich eine so internationale Neujahrsfeier erlebt. Schotten gab es leider keine, also war nichts mit den trauten Bräuchen, Dialektgedichte von

Robert Burns aufzusagen oder den ersten Besucher im neuen Jahr zu umhalsen; dafür floß reichlich Alkohol (sowohl vom heimischen Fusel als auch vom illegal importierten), um jedermann leicht beschwipst zu machen, und alte Beatles-Kassetten sorgten für die nötige Nostalgie. Es wurde eine lange Nacht, weil alle das neue Jahr dann begießen wollten, wenn es in ihrem eigenen Land zwölf Uhr schlug, was überall später als im Sudan der Fall war. Bis dahin war der letzte Tropfen Alkohol längst verschwunden. Die meisten der Anwesenden waren Iren von einem Hilfswerk namens CONCERN, unter ihnen auch zwei Krankenschwestern, die in Renk, einer Ortschaft etwa zweihundertfünfzig Kilometer weiter südlich, eine Station für unterernährte Kinder leiteten. So beiläufig, als lüden sie mich zu einer Tasse Tee ein, schlugen Claire und Joan vor, sie doch morgen früh in ihrem Landrover dorthin zu begleiten, wenn ich Lust hätte; und fast ebenso nonchalant sagte ich zu, denn langsam hatte ich mich daran gewöhnt, daß mir auf dieser Reise alles auf mysteriöse Weise in den Schoß fiel. Wie manche Tage hatte ich frustriert in Khartum verplempert, ohne die Erlaubnis zu erhalten, weiter südlich als bis Kosti zu fahren, und jetzt bot sich mir hier eine Gelegenheit, noch einmal zweihundertfünfzig Kilometer anzuhängen! Meines Wissens hatte in den vergangenen Monaten nur ein einziger Journalist nach Renk reisen dürfen, und er war derart aufgebracht gewesen, wieviel Zeit und Aufwand ihn diese Genehmigung gekostet hatte, daß sich sein ganzer Artikel fast nur darum drehte und kaum etwas von Renk drinstand. Wie ich mich erinnerte, war ihm besonders sauer aufgestoßen, daß nach all den Hindernissen, die er überwinden mußte, nicht einer von ihm verlangt hatte, das kostbare Papier vorzuweisen. Da ich nichts Derartiges besaß, mußte ich mich darauf verlassen, daß sich an dieser Praxis nichts geändert hatte.

Am nächsten Morgen war ich mir nicht ganz sicher, ob nicht alles nur ein feuchtfröhlicher Traum gewesen war. Die Iren waren verschwunden, und die vier jungen Lehrerinnen schliefen noch fest. Es hatte nicht den Anschein, als ob sie bald erwachen würden, daher spazierte ich ein wenig im Garten herum und beobachtete vier tollpatschige Storchenkinder, die in ihrem Nest herumpurzelten, das hoch oben in einer Akazie bedenklich hin und her schwankte, während die Eltern aus der Nähe ein wachsames Auge auf sie hielten und ihre langen, spitzen Schnäbel den riesigen Falken folgten, die unaufhörlich herumkreisten und nach Beute spähten. Nach einer Weile rief mich der afrikanische Koch zu einem weiteren cholesterinreichen, unmoslemischen Festmahl aus Würsten, Eiern und Speck aus der unerschöpflichen Kühltruhe herein, und als ich endlich das allerletzte Loch im Bauch zugestopft hatte, erschien auch schon eine der Janes, um mich nach Hause mitzunehmen.

Während ich auf die beiden irischen Krankenschwestern wartete, die mich abholen sollten, blieb mir genug Zeit, den Reifen zu flicken und das Agala vom Rest der dicken Schmutzschicht zu säubern. Als sich zwei Stunden nach dem versprochenen Start um zehn Uhr noch immer niemand blicken ließ, fuhr mich Jane zum Haus von CONCERN, wo wir sämtliche Mitglieder des Hilfswerks bei einem Mittagessen zur Feier des Unabhängigkeitstags vorfanden (ich glaube, es ging um die sudanesische Unabhängigkeit, nicht die irische). Mit Ausnahme des Organisators schien sich das gesamte Personal von CONCERN aus Freiwilligen zusammenzusetzen, die alle Experten auf verschiedenen Gebieten waren und für einen Pappenstiel eine begrenzte Zeit mitarbeiteten. Ihre Unterkünfte waren alles andere als komfortabel, und sie nahmen offensichtlich beträchtliche Einbußen im gewohnten Lebensstandard in Kauf, um hier draußen zu arbeiten. So hatte ich mir Entwicklungshilfe schon eher vorgestellt als das, was ich in Khartum gesehen hatte.

Wir fuhren in einem hoch mit Wolldecken beladenen Landrover los. Am Steuer saß ein junger Sudanese namens Musa, denn Ausländer durften in dieser Gegend nicht selbst fahren. Bald überquerten wir eine riesige, weiße, aggressiv moderne Brücke, die in dieser leeren, primitiven Landschaft völlig paradox wirkte, und fast unmittelbar danach tauchte ein gigantischer weißer Gebäudewürfel auf, der aus einem Meer von Zuckerrohr ragte und sinnigerweise die Zuckerraffinerie von Kenana war. Alle weiteren Pläne, Kosti zu einem modernen Industriezentrum zu machen, waren im Moment schubladisiert, daher wirkten die beiden einsamen, kompromißlosen Bauwerke in dieser Wildnis besonders kurios und völlig fehl am Platz, fast wie auf einem Bild von Salvador Dalí. Bevor wir nach Süden in Richtung Renk abdrehten, gab es zwei Polizeikontrollen. Beidemal versuchte ich, möglichst unbeteiligt auszusehen, doch meine Handflächen waren schweißnaß vor Angst, jemand könnte mich nach meiner Reisegenehmigung fragen. Aber nur die Wagenpapiere wurden überprüft, für die Insassen interessierte sich niemand.

Die Straße war mörderisch. In den großen Staubverwehungen und an tief zerfurchten Stellen legte sich das Fahrzeug in gefährlich schrägem Winkel zur Seite. Mehrmals kippten wir beinahe um, und Musa kämpfte wie wild, um nach einer zu schnell gefahrenen Kurve den Wagen wieder unter Kontrolle zu bringen. Wir mußten uns beeilen, um noch vor der Dunkelheit in Renk einzutreffen, sonst hätten wir die ganze Nacht auf einem Polizeiposten verbringen müssen. Es war heiß, viel heißer als in Khartum. Die großen Kamel- und Viehherden, die von Zeit zu Zeit durch die ungeheure Weite dieses Buschlandes zogen, verwandelten sich zu zerstückelten, zerbrochenen Gebilden und flirrten unstofflich durch den Hitzeschleier wie Traumbilder von verlorenen biblischen Stämmen. Das Land war von einer dramatischen Schönheit jenseits aller menschlichen Maßstäbe. Große, felsige Dschebels ragten abrupt aus den Ebenen, ohne Anzeichen eines Busches oder Grashalms, der dort oben wuchs – steinerne Burgen, auf denen die Geier Ausschau hielten.

Sobald wir die Provinz White Nile hinter uns hatten und in die Southern Province fuhren, häuften sich die Polizeikontrollen, auch sahen wir mehr und mehr verlassene Dörfer. Einige waren von der Armee niedergebrannt worden, weil man sie von der SPLA infiltriert glaubte, aus anderen waren die Bewohner panikartig geflüchtet, als die Streitkräfte das Feuer eröffnet hatten. Den Nil erblickten wir nur einmal, während wir in einem Städtchen an seinem Ufer kurz Rast machten, um uns zu erfrischen. Es war ein ruhiger, freundlicher Ort, wo die Menschen sehr schwarz aussahen und die Frauen keinen Tobe trugen. Ich hatte mich schon so daran gewöhnt, alle Frauen im Sudan in dieses lange Tuch eingewickelt zu sehen, daß mir erst hier im Süden, beim Anblick dieser Frauen mit ihrem freien Gang, bewußt wurde, wie einengend so ein Kleidungsstück in Wirklichkeit ist. In diesem Landesteil trug jedermann viel weniger Textilien, und es war schön, daß die Beine nicht mehr unter langen Roben oder Hosen versteckt werden mußten.

Die Polizeikontrollen gemahnten mich an die Reise der Bakers durch diese Gegend, an ihre ständigen Scherereien mit Korruption, Ausbeutung, Trägheit und Amtsanmaßung. Hatte sich wirklich so viel geändert? Zwar lagen keine Sklaven mehr angekettet in Schuppen am Nilufer, wo sie auf den Weitertransport warteten und von den Sklavenhändlern rasch außer Sichtweite gebracht wurden, wenn der weiße Mann erschien und dazwischentrat, doch die unterschwellige Gleichgültigkeit gegenüber den Leiden anderer Menschen war noch immer augenscheinlich, und ebenso augenscheinlich war die Spaltung zwischen Nord und Süd, zwischen Arabern und allen anderen.

Kamen wir zu einem Kontrollpunkt, hielten wir jeweils an. Musa stellte den Motor ab, wir übrigen saßen mit steifem, gefälligem Lächeln auf den Gesichtern da, bis einer der herumliegenden Wachtposten sich aufzurichten geruhte und mit seinem Gewehr langsam auf uns zuschlenderte. Manchmal waren sie selbst dazu zu müde und winkten uns aus ihren Stühlen heraus weiter, doch sobald einer von ihnen die Wolldecken erspähte, strichen sie alle wie Schakale um uns herum. Sobald sich Joan als Leiterin zu erkennen gab, wurde sie weggeführt und mußte sich etwa zwanzig Minuten lang gegen Überredungskünste, Argumente und versteckte Drohungen zur Wehr setzen, mit denen man ihr die Wolldecken abjagen wollte. Zwar versuchte sie zu erklären, sie seien für die Armen und Bedürftigen im Süden bestimmt, konnte jedoch die Posten damit nicht erweichen: Auch sie waren arm, und die Leute im Süden galten ihnen nicht wirklich als Menschen – sie waren keine Moslems und außerdem potentielle Rebellen, wieso also Wolldecken an sie verschwenden?

Kurz bevor es Nacht wurde, kamen wir endlich in Renk an, so

daß mir nur der flüchtige Eindruck einer kleinen, von sehr vielen Dörfchen aus Grashütten umringten Stadt am Nil blieb, bevor wir das baufällige Haus erreichten, das CONCERN für seine Mitarbeiter gemietet hatte. Schade, daß die einzigen anderen Europäer, ein paar Polen, die mit Flugzeugen aus dem Zweiten Weltkrieg waghalsige Einsätze flogen, um die Felder mit Schädlingsbekämpfungsmitteln zu besprühen, gerade abwesend waren, denn sie füllten den Krankenschwestern jeweils auch den Wassertank auf. Ich hätte bei diesen Temperaturen hier nicht gerne lange ohne Wasser und ohne Elektrizität gelebt. Strom war zwar vorhanden, wenn erst einmal ein diabolischer Generator in Gang gesetzt wurde, doch machte er einen so fürchterlichen Lärm, daß ihn niemand lange aushielt. Es gab auch eine Art Faktotum, ein Mädchen für alles in Gestalt eines Einheimischen, der seine nicht besonders schmackhaften Mahlzeiten unter derart primitiven Bedingungen zubereiten mußte, daß sich niemand beklagen durfte. Mit jeder Stunde, die ich in Renk verbrachte, wuchs meine Hochachtung für diese Iren, die sich nicht nur mit den desolaten Verhältnissen abfanden, sondern extrem hart arbeiteten und dabei guten Mutes blieben.

Es war noch dunkel, als ich vom ersten moslemischen Gebetsruf irgendwo ganz in der Nähe geweckt wurde. Ich lag in einem jetzt schon heißen, kleinen Zimmer und machte mich langsam mit dem Gedanken vertraut, daß ich mich nun in einer unsicheren Grenzstadt befand. Renk, einst ein kleines, schläfriges, bedeutungsloses Städtchen am Nil, bildete gegenwärtig die Grenze. Bis hierher reichte der Einfluß der Regierung, südlich davon herrschte die SPLA, die im Busch lebte und mit modernsten Waffen einen Guerillakrieg führte. Sämtliche größeren Städte am Nil wie Malakal, Bor und Juba waren seit einiger Zeit wirksam von der Umwelt abgeschnitten. Barken, die den Strom hochfuhren, waren unter Beschuß genommen worden, was der Rolle des Nils als Hauptverkehrsader zwischen Kosti und Juba schlagartig ein Ende gesetzt hatte; und als die SPLA ein Passagierflugzeug über Malakal abschoß, war auch die Verbindung mit dem Gebiet zwischen Renk und Juba praktisch zum Erliegen gekommen, was das Ende für alle die multinationalen Multimilliardenprojekte zur materiellen Besserstellung dieses Teils der Welt bedeutete. Eines jener Vorhaben, der Bau des dreihundertfünfzig Kilometer langen Junglei-Kanals, der die Sümpfe des Sudd trockenlegen und ungeheure Mengen zusätzliches Wasser liefern sollte, hatte kurz vor der Vollendung gestanden. Es wird wahrscheinlich kaum je fertiggestellt, denn der riesige Spezialbagger ist von den Rebellen zerstört worden, und alles, was bereits ausgehoben wurde, füllt sich langsam wieder mit Sand auf.

Die Satellitendörfer rund um Renk dienten als temporäre Lager für die Schilluk, die zu Tausenden nach Norden getrieben wurden, weil die Regierungsarmee eine Politik verfolgt, Gebiete, welche der SPLA helfen könnten, zu »säubern«. Die Schilluk lebten seit dem sechzehnten Jahrhundert in eng verbundenen Ackerbaugemeinschaften auf ihrem angestammten Territorium längs des Nils. In ihrer ursprünglichen Religion erhält ein »Höchstes Wesen«, Nyikang, die Harmonie von Erde, Himmel und Strom und schickt jedes Jahr den Regen, um die Verderbnis abzuwenden, die von der Sonne droht – in diesem glühend heißen Teil der Welt wird die Sonne selten als wohltätige Gottheit angesehen. Die Schilluk glaubten auch an ein Gottkönigtum, und ihr Herrscher galt als Manifestation von Nyikang, was einen stark einigenden Effekt auf den Stamm ausübte und dem Land half, die Jahrhunderte des arabischen Sklavenhandels zu überleben. Seit Mitte des achtzehnten Jahrhunderts gründeten christliche Missionare Schulen und Krankenhäuser auf Schilluk-Gebiet und konnten viele von ihnen bekehren, bis 1963 die sudanesische Regierung im Rahmen ihres Versuchs, das ganze Land unter dem Islam zu vereinen, sämtliche Missionare aus dem Süden auswies. Obwohl viele Schilluk heute Christen sind, folgt die Mehrzahl von ihnen noch immer dem alten Glauben.

Vor dem Frühstück gingen wir zur Kinderstation hinüber, die unter zwei offenen Markisen neben einem verlassenen Krankenhaus untergebracht war. Ein Strom eifriger, lächelnder, kleiner schwarzer Kinder war auf dem Weg dorthin. Jedes kämpfte sich, so schnell es konnte, vorwärts, viele mit Säuglingen und Kleinkindern auf den Armen, die kaum kleiner waren als sie selber. Hie und da hielten sie inne und versuchten, ihre kleinen Lasten höher auf noch nicht existierende Hüften zu hieven. Sie kamen alle aus den provisorischen Schilluk-Dörfern im Umkreis, und für einige von ihnen war es ein recht langer Anmarschweg. Kinder zwischen sechs Monaten und zwei Jahren sind bei diesen zwangsumgesiedelten Menschen dem größten Risiko ausgesetzt. Daheim hatte es eine Vielzahl verschiedener Nahrungsmittel für sie gegeben, doch hier erhielten sie, sobald sie entwöhnt waren, als einziges das ungenießbare Durra, die Mohrenhirse, das ihnen nicht bekommt, und deshalb sterben sehr viele von ihnen. Auf einer Ernährungsstation wie dieser findet man mittels eines international anerkannten Maßstabs für das Verhältnis von Körpergröße zu Gewicht heraus, welche der Kinder am meisten gefährdet sind, und so müssen den ganzen Tag lang hungrige Kinder abgewiesen werden, nur weil sie noch nicht genügend ausgemergelt sind. Wird ein Kind einmal angenommen, erhält es im Center dreimal täglich eine Art angereicherten Porridge zum Essen, ebenso wie die Person, die es bringt. Es kann dann jeden Tag wiederkommen, bis es das erforderliche Gewicht erreicht hat. Im Gegensatz zu den Flüchtlingen erhielten diese zwangsumgesiedelten Schilluk überhaupt keine staatliche Hilfe. Was CONCERN zuerst als zeitlich begrenztes Problem angesehen hatte, war noch nicht besser geworden, und während ich dort weilte, wurde beschlossen, das Center zu reorganisieren und es auf eigene Füße zu stellen.

Das erste Kind in der Schlange an diesem Morgen war ein Neuankömmling von nicht ganz zwei Jahren namens Michael, der fast komatös in den Armen seiner Mutter lag. Er befand sich in einem Zustand fortgeschrittener Auszehrung: Sein Kopf glich dem Schädel eines alten Mannes, Arme und Beine wirkten so zerbrechlich wie bei einem Vogel, und sein stark geschwollener Bauch war mit einem T-Shirt bedeckt, auf dessen Vorderseite in obszönem Kontrast zu dem bis aufs Skelett abgemagerten Kind ein Trickfilmkaninchen grinste. Seine Mutter hatte das traurigste Gesicht, das ich je gesehen habe, und eine Weile lang war der Drang übermächtig, mich abzuwenden, um zu verbergen, daß ich weinte. Es berührt seltsam, daß nichts, was man im Fernsehen sieht oder irgendwo liest, dem nahekommt, was man fühlt, erlebt man den Skandal, daß ein Kind vor Hunger stirbt, von Angesicht zu Angesicht. Wohl niemand kann sich eines tiefen Schuld- und Schamgefühls erwehren, einfach da zu sein, so, wie man ist, wohlgenährt und gesund. Claire legte ihren Arm um die Mutter und sagte, sie wolle versuchen, daß ihr Kind im Krankenhaus aufgenommen würde, damit man es künstlich ernähren könne. Die Frau verstand die Worte nicht, doch Wärme und Trost drangen durch. Sie versuchte zu lächeln, und das war wohl am allerschwersten von allem zu ertragen.

Innerhalb einer Stunde war der hinterste Platz unter der Zeltbahn mit schwarzen Menschen vollgepackt, die sich Kopf an Kopf über die roten, bis zum Rand mit dickem, gelbem Papp gefüllten Plastikschüsseln beugten. Plastiklöffel flitzten auf und nieder, so schnell es eben ging, und die Augen wandten sich keine Sekunde von den Schüsseln ab. Kleine Jungen und Mädchen von etwa fünf Jahren löffelten die Mixtur in die jüngeren Kinder hinein, deren Gesichter von dem Zeug bald völlig verschmiert und voller Fliegen waren, welche überall an ihnen herumkrabbelten. Der Brei wurde in riesigen Kesseln von Schilluk-Frauen zubereitet, die man unter den Umgesiedelten rekrutiert hatte. Sie waren gut zu den Kindern, füllten jede Schale so voll wie nur möglich und freuten sich, wenn alles aufgegessen war. Einige der älteren Kinder versuchten, heimlich etwas von dem Porridge in alten Flaschen und Büchsen zu verbergen, um es nach Hause mitzunehmen, dem wurde jedoch Einhalt geboten, weil unter den überall herrschenden unhygienischen Bedingungen die Gefahr einer akuten Lebensmittelvergiftung bestand. Aus demselben Grund ließ man die Kinder mit Löffeln essen, während sie daheim die Hände gebrauchten.

Das ganze Gebiet rund um die Zelte war eine einzige offene Latrine, da die Kinder die zur Verfügung stehenden Toiletten nicht benutzten und es unter den gegebenen Umständen unmöglich war, sie zu Hygiene zu erziehen. Jetzt, wo hier eine permanente Station entstehen sollte, waren bereits Pläne im Gang, das Gebiet einzuzäunen, das unbenutzte Gebäude in Eßräume umzubauen und zwischen den Mahlzeiten irgendwelche erzieherische Aktivitäten für die Kinder zu organisieren, damit sie nicht immer herumsitzen mußten. Einige der Köchinnen konnten meiner Meinung nach sehr gut als Hilfskindergärtnerinnen amtieren, besonders Elisabeth, eine schöne, junge Frau, die, wenn sie nicht gerade Essen ausschöpfte, immer eins der kleinen Kinder auf den Knien schaukelte und ihm sanft vorsang: »One, two, three, Jesus love me; two, three, four, he love you more.« Die Schilluk-Frauen sind ganz vernarrt in ihre Kinder und können sich nichts Schöneres denken, als noch mehr davon auf die Welt zu bringen. Während Claire und ich bei den Köchinnen saßen und mithalfen, die Getreidekäfer aus dem Mehl zu sieben, berührte Elisabeth sanft einer Frau nach der andern den Bauch und ließ uns stolz wissen: »Sie drei Monate – vier Monate ihre – ihre vielleicht zwei!«, begleitet vom verschwörerischen Kichern der übrigen.

Es ließ sich nicht abschätzen, wie viele der zwangsumgesiedelten Schilluk in den Dörfern rund um Renk lebten – es müssen Zehntausende gewesen sein, doch niemand kannte auch nur ihre ungefähre Zahl. Auf der Flucht nach Renk hatten sie versucht, in ihren ursprünglichen Dorfgemeinschaften zusammenzubleiben, was für ein derart eng verbundenes Volk offenbar von großer Wichtigkeit war, und sich selbst in dieser schlimmen Notlage einen Sinn für Harmonie bewahrt, der sehr einnehmend wirkte. Sie waren auch vom Aussehen her ein überaus attraktives Volk: schlank, anmutig, mit schöner, gelassener Kopfhaltung und dem traditionellen Stammesnarbenmuster, welches ihre Erscheinung eher noch mehr zur Geltung brachte. Es sieht sehr ähnlich aus wie jenes der Dinka: Quer über die Stirn läuft eine horizontale Linie mit »Perlen«, wo Asche in Abständen in den Einschnitt gerieben worden war.

Jude nahm mich mit zu einer Visite in eines der nahen Schilluk-Dörfer. Er war bei CONCERN angestellt und selbst ein Schilluk, hatte jedoch das College in Malakal besucht, bis es von der Regierung geschlossen wurde, worauf er nach Khartum gezogen war, um dort seine Ausbildung fortzuführen. Nach Schulabschluß konnte er wegen der Straßensperren nicht mehr zurückkehren und wartete jetzt in Renk auf eine Gelegenheit, nach Hause zu kommen und seine Stelle als Laienarbeiter bei der lutheranischen Kirche anzutreten.

Die meisten Schilluk lebten in Großfamilien in drei oder vier kleinen, runden, mit einem Flechtwerk aus Zweigen umzäunten Hütten. Diese waren schön gearbeitet, jedoch bar jeglicher Besitztümer, mit Ausnahme vielleicht von ein paar wenigen aufgeschnittenen Mehlsäcken zum Schlafen. In dieser Jahreszeit können die Nächte sehr kalt werden, und die Decken, die wir mitgebracht hatten, waren in all dem Elend nur ein Tropfen auf den heißen Stein.

Es gab nur wenige Leute dort – die meisten waren weggegangen, auf die endlose Suche, etwas zum Überleben zu finden. Viele Frauen wanderten jeden Tag in entfernte Gehölze und lasen Stekken zusammen, um sie zu Holzkohle zu verbrennen und auf dem Suk zu verkaufen. Die Männer nahmen alle nur möglichen Arbeiten an, doch nur während der Erntezeit fanden sie jeweils Gelegenheit, einige Wochen fest angestellt zu werden, um Baumwolle, Zuckerrohr und Mohrenhirse einzubringen. Eine größere Zahl jüngerer Männer war beschäftigt, Wasser vom Nil in die Stadt zu transportieren und dort zu verkaufen. Sie verwendeten dazu selbstgebastelte Karren (eigentlich bloß gestrichene Ölfässer auf Rädern) und durften hoffen, für einen langen Arbeitstag knapp eine Mark zu verdienen, wovon die Hälfte an den Besitzer des Gefährts ging. Renk hatte früher einmal ein Wasserleitungsnetz, doch war es schon seit längerem zusammengebrochen. Ich sah auch mehrere Jungen, die erstaunlich detaillierte Modellautos und -lastwagen aus alten Konservendosen herstellten, deren Einzelteile von Draht zusammengehalten waren, welcher durch mit einem Nagel gehämmerte Löcher gefädelt wurde. Diese Modelle kosteten viele Stunden geduldiger Arbeit und wurden für ein paar Kupfermünzen verkauft.

In einem der Lager unterhielten wir uns mit einem Mann, der ein Fischernetz flickte, als sich eine zerzauste alte Frau schreiend auf mich stürzte, die Hände wie Krallen zum Zuschlagen gespreizt. Mehrere Familienangehörige fingen sie ein, bevor sie mich erreicht hatte, und führten sie weg. Sie sei verrückt, sagte der Mann zu Jude, und benehme sich so, seit sie vor sechs Monaten von zu Hause fliehen mußten – wahrscheinlich hatte sie mich irgendwie mit dem Feind in Verbindung gebracht.

Während wir miteinander sprachen, kamen eine ganze Reihe weitere Leute herbei. Jude sagte mir, sie wollten mir »ihre Geschichte« erzählen, und nachdem ich sie mir schließlich angehört hatte, konnte ich mich nur noch darüber wundern, daß nicht mehr von ihnen den Verstand verloren hatten. »Wir erzählen Ihnen diese Dinge«, sagten sie, »weil wir wissen, Sie sind eine Journalistin und wollen die Wahrheit erfahren. Wenn die Regierung hört, daß wir Ihnen diese Dinge erzählen, wird man uns vielleicht umbringen. Es bringt uns in große Gefahr, mit Ihnen über diese Dinge zu sprechen. Wenn jemand uns fragt, warum wir hier sind, sagen wir, weil John Garang all unser Vieh aufgegessen hat. Das sagen wir, doch es ist gar nicht wahr! John Garang hat nicht all unser Vieh aufgegessen. Er hat nur etwas davon genommen. Dann kam die Armee und sagt, wir helfen John Garang, und sie treiben all unser Vieh weg und jagen die Leute hinaus, und die Leute rennen weg, und dann schießt die Armee auf uns. Viele haben wir tot dortgelassen, viele kleine Kinder, Frauen und auch Männer, viele. Dann schlachtet die Armee unser Vieh. Wir kommen hierher mit nichts in den Händen, alles haben wir in unseren Dörfern zurückgelassen. Wir hatten dort alles. Selbst die Armen hatten Fische in den Bächen und Mangos, die wild in den Wäldern wuchsen. Unser Volk hat bis jetzt noch nie Hunger gekannt. Doch die Regierung kümmert sich überhaupt nicht um uns. Wir sind Christen. Für sie ist es besser, wenn wir und unsere Kinder sterben. Unsere einzige Hoffnung ist, wieder unser eigenes Land zu haben. Darauf hoffen wir.«

Bevor ich Renk verließ, machte ich mit Musa einen Rundgang durch die Stadt selbst. Das Stadtzentrum mit Polizeikasernen, Bank und den Häusern von ein paar wenigen wichtigen Leuten war fest in arabischer Hand und von einem hohen Drahtzaun umgeben, der in der Nacht abgesperrt werden konnte und für den Fall eines Überfalls der SPLA bewacht war. Der Rest der Stadt sowie die umliegenden Dörfer mit den zwangsumgesiedelten Schilluk waren ungeschützt. Man sagte mir, es gebe häufig Infiltrationen. Wenn die Armee von einer höre, bringe sie Artillerie herbei und zerbombe das Dorf, obwohl es voller Leute sei.

Abgesehen von ein paar Straßen mit verlotterten arabischen Häusern ähnlich dem von CONCERN gemieteten, setzte sich Renk aus den traditionellen afrikanischen Familienverbänden zusammen. Ein geflochtener Rundzaun beschützte sechs oder sieben Grashütten, die Ziegen und Hennen, das Rindvieh und einige wenige Hunde. Es gab aber auch größere Komplexe. Zuweilen zeigte eine rote Fahne an einem hohen Mast an, daß man hier selbstgebrautes Bier trinken konnte, während eine weiße Fahne bedeutete, daß Schnaps zu kaufen war. Unten am Fluß, wo das Gemüse für die Versorgung der Stadt wuchs, lagen riesengroße Barken am Verrotten und setzten schon Unkraut an. Es war mehr als ein Jahr her seit ihrer letzten Fahrt. Damals hatte die SPLA eine Reihe Barken auf dem Nil beschossen und die Hauptverkehrsader des Landes jäh unterbrochen. Nichts bewegte sich jetzt mehr auf dem Wasser, mit Ausnahme einer Pumpe, die unaufhörlich arbeitete, um die Ölfässer einer endlosen Schlange von Wasserträgern zu füllen.

Auf dem Rückweg hielt ich an, um ein paar lächelnde Kinder zu fotografieren, die im Staub neben kleinen Häufchen mit Früchten und Gemüse kauerten, welche sie verkauften. Sogleich trat ein betrunkener Polizist hinzu und begann mich mit seinem Schlagstock zu bedrohen. Ich hatte in Khartum einen vollumfänglichen Kameraausweis erhalten, mit Foto von mir und »Presse« und »Spezialgenehmigung« in großer Schrift vorne drauf. Es stand sogar drin, ich dürfe Kinofilme drehen, doch auf diesen uniformierten Rüpel machte er keinen Eindruck – vermutlich konnte er sowieso nicht lesen. Eingedenk meiner fehlenden Reisegenehmigung kletterte ich rasch in den Landrover zurück, ehe er in Versuchung kam, mich zu verhaften.

Bevor ich am folgenden Morgen von Renk abreiste, machte ich einen Abschiedsbesuch beim Ernährungszentrum, und dort war wider Erwarten der kleine Michael. Noch immer zu schwach, um ohne Hilfe sitzen zu können, löffelte er doch langsam Brei in sich hinein, und das mit einer so grimmigen Entschlossenheit, daß mir einmal mehr das Weinen zuvorderst stand. Die Erwachsenen und die größeren Kinder wiesen voller Stolz auf seine Anstrengungen hin und sahen so vergnügt aus, als wäre es ihr eigener Triumph – was es wohl auch war: Eins mehr von ihnen hatte den Tag überlebt!

15. KAPITEL

Noch einmal: Khartum

Der große, abfallübersäte offene Platz in Kosti war voll von uralten, durchhängenden Bussen. Doch nur wenige funktionierten noch, und es war unmöglich, in dieser wogenden Menschenmenge herauszufinden, was lief und was nicht. Der unvorhergesehene Besuch in Renk hatte mir herzlich wenig Zeit übriggelassen, bis Montag morgen die fünfhundertfünfzig Kilometer zurück nach Khartum zu bewältigen, um meine Verabredung mit Unicef einzuhalten. Ich hatte Kosti erst Samstag spät erreicht und war von der gräßlichen Reise im Landrover ganz zerschlagen und zerbeult. Selbst auf einer Teerstraße waren die restlichen dreihundert Kilometer gegen den Wind viel zuviel für einen Tag.

Ein Bus war also der einzige Ausweg – nur stand jetzt das sudanesische Transportwesen seit neuestem ebenfalls auf der langen Liste der Versorgungsengpässe, und zwar so weit oben, daß das Militär soeben sechzig große, bis oben beladene Lastwagen der Vereinten Nationen beschlagnahmt hatte, welche versuchten, mit dringend benötigten Lebensmitteln zur belagerten Stadt Wau durchzukommen. Die Entwicklungshelfer in Kosti, von denen ich dies erfuhr, waren alle sehr besorgt über die möglichen Auswirkungen, besonders weil Gerüchte zirkulierten, die Armee hätte die Lastwagen mit Waffen beladen und sie südwärts an ein unbekanntes Ziel gefahren. Im Vergleich dazu schienen meine eigenen Sorgen trivial, obwohl es das Warten auch nicht leichter machte.

Nach mehrstündigen fruchtlosen Erkundigungen, die mich zunehmend nervös machten, wies einer der Umstehenden freundlich auf einen Bus nach Khartum. Sein Fahrer hielt sich klugerweise aus der Gefahrenzone und verkaufte die Fahrkarten durch ein Fenster des abgeschlossenen Gefährts. Eine Menge knochiger Sudanesen hüpfte aufgeregt unter seiner Nase auf und ab und drängelte, um einen Fahrschein zu ergattern. Zuerst wartete ich, bis die Reihe an mir war, wurde aber immer wieder weggeschoben und hatte, behindert durch mein Fahrrad, nicht die geringste Chance. Dann erspähte ich zwei junge Männer von CONCERN, die ebenfalls nach Khartum wollten. Ich dachte, sie könnten sich doch für mich ins Getümmel stürzen und für uns alle Fahrscheine kaufen, aber sie waren viel zu schüchtern, also gab es nur noch einen Ausweg: Nach dem Motto »Man muß sich immer seiner Umgebung anpassen« ließ ich das Agala in ihrer Obhut zurück, wühlte mich ins Gedränge und wurde wirklich mit drei Fahrkarten nebst einer fürs Agala belohnt.

Die beiden jungen Männer vergalten mir meine sportliche Leistung, indem sie mir halfen, das Fahrrad die Außenleiter aufs Busdach hinaufzustemmen, und mich auf dem zerbrochenen Rücksitz in die Mitte nahmen, was angenehmer war, als neben einem Sudanesen zu sitzen, denn die irischen Jungen waren besser gepolstert. Die Rückreise nach Khartum war anstrengend und heiß. Der Bus war mit mehr als dem Doppelten seines offiziellen Fassungsvermögens vollgestopft, und die sudanesischen Männer machten sich hemmungslos breit. Erst als wir in eine Polizeikontrolle kamen, die nach infiltrierten Rebellen fahndete, konnten wir uns ein bißchen Platz schaffen. Alle sudanesischen Männer mußten aussteigen und sich aufreihen, doch weil es unter ihnen anscheinend keine Verdächtigen gab, kamen ebenso viele wieder herein, und wir büßten wegen ihrer unbarmherzigen Drängeltechniken unseren Vorteil bald wieder ein.

Meine Besorgnis, ob ich einen Flug nach Juba kriegen würde, verflog, sobald ich ins Büro des Direktors bei Unicef geführt wurde. »Warum fliegen Sie nicht einfach mit uns?« fragte Cole Dodge, »wir bringen unsere Maschine nächste Woche dort hinunter, es hat Platz genug für Sie und Ihr Fahrrad.« Dann merkte ich, daß sein Angebot nicht ganz so beiläufig erfolgte, wie es klang: Er hatte Fotokopien meiner Zeitungsartikel vor sich liegen, und sicher dachte er, ich könne ihm ebenso nützlich sein wie er mir. Das

Projekt für die Wiedereingliederung vagabundierender Kinder, das er mir ans Herz legte, interessierte mich außerordentlich. Schon bevor ich aus England abreiste, hatte ich von den Tausenden obdachloser Jungen gehört, die durch die Straßen von Khartum streunten, und wollte so viel als möglich darüber herausfinden. Unicef flog am nächsten Tag einen Psychologen aus Norwegen in eine Stadt an der Grenze zu Tschad, damit er sich ein laufendes Teilprojekt ansehen konnte, und Cole Dodge meinte, ich solle ruhig mitgehen. Nicht zum erstenmal merkte ich, daß die Amerikaner mit viel größerer Kelle anrühren als die Briten. Ich packte daher die Gelegenheit am Schopf, ein weiteres Gebiet des Sudans zu sehen, obwohl mir nur ein paar Stunden blieben, um mich mit den Hintergründen dieses Problems etwas vertraut zu machen. Ein einheimischer Angestellter namens Sadik würde mir jedoch helfen, »mich ins Bild zu setzen«.

Sadik drängte mich von Büro zu Büro, wo ich einer Vielzahl verschiedenster Leute die Hand schütteln mußte. Ich hatte keine Ahnung, welche Funktionen sie ausübten, doch alle sprachen mit amerikanischem Akzent und erweckten den Eindruck überwältigenden Eifers, wie die Einpeitscher der Fans beim Fußball. »Drahtzieher« und wichtigster Mann war jedoch ein Sudanese, der sämtliche Reisegenehmigungen für die Unicef-Agentur arrangierte und meinen Reisepaß für den Flugplan benötigte. Dokumente, die zu beschaffen sonst Tage dauerte, konnte er in wenigen Stunden herzaubern, weil er, wie er sagte, mit einer anderen Regierungsstelle verhandle, als ich sie aufsuchen mußte. Das mochte stimmen, entsprach aber nur einem Teil der Wahrheit, und langsam begann mir zu dämmern, daß hier im Sudan ohne so einen »Macher« kein Hilfswerk und kein Geschäft funktionieren konnten.

Als ich wieder herauskam, drehte sich mir alles im Kopf, doch ich hatte keine Zeit, meine Gedanken zu ordnen, denn schon wurde ich zu einem Rohbau geführt, wo sich »Saba« (»Morgen«), eine Zufluchtsstätte für Straßenjungen, befand. Mein erster Eindruck: ein Innenhof, der vor rowdyhaft aussehenden, zerlumpten Jungen und Jugendlichen aus allen Nähten platzte. Zwei mit langen Stöcken bewaffnete Männer hatten alle Mühe, sie im Zaum zu halten und die erbitterten Kämpfe und Handgemenge im Keim zu ersticken, die ständig aufflammten, während die Jungen Teller mit Essen faßten, welches aus einem großen, schwarzen Kochkessel geschöpft wurde. Der Platz brodelte von zornigen, verletzten jungen Menschen voller Auflehnung und Argwohn. Ich spürte förmlich, wie Wellen von Unmut gegen mich schwappten – oder vielmehr gegen das, was ich repräsentierte: eine Fremde, eine aus einer privilegierten Welt, die sie in derart demütigenden Umständen erblickte. Dann fiel mir auf, daß vielen Jungen Hände oder ganze Gliedmaßen fehlten, und ein schrecklicher Verdacht stieg in mir hoch: »Gütiger Himmel, das kann doch nicht ...« Selbst unter der kürzlich eingeführten unmenschlichen islamischen Rechtsprechung der Scharia, wo überführten Dieben zur Strafe Hände und Füße amputiert wurden, konnte man mit diesen Kindern doch nicht so umspringen! Dieser Gedanke war so entsetzlich, daß ich glaubte, in Ohnmacht zu fallen. Ohne es zu merken, hatte ich laut gesprochen, und Sadik entgegnete in nüchternem Ton, zwar seien einige der Jungen alt genug, um auf diese Weise bestraft zu werden, doch diese Verstümmelungen seien wohl eher zufällig und nicht absichtlich zugefügt worden – während sie nach Khartum ausrissen, seien viele der Jungen im Zank oder im Schlaf von den Wagendächern der Züge gefallen und unter die Räder gekommen.

Sadik meinte, es gebe in Khartum rund zwanzigtausend obdachlose Jungen zwischen sieben und zwanzig Jahren, die unter freiem Himmel lebten, es könnten aber auch mehr sein. Nachdem jetzt die schlimmste Hungersnot gebannt war, wandten sich viele Hilfswerke dem Problem dieser obdachlosen Kinder zu, und einige schienen sich spontan etwas einfallen zu lassen. Bei all der Rivalität zwischen den verschiedenen Agenturen und unter dem ständigen Druck, die eigene Existenzberechtigung nachweisen zu müssen, drohte die Gefahr eines selbstsüchtigen Gerangels, ohne daß die verschiedenen Anstrengungen koordiniert wurden und auf dem aufgebaut wurde, was bereits geleistet worden war. Niemand war sich dieser Gefahr mehr bewußt als eine charismatische Jugoslawin namens Blanka, die ich in Saba kennenlernte. Sie stand an vorderster Front und war mit diesem Problem vertrauter als alle anderen, die ich traf, zusammengenommen.

Blanka, eine praktische, energische Frau in den Fünfzigern, hatte einen Sudanesen geheiratet, den sie von der Universität her kannte, und lebte seit dreißig Jahren im Land. Nach zwei Jahrzehnten waren ihre drei Söhne groß genug gewesen, daß sie fand, es sei an der Zeit, etwas aus ihrem ziemlich nutzlos gewordenen Leben zu machen, denn die Einschränkungen, die Frauen in islamischen Ländern auferlegt werden, sind selten leicht zu ertragen, schon gar nicht für eine hochgebildete Frau aus dem Westen. Das Gehalt ihres Mannes, eines Universitätsprofessors, erlaubte ihr nicht, jedes Jahr für einen Besuch nach Jugoslawien zurückzukehren – ihr letzter Rettungsanker, wie ihr schien. Daher entschloß sie sich mit vierzig, dem Widerstand, der sich in einer solchen Gesellschaftsstruktur zwangsläufig gegen die Initiative einer Frau richten würde, mutig die Stirn zu bieten und sich selbst zu helfen, und nach vielen Wenn und Aber eröffnete sie eine Eisdiele, die erste in ganz Khartum. Die Idee schlug sofort ein und brachte Blanka viel mehr als bloß finanzielle Unabhängigkeit: Sie lernte das Problem der Straßenjungen von Grund auf kennen.

Das Eis zog die obdachlosen Jungen an wie das Licht die Motten, und sie lungerten lange genug dort herum, daß Blanka feststellen konnte, wie verzweifelt ihre Notlage war. Sie waren ausgehungert, gingen in Lumpen und brauchten häufig ärztliche Pflege, aber ebensosehr bedurften sie psychologischer Unterstützung und einer Ausbildung. Anfangs gab sie ihnen zu essen und hie und da Kleider (obwohl die sogleich weiterverkauft wurden) und versuchte auch, ihnen ärztliche Hilfe zu vermitteln. Langsam, langsam faßten einige von ihnen Zutrauen zu ihr und erzählten ihr von ihrem Leben und ihren Problemen. Die Zwangslage der älteren Jungen quälte sie am meisten und ließ sie nicht los. »Wer von den Jüngeren schlau ist, kann sich mit Betteln durchschlagen«, erzählte sie mir, »doch sechzehn ist kein günstiges Alter mehr dafür. Die strecken ihre Hand schon gar nicht mehr aus, weil sie wissen, daß sie doch nichts kriegen werden. Ich kann zusehen, wie solche Jungen sich jeden Tag mehr in sich selbst verkriechen, bis sie völlig verzweifelt sind.«

Vor ein paar Jahren war die Zahl der Straßenjungen infolge der Dürre- und Hungerkatastrophe dramatisch angestiegen. Blanka war klargeworden, daß sie mit diesem Problem nicht mehr allein fertig werden konnte. Eines Tages stieß sie auf einen Jugendlichen, der in einem Gäßchen lag. Sein eines Bein war so brandig, daß sich ihm wegen des Gestanks niemand nähern konnte. Irgendwie schaffte es Blanka, ihn in ihr Auto zu bekommen. Ein Taschentuch vors Gesicht gepreßt, damit sie sich nicht übergeben mußte, fuhr sie durch ganz Khartum, auf der Suche nach einem Arzt, der ihr helfen wollte. Schließlich fand sie einen, doch damit war ihre Prüfung noch längst nicht vorbei: Sie mußte den Jungen fest in ihren Armen halten, während der Arzt das verfaulte Fleisch wegschnitt und versuchte, genügend gesundes Gewebe zu finden, um eine Amputation zu vermeiden.

Danach war es an Blanka, die Hände auszustrecken, und wie es manchmal so geht, wenn eine Notlage publik wird, tauchten auch hier plötzlich Privatpersonen und lokale Hilfswerke auf, um ihr beizustehen. Oberste Priorität hatte ein Zentrum, ein zeitweiliger Schlupfwinkel, weg vom Leben auf der Straße und ein Stück weit von der Eisdiele entfernt, wo die Jungen bereits die Kunden belästigten und verschreckten. Das Geld dafür war vor genau einem Jahr zusammengebracht worden, und Saba – »ein Ort, der den Jungen etwas Platz gibt, um sich über ihre Situation klarzuwerden«, wie Blanka sich ausdrückte – öffnete seine Tore.

Saba gibt ihnen auch eine erste Möglichkeit, wieder zu lernen, Vertrauen zu fassen. Wenn Blanka bei diesen abgebrühten Burschen steckte, konnte man beobachten, wie sich ihre verschlossenen Gesichter aufhellten. Sie drängten sich um sie, lächelten und lachten, und jeder wollte etwas sagen oder geknuddelt werden oder einen ihrer Arme um seine Schulter spüren. Vor meinen Augen entspannten sie sich zusehends und wurden wieder zu Kindern. Saba war etwas vom Besten, was ich im Sudan gesehen habe, und doch stand es auf äußerst wackeligen Beinen: Seine einzigen Geldquellen waren gelegentliche Spenden von ein paar tausend Dollar, die von hier und dort zusammentröpfelten. Eine feste finanzielle Grundlage war nicht vorhanden, und die größte Hoffnung ruhte im Moment auf Unicef, welche für den Kostenaufwand des folgenden Jahrs aufkommen sollte.

Weil ihr die Kinder so frei alles anvertrauen, konnte die psychologisch geschulte Blanka ein detailliertes Bild zeichnen, was die Jungen von ihrem Zuhause wegtreibt und wie ihr Leben auf der Straße aussieht. Ihre Flucht in die Stadt hat im wesentlichen zwei Ursachen. Einesteils ist das Auseinanderbrechen der Familienstrukturen dafür verantwortlich, denn besonders in Zeiten von Dürre und Hungersnot finden im ganzen Gemeinwesen tiefgreifende soziale Umwälzungen statt und schwächen sich die traditionellen sozialen Wertsysteme und Interdependenzen. Viele Väter sind abwesend, müssen irgendwo anders Arbeit suchen und lassen oft nichts mehr von sich hören, Mütter leben plötzlich mit einem anderen Mann zusammen, und daraus ergeben sich Feindschaften und Ressentiments – genügend Gründe also, um einen Jungen von daheim wegzutreiben.

Andernteils gibt es eine Reihe weiterer Faktoren, warum es ehrgeizige Burschen in die unendlich verlockenden »goldenen« Städte zieht. Wie in vielen benachteiligten Ländern hat auch im Sudan das Kino Hochkonjunktur und zeigt eine Unmenge billiger Importstreifen mit häufig wechselndem Programm. Manche dieser Filme glorifizieren ein rauhbeiniges, städtisches, auf materielle Werte ausgerichtetes Leben im Kung-Fu-Stil, wo jeder sich nimmt, was er kriegen kann. Diese »Traumpaläste« werden für viele Jungen Wirklichkeit, und Filmschauspieler ersetzen den abwesenden Vater oder die männlichen Vorbilder, nach denen sie sich bisher gerichtet haben. Natürlich möchten sie diesen Traum ausleben, und so beginnen sie, darüber mit Gleichaltrigen zu sprechen. In den meisten Fällen wird ein älterer Junge zum Katalysator und bringt ein Kind schließlich dazu, von zu Hause wegzurennen. Vielfach hauen sie auch in Gruppen ab, unter der Führung eines Älteren. Sie glauben, die Straßen seien mit Gold gepflastert – es gibt sogar eine Geschichte von einem Jungen, der vor dem Bahnhof von Khartum eine Banknote auf dem Boden sah und sie liegenließ, weil er überzeugt war, es würden noch ganz viele herumliegen, wann immer er eine nötig hätte.

Sind sie einmal in der Stadt, folgt ihr Leben unvermeidlich einem gnadenlosen Schicksalsmuster. Es ist unmöglich, Arbeit zu finden, ausgenommen Gelegenheitsjobs als Träger in den Suks. Viele müssen daher betteln, manche werden zu Dieben. Einige fangen gleich damit an und treten in die von älteren Jungen organisierten Diebesbanden ein, doch nach kurzer Zeit werden die meisten von der Polizei geschnappt, und dann ist es leicht möglich, daß sie eine beträchtliche Zeit im Gefängnis absitzen, bevor sie zu fünfzehn Peitschenhieben verurteilt werden und wieder auf der Straße landen. Es gab eine Zeit, wo die Polizei gegen die Straßenjungen eines bestimmten Stadtteils Razzien durchführte, sie einkesselte, auf Lastwagen verlud, Hunderte von Kilometern in die Wüste hinausfuhr und sie dort ablud; aber sie fanden immer wieder einen Weg zurück, und heute sind ihrer so viele, das diese Strategie sinnlos geworden ist. Sehr oft werden die Jungen auch sexuell ausgebeutet. Viele sind verschreckt und entwickeln Phobien, vergewaltigt zu werden. Nur in einem Kino finden sie zeitweilig etwas Sicherheit, sonst müssen sie ständig befürchten, daß man sie belästigt. Sie haben Angst, einzuschlafen und vielleicht angegriffen zu werden, folglich streunen die meisten die ganze Nacht herum. So ist es auch kein Wunder, daß viele anfällig für Unfälle sind und sich dauernd verletzen. Drogenmißbrauch mit Lösungsmitteln ist mittlerweile ebenfalls ein akutes Problem geworden, selbst unter den Jüngeren.

Sadik nahm mich mit zu einem der ersten Rehabilitationsprojekte für eine Handvoll aus dieser Armee verlorener Kinder. Es befand sich in einem Technikum, wo nach den normalen Schulstunden, wenn die Studenten weg waren, zwanzig Jugendliche von Saba die Werkstätten benutzen konnten. Sie hatten soeben einen achtmonatigen Kurs beendet, der Grundschulbildung mit einer technischen Ausbildung zum Schreiner, Elektronikfachmann und Ingenieur verband. Die Jungen lebten in einfachen Unterkünften zusammen, lernten kochen, ihre eigenen Kleider waschen und im wesentlichen für sich selbst zu schauen. Auf mich wirkten sie wie eine Gruppe normaler, motivierter Teenager, die Interesse an ihrer Tätigkeit zeigten und mit einem Minimum an Supervision auskamen. Es war kaum zu fassen, daß sie nur acht Monate zuvor noch argwöhnische, feindselige, asoziale Jugendliche gewesen waren, wie ich sie in Saba gesehen hatte. Wie immer man es auch drehte: Eine äußerst rasche Resozialisierung war gelungen, die sich auf Prinzipien stützte, welche auf eine »kurzfristige, scharfe Schockbehandlung« verzichten konnten. Diesen jungen Menschen war eine Chance geboten worden, ihre Selbstachtung wiederzufinden, und sie hatten sie mit beiden Händen ergriffen. Ich konnte nur hoffen, daß noch möglichst vielen ein ähnlicher Durchbruch gelingen würde.

Der Psychologe Magne Raundalen sollte nach El Obeid und Nyala geflogen werden, um einen Bericht über diesen Problemkreis vorzubereiten und die Projekte zu begutachten, die für die Ausreißer daheim in ihren eigenen Gemeinschaften ins Leben gerufen wurden. Ich war dankbar, daß ich mitreisen durfte und aus der Vogelperspektive einen Überblick über den Westsudan erhielt, wurde aber das Gefühl nicht los, daß Magne vor einer unlösbaren Aufgabe stand. Selbst für den hervorragendsten Fachmann ist es unweigerlich von Nachteil, wenn er kein Arabisch spricht, das Land nie zuvor bereist hat und in weniger als einer Woche herausfinden soll, was Blanka erst nach langjährigem geduldigem Zuhören entdeckt hatte. Zu allem Unglück litt er außerdem an einem Sonnenbrand, da er von einem verschneiten norwegischen Winter direkt ins Tropenklima geraten war.

Um fünf Uhr morgens flogen wir mit einer kleinen, sechsplätzigen Piper Aztek vom Flughafen Khartum los. Es war mein erster Flug in einer so winzigen Maschine. Sie schien viel zu zerbrechlich für ein richtiges Flugzeug, und es war kaum zu glauben, daß wir plötzlich in der Luft schwebten. Weit unten floß der Weiße Nil – ein rotglühender Strom, der sich in gleißendes Gold verwandelte, als die Sonne am östlichen Horizont hochkletterte, die graue Wüste mit Licht überflutete und ein Muster quadratischer, toter Felder, trockener Wadis und gerader Bänder freilegte, die wohl als Straßen dienten. Ich konnte mir nicht vorstellen, daß dort unten je etwas wuchs, und fragte mich, ob die jüngsten Dürrejahre diesem kargen Lebensraum nicht vollständig den Garaus gemacht hatten. Niemand im Flugzeug wußte etwas darüber. Sadik war im Ausland aufgewachsen, hatte erst kürzlich seine Ausbildung in England abgeschlossen und kannte sein Heimatland mit Ausnahme von Khartum fast gar nicht; selbst viele seiner Landsleute glaubten ihm nicht, daß er ein Sudanese sei. Der Pilot war Italiener und zusammen mit weiteren Ausländern aus Äthiopien ausgewiesen worden; der Sudan bedeutete für ihn ein Exil, und er kümmerte sich nicht darum, was hier vorging. Magne seinerseits war tief in seinen Papierkram versunken. Für alle im Flugzeug außer mir war diese Reise bloß eine langweilige Strecke zwischen Start und Landung, und niemand zeigte die geringste Neugier für das, was dazwischen lag. Bald streckten sich die seltsamen, wurzelähnlichen Äste der Affenbrotbäume zu uns hoch, und wir senkten uns über die uralte Hauptstadt Kordofan. El Obeid war die erste Stadt gewesen, die vom Mahdi erobert wurde, hier waren die zehntausend Mann von General Hicks plötzlich wie vom Erdboden verschwunden. Gleich nach der Landung wurden wir mit einem Muster sudanesischer Ineffizienz konfrontiert, denn keiner war da, um uns abzuholen. Sadik, verbindlich und gelassen wie immer, fand uns ein Taxi, und bald ratterten wir durch die Schlaglöcher ins Stadtzentrum. Auf dem Weg passierten wir die sechzig beschlagnahmten weißen Uno-Lastwagen. Überall schwärmte Militärpersonal herum, überall standen schwer bewaffnete Wachen mit dem Finger am Abzug. Der Taxifahrer forderte Sadik auf, uns zu warnen, ja nicht auf die Lkws zu starren, denn die Armee reagiere sehr empfindlich.

Eine weitere Schludrigkeit zeigte sich, als wir hörten, Magnes Kontaktleute in El Obeid seien gerade im Begriff, nach Khartum abzureisen. »Was soll's?« meinte Sadik liebenswürdig, »wir werden jetzt erst mal frühstücken.« Es wurde ein sehr leckeres Frühstück in einem staubigen, aber belaubten Garten, mit einem schmackhaften Gericht aus in frischem Koriander gekochter Leber, Ful, Fisch und Eiern.

Darauf schlug Sadik einen Stadtbummel vor, während der Pilot die Maschine auftankte. Magne, mit den Sitten im Sudan offenbar noch nicht vertraut, zückte seinen Fotoapparat, was sich als großer Fehler erwies, denn im Nu waren wir von einer feindseligen Menschenmenge umringt. Alles wäre vielleicht gnädig verlaufen, hätte Magne nicht gesagt: »Bitte tun Sie mir nichts, ich bin ein harmloser Mann!« Seine Worte schienen den Rädelsführer nur noch heftiger aufzustacheln. Er war überzeugt, Magne müsse ein Spion oder Saboteur sein und es sei seine Bürgerpflicht, ihn zu verhaften. Wenn wir vor Einbruch der Nacht noch nach Nyala kommen wollten, war jetzt keine Zeit für Verhaftungen, und so fischte ich meinen Kamerapaß heraus (Magne selbst hatte keinen), und Sadik zeigte unsere Unicef-Reisepässe. Dazu machten wir entschuldigende und beschwichtigende Gesten und Geräusche, worauf man uns gehen ließ, obwohl wir den ganzen Weg zurück zum Flughafen verfolgt wurden. Noch einmal hätte es uns beinahe erwischt, als Magne wiederum seine Kamera hervorzog, um die entführten Uno-Lastwagen zu fotografieren, was uns, wären wir entdeckt worden, mit Sicherheit eine beträchtliche Zeit hinter Gitter gebracht hätte. Ich sah die Lastwagen später nie mehr und weiß nicht, ob sie je in Wau ankamen.

Der Weiterflug nach Nyala war heiß und dunstig. Die Sichtweite betrug nur wenige hundert Meter, und der Pilot mußte ständig auf seine Landkarten schauen und tiefer fliegen, um herauszufinden, wo wir eigentlich waren. Alles sah sich gleich: endlos flache, trockene, in rechteckige Felder geteilte Wüste, von Zeit zu Zeit ein rundes Dorf, das aus der Luft völlig leblos wirkte. In Nyala gab es keine Navigationshilfen, nicht einmal Funk; es war daher gut, daß der Pilot den Kompaß richtig gelesen hatte, denn als wir über die schmutzige Landepiste hereinschwebten, stand der Treibstoffanzeiger bei beiden Tanks auf Null.

Auch diesmal war niemand da, um uns abzuholen, und Taxis gab es auch nicht. Weil Sadik bisher ein privilegiertes, behütetes Leben geführt hatte, war es diesmal an mir, meine Fähigkeiten zu beweisen und uns eine Mitfahrgelegenheit in die Stadt zu organisieren. Sadik meinte, die Funknachricht, die unseren Besuch angekündigt hatte, müsse sich wohl verirrt haben, und weil niemand uns erwarte, sei es das Beste, eine Unterkunft für die Nacht zu suchen. Der Fahrer, der uns mitnahm, fuhr uns direkt zum Hotel der Stadt. Es nannte sich »Zum warmen Willkommen« – »der reinste Witz«, wie er erklärte, »es gibt nämlich keine Klimaanlage dort, verstehen Sie? Ja? Hahaha!« Witz oder nicht, es war bereits belegt, und wir wurden ins städtische Rasthaus abgeschoben, einen primitiven, pittoresken Bau, wo in staubigen Gärten und Höfen viele Männer halbnackt herumsaßen. Auch dort war kein Platz mehr, doch zufällig trafen wir hier die Leute, die wir aufsuchen wollten. Die Funknachricht war also nicht in die Irre gegangen. Sie hatten einfach die Zeit vertrödelt und hasteten jetzt herum, um uns eine Schlafgelegenheit zu finden.

Das VIP-Gästehaus, wo wir schließlich untergebracht wurden, stammte noch aus der britischen Kolonialzeit und wirkte eher provinziell, war aber überraschenderweise mit einem eher nutzlosen gekachelten Kamin geschmückt. Ein feiner Garten hatte es einst umgeben, mit prächtigen Bäumen, auf denen Schwärme schwarzer Vögel saßen. Sie waren so groß wie Krähen, hatten ungeheuer lange Schwanzfedern und flöteten eine sanfte Weise. Nach der Hitze und dem Staub der Wüste schienen sie wie aus einem Märchen entflogen. Wir erhielten Zimmer im Anbau, und hätten Wasserleitungen und Elektrizität funktioniert, wäre dies eins meiner komfortabelsten Quartiere im Sudan gewesen.

Es ging schon gegen sechs Uhr. Der Gedanke, daß wir am nächsten Morgen um zehn nach Khartum zurückfliegen sollten, kam mir absolut widersinnig vor, wo wir doch von so weit her gekommen waren und noch so wenig gesehen hatten. Meine diesbezügliche Bemerkung verfing jedoch bei Magne nicht. Er mußte sich an seinen Fahrplan halten und schien im Unterschied zu mir die notwendigen Informationen im Blitztempo einholen zu können. Zum Glück kam mir der Pilot zu Hilfe. Die Flugbedingungen hätten erfordert, daß wir noch vor der Morgendämmerung starteten, um rechtzeitig nach Khartum zu gelangen, solange die Sicht einigermaßen ausreichte, doch da ein Rückflug um vier Uhr morgens außer Frage stand, verschoben wir die Abreise auf den folgenden Morgen und gewannen so einen Tag in Nyala.

Ein junges Mädchen namens Vimto (eine im Sudan sehr populäre Brauselimonade) ließ mir Nyala unvergeßlich werden. Vimto und ihre Schwester Fatima waren Felata-Mädchen und lungerten im Rehabilitationszentrum herum, wo sie zusammen mit den heimgekehrten Ausreißern so etwas wie eine Ausbildung erhielten. Fatima war etwa zehn, ihre Schwester zwei Jahre jünger. Beide waren sehr hübsch, doch Vimto trug Shorts und ein T-Shirt wie ein Junge. Für ein sudanesisches Mädchen galt dies als unerhört. Die Lehrer waren höchst schockiert, aber Vimto scherte sich keinen Deut darum. Sie sagte, dies seien die Kleider, die ihre Mutter ihr bereitgelegt habe, also trage sie sie auch. Ihre Mutter schickte sie auch zum Betteln, und Vimto hatte sich bereits einen festen Kundenkreis aufgebaut, den sie regelmäßig einmal wöchentlich besuchte. Nie kam sie mit leeren Händen zurück, was nicht verwunderte, denn sie strahlte jenen undefinierbaren Zauber aus, auf den die meisten Leute ansprechen und gegen den nur wenige gefeit sind. Ich hätte sie vom Fleck weg adoptiert, wenn so etwas möglich gewesen wäre.

Der Umstand, daß diese beiden kleinen Mädchen sich hier unter den Jungen aufhielten, wirft ein Schlaglicht auf die Stellung der Frau im Sudan. Mädchen, die von zu Hause fortlaufen, gibt es hier keine, denn sowohl für das Gemeinwesen als auch für die Familie wäre es eine Schande, wenn ein Mädchen allein auf der Straße herumliefe, zudem verstößt es auch gegen die Grundsätze des Islams, der den Männern die Pflicht auferlegt, diese »schwächeren Geschöpfe« zu beschützen. Die Umstände mögen noch so widrig sein – eine Familie wird sich wohl immer bereit erklären, eine bedürftige junge weibliche Verwandte bei sich aufzunehmen, während unter den heute loseren Familienbanden und den gespannten ökonomischen Bedingungen einem Jungen viel eher zugemutet wird, sich allein durchs Leben zu schlagen. Einzig der Stamm der Felata behandelt seine Töchter anders, erlaubt ihnen viel größere Bewegungsfreiheit und erwartet von ihnen bereits in jungen Jahren einen Beitrag an den Unterhalt der Familie. Der Direktor des Projekts, ein sehr fürsorglicher Mann, wie mir schien, gestand, er habe den beiden Mädchen nicht so sehr deshalb erlaubt, am Unterricht teilzunehmen, weil er glaubte, sie würden viel von der Ausbildung profitieren, sondern weil er einfach nicht mit ansehen konnte, wie sie auf der Straße lebten – »ein herzzerbrechender Anblick«, wie er meinte. Als Fatima und Vimto im Kreis der Jungen ihre Schullektionen absaßen, sah ich mehrere junge Mädchen, welche Säuglinge auf den Hüften balancierten und den beiden durch die offene Klassenzimmertür neidisch zuguckten.

Etwa zwanzig Jungen waren von ihrem Leben in den Straßen Khartums nach Nyala zurückgebracht worden. Magne befragte sie mit Hilfe eines Dolmetschers. Nur ein einziger Junge äußerte, vielleicht werde er eines Tages doch wieder nach Khartum zurückgehen, der Rest versicherte einhellig, es sei ein »schlechter Ort«. Was sie von ihrem Leben dort berichteten, entsprach ziemlich genau den Angaben, die mir Blanka gemacht hatte. Sie hatten schreckliche Dinge erlebt und wollten jetzt möglichst rasch alles vergessen und sich in Sicherheit fühlen dürfen. Bei unserem Blitzbesuch war schwierig abzusehen, was ihnen das Projekt bot, weil es noch gar nicht richtig angelaufen war und alles noch etwas improvisiert wirkte. Obwohl anscheinend nur minimalste Geldmittel zur Verfügung standen, erhielten die Kinder zu essen, und man versuchte in den baufälligen Räumlichkeiten Klassen einzurichten. Die Jungen waren nicht gezwungen, den Unterricht zu besuchen. Sie konnten kommen und gehen, wann sie wollten, und nahmen auf eigenen Wunsch teil, und vielleicht war gerade dies der Grund, daß sich eine Atmosphäre wachsenden Vertrauens und wachsender Zuversicht feststellen ließ.

Ich verbrachte längere Zeit damit, bei einer Gruppe von Jungen mitzuarbeiten, die versuchten, ihre Kleider zu flicken. Sie waren alle völlig zerlumpt, und einige der Älteren liefen kaum noch anständig herum. Daß ihnen Kleider so viel bedeuteten, ist wohl dem Einfluß des Kinos zuzuschreiben – kaum einer trug eins der traditionellen Gewänder. Ein paar ältere Jungen halfen den jüngeren, doch waren sie in punkto Zusammenarbeit und Selbstvertrauen noch nicht so weit, wie ich es beim Projekt in der Technischen Schule von Khartum gesehen hatte, und immer wieder flammten Eifersüchteleien und Rivalitäten auf. Die Kleineren nahmen die ganze Zeit Kung-Fu-Posen ein und hatten ein unersättliches Bedürfnis, fotografiert zu werden und Aufmerksamkeit zu kriegen. Sadik und ich trafen abseits vom Gebäude auch auf einige Jungen, die vom Schnupfen von Leim vollkommen beduselt waren; im großen und ganzen schien jedoch ein Rahmen gesteckt zu sein, in welchem die jungen Vagabunden wieder einen Weg zurück in die Gemeinschaft finden konnten.

Die meisten Jungen kehrten abends zu ihren Familien zurück. Wir besuchten einige zu Hause und sprachen mit ihren Müttern. Wie Renk war auch Nyala von kleinen Satellitendörfern mit runden Grashütten umgeben, sah jedoch nicht derart armselig aus. Hier lebten teils Menschen, welche Dürre und Hungersnot hergetrieben hatte, aber auch viele, die der allgemeinen, weltweit beobachtbaren Anziehungskraft der Städte erlegen waren. Manche wohnten schon so lange hier, daß sie als Einheimische galten. Dies waren also Sudans Slumviertel. Sie sahen viel attraktiver aus als die meisten Slums im Rest der Welt, obwohl das Leben hier vermutlich auch nicht einfacher war. Wir wurden nach drinnen gebeten und duckten uns unter den kleinen, runden Eingängen. In jeder Hütte gab es mindestens zwei Schnurbetten zum Sitzen, in die sich nachts bis zu zwölf Leute teilen mußten. An den Wänden hingen in Netzen viele kleine Habseligkeiten nebst einigen Kochtöpfen und Pfannen. Alles sah eher aus wie in einer Puppenstube und konnte als Familienheim nur deshalb funktionieren, weil rund ums Haus ein eingezäunter Platz lag. Die ärmeren Hütten, wo Familien mit nur einem Elternteil hausten, mußten oft sogar darauf verzichten – ein Kind stand dort buchstäblich auf der Straße, wenn es durch die Tür getreten war.

Ich konnte mich des Eindrucks nicht erwehren, daß die beiden Leiter, die uns herumführten, zwar reizende Leute waren, den Müttern gegenüber jedoch einen ziemlich überheblichen Ton anschlugen und sie barsch belehrten, was für ihre Kinder gut sei. Viele der Frauen behaupteten, es nütze nichts, daß ihr Sohn zurück sei, er stecke sowieso die ganze Zeit im Zentrum und trage nichts zum Unterhalt der Familie bei, sie hätten bloß ein Maul mehr zum Füttern. Diesen Frauen war von Kind auf eine unterwürfige Haltung eingeimpft worden. Nun sollten sie auf einmal die Pflichten beider Elternteile übernehmen – kein Wunder, daß sie es nicht schafften! Ihre Ehemänner hatten sie verlassen, sie mußten ganz allein gegen übermächtige Schwierigkeiten ankämpfen. Für viele blieb als einziger Weg, sich etwas Geld zu verdienen und die Familie durchzubringen, heimlich Bier zu brauen und es in ihren Hütten zu verkaufen. Einige von ihnen waren gerade dabei, als wir hereinschauten. Wären wir von der Polizei gewesen, hätte man sie sogleich verhaftet und die Kinder ihrem Schicksal überlassen. Die Lehrer schimpften mit ihnen und belehrten sie, sie sollten besser Gemüse verkaufen, worauf sie die Köpfe noch mehr hängen ließen. Es war eine traurige Sache, um so mehr, als ich den Eindruck hatte, in den Suks im Sudan gebe es schon viel zu viele Frauen, die Gemüse verkauften. Der einzige schwache Hoffnungsschimmer auf eine bessere Zukunft für die mit Füßen getretenen Frauen dieses Landes war die kleine, selbstbewußte Vimto, die einen Präzedenzfall darstellte, wie sie da, so gut es eben ging, bei den Jungen herumstrich und versuchte, sich etwas von der Ausbildung zu holen, welche sie eines Tages zur Ärztin machen sollte.

16. KAPITEL

Im Sturzflug nach Juba

In der Nacht war Khartum wie ausgestorben. Um acht oder neun Uhr hatten nur noch die Kinos ihre Tore offen, die Straßen gehörten herumwildernden Meuten räuberischer Hunde und ein paar wilden Katzen. Die obdachlosen Jungen, deren Notsituation ich fotografieren wollte, um meine Artikel zu illustrieren, waren schwer aufzustöbern, meist waren sie in den Kinos oder in einem Labyrinth versteckter Schlupfwinkel untergetaucht, wo ich sie nicht finden konnte. Sadik fuhr mich langsam in seinem großen weißen Mercedes durch die trüb beleuchteten Straßen. Der teure Wagen schien in dieser heruntergekommenen Stadt auf groteske Weise fehl am Platz. Einige kleine Jungen tauchten aus den Schatten rund um die kleineren Hotels auf und bettelten uns an, wohl in der Meinung, wir seien ein reiches Touristenpaar. Einem hatte der Mißbrauch von Lösungsmitteln fürchterlich zugesetzt: Sein Haar war ihm bis auf einige Büschel ausgefallen, und er war so ausgemergelt, daß es an ein Wunder grenzte, daß er überhaupt noch stehen konnte. Sadik versuchte ihn zu überreden, nach Saba zu gehen, doch er schien viel zu benommen, um noch irgend etwas aufzunehmen.

Ich wollte sehen, wo diese Jungen schliefen, denn ich konnte mir nicht vorstellen, daß sie die ganze Nacht herumstreiften. Sadik vermutete, einige der älteren Jungen würden rund um die Polizeihauptwache schlafen – ironischerweise der einzige Ort, wo sie sich sicher fühlten. Und da lagen sie auch schon, Reihen mitleiderregender Menschenbündel, eng an die Mauern gepreßt und mit Pappkartonstücken zugedeckt. Äußerst behutsam, um sie nicht zu wecken, machte ich eine einzige Aufnahme und wollte mich gerade diskret zurückziehen, doch fast augenblicklich streckte sich eine Hand aus der Finsternis und entwand mir die Kamera. Sie entpuppte sich als Teil eines Polizisten, der sich ohne ein Wort anschickte, uns abzuführen. »Malisch«, schnaufte Sadik – ein Ausdruck für sämtliche mißlichen Lebenslagen im Sudan, gegen die man machtlos war, zum Beispiel dann, wenn einem der Kopf abgeschossen wurde oder wenn man auf eine Bananenschale trat. Diesmal konnte ich mich wirklich nicht beklagen: Ich war ein Risiko eingegangen, im vollen Wissen, daß weder das Bildmotiv noch die Örtlichkeit behördliche Zustimmung finden würden. Hätte ich damals geahnt, daß alle zwölf Filmspulen, die Unicef irgendwo für mich aufgetrieben hatte, schon verdorben waren und praktisch nichts mehr hergaben, wäre ich wohl kaum so empört gewesen. So aber blutete mir das Herz, denn selbst wenn man mir die Kamera zurückgab, würde man den Film sicher behalten. Ungefähr zwanzig Jungen, darunter auch jener, den ich fotografiert hatte, wurden von dem Polizisten brüsk geweckt und mußten aufstehen. Sie beteuerten ihre Unschuld und rieben sich Mitleid heischend die Augen, wurden jedoch mit uns zusammen als Corpus delicti abgeführt. Es war eine jämmerliche Prozession, doch wenigstens lag die Polizeiwache diesmal gnädigerweise in der Nähe.

Ich war nur eine Frau, hatte also gefälligst den Mund zu halten und nichts zu meiner eigenen Verteidigung vorzubringen, sondern schön geduldig zu warten, während der eisern von der Rechtmäßigkeit unserer Sache überzeugte Sadik über den Fall disputierte – höchst geschickt, wie es schien, denn zum erstenmal wurde mein Fotografenpaß als gültiges Dokument anerkannt. Zwar belehrte man uns, besser keine Kamera in der Nähe einer Polizeiwache zu gebrauchen, kam aber überein, daß es mein gutes Recht sei, Aufnahmen zu machen, und so erhielt ich den Fotoapparat komplett mit Film und einem fettigen Daumenabdruck auf der Linse zurück. Sadik erzählte mir, er sei schockiert gewesen, wie feindselig sich die Polizisten über die ausländischen Hilfsorganisationen geäußert hätten. Sie warnten ihn, sich nicht mit ihnen einzulassen, da sie meist nur ein Deckmantel für andere, weit weniger harmlose Tätigkeiten seien.

Das wenige, was mich – einmal abgesehen von seinen Bewohnern – an Khartum bezaubert hatte, war nach dieser erneuten Verhaftung ziemlich verblaßt, und ich konnte es kaum erwarten, weiterzureisen. In den zwei Tagen vor meinem Abflug nach Juba war noch recht viel zu erledigen. Wenn ich nicht gerade auf Fotopirsch war, brachte ich meine Notizen in Ordnung und schrieb Briefe und Zeitungsartikel fertig. Eine geraume Zeit würde ich keinen Briefkasten und kein Telefon mehr vorfinden und vermutlich auch niemanden antreffen, der zurückreiste und eine Botschaft von mir mitnehmen konnte. Wie die Forscher aus der Viktorianischen Epoche erwartete ich, längere Zeit von der Außenwelt abgeschnitten zu sein, immer vorausgesetzt, ich kam durch und wurde nicht gleich wieder nach Khartum zurückverfrachtet (ein Schicksal, das auch meinem Helden Samuel Baker drohte, als er und Florence diese Strecke um die gleiche Jahreszeit im Jahre 1862 in Angriff nahmen).

Die meiste Zeit schrieb ich neben dem kleinen Schwimmbecken im Garten des Sudan Club vor dem Hintergrund der Theaterproben. Je näher die Aufführung rückte, desto schriller erklangen die Regieanweisungen. Ein athletisch gebauter, bärtiger Mann, der in einem hübschen, rosaroten Ballettröckchen eine Fee spielen sollte, konnte sich ein paar besonders bissige Kommentare nicht verkneifen, da ihn der Regisseur drängte, den Hanswurst zu spielen und das Publikum mit Possen zum Lachen zu bringen, wo die Fee doch viel lieber maßvoll-zurückhaltend und anmutig aufzutreten wünschte. Nichts hätte weniger mit dem Leben außerhalb der Klubmauern zu tun haben können! Nur frühmorgens drängte sich ein bißchen Afrika in diese englisch angehauchte Szene: Wenn beim Schwimmen im Morgengrauen die erste Andeutung eines Sonnenstrahls den Himmel erhellte und berauschende Gartendüfte erweckte, nahm ein Bulbul-Vogel seinen Stammplatz oben auf einer leeren Coca-Cola-Flasche ein, und sein kleiner, grauer Körper zitterte vor Konzentration, während er sein wunderschönes Lied in die flüchtige Morgenröte hinausflötete.

Am letzten Tag kehrte ich Khartum mit seinen Ausländern und Straßenjungen den Rücken und überquerte den Nil, um mir in

Omdurman die Derwischtänze anzusehen. Es war ein tolles Spektakel, was sich da im Freien in der Nähe des Schreins eines Lokalheiligen abspielte, dessen Leichnam vor einigen Jahrhunderten auf wundersame Weise konserviert aus dem Fluß geborgen worden war. Dieses Ereignis hatte die Derwische, den mystischen Zweig des Islams, zur Andacht inspiriert. Auf dem öden Gelände mit seinen ungepflegten, staubigen arabischen Friedhöfen und vor Schmutz starrenden Hütten- und Zeltdörfern tanzte sich eine große Zahl Derwische mit Hilfe eines einheimischen Orchesters in einen Zustand religiöser Verzückung. Die meisten trugen grüne und rote Gewänder und hohe Spitzhüte und waren mit altertümlichen Waffen gegürtet. Am hingebungsvollsten tanzte jedoch eine kleine, alte, verhüllte Dame, die sich nicht um die Regeln kümmerte und zwischen den strahlenden Männern herumwirbelte. Weibliche Zuschauer wurden zwar geduldet, doch nur solange sie sich in einer abgelegenen Ecke stillhielten, wie man es auch in einer Moschee von ihnen erwartete. Die Zeremonienmeister waren korpulenter als die übrigen, trugen die kostbarsten Kostüme und versuchten, etwas Form und Ordnung in die eigenwillige Schar der Tänzer zu bringen, welche alle lieber ihre eigenen Kreise zu drehen schienen, ganz ähnlich wie die Schauspieler beim Theaterstück im Sudan Club. Mehrere dieser erlauchten Persönlichkeiten machten Anstalten, die kleine alte Dame zu packen, wenn sie mit erhobenen Armen und verzückt flatternden Händen vorbeihuschte. Ihr Gesicht war dem Himmel zugekehrt und trug einen leeren und ekstatischen Ausdruck, und trotzdem gelang es ihr immer wieder, mit umsichtigen Wiegebewegungen und perfekt abgestimmten Drehungen den ausgestreckten Armen, die sie zu erhaschen versuchten, elegant zu entwischen.

Meine letzte Nacht in Khartum verbrachte ich damit, mein Fahrrad zu reinigen und einzuölen. Ich wagte nicht, zu Bett zu gehen, aus Angst, den Abflug um Viertel vor fünf am Morgen zu verschlafen. Ich wechselte die Reifen aus, wusch die Satteltaschen und ging jedes Teil der Ausrüstung mehrmals durch, um sicherzugehen, daß alles für die vor mir liegende rauhe Fahrt in bester Ordnung war. Ich war etwas beunruhigt, weil der Freilauf an der

Nabe beim Drehen des Hinterrads völlig geräuschlos war, statt das gewohnte angenehme Klicken zu erzeugen. Dies hätte mich warnen sollen. Der Mechanismus war derart voll von verklumptem Sand und Staub, daß die Klauen, die in die Rätschsperräder griffen und die Kraftübertragung sicherstellten, kaum noch Platz fanden. Noch etwas mehr Staub, und sie faßten überhaupt nicht mehr, was bedeutete, daß ich mir die Seele aus dem Leib strampeln konnte, ohne das Fahrrad auch nur einen Millimeter vorwärtszubewegen. Aus unerfindlichen Gründen wollte mein Gehirn nicht wahrhaben, was dieses fehlende Klicken im Grunde bedeutete. Eigentlich war es nur gut so, denn um den Schaden zu beheben, hätte ich den Radkranzblock von der Achse abziehen müssen, hatte jedoch, um Gewicht zu sparen, das erforderliche Spezialwerkzeug zu Hause gelassen. Ich wußte also von nichts und war aller Sorgen enthoben, bis die Unglücksstunde schlug.

In der Vorfreude auf meine Weiterreise waren all meine Ängste und Befürchtungen wegen der Kampfhandlungen, des allgemeinen Chaos und der unberechenbaren Verwaltung im Süden wie weggeblasen. Es war noch Nacht, als ich auf dem Agala durch die aufgerissenen Straßen von Khartum fuhr – das letztemal, wie ich hoffte. Ich war dankbar, keiner der berüchtigten Meuten wildernder Hunde zu begegnen. Wir kletterten in eine De Havilland Twin Otter, einen mächtigen, geräumigen Zwölfplätzer, der mühelos von der dunklen Startbahn abhob und sich wie ein Adler hoch zu den Sternen emporschwang. An Bord herrschte eine verschwörerische Atmosphäre: fünf Männer auf geheimer Mission! Ich dagegen mit meinem Fahrrad war überzählig und gehörte nicht zum Bund. Da war als erstes ein Arzt, der ein Jahr lang im Auftrag von Unicef abklären sollte, welche Bedürfnisse für Impfaktionen im Süden vorlagen und in Khartum bereits sieben Monate vertrödelt hatte, ohne in sein Zielgebiet gelangen zu können. Da waren weiter ein Organisationsbeauftragter in einer ähnlichen Situation sowie ein seltsamer junger Mann, der seit seinem Schulabschluß in der weiten Welt herumgezogen und nun als Experte für vagabundierende Jugendliche angestellt war, sich jedoch weigerte, sein Fachwissen mit mir zu teilen, da ihm Leute wie ich schnuppe seien, so daß ich leider nicht erfuhr, welche Rolle er bei dem Vorhaben spielte. Der europäische Pilot hingegen war brillant und temperamentvoll. Man spürte förmlich, daß er nie über die Enttäuschung hinweggekommen war, den Zweiten Weltkrieg verpaßt zu haben, und es ihm Lust bereitete, in der gegenwärtig gespannten politischen Lage Flugtechniken zur Feindvermeidung zu üben. Cole Dodge schließlich, der Leiter der Expedition, trug einen lustigen Hut auf dem Kopf und wirkte als Kopilot.

Ziel der Mission war es, herauszufinden, ob die Möglichkeit bestand, die Aktivitäten in Juba wieder aufzunehmen. Unicef hatte sich zur gleichen Zeit wie die meisten anderen Hilfsorganisationen abgesetzt. Man fürchtete einen Vormarsch der SPLA und ließ Oxfam und ein Konsortium kleinerer Hilfswerke allein inmitten einer wachsenden Anzahl Vertriebener zurück. Jetzt hatte der eigenwillige Gouverneur von Juba an Unicef geschrieben und sie gebeten, zurückzukehren, da die Notlage in seinem Gebiet akut sei und keine Gefahr von der SPLA mehr drohe. Zwischen Oxfam und diesem Gouverneur hatte es jüngst Differenzen gegeben, worauf einer der Angestellten von Oxfam mit der Anschuldigung, den Rebellen zu helfen, ausgewiesen worden war, und im Flugzeug ließ sich mehr als nur ein Anflug von Siegesgewißheit bei den rivalisierenden Unicef-Leuten verspüren.

Es gab eine kleine Panne, als wir auf einem Flugfeld im Kordofan-Gebirge landeten, um die Maschine aufzutanken. An der Handpumpe platzte eine Dichtung, und alles im Umkreis von mehreren Metern wurde mit Benzin übersprüht, was den Piloten zu einem eindrucksvollen Temperamentsausbruch veranlaßte. Falls wir hier festsaßen, gedachte ich die Gelegenheit zu nutzen und klammheimlich weiterzuradeln, denn nochmals nach Khartum zurückzukehren, hätte ich nicht ausgehalten. Amerikanische Geschicklichkeit im Umgang mit allem, was Technik anbelangt, brachte jedoch die Pumpe bald in Ordnung, und innerhalb von einer Stunde waren wir wieder in der Luft und begannen unseren Anstieg auf viertausend Meter.

Unter uns entfalteten sich wie auf einer Landkarte der Lauf des Nils und der halb fertiggestellte Junglei-Kanal. Weiter weg winkte aus dem leblosen Braun der Wüste der Sudd, das größte Sumpfgebiet der Welt, das aus unserer Höhe zu einem Lustgarten von der Größe eines Parks zusammengeschrumpft war, von einem bezaubernden, unschuldigen Grün. Vom Flugzeug aus gesehen, erhält die Landschaft etwas Unwirkliches, steht man dagegen auf derselben Höhe im Gebirge, bleiben die Proportionen der Dinge gewahrt. Von hier oben schien es kaum glaublich, daß Sam und Florence Baker in diesem grünen Fleck monatelang von der Außenwelt abgeschnitten gewesen waren. Bedroht von Meuterei, Mord und Aufruhr, hatten sie verzweifelt versucht, sich durch dichtes, klaustrophobisches Röhricht und hochaufragendes Elefantengras einen Kanal für ihre Boote zu hauen. Irgendwo dort unten hatte Sam, nachdem er einem mitternächtlichen Mordkomplott entgangen war, stolz in sein Reisejournal geschrieben: »Florence schrie nicht einfach los. Eine leichte Berührung an meinem Ärmel genügte ihr, um mich zu warnen.«

Die Bakers mußten gegen fast unüberwindliche Schwierigkeiten ankämpfen, um sich in den Süden des Sudans durchzuschlagen. Das Land, damals Teil des Osmanischen Reichs, war unter dem korrupten Gouverneur Musa Pascha in einen erbärmlichen Zustand gesunken. Sam Baker verabscheute ihn aus tiefstem Herzen: »Er verband die schlimmsten Schwächen des Orientalen mit der Brutalität einer Bestie. Unter seiner Verwaltung wurde der Sudan völlig ruiniert. Mit militärischer Gewalt preßte er Abgaben heraus, die in keinem Verhältnis zu den Staatsausgaben standen, und erhob von den Einwohnern derart hohe neue Steuern, daß das ganze Land gelähmt wurde.« Es lief den Interessen eines solchen Regimes zuwider, wenn Leute wie die Bakers die schrecklichen Auswüchse des illegalen Sklavenhandels am Oberlauf des Nils entdeckten, und man hatte ihnen jedes nur erdenkliche Hindernis in den Weg gelegt, als sie aus Khartum abreisen wollten. Ich konnte da recht viele Parallelen mit dem heutigen Sudan feststellen.

Für meine Reisestrecke an diesem Morgen hatten Sam und Florence mit dem Schiff monatelang gebraucht. Zu den Schrekken, sich »langsam durch dieses scheußliche Labyrinth endlosen

Morasts, durch Schwärme von Stechmücken zu winden«, kamen die Feindseligkeiten seitens der einheimischen Bevölkerung, die von den jahrelangen Raubzügen des Sklavenhandels herrührten. Die Jagd auf Büffel und Flußpferde sowie sein nie erlahmendes Interesse an seiner Umgebung waren Sams einziger Trost. Er entdeckte einen Fisch, der sich zu riesiger Größe aufblähte, wenn man ihn aus dem Wasser zog, und verwendete seine Haut, um den Schaft seiner Flinte auszubessern – sie wurde, als sie trocknete, »so hart wie Metall«. Nilpferdfleisch galt ihm als besondere Delikatesse, vor allem für die Herstellung von falscher Schildkrötensuppe, und »gesottener Nilpferdkopf schmeckt sehr viel besser als Preßkopf«, wie er notierte. Viele Male beneidete ich Florence um einen solchen Reisegefährten. Ich hätte mich liebend gern mit den Mücken, der Platzangst und weiteren Unannehmlichkeiten herumgeschlagen, wenn ich dort unten im Kielwasser der Bakers hätte reisen können, und ich bedauerte, daß ich nun all die Flußpferd- und Büffelherden und die Krokodile, welche im Schilf lauerten, nicht zu Gesicht bekam.

Als wir über diesen trügerisch unschuldig wirkenden Sumpf flogen, kam es zu einem Autoritätskonflikt. Cole Dodge fragte mich, ob es mir gelungen sei, eine Reisegenehmigung zu bekommen, was mich ziemlich verwirrte, stand doch mein Name zusammen mit denen der anderen Passagiere auf dem Reisedokument, von dem jeder einen Durchschlag erhalten hatte. »Wir hatten abgemacht, daß Sie Ihre eigene Genehmigung beschaffen sollten«, sagte er aufgebracht. Da ich mir keiner solchen »Abmachung« bewußt war und seine eigene Organisation alles arrangiert hatte, ohne daß ich darum gebeten hätte, schrieb ich seine Verärgerung dem Reisestreß zu. Später ging mir auf, daß er wohl annehmen mußte, man würde ihm die Verantwortung zuschieben, wenn mir etwas zustieß, weil er eine unabhängig reisende Radfahrerin in ein Krisengebiet transportiert hatte – die Amerikaner wittern ja überall gleich Geiselnahmen. Ich erwiderte, die sudanesischen Behörden hätten nichts dagegen, daß ich Juba besuchte, und ich müsse mich bei der Ankunft sowieso bei der Polizei melden, was ihn jedoch nicht im geringsten zu besänftigen schien. In schroffem

Tonfall sagte er, beim geringsten Anzeichen, daß meine Anwesenheit in Juba nicht genehm sei, müsse ich mit ihnen noch in jener Nacht zurückfliegen. Ich wunderte mich im stillen, ob es wohl einen internationalen Zwischenfall auslösen würde, wenn ein britischer Staatsbürger unter Protest von einem Amerikaner nach Khartum geschleppt wurde, welcher zudem eine Organisation der Vereinten Nationen vertrat, hielt jedoch den Mund, da ich in der Minderzahl war.

Man hatte mir gesagt, die De Havilland Twin Otter sei genau das richtige Flugzeug für den spiralförmigen Sturzflug hinunter nach Juba. Mir wurde speiübel, und mein Magen versuchte vergeblich, den Anschluß an den restlichen Körper zu finden. Wir mußten aus viertausend Metern Höhe, wo wir seit einer Stunde in der kalten, dünnen Luft gezittert hatten, in so kurzer Zeit als möglich auf die Landebahn hinunterstechen, um für allfällige Guerillastreitkräfte, die in dieser Gegend eine Rakete mit Wärmezielsuchgerät aufgestellt haben mochten, eine minimale Angriffsfläche zu bieten.

Mein Magen war noch immer verkrampft, und meine Ohren schmerzten scheußlich, als wir endlich ausrollten und die Tür aufschwang. Davor stand ein kleines Empfangskomitee. »Unicef kommt im Triumph nach Juba zurück«, krächzte jemand ausgelassen. Cole Dodge sprang als erster hinunter, während ich das Fahrrad auslud und mich diskret im Hintergrund hielt. Trotzdem trat jemand hervor, um mich zu begrüßen. »Sie gehört nicht zu uns«, sagte Cole Dodge. Der Mann schien ihn nicht zu hören, lächelte und schüttelte mir herzlich die Hand. »Sie gehört nicht zu uns«, wiederholte Cole Dodge, »sie hat keinen Paß.« »Kein Problem, das werden wir schon hinkriegen«, sagte einer der Männer, wohl in der Meinung, Cole Dodge damit einen Gefallen zu erweisen. »Aber sie hat doch gar keine Erlaubnis, hier zu sein! Sie gehört nicht zu Unicef!« wiederholte der nun offensichtlich wütende Cole Dodge. Der Beamte blickte verwirrt und fragte nach meinem Namen und meiner Staatszugehörigkeit. Sobald ich meinen Reisepaß vorgewiesen hatte, hellte sich seine Miene auf, und er lächelte übers ganze Gesicht. »Kein Problem«, sagte er noch einmal, »die Briten sind willkommen hier.« Er mußte wohl gedacht haben, Zeuge einer kleinen Stammesfehde geworden zu sein, wie sie hier seit Menschengedenken gang und gäbe waren.

Ich fuhr sogleich ins britische Lager, wo ich drei einheimische Angestellte des British Council vorfand, welche die Festung hielten. Davey, einer der drei, erwies sich als sehr kompetent im Umgang mit der Bürokratie: Binnen einer halben Stunde hatte mein Paß eine Garnitur Stempel der Generalregistratur von Juba, und ich war im Besitz einer rechtmäßigen Aufenthaltsgenehmigung hinter den Linien der Rebellen, tief im Herzen von Ostäquatoria. So weit, so gut.

Zwar hatte ich bis jetzt nur den allerflüchtigsten Eindruck erhalten, doch von der bedrückenden Atmosphäre einer schwerbelagerten Stadt, wie ich sie nach der Lagebesprechung in der Britischen Botschaft in Khartum erwartet hatte, war nichts zu verspüren. Man hatte mir dort geraten, mit Nick Stockton, dem Operationsleiter von Oxfam in Juba, Verbindung aufzunehmen und mir weisgemacht, er habe sich im britischen Lager »verkrochen«, doch sein Büro lag knapp einen Kilometer weiter weg – soviel zum britischen Nachrichtendienst. Er zeichnete mir ein völlig anderes, für mich viel erfreulicheres Bild von der gegenwärtigen Situation.

»Kann Sie nicht auf einen Konvoi setzen, so was ist schon seit Wochen nicht mehr nötig«, sagte er. Er sah so jugendlich aus wie ein Zwanzigjähriger, was mich überraschte, da er mindestens dreißig war und lange Zeit eine ungeheure Verantwortung getragen hatte. Er erinnerte mich an einen Distriktkommissar um die Jahrhundertwende, der in irgendeinem gottverlassenen Winkel des British Empire allen Widrigkeiten zum Trotz die »Bürde des weißen Mannes« trug. »Im Moment herrscht Windstille«, fuhr er fort. »Die SPLA kann während der trockenen Jahreszeit nicht gut operieren, und die Straße über Jei ist offen und bis zur Grenze entmint. Alle anderen Straßen, die aus Juba hinausführen, sind gesperrt und voller Minen, und es gibt Berichte, daß in und um Nimule gekämpft wird. Doch im Augenblick sehe ich auf der Straße nach Jei und bis nach Uganda keine Probleme für Sie. Von dort an müssen Sie sich an Ort und Stelle weiterhelfen lassen.« Ich verließ ihn mit dem Gefühl, reich beschenkt zu sein, denn meine Weiterreise nahm wieder Gestalt an und versprach viel mehr Bewegungsspielraum als erwartet. Ich hatte auch den wohltuenden Eindruck, daß Nick Stockton mich nicht als Ärgernis empfand, wie das bei so vielen verdrossenen Konsularbeamten und Entwicklungshilfeprofis der Fall gewesen war, die wohl meinten, ich wolle in ihrem Revier herumtrampeln. Er hielt dafür, es sei wichtig, daß sich auch Touristen und besonders Schriftsteller auf eigene Faust ein Bild von der Lage in den Unruheherden dieser Erde machten und nicht nur die unmittelbar davon Betroffenen.

Als ich ins Lager zurückfuhr, stach mir an der Straßenkreuzung im Stadtzentrum ein merkwürdiger Turm aus Beton und Metall in die Augen. Es war ein Wegweiser. Seine Arme zeigten auf Orte, deren Namen mich in Bann schlugen, seit die Idee einer Reise zu den Mondbergen Gestalt angenommen hatte – Nimule, Kampala, Jei, Torit, Gulu, Jambio. Sie hier so beiläufig schwarz auf weiß geschrieben zu sehen – wirkliche Orte mit Distanzangaben, die ihre Realität unterstrichen, und nicht länger mehr nur Vorstellungen – gab mir ein prickelndes Gefühl. Meinen ursprünglichen Plan, mich nahe am Nil zu halten, in Richtung Nimule und Gulu und weiter bis zum Viktoriasee, mußte ich fallenlassen, da diese Straße gesperrt war. Am Viktoriasee hatte sich John Spekes Überzeugung, hier sei die Quelle des Nils zu finden, schließlich bewahrheitet, als er seine Fluten sich nordwärts die Riponfälle hinunterstürzen sah. Entzückt über diese Entdeckung, gab er sowohl dem Fluß als auch dem See den Namen seiner Königin und benannte, um auf Nummer Sicher zu gehen, die Fälle nach dem Edelmann, der seine Expedition finanziert hatte.

Statt dessen würde ich nun einen weiten Bogen westwärts nach Jei schlagen müssen und dann nach Süden abdrehen, zum kleinen Grenzübergang von Kaja, einem Hintertürchen nahe zur Grenze nach Zaire, was mir den zusätzlichen Schutz bot, mich nötigenfalls schnell in dieses Land absetzen zu können. Wenn alles klappte, führte mich diese Route bei Pakwach wieder zum Nil zurück. Dort hatte Samuel Baker entdeckt, wie Spekes Viktorianil kurz vorher in einen weiteren riesigen See mündete, den er als erster weißer

Mann zu Gesicht bekam und nach Königin Viktorias Prinzgemahl auf den romantischen Namen Albert taufte. Mit dem vereinten Gewicht der beiden großen Seen im Rücken macht sich der Strom vom Albertsee aus schließlich auf seine sechseinhalbtausend Kilometer lange Reise zum Meer.

Ich sinnierte so vor mich hin, was für Wunder da vor mir lagen, und verfolgte die Route auf meiner Karte, als eine Art Militärfahrzeug schlitternd neben mir zum Stillstand kam und eine Stimme sagte: »Da ist sie!« Es war Cole Dodge, der noch immer seinen lustigen Hut aufhatte und mit dem Rest der Unicef-Mission zurück zur Twin Otter raste. »Sind Sie gut untergebracht?« fragte er gestreng. »Aber sicher«, meinte ich fröhlich, »keine Sorge!« Es folgte eine kleine Verlegenheitspause, dann ließ er die Kupplung los und sauste davon. Mit einem Mal wurde mir klar, wie ich ihnen vorkommen mußte: irgendeine verdammte Frau mit einem Fahrrad, die unabsichtlich ihren Ruhm geschmälert hatte, weil ihr Wagemut so sehr im Widerspruch zu ihrem eigenen »Feindflug« über Rebellengebiet stand.

17. KAPITEL

Die belagerte Stadt

Auch Juba ist ein bedeutsamer Ort, denn bis hierher und nicht weiter ist der Weiße Nil schiffbar. Von hier an ändert sich der Charakter des Stroms dramatisch. Steil steigt das Land aufwärts zum hohen zentralafrikanischen Plateau an, und die hügeligen Savannen machen rauhen Abhängen und Terrassen Platz, wo sich der junge Fluß schäumend durch enge Schluchten zwängt und über Wasserfälle hinabstürzt und die Stoßkraft sammelt, die ihn bis zum entfernten Meer weiterträgt.

Triumphierend war John Speke nach seiner erfolgreichen Expedition 1863 diesen Weg nach Juba zurückgekommen. Im alten Gondokoro, dem berüchtigten Sklavenhandelsposten gleich gegenüber am anderen Ufer des schnell fließenden Nils, hatte er Sam Baker angetroffen und ihm Kopien seiner Landkarten überreicht, zusammen mit der erfreulichen Nachricht, daß es für Baker wahrscheinlich einen weiteren großen See zu entdecken gebe. Dieser Ort mauserte sich mit der Zeit zur Hauptstadt des Südsudans, doch die moderne Stadt hat dem Nil den Rücken zugewandt und liegt etwas weiter weg und höher, damit sie nicht überflutet wird, wenn der Wasserspiegel jeweils um sechs Meter steigt.

Nach der flachen, öden Wüste im Nordsudan war die hügelige rote Erde Ostäquatorias mit ihrer üppigen Vegetation eine wahre Wohltat. Überall drängten sich herrliche, hohe Bäume mit glänzenden Blättern, Büsche entfalteten in einer Orgie von Farben ihre Pracht, und etwas weiter im Süden stiegen die lieblichen Umrisse der Hügel von Imatong aus dem frühen Morgennebel. Die Wohltat erwies sich jedoch bald als trügerisch. Nach einer halben Stunde merkte ich, wie die Luftfeuchtigkeit an meiner Energie zehrte, weit mehr, als die Wüstenhitze es vermocht hatte. Schweiß tröpfelte mir unablässig über Hals und Stirne und rann in kleinen Bächen den Rücken hinab, ohne je zu trocknen. Es kostete Anstrengung, sich viel zu bewegen oder sich auf etwas zu konzentrieren, und wenn ich schrieb, schmierte die Tinte von meinen feuchten Händen. Genau so hatte Sam Baker seine Situation hier beschrieben, und wie er war auch ich von feindlichen Mächten umringt, nur waren sie etwas weiter weg als zu seiner Zeit, was immer auch die Massenmedien die Leute glauben machen wollten.

Es war die erstaunliche Falschmeldung der BBC gewesen, Juba sei von den Rebellen eingenommen worden, welche dazu geführt hatte, daß beinahe sämtliche ausländischen Hilfsorganisationen abgezogen wurden. Sie wurzelte darin, daß die Mundari nach Süden geflohen waren. Die Mundari sind Viehhirten, ganz ähnlich wie die Dinka, der größte der etwa dreißig Stämme, die den Süden des Sudans bewohnen; doch während die Dinka sehr kriegerisch eingestellt sind, den Hauptharst der SPLA bilden und auch ihren Führer, John Garang, stellen, liegt den Mundari mehr daran, ihre althergebrachte Lebensweise zu bewahren. Sie waren zu Tausenden vor einem plötzlichen Überfall der SPLA aus ihren Weidegebieten südlich des Sudd geflüchtet. Als die Wellen verängstigter, nackter Menschen mit ihren großen Viehherden nach Juba hineinbrandeten und die Rinder begannen, das Stroh von den Hüttendächern abzufressen, war eine allgemeine Panik ausgebrochen, die durch die Bemühungen von Polizei und Armee, die Ordnung wiederherzustellen, nur noch verschlimmert wurde. Querschläger pfiffen herum, das panisch erschreckte Vieh raste durch die dunklen Straßen, und mehrere Stunden lang herrschte ein fürchterliches Chaos. Der Lokalkorrespondent von BBC vermutete einen Angriff der SPLA und schmückte seine Story mit Berichten aus, der Flugplatz sei überrannt worden und in den Straßen werde heftig gekämpft. Das Endergebnis war, daß wegen des Zustroms dieser Tausenden von Vertriebenen dringendst Hilfe vonnöten gewesen wäre, aber fast niemand mehr da war, der helfen konnte.

In Wahrheit, berichtete mir Nick Stockton, seien die Rebellenstreitkräfte der Stadt nie näher als bis auf acht Kilometer gekommen. Alle Straßen waren blockiert, und man fürchtete, daß John Garang seinen hochmodernen Raketenwerfer in Stellung bringen könnte, der jedes herfliegende Flugzeug vom Himmel herunterholen konnte, so daß nur noch Privatmaschinen das Risiko auf sich nahmen. Doch obwohl Juba monatelang faktisch abgeschnitten war und die Nahrungsmittel zeitweise knapp wurden, hatte nie die Gefahr eines Angriffs gedroht, und auch das importierte Bier war nie versiegt. Die Rebellen hätten es viel zu aufwendig gefunden, eine Stadt einzunehmen, die eine ständige Garnison mit Regierungstruppen unterhielt, um so mehr, als keine Hoffnung bestand, sie auf die Dauer halten zu können. Die SPLA, so Nick, operierte von versteckten Basen tief im Busch nahe der Ostgrenze, und in der trockenen Jahreszeit war es für die Guerilleros schwierig, weit weg von ihren Zufluchtsorten zu kämpfen, denn es gab nicht genügend Wasser und auch nicht ausreichende Deckung, weil die Bauern alles Buschwerk niederbrannten, damit das neue Gras besser wachsen konnte. Ziele der Rebellen waren vielmehr kleine Städte und Dörfer, wo sie Nahrungsmittel, Kleider und andere Dinge, die sie brauchten, raubten und sich schnell wieder absetzten.

All dies lieferte eine Erklärung, warum Juba so gar nicht dem Bild entsprach, daß ich mir von einer belagerten Stadt gemacht hatte. Ich hatte erwartet, Juba sei hoffnungslos überfüllt, dabei schien es fast ausgestorben. Im Stadtzentrum mit seinen breiten Straßen lagen weitläufige Gebäude und Gärten, und obwohl fast alles am Verfallen war, geschah dies beinahe unbemerkt, und die wuchernde Vegetation deckte viele der Wunden zu. Manche dieser abbröckelnden Gebäude – Verwaltungsbauten, Schulen, Kirchen, ein Krankenhaus und Zentren von Hilfsorganisationen – standen leer, weil das Personal evakuiert worden war. Selbst im sonst so lärmigen Geschäftsviertel blieben die Läden geschlossen, denn mit Ausnahme von Nahrungsmitteln, die auf dem Markt verkauft wurden, war der Handel praktisch zum Erliegen gekommen. Die meisten Einwohner lebten am Stadtrand in pittoresken

Haufen von Grashütten, die sich leicht ausbessern oder ersetzen ließen. Es lagen fast keine Abfälle herum – die Armut war so drückend, daß jedes Überbleibsel sogleich geschnappt wurde. Weil Treibstoff Mangelware war, sah man auf den Straßen erfreulicherweise nur Fußgänger und Radfahrer. Juba verstrahlte einen gewissen Charme, ganz ähnlich wie ein unscheinbares, verschlafenes französisches Provinznest an einem langen Sommernachmittag. Das weite Gebiet, wo die zwanzigtausend vertriebenen Mundari in überfüllten Zelten ein trostloses Dasein fristeten und zu überleben versuchten, lag außerhalb der Stadt in einer Senke versteckt.

Das Gelände der Briten nahe beim Flugplatz, wo ich gegen ein kleines Entgelt untergebracht war, bestand nur aus einer Ansammlung identischer, vorfabrizierter Hütten, um die ein Drahtzaun gezogen war. In jeder gab es einige Schlafzimmer, einen Wohnraum, eine Küche und ein Bad, alles in einem anonymen Stil möbliert, welcher an Pensionen in Londons ländlicher Umgebung gemahnte. Die einzige Konzession an die dampfenden Tropen waren Moskitonetze, die über den Betten hingen und nach Staub rochen. Mangels elektrischen Stroms für die Ventilatoren, für kalte Getränke und für Beleuchtung während der zwölfstündigen Dunkelheit waren die Häuser für die hiesigen Verhältnisse denkbar schlecht ausgerüstet – bei so viel Sonne in Äquatoria schien es geradezu lächerlich, daß nur Gebrauch von Sonnenenergie gemacht wurde, um warmes Wasser zu bereiten.

Eine der Hütten bildete das Büro des British Council, der vor der Evakuation in dieser Gegend Ausbildungsprogramme durchgeführt hatte, eine andere das Gästehaus, welches mir als erster Besucherin seit fast einem Jahr ganz allein zur Verfügung stand. Die restlichen waren von ein paar wenigen übriggebliebenen Entwicklungshelfern belegt, die entweder bei Oxfam oder bei CART, einem kombinierten Einsatzteam verschiedener Hilfsorganisationen, arbeiteten. Es war kein besonders erholsamer Ort. Die ganze Nacht patrouillierten barfüßige, dürftig bekleidete, mit Pfeil und Bogen bewaffnete Männer herum, die sich von Zeit zu Zeit an einem Wasserhahn genau vor meinem Fenster abspülten. Die

Nächte unter dem Moskitonetz waren heiß, so daß ich die Fenster offenließ, und so vermischte sich das aufgeregte Geschwätz dieser Wächter mit dem feuchtfröhlichen Treiben vom Hotel Juba gleich gegenüber, wo arabische Händler, die das Kunststück fertigbrachten, ihre Waren auf Umwegen herbeizuführen, in den abgeschiedenen Gartenlauben des verfallenen Gebäudes aus der Kolonialzeit mit hiesigen Polizeichefs und hochrangigen Armeeangehörigen munter feierten. Ich hatte auch erfahren, daß die Wächter eine Woche zuvor mit ihren Bogen auf einen Dieb geschossen hatten, am nächsten Morgen der Blutspur folgten und in einem überwachsenen Garten in der Nachbarschaft einen toten jungen Mann fanden.

Die Handvoll Entwicklungshelfer stand schwer unter Druck. Alle waren völlig überarbeitet, doch fanden sie gleichwohl Zeit, mit mir zu diskutieren und mir ihre Projekte zu zeigen. Nick Stockton beeindruckte mich außerordentlich. Er hatte die Hilfsaktionen lange Zeit zusammengehalten und schien bis zur Erschöpfung ausgelaugt. Seit zwei Jahren war sein Urlaub überfällig, doch ich bezweifle, daß er jemals seinen Posten abgetreten hätte, selbst wenn jemand als Ersatz dagewesen wäre. Nick kannte alle die verworrenen Fäden in dem Netz von Korruption, das sich in diesem Teil der Welt über alles legte, und hatte gelernt, auf schwankendem Seil zu balancieren und den anderen immer eine Nasenlänge voraus zu sein, damit die Hilfe auch wirklich zu den Leuten kam, für die sie gedacht war. Auf sonderbare Weise war es ihm eine Notwendigkeit geworden, ständig mit unmittelbar bevorstehenden Krisensituationen zu leben. Erst nach Büroschluß zeigte sich der Streß – meist konnte er dann nicht mehr aufhören zu reden. Mich störte das ganz und gar nicht, denn erst hier kam er richtig aus sich heraus und sang das Hohelied der Viehhirten, die durch Krieg, Viehseuchen, Hungersnot und den Druck des Fortschritts vom Aussterben bedroht waren. Vor den gegenwärtigen Unruhen war Nick viel bei diesen Menschen herumgereist und hatte mit wachsender Bewunderung ihre Lebensweise kennengelernt, was sich bei ihm schließlich zu einer wahren Leidenschaft entwickelte. Auch vom ökonomischen Standpunkt aus gesehen, schien es ihm sinnvoll, zu versuchen, das Gleichgewicht zu bewahren, das sich seit so langem zwischen Mensch und Natur eingestellt hatte, und er hatte daher wenig für die Pläne übrig, die Sümpfe trockenzulegen und ihnen ein modernes Landwirtschaftssystem überzustülpen.

Es wäre schwergefallen, nach einem Besuch in einem der Viehlager der Mundari für Nick Stocktons Vorstellungen keine Sympathie zu empfinden. Ich begleitete Mel, einen Tierarzt aus Durham, der die ostafrikanische Viehseuche behandelte, auf eine Lichtung im Busch, wo über hundert prächtig anzusehende Kühe und Stiere zur Inspektion versammelt waren. Die mächtigen Tiere hatten dicke, weit ausladende Hörner, die teils schon bei den Kälbern sorgfältig gerichtet werden, um in eine bestimmte Form zu wachsen. Die Mundari waren ein großgewachsenes, sehniges Volk. Sie trugen fast nichts außer Hals- und Armreifen und bildeten einen perfekten Hintergrund für dieses grandiose Vieh, mit dem sie klassische Tableaus bildeten, wie man sie etwa auf Reliefs etruskischer Vasen findet.

Was nebst diesen auffallend schönen Bildern im Lager am meisten beeindruckte, war ein Gefühl der Kooperation und Zufriedenheit. Im Zusammenleben dieser Menschen zeigte sich ebenso wie im Umgang mit ihren Tieren eine augenfällige Harmonie. Offensichtlich waren Mensch und Tier aufeinander angewiesen, denn des einen Wohlergehen hing vom Wohlergehen des anderen ab, doch spielte noch etwas viel Stärkeres mit. Es ging um mehr als ums bloße Überleben. Ich erkannte hier etwas, was wir im Westen verloren haben, weil wir das Tierreich ausbeuten. Das Vieh der Mundari hat nichts gemein mit den hornlosen, widernatürlichen Geschöpfen unserer Tierfabriken. Die Mundari empfinden vielmehr eine echte Liebe für ihre Tiere und sind stolz auf ihren Charakter, ihre Stärke und ihre Schönheit. Sie lieben auch ihre Kinder, doch die Männer griffen nie ein, wenn ihre Söhne Mut und Respekt lernten, zwischen den riesigen Hörnern herumschlüpften und die wohlgezielten Tritte in Kauf nahmen, mit welchen die Kühe einen Ungeschickten bestraften. Auch sah ich nie je einen Jungen sich mit Unmut oder einem Hieb rächen.

Ich schätzte mich glücklich, daß ich eine Gelegenheit fand, die Mundari noch in ihrer natürlichen Umgebung zu sehen, denn schon in ein, zwei Jahren gehören solche Bilder vielleicht der Vergangenheit an. Ich habe keine Hoffnung, daß die wenigen Leute, die wie Nick Stockton fühlen, sehr viel tun können, um diese Viehhirten zu schützen. Die Mundari stehen dem, was der herrschende Teil der Welt als Fortschritt betrachtet, genauso im Weg wie die Indianer, die australischen Aborigines und die südamerikanischen Indios, und ihre angestammte Lebensform wird wohl ebenso unweigerlich zerstört werden. Dieses Zerstörungswerk ist in Wahrheit bereits weit fortgeschritten. Beide Seiten im Kampf um den Süden des Sudans trifft der Vorwurf, diese unschuldigen Menschen, die bisher nichts Gefährlicheres als Pfeil und Bogen besaßen, zu korrumpieren und sie mit Waffen zu versehen. Unter den verschiedenartigsten Kürbisflaschen und primitiven Gerätschaften, die an Holzgittern im Lager hingen, sah ich eins dieser modernen automatischen Gewehre. Wie es da öffentlich zur Schau stand, ein häßliches technisches Horrorinstrument in einer Umgebung, die sonst fast nichts mit dem zwanzigsten Jahrhundert gemein hatte, schien es das Ende einer Epoche zu symbolisieren.

Laut Nick Stockton war überdies ein militärischer Vorstoß im Gange, der es den Mundari verunmöglichte, sich bei ihren traditionellen Viehpferchen am Nil einzufinden, was zum Tod von Tausenden weiterer Rinder führen mußte, die von ihren jahreszeitlich wechselnden Weidegründen abgeschnitten wurden. Tagtäglich starteten MIG-Kampfflugzeuge vom Flugplatz in Juba, flogen im Tiefflug über das Gebiet der Mundari und zerstörten die Dörfer und alles, was den Rebellen Hilfe oder Schutz gewähren mochte.

Der Kontrast zwischen diesen Mundari mit ihrem Vieh und jenen, die bereits seit ein paar Monaten im Flüchtlingslager steckten, war niederschmetternd. Sie waren apathisch geworden und niedergeschlagen und hatten ihre körperliche Gesundheit viel schneller verloren, als dies vielleicht bei einem weltgewandteren Volk der Fall gewesen wäre, denn sie kannten keine Mechanismen, die ihnen ermöglichten, mit einem trägen Dasein in Zelten fertig zu werden und von Almosen zu leben. Keiner der Helfer war zuversichtlich, was ihre längerfristigen Aussichten betraf. Falls man sie daran hinderte, innerhalb etwa eines Monats in ihr Territorium zurückzukehren, mußte man befürchten, daß sie später nicht mehr den Willen dazu aufbrachten. Odile, die kleine, scheinbar zarte französische Krankenschwester, die praktisch im Alleingang das Zentrum für Zusatzernährung betreute, machte sich mit jedem Tag größere Sorgen um ihr rein physisches Überleben, da immer mehr Säuglinge und Kleinkinder Hilfe benötigten und das Risiko von Epidemien unter den heißen, engen und unhygienischen Verhältnissen steil anstieg. In ungefähr einem Monat, wenn der Regen einsetzte, würde sich das ganze Camp in einen einzigen Morast verwandeln – unter diesen Umständen war an ein Leben unter Zeltdächern nicht mehr zu denken.

Es gab einige wenige unkoordinierte Versuche, für die Lagerinsassen etwas Ablenkung zu schaffen. Das Deprimierendste, was ich sah, war eine von Unicef finanzierte Selbsthilfegruppe, wo eine füllige Dame aus Uganda eine Schar Frauen das Nähen lehrte. Die Mundari-Frauen haben bloße Brüste und tragen mit Ausnahme ihres Schmucks fast nichts außer einem kurzen, schön gearbeiteten, perlenbesetzten Lendenschurz, nur die älteren Frauen wikkeln sich zuweilen in eine Art Baumwollsarong oder schlagen sich ein Tuch um die Schultern. Quer über die Stirn verlaufen ganz ähnlich wie bei den Schilluk Schmucknarben und um den Nabel konzentrische erhobene Narbenmuster, die wie lebendige Mandalas aussehen. Unter natürlichen Umständen sind diese Frauen so stolz und kämpferisch wie ihre Männer, doch wie sie hier unterwürfig zu Füßen der Uganderin saßen und sich beim ungeschickten Versuch, voluminöse Baumwollschlüpfer herzustellen, mit den ungewohnten Nadeln in die Finger stachen, erinnerte mich stark an die krassesten Auswüchse viktorianischer Missionarstätigkeit.

Sehr viel erfreulicher ließ sich das Projekt »Essen für Arbeit« an, das Linda organisiert hatte. Linda war Forstexpertin und bei Oxfam angestellt, um die Obstbäume in den Mundari-Dörfern zu veredeln, doch da sie bei der herrschenden politischen Lage ihre Arbeit nicht weiterführen konnte, hatte sie in Juba etwas erstklassiges Land am Fluß unten erworben und zog Gemüse, wobei sie eine sehr große Belegschaft einsetzte, um so viele Frauen wie möglich in das Projekt mit einzubeziehen. Es gab nicht genügend Geräte für alle, daher saß jeweils die Hälfte im Schatten, ruhte sich aus und spielte mit den Kindern, während die anderen geruhsam ein bißchen Wasser schleppten oder gekonnt die Hacke schwangen. Niemand hätte behauptet, daß sie die Arbeit sehr ernst nahmen, doch Linda meinte, es bringe sie wenigstens aus dem Lager heraus. Sie schienen gewiß viel glücklicher hier unten am Fluß. Neckereien flogen hin und her, und die alten Frauen rauchten ihre kunstvoll gearbeiteten Pfeifen und nahmen hie und da einen kräftigen Schluck aus den Wasserkanistern.

Das Ergebnis dieser doch eigentlich eher halbherzigen landwirtschaftlichen Bemühungen war verblüffend. Noch nie im Leben hatte ich derart üppiges Gemüse gesehen. Knollengewächse wie die Yams, die man ausgrub, standen so dicht, als seien sie marktfertig verpackt, während sich niedrige Sträucher unter der Last großer, rundlicher, purpurfarbener Auberginen bogen. Für mich, die ich aus einem kalten Land im Norden kam, war schwer einzusehen, wie in diesem fruchtbaren Land je Hungersnot herrschen konnte, und ebensowenig verstand ich, weshalb Früchte und Gemüse auf dem Markt in Juba so viel teurer waren als in Khartum.

Gordon Falconer, ein Amerikaner mittleren Alters von der Westküste, der für Episcopal Church Aid arbeitete, versuchte mir die Gründe dafür zu erklären, denn er machte sich zusehends Gedanken wegen der Gemüsepreise. Er war einer dieser jugendlich wirkenden Männer, die mit einem Übermaß an Energie und Enthusiasmus gesegnet zu sein scheinen und andere mit ihren Ideen anspornen können. Er arbeitete in einem Haus, das fast ganz im afrikanischen Stil eingerichtet war und eine Atmosphäre ausstrahlte, die den Hütten im britischen Lager völlig abging. Tische, Stühle, Matten, Schalen, Schnitzereien und ähnliches waren von den Einheimischen hergestellt und machten mir deutlich, wie wenig die meisten der Gebäude und Einrichtungen in Juba diese fremde Kultur berücksichtigen – und zwar völlig unverständlicherweise, denn die lokalen Produkte waren billiger und viel attraktiver als fast alles importierte Zeugs. Es schien mir auch richtig, daß Entwicklungshelfer versuchen sollten, die einheimische Industrie und das lokale Kunsthandwerk zu fördern.

Der ganze Nord-Süd-Konflikt im Sudan war, wie Gordon meinte, eine rein wirtschaftliche Angelegenheit, ein Krieg zur Sicherung der riesigen Profite, welche die arabischen Händler mit den Produkten der Bewohner im Süden erzielten. Die Araber kaufen direkt von den einzelnen Kleinbauern und verkaufen mit über vierhundert Prozent Gewinn, wobei laut Gordon dieses riesige Handelskartell in den Händen von nur vier Familien in Khartum liegt. Seine Lösung sah vor, die ansässigen Bauern zu ermuntern, sich zu Kooperativen zusammenzuschließen und ihre Produkte selbst zu vermarkten, mit dem Ziel, die Lebensmittelpreise in den Läden zu senken und den Erzeugern größere Profite zu sichern. Die meisten dieser Bauern waren bitter arm und hatten kein anderes Transportmittel als Fahrräder. Um diesen Plan zu befördern, unterstützte man sie mit Darlehen, und es war sogar die Rede davon, einen hundertsechzig Kilometer langen Fahrradweg von Juba nach Jei zu erstellen. Gordons wirtschaftliche Strategien schienen mir sehr stark an der modernen Befreiungstheologie orientiert zu sein, und ich fragte mich insgeheim, ob er nicht fürchten mußte, in einer dunklen Nacht ein Messer in den Rücken zu kriegen, wie es sonstwo vielen Leuten zustieß, welche auf ähnliche Weise gegen mächtige bestehende Interessen angingen. Ich hatte nie Gelegenheit, ihn danach zu fragen, doch glaube ich, daß er gar keine Zeit fand, sich zu ängstigen.

Der richtige Ort, um sich in Juba ein wenig zu entspannen und den Ernst des Lebens zu vergessen, war der Griechische Klub. Er bildete das Zentrum des städtischen Nachtlebens für die Ausländer und die wenigen schwarzen Entwicklungshelfer, die sich die teuren eingeflogenen Drinks leisten konnten, welche auch unter der Belagerung nie versiegt waren. Der Klub schien direkt aus dem Afrika der dreißiger Jahre entsprungen, wie ich es aus meiner Lektüre kannte: ein heruntergekommener Salon mit einem von ein paar flackernden Lichtern matt erhellten Garten, wo große Strohschirme auf hohen Stangen standen, Zikaden in die von Leben pulsierende samtene Nacht zirpten und Bier und Schnaps in Strömen flossen. Er wurde von Jerry, einem zerbrechlich wirkenden, altmodischen Griechen, und seinem um weniges jüngeren Freund Costas geführt. Jerry war via Äthiopien, Ägypten und Gott weiß wo in Juba gelandet. Er wußte eine Menge anzüglicher Geschichten über das Barleben in Kairo während des Krieges zu berichten, von denen ich wegen des allgemeinen Lärms und der Mixtur von fremdartigen Akzenten keine je zu Ende hören konnte. »Sie haben auch Flußpferd in Themse?« fragte jemand höflich, doch bevor ich antworten konnte, brachte Jerry auch schon die nächste Runde Bier und witzelte: »Ich nie trinke dieses Zeug, Gott sei Dank! Mein Arzt sagt, wenn ich hier komme vor einundvierzig Jahre, Jerry, sagt er, trink den Whisky, trink den Gin, aber rühr das Bier nicht an, und ich, haha, ich bin noch gesund, Gott sei Dank.«

Mir fiel ein, daß ich hier im Süden, wo Beine nicht mehr tabu sind, ruhig meine Knie entblößen konnte, ohne Anstoß zu erregen, und ich wünschte, ich hätte ein Paar Shorts zum Radfahren mitgenommen. Später, als ich auf dem Markt Früchte und Gemüse einkaufte, bemerkte ich eine Reihe von etwa zwanzig jungen Männern, die müßig hinter ihren Nähmaschinen vor den kleinen Blechschuppen saßen, wo Stoffe verkauft wurden, und ich beschloß, dem lokalen Gewerbe unter die Arme zu greifen und mir ein Paar Bermudas machen zu lassen. Schade, daß in einem Land, wo erstklassige Baumwolle wächst, fast nur importierte synthetische Kleiderstoffe zum Verkauf standen! Doch schließlich fand ich ein billiges, einfaches, blaues Gewebe, handelte einen bescheidenen Preis für die Arbeit aus und konnte vierundzwanzig Stunden später das fertige Stück abholen. Die Shorts erhöhten meinen Fahrkomfort gewaltig, besonders wenn es aufwärts ging. Ich trug sie die nächsten zwei Monate jeden Tag und wusch sie abends aus, um die tägliche Ansammlung von Staub und Schweiß zu entfernen, und bevor ich nach Hause zurückflog, vermachte ich die noch völlig brauchbaren Hosen einem lokalen Hilfswerk.

Als nächstes stand ein kniffliges Problem auf dem Programm: ein Ausreisevisum aus dem Sudan und eine Reisegenehmigung bis zum Grenzort zu bekommen – zwei Dinge, die mir seit Wochen auf dem Magen gelegen hatten und zu all den wachsenden Schwierigkeiten und Unsicherheiten hinzukamen, denen ein Reisender im heutigen Afrika ausgesetzt ist. Augenscheinlich konnte mir nur der allgewaltige Gouverneur selbst meine Durchreise erleichtern. Ich trug einen Brief bei mir, der von einem seiner Bewunderer in Khartum verfaßt war und ihn um seinen wohlwollenden Beistand bat. Er sollte über dessen im militärischen Abwehrdienst in Juba tätigen Bruder überbracht werden, denn nichts und niemand war offenbar in Afrika auf direktem Weg zugänglich. Es war eine ziemlich kriecherische Epistel. Sie begann so: »Eure Exzellenz, verzeihen Sie, daß ich Sie nicht bei Ihrem vollem Namen nenne, den ich wohl kenne. Aber ich fürchte, einen Rechtschreibfehler in Ihrem Namen zu begehen, und möchte bei einem Nationalhelden wie Ihrer Person keinen Schnitzer machen. Wir alle bewundern Ihre kühnen Anstrengungen. Gott segne Sie!« Darauf wurde die Angelegenheit noch verkompliziert durch die Bitte um eine Beförderung des Bruders. Der Brief war voller Löcher, wo die Schreibmaschine das dünne Papier durchschlagen hatte.

Zufällig fiel meine Ankunft in Juba mit der Abreise des Gouverneurs zu einer Konferenz in Khartum zusammen, ich hatte deshalb keine Gelegenheit, dieses Dokument vorzulegen und seine Wirkung zu beobachten. Das Glück war mir jedoch hold: Davey, der lokale Kontaktmann und »Macher« des British Council, der schon so erfolgreich meine Aufenthaltserlaubnis in Juba befördert hatte, zeigte sich gedämpft optimistisch, die beiden anderen Papiere vom Stellvertreter des Gouverneurs zu erhalten.

Offensichtlich hatte Davey geschickten Gebrauch von meinen verschiedenen Empfehlungsschreiben gemacht und war auf keine Hindernisse gestoßen, bis irgendwo durchsickerte, daß ich per Fahrrad reiste. Hier krachte die Eisenfaust der Bürokratie in ungläubigem Ärger auf den Schreibtisch, und der Mann hinter der Faust, Brigadier Nicola Obwoya Cazaro, Chef für Innere Sicherheit, forderte mein sofortiges Erscheinen in seinem Büro. Als mich Davey einige Stunden später endlich aufgegabelt hatte, war er eher kleinlaut, denn der Brigadier nahm es nicht gut auf, wenn man ihn warten ließ. Er sauste mit mir hinten auf seinem kleinen Mofa los, um Zeit zu sparen. (Der Umstand, daß er überhaupt Benzin kriegen konnte, etwas so Kostbares wie Gold, bewies, was für ein einflußreicher Mann Davey hier war.) Bevor wir eintraten, gab er mir zu verstehen, daß die Sache vielleicht nicht glatt über die Bühne gehen könnte: »Sie wollen nach Uganda, darum Sie besser nicht argumentieren mit diesem Mann. Sonst wir haben gewöhnlich nicht solche Schwierigkeiten mit ihm.«

Ich war froh über diese Warnung, denn der Brigadier legte gleich los und brüllte Davey wütend an: »Wieso kommen Sie erst jetzt? Wieso lassen Sie mich warten? Ich bin nicht sicher, ob ich jetzt noch etwas für Sie tun kann!« Davey hielt den Blick auf seine Schuhe gesenkt und sagte kein Wort. Ich sah, jetzt war es an mir, und sprang schnell mit einer demütigen Entschuldigung ein, die ihn etwas zu besänftigen schien. Nach einer kurzen Präambel über eine Reise nach England, die ihm gar nicht gefallen habe, kam der Brigadier charmant wie ein Rammklotz, der einen Pfahl einhämmerte, auf die vorliegende Angelegenheit zu sprechen. »Wie erwarten Sie denn nach Jei zu kommen?« herrschte er mich an und unterstrich seine Worte, indem er seine schwere Faust auf den Schreibtisch niederdonnern ließ. »Wissen Sie nicht, daß es mehr als hundertfünfzig Kilometer dorthin sind? Wie wollen Sie das auf einem Fahrrad schaffen, hm?« Ich wies so taktvoll wie nur möglich darauf hin, daß ich schon mehrere tausend Kilometer mit dem Fahrrad bis hierher geschafft hatte und immer noch gesund und wohlauf war und noch nicht verschollen. Er hörte darüber hinweg und warf mir einen langen, unverhohlen geringschätzigen Blick zu. »Sie sind eine Frau«, teilte er mir völlig unnötigerweise mit. »Eine weiße Frau«, fügte er voller Abscheu hinzu. »Es gehört sich nicht, daß Sie mit dem Fahrrad reisen. Die Dorfbewohner werden Sie ausrauben. Ich kann nicht hundertprozentig für Ihre Sicherheit garantieren.« Da er eine so abschätzige Meinung von Fahrrädern, weißen Frauen und von der lokalen Bevölkerung hegte, konnte wohl nur noch Unterwürfigkeit helfen, also dankte ich ihm höflich, daß er sich wegen mir derart Sorgen machte. »Natürlich würde ich nicht im Traum daran denken, mit dem Fahrrad zu gehen, wenn die geringste Gefahr bestände. Auf gar keinen Fall! Ich würde schauen, daß meine Wenigkeit samt Fahrrad auf dem erstbesten Lastwagen mitfahren könnte, der bereit wäre, uns aus Juba zu bringen.«

Aus den Augenwinkeln konnte ich sehen, daß Davey mich mit neuem Respekt betrachtete. Mehr noch interessierten mich jedoch die Reisedokumente, die mir zur Belohnung, daß ich das Ego des Brigadiers gekitzelt hatte, nun zügig ausgestellt wurden. Es schien mir direkt unfair, dafür auch noch tief in die Tasche greifen zu müssen.

18. KAPITEL

Durch Ostäquatoria

Ich hatte Juba am Mittag verlassen. Erst jetzt wurde ich gewahr, wie eingeengt ich mich in dieser heißen, streng abgeriegelten Stadt gefühlt hatte. Der Eindruck, eingesperrt zu sein, wurde verstärkt von einer Armee unterer Militärdienstgrade, die sich ihre Wichtigkeit beweisen mußten und unsere Abreise so lange wie nur möglich hinauszögerten. Aus Rücksicht auf Brigadier Cazaros Wünsche unternahm ich keinen Versuch, auf meinen eigenen zwei Rädern weiterzureisen, sondern wollte mit einer Mission von Oxfam mitfahren, bis Juba außer Sichtweite war und ich die Gelegenheit am Schopf packen konnte. Die drei Leute, welche den kleinen Konvoi organisiert hatten, rannten mit Genehmigungen und Pässen herum und hielten ihren Ärger immer mühsamer im Zaum, da die Sonne höher und höher stieg und die Beamten stets neue Gründe fanden, uns aufzuhalten. Zwanzig junge sudanesische Männer und Frauen saßen in den vier Fahrzeugen, hielten ihre hellen, frisch erhaltenen Wolldecken umklammert und schnalzten aufgeregt mit der Zunge wie bei einem Sonntagsschulausflug. Es war die erste Expedition der jüngst ausgebildeten Ernährungsüberwachungsteams und für die meisten die erste Gelegenheit seit fast einem Jahr, aus der belagerten Stadt herauszukommen.

Eine der Rollen, die Oxfam in dieser verrückten Welt spielt, wo eine Minderheit der Bevölkerung unter Lebensmittelbergen leidet und die Mehrheit von Unterernährung bedroht ist, besteht darin, in Gebieten, die durch Hungersnot gefährdet sind, die verfügbaren Lebensmittel zu überwachen. Auf diese Weise hofft man, ernsthafte Verknappungen festzustellen, bevor eine Krise ausbricht. Da in letzter Zeit niemand diese Aufgabe im Süden des Sudans wahrnehmen konnte, bestand eine gewisse Dringlichkeit, mit der Überwachung fortzufahren, weil selbst in den Städten die Anzeichen mangelnder Ernährung schon derart alltäglich waren, daß sie kein Aufsehen mehr erregten. Im Süden herrscht jedoch ein ausgeprägtes Stammesdenken vor, und die Verwaltung von Juba hegte wenig Sympathie für irgendwelche Hilfsaktionen in den umliegenden Bezirken. »Wohltätigkeit beginnt zu Hause« war das gängige Motto; daß sich die Güter und Fahrzeuge von Oxfam nicht auf diesen engen Radius beschränkten, schuf immer wieder beträchtliche Mißstimmung.

Mit vierstündiger Verspätung kamen wir endlich weg, hauptsächlich, weil es der Bürokratie zu diesem Zeitpunkt zu dumm und zu heiß geworden war. Ich blieb bis zu meinem ersten Nachtlager auf dem Lastwagen sitzen, um sicherzugehen, daß ich bei meiner Ankunft viel Zeit hatte. Es ist für einen Reisenden fast überall von Vorteil, wenn er ein Obdach findet, bevor es dunkelt, und in dieser Gegend war es unabdingbar. Wir fuhren im Eiltempo auf einer scheußlichen Straße, da auch der Konvoi die verlorene Zeit aufholen und einen sicheren Platz finden wollte, bevor die Nacht hereinbrach. Zweimal mußten wir anhalten und Ausrüstungsgegenstände auflesen, die aus ihren Halterungen gerissen worden waren, wenn die Räder auf vorspringende Felsen stießen oder in garstige, tiefe Schlaglöcher krachten. Schon nach wenigen Meilen war ich ganz zerschlagen von diesem Gerumpel und dick mit ziegelrotem Staub bedeckt, denn wer nicht zuvorderst in der Reihe saß, fuhr andauernd in einem dichten, stickigen Staubschleier. Als ich endlich vor der Lanye Vocational School abgeladen wurde, war ich trotz allem froh, daß wir uns beeilt hatten, denn nun stand mir ein Maximum an Zeit für diesen reizvollen Ort zur Verfügung.

Er erinnerte mich unwillkürlich an ein mittelalterliches Kloster in Europa, zumal die Schule einem ganz ähnlichen Zweck diente. In einer Gegend, wo sich das Dasein selten übers nackte Überleben hinausschwang, wo jahrhundertelange Raubzüge der Sklavenhändler alle Kultur im Keime erstickt hatten und sowohl die Lebensweise als vor allem auch die Ackerbaumethoden nicht über einen sehr primitiven Stand herausgekommen waren, war es das Hauptziel dieser Berufsschule, junge Leute in Agrikultur, im Zimmereihandwerk, in einfachen Ingenieursarbeiten und in Hauswirtschaftslehre auszubilden. Ein weiteres wichtiges Anliegen war, neue und bessere Anbau- und Hauswirtschaftsmethoden einzuführen und durch praktisches Vorbild das Leben der Menschen in der Umgebung zu verbessern. Das Personal und die Leiter waren alle Sudanesen. Obwohl die Lanye School etwas Geld aus Übersee erhielt, mußte sie mit einem sehr schmalen Budget auskommen. Dessenungeachtet war es gelungen, die Fischzucht sowie die Aufzucht besserer Hühner- und Schweinerassen einzuführen, und man war daran, Ochsen das Pflügen anzugewöhnen, etwas in dieser Gegend noch völlig Unbekanntes. Alles war notgedrungen mit geringen Kosten und einfachster Technologie verbunden, was jedoch nur von Vorteil war, weil dadurch der Verbreitung weniger wirtschaftliche Hindernisse im Weg standen. Ein Sorgenkind war die Lagerung von Getreide. Traditionell wird es in winzigen runden Hütten aufbewahrt, die auf Stelzen stehen, doch die Ratten können leicht daran hochkraxeln und verschlingen einen beträchtlichen Teil der Ernte. Lanyes Lösung bestand in der Konstruktion einer ähnlichen kleinen Hütte mit einer Art metallenem Kulihut rund um jede Stelze, der den Nagern einen Strich durch die Rechnung machte.

Unter den sechzig Studenten an der Schule, die als Teil des Kurses ihre eigenen einfachen Schlaf- und Arbeitsräume bauen mußten, waren auch einige Mädchen. Eines von ihnen hatte während ihres Lehrjahres ein Kind bekommen, und sogleich wurde es zum Mittelpunkt im Fach Hauswirtschaftslehre. »Noch nie«, sagte Thomas Kedini, der Schulleiter, »ist ein kleines Kind soviel gepflegt und verhätschelt oder so oft am Tag gebadet worden. Es ist das sauberste Baby in ganz Äquatoria.« Die Atmosphäre schwirrte vor Begeisterung und Zuversicht. Selbst als mich Thomas auf den Feldern herumführte, um mir die vielen Mißernten zu zeigen, wankte sein Optimismus nicht. »Wir lernen fürs nächste Jahr«, lautete der Kommentar bei allem, was sich nicht zur Zufriedenheit entwickelt hatte. Besondere Freude herrschte über den frisch angelegten Ananashain, wo inmitten streng militärisch ausgerichteter Reihen stacheliger, blaugrüner Blätter eine einzige Ananas in einsamem Glanz ihr steifes, schweres Haupt erhob, als zierte sie den Torbogen eines herrschaftlichen Hauses. »Drei hatten wir«, sagte Thomas. »Eine haben wir geschmaust, und eine hat ein Einbrecher gestohlen, doch diese hier bewachen wir jetzt wie wild.« Und er lachte dabei so fröhlich, daß mir unwillkürlich bewußt wurde, wie traurig mich dieses Land bisher gestimmt hatte.

Thomas hatte meine Lebensgeister wieder geweckt – Elias hingegen führte mich in eine ausgefallene, entzückende Welt, die den schmutzigen Machtkämpfen, der Armut und der Korruption rundherum völlig entrückt schien. Elias war der Erfindergeist der Schule und leitete die Abteilung Angewandte Technologie, eine Kreuzung zwischen der Findigkeit der »Flintstones« und dem Genie eines Leonardo. Alle die Neuerungen ringsum schienen auf seinem Mist gewachsen zu sein: Er war es, der die Ochsen abgerichtet und einen effizienteren Holzkohleherd, ein verbessertes Gebläse für die Schmiede sowie eine Maisschälvorrichtung erfunden hatte, und auch Dachziegel und eine speziell ausbalancierte Kiste auf Rädern zum Transport sehr schwerer Lasten gingen auf sein Konto. »Schauen Sie her, sie trägt sogar mich«, sagte er, hüpfte hinein und wies seinen ungeheuer langen, dünnen Assistenten an, ihn herumzuziehen. Der konnte vor Lachen kaum an sich halten, vielleicht weil er spürte, daß sie wie zwei kleine Jungen aussehen mußten, die mit einem selbstgebastelten Karren spielten.

Alle die sinnreichen Erfindungen von Elias und den Jungen seines Kurses hätten Cartoons von Emmett entsprungen sein können, denn alles mußte aus irgendwelchem altem Krimskrams hergestellt werden, der sich in der ausgebluteten Umgebung finden ließ. Es handelte sich eher um »Notbehelfs-« als um »angewandte« Technologie, aber jede Erfindung erfüllte Elias mit größter Befriedigung. »Der Schulleiter hat recht. Sehr passend angewandte Technologie, ja?« schmunzelte er und ließ seine Hände liebevoll reihum über die Ergebnisse seiner Geistesblitze gleiten.

Als ich ihm erzählte, ich hätte mein Fahrrad selbst entworfen, behandelte er mich mit dem Respekt, der einer Fachkollegin gebührte. Er hatte gleich eine Leidenschaft fürs Agala entwickelt, die uns noch enger verband. Bei einem tiefschürfenden Gespräch über Fahrradkonstruktionen und die Möglichkeit, einen Anhänger für die Bauern zu konstruieren, damit sie ihre Produkte auf den Markt fahren konnten, wurde mir auch klar, worin die Stärke von Elias' Inspiration lag: Er hatte absolutes Vertrauen, alles, was er anpackte, schaffen zu können.

Sein gegenwärtiger Favorit war eine Erfindung, die er VIP nannte (für Ventilated Improved Pit), ein überlegenes, neues Modell einer Toilette ohne Wasserspülung, welches die Gesundheitsrisiken, den Gestank und die Kakerlaken – der Fluch jedes Klos in den Tropen – eliminieren sollte. Sie zählte zu seinen solideren Konstruktionen und sah ziemlich elegant aus, wie eine kleine, runde Eingeborenenhütte mit geräumigem Innenleben und einem großen Blechabzug, der durchs Strohdach ragte. Gemäß seinen begeisterten und langwierigen, mir leider unverständlichen Erklärungen wurden die anfallenden Produkte vollständig entgiftet und bildeten überdies einen nützlichen Dünger.

Es war schon dunkel geworden. Wir steckten noch immer tief in technischen Fachsimpeleien und begutachteten gerade im Licht einer Taschenlampe Ziehbrunnen. Wir hätten wohl noch Stunden so weitergemacht, wäre ich nicht zum Abendessen in den alten, unkomfortablen Bungalow von Thomas gerufen worden, der einst das Haus eines Missionars gewesen war. Man servierte uns ein von den Mädchen des Hauswirtschaftskurses gekochtes Mahl aus schuleigenen Eiern, Huhn und Kohl. Mit einem gewissen Zeremoniell trugen sie die Gerichte selbst herein, kicherten jedoch bald vor Verlegenheit, Stolz und Vergnügen los, weil Thomas sie dauernd neckte. Eine der Ungereimtheiten dieser Schule bestand darin, daß man die Mädchen zwar sehr wohl ermutigte, Backsteinmauern zu bauen oder Ingenieurwesen zu studieren, die Gleichberechtigung sich jedoch noch nicht auf die Jungen erstreckt hatte, von denen keiner kochen lernte.

Nach dem Abendessen schauten einige Bischöfe herein, die auf dem Schulgelände einen Konvent abhielten. Bald drehte sich das Gespräch um einen Überfall der SPLA vor ein paar Wochen, der in vielen erheiternden Einzelheiten geschildert wurde. Etwa hundert schwerbewaffnete, aber fast völlig nackte Rebellensoldaten zwischen vierzehn und zwanzig Jahren waren urplötzlich aus dem Busch aufgetaucht und hatten die Stadt Lanye für drei Tage eingenommen. Sie hatten Anweisungen, niemanden zu töten, da die SPLA darauf bedacht war, ihren angeschlagenen Ruf wieder aufzupolieren, und so gab es nur etwa sieben Opfer, die meisten von ihnen Polizisten, die Widerstand geleistet hatten. Die Angreifer waren auf Essen und Kleider aus. Sie ließen die Leute mit vorgehaltener Waffe sich ausziehen und ihre Kleider abgeben, sogar den Priester, und später sah man, wie die Guerilleros sich wieder in die Büsche schlugen, angetan mit langen Unterröcken und Frauenkleidern, und einer soll sogar das Chorhemd des Priesters um die Hüften getragen haben, als er tänzelnd verschwand.

Die Schule selbst war nicht so glimpflich davongekommen. Viele der Studenten waren in die Hügel geflüchtet, was die jungen Rebellen sehr erzürnt hatte. Sie hatten die Riegel von den Türen weggeschossen, alles durcheinandergebracht und sämtliche Vorräte geraubt. Leider hatten sie auch auf die abgerichteten Ochsen geschossen. Es war ihnen gelungen, einen zu töten, worauf sie ihn gleich über einem lodernden Feuer brieten; die anderen drei waren verwundet ins Hügelland geflohen.

Das vielleicht größte Kapital von Lanye war der Humor – das einzige, woran kein Mangel herrschte. Er ging auf niemandes Kosten, denn man lachte mit den Leuten und nicht über sie, und so verwandelte sich der Humor irgendwie in eine christliche Tugend und eine Kunst. Nicht einmal die SPLA wurde eindeutig verdammt, obwohl sich alle einig waren, John Garang sei ein ebenso großer Feind des Volkes im Süden wie die Regierung im Norden. Angesichts ihrer toleranten Haltung berührte es mich seltsam, als sie die Überzeugung äußerten, das eigentliche Problem des Südsudans seien Stammeseifersüchteleien. »Wenn wir zusammenspannen könnten, wenn wir einen Führer stellen könnten, dem alle folgen würden, dann könnten wir dem Norden die Stirn bieten und, ohne zu kämpfen, gewinnen«, sagte einer der Bischöfe, »doch vorher gibt es keine Hoffnung.«

Als ich mich aus ihrem Kreis verabschiedete und in die runde Strohhütte geführt wurde, wo ich schlafen sollte, ließ Thomas zwei Bierdosen in meine Plastiktüte gleiten und flüsterte, ich solle die Bischöfe nichts merken lassen, da sie sehr presbyterianische Ansichten übers Trinken hätten. Bevor ich mich aufs raschelnde Stroh fallen ließ, hatte ich noch das Privileg, das VIP von Elias auszuprobieren. Es war mit Abstand das raffinierteste und geräumigste Häuschen, das ich in diesen Breiten je angetroffen habe.

Auf der hellroten Straße fuhr es sich am folgenden Tag viel besser auf meinen eigenen zwei Rädern. Das Fahrrad – nun nicht länger das Agala, da wir beide die arabischen Lande hinter uns gelassen hatten – schien sich endlich in seinem Element zu fühlen. Mit gleichmäßiger Sicherheit griffen die Reifen auf Dreck und Gestein und schwangen sich trotz der Ladung leicht über den wellenförmigen Pfad. Ich spürte förmlich, wie ein neues Land sich öffnete, um mich aufzunehmen: eine Welt aus dichter, glänzend grüner Vegetation, in welche hin und wieder Schächte geschnitten waren, die kurze Blicke auf halbversteckte, kleine Siedlungen freigaben und flüchtige Einblicke ins tägliche Leben ihrer Bewohner gewährten. Zu meiner Linken waren die hohen Hügelzüge, auf die ich zuhielt, schon näher gerückt und verhießen wohltuende Kühle. Überall waren Leute, die meisten arm und zerlumpt, doch wider alle Erwartungen des Brigadiers machte nicht einer auch nur den geringsten Versuch, mich auszurauben.

Auch Fahrräder gab es überall, alle in einem erbärmlichen, verlotterten Zustand. Viele hatten nur noch Rudimente von Bremsen und Pedalen, und bei einigen bestanden die Reifen bloß noch aus Gummifetzen, die mit Schnur um die Felgen gebunden waren. Die meisten wurden als Transportmittel verwendet, um Güter herumzukarren, darunter auch große Bündel Bauholz, Säcke mit Wurzelgemüse und riesige Bananenstauden.

Zum Gefühl der Freiheit, das ich hier so bewußt genoß, trug auch der Mangel an Motorfahrzeugen bei. Wenn aber doch eins mit kriegerischem Gedröhne aus dicken Wolken aufgewirbelten

Staubs auftauchte, so raste es heran, was der Motor noch hergab, und bockte und schwankte, wie von sämtlichen Furien gehetzt, über den gräßlichen Straßenbelag. Alle anderen Fahrräder flohen entsetzt links und rechts in die Büsche, nur ich wankte nicht vor der blindwütigen Raserei der Fahrer. Oft setzte ich mich hartnäkkig der Gefahr aus, doch es fällt nun einmal schwer, lebenslange Gewohnheiten abzulegen. Trotz allem erreichte ich Jei ohne ernstliche Zwischenfälle. Dort lieferte ich mich einmal mehr den Bürokraten aus, die meine Papiere wie gehabt ausführlichst begutachteten. Die arg strapazierten Fetzen billigen Papiers zeigten bereits Auflösungserscheinungen, denn auf den achtzig Kilometern zwischen Lanye und Jei waren sie an mehreren Militärposten inspiziert worden.

Das Gelände der Episcopal Church Aid, wo Gordon Falconer mir sein Tukl angeboten hatte, lag am anderen Ende der Stadt. Auf der Durchfahrt erhielt ich einen flüchtigen Eindruck von breiten, aufgerissenen Straßen, häßlichen Backsteingebäuden und zwei sehr großen Kirchen. Wie in Juba gab es auch hier eine Unmenge verlassener ausländischer Hilfsorganisationszentren, darunter jenes von ODA, wo eine Kollektion dringend benötigter Straßenbaumaschinen unbewegt und gelb hinter einem Maschendrahtzaun aufgereiht ruhte. Die Bevölkerung schien sich zu gleichen Teilen aus Katholiken und Protestanten zusammenzusetzen, und die Schulkinder, die mit glänzenden Gesichtern die Straßen füllten, waren entweder in Grün oder in Blau gekleidet, damit man sah, welche Seite für ihre Erziehung aufkam. Die Schuluniformen zeigten alle Abstufungen von Auflösung, doch die Kinder sahen meist wohlgenährt aus und zählten zweifellos zu den Privilegierteren – der Sudan rühmt sich zwar seiner obligatorischen Schulpflicht, doch die Wirklichkeit sieht anders aus. Als ich anhielt, weil ein Junge mit einem Stein einen leichten Treffer an meiner Schulter verzeichnet hatte, hielten auch einige Kinder vom rivalisierenden Lager an, und ein hochmütig blickender Junge in einem eleganten Blazer meinte selbstgefällig: »Die sind nicht nett. Die kommen von der protestantischen Schule. Wir würden einer Dame so etwas nie antun, wir wissen, das ist unhöflich.« Da mir der Stein nicht besonders weh getan hatte, mußte ich über dieses kleine Juwel einer Rede laut auflachen, was, wie ich fürchte, das Kind etwas durcheinanderbrachte.

Gordons Tukl war ein sehr hübsches, großes Eingeborenenrundhaus mit Strohdach, drei Zimmern und einer Miniaturversion seiner selbst auf der Rückseite, wo man sich in einer Blechschüssel mit Wasser waschen konnte, das eimerweise hergetragen wurde. Sein einziger Nachteil war, daß die mit Sonnenenergie erzeugte Elektrizität nicht funktionierte und früh in der Nacht die Kakerlaken Einzug hielten und die Küche mit einer solchen Zielstrebigkeit eroberten, daß ich sie ihnen eingeschüchtert und kampflos überließ. Es waren riesige, glänzende Biester, die sich in Angriffsstellung aufbäumten, wenn der schwache Lichtstrahl der Sturmlampe auf sie fiel, und mit der Geschwindigkeit von Rennpferden herumflitzen. Sie lauerten unter und hinter allem und jedem, selbst in der Toilette, die in einem weiteren Miniatur-Tukl lag und gewiß kein VIP war. Als ich den runden Holzdeckel hob, der die Grube bedeckte, krochen sogar noch größere, glänzend braune Kakerlaken hervor, schritten zum Angriff und wedelten ihre Fühler in wilder Wut durch die Luft, was mich veranlaßte, den Deckel gleich wieder hinunterzuknallen, wobei die wenigen adeligen Exemplare, die an seiner Unterseite Stellung bezogen hatten, flachgedrückt wurden. Die restlichen huschten nach diesem Überraschungsangriff zurück in ihre Unterwelt, und ich stieß ihnen die Leichen mit dem Fuß nach und hoffte, sie würden zuerst ihre toten Kumpane vertilgen, bevor sie einen neuen Ausfall wagten.

Da mich also nicht sehr viel dort hielt, nahm ich das Angebot von James Lo, dem jungen sudanesischen Projektleiter, einen Abstecher zum Uno-Club zu machen, bereitwillig an. Dort gab es Strom und herrlich kaltes Bier und einen kühlen Garten dazu. Sogleich gesellte sich eine Gruppe einheimischer Männer zu uns, die alle in der Entwicklungshilfe arbeiteten oder bei Organisationen angestellt gewesen waren, die aufgegeben hatten. Hier im Süden gibt es sonst fast kein Betätigungsfeld für talentierte, gebildete Sudanesen, und natürlich bot einer der seltenen Besucher aus dem Westen eine willkommene Gelegenheit, eine Gardinenpredigt zu halten, weil Großbritannien heimtückischerweise die ODA zurückgepfiffen hatte. »Wir wissen jetzt, wer unsere Freunde sind und wer nicht, und wir können euch ganz leicht ersetzen«, meinte jemand in aggressivem Ton. Ich versuchte klarzustellen, daß ich nicht für die tatsächlichen oder eingebildeten Missetaten meines Landes verantwortlich war, und bat darum, mir zu erklären, wo sie der Schuh drückte, denn ich wußte wenig von der komplizierten Lage hier.

Was herauskam, war ein ganzer Katalog von Beschwerden. Sie alle, mein Gastgeber inbegriffen, waren zutiefst verbittert und fühlten sich verraten und im Stich gelassen. Unter der britischen Verwaltung hätten sie lernen müssen, ein anderes Wertsystem zu akzeptieren, und es auch bereitwillig angenommen, doch mit der Unabhängigkeit im Jahre 1952 und unter der wachsenden Vorherrschaft des arabischen Nordens seien sie in eine hoffnungslose Situation zurückgeworfen worden. Sie waren überzeugt, daß die Überfälle der SPLA für Großbritannien nur ein willkommener Vorwand gewesen seien, sich vor seinen Verpflichtungen zur Hilfeleistung zu drücken. »Sie können doch selbst sehen, daß hier keine Gefahr besteht. Der Westen hat die erstbeste Gelegenheit ergriffen, seine Hilfe einzustellen.«

Der Zorn dieser politisch bewußten Männer knisterte wie Wetterleuchten durch die Tropennacht, und ihr aufgestauter Groll und ihre Erbitterung waren fast körperlich greifbar. Themen, denen ich bislang nur in abgeschwächtester Form, als Anspielungen und Gerüchte, begegnet war – die Verschuldung bei der Weltbank, der Einsatz internationaler Entwicklungshilfe, um für die Spenderländer noch mehr Geld herauszuholen, die zynische Ausbeutung von Mineralien und anderen Bodenschätzen unter dem Deckmantel der Hilfe –, hier brannten sie auf der Zunge, nahmen konkrete Gestalt an und beschämten mich. Ich war so naiv und unwissend gewesen. »Wir sind noch genauso Sklaven wie damals, als uns die Araber in Ketten verkauften«, meinte einer. »Unser jetziger Herr heißt Mr. Weltbank – er besitzt uns alle. Wissen Sie, wie die über uns reden? Wir ›verdienen unsere

Kredite ab‹! Mit allem, was wir produzieren und besitzen, vermögen wir diese Schuld gerade noch ›abzuverdienen‹, das heißt, wir bezahlen nur die Zinsen, und unsere Kinder und Kindeskinder werden noch in hundert Jahren diese Schuld bei Mr. Weltbank ›abverdienen‹. Wir werden nie frei sein, solange wir den Westen zum Freund haben.«

Am folgenden Tag wurde ich in ein kleines Dorf mitgenommen, wo der Kampf ums nackte Überleben praktisch sämtliche verfügbaren Kräfte absorbierte. Die Bewohner hatten vor zwei Jahren mit einem kleinen Darlehen von ECA eine Kooperative gegründet. In Ostäquatoria ist Landwirtschaft noch relativ neu. Bis vor kurzem waren die Einwohner meist Viehhirten wie die Mundari gewesen; Felder zu bebauen war nur eine Zusatzbeschäftigung, die von den Frauen ausgeführt wurde, in der Jahreszeit kurz nach den Regenfällen, in der man seßhaft war, und man pflanzte nur gerade genug an, um den unmittelbaren Eigenbedarf zu decken. Jetzt, wo das Vieh verschwunden ist, sind Hirse und Durra die Haupterzeugnisse, doch den Übergang zu effizienten Anbaumethoden haben sie noch nicht geschafft. Der Kredit von ECA hatte es dem Dorf ermöglicht, Lagerschuppen für die Ernte zu bauen und alle Überschüsse aus den umliegenden Dörfern aufzukaufen, statt daß sie den arabischen Händlern angeboten werden mußten. Jedermann konnte einen Korb Körner herbringen und wurde auf der Stelle bezahlt oder konnte, wenn er dies vorzog, Mitglied der Kooperative werden und warten, bis die Ernte gesamthaft verkauft wurde, was ihm wahrscheinlich mehr Geld für seine Produkte einbringen würde.

Mit Ausnahme des neuen, rechteckigen Lagerhauses, das einen Zementboden hatte, bestand das Dorf aus einer Ansammlung kleiner, runder Hütten mit tief überhängenden Strohdächern und vielen kleinen, strohbedeckten Vorratshäuschen auf Stelzen, an denen Elias wohl kaum Freude gehabt hätte, da sie nicht rattensicher waren. Die verputzten Lehmwände der Häuser waren mit einfachen Umrissen von Blumen und Mustern dekoriert, was sehr hübsch aussah und mich ein wenig an Dörfer in hochgelegenen Schweizer Alpentälern erinnerte, als dort alles noch viel primitiver war als heute. Die meisten Erwachsenen arbeiteten draußen auf den Feldern, doch es gab ein, zwei Frauen, die Säuglinge mit Kulleraugen in einer losen Tuchschlinge auf dem Rücken trugen, und ein paar junge Buben saßen unter den Vordächern der Hütten und flochten aus den frischgeernteten Hirsestengeln Modelllastwagen. Wie die Blechfahrzeuge der Schilluk-Kinder waren auch diese Lastwagen sehr schön und bis ins Detail gearbeitet und bewiesen ein hohes Maß an Geschick und Beobachtungsgabe. Es gibt in diesem Teil der Welt gewiß keinen Mangel an Talent, bloß fehlt die Gelegenheit, es zu entwickeln.

Ich hätte gern erfahren, was für wirtschaftliche Veränderungen die Kooperative dem Dorf gebracht hat, doch war es dafür wohl noch etwas zu früh. Sie muß gegen beträchtliche Schwierigkeiten ankämpfen, weil sie sich den etablierten Interessen der Araber in den Weg stellt. Besonders grotesk ist die beschränkte Bewegungsfreiheit: Von halb sechs Uhr abends bis acht Uhr morgens herrscht Ausgehverbot, aber je nach Lust und Laune stoppen Soldaten an den Straßensperren ein Fahrzeug schon gegen vier Uhr nachmittags und halten es die ganze Nacht über fest, wo es gerade steht. Selbst wer nur zwei Meilen weit reisen will, braucht eine Genehmigung, und alles scheint darauf angelegt, sämtlichen Verkehr zu unterbinden. Ein Fahrer muß sich oft bei einem Posten melden, der kilometerweit von seinem Ziel liegt, dort seinen Paß deponieren und nach Beendigung seines Geschäfts versuchen, ihn wieder zu erhalten, bevor er nach Jei zurückkehren kann, was die Fahrstrecke leicht einmal mehr als verdoppelt. Unter diesem System etwas zum Markt bringen zu wollen schlägt schwer ins Geld, besonders weil das Benzin den ganzen Weg von Kenia hergeführt werden muß. Immer und immer wieder mußte ich hören: »Die Briten haben damit angefangen. Sie haben uns isoliert. Sie sind es, die die Reisegenehmigungen eingeführt haben, die Araber haben das System bloß übernommen.« Ich fürchte, dies entspricht leider der Wahrheit, selbst wenn man damit den Süden vor der Ausbeutung durch die Araber schützen wollte.

Zu Mittag aß ich mit einem jungen Mann, welcher mit uns hierhergefahren war, um der Kooperative einfache Buchführung beizubringen. Er entdeckte ein paar Freunde, die im Schatten eines

Lastwagens saßen und in einem Spülbecken aus Plastik mit Tomaten, Gurken und Öl einen großen Salat zubereiteten. Ich wurde eingeladen, und nachdem wir einander Wasser aus einer Flasche über die Hände gegossen hatten, ließen wir uns zusammen den Salat schmecken und tunkten Brotbissen in die Schüssel. Wie oft schon hatte ich in Afrika solche Mahlzeiten geteilt! Sie waren jedesmal etwas ganz Außerordentliches, manchmal fast ein wenig Heiliges, wie bei einer Kommunion – »Viele sind wir und doch eines Fleisches, denn wir alle teilen gemeinsam das Brot«. Diese Mahlzeit hier im Staub neben einem Lastwagen mit drei unbeschwerten jungen Männern teilen zu dürfen war besonders segensreich. Für mich ging es um mehr als um ihre offenherzige Freigebigkeit und hatte wohl viel mit den Schuldgefühlen zu tun, welche das Reisen in diesem Teil der Erde mit sich bringt. Im Licht solcher Armut konnte ich mich unmöglich eines Schamgefühls erwehren, aus einem materiell so unbeschreiblich viel privilegierteren Leben zu kommen, einem Leben überdies, in das ich zurückkehren konnte, wann immer ich die Wahl traf, während diese Menschen in einem ewigen Kampf um die nackte Existenz steckten. Unter diesen Umständen erschien ihre Großzügigkeit mir gegenüber wie ein Akt purer Barmherzigkeit – doch ohne solche Begegnungen, bei denen ich für eine Weile spürte, daß ich von gleich zu gleich in ihrer Welt akzeptiert wurde, wäre meine Reise eine traurige Angelegenheit gewesen.

19. KAPITEL

Nach Uganda

Ich näherte mich der Grenze zu Uganda mit einer Beklommenheit, wie ich sie nie zuvor verspürt hatte. Selbst »freundliche« Grenzen bewirken eine gewisse Anspannung: Sie führen den Reisenden aus einem Land, das ihm vertraut geworden ist, in eine fremde Umgebung, wo das Geld, die Sprache und die Gebräuche ganz anders sind, was unweigerlich eine Periode der Orientierungslosigkeit mit sich bringt. Im Fall von Uganda waren solche gewöhnlichen trivialen Ängste jedoch von Befürchtungen viel dunklerer Natur überschattet, und zwar so sehr, daß ich eine gewisse Erleichterung empfunden und meine Enttäuschung sich in Grenzen gehalten hätte, wenn die Straße plötzlich gesperrt gewesen wäre. Ich war daran, ein Land zu betreten, welches die letzten fünfundzwanzig Jahre einem größenwahnsinnigen Herrscher nach dem andern als Tummelplatz gedient hatte, wo Folter, wahlloses Morden und Massaker im großen Stil alltäglich geworden waren und wo eine raubgierige Armee in aller Öffentlichkeit die Zivilbevölkerung ausgeplündert und Menschen mit einer Beiläufigkeit eliminiert hatte, als wären sie nicht mehr wert als Fliegen.

Jetzt gab es einen neuen Präsidenten, der seit weniger als einem Jahr an der Macht war und den das Außenministerium in London einen »guten Kerl« genannt hatte: Yoweri Museveni. Er hatte mehrere Jahre im Busch gekämpft, um Milton Obote die Macht zu entreißen, bis die schauerlichen Auswüchse, die bei Musevenis Machtübernahme ans Licht kamen, einer entsetzten Welt enthüllten, daß Obotes zweite Amtsperiode in noch mehr Mord und Folter ausgeartet war als vorher Idi Amins blutige Schreckensherrschaft. Konnte sich nach einer solchen Barbarei, die erst so

kurz zurücklag, auch nur annähernd so etwas wie ein normales, zivilisiertes Leben entwickelt haben? Diese Frage nagte ständig in mir, viel stärker noch als die Warnung der Botschaft vor erneut aufflammenden Kämpfen. Solche Kampfhandlungen sind im allgemeinen eine begrenzte Angelegenheit, etwas Lokales, um das man einen Bogen machen kann; etwas anderes ist es, wenn eine brutalisierte, verkommene Soldateska die berüchtigten Straßensperren bemannt – davor hatte ich unleugbar Angst.
Nicht zuletzt wegen dieser Angst genoß ich meine letzte Tagesreise durchs Hochland von Ostäquatoria wie eine Henkersmahlzeit. Vom Gedanken an die Gefahr waren meine Sinne geschärft, und ich freute mich über jede Kleinigkeit. Die Straße wand sich zum Plateau hoch. Sie befand sich in keinem guten Zustand und wurde immer rauher, doch war sie von seltsamen, sinnträchtigen Düften überlagert, die sich mit dem überall vorherrschenden Geruch des in der Sonne gebackenen Staubs vermischten. Ein paar zerlumpte, stille Gestalten stapften auf ihr dahin, einige schoben traurige, heruntergekommene, überladene Fahrräder, was zum mindesten meine letzten Befürchtungen über vereinzelte Minen zerstreute. Ich verlangte nichts mehr vom Leben, nur daß die Straße sich für immer und ewig vor mir hinziehen möge. Alles von Menschenhand Geschaffene – die winzigen Felder, die runden, zerbrechlichen Spielzeughäuschen in den rauhen, geheimen Lichtungen – erschien mir vergänglich und nichtig, kleine Kratzer nur auf der riesigen Oberfläche Afrikas. Es gab nichts, was die Natur überragt hätte. Bäume türmten sich in die Höhe, ihre vielen Äste mit dichtem Laub bedeckt, doch sogar sie wirkten klein in der Weite, die sich vor meinen Augen auftat – eine hügelige, rote Landschaft mit einer spärlichen dunkelgrünen Decke, welche gegen den Horizont hin dichter wuchs.

Gegen Mittag tauchte irgendwo ein Dorf auf. Nachdem ich beim Polizeiposten vorgesprochen hatte, fand ich ein Café, wo ich auf einem durch Grasmatten vor der Sonne geschützten Brettertisch ein Mittagessen aus Leber und Tomaten zu mir nahm, bevor ich mich ans letzte Stück vor der Grenze machte. Ich fuhr jetzt genau nach Süden, parallel zur Grenze mit Zaire, die zu meiner

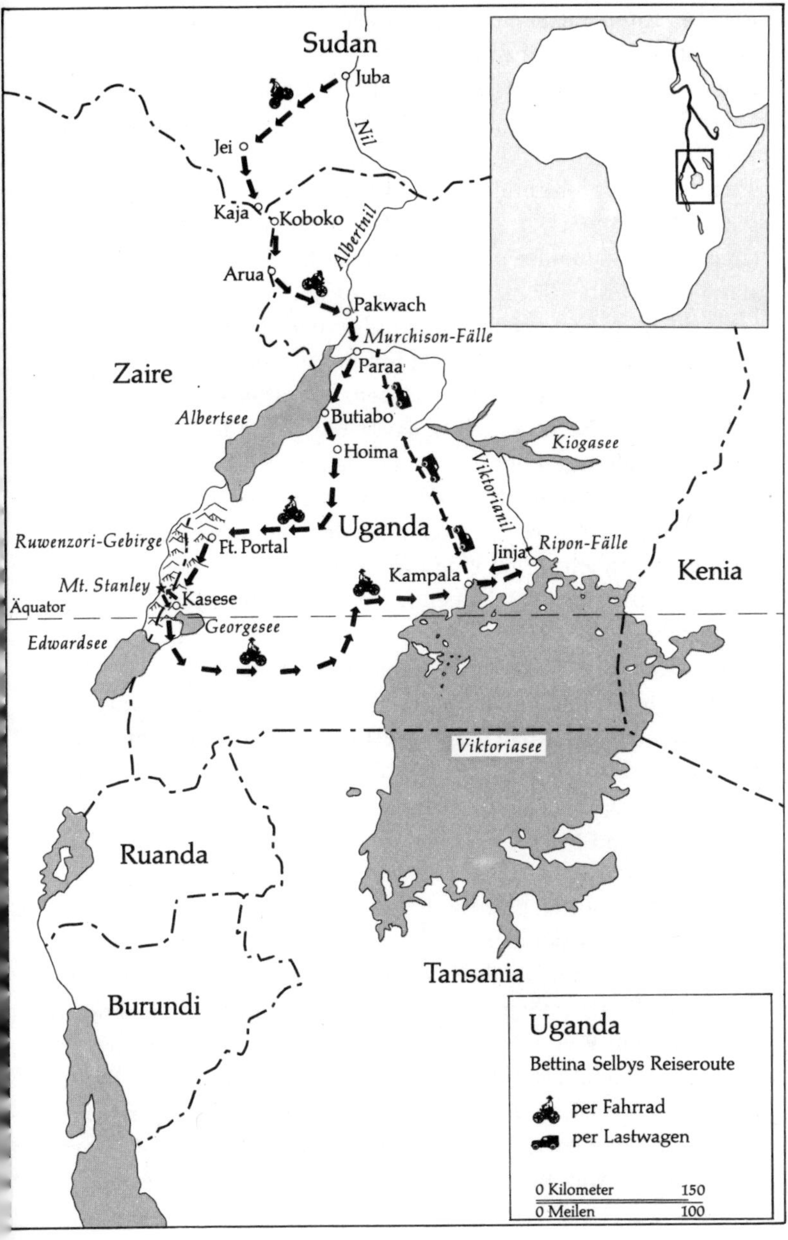
Sudan
Juba
Nil
Jei
Kaja
Koboko
Albertnil
Arua
Pakwach
Murchison-Fälle
Zaire
Paraa
Albertsee
Butiabo
Hoima
Kiogasee
Viktorianil
Uganda
Ruwenzori-Gebirge
Ft. Portal
Ripon-Fälle
Jinja
Kenia
Kampala
Mt. Stanley
Kasese
Äquator
Georgesee
Edwardsee
Viktoriasee
Ruanda
Burundi
Tansania
Uganda
Bettina Selbys Reiseroute
per Fahrrad
per Lastwagen
0 Kilometer 150
0 Meilen 100

Rechten immer näher rückte, bis ich an eine Stelle kam, wo die eine Straßenseite in Zaire lag und die andere noch immer im Sudan und wo alle Holzschuppen zur Rechten auf französisch angeschrieben waren, die zur Linken jedoch auf englisch oder arabisch.

Ich hatte die fünfundsiebzig Kilometer von Jei bis hierher für meinen Geschmack viel zu schnell bewältigt und war nun in Kaja, einem unbedeutenden Dorf, ans Ende des Sudans gelangt. Hier stand die Hintertür nach Uganda offen, hier war der einzige Grenzübergang aus dem Norden, der nicht gesperrt war. Er bestand aus nichts als einer langen Straße, an welcher sich baufällige Gebäude aufreihten und wo beidseits ein offener Abzugsgraben hinunter zum Bach lief. Kurz davor ragte eine Metallstange mit einem Schloß quer über die Straße, dahinter führte der Weg, der unterdessen immer schlechter geworden war, in einer steilen Kurve aufwärts. In der tiefstehenden Spätnachmittagssonne glühte er dunkelrot wie eine offene Wunde, die man ins unbewohnte Buschwerk geschlagen hatte. Ein junger Mann, der mich so dastehen sah, drehte seinen Kopf in Richtung Barriere und Holzbrücke, sagte »Uganda« und spuckte in den Staub.

Der Polizist, der die langwierige Prozedur auf sich nahm, meinen Ausreisepaß abzustempeln, verriet mir, er heiße Stabsfeldwebel Francis Gordon und sei mein Freund und heute nacht müsse ich an einem Ort schlafen, wo er für meine Sicherheit garantieren könne. »Falls es Schwierigkeiten gibt. Natürlich gibt es hier keine, denn hier sind wir im Sudan.« Ich mußte warten, bis er sich in seine Zivilklamotten gestürzt hatte, um, wie er andeutete, jemanden zu verhaften, der nicht wissen sollte, daß er im Anmarsch war. »Um so schlimmer für ihn«, sagte er dunkel und tippte sich mit dem Zeigefinger geheimnisvoll seitlich an den Kopf. Er brachte mich auf dem Weg zu meinem »sicheren Ort«, einem schrecklichen Dreckloch. Das »Hotel« bestand aus einer Reihe kleiner Buden mit winzigen Fenstern hoch oben in einer lehmverputzten Mauer, die wie heruntergekommene Gefängniszellen aussahen. Meine war etwas Besonderes: Sie hatte eine Tür, auf der sich immer noch das Wort »Toalet« entziffern ließ. Ich zauderte bei diesem Anblick, wurde jedoch beschwichtigt, daß die »Toalet« verlegt worden war und dies sowieso nur die Tür davon sei, ich brauche mir also keine Sorgen zu machen. Drinnen war gerade Platz genug, um das Fahrrad zwischen die durchhängenden Überreste eines alten Eisenbettes und einen Holzstuhl ohne Rückenlehne zu quetschen, auf welchem ein Kerzenstummel ruhte. Unter dem Bett lag eine reichhaltige Sammlung von Zigarettenstummeln, Plastikstücken und Insektenleichen.

Später, als ich mit einigen arabischen Händlern, die kühl und elegant in ihren langen, weißen Roben vor ihrem Laden saßen und mir zugerufen hatten, ihnen Gesellschaft zu leisten, ein Glas Tee trank, erfuhr ich, daß mein »Hotel« dem Polizeichef gehörte, der sich stets vergewisserte, daß seine Untergebenen Reisende dort und nicht etwa im besseren Etablissement oben an der Straße unterbrachten. Der Ort schien von Gerüchten nur so zu wimmeln, und ich merkte, daß sie nicht abgeneigt waren, mir mehr über das hiesige Treiben zu erzählen. Sie wurden jedoch abgehalten, weil sich ein fetter, völlig unbekleideter Mann nahe hinter mich setzte – Moslems sind ja immer so empört über Nacktheit.

Den Polizeichef und Eigentümer meiner jämmerlichen Unterkunft bekam ich nicht zu Gesicht, wohl aber seinen zweiten Sohn, einen jungen Mann namens Cosmos, der sich gerne gewandt und weltmännisch gegeben hätte und mich einlud, mit ihm ein Bier zu trinken. Cosmos war Moslem wie sein Vater, welcher das Kunststück fertigbrachte, Allahs Alkoholbann mit dem Besitz der einzigen Bar in Kaja unter einen Hut zu bringen. Als ich vor einem Liter angenehm kühlem, recht wohlschmeckendem Lager saß, der mir mit sinnlichem Zeremoniell von einer exquisit gekleideten jungen Dame eingeschenkt wurde, dämmerte mir, daß diese Bar wenn auch nicht das städtische Bordell, so doch mindestens ein »Maison de Rendez-Vous« sein mußte. Sie war jedoch sehr viel attraktiver als mein »Hotel«, und bei näherem Zusehen entpuppte sich Cosmos als ein anziehender, unbefangener junger Mann, der eifrig über alles und jedes diskutieren wollte, was mit dem Westen zu tun hatte, und brennend gern nach England oder noch besser nach Amerika gekommen wäre. Er wiegte unaufhörlich seine

Schultern in Harmonie mit der schmalzigen Popmusik, welche eine andere exquisite junge Dame ins Tonbandgerät einlegte.

Mein Bier stieg mir gleich in den Kopf, weil ich noch nichts im Magen hatte. Als es ausgetrunken war, schob Cosmos seine unberührte Flasche zu mir herüber und sagte: »Ich bin Moslem, ich trinke nicht. Ich leiste Ihnen bloß Gesellschaft.« In diesem Augenblick kam eine der jungen Frauen und flüsterte ihm etwas ins Ohr, worauf er sichtbar erbleichte. »Mein Vater kommt. Wenn er mich hier findet, wird er sehr böse«, sagte er in panischem Tonfall und stürzte davon. Außer mir war nur noch ein einziger Gast in der kleinen Bar, und während eins der Mädchen um ihn herumschwebte, kam die andere und schenkte Cosmos' Bier in mein Glas. Dabei saß sie mir praktisch auf dem Schoß, legte ihren Arm auf die Lehne meines Stuhls und streichelte mir langsam den Nacken. Ich begann mich zu fragen, wo ich hier eigentlich gelandet war. Verwirrt und mit dem Wunsch, bloß wegzukommen, stürzte ich das zweite Bier in Windeseile herunter. Ich fühlte mich recht beduselt, als ich mich davonmachte und auf die pechschwarze Straße trat. Krampfhaft versuchte ich mich an den Rückweg zu meiner widerlichen kleinen Zelle zu erinnern. Ich hatte kaum ein paar zögernde Schritte gemacht, als ich jemand flüstern hörte. Es war Cosmos mit einer abgeschirmten Taschenlampe, etwas zusammengestaucht, aber fest entschlossen, seine Pflicht zu tun und mich sicher nach Hause zu bringen. »Mein Vater weiß, daß ich in der Bar war«, berichtete er traurig. »Er will mich zurück in unser Dorf schicken.« Ich versuchte, Mitgefühl für ihn zu empfinden, da er dies anscheinend als harte Strafe empfand, doch der Gedanke an eine Verbannung aus einem Provinznest wie Kaja wollte einfach keinen Sinn ergeben.

Kaja liegt schon ziemlich hoch, und um sechs Uhr früh ist es sehr kalt. Zu diesem Zeitpunkt wollte ich nach Uganda hinüber. All mein Papierkram war letzte Nacht erledigt worden, und mein »Freund«, der Stabsfeldwebel Francis Gordon, hatte mir versichert, er werde dort sein, um die Barriere aufzuschließen und mich zu verabschieden. Er war es aber nicht, und auch um halb sieben war er noch nicht erschienen. Beim Polizeiposten lungerte wie üblich eine stattliche Schar arbeitsloser sudanesischer Männer herum, die ihre Nase in alles steckten, was eine willkommene Abwechslung versprach. Sie waren alle überzeugt, daß ich nichts in Uganda verloren hatte, und taten ihr Bestes, um mich von der Weiterreise abzuhalten. Es war schon fast sieben Uhr, als ich mich endlich um die Metallstange herumquetschen konnte (der Schlüssel war verlorengegangen) und loslegte, über die Brücke und auf der anderen Seite den steilen, erdigen Abhang hoch.

Die Angst hatte die ganze Nacht in mir rumort und versucht, an die Oberfläche zu steigen, jetzt saß sie wie ein enger Knoten in meiner Brust und erschwerte mir den Anstieg. Immer wieder packten mich scharfe, panikartige Anfälle. Der einzige Weg, sie in Schach zu halten, bestand darin, mich auf etwas anderes zu konzentrieren. Ich versuchte mir vorzustellen, wie wohl die riesigen Lastwagen, die ich tags zuvor gesehen hatte, es fertiggebracht hatten, dieses entsetzliche, in tiefe Furchen und Krater zerpflügte Straßenstück zu bewältigen, das einzig für Panzer oder Mehrzweckfahrräder passierbar schien. Vor mir in der Ferne konnte ich auch schon eine lange, stillstehende Lastwagenkolonne sehen, und als ich näher kam, unterschied ich Gestalten mit deutlich sichtbaren Gewehren, die energisch um die Fahrzeuge herumliefen. Die Konfrontation, die ich so gefürchtet hatte, war also unvermeidlich. Der Klumpen in meiner Brust bewegte sich nach oben, und dabei spürte ich plötzlich die kühlen Jett-Amulette, die ich an den Riemen meines Beutels unter dem Hemd angebunden hatte. Ich hatte den drei kleinen Talismanen – ein Kreuz, ein Anker und ein Herz, die Glaube, Hoffnung und Liebe symbolisierten – nie magische Eigenschaften zugeschrieben, doch in diesem Augenblick erinnerten sie mich an alle meine Freunde zu Hause und an ihre Gebete für meine Sicherheit, und mit diesem Gedanken legte sich meine Panik ein wenig. Ich hatte noch immer Angst, fühlte mich jedoch nicht mehr so allein.

Die Soldaten standen mit weit aufgerissenen Augen, in denen sich ein Gemisch von Erstaunen und Entzücken spiegelte, um mich herum. Sie steckten in einer buntscheckigen Aufmachung von Militärkleidern und waren aufgeputzt mit einem komischen

Schuß Zivil – ein Paar hellgrüne Shorts unter einem langen, schweren Militärmantel oder ein zerbeulter, weicher Filzhut über einem Kampfanzug. Sie waren alle sehr jung, einige nicht älter als zwölf, sogar ein paar höchstens Siebenjährige waren darunter. Alle hatten Eier- und Stielhandgranaten in ihren Gürteln stecken und hielten schwere automatische Gewehre in den Händen. Sie schauten mich an, als sei ich ein unverhofftes, willkommenes Geschenkpaket, nur wüßten sie noch nicht genau, wo anfangen mit dem Auspacken. Mit ihren Gewehrläufen stocherten sie an meinen verschiedenen Satteltaschen herum, trillerten »Aufmachen! Aufmachen!« und schienen ihre Ungeduld kaum zügeln zu können. Ich hatte mir nicht im voraus zurechtgelegt, was ich sagen oder tun wollte, wenn ich an meine erste Straßensperre kam, doch mir schien, in meinen Taschen seien viel zu viele Dinge, nach denen es diese zerlumpten jungen Soldaten gelüsten könnte. Wenn sie einmal angefangen hatten, darin herumzuwühlen, konnte niemand voraussagen, wie das enden würde. Statt also die komplizierten Schnallen zu lösen, fischte ich meinen Beutel heraus, übergab dem ältesten von ihnen meinen Paß und sagte mit fester Stimme: »Ich bin eine VIP und habe einen wichtigen Brief von Ihrer Regierung, in welchem steht, daß ich in Ihrem Land sehr willkommen bin!« Dies führte zunächst einmal zu einer Ruhepause, und als das Dokument, welches mir die Botschaft von Uganda in Khartum ausgestellt hatte, laut vorgelesen wurde, sah ich überall Lächeln und hörte Willkommensgemurmel. Einer oder zwei der Buben waren enttäuscht, daß ihnen die Möglichkeit verwehrt war, den Inhalt meiner Taschen zu inspizieren, doch ich konnte sie trotz ihrer Waffen nicht ernst nehmen und scheuchte sie wie irgendwelche anderen zwölfjährigen Störenfriede.

Nach diesem ersten Zusammenprall mit Ugandas Soldaten hatte sich meine Angst größtenteils gelegt, obwohl ich noch immer nervös war – Kinder mit Handgranaten sind meiner Seelenruhe nicht gerade förderlich. Die nächsten zehn Kilometer gab es starke Truppenmassierungen, und ich passierte mehrere Straßensperren, wo mich meine VIP-Masche und mein Brief jeweils sicher durchbrachten.

Nach einer Weile hörte ich auf, an verirrte Gewehrkugeln zu denken und meinen Kopf einzuziehen, und widmete mich mit aktiverem Interesse meiner Umgebung. Von diesem Land erzählt eine uralte Legende, hier liege das irdische Paradies, von welchem vier mächtige Ströme wegführten, die der ganzen Erde Fruchtbarkeit brachten. Mein Eintritt ins Paradies war jedoch recht ernüchternd, der Sündenfall mußte schon weit zurückliegen. Das Land sah zwar potentiell reich und fruchtbar aus, wie die Legende behauptete, doch es war wieder zu Buschland degeneriert, ausgebleicht und unbevölkert. Die Häuser, an denen ich vorbeifuhr, waren nur noch ausgeweidete Ruinen: Dach, Fenster und Türen, überhaupt alles, was nicht niet- und nagelfest war, war weg, nur Gerippe von Backsteinen oder Mauerwerk standen starr im grauen Licht. Auch zwei kleine Kirchen waren nur noch nackte, abgenagte, mit Unkraut überwachsene Skelette.

Meine Gedanken kreisten mehr und mehr ums Essen, denn ich hatte weder Abendessen noch Frühstück im Bauch und viel Energie verbrannt. Landeswährung hatte ich keine bei mir. Ich konnte mir auch nicht vorstellen, daß irgend jemand in diesem verheerten Land für Fremde etwas zu essen übrig hatte, selbst wenn ich je auf eine Siedlung stoßen sollte. So blieb mir nichts anderes übrig, als weiterzuradeln. Die nächsten fünfundzwanzig Kilometer schienen endlos lang, doch dann erreichte ich das kleine Städtchen Koboko, den ersten Ort, wo ich Häuser mit Dächern sah.

Ich hielt einen jungen Mann an und fragte ihn, wo man hier etwas zu essen kriegen könne. Sanft und höflich wies er mich eine Straßenbiegung hinunter zu »den Patres«. Er meinte damit eine riesige Missionsschule der Patres von Verona, eine der größten und renommiertesten in ganz Uganda. Auch hier war auf keinem der vielen Gebäude ein Dach übriggeblieben. Pater Dino päppelte mich mit Avocados, Käse, Ananas und herrlich erquickendem Kaffee auf und berichtete mir, wie dieser Ort seit 1979 dreimal geplündert und ausgeraubt worden war. Jedesmal waren die Patres nach Zaire geflohen und hatten bei ihrer Rückkehr alles verwüstet vorgefunden, worauf sie sich darangemacht hatten, das ganze Anwesen wieder aufzubauen.

»Wer klaut denn all diese Blechdächer?« fragte ich verblüfft.

»Ach, gewöhnliche Leute«, sagte Pater Dino. »Die Wirtschaft des Landes ist vollkommen ruiniert. Nichts wird mehr eingeführt, nichts wird produziert. Ein Stück Dachblech ist so viel wert, wie ein Mann in sechs Monaten verdient – vorausgesetzt, es gibt überhaupt so etwas wie einen Lohn! Mit dem, was ein Lehrer in einem Monat verdient, kann man nicht einmal ein Büschel Bananen kaufen. Die Leute hier überleben, so gut es eben geht. Läßt man einen Ort leerstehen, ist in ein, zwei Tagen nichts mehr da, die Versuchung ist zu groß. Manche Leute bleiben zurück und riskieren sogar Granaten und Kugeln, nur um den Besitz eines Nachbarn zu plündern.«

Ich setzte meinen Weg mit einem dicken Packen ugandischer Shilling fort, die mir Pater Dino gegen ein paar Dollar eingewechselt hatte. Es gab jetzt immer mehr Leute, und bald schwoll das Rinnsal zu einem Menschenstrom an, meist lebhafte, fröhliche Frauen, die ihre Waren – Bündel mit Blattgemüse und Körbe voller seltsamer, schwerer, stachliger Jacafrüchte, Ananas, Zitronen und Bananen – auf dem Kopf zum Markt trugen. Sie hatten lange, farbige Kleider an, viele mit Puffärmeln besetzt, volle Röcke und hoch über fülligen Busen zugeknöpfte Mieder, ein von den Missionaren um die Jahrhundertwende eingeführter Stil, der immer noch sehr in Mode war. Zuweilen riefen sie mir einen Gruß zu, doch meist brachen sie bei meinem Anblick in ein lautes Geschnatter aus, woraus ich schloß, daß Frauen auch in Uganda normalerweise nicht radfahren. Es machte mir nicht das geringste aus, eine komische Figur abzugeben, so wundervoll war es, wieder Lachen zu hören und Menschen zu sehen, die ihren gewohnten Geschäften nachgingen.

Pater Dino hatte mich auf eine weitere Mission der Patres von Verona hingewiesen, bequem in Reichweite fürs Mittagessen. Man hieß mich herzlich willkommen und fütterte mich mit köstlichen Spaghetti. Diese Mission war ein Krankenhaus, das einzige im Umkreis von vielen Meilen, und obwohl das letzte militärische Überfallkommando vor einem Jahr mutwillig den Operationssaal zertrümmert hatte, war es nicht derart radikal ausgeplündert worden wie Koboko und stand wieder in Betrieb. In dem wunderschönen Gelände lagen weitläufige, gepflegte Gärten, und ich war versucht, das freundliche Angebot der Patres anzunehmen und die Nacht dort zu verbringen, aber es zog mich weiter, und so pedalte ich durch die Nachmittagshitze nach Arua, wo ich eingeladen war, bei den Eltern von Mark und Tom Hooyer zu wohnen, den beiden jungen Amerikanern, mit welchen ich den schmutzigen Boden des Schuppens in Wadi Halfa geteilt hatte.

Die Zeit drängte allmählich, und so war es doppelt ärgerlich, daß ich ein paar Tage in der Regionalhauptstadt herumhängen und warten mußte, bis die Unabhängigkeitsfeiern zum ersten Jahrestag von Musevenis Regierung vorüber waren. Ich brauchte den obligatorischen Einreisestempel in meinem Paß, doch das zuständige Büro hatte erst nach Beendigung der Festivitäten wieder geöffnet. Nur noch wenige Wochen, und die Regenzeit stand vor der Tür, wo sich die Naturstraßen in Morast verwandelten und die Weiterreise praktisch verunmöglichten. Wenn ich die Mondberge erreichen wollte, mußte ich mich sputen. Ich wollte auch so rasch als möglich Verbindung mit der Heimat aufnehmen und meinen Mann wissen lassen, daß ich wohlauf war – seit meiner Abreise von Khartum war dies nicht mehr möglich gewesen, und er mußte wohl warten, bis ich die Hauptstadt Kampala erreichte.

Ich fand mich, so gut es eben ging, mit meiner Lage ab, schaute, daß ich genug Geld hatte, um mich durch Uganda zu schlagen, und pflegte mein staubverkrustetes Fahrrad. Ugandas Wirtschaft lag in Scherben. Geld wechselte man nicht auf der Bank, sondern auf der Straße, denn harte Währung war mehr als fünfzehnmal soviel wert wie der offizielle Wechselkurs, und alles wurde zu diesem »Straßenkurs« berechnet. Mein Wechsler, ein Mann namens Matthäus, trug zu seinem Namen auch ein teetellergroßes Abzeichen mit der Aufschrift »Der Herr ist mein Hirte« auf der Brust, so daß ich mich in guten Händen wußte. Für meine hundert Dollar erhielt ich genau eine Million Uganda-Shilling (in Kampala hätte ich noch die Hälfte mehr erhalten). Obwohl der Gedanke, Millionärin zu sein, einem ganz schön in den Kopf steigen kann, hatte ich etwelche Probleme, das dicke Banknotenbündel sicher zu verstauen. Matthäus ließ mich für seine Dienste zusätzlich bezahlen: Ich mußte mir die lange, lange Geschichte seiner »Bekehrung zum Pfad der Rechtschaffenheit« anhören, die eng mit leidenschaftlichster Bibelexegese verquickt war, so daß ich bald nicht mehr aus noch ein wußte und den Faden verlor.

Weitere glühende Predigten folgten am nächsten Morgen in der Kirche, als ich mit meinen Gastgebern einem sehr presbyterianischen Gottesdienst beiwohnte. Ein junger schwarzer Prediger hielt seine erste Predigt. Seinem Text hatte er die Geschichte von der Frau mit dem Ausfluß unterlegt, und er untermauerte dieses Thema mit Bibelstellen von vorne bis hinten. Wiederum fand ich es schwierig, seinem Gedankengang zu folgen, doch diesmal wegen des starken, durchdringenden Geruchs von eng zusammengepferchten Menschen, der die heiße, kleine Kirche unter dem Blechdach ausfüllte. Da es in der Stadt weder Wasser noch Strom gab und auch die meisten anderen öffentlichen Dienste nicht funktionierten, war der Gestank ungewaschener Leiber nicht weiter verwunderlich.

Um Arua führte ein fast kilometerlanges Straßenstück mit Belag – die reinste Selbstmordstrecke, wo jeder junge Mann, der irgendein Vehikel in die Hände kriegte, ausprobierte, wie schnell es fuhr, bevor es zusammenkrachte. Ich konnte von Glück reden, daß die meisten anderen Straßen im ganzen Land in einem derart ruinösen Zustand waren. John und Ihla Hooyer, meine Gastgeber, hatten hier erst kürzlich eine Tragödie erlebt. Vor zwei Jahren hatten sie ein junges Mädchen mit einem Säugling zu sich genommen. Sie hatten sie beide liebgewonnen und hielten den Jungen wie ihr eigenes Enkelkind. John nahm den Dreikäsehoch oft hinten auf seinem Fahrrad mit, und eines Tages war einer dieser selbstmörderischen Jugendlichen in sie hineingerast. Das Kind war auf der Stelle tot, John landete lebensgefährlich verletzt im Krankenhaus. Seit dem Unfall litt er an schrecklichen Kopfschmerzen, und kurz nachdem ich abgereist war, flog er nach Nairobi für ein Schädeltomogramm, das ein Blutgerinnsel in seinem Hirn nachwies. Zum Glück konnte es erfolgreich entfernt werden, doch dadurch wurde das Kind nicht wieder lebendig.

Die öffentlichen Unabhängigkeitsfeiern bestanden hauptsächlich aus zweistündigen Ansprachen des Distriktverwalters und anderer Würdenträger, alle in Militäruniform. Sie unterschieden sich wenig von der Predigt am Vortag, außer im Thema natürlich, und waren so unbeschreiblich langweilig, daß alle, die nicht auf dem Podium gefangen waren, bald auseinanderliefen, die Musikkapellen und Tänzer mit sich nahmen und angenehmeren Dingen nachgingen. Nach den vielen Männern zu schließen, welche den Gullys von Arua entlang torkelten, als ich am nächsten Morgen mit meinem frisch gestempelten Paß losfuhr, muß auf diesen privaten Festen ganz schön gebechert worden sein. Einer sang laut und melodisch »Gott schütze unsere holde Königin« – eine recht merkwürdige koloniale Gefühlsregung, wie mir schien.

Die nächsten Tage radelte ich stundenlang durch eine grüne, hügelige Landschaft und hatte Zeit, zum besänftigenden, hypnotischen Kreisen der Pedale über Uganda nachzusinnen. Meine Befürchtungen, ein gewalttätiges, barbarisches Volk vorzufinden, hatten sich rasch zerstreut, denn die Menschen erwiesen sich als äußerst freundlich. Und war es auch ein tragisches und zerstörtes Land, so traten seine bizarren Aspekte viel eher in Erscheinung als die Bedrohlichkeit dahinter, genau wie am verrückten Hof der Roten Königin von »Alice im Wunderland«. Es mangelte nicht an Charme und Humor, und bei soviel spürbarer Sanftheit ließ sich nur schwer begreifen, wie es zu den abscheulichen Greueltaten und Grausamkeiten hatte kommen können.

Die tödlichsten Gefahren, denen ich mich ausgesetzt sah, rührten von der Straße selbst her, wo sich allerlei Hindernisse abwechselten, von plötzlichen Flecken weichen Sandes bis zu verstreutem Kies, der trügerisch auf engen, schlüpfrigen, von der Sonne gebackenen Lehmfurchen lag. Ich war jetzt nur noch etwa dreihundert Kilometer vom Äquator entfernt. Das Wetter wurde immer heißer, Staub durchdrang alles. Zu essen gab es praktisch nichts; alles, was ich kaufen konnte, war ein Häufchen Limonen. Von Limonen konnte ich nicht gut leben, und so wurde ich immer schwächer, obwohl ich doch Millionärin war. Die meisten Menschen schienen vom Tauschhandel zu leben, da Geld nichts mehr zählte.

Es war jedoch weder der Straßenzustand noch der Hunger, die meiner Reise beinahe ein Ende gesetzt hätten, und ich bin heute noch überzeugt, daß nur ein Wunder ein unrühmliches Ende abwendete. Ich drückte bei einem steilen Anstieg kräftig auf die Pedale, als plötzlich jeder Widerstand aufhörte. Das Fahrrad kam zum Halten, die Pedale kreisten so frei vorwärts wie rückwärts. Was ich seit einiger Zeit befürchtet hatte, war eingetreten – der Freilauf war derart mit Staub verstopft, daß die Klauen aus den Rätschen gesprungen waren.

In Minutenschnelle waren mehrere besorgte Ugander von irgendwoher aufgetaucht, standen um mich herum und kamen nach eingehender Prüfung des Problems alle zum selben Schluß: Ohne den Spezialauszieher, den ich zu Hause gelassen hatte, war nichts zu machen. Es war höchst unwahrscheinlich, daß ich irgendwo ein derart hochspezialisiertes Werkzeug auftreiben konnte, vermutlich in ganz Afrika nicht. Und nun dieses Mißgeschick, bloß weil ich ein paar Gramm Gewicht sparen wollte! Ich schämte mich wegen meiner Kurzsichtigkeit, doch noch schlimmer war das Gefühl, mit einem Schlag meiner kostbaren Bewegungsfreiheit beraubt worden zu sein. Jetzt blieb mir nichts anderes übrig, als zu warten, bis ein Lastwagen mich und mein verstümmeltes Fahrrad auf die lange Reise nach Kampala mitnahm. Ich hätte mich auf den Boden setzen und losheulen können!

Ich kann mich nicht erinnern, um ein Wunder gebetet zu haben. Hätte ich es dennoch getan, wäre ich wohl selbst über meine Dreistigkeit erstaunt gewesen, lag doch der Fehler bei mir allein. Aber irgend etwas ließ mich nach einer Weile den Fuß aufs Pedal setzen, und zu meiner Freude fand ich, daß die Klauen wieder fest in die Rätschen griffen. Und nicht genug: Etwas später stieß ich unversehens auf eine kostbare Dose Schmiermittel mit Tiefenwirkung, mit welchem ich den gröbsten Sand und Staub herausspülen und das Problem beheben konnte. (Wie ich dies heute, fünf Monate später, niederschreibe, wird mir bewußt, daß ich den Freilauf noch immer nicht abgezogen habe, um dem Wunder auf die Spur zu kommen.)

Jede Nacht verbrachte ich, ähnlich wie die Reisenden im Mittelalter in Europa, als Gast irgendeiner religiösen Körperschaft. Wie sie hatte ich gar keine andere Wahl, denn es gab nichts anderes. Ich hätte es auch nicht missen wollen, denn jedem Aufenthalt kam eine besondere Bedeutung bei. Eine Nacht verbrachte ich in einer ehemaligen Leprakolonie, die jetzt als Krankenhaus diente, andere Nächte blieb ich bei ugandischen Nonnen aus verschiedenen Orden. Jedes Kloster wies mir den Weg zum nächsten. Sie waren alle sehr einfach und oft ziemlich arm, und mein Beitrag an die Essenskosten wurde ohne falsche Bescheidenheit gern angenommen.

Ein Ort namens Nebbi ist mir besonders im Gedächtnis haften geblieben, weil sich die Nonnen dort solche Mühe gaben, mich zu bewirten und willkommen fühlen zu lassen. Sie wischten und schmückten die häßliche kleine Betonzelle, wo sie mich unterbrachten, hingen Laken anstelle von Vorhängen ans Fenster, sie wuschen sogar meine verschwitzten, fleckigen Kleider und bügelten sie bei Mondlicht mit einem Holzkohlebügeleisen. Ohne sich zu erkundigen, welchem Bekenntnis ich angehörte (und ob überhaupt einem), zogen sie mich hinaus auf die Veranda, damit ich am abendlichen Rezitieren des Rosenkranzes teilnehme, und führten mich anschließend in die Kapelle, wo sie vier Ave Maria für meine sichere Ankunft und eine glückliche Weiterreise beteten. Wer weiß, vielleicht war es ihr Gebet, welches mich den bizarren und furchterweckenden Zwischenfall am nächsten Tag überleben ließ – an dem Ort, wo ich wieder auf den Weißen Nil traf.

20. KAPITEL

Gewehrkugeln im Paradies

Ich erreichte das Nilufer bei der baufälligen Brücke von Pakwach, wo der Strom in einem rechtwinkligen Bogen seinen nördlichen Lauf wiederaufnimmt, nachdem er sich kopfüber aus dem Viktoriasee auf seinen vierhundert Kilometer langen Weg durch tosende Wasserfälle und Stromschnellen gestürzt und sich schließlich mit den Wassern des Albertsees verbunden hat. Pakwach liegt nur wenige Meilen unter dem Albertsee. Die Feuchtigkeit, die unsichtbar von seiner riesigen Wasserfläche aufsteigt, hatte das Aussehen des Landes völlig verändert. Man konnte eigentlich gar nicht mehr von Land sprechen: Es war eine einzigartige Szenerie aus Luft und Wasser, von unbegrenztem Raum, von einem wundersamen Licht, auf dem ein Hauch urzeitlicher und ewiger Frische lag. Der Himmel, eine opalisierende Schale, warf einen rosaroten Schimmer ins glitzernde Blau der oberen Luftschichten, der sich auf der tanzenden, silbernen Oberfläche des jungen Flusses widerspiegelte. Weit weg im Westen, so zart gestrichelt, als gehörten sie demselben Element zu, waren die grauen Umrisse einer Bergkette sichtbar.

Ich hätte wohl noch lange an diesem Aussichtspunkt verweilt, wären da nicht die Soldaten gewesen, die in einer Reihe längs des verrotteten Plankenwerks der Brücke wachsam auf ihren Fersen kauerten. In ihren steifen, schweren Uniformen und mit den schwerfälligen Waffen, die sie im Staub schleifen ließen, erschienen sie mir an diesem urtümlichen, ätherischen Ort so fehl am Platz wie die Brücke selbst. Sie brauchten mich nicht extra daran zu erinnern, daß Leute, die auf Brücken stehenbleiben, höchst verdächtig sind. Als ich sie endlich überquert hatte und den flachen Abhang auf der anderen Seite hinunterrollte, waren meine Hemmungen verflogen. Ich konnte mich nicht sattsehen und fuhr unbekümmert an dem rostigen, umgekippten Schubkarren vorbei, der eine militärische Straßensperre darstellte, an welcher ich gefälligst anzuhalten hatte.

Die erste Andeutung, daß ich einen schrecklichen Fehler begangen hatte, war der furchtsame Ausdruck im Gesicht einer alten Frau, die mich mit flatternden Handbewegungen zurückscheuchte. Im selben Augenblick schwante mir, daß die Grunzer hinter mir, die immer höher und lauter geworden waren, etwas mit mir zu tun haben könnten. Als ich mich umdrehte, sah ich einen Soldaten auf mich zustürzen, das Gewehr auf meine Mitte gerichtet, den Finger zitternd am Abzug. Sein Gesicht war wutverzerrt. Seine Rufe hatten sich zu Schreien und wütendem Gekläff gesteigert, und ich merkte, daß er sich nur mit äußerster Mühe beherrschen konnte, nicht abzudrücken. Als ich sah, was ich getan hatte, eilte ich ihm entgegen. Und während ich noch versuchte, die Lage zu erfassen, blitzte der Gedanke auf, daß hier endlich die Kehrseite der Münze zum Vorschein kam, die Wurzel jener Angst, die ich gespürt hatte, als ich die Grenze überquerte. Es war meine erste Begegnung mit der fürchterlichen Gewalttätigkeit, die dieses Land zerstört hatte.

Ich glaube, ich spürte sogleich heraus, daß der Soldat auf kuriose Weise ebenso hilflos wie ich war und möglicherweise von seinem eigenen Zorn ebenso erschrocken. Er wußte, er durfte mich nicht erschießen, und geriet in ernsthafte Schwierigkeiten, wenn er es doch tat, und doch drängte es ihn fast unwiderstehlich, den Abzug durchzuziehen, weil ich die Sperre nicht beachtet und sein Selbstwertgefühl tödlich beleidigt hatte. Statt dessen versuchte er, seiner Wut Herr zu werden, indem er mich demütigte. Er schrie mich an, ich solle mein Fahrrad hochheben, es auf meinen Kopf legen und es zurück zum Schubkarren tragen. »Sie müssen bestraft werden«, brüllte er immer wieder.

Das Denken ist etwas Merkwürdiges und Vielschichtiges, und wahrscheinlich wird einem das nie stärker bewußt als in Situationen akuter Gefahr. Einesteils war ich mir gewahr, wie nahe ich davor stand, getötet zu werden, hatte eine Riesenangst und konnte mich selbst hören, wie ich mich immer wieder entschuldigte und mein Bestes tat, um den Mann zu beschwichtigen und ihn zu beruhigen. Und gleichzeitig stritt sich ein Teil meines Gehirns über die Absurdität seines Befehls herum, mein Fahrrad auf dem Kopf zu tragen – ein unmöglicher Kraftakt, wie ich fand, ganz abgesehen davon, daß ich kaum ein Rad vom Boden heben konnte, so schwer war es beladen –, und ich mußte fast lauthals lachen wegen des Bildes, das es heraufbeschwor, und wußte, daß ich nicht im Traum daran dachte, bloß so zu tun als ob, und koste es mich das Leben. Zum Glück war da noch eine dritte, vernünftigere Schicht, welche die Kontrolle übernahm und bestrebt war, uns beide zurück zu der Sperre zu bringen, in die vergleichsweise Sicherheit bei den anderen Soldaten, die ich dort warten sah. Sobald ich das Fahrrad gegen den rostigen Schubkarren lehnen und meine Papiere sowie den magischen Brief herausfischen konnte, wußte ich, daß alles gutgehen würde. Ich hatte jedoch keine Ahnung, wie entsetzt ich in Wirklichkeit gewesen war, bis mir die Soldaten bedeuteten, mich zu beruhigen und zu schweigen, und ich merkte, daß ich mich noch immer eins ums andere Mal entschuldigte und die Worte in ihrem Eifer übereinanderpurzelten. Ich sagte den Soldaten, sie seien an allem schuld, weil sie mich derart erschreckt hätten, und sie sagten, es tue ihnen leid, und plötzlich war die Aufregung vorbei, und wir waren alle Freunde, mit Ausnahme des ersten Soldaten, dessen Brust noch immer von unterdrückten Emotionen wogte und schauderte.

Hier, an dieser Stelle, fing der berühmte Murchison-Wildpark an. Ich bezweifelte, daß man mir erlauben würde, ihn auf einem Fahrrad zu durchqueren, und zuerst waren die Soldaten denn auch alle strikt dagegen: »Zu gefährlich! Löwen, große Tiere, mampf, mampf. Die fressen Sie auf.« Dann kamen sie zum Schluß, ich müsse eine Waffe bei mir haben, was erklärte, warum ich durch einen Wildpark wollte, und sie versuchten, mich mit allen Mitteln dazu zu bringen, sie zu deklarieren. Sie sagten mir sogar unaufrichtigerweise, es sei erlaubt, mit einem Gewehr herumzureisen, nur müsse ich es ihnen zeigen. Als dann ein Suzuki-Lieferwagen heranfuhr, verloren sie ganz plötzlich das Interesse an mir und winkten mich durch. »Es ist nicht gefährlich«, sagte einer noch, »gehen Sie!« Ich machte mich hastig davon, bevor sie es sich anders überlegten.

Auf der Straße bewegte sich viel Militär. Ich sah mindestens zwölf große Armeelastwagen, jeder mit einem perfekt gekleideten Miniatursoldaten von etwa sieben Jahren, der starr und streng, und ohne eine Miene zu verziehen, auf dem Trittbrett der Führerkabine posierte. Sie fuhren alle nach Osten, in Richtung Gulu, wo Kampfhandlungen aufgeflammt sein sollten. Sobald ich jedoch in den schmalen Sandpfad eingebogen war, der südwärts durch den Park gegen den Viktorianil führte, hatte ich die Gegend ganz für mich. Nach der jüngsten Konfrontation war ich überglücklich, endlich wieder allein zu sein, und sorgte mich nicht allzusehr, von wilden Tieren, die im Unterholz lauern mochten, angegriffen zu werden.

Jetzt, wo ich bald einen ersten, faszinierenden Blick auf eine der großen Quellen des Nils werfen konnte, erschien mir jede Meile wie ein zusätzliches Geschenk. Ich war an einem bedeutsamen Ort, im Herz aller Dinge, und verspürte ein wunderbares Glücksgefühl, daß ich so weit gekommen war. Alle die Vorbereitungen, alle die vielen, langen, staubigen Meilen hatten mich endlich hierher an diese Stelle gebracht, und nun fuhr ich allein auf einem Fahrrad durch dieses fast schon legendäre Wildreservat – ein Teil jenes sagenhaften Paradieses, von dem man lange gemunkelt hatte, das jedoch bis vor knapp einem Jahrhundert vor den Augen der Welt versteckt geblieben war. Es war ein unaussprechliches Glück, hiersein zu dürfen, selbst wenn die Berichte stimmten, daß Idi Amins Truppen fast alles Wild abgeknallt hatten.

Die einzigen Tiere, die ich erblickte, waren große Hirschantilopen, die in weitgezogenen Sprüngen über das offene Gelände hüpften, Gazellen, welche auf ihrer Flucht in der Luft zu schweben schienen, ein paar afrikanische Störche und ein sehr großer Stelzvogel mit einem langen, spitzen Schnabel. Ich hatte ziemlich Glück, überhaupt etwas zu Gesicht zu bekommen, denn nach kurzer Zeit hörte ich Schüsse und traf auf einen großen, in der

Mitte des Pfades stationierten Armeelastwagen. Die Soldaten waren in alle Richtungen ausgeschwärmt, um etwas für den Kochtopf zu schießen. Ich vergewisserte mich, daß sie meine Anwesenheit schon von weitem bemerkten, bevor ich mich ihnen näherte, denn ich hatte keine Lust auf nähere Bekanntschaft mit einer großkalibrigen Gewehrkugel.

Danach sah ich niemanden mehr. Ich mußte mich ins Zeug legen, um noch vor dem Einnachten das schützende Paraa zu erreichen. Vielfach war der Sand weich und zwang mich abzusteigen. Der Schweiß strömte mir durchs Stirnband das Gesicht hinunter, und doch machte sich ein Gefühl tiefer Freude und Zufriedenheit breit. Wieder hatte die Landschaft ein dramatisch neues Gesicht. Die lichte, wässerige Szene ein paar Meilen zuvor war einer grenzenlosen Weite gewichen: Heiße, trockene, braune Ebenen zogen sich unendlich in die blaue Ferne, als ob man sich auf dem Dach der Welt befände – eine heroische, energiegeladene Landschaft mit leicht bedrohlichem Unterton, eine Landschaft, die eine Herausforderung ausstrahlte. »Dies ist Afrika«, schien sie zu sagen, »dies zu finden, bist du so lange herumgereist.«

Eine weitere Stunde auf dieser offenen, von der Sonne verbrannten Hochebene führte mich in eine Gegend, wo das Buschwerk wieder dichter wuchs und wo ich auf das erste Anzeichen von Menschen stieß, auf das Gerippe eines abgestürzten Flugzeugs, eins von Idi Amins militärischen Spielzeugen, wie ich später erfuhr. Danach begann die Fahrspur steil abzufallen. Ich wirbelte und schlitterte hinunter, und der Wind trocknete den Schweiß auf meinem Gesicht, bis ich schließlich ans Ufer des Viktorianils bei Paraa gelangte. Das Licht war am Schwinden, und die Luft dröhnte vom Schnauben und Grunzen der Flußpferde.

Ich bezweifle, daß ich mir ein Zimmer im vornehmen »Paraa Lodge« hätte leisten können, als es noch ein richtiges, in ausladende Rasenflächen eingebettetes Hotel mit Blick über das weite Wasser gewesen war. Jetzt, wo nur noch seine äußere Schale übriggeblieben war, wurde ich vom Hauspersonal für den Preis einer Flasche Bier willkommen geheißen. Es lag so abgelegen, daß sich niemand die Mühe genommen hatte, sich mit den Dachziegeln davonzumachen, und sogar die Türen und Fenster waren noch intakt. Drinnen jedoch stand alles leer: kein einziges Möbelstück, kein Wasser, keine Hähne, kein Licht, nicht einmal Lichtschalter. Es war so kahl wie ein Baum im Winter.

Man gab mir ein Zimmer im ersten Stock. Ich fuhr gar nicht so schlecht mit meiner aufblasbaren Matratze, der Kochausrüstung und meiner Trockennahrung. Ich erhielt einen Eimer Wasser, so grün und dickflüssig wie noch nie, und einmal mehr segnete ich meine Filterpumpe. Außerdem wurde ich mit einem Glaskrug voll Paraffin beliefert, in welchen ein Lappen als Docht gestopft war. All das erweckte in mir das befriedigende Gefühl, mich auf einer Safari zu befinden, besonders als die Sonne schließlich verschwand und sich plötzlich Tausende von Fledermäusen vom oberen Balkon losschälten. Es war ein magischer Ort. Die ganze Nacht schwoll der Chor grunzender Flußpferde an und ab, und als ich auf den Balkon hinaustrat und meine Taschenlampe ins Dunkel leuchten ließ, erhaschte der Lichtstrahl die Gestalt eines riesigen Elefanten, der nicht mehr als fünf Meter entfernt durch die einstigen Blumenbeete wanderte.

Hier oben hat der Nil nichts von der Gelassenheit, mit welcher er unter der Brücke von Pakwach durchfließt, hier spiegelt sich in ihm noch die tosende Wildheit der Murchisonfälle, die nur etwa zwanzig Kilometer flußaufwärts liegen und mein nächstes Ziel waren. Der einfachste Weg dorthin war zu Schiff, doch die Barkasse, die diesem Zweck diente, war unten bei der Fähre vertäut – ihr Motor war weg, Fenster und Armaturenbrett waren geplündert, und niemand würde in absehbarer Zeit mit ihr irgendwohin fahren. Andere Schiffe gab es keine. Der einzige Zugang war der Weg durch den Park, eine Distanz von etwa fünfzig Kilometern. Einst hatten Straßen dorthin geführt, da es als eine der Hauptattraktionen des Wildparks galt, hoch oben neben den Fällen zu wandeln und auf sie hinunterzublicken. Ich erfuhr, daß die Rangers kürzlich einen Landrover bekommen hatten und mich gerne über die jetzt verfallenen, überwachsenen Wege fuhren, falls ich bereit war, für das teure Benzin aufzukommen. Ich hätte ohne weiteres auch das Zwei- oder Dreifache des genannten Betrags bezahlt, denn es war undenkbar, eine Nilreise zu machen und die Murchisonfälle auszulassen, »die aufregendste Sehenswürdigkeit auf der langen Reise des Nils zum Meer«, wie Rennie Bere sie bezeichnet hatte. Ich kochte daher vor Wut, als der Chefranger, nachdem wir einen Preis ausgemacht hatten, den Handel platzen ließ und sich weigerte, mich mitzunehmen. Er wußte, daß er im Unrecht war, doch er hatte sich nun einmal in sein Vehikel verliebt, das erste seit sehr langer Zeit, und sonnte sich darin, mit ihm die Straße hinauf und hinunter zu fahren, während seine Frau neben ihm saß und würdevoll den wenigen Passanten zunickte. Er wollte nicht, daß es auf den überwachsenen Pfaden Kratzer abkriegte. »Bringen Sie mir einen Brief vom Chefwart in Kampala!« verhöhnte er mich. »Wenn er mir befiehlt, Sie zu fahren, dann kommen Sie zurück.«

So blieb nichts anderes übrig, als den Fluß zu überqueren. Wenigstens hier stand mir das Glück zur Seite, denn die Fähre war seit Tagen außer Betrieb gewesen und brach nach dieser einzelnen Überfahrt gleich wieder zusammen. Nachdem ich mich den langen, sandigen Weg aus dem Flußtal hochgekämpft hatte, traf ich auf die alte Straße nach Kampala, die nicht mehr befahren wurde. Die Brücken waren zum Teil eingestürzt, und die Fahrbahn wurde bereits wieder vom Busch überwachsen. Wenn ich ihr folgte, mußte ich auf den Pfad stoßen, der zu den Murchisonfällen führte. Tief in mir tobte ein Kampf: Wilde Tiere – Büffel, Löwen und Elefanten – bildeten in dieser völlig menschenleeren Gegend eine reale Gefahr, noch schlimmer jedoch waren die Berichte, daß sich dort viele Guerillabanden verkrochen hatten und vom Wild lebten. Eine kleine Strecke fuhr ich die baumbewachsene Straße hinunter, dann siegte die Vorsicht. Ich kehrte um und plagte mich mit der kürzlich eröffneten Naturstraße ab, die hinunter ins Rift Valley und den Albertsee entlang führte, ins Land von Sam Baker.

Irgendwann an diesem heißen, feuchten Nachmittag, als ich langsam auf dem sandigen Talgrund durch eine trockene, menschenleere Gegend fuhr, die auf meiner Karte als Schutzgebiet für Elefanten und Flußpferde eingezeichnet war, bemerkte ich, wie sich ein Landrover näherte, in welchem zwei weiße Männer saßen. Mein Trinkwasser war seit einiger Zeit zur Neige gegangen, und der See lag weit weg und schien unzugänglich. Ich winkte dem Wagen in der Hoffnung, daß die Männer etwas zum Trinken bei sich führten und mir ein wenig abgeben konnten. Sie waren die ersten Weißen seit einer Woche und fast die einzigen Menschen, die ich den ganzen Tag über gesehen hatte. Sie arbeiteten als Missionare für die Kirche von Uganda, zwei rundliche, junge Männer mit rosaroten Gesichtern, die reichlich schwitzten und es eilig hatten, noch vor der Dunkelheit nach Pakwach zu kommen. Nachdem sie schon einmal angehalten hatten, nutzten sie die Gelegenheit, um die Last auf dem Dachträger sicherer festzubinden. Ich traute meinen Ohren kaum, als sie mir über die Schulter beiläufig zu verstehen gaben, sie hätten schon Wasser, könnten mir aber nichts abgeben, weil sie es vermutlich selbst brauchten. Es interessierte sie nicht im geringsten, wer ich war oder was ich wohl so allein in diesem entlegenen Teil des Rift Valley tun mochte, und ich konnte nur hoffen, daß sie die christliche Tugend der Großherzigkeit bei den Leuten, denen zu helfen sie hergekommen waren, besser ausübten. Ich fuhr weiter und fühlte mich sehr viel ärmer nach diesem Zusammentreffen.

So radelte ich fort und fort durch die heiße, leere Landschaft. Es war der bisher anstrengendste Tag meiner Reise, und langsam begann ich Florence und Sam Baker nachzufühlen, unter welchen Widrigkeiten sie gelitten haben müssen, als sie sich halbtot vor Malaria und von Hunger und Durst völlig geschwächt und erschöpft endlich ans Ufer des Sees durchgeschlagen hatten. Als ich schließlich die Stelle erreichte, wo die Straße den fast vertikalen Abbruch des Grabens hochkletterte, war auch ich am Ende und wußte, daß ich es nicht mehr schaffen würde. Es gab nur eine Wahl: Ein schmaler Pfad führte hinunter zum Seeufer, zu einem Ort namens Butiabo, der auf meiner Karte eingetragen war. Ich lenkte mein Rad in diese Richtung und ließ es mich sanft die sechs Kilometer hinuntertragen. Am Ende des Weges rollte ich auf einem Platz mit rohen, ungepflegten, aus allen nur möglichen Teilen zusammengeflickten Hütten aus, vor denen zerlumpte Menschen standen. Alle starrten mich an, und einige der jüngeren

Frauen begannen zu kichern. Ich fragte: »Ich muß diese Nacht hierbleiben, wohin kann ich gehen?« Sogleich trat ein junger Mann nach vorne und sagte formell: »Ich bin hier verantwortlich. Mein Name ist Gracious. Kommen Sie mit mir!«

Er führte mich zu seinen Freunden – zu Frederick, dem Fischereiaufseher vom Albertsee, und seiner Frau Rose. Zuerst glaubte ich, das primitive Gebäude sei eine Art Werkbüro. Es war ein hohes, bröckeliges, einstöckiges Backsteinhaus mit kleinem, quadratischem Grundriß, eine Art überdimensioniertes Schilderhäuschen, und sah aus wie ein Überbleibsel der britischen Verwaltung. Wir saßen draußen auf Ölfässern und Teilen von Kisten, und Rose machte Tee, indem sie in einer alten Blechdose über ein paar Zweigen auf dem Boden Wasser kochte. Nach einigem Geflüster wurde ein schöner, junger Mann namens Godfried weggeschickt. Er hielt krampfhaft etwas Geld in der Hand und kam mit vier Keksen aus einem Paket »Plain Tea Biscuits« zurück, die in ein Stück altes Papier eingewickelt waren. Ich war wie vom Donner gerührt. Das alles hatte nichts Entzückendes, war nicht »al fresco« und ungezwungen – das war die rauhe Wirklichkeit, mit der die Menschen in Uganda leben mußten. Dies waren gebildete, weltoffene Leute – Frederick hatte seine Studien in Japan mit dem Doktorat abgeschlossen, sein Assistent Godfried hatte einen Magistertitel, und Rose stand vor ihrem Examen als Lehrerin. Im Innern des häßlichen Gebäudes gab es zwei winzige Zimmer: In einem hatte die Matratze von Frederick und Rose kaum Platz auf dem Fußboden, im anderen standen ein ovaler Tisch und ein schwerer Schreibtisch, dessen Schubladen fehlten. Sonst gab es nichts. Das war alles, was nach all den Jahren des Kämpfens und Plünderns übriggeblieben war. Daß sie gewillt waren, selbst diese Armut noch mit mir zu teilen, zählte zu den vielen erschütternden Erfahrungen meiner Reise.

Ich wagte kaum zu fragen, wo ich mich waschen konnte, doch als ich mich endlich überwand, schlug Frederick vor, im See schwimmen zu gehen, und so stakten wir fünf in einem uralten, flachbödigen Kahn hinaus. Godfried sah aus wie ein junger, schwarzer Apoll. Er stakte meisterlich mit Hilfe eines gebogenen

Asts, wobei er ein Lied dazu dichtete, in welchem er als Fredericks Sklave auftrat. »Ich bin der Boy, Freitag mein Name«, jodelte er. Als wir das hohe Röhricht, welches um den stinkend schwarzen Schlick der Anlegestelle wuchs, hinter uns gelassen hatten, glitten wir am schilfbestandenen Seeufer entlang und waren auf einmal wieder in jener verzauberten Welt, die ich bei Pakwach erblickt hatte. Rose und ich wurden bei einem kleinen, sauberen Strand abgesetzt, während die Männer diskret rund um eine Landzunge fuhren. Eine ganze Stunde lang schwamm ich im weichen, warmen Wasser herum oder lag auf dem Rücken und starrte in den perlmutternen, durchsichtigen rosa Himmel hoch und beobachtete diamanten blitzende Eisvögel, die über mir schwebten oder in Gesellschaft von stattlichen Reihern und einem Schwarm anderer Vögel im seichten Wasser Fische fingen. Ich wollte für immer hierbleiben und mußte fast mit Gewalt zurückgeschleppt werden. Als wir uns trockenrieben, schaute Rose auf meinen weißen Körper mit den dunkelbraunen Armen und Beinen, die exakt dort begannen, wo die Ärmel und die Hosenbeine endeten, legte ihren Arm an meinen und sagte: »Noch ein Monat, und du bist eine schwarze Frau wie ich.«

Wir kamen zu der übelriechenden Landestelle zurück, als die rosa und purpurfarbenen Schatten des frühen Abends gerade in ein dramatisches Tiefrot übergingen, das von dunkelgrauen und grellen gelben Bändern zerfetzt wurde. Rose saß »oben ohne« in der kühlen Brise. Ihre schweren, wohlgeformten Brüste brachten keinen der drei Männer in Verlegenheit – ganz im Gegensatz zu der Mentalität, die in den beiden anderen Nilländern herrschte.

Das Abendessen bestand aus einem Gericht mit süßen Kartoffeln und einem knochigen, gesalzenen und getrockneten Schlammfisch, einer Spezialität dieser Gegend am See, die nur genießen kann, wer sich an ihren Geschmack gewöhnt hat. Ich zwang mich dazu und spülte ihn mit großen Mengen Bier hinunter, meinem Beitrag zu unserer Mahlzeit. Wir aßen im Licht einer kleinen, selbstgebastelten Paraffinlampe, und als sie verlöscht war, unterhielten wir uns in der Dunkelheit und tranken das lokale Feuerwasser. Wie die meisten Menschen in Uganda hatten auch Frederick und Rose einen unwiderstehlichen, fast zwanghaften Drang, sich die traumatischen Erlebnisse, die sie durchgemacht hatten, von der Seele zu reden – hier, am Ende der Welt, fanden sie kaum viele Gelegenheiten, ihre Geschichte zu erzählen.

Rose meinte, Uganda sei von dem Moment an in Barbarei versunken, als es vor fünfundzwanzig Jahren die Unabhängigkeit erlangte. Sie war der erste Mensch, der mir offen gestand, Uganda sei ein moralisch so dekadentes Land, daß sie keine Hoffnung mehr habe, falls Großbritannien nicht zurückkehre und wieder für Ordnung sorge – ein trauriger Gedanke, denn aus ihm sprach ihre ganze Verzweiflung. Ich sollte dieselben Vorstellungen noch mehrmals zu hören bekommen. Ich protestierte, doch Rose verteidigte ihre Ansicht glühend: »Dreimal wurden wir ausgeplündert. Die sind mit Granaten und Gewehren gekommen. Wenn eins deiner Kind drinnen im Zimmer geschlafen hat, hast du es einfach dortgelassen und bist geflohen. Du bist mit sieben Kindern losgerannt, und zum Schluß hattest du noch eins, die anderen lagen tot am Straßenrand. Alle Gefängnisse waren überfüllt. Sie kamen immer wieder, drückten den Leuten die Augen aus, schnitten ihnen die Zunge ab und zerquetschten ihre Hoden zwischen zwei Steinen, als ob sie einen Bullen kastrierten. Zwischen Hoima und Kampala haben sie überall an der Straße Köpfe liegengelassen, damit die Leute sehen sollten, was hier geschah. Einige haben noch immer ein Seil um den Hals gewickelt.«

Frederick war ruhiger, aber noch stärker verbittert. »Zwischen hier und Kampala gab es jeweils an die dreißig, vierzig Straßensperren«, sagte er, »und an jeder verlangten die Soldaten Geld. Keiner wußte, wann sie losknallen würden. Wenn ein Mann von zu Hause wegging, wußte er nie, ob er je wieder zurückkam. ›Absitzen!‹ sagten sie zu den einen, und zu den anderen: ›Du kannst gehen!‹, und man wußte, wer sitzenblieb, war erledigt. Man konnte nichts dagegen tun. Ich hatte einmal alles in diesem Haus, jetzt habe ich nichts mehr. Als ich das letztemal zurückkam, lagen nur noch drei Steine auf dem Fußboden, als Feuerstelle. Das waren schreckliche Zeiten. Die Leute sollten wissen, was wir alles durchmachen mußten.«

Sie hatten sich von irgendwo eine Matratze ausgeliehen, um mir ein Bett zu machen. Es ruhte auf dem ovalen Tisch und dem Schreibtisch, weg vom Fußboden und den Ratten. Doch ich schlief nicht lange, teils, weil die ganze Nacht der Donner über den See rollte und Blitze in tropischer Extravaganz durch den Himmel zuckten, teils aber auch, weil mich diese Augenzeugenberichte so erschüttert hatten, daß ich mich aufsetzte, um sie beim unsteten Licht des Gewitters in mein Reisejournal einzutragen. Die übrige Nacht lag ich meist wach und fragte mich, wie es diesem Land wohl ergehen würde. Im Vergleich zu dem, was ich vom Leben unter Obote und Idi Amin gehört hatte, schienen mir jetzt berechtigte Gründe zur Hoffnung vorzuliegen – zumindest hatte das wahllose Schießen an den Straßensperren aufgehört, wie ich selbst bezeugen konnte. Ich hatte dieses Argument auch Rose und Frederick vorgebracht, und sie hatten mir beigepflichtet, waren jedoch nicht übermäßig beeindruckt: »Das wenigstens hat Museveni fertiggebracht. Er hat seine Armee unter Kontrolle. Jetzt wollen wir sehen, was er sonst noch kann.« Sie hatten zu viel Schweres erlebt, als daß sie noch daran glaubten, das neue Regime könne alle die Stammesfehden beenden und einen radikalen Umschwung im Wesen der Herrschaft und Macht in Uganda herbeiführen.

Der nächste Morgen erstrahlte frisch nach den Stürmen, und ich kletterte mit verblüffender Mühelosigkeit auf der einzigen anständigen Asphaltstraße, die ich in Uganda antraf, aus dem Rift Valley hoch. Von oben konnte ich den ganzen riesigen See überblicken, so, wie ihn Sam Baker damals gesehen hatte – »wie ein Schild aus Quecksilber« –, mit zweitausend Meter hohen Berggipfeln, die hundert Kilometer weiter hinten, in Zaire, gut sichtbar aufragten. Mir fiel wieder ein, was Frederick mir über den See erzählt hatte, zu dem er eine fast mystische Verbindung zu haben schien. Er konnte es nicht leiden, wenn man ihn Albertsee nannte, sein Name sei seit Urzeiten Luta Nzige, was »Tod der Heuschrekken« bedeutet. Er hieß so, weil die riesigen, marodierenden Insektenschwärme, die Afrika kahlfraßen, immer von Westen kamen und es nicht schafften, die ganze Weite des Sees ohne Zwischenlandung zu überfliegen, und da es keine Inseln gab, mußten sie hinunter aufs Wasser und ertranken. »Tod der Heuschrecken« hatte er sinniert, »ich weiß nicht, ob das wahr ist, aber ganz sicher gibt es nie Heuschrecken auf dieser Seite, nur menschliche Schrecken.«

Bevor ich mich von diesem Anblick abwandte, versuchte ich noch schnell einen Blick auf mein Reiseziel zu erhaschen, das weit im Süden lag, weit hinter den Ufern des Sees: die Mondberge. In der Luftlinie liegen sie etwa dreihundert Kilometer von diesem Punkt entfernt, auf der Straße fast das Doppelte. Ihre schneebedeckten Gipfel steigen bis über viertausendachthundert Meter Meereshöhe an und sind die meiste Zeit unsichtbar hinter Dunstschleiern versteckt und von Wolken umhüllt. Selbst der große Entdecker Stanley zweifelte an ihrer Existenz, bis er eines Tages zu seiner Überraschung erstmals einen Blick auf sie werfen konnte. »Ich sah eine Wolke in schönster Silberfarbe«, schrieb er, »welche die Erscheinung und die Umrisse eines riesigen, schneebedeckten Berges annahm.« Mir selbst wurde diese Ehre noch nicht zuteil – doch es lag ja noch ein langer Weg vor mir.

21. KAPITEL

Die Mondberge

Der erste Mensch, den ich auf dem Plateau sah, nachdem ich mich vom See abgewandt und eine Biegung umfahren hatte, war ein Soldat, der auf der schmalen Naturstraße zwischen den hohen Hecken herumschlenderte. Er war ganz allein, trug einen gutsitzenden Tarnanzug, und im Ausschnitt seines offenen Hemdes baumelte ein glänzendes goldenes Kreuz. Als er näher kam, teilten sich seine wunderbar weißen Zähne zu einem breiten Lächeln. Dabei warf er wie beiläufig eine scharfe Handgranate von einer Hand in die andere, und sofort war da wieder dieser surreale Unterton von Bedrohlichkeit.

Zum Glück für meine empfindsame Seele war dies der letzte Soldat für lange Zeit, dem ich begegnete. Die Route zu den Mondbergen führte über kleine, schlechte Nebensträßchen, so daß ich tagelang kein einziges Fahrzeug zu Gesicht bekam. Diese Gegend hatte die letzten Jahre stark unter den »Aufmerksamkeiten« von Obotes Armee gelitten. Man hatte nach Museveni gejagt, der aus diesem Landesteil stammte und sich angeblich hier versteckt haben sollte. Doch obwohl mich mein Weg an den Rand des berüchtigten Hoima-Dreiecks mit seinen Schädelhaufen führte, von denen Rose erzählt hatte, sah ich nichts dergleichen. Ich fuhr durch eine dichtbesiedelte, fruchtbare Ebene, eine Kulturlandschaft, wo zwischen steilen Hügelchen kleine Felder und abgeschirmte Plätzchen lagen, Hütten im hohen Zuckerrohr versteckt waren und hinter einem schützenden Baumvorhang Frauen in schwatzenden Gruppen die Hacke schwangen.

Auf dem Weg vom und zum Markt tröpfelte ein nie abreißendes Rinnsal von Fußgängern. Im Schatten beidseits der Straße kauerten kleine Jungen, die den Vorbeiziehenden Zuckerrohrsaft verkauften. Oft zeigte das Verhalten Fremden gegenüber einen deutlichen Grad von Zurückhaltung – kein Wunder, wenn man bedachte, was diesen Menschen alles zugestoßen war. Ich hörte, hier gebe es keine einzige Familie, die bei den Massakern nicht mindestens ein Mitglied verloren hatte. Die Kinder und auch die Frauen waren viel argwöhnischer als anderswo, und wenn ich unversehens auf jemanden traf, schienen sie zu Tode erschrocken. Einige der Männer unterbrachen ihren gleichförmigen Trott mit den gängigen Konversationsmustern: »Wie geht es Ihnen? Mir geht es ... gut. Wohin die Reise?« oder »Wie geht es Ihnen, mein Herr? Wie fühlen Sie sich? Dieser Hügel ist steil« oder »Warum fahren Sie auf diesem Fahrrad? Ist das nicht beschwerlich für Sie?« Sie tauschten diese Höflichkeitsfloskeln immer auf den steilsten Straßenstücken aus, wo es schwierig war, Atem zu schöpfen, um ihnen zu antworten. Ich war mir sicher, daß sie dies genau wußten und alles nur zum Spaß gemeint war. Sie hatten offensichtlich Sinn für Humor.

Die Nächte und der frühe Morgen waren angenehm kühl, doch wenn die Sonne einmal richtig über dem Horizont stand, wurde es brandheiß. Was die Hitze einigermaßen erträglich machte, waren die vielen Früchte, die man überall kaufen konnte – ein Anzeichen der unerschöpflichen Ergiebigkeit Ugandas, der »Perle Afrikas«, welche es der Bevölkerung ermöglicht hatte, den radikalen Zusammenbruch der Wirtschaft zu überleben. Es gab ein geflügeltes Wort: »Stecke einen Besenstiel in die Erde von Uganda, und er wird Triebe schlagen.« Papayas und Bananen wurden meine Hauptnahrung, und die süßsauren Ananasfrüchte löschten meinen Durst, der vom Straßenstaub immer schlimmer wurde. Nachdem ich ein paar Tage jeweils eine ganze Ananas auf einmal verdrückt hatte, waren meine Lippen und mein Gaumen so aufgeschrunden, daß ich einen Tag aussetzen mußte. Statt dessen versuchte ich es zum erstenmal mit Jacafrüchten und überredete einen kleinen Jungen, mir zu zeigen, wie man mit ihnen fertig wurde. Die riesigen, melonenförmigen, grünlichgelb glänzenden Früchte sind ganz mit Stacheln übersät wie überdimensionierte

Seeigel. Ihr weiches Mark ist mit großen, durchsichtigen Samen gesprenkelt, die wie Lychees aussehen, und diese Samen sind es, die gegessen werden. Ich war nicht sonderlich beeindruckt davon und ließ es bei dem einen Versuch bewenden; viel lieber hielt ich mich an die Passionsfrüchte, kleine, harte Kugeln mit brauner Haut und einem wundervoll herben Geschmack, der sehr gut zu den Papayas paßte.

Der Straßenzustand war noch schlechter als üblich und erforderte äußerste Konzentration. Schwere Fahrzeuge hatten während der letzten Regenzeit tiefe, enge Furchen eingeschnitten, so daß ich mehrmals vom Rad fiel, besonders wenn faszinierende Schmetterlinge in gelben, blauen, schwarzen, weißen oder buntgemusterten Schwärmen plötzlich vor meiner Nase herumgaukelten oder die Feuerbäume und blauen Jacarandas meine Aufmerksamkeit zu sehr ablenkten. Kleider und Haut begannen die unvermeidlichen Narben und Flecken einer anstrengenden Reise zu zeigen, doch trotz meines zusehends anrüchigen Erscheinungsbildes fand ich in den Klöstern, wo ich die meiste Zeit übernachtete, immer willkommene Aufnahme.

Eine dieser ruhevollen Stätten lag in einer ausnehmend schönen Umgebung oben auf einem weitläufigen Hügel. Die gepflegten alten Bäume, der Rasen und die Plätze zum Verweilen waren so typisch im Stil eines englischen Parks aus dem achtzehnten Jahrhundert angelegt, daß ich überzeugt war, hier habe einst eine Kolonialfarm gestanden. Das erste Gebäude nach dem steilen Anstieg war eine niedrige Scheune voller Kinder aus den umliegenden Dörfern, die auf langen Bänken saßen und gerade ihre Katechismusstunde begonnen hatten. Schwester Justinia hatte ihnen beigebracht, wie man Besucher empfängt, und so war ich ungeachtet meiner fleckigen Shorts und des schweißdurchtränkten Hemdes ein willkommenes Demonstrationsobjekt. Ich wurde gleich auf einen Schemel gesetzt, und die Kinder spielten aus dem Stegreif ein Ständchen für mich. Als meine anfängliche Verlegenheit verflogen war, fühlte ich mich wie eine Königin, während die jungen Musikanten voller Begeisterung die Bänke wegräumten und ein Konzert mit traditionellen Liedern und Tänzen zum besten gaben, zu dessen Begleitung ein neunjähriges Mädchen die Trommeln schlug. Sie waren alle außerordentlich talentiert. Die Nonnen hier führten auch eine Grundschule und eine Apotheke und finanzierten ihre Projekte mit den Erträgen einer Farm und einer Bananenplantage. Das Herz dieses Ortes war jedoch ein Heim für fünfundvierzig kleine Waisen, deren Familien während der letzten Mordwelle getötet worden waren.

Ein anderes Mal, als ich mich am Straßenrand hinsetzte, um mein Mittagessen aus Früchten zu mir zu nehmen, ließ ein Mann nicht locker, bis ich ihm in seinen Garten gefolgt war, wo er im Schatten eines Baumes einen Tisch und einen Stuhl für mich aufstellte und aus seiner winzigen Hütte einen Teller brachte, von dem ich essen konnte. Seine Frau und sein Nachwuchs standen mit großen Augen herum. Alle schienen wohlgenährt, waren aber in Lumpen gekleidet, und einige von den Kindern hatten einen Nabelbruch. Niemand sprach mehr als ein paar Brocken Englisch, so daß nicht viele Worte fielen, aber der Mann schnitt mir eine Ananas aus seinem Garten auf und weigerte sich eisern, dafür Geld anzunehmen, so sehr ich ihn auch drängte. Die Großzügigkeit des traumatisierten Volkes von Uganda war noch schwieriger anzunehmen als diejenige in den Ländern weiter nördlich.

Kontakte mit Mitmenschen aus dem Westen erwiesen sich da schon als problematischer. Mehrmals wurde ich freundlich eingeladen, bei amerikanischen Missionaren vom Schlag »wiedergeboren« zu verweilen. Ich kenne keine andere religiöse Gruppierung, die so hundertprozentig davon überzeugt ist, die Erlösung für sich allein gepachtet zu haben, aber es war nicht so sehr ihre Selbstgefälligkeit, die mir Schwierigkeiten machte, als vielmehr ihre Lebensweise, die in keinem Verhältnis zu den Menschen stand, die sie zu bekehren suchten. Der materielle Unterschied war derart riesengroß, daß die Frohe Botschaft ins Unsinnige verdreht schien, wollte man Gott nicht einfach fest im Lager der Besitzenden ansiedeln. Die Missionare ihrerseits waren gekränkt und verwirrt von der Art, wie die Ugander ihre Evangelisationsbemühungen aufnahmen, die hauptsächlich in einem Film über das Leben von Jesus bestanden, den sie in den Dörfern vorführten. Sie versicherten mir, es sei ein sehr ergreifender Film mit einem guten Kommentar im Lokaldialekt, doch an der Stelle, wo Jesus ans Kreuz genagelt wird, begannen viele aus der Zuhörerschaft zu kichern oder sogar in lautes Gelächter auszubrechen. Es schien ihnen nie in den Sinn gekommen zu sein, daß vielleicht der Film selbst schuld daran war, daß weiße Schauspieler, die diese Geschichte in einem ungewohnten Medium porträtierten, hysterische Heiterkeit auslösen mußten oder daß diese Reaktionen vielleicht einfach ein Ventil waren, um mit einem Übermaß an Emotionen fertig zu werden. Sie konnten es sich nur so erklären, daß etwas in der Mentalität der Ugander unzulänglich oder zurückgeblieben sei.

Trotz allem waren sie sehr freundlich zu mir. Nur ein einziges Mal wurde ich wegen meiner »Heils«-Ansichten angegriffen, und zwar von einem Geistlichen, den ich nicht sehr sympathisch fand und der mich ins Verhör nahm, weniger für einen echten Dialog, als um seine Überlegenheit auszuspielen. Er tat dies am Abend bei Tisch vor einer Schar im Missionswerk angestellter Ugander, die immer wieder kriecherisch im Chor »Recht so, Bruder! Jesus sei gelobt!« ausriefen. Nach mehreren Ausweichmanövern sagte ich ihm auf die Gefahr hin, als Gast ins Fettnäpfchen zu treten, meiner Meinung nach sei Theologie etwas viel zu Wichtiges, als daß man sich beim Essen darüber streiten sollte.

Eine der christlichen Institutionen aus dem Westen, gegen die ich keine derartigen Vorbehalte hatte, war ein Krankenhaus in den lieblichen Ausläufern des Ruwenzori-Gebirges, nur ein paar Meilen vom Äquator entfernt. Ein Arzt, den ich in Arua kennengelernt hatte, hatte mich eingeladen, hierherzukommen und mir die Ausrüstung zu borgen, die ich für meine Kletterpartie auf die Mondberge benötigte. Das Personal im Kagando Hospital arbeitete hart und lebte sehr einfach. Man fand ausreichend Gelegenheit, seinem Glauben im geschäftigen Alltag in den Krankenabteilungen und Operationssälen nachzuleben, und überließ die Evangelisierung gerne anderen. Ich ruhte mich einige Tage dort aus und erholte mich von der langen Fahrt. Stundenlang saß ich auf einer wackeligen Veranda und beobachtete die gelben Webervögel, wie sie geschickt ihre einzigartigen Nester verfeinerten, die wie eine Rekordernte fremdartiger Früchte in den Bäumen hingen.

Erst als ich nach Kagando kam, faßte ich den Entschluß, die Mondberge zu besteigen. Den ganzen Weg hinunter zum Äquator war ich parallel zum Ruwenzori-Gebirge geradelt und hatte gehofft, einen Blick auf seine schneebedeckten Gipfel werfen zu können, doch nicht ein einziges Mal hatte sich der Schleier gelüftet. Alles, was ich sehen konnte, waren die ersten tausend Meter, und manchmal zweifelte ich, ob die Berge wirklich existierten. Sie waren in Dunst gehüllt, der verdichtet wurde von großen Rauchschwaden, die überall aufstiegen, weil das Land in Erwartung der Regenfälle abgebrannt wurde. Jetzt war mir klar, warum so viele der früheren Entdecker dieses mächtige Gebirge völlig übersehen hatten. Wenn ich Ptolemäus glauben und nähere Bekanntschaft mit dem »ewigen Schnee« schließen wollte, »der die Seen speist, welche die Quellen des Nils bilden«, mußte ich notgedrungen den langen Aufstieg bis zur auf fast viertausendfünfhundert Metern Höhe verlaufenden Schneegrenze unter die Füße nehmen.

Der schwierigste Teil dieses Unternehmens bestand darin, Vorräte und Träger aufzutreiben. Es kam der Organisation einer eigentlichen Expedition gleich, und ohne die Hilfe und den Rat einiger Ärzte und Krankenschwestern, die bereits oben gewesen waren, hätte ich wohl kaum die nötige Energie aufgebracht, mich auf dieses Wagnis einzulassen. Nachdem sie mich mit warmen Hosen und mehreren Pullovern ausgestattet hatten, sandten sie mich eines Morgens früh los, beladen mit zwei Jutesäcken, einem Sortiment schwerer Kochkessel, Besteck, Metalltellern und -krügen nebst einem Panga – einem schweren, gekrümmten Hackmesser, ideal, um sich einen Pfad durch den Dschungel zu schlagen, doch bloß dazu da, damit die Träger Brennholz schneiden konnten. (Wie ich später merken sollte, taten die Träger keinen Streich mehr, als zum Überleben dringend nötig war.) Man lieh mir auch das offizielle Handbuch des Mountaineering Club of Uganda aus, eine arg veraltete Publikation aus der Kolonialzeit, die jedoch eine Materialliste enthielt, welche für Bergsteiger in den Ruwenzoris noch immer »de rigueur« sei. Die Tour sei so kräfteraubend, wurde in der Einleitung behauptet, daß selbst junge Männer in guter Verfassung nicht hoffen durften, mit ihrer Ausrüstung auf dem Buckel den anstrengenden Aufstieg zu bewältigen, und Träger unabdingbar seien. In Kagando meinte man, ich würde drei Träger brauchen. Ich schaffte es schließlich mit zweien, doch weil ich dies nicht im voraus wußte, machte ich mich auf, um eine Wochenration für vier Leute einzukaufen.

Das Taxi setzte mich im Marktflecken Kasese ab. Mit Hilfe eines Mannes, der mit einem selbstverfertigten Schubkarren herbeieilte, machte ich mich daran, die nötigen Waren zu kaufen. Da alles so knapp war, beschloß ich, dasselbe zu essen wie die Träger – ein Riesenfehler, wie sich zeigen sollte! Ihre Ration bestand aus einem getrockneten, brettförmigen Schlammfisch pro Tag und genau festgelegten Mengen Zucker, Tee, Erdnüssen, Currypulver, Milchpulver, Zigaretten und Maniokmehl. Zu den vierundzwanzig Schlammfischen und lächerlichen Mengen anderer Dinge kaufte ich ein paar Extras wie Zwiebeln gegen Skorbut und Bananen als Energiespender. Ohne ausgiebiges Feilschen, das manchmal bis zur Hysterie ausartete, ließ sich nichts einhandeln. Hier im Süden kam dem Geld wieder etwas mehr Wert zu als im Norden, doch der Straßenkurs für meine Dollars war verglichen mit dem offiziellen Wechselkurs immer noch derart übertrieben hoch, daß es mir schwerfiel, das Feilschen ernst zu nehmen. Trotzdem – es mußte sein, nur schon wegen der Leute, die hier lebten, denn nichts verstimmt die Ansässigen stärker, als wenn Touristen mehr als das Ortsübliche bezahlen und so die Preise hochtreiben.

Endlich waren die beiden Jutesäcke so randvoll, daß ich sie nicht mehr heben konnte. Also hatte ich gar keine andere Wahl, als mich mit dem Preis für das einzige Taxi, das gewillt war, mich zum nächsten Etappenziel zu führen, einverstanden zu erklären. Wie sich herausstellte, betrug er mehr als das Zwölffache des Normaltarifs, und um mich vollends zu demütigen, vervierfachte der Mann mit dem Schubkarren sein ursprüngliches Angebot. Das mag so klingen, als sei ich richtig übers Ohr gehauen worden, und so kam es mir damals auch vor, doch in Afrika ist alles relativ. Die ganze einwöchige Expedition auf die Beine zu stellen kostete mich nicht mehr als hundert Dollar, nur spielte natürlich viel von dem merkwürdigen Ding mit, das man »Prinzip« nennt.

Wenn ich geglaubt hatte, mit dem Schachern sei es nun vorbei, irrte ich mich: Das war erst ein Vorgeschmack gewesen, die eigentliche Arbeit stand noch aus. Ausgangspunkt für den Aufstieg ist die Hütte des Mountain Club in Ibanda, einem Dorf hoch oben im Vorgebirge zwischen Elefantengras. Der Hüttenwart musterte mich von oben bis unten und kam zum Schluß, ich sei fit genug für einen schnellen, sechstägigen Rundgang mit nur zwei Trägern. Sie wurden anscheinend allein nach dem Quidproquo-Prinzip ausgelesen – wer am meisten schmierte, wurde gewählt. Schließlich teilte er mir Silvano zu, einen dreißigjährigen Mann mit einem vorstehenden Nabel, und Hezron, der jünger und kleiner war und kraftvoll wie ein Sumo-Ringkämpfer aussah. Meine beiden Säcke wurden ausgekippt und alles beschnüffelt, betastet, gezählt und gewogen. Ich hatte einen großen Fehler gemacht und statt Maniokmehl eine Riesenmenge Maniok gekauft, felsbrockenartige, unhandliche Gemüseknollen, also mußte darum gefeilscht werden, was es kostete, sie einzutauschen. Die Trägerlöhne waren kein Problem, sie waren fix. Silvano sollte recht viel mehr als Hezron bekommen, und zwar mit der fragwürdigen Begründung, er spreche besser Englisch. Als auch hier Einigkeit herrschte, kamen wir zum kritischen Punkt. Nach guter alter Tradition enthielt der Lohn nämlich einen Pullover und eine mittelschwere Wolldecke für jeden, und da diese beiden Dinge anscheinend nicht erhältlich waren, mußte man sich auf eine Barentschädigung einigen. Ihr Trick war genial: Sie verkündeten großzügig, sie würden »den Pullover Pullover sein lassen«, verlangten dafür aber eine astronomische Summe für die Wolldekken.

Vier Stunden später, nachdem die monumentale Verhandlungsrunde mit einem Kompromiß oder besser mit einer völligen Kapitulation meinerseits geendet hatte, weil die Zeit auf ihrer Seite war, brachen wir rasch auf, um den ersten Abschnitt zurückzulegen, bevor es dunkelte. Auf überwachsenen Pfaden, die seit 1962 nicht mehr freigelgt worden waren, kletterten wir durch Elefantengras und Bambusdschungel. Einst war dies ein Lieblingsplatz für Elefanten, Löwen und anderes Großwild gewesen, doch jetzt kreischte nur noch hie und da ein Affe im tiefen Waldesdickicht. »Hören Sie?« fragte Silvano, mein »Dolmetscher«. »Gutes Fleisch!« – womit klar wurde, wo die anderen Tiere gelandet waren. Noch nie im Leben war ich so mühsam vorwärtsgekommen. Der Boden war abschüssig, naß und glitschig, und alle möglichen Schlingpflanzen und Wedel mit Widerhaken streckten sich mir entgegen und zerrten und kratzten an mir. Wie nützlich doch dieser Panga gewesen wäre, der da sicher in Hezrons Tragsack steckte! Scharfe, zersplitterte Bambusstümpfe standen angriffsbereit, um grausame Wunden zuzufügen, und das dichte, feuchte Unterholz schien mich erdrücken zu wollen. Die nackten, gespreizten Füße der Träger fanden hier einen sichereren Halt als meine geborgten Turnschuhe. Silvano und Hezron waren zwanzig respektive dreißig Jahre jünger als ich, und trotz der schweren Säcke auf dem Rücken, die sie an Stirnbändern aus Bananenwedeln aufgehängt trugen, fiel ihnen das Gehen vermutlich leichter als mir.

Um fünf Uhr hatten wir eine heißersehnte Lichtung erreicht, wo die Aluminiumhülle der ersten Berghütte stand. Sie muß sehr komfortabel gewesen sein, bevor man ihre Holztäfelung, die Schlafkojen, den Herd, die Tür und die Fenster geklaut hatte. Da wir uns aber so nahe am Äquator befanden, war es mit einem guten Schlafsack selbst auf zweitausendsiebenhundert Metern im Freien nicht allzu kalt. Die Träger besaßen natürlich nichts dergleichen, darum hatte ihr Lohn immer einen Pullover und eine Wolldecke eingeschlossen. Sie trugen beide nur einen dünnen Pulli und Shorts, ihre langen Hosen waren zusammengerollt mit den Schuhen in den Tragsäcken verstaut und sollten erst kurz vor der Rückkehr ins Dorf wieder Verwendung finden. Sie hatten genug Geld aus mir herausgeholt, um sich mehrere Wolldecken zu leisten, und behauptet, diese raren Artikel seien in einem Laden in der Nähe erhältlich und sie könnten ohne sie nicht aufbrechen.

Hier oben jedoch gestanden sie, sie hätten das Geld statt dessen ihren Frauen abliefern müssen. »Wir müssen für die Schule für unsere Kinder zahlen«, machte Silvano geltend, um ihre Arglist zu rechtfertigen. Sie machten sich daran, mit dem Panga eine große Menge Brennholz zu schlagen, mit dem sie in einer zweiten, niedrigeren Schutzhütte, ebenfalls aus Aluminium, die ganze Nacht ein Feuer unterhielten. Hier schliefen sie ums Herdfeuer zusammengekrümmt, Füße und Beine in die leeren Jutesäcke gesteckt.

Doch zuerst nahmen wir unsere Mahlzeit ein, welche sie mit der fieberhaften Abenteuerlust zweier junger Pfadfinder zubereiteten. Jeden Tag wurden diesem Ritual viele Stunden geopfert, so daß ich oft das unausgesprochene Gefühl hegte, unsere Tour sei mehr zu ihrem Vergnügen als zu meinem gedacht. Sie wählten sich sorgfältig ihren Fisch aus, klopften ihn kräftig zwischen den Händen, bis er in Stücke fiel, vermischten ihn darauf mit Wasser, einer Zwiebel und Currypulver und ließen ihn auf dem Feuer heftig brodeln. Eine Handvoll nach der anderen wurde das weiße, fad aussehende Maniokmehl dem kochenden Wasser beigegeben und mit einem großen, fast meterlangen, speziell geschnitzten Löffel umgerührt, dem einzigen Einrichtungsgegenstand, der in jeder der Hütten zurückgeblieben war. Dieses Umrühren erforderte ihre vereinten Anstrengungen, und das Endresultat war eine trübe, gräulichrote Masse, zäh wie Gummi und von der Konsistenz von Plastilin, die so scheußlich schmeckte, wie sie aussah. Die Träger aßen Riesenmengen davon. Sie rissen sich kleine Stücke los und kneteten sie kurz zwischen den Fingern, bevor sie ihren Daumen fest in die Mitte eindrückten, um eine kleine Tasse zu formen. Diese tunkten sie in die Fischbrühe und schnippten sie sich dann in den Mund, worauf sie geräuschvoll und selig kauten, während sie sich schon den nächsten Bissen zubereiteten. Zuletzt wurden die Fischreste mit ekstatischem Schlürfen von den Gräten gesaugt. Grimmigen Herzens zwang ich mich dazu, meine eigene Portion hinunterzuwürgen, da ich mich in den sechs folgenden Tagen wohl daran gewöhnen mußte, doch erst als der »Tee« zubereitet und serviert wurde (Teeblätter, die herumschwammen, und Klumpen nicht aufgelöstes Milchpulver), kam ich darauf, daß der Fehler nicht bei meinem Gaumen, sondern in ihrer lausigen Kochkunst lag.

Nach dem Abendessen war es Zeit für Silvano zu rauchen. Die Zigaretten, die ich beschaffen mußte, hatte er im Vorbeiweg zu Hause gelassen, an ihrer Stelle wurde hausgemachter Tabak hervorgeholt und in Fetzen des alten Packpapiers gerollt, in welches der Fisch eingewickelt gewesen war. Der Geruch war fürchterlich, und ich sah zu, daß ich windwärts von ihm saß. Während wir es uns ums rauchige Feuer bequem machten und der schweigsame Hezron Erdnüsse röstete, erfuhr ich, daß Silvano ein »gefallener Katholik« war. »Ich brauchte eine zweite Frau, und so habe ich gesündigt«, sagte er. »Und jetzt brauche ich nochmals eine Frau, denn ich habe zuviel Land und nur fünf Kinder.« Wir hatten eins seiner Kinder auf dem Weg getroffen, einen zehnjährigen Jungen, der die Schule schwänzte und fischen ging. Silvano tat so, als sei er wütend, versuchte dann aber, dem Jungen etwas von unseren Vorräten zuzustecken, damit er im Wald draußen schlafen konnte. Ich fragte ihn, wie er es fertigbrachte, daß der Hausfrieden zwischen seinen zwei Frauen gewahrt blieb, und er meinte, das sei nur möglich, wenn man ihnen zwei getrennte Hütten baue, und komme sehr teuer zu stehen, genau wie die Schulbildung. Dabei guckte er mich hoffnungsvoll an, für den Fall, daß mich seine Geschichte rührte und ich etwas beisteuern wollte.

Ich merkte ziemlich bald, daß sich fast alles, was Silvano sagte, um seine Bedürfnisse drehte. »Mama«, fing er meist an, »Mama, gibt es in Ihrem Land diese Haken mit den glitzernden Silberstükken, welche die Fische so mögen?« Er wartete gar keine Zustimmung ab, sondern fuhr gleich fort: »Die mit den drei Haken, die brauchen wir. Sie schreiben mir dann einen Brief, um zu bestätigen, daß Sie sie weggeschickt haben.« Manchmal paßte er sich auch der Situation an und begann mit einer philosophischen Präambel, zum Beispiel, als ich am Feuer saß und meine aufgeweichten Socken von den Füßen schälte: »Mama, wenn unsere Kinder geboren werden, haben sie die gleiche Farbe wie Ihre Füße. Gott ist nicht gerecht gewesen mit dem schwarzen Mann.« Darauf folgte, nach einer angemessenen Pause zum Nachsinnen, unweigerlich die Bitte um irgendeine Gunst, um Gottes Parteilichkeit auszugleichen.

Am Morgen beklagten sich sowohl Silvano als auch Hezron, sie hätten die ganze Nacht fürchterlich gefroren, und obwohl dies unter den herrschenden Bedingungen kaum wahrscheinlich war, fühlte ich mich irgendwie doch verantwortlich dafür. An diesem Tag stiegen wir auf dreitausendfünfhundert Meter hoch, nachdem wir zuerst einen schäumenden Bergbach überquert hatten, dessen Brücke längst verschwunden war. Die meiste Zeit kletterten wir steil hoch, durch Bambus, stechende Nesseln, Lianen und dichtes Buschwerk. Die Schlingpflanzen verfingen sich in meinen Schuhen und lösten die Schnürsenkel, zerzausten mir das Haar und schnappten mir den Stock aus der Hand, so daß ich mich lange Zeit fragte, was ich hier eigentlich zu suchen hatte und warum ich gutes Geld bezahlte, nur um so zu leiden.

Doch dann öffnete sich der Blick plötzlich wieder auf herrliche Berggipfel, die hoch über große, geheimnisvolle, mit dichtem Regenwald bewachsene Täler aufragten. Regengüsse jagten über die Baumwipfel. Die Wolkenränder kräuselten sich zu Federwölkchen und verdunsteten in den warmen oberen Luftschichten. Rote Hyazinthen, rosarote Rosen und mit exotischen Farnen und Moosen behangene Bäume entzückten die Sinne mit ihrer überschwenglichen Fülle. Noch höher ragten die viereinhalb Meter langen Stacheln der Riesenlobelien, und schwammiges, gigantisches Kreuzkraut wuchs ungehemmt und üppig zehn Meter hoch aus dem bizarren Moorland – ein seltsames Pflanzengewucher wie aus einem Science-fiction-Film, mit übereinandergeschichtetem Blattwerk, das Unmengen von Regenwasser barg und es über alles ausgoß, was dagegenstrich.

Auf viertausend Metern fiel das Gehen in der dünnen Luft schwerer. Selbst auf dieser Höhe strotzte die Welt noch vor Vegetation. Beim Klettern versank ich immer wieder bis zu den Knien im Morast und blieb manchmal bis zu den Hüften in Schlammlöchern stecken. Wie die Träger trug ich Shorts, doch während meine zwar durchnäßt, aber wenigstens noch intakt waren, lösten sich die von Silvano langsam auf und wurden immer unanständiger, so daß er widerstrebend seine kostbaren langen Hosen anziehen mußte, die, schon als wir losmarschierten, trotz zweier Hausfrauen vom Knöchel bis zur Hüfte aufgeschlitzt waren. Mit jedem weiteren Schritt hagelten die Bitten dichter: »Haben Sie Tabletten gegen Husten für meine Kinder?« – »Können Sie für mich Fotos von meiner Familie machen?« – »Können wir die Kochtöpfe und den Panga nicht behalten?«

Es entwickelte sich auch eine gewisse Rivalität, wer am meisten tragen mußte. Silvano, der unablässig rauchte, konnte mit dem starken, asketischen jungen Hezron nicht mithalten und rächte sich dafür, indem er versuchte, ihn in ein schiefes Licht zu setzen. »Der da, der ißt alle Milch auf. Bald gibt es keine mehr für Ihren Tee, Mama.« Trotz allem gab es nie ernstlichen Zwist, und ich mußte auch nicht befürchten, daß die Träger abhauen und mich meinem Schicksal überlassen könnten, wie es einigen meiner viktorianischen Vorgänger geschehen war.

Der Höhepunkt des Anstiegs kam am Tag vier, als wir den viertausendvierhundert Meter hohen Scott-Elliot-Paß überquerten. Rechts zeigten sich für kurze Zeit die eisbedeckten Flanken des noch vierhundertfünfzig Meter höheren Mount Stanley in den wirbelnden Wolken, links lag der Mount Baker. Fast wäre der Mount Stanley zu Ehren des Besitzers des »New York Herald«, welcher Stanleys Reisen finanzierte, Mount Gordon Bennet genannt worden, doch später taufte man sämtliche Gipfel nach Afrikaforschern und Bergsteigern um.

Die unverhofften Ausblicke auf die Grate lenkten mich von meinem mannigfaltigen Elend ab, während wir anfangs durch Wälder unheimlicher, riesiger Lobelien und Senecien und schließlich eine extrem steile Geröllhalde hinauf zur Paßhöhe hochkletterten. Wir hatten den Berg viel zu schnell bestiegen, als daß ich mich richtig an die Höhe hätte akklimatisieren können. Mir war speiübel, ich hatte stechende Kopfschmerzen und einen schlimmen Anfall von Diarrhöe, zudem war ich bis auf die Haut durchnäßt und vom Rutschen und Ausgleiten durch die Sümpfe völlig desillusioniert.

Erst auf dem Geröll und auf dem Sattel des Passes machte der morastige Grund eine kurze Zeit Felsboden Platz, wo ich mich wieder sicher fühlte, während Silvano und Hezron das Gehen mit nackten Füßen schwerfiel. Der Ausblick war spektakulär – zu beiden Seiten Eisfelder, eine Sonne, die sporadisch aufschimmerte und wieder verschwand, Wolkenfetzen, die von unten heraufjagten und über uns dahinwogten wie stofflose D-Züge. Alle Gebirge von dieser Höhe sind gewaltig, und keine zwei gleichen sich, selbst wenn man sie wieder und wieder besteigt. Es fällt nie leicht, sich nach einem so kräftezehrenden Kampf wieder auf den Abstieg zu machen, doch die Träger fühlten sich hier oben unbehaglich und drängten mich, rasch bis zur nächsten Hütte auf viertausend Meter hinunterzusteigen und diese steinigen Höhen den Geistern zu überlassen, von denen Silvano felsenfest glaubte, daß sie hier hausten.

Als er sah, wie ich nach alter Bergsteigersitte jedesmal einen Stein auf die Steinhaufen legte, die den Weg markierten, gab er sich viel Mühe, es mir gleichzutun, wahrscheinlich weil er dachte, ich wolle damit die Geister versöhnen. Es war nicht fair, die barfüßigen Träger allzu lange warten zu lassen, sie ihrerseits hätten mich nicht alleine auf der Paßhöhe zurückgelassen. Ohne sie hätte ich wohl noch lange dort oben verweilt: Alle Schmerzen waren wie weggeblasen, während ich wartete, bis sich die Wolken wieder teilten und einen weiteren Blick auf dieses prächtig schimmernde Panorama freigaben.

Das Lager unterhalb des Passes war fast so zauberhaft wie der Paß selbst. Es lag am Rand eines kleinen, runden Sees, dessen anderes Ufer schon nach Zaire reichte. Obwohl es sehr kalt war und rundum bedrohliche Regenwolken heranzogen, schlürften kleine, glänzende, malachitgrüne Honigsauger mit überlangen Schwanzfedern Nektar aus den Stacheln der Riesenlobelien, und prächtig geformte, langschwänzige schwarze Vögel mit scharlachrotem Untergefieder sausten im Tiefflug übers Wasser. Und schon geruhten die Wolken sich wieder zu teilen und ließen eine ganze Stunde den blauen Himmel und einen Ring hoher, markanter Klippen frei, und die Sonne beschien ihre Flanken und den

»ewigen Schnee«. Dieser Anblick setzte meiner Reise die Krone auf: Ich war auf den Mondbergen! Ich mußte an die vielen Namen denken, die man ihnen gegeben hatte – »Ruwenzori-Gebirge«, »Was das Auge ermüdet«, »Platz der Adler« –, doch von allen schien mir »Die Berge, wo der Regen fällt« am allerbesten zuzutreffen.

Die Murchisonfälle

Viele Leute haben mich belehrt, ich hätte die eigentliche Quelle des Nils gar nicht erreicht. In den Bergen von Burundi, meinten einige, gebe es eine Röhre, aus welcher Wasser tröpfle, und nicht weit davon habe ein Deutscher eine kleine Pyramide gebaut, dem Gedächtnis aller Nilforscher gewidmet, was beweise, daß hier die wirkliche Quelle liege. Andere wiederum lokalisierten sie an verschiedenen Stellen. Ich mochte mich nicht mit ihnen streiten. Meine Reise verfolgte ein anderes Ziel, und außerdem war ich kein Geograph. Der Nil hat eine Unmenge von Quellen, wie es einem so mächtigen Strom ja auch zusteht. Hunderte, ja Tausende von Hektar Eis und Schnee schmelzen, tröpfeln, rinnen und sammeln sich zu Bächen, die schließlich ihren Weg in die großen Seen finden – wie schon Ptolemäus wußte, ohne je dort gewesen zu sein. Welches dieser verschwindend kleinen Rinnsale nun am höchsten oder am weitesten südlich liegt, läßt sich nur mutmaßen – und ist im Vergleich zu den ungeheuren Niederschlägen, die auf die Fläche des Viktoriasees fallen, sowieso nur von geringer Wichtigkeit. Die wirkliche Quelle des Nils ist dieses riesige Binnengewässer, welches John Hannay Speke aufspürte, bevor er unter tragischen Umständen ums Leben kam. Burton, der auf seine Weise viel überzeugender war, versuchte Spekes Ansichten zu widerlegen und statt dessen den Tanganjikasee auf den Schild zu heben, lag aber völlig falsch damit.

Mein schlimmstes Reiseerlebnis hatte ich, als ich im Gedenken an Speke von Kampala aus den Ort aufsuchte, wo der Nil wirklich beginnt – da, wo die Wasser des Viktoriasees sich durch die Riponfälle einen Abfluß suchen. Dieser Abstecher ließ sich sehr angenehm an. Ein freundlicher Polizist eskortierte mich zu den Fällen, die heute ein eher trauriges Bild bieten, da sie in ein Wasserkraftwerk einbezogen sind. Er machte ein Foto von mir bei der Erinnerungstafel, welche man offensichtlich für Zielübungen mißbraucht hatte. Es störte mich nicht groß, daß die Schrift unleserlich war, ich wußte so oder so, was draufstand (daß hier der Nil seine lange Reise beginnt usw.), und auch für die Aufnahme war es nicht schade, weil der Polizist einen Finger über die Linse hielt und deshalb nichts daraus wurde. In Wirklichkeit war alles ziemlich nichtssagend, und bald machte ich mich auf die Suche nach einem Hotel für die Nacht. Ich fand eins in der Stadt Jinja, die sich hier am nördlichen Ende des Sees ausbreitet, ein Exkolonialgebäude gleich am Seeufer mit hübschen Balkonen und Spuren reizender Gärten. Der Empfangschef betonte, Königin Elizabeth habe hier Tee getrunken, als sie herkam, um den Damm einzuweihen, doch auch ohne daß ich darauf Wert gelegt hätte, war ich überzeugt, ich sei hier an einem einigermaßen respektablen Ort gelandet.

Komfort gab es zwar kaum – kein Wasser, keine Teppiche auf den nackten Holztreppen und nicht einmal Milch zum Tee –, dafür aber reichliche Vorräte an Bier und anderen alkoholischen Getränken. Als ich um elf Uhr ziemlich müde vom Radfahren und Sightseeing ins Bett sank, war die Bar noch gedrängt voll von schon recht angeheiterten Gästen. »Keine Bange«, versicherte der Barmann, »wir schließen um zwölf.« Um Mitternacht war der Lärmpegel schrill angestiegen, und das ständige Klappern von Stöckelschuhen auf dem Weg zur einzigen Toilette des Hauses, die meiner Zimmertür gegenüberlag, war zum Verrücktwerden. Um halb zwei glaubte ich, ich sei völlig übergeschnappt. An Schlaf war nicht zu denken, also ging ich hinunter, um nach dem Fahrrad zu sehen.

Ich fragte den Barmann, wann die Party wohl zu Ende sei. »Keine Party, das. Wir sind bloß Gäste und haben es lustig. Mögen Sie das nicht?« fragte mich ein geschniegelter Mann, der zu mir herüberschlurfte und mir Tabakrauch ins Gesicht blies. »Nicht sehr«, sagte ich. »Ich möchte gern schlafen.« Es wäre wohl klüger gewesen, eine weniger schroffe Antwort zu geben, denn nach einem Moment beredten Schweigens brach die Hölle los. Meine Haltung wurde mir übel vermerkt, und keiner war gewillt, das einfach so hinzunehmen. Ich hatte ganz offensichtlich einen wunden Punkt berührt und ihre latente Aggressivität geweckt, die sich unweigerlich entladen mußte. Ich beschloß, mich so schnell und diskret als möglich zurückzuziehen, hob auf dem Weg ins Zimmer mein Fahrrad hoch und nahm es mit mir. Nach einer kleinen Gnadenfrist kam auch schon eine Horde Leute mit mächtigem Getrampel die Treppe hochgepoltert und rief laut: »Wo du, weiße Frau? Komm hier raus, Schwester, wir dich auseinandernehmen.«

Mein Raum war dunkel, das hielt sie eine Weile auf. Ich hörte, wie sie an mehreren Türen rüttelten, doch nach wenigen Augenblicken versammelte sich alles draußen vor meinem Zimmer. Im trüben Licht des Korridors, welches durch die Ventilatorenklappe schimmerte, sah ich, wie sich der Türknauf drehte, dann erzitterte die Tür, und die Rufe, ich solle rauskommen, wiederholten sich. Sie blieben nicht lange. Als sie sich zurückzogen und die Treppe hinunterstampften, machte ich mich daran, für den Fall, daß sie zurückkehrten, den Raum zu verbarrikadieren, so gut es eben ging. Viel ließ sich nicht tun, denn es gab nur wenig Mobiliar. Meine größte Angst war, daß sie einen Weg auf den Balkon finden könnten, der um die ganze Vorderseite des Hotels lief und von welchem eine wenig solide Türe und ein Fenster in mein Zimmer führten.

Sie kehrten die ganze Nacht hindurch in unregelmäßigen Abständen zurück. Manchmal waren es schrille Frauenstimmen, die mich bedrohten und verhöhnten, manchmal waren es Männer. Einmal schlich ein einzelner Mann ganz still heran und flüsterte durchs Schlüsselloch: »Frau, mach Tür auf!« – das war das Allerschrecklichste. Ich gab nie Antwort, sondern saß still und bewegungslos auf der Bettkante und schwitzte in dem dunklen, abgeschlossenen, ungelüfteten Zimmer. Ich versuchte, meinen Kopf ganz leer zu machen, doch die Worte aus T. S. Eliots Gedicht »Aschermittwoch« gingen mir unaufhörlich durch den Sinn wie eine mittelalterliche Litanei: »Weil ich nicht hoff', ich kehre noch mal um, weil ich nicht hoffen darf, weil ich nicht hoff', ich kehre um ...«

Die Pausen zwischen den Schritten auf der Treppe wurden allmählich länger, und irgendwann kurz vor dem Morgengrauen heulten Automotoren auf, betrunkene Rufe schallten, und mehrere Wagen röhrten weg. Ich wußte, jetzt war alles überstanden, war jedoch so ausgelaugt, daß keine Hochstimmung aufkam. Zwei Stunden später brachte man das Frühstück. Der Kellner murmelte eine Entschuldigung, weil es keine Milch zum Tee gab, doch die nächtliche Störung wurde mit keinem Wort erwähnt.

Zurück in Kampala, dachte ich lange über diesen Vorfall nach. Die Stadt kämpfte darum, wieder zu genesen und die chaotischen Spuren der jahrelangen Kämpfe aufzuräumen. Dennoch schlief ich jede Nacht im Lärm von Gewehrschüssen ein, und fast täglich gab es Berichte, Fahrzeuge seien von Bewaffneten, die sich als Soldaten ausgaben, entführt worden (die Soldaten der vielen verschiedenen Armeen schienen also ihre Gewehre und Uniformen behalten zu haben). Mehrere Europäer wurden getötet, als sie ihre Wagen nicht schnell genug aushändigten. Jedes Gebäude, das ich aufsuchte, war blatternarbig von den Einschüssen der Kugeln oder barg irgendeine schreckliche Erinnerung – wie die Universität, wo in einer einzigen Nacht dreihundert junge Männer von Idi Amins Henkern aus den Fenstern des obersten Stockwerks gestürzt wurden und den Tod fanden. Und dennoch schienen mir all diese Greueltaten so unvereinbar mit der herrschenden Grundstimmung in diesem Land: Fast alle Ugander, die ich kennenlernte, waren äußerst freundliche und sanftmütige Leute – »ein sanfter Menschenschlag«, wie jemand zutreffend gesagt hatte –, und nur im Hotel in Jinja und in Pakwach, wo ich den Zorn des Soldaten beim Schubkarren erweckte, bekam ich die Kehrseite der Medaille zu Gesicht und erlebte am eigenen Leib etwas von der Verachtung für das menschliche Leben, die hinter der Gewalttätigkeit lauerte und ebenfalls ein Teil dieses zerstörten Paradieses war.

Es war Zeit, Afrika zu verlassen, nach Hause zurückzukehren und die verschiedenen Reiseerfahrungen sich allmählich setzen zu lassen, wäre da nicht dieses Gefühl gewesen, etwas Wichtiges ausgelassen zu haben. Noch immer nagte die Enttäuschung in mir, daß ich die Murchisonfälle nicht gesehen hatte. Ohne einen Blick auf die »aufregendste Sehenswürdigkeit auf der langen Reise des Nils zum Meer« schien in meiner Reise eine gähnende Lücke zu klaffen. Und weil ich noch eine Woche Zeit bis zur Heimreise hatte, beschloß ich, einen letzten Versuch zu wagen. Ich erinnerte mich an die Worte des arroganten Parkwächters in Paraa, ich solle ihm doch einen Empfehlungsbrief bringen, und machte mich auf die Suche nach dem obersten Chef der Wildparks von Uganda.

Es brauchte geraume Zeit, bis ich sein Büro aufgestöbert hatte, denn das Telefon in Kampala funktionierte nur selten, und auch hier gab es keine Telefonbücher, doch schließlich fand ich den Mann und hatte Glück, daß der Herr Direktor gerade anwesend war. Mr. Ssemwezi, ein großer, väterlicher Mann, hatte sich Ugandas Nationalparks mit Leib und Seele verschrieben. Er hörte mir aufmerksam zu, als ich ihm erzählte, wie ich den ganzen Weg dem Nil nach gereist war, und konnte meinen brennenden Wunsch, zu den Murchisonfällen zu gelangen, sehr gut verstehen. Als ich berichtete, wie die Soldaten im Murchisonpark auf die Hirschantilope gefeuert hatten, brach er fast in Tränen aus, doch als er dann hörte, wie sich der Chefranger geweigert hatte, mich zu den Fällen zu bringen, verwandelte sich sein Kummer in Wut. »Dieser Mann ist mir ein Dorn im Auge«, sagte er. »Er beantwortet meine Botschaften nicht. Ich habe ihm aufgetragen, den Landrover hierherzubringen, doch er läßt nichts von sich hören.« Die Zeichen standen günstig. Mr. Ssemwezi war viel daran gelegen, daß ich die Murchisonfälle sah, um »der Welt davon zu erzählen und ebenso, daß diese vermaledeiten Soldaten die letzten verbleibenden Tiere in Uganda erschießen«. Ich hoffte, er könne veranlassen, daß mich jemand dorthin brachte, doch o weh, er war nicht nur wütend wegen seiner tückischen Untergebenen, sondern auch völlig frustriert. Er selbst würde mich auf der Stelle hinfahren, sagte er, nur gebe es leider kein anderes Fahrzeug für die gesamte Nationalparkverwaltung Ugandas. Der arme einzige Landrover mußte den »amtierenden« Chefwächter und seine Gemahlin die

Straße von Paara hinauf und hinunter kutschieren – und erst noch auf der falschen Seite des Viktorianils.

Es blieb mir nicht genügend Zeit, vor meinem Abflug nach England die Strecke hin und zurück mit dem Fahrrad zu schaffen, selbst wenn mir die Durchreise erlaubt wurde, was wegen der Berichte über zunehmende Kampfhandlungen in dieser Gegend höchst unwahrscheinlich schien. Es sah so aus, als hätte ich wieder eine Niete gezogen. Mehr aus Gewohnheit und ohne wirkliche Hoffnung, doch noch ein Transportmittel zu finden, das mich dorthin bringen würde, bat ich den Direktor, mir einen Brief zu schreiben, der den Wächter anwies, mich zu den Fällen zu führen. Dies tat er denn auch – er stürzte sich geradezu auf die Gelegenheit, etwas Positives zu tun und zugleich einen potentiellen Kurier für einen Befehl an seinen widerspenstigen Untergebenen zu finden. Zusätzlich zu der Aufforderung, sofort Verbindung mit ihm aufzunehmen, enthielt das Schreiben klare Instruktionen, mich »um jeden Preis, und ohne zu zögern, zu den Murchisonfällen zu fahren, nötigenfalls in Begleitung zweier bewaffneter Ranger«.

Die nächsten sechsunddreißig Stunden raste ich von einer Hilfsagentur zur anderen, um herauszufinden, ob eins ihrer Fahrzeuge über Paraa fuhr. Ich hätte jeden halbwegs vernünftigen Preis bezahlt, doch Geld nützte nichts: Es gab keine Fahrzeuge zu mieten und überhaupt keine öffentlichen Transportmittel, nur vereinzelt Mitfahrgelegenheiten. Als ich sämtliche Möglichkeiten ausgeschöpft und schon alle Hoffnung aufgegeben hatte, die Murchisonfälle je zu sehen, machte mich mein Glück mit einem Menschen bekannt, der einfach sagte: »Wieso nehmen Sie nicht meinen Lkw?«

Ich fuhr am nächsten Morgen früh in der Dunkelheit los. Einmal würgte ich den Motor ab, als ich das ungewohnte Vehikel durch den äußeren Ring der Befestigungsanlagen lavierte, der alle Häuser Kampalas umgab und Diebe fernhalten sollte. Dann holperte ich über gigantische, ineinander übergehende Schlaglöcher, die sich über die fünfhundertfünfzig Kilometer bis zu meinem Reiseziel erstreckten. Ich hatte nur die flüchtigsten Anweisungen erhalten, wie dieser Lieferwagen mit Vierradantrieb funktionierte, denn der anonyme Amerikaner, der ihn mir ausgeliehen hatte, nahm an, jedermann mit weißer Haut und über zwölf Jahre könne alles fahren, und ich wollte nicht, daß er plötzlich seine Meinung änderte, wenn ich zuwenig Selbstvertrauen an den Tag legte. Es regnete in Strömen, als ich losfuhr, daher konnte ich nur schlecht abschätzen, wie tief die Schlaglöcher waren, doch wenigstens machte ich mich mit den Scheibenwischern vertraut.

Als es hell wurde, hatte ich die letzte der Straßensperren vor der Abzweigung nach Masindi erreicht und war wieder in Sam-Baker-Land. Bisher war ich nirgendwo auf Schwierigkeiten gestoßen, doch als ich sanft abbremste, gab ein Soldat vor, ich hätte ihn beinahe überfahren. Sein Zorn war nur simuliert und sollte mich dazu bewegen, seine Freundin in ihr Dorf zurück mitfahren zu lassen, das an meiner Route lag. Er hätte gar kein solches Theater aufführen müssen, ich hätte sie so oder so mitgenommen. Als ich endlich von der Hauptstraße weg war, geriet ich in ein klebriges Schlammbad, wo das Wasser zuweilen bis zu den Achsen stand. Ich fuhr mit äußerster Vorsicht, doch der Toyota schien sehr gut damit fertig zu werden, also gab ich etwas mehr Gas, denn die Zeit drängte. Kaum hatte ich das Mädchen des Soldaten abgesetzt, bat mich ein junger Mann um eine Mitfahrgelegenheit für seine Mutter und seine Schwester. Da es in Uganda so wenig Transportmöglichkeiten gab, konnte ich es ihm nicht gut abschlagen, doch als sie anfingen, hinten die komplette Einrichtung eines kleinen Hauses einzuladen – zwei Betten, Stühle, Hühner (tot oder lebendig) sowie diverse Bündel und Körbe –, wurde es mir zu bunt. Bei jedem Schlagloch schrien die Frauen auf und knallten an die Seitenwände. Einmal kam ich ins Schleudern, und während ich versuchte, das Fahrzeug aufzufangen, ließen sie ein gräßliches Geheul und Geschrei hören und versuchten abzuspringen. Sobald ich endlich stillstand, entschied ich, diese zusätzliche Ablenkung sei zuviel für meine Nerven und ich könne auf einer so gefährlichen Straße keine Verantwortung für das Leben anderer Menschen tragen, und so lud ich die Frauen mit ihren Betten, Bündeln und Hennen wieder aus. Sie schienen überglücklich, einer in ihren Augen gefährlichen Verrückten entronnen zu sein.

An einem besonders rutschigen Hügel kam ich erneut ins Schleudern, und das Vorderrad auf der Fahrerseite schlitterte stracks in einen Graben. Eine größere Anzahl Männer und Jungen stürmte mir aus einem Dorf zu Hilfe. Alle Fahrzeuge kämen hier von der Straße ab, sagten sie – es hätte mich keineswegs erstaunt, wenn sie den Graben speziell zu diesem Zweck ausgehoben hätten. Nach etwa zwanzig Metern führte er wieder zur Straße hoch, und die Männer schoben den Lieferwagen bis zu dieser Stelle vor und verlangten mit der entwaffnenden Bemerkung »Wir sind viele!« Bakschisch.

Es gab noch eine letzte Straßensperre. Der junge Soldat dort nahm es sehr gemächlich. Ich war müde und ungeduldig und wollte weiter. »Ich muß Sie überprüfen«, meinte er, »sogar ich selbst muß mich jeweils identifizieren, es gibt überall Terroristen.« »Unsinn!« sagte ich unbedacht, »sehe ich etwa so aus wie ein junger schwarzer Terrorist?« Statt beleidigt zu reagieren, brüllte er vor Lachen, als ob ich einen guten Witz erzählt hätte, und winkte mich mit einem »Gott sei mit Ihnen« durch. Danach gab es keine Verzögerungen mehr. Die Sonne schaute hervor, und bald sauste ich auf einer trockenen Straße weiter. Am Mittag war ich bereits wieder unten im Rift Valley, wo sich die Missionare geweigert hatten, mir Wasser zu geben, und plötzlich wurde mir bewußt, wieviel mehr von dem Land ich auf dem Fahrrad zu sehen bekommen hatte. Heute jedoch war Geschwindigkeit alles: Ich konnte in einer Stunde eine Strecke zurücklegen, für die ich siebenmal länger gebraucht hatte, als ich mein Rad durch den weichen Sand schob.

Um halb zwei Uhr machte es den Anschein, als würde die Zeit gerade noch reichen, um die Fälle am selben Tag noch zu sehen. Ich hatte mir beim Fahren einen taktischen Plan zurechtgelegt – alles hing jetzt davon ab, daß ich den Chefwächter nicht lange suchen gehen mußte, denn zwei Stunden vor Paraa gab es beim Eingang zum Park einen Rangerposten. Wenn ich Glück hatte, meine Eskorte dort aufzugabeln, konnten wir gleich zu den Fällen fahren; mußte ich jedoch nach Paraa hinunter und den Nil auf der unzuverlässigen Fähre überqueren, würde mich das mindestens einen weiteren Tag kosten, und vielleicht saß ich dann sogar auf der falschen Seite des Flusses fest. Dazu hatte ich einfach keine Zeit. Verständlicherweise war ich daher sehr zufrieden, als ich die verlotterten Hütten erreichte, die den Eingang zum Park bildeten, und sah, daß mehrere junge Männer auf dem Boden herumlagen und es sich bequem machten. Sie ließen sich überreden, den Brief des Direktors zu lesen, und nach einem gewissen Zögern und Hinundhergerede, weil sie keine Gewehre hatten, gab das Argument, daß wir sofort aufbrechen mußten, wenn wir vor Einbruch der Nacht zurück sein wollten, schließlich den Ausschlag. Ein Mann namens Julius klettert herein, und ab ging die Post, zum letzten Akt.

Ich hätte schwören mögen, daß kein Fahrzeug mit Ausnahme eines Panzers diese Strecke schaffen konnte, denn sie war fast vollständig überwuchert. Es glich einer Fahrt durch unwegsamen Busch. Schößlinge wuchsen auf der Fahrspur, und als ich mich zwischen ihnen durchzwängte, schlug die Radnabe gegen einen der Stämme, der ganze Wagen wurde hochgehoben, und der Türgriff schürfte meinen Arm vom Handgelenk bis zum Ellenbogen auf. Zeitweise mußte Julius zu Fuß vorangehen. Unser langsames, mühseliges Vorankommen wurde jedoch reichlich entschädigt, denn wir sahen in dieser unberührten Gegend eine ganze Menge Wild. Es gab mancherlei Vögel, die mir völlig neu waren; eine Familie von fünf Warzenschweinen, drei davon noch ganz jung, trollte sich im Gänsemarsch davon und streckte die lächerlich kleinen, steifen Schwänzchen mit Quasten, die vor Empörung zitterten, bolzengerade in die Höhe; große Büffelherden grasten ungestört, nur zwei riesige Bullen, die Wache hielten, hoben aufmerksam die Köpfe, nur wenige Schritte von da, wo wir vorbeikrochen. An einer der seltenen flachen Stellen stolzierte eine Schar exotischer Gänse in weitgeschwungenem Halbkreis auf uns zu, wobei sie im Eiltempo das Gras abfraßen, und allerart Hochwild tauchte auf. Meine Favoriten waren jedoch zwei kleine Antilopen, die einen Augenblick anhielten und in bebender Verwirrung den Lastwagen beäugten, bevor sie mit wundervoll eleganten Sprüngen das Weite suchten.

Als wir den letzten Abhang hinunter zum Fluß zur Hälfte geschafft hatten und der Lastwagen nicht mehr vorwärtskam, wendete ich und versuchte hinauszuklettern. Ich hatte seit zehn Stunden ununterbrochen am Steuer gesessen, war aber so aufgekratzt, daß ich gar nicht spürte, wie erschöpft ich war, bis ich merkte, daß mir die Knie zitterten und die Beine nachgaben. Zum Glück gab es eine Dose mit lauwarmer Cola in der Führerkabine, die meinen Blutzuckerspiegel wieder etwas ansteigen ließ. Ich konnte das Brüllen der Fälle bereits im Lastwagen hören und hätte gerne gewartet und mich ihnen langsam genähert, um die Vorfreude hinauszuzögern, doch dafür war jetzt keine Zeit. Alle wirklich wichtigen Stellen meines letzten Reiseabschnitts schienen im Galopp genommen werden zu müssen – die Fälle bildeten da keine Ausnahme. Das Donnern verstärkte sich mit jedem Schritt, und dann stießen wir durch den Wald direkt auf ihren oberen Teil.

Der Fluß »fällt« nicht eigentlich über Murchisons Fälle, vielmehr stürzt er sich durch eine lange, felsige Klippe, die auf fast vierhundert Metern seine fürchterliche Schubkraft und sein Volumen zu einem wütenden, turbulenten Inferno von gewaltiger Kraft einengt. Die aufgestauten Wassermassen brodeln in immer größeren Wellen und suchen sich einen Ausweg, bis sie wieder auf andere Wellen krachen, die sich unter ihnen auftürmen. Riesige Gischtwolken schäumen so hoch, daß ihre Kämme in einen feinen Sprühregen zerstäuben, der über diesem chaotischen Wunder einen Regenbogen bildet. Erst am Ende der Klippe fällt das Wasser wirklich und stürzt sich in einer langen, geraden Linie hinunter ins breite, flache Flußbett, doch dies ist nicht halb so spektakulär – beeindruckend ist hier der weite Blick auf den breiten, friedlichen, in der Sonne glitzernden Strom im Kontrast zu dem wütenden Toben der Murchisonfälle.

Ich hatte nur zwei kurze Stunden Zeit hier, längst nicht genug, um mich mit dem Platz vertraut zu machen, und so konnte er auch seine wundersame Wirkung nicht verlieren. Als Julius drängte, es sei Zeit, aufzubrechen, und ich noch ein wenig verweilte, ging mir durch den Sinn, wie mühselig die Reise hierher gewesen war und wieviel Energie sie mich gekostet hatte. Hatte es sich gelohnt? Es gibt keine Antwort auf eine solche Frage. Reisen geschieht um des Reisens willen. Wenn es unbedingt eine Antwort brauchte, so war sie in diesem breiten, langen, von der Sonne beschienenen Wasser weit unten zu finden, das sich träge herumwälzte, sich beruhigte und Kräfte sammelte für die lange, lange Reise durch Afrika auf den Weg, den ich gekommen war.

Ausrüstung

Das Fahrrad, das ich für die Reise wählte, war ein »Allzweck«-Rad mit achtzehn Gängen. Ich hatte es selbst entworfen, gebaut wurde es von Evans Bicycle Shop, The Cut, Waterloo, London. Es war eine Stahlrohrkonstruktion (Reynolds 531) mit einem stark gedrängten Rahmen, kurz in den Kettenstreben und mit engem Vorderwinkel, was es zu einem guten Kletterer und sehr lebhaft machte. Es hielt sich während der ganzen Fahrt auf all den gräßlichen Wegen ausgezeichnet und bockte nur im feinsten Talkumpudersand an den schlimmsten Stellen in der Wüste.

Werkzeug und Ersatzteile bestanden aus zwei Luftschläuchen, Pannenflickzeug, den wichtigsten Leichtmetallschraubenschlüsseln, einem Rollgabelschlüssel, einem Kettengliedauszieher, einer Zange sowie einem Ersatzreifen.

Mein Gepäck war in Satteltaschen Marke Karrimor's Kalahari verstaut, die Sonne, Sand und Hochwasser trotzten und praktisch nicht zerkratzt wurden, selbst wenn ich vom Fahrrad fiel oder wenn dieses auf irgendein anderes Transportmittel geladen werden mußte.

Fotoaufnahmen machte ich mit einer Olympus XA, die wie immer viele Strapazen überlebte. Als Film benutzte ich einen Kodachrome Professional 64 ASA.

Meine Überlebensausrüstung umfaßte ein Mayfly-Zelt von North Face, eine selbstaufblasbare Thermarest-Matratze, einen Caravan-Daunenschlafsack, einen Katadyn-Wasserfilter, einen Petrolherd Optimus Climber, Wasserbehälter, getrocknete Fertigmahlzeiten von Novia, eine Lithiumtaschenlampe Marke Tekna, einen Kompaß, ein Taschenmesser mit sieben Klingen, wasserdichte Streichhölzer, eine Dauerkerze und einen (nicht benutzten) Spray gegen Hunde.

Ich ließ mich gegen folgende Krankheiten impfen: Gelbsucht, Cholera, Meningitis, Typhus, Paratyphus, Tollwut, Gelbfieber, Polio und Starrkrampf.

Meine Notapotheke enthielt Antibiotikatabletten, Vitaminpillen, Tabletten zur Vorbeugung von Malaria, Medikamente gegen Diarrhöe, Kopfschmerzen und Fieber, Heftpflaster, Nahtmaterial, Insektenschutzmittel, Sonnencreme und Salbe für die Lippen. Wichtigstes Einzelstück war die bereits erwähnte Katadyn-Wasserfilterpumpe, die sauberes Trinkwasser lieferte und mich durch einige der verseuchtesten Gebiete Afrikas brachte, ohne daß ich etwas Schlimmes auflas.

Was ich sonst noch mitnahm: eine Michelin-Karte (Blatt 154, Maßstab 1 : 100 000), die ich halbierte und die fast den gesamten Nil vom Delta bis zur Quelle umfaßt, mehrere Notizbücher, Kugelschreiber (zum Gebrauch und als Geschenke), Ansichtskarten mit Stellen aus dem Koran vom British Museum (zum Verschenken), Reiseschecks, Nähzeug, Schnur, Sicherheitsnadeln und eine Sonnenbrille.

SV
international
SCHWEIZER
VERLAGSHAUS